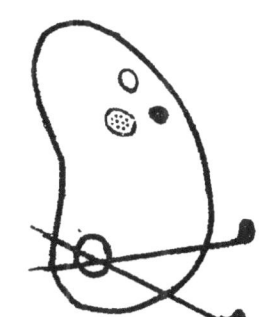

Couvertures supérieure et inférieure en couleur

# Vieux Papiers
# Vieilles Images

**CARTONS D'UN COLLECTIONNEUR PAR JOHN GRAND-CARTERET**

FERNAND FAU

A. LE VASSEUR & C¹ᵉ
33, Rue de Fleurus, PARIS

9566

4°V
4145

*Vieux Papiers,*

   *Vieilles Images.*

*Imprimé par les presses de la maison Lahure.*
*Clichés des maisons Ducourtioux et Huillard, Mauge et Rougeron-Vignerot.*

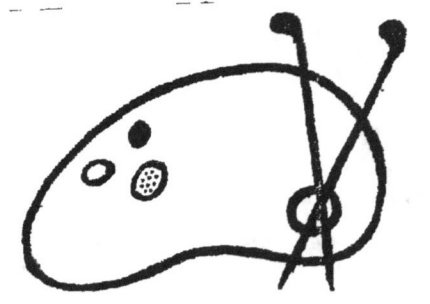

Original en Couleur
NF T 43-120-8

JOHN GRAND-CARTERET.

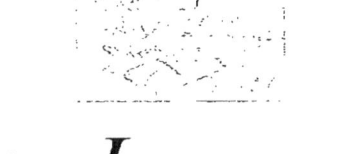

# Vieux Papiers

## ~~~~~~ Vieilles Images

Cartons d'un Collectionneur

~~~~~~~~~~~~~~~~

461 Gravures documentaires dans le texte & 6 Planches hors texte
dont 5 coloriées

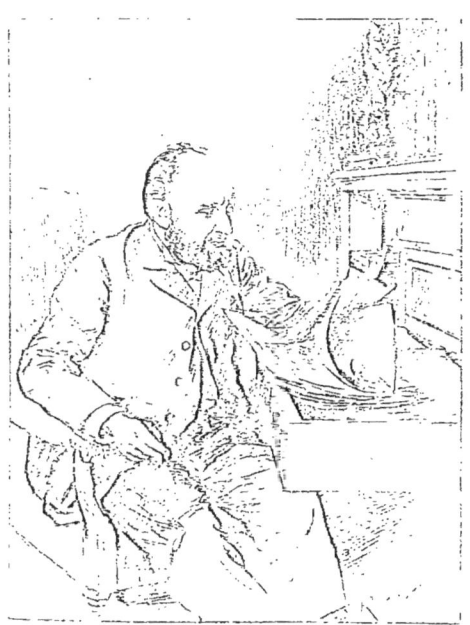

~~~~~~~~~~~~~~

**PARIS** ~~~~~

~~~~~~~~~~~~~~

Chez ~~~~~~

A. Le Vasseur et C$^{ie}$

33 ~~~~~~~~~~

rue ~~~~~~~~

de ~~~~~~~~

Fleurus ~~~~~

~~~~ 1890 ~~~~

*A mon Ami Lucien Layus*

Commissaire général de l'Exposition du Livre et du Papier en 1894,
Collectionneur de Vieux Papiers et de Vieilles Images,

*Ce livre est cordialement dédié*

Par le Commissaire de la Section rétrospective
à ladite Exposition,
Collectionneur de non moins Vieux Papiers
et de non moins Vieilles Images.

## J. G.-C.

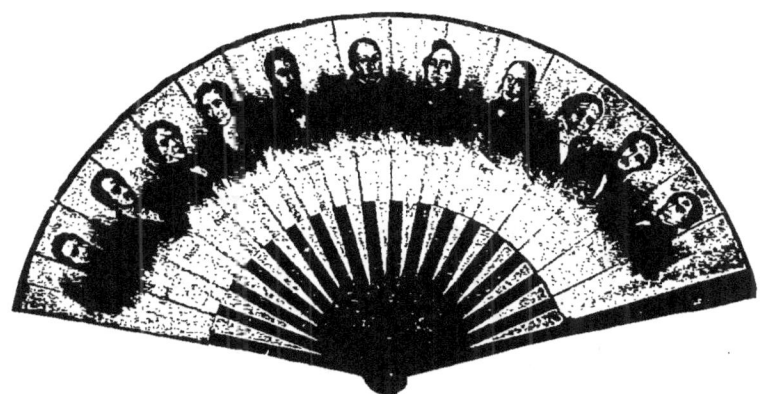

*Fig. 1. — Éventail imagerie en papier, imprimé en noir et donnant les portraits des membres du gouvernement provisoire de 1848. (Collection Lucien Duchet.)*

# De tout un peu en manière de Préface

### I.

*Je refais, ici, par le Livre, ce que j'avais entrepris, en 1894, sur les murailles du Palais de l'Industrie, ce qui avait alors si vivement intéressé le public, l'histoire du papier sous ses formes les plus diverses, papier blanc et papier noirci.*

*Le papier, c'est-à-dire le plus puissant véhicule de toutes les idées humaines; celui qui enregistre les choses passagères; celui qui garde, autant qu'il le peut tout au moins, les choses destinées à passer à la postérité; celui qui permet aux humains de se transmettre leurs pensées, de correspondre, de rester toujours en rapport, même séparés par l'infini des distances; celui qui leur fait connaître les événements dont le monde est le théâtre; celui qui contribue à vulgariser les produits du commerce et de l'industrie; celui qui, véritablement, les renseigne sur tout : bien mieux, celui qui sert*

a

à leur procurer ce nerf de la guerre qu'on appelle l'argent.

Le papier, il est dans tout et partout : tout se traduit en papier, tout s'effectue à l'aide du papier et par le papier; il y a le papier populaire et le papier aristocratique, le papier à l'usage des foules, le papier destiné à l'usage des cercles restreints.

Cartes de visite, cartes de souhaits, billets de part, quel que soit l'acte de la vie humaine visé par eux, cartes d'invitations, programmes de fêtes et de soirées, pièces administratives et politiques, traités échangés entre particuliers ou entre gouvernements, brevets, diplômes, images, placards sous toutes leurs formes, cartes à jouer, thèses, calendriers muraux, feuilles d'éventails ou d'écrans, tentures destinées à tapisser les appartements, découpages, piquages, étiquettes, cartes d'adresses, enveloppes en leurs applications multiples, billets de loteries, tickets d'expositions, factures, feuilles commerciales, affiches, prospectus : tout ça c'est du papier ayant un but déterminé, prenant des appellations diverses suivant l'usage auquel il se trouve destiné. Aristocratique, il donne naissance au Livre; démocratique, il lance à travers les foules le Journal.

Eh bien, ce sont toutes ces spécialités répondant à autant de besoins différents que nous allons étudier et décrire ici, laissant, nous le savons fort bien, de nombreuses lacunes, soit parce que certains objets — tels les ex-libris — ont déjà donné lieu à la publication d'ouvrages absolument complets, soit parce que d'autres matières nécessiteraient de nombreuses incursions dans des domaines qui nous éloigneraient par trop de notre but primitif. Entrer dans toutes les particularités de l'image, ce serait faire l'histoire de la grande estampe d'art, du portrait, de la lithographie, de la gravure en couleurs : autant de choses qui ont été traitées, ou qui seront traitées, un jour, séparément.

Et puis tout cela est connu, archi-connu, tandis que la plupart des matières ici cataloguées avaient toujours été négligées, que dis-je, méprisées même par les historiens du papier.

De même que Monselet éleva un jour un monument aux

Oubliés, aux Dédaignés de la Littérature, de même nous consacrons, aujourd'hui, un livre aux Oubliés, aux Dédaignés de l'Image.

Vieux papiers. Vieilles Images, ce titre leur convient bien, à ces imprimés, — cartons, feuilles volantes ou brochages, — qui ne sont, pour la plupart, que la menue monnaie du papier noirci, mais qui tiennent une place considérable dans l'histoire des transactions humaines.

*Marie Antoinette*

Menue monnaie! c'est encore une manière de parler, car voici comment s'exprime un académique, un officiel, Feuillet de Conches, au sujet des pièces de toute sorte qui vont défiler en ces pages :

« Parmi les brevets d'académies ou de sociétés savantes,

*Voltaire gentilhomme de Durey*

parmi les billets d'entrée à des associations de bienfaisance, de gastronomie ou de chant, parmi les cartes de bal et de comédie de société, de concerts et de soupers fins, on compte de charmants objets d'art. En Angleterre, ils étaient composés et gravés par William Hogarth, devenu depuis si célèbre, ou gravés d'après Cipriani par Bartolozzi, que, de son temps, la douceur un peu affectée de sa taille et de sa pointe a fait priser trop haut, et que plusieurs rejettent aujourd'hui trop bas à cause de la mollesse de son dessin.

« Les billets d'entrée étaient aussi gravés à Londres par William Warin, William Finden et autres, d'après Singleton, Thurston, Coswell, Mortimer, Thomas Stothard, Robert Smirke, Cook, Thomson, Uwins, William Westall et autres habiles. En France, ils étaient reproduits, d'après Meissonier, Gravelot, Eisen, Cochin, Marillier, Saint-Aubin, Bachelier, Roubillac, Moreau le jeune, par les burins si aimables des petits maîtres du temps, quand ils ne l'étaient pas à la pointe par les dessinateurs eux-mêmes.

« Le charmant ornemaniste Choffard a dessiné et gravé à l'eau-forte de petits chefs-d'œuvre d'esprit et de goût pour les industries coquettes et même les apothicaireries à la mode. J'ai surpris Prudhon, le délicieux Prudhon, et les frères Johannot, en flagrant délit de dessin pour les boîtes de confiseurs. Même dans les infiniment petits perce l'ongle de l'artiste. »

Avec de tels parrains, ils peuvent bien, il me semble, ces modestes, prendre place à côté des estampes classiques dues au burin solennel des graveurs en renom. Si par leur usage ils se trouvent confinés dans un domaine intime et familier, leur forme n'en est pas moins impeccable.

## II.

Alors que mon excellent confrère Marius Vachon s'est appliqué dans son précieux ouvrage sur « les Arts et les Industries du Papier » à nous montrer le Livre et le Journal sous leurs formes les plus modernes, je me suis tout au contraire attaché aux curiosités, aux particularités de tous les temps, aux emplois moins élevés, si l'on veut, du papier, mais non moins intéressants, empruntant des spécimens aux époques les plus diverses, suivant l'ancienneté de tel ou tel usage.

Dans les groupements qui vont suivre, dans la recherche des documents typiques, j'ai été, je dois le dire, aidé par quelques collectionneurs épris comme moi de ces pièces passagères, estimant, avec raison, que l'intérêt d'une image ne réside pas uniquement dans le prix qu'elle a pu atteindre en vente publique, mais bien dans sa rareté et dans les indications précieuses qu'elle peut fournir sur les idées, les goûts, les habitudes d'une époque. Je ne surprendrai personne en ajoutant que, comme toujours, j'ai rencontré auprès de MM. Duplessis, Bouchot et Raffet, du Cabinet des Estampes, un concours empressé. Pour moi, M. Raffet a bien voulu

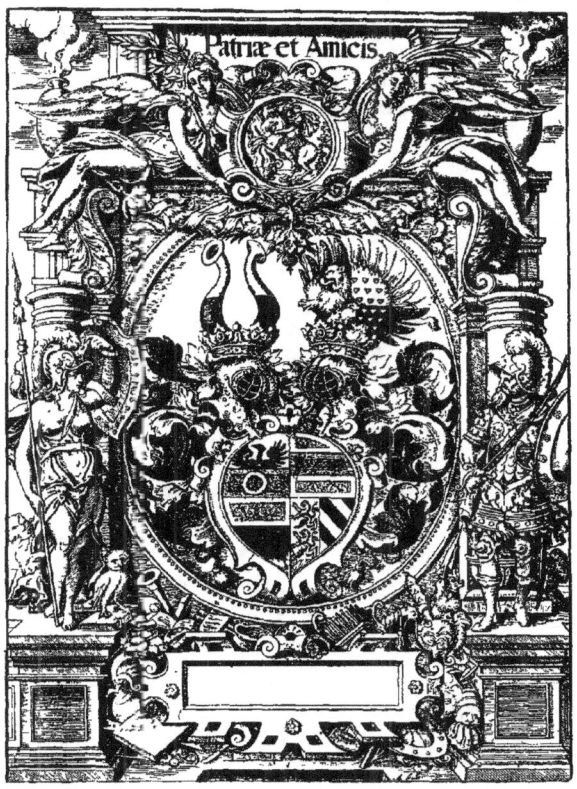

Fig. 2. — Ex-libris allemand (xvi⁰ siècle). (Collection de l'auteur.)

pratiquer des fouilles profondes dans tous les coins et recoins, dans tous les dossiers encore non cotés de ce département pourtant déjà si riche; la plupart des pièces reproduites sans nom de collectionneur proviennent de notre grand dépôt public. Et puisque le nom de M. Henri Bouchot est sous ma plume, qu'il me permette de le remercier, au nom de tous ceux qui s'intéressent à l'Image, du service signalé qu'il vient de rendre à l'Iconographie par la publication de son Catalogue des Estampes de la Bibliothèque Nationale, digne pendant du Catalogue de la collection Hennin, antérieurement dressé par M. Georges Duplessis.

Je tiens à remercier aussi ceux qui, comme M. Ferrari, mon ancien condisciple au Lycée Bonaparte, comme M. Georges Moreau, de la maison Larousse, ont été des premiers à comprendre l'importance du document, du « papier sans valeur », en m'ouvrant les colonnes de leurs recueils. Le chapitre sur les cartes de visite, remanié, complété aujourd'hui, avait paru, primitivement, dans la « Revue Bleue », ainsi que certaines curiosités relatives au Jour de l'An. Dans la « Revue Encyclopédique », cette revue qui a si bien opéré la fusion de l'esprit moderne dans ses recherches de la Couleur et du Pittoresque avec l'esprit plus philosophique, plus scientifique du XVIII<sup>e</sup> siècle, ma campagne a porté son fruit, puisque l'image, le graphique, débordent

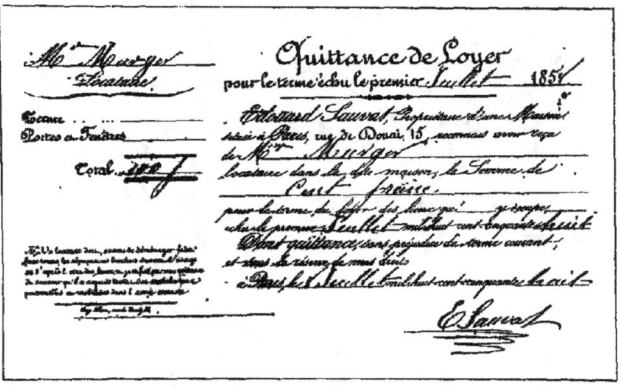

Fig. 3. — Quittance de loyer de Murger (Collection Étienne Charavay.)

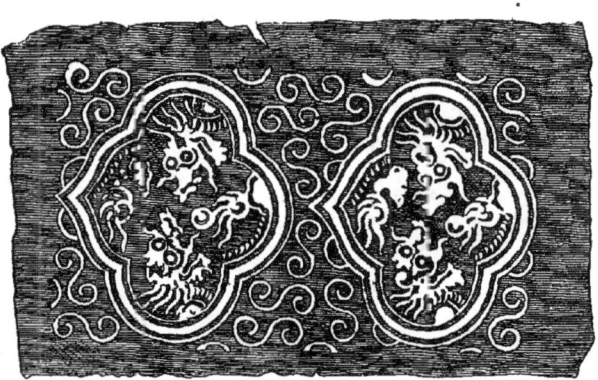

Fig. 4. — Papier de sacrifice dans l'Inde. Les ornements sont en jaune sur fond rouge
(Collection Lucien Layus.)

aujourd'hui de toutes parts. Je tiens à les remercier également, ainsi que MM. Firmin Didot, les éditeurs de mon
« XIX<sup>e</sup> Siècle », de l'amabilité avec laquelle ils ont bien voulu
me prêter quelques documents typiques, que l'on trouvera au
fur et à mesure en feuilletant ce livre.

### III.

Le papier! Quels sont les usages auxquels il ne se prête
pas, quelles sont les curiosités que nous ne lui devons pas!

Bonne pâte, — on me permettra bien ce qualificatif en
pareille matière, — il accepte, sans se plaindre, toutes les
maculations; rien ne l'émeut. Neutre, il agit en neutre,
cachant ses impressions pour mieux recevoir, pour mieux
traduire celles des autres. On parle quelquefois de ses
fibres : Dieu! ce qu'elles ont dû être souvent remuées au
contact de toutes les sottises que les saltimbanques de la
plume leur imposent! Que de fois, tandis que les machines
roulent, il se déroule, lui papier à la blancheur immaculée,
multipliant à l'infini les canards destinés au bon public
qu'éternellement on roule!

*Ne doit-il pas se prêter à tout! n'est-il pas le sacrifié condamné à tous les usages! Et vous, vieux papiers, ne fallait-il*

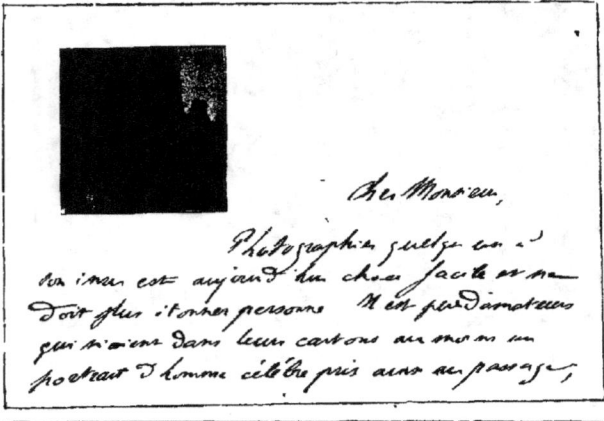

*Fig. 5. — Carte-lettre avec épreuve d'un instantané photographique.*

*pas aussi avoir quelque pitié, quelque souvenir pour vous!*
*Les vieux papiers, c'est tout ce que jettent les ignorants, ceux qui n'aiment pas ce qu'en leur ignardise ils qualifient*

de « paperasse inutile », se figurant toujours que papier
veut dire « paperasserie administrative ». Les vieux papiers,

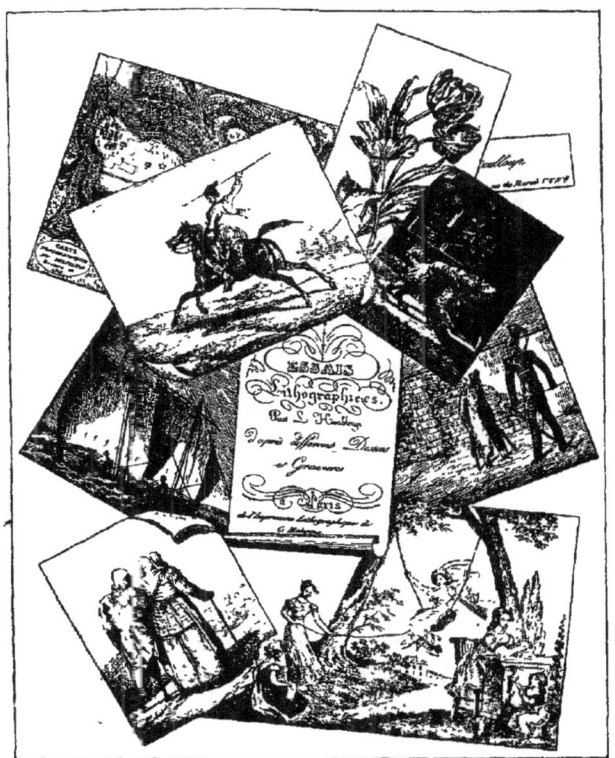

Fig. 6. — Couverture-prospectus des « Essais lithographiés » de Houbloup.
(Collection de l'auteur.)

c'est ce que conservent soigneusement les délicats, les chercheurs, les curieux, tous ceux qui savent de quelle façon, à
l'aide de ces petites choses, se reconstitue l'histoire ou se
détruisent les légendes.

*Tenez! voici un papier qui va porter un coup décisif à la*

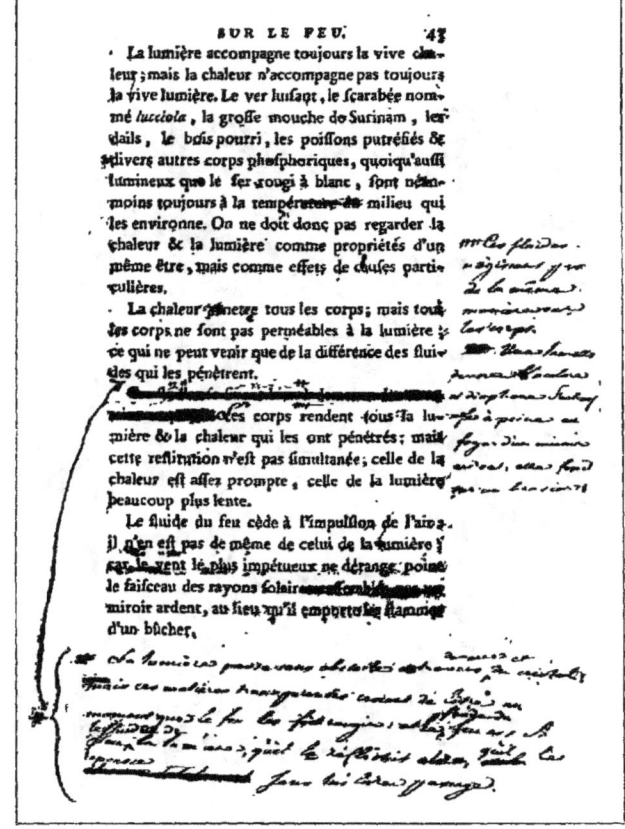

Fig. 7. — Page du livre de Marat, « Recherches physiques sur le feu », avec corrections de la main de Marat, en marge. (Collection Etienne Charavay.)

*vieille légende d'un écrivain cité comme n'ayant jamais payé son propriétaire. Une simple quittance de loyer pour la*

bien modeste somme de cent francs, et au nom de Mürger.
Qui l'eût cru! Bohèmes encore errants de par nos rues,

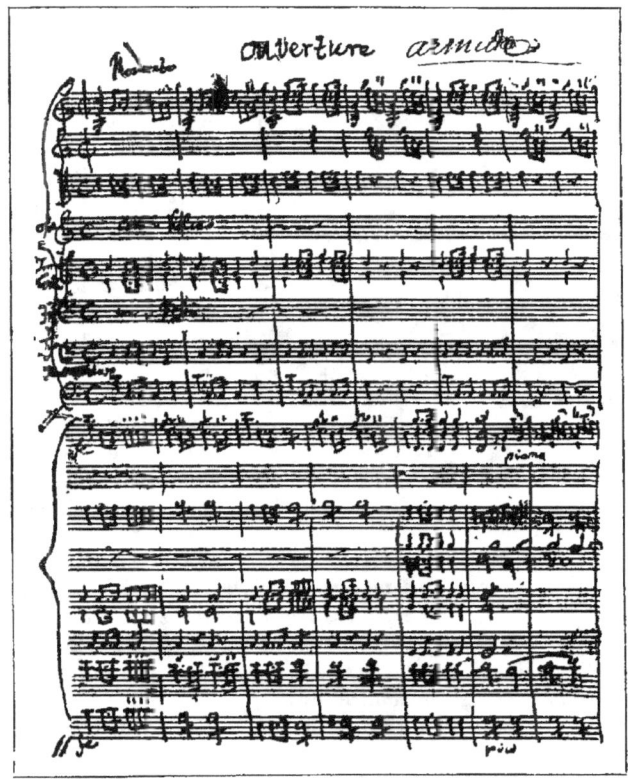

Fig. 8. — Première page de l'ouverture d' « Armide », de Gluck (1777).
(Collection Malherbe.)

bohèmes fidèles aux vieilles légendes, pendez-vous : Mürger bourgeois!

Des signatures, des autographes, c'est par millions, par milliards qu'il en a reçu, ce papier qui, à l'exemple de toutes les choses humaines, toujours en gestation, sans cesse se transforme. Il va, vient, disparaît et revient, assuré seulement de l'immortalité — relative encore — lorsque, Livre ou Image, les bibliothèques lui font place en leurs rayons. Les bibliothèques, ces Invalides de la papeterie, ces Asiles des abandonnés de la Littérature!

Que n'essuie-t-il pas... en fait d'affront, le papier! Dans la rue, les gens pressés ou peu curieux le rejettent avec mépris, alors que, chez eux, ils sont heureux de le rencontrer soyeux, léger, sans faiblesse, se pliant à tous les usages domestiques, se chiffonnant à loisir, prêtant indifféremment à la main son recto et son verso, communiquant au bois cette flamme, cette douce chaleur qu'en sa générosité il accorde sans le secours d'aucune allumette aux malheureux qui n'ont pour toute couverture qu'un édredon bariolé de journaux politiques. A quoi ne servirent point les bouillons, ces bouillons qui jadis furent le Lit moelleux de plus d'un arrivé des Lettres ou de la Presse!

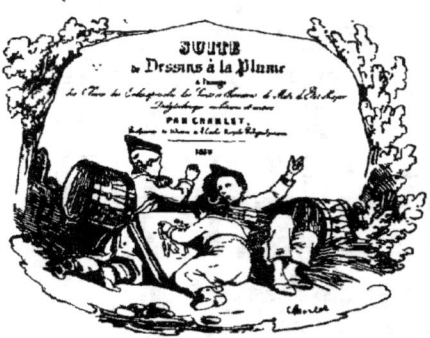

Fig. 9. — Couverture d'un album de Charlet.
(Coll. Jules Adeline.)

Ici, il se mettra en guise de nappe, fera office de serviette, constituera le linge du pauvre et même ornera les manches et le col de ceux qui, en voyage, n'aiment pas à traîner après eux des « impedimenta ». Il ornera de papillotes les manches des côtelettes ou des gigots, il trônera en festons découpés sur le haut des cheminées de cuisines, il servira de tapis à riches dessins sur les coupes destinées aux gâteaux, il constituera des patrons à l'usage des tailleurs et des couturières. Ailleurs, — ceci est plus lugubre, —

*rouge sang, pour mieux qualifier sa triste besogne, il sera papier de sacrifice, tandis que dans les pays civilisés il se contente d'être, sans images, « ad usum W. C. » Pardon, je me trompe, il s'est prêté sous cette forme à des réclames qui eussent fait le bonheur de Rabelais. Réclames à l'œil, soit..., mais pas toujours perdues pour les yeux.*

*Le voici, photogénique, s'amusant à fixer, à reproduire les images des gens qui passent, piquant la curiosité, facilitant l'esprit d'inquisition, toujours si cher à la nature humaine.*

*Le voici, employé à de plus nobles usages, conservant les chefs-d'œuvre de la pensée, ou nous transmettant les impressions fugitives des témoins de l'histoire.*

*Vieux papiers, cette page de livre, couverte en marge d'annotations de la main de Marat! Vieux papiers, ce titre lithographique d'Houbloup, un document précieux pour le Centenaire de l'art de dessiner sur pierre! Vieux papiers, ce fragment autographe de l'ouverture d' « Armide », de Glück!*

*Soit! mais ce sont justement ces Vieux Papiers, ces Vieilles Images, que nous avons voulu sortir de l'oubli.*

*Les voici, venant des coins les plus différents; les voici, tirés — et avec quelle peine souvent! — des dossiers, des cartons, des tiroirs, de toutes les profondeurs dans lesquelles ils se cachaient.*

*Vieux papiers jaunis, qui gardez en vous les richesses intellectuelles de l'humanité, vieilles lettres à dessins pittoresques, vieilles images naïves et pleines de charme, à vous la parole.*

*Papiers sauvés du ruisseau, affiches arrachées aux maculatures, images préservées des cornets barbares de l'épicier, c'est votre histoire que j'écris, et elle en vaut bien d'autres.*

*John Grand-Carteret*

# Ouvrages à consulter

*pour*

## le Livre et l'Imagerie populaires.

### I. LIVRES.

— *Idée générale d'une Collection d'Estampes,* par Heineken. Leipzig, 1771.
  Les cartes a jouer et les images populaires y tiennent une certaine place.

— *Dictionnaire des Jeux de l'Encyclopédie méthodique.* Paris, Panckoucke, 1792.
  On y trouve des notices détaillées sur plusieurs jeux d'oie

— *Causeries d'un Curieux,* par Feuillet de Conches. Paris, 1862.
  Consulter le tome II.

— *Recueil de Bois ayant trait à l'imagerie populaire, aux cartes, aux papiers, etc.,* par A. R. de Liesville. Paris, 1868.

— *Histoire de l'Imagerie populaire,* par Champfleury. Paris, 1869.
  Avec nombreuses reproductions d'images.

— *Histoire de l'Imagerie populaire et des Cartes à jouer à Chartres,* par J.-M. Garnier. Chartres, 1869.
  Très intéressante monographie sur les éditeurs d'images du pays chartrain, sur le commerce du colportage des complaintes, canards et chansons des rues, avec reproductions.

— *Les Cartes à jouer et la Cartomancie,* par Paul Boiteau. Paris, 1854.
  Avec plusieurs bois reproduisant différentes espèces de cartes.
  * Consulter sur le même sujet les ouvrages de Peignot, le mémoire de Leber (Collection des *Mémoires de la Société des Antiquaires,* tome XVI), le catalogue de la vente Leber, et les nombreux travaux publiés ces dernières années en province, comme le volume de Wiener sur les cartes lorraines.

— *Billets de Naissance, de Mariage, d'Enterrement, Cartes de Visites, Prospectus, Programmes, Affiches,* par F. Pouy. Amiens.

— *Des Billets d'Enterrement au XVI<sup>e</sup> siècle,* par P. Clauer. Lyon, Brun, 1877.
  A été d'abord publié dans les *Etudes religieuses, philosophiques, historiques et littéraires de la Compagnie de Jésus.*

— *Essai historique et critique sur les Billets d'Enterrement,* par l'abbé Victor Pelletier, chanoine de l'Église d'Orléans. Orléans, Herluison, 1861.

— *Les Feuilles volantes. Billets de Naissance, de Mariage, d'Enterrement, Cartes de visite, Factures, Programmes,* etc., par F. Pouy Amiens, 1862.

— *Iconographie des Thèses. Notes sur les Thèses dites historiées, sou tenues ou gravées*, par F. Pouy. Amiens, 1869.
— *Les Vues d'Optique*, par F. Pouy, Amiens, 1883.
— *Histoire des Éventails chez tous les peuples* par Spire Blondel. Paris, 1875.
— *Les Arts du Bois, des Tissus et du Papier*. Publication de l' « Union Centrale des Arts Décoratifs ». Paris, 1883.
> Très intéressant volume dans lequel se trouve une pittoresque étude de M. Rioux de Maillou sur le papier peint.

— *La Publicité en France, Histoire et Jurisprudence*, par Émile Mermet. Paris, 1879.
— *Histoire de la Publicité depuis les temps les plus reculés jusqu'à nos jours*, par P. Datz. Paris, 1894.
— *Livres populaires imprimés à Troyes de 1600 à 1800, Hagiographie, Ascétisme*, par Alexis Socard. Paris, 1864.
> Avec nombreux bois gravés

— *Livres populaires. Noels et Cantiques imprimés à Troyes depuis le XVII<sup>e</sup> siècle jusqu'à nos jours*, par Alexis Socard. Paris, 1865.
> Avec nombreux bois gravés.

— *La Bibliothèque Bleue depuis Jean Oudot I<sup>er</sup> jusqu'à M. Baudot (1600-1863)*, par Alexandre Assier. Paris, 1874.
— *Trouvailles et Bibelots*, par L. Du Molay-Bacon. Paris, 1880.
— *Ce qu'il y a dans une collection de journaux*, par G. De Breyne-Dubois. Paris, 1881.
> Précieux ouvrage étudiant la presse au point de vue pittoresque, vieux numéros, illustromanie, caricatures, portraits-charge, etc.

— *Les Anciens Almanachs illustrés. Histoire du Calendrier depuis les temps anciens jusqu'à nos jours*, par Victor Champier, Paris, 1886.
> Intéressant par ses reproductions.

— *Inventaire de la Collection d'Estampes relatives à l'histoire de France, léguée à la Bibliothèque Nationale par M. Michel Hennin*, rédigé par Georges Duplessis. Paris, 1877-1884, 5 vol.
> Catalogue rédigé avec le plus grand soin, indispensable à tous ceux qui désirent consulter cette collection riche en documents de toutes sortes.

— *Le Cabinet des Estampes de la Bibliothèque Nationale; Catalogue général et raisonné des collections qui y sont conservées*, par Henri Bouchot. Paris, 1895.
> Énumération sommaire faite de la façon la plus judicieuse, c'est-à-dire avec des notes détaillées sur les artistes ou les temps les moins étudiés, des 2700000 gravures, photographies ou dessins accumulés depuis deux siècles, au cabinet des Estampes. Soit pour l'œuvre des artistes, soit pour les grandes divisions générales, ce catalogue abonde en renseignements précieux. Tous ceux qui s'intéressent aux choses plus particulièrement traitées ici, c'est-à-dire aux vieux papiers et aux vieilles images, devront consulter, dans leurs subdivisions, les séries K L. P. Q. T.

— *Les Mœurs et la Caricature en France*, par J. Grand-Carteret. Paris, 1885.

— *XIX<sup>e</sup> siècle. Classes Sociales. Mœurs. Plaisirs publics. Fêtes et Funérailles, etc.* Par J. Grand-Carteret. Paris, 1893.

A consulter au point de vue des reproductions.

— *Livres minuscules*, par Gaston Tissandier. Paris, 1894.

Analyse de la collection Georges Salomon, avec reproduction de minuscules.

— *Les Almanachs français (1600-1895), Bibliographie. Iconographie des Almanachs, Annuaires, Calendriers, Chansonniers, États, Étrennes*, etc..., par John Grand Carteret. Paris, 1895.

Bibliographie illustrée donnant plus de 3000 numéros parmi lesquels un grand nombre rentrent dans le domaine du livre et de l'image populaire.

— *Les Arts et les Industries du Papier en France* (1871-1894), par Marius Vachon. Paris, 1895.

Ouvrage illustré de nombreuses gravures, s'occupant au point de vue moderne et technique des différentes matières ici traitées au point de vue rétrospectif : papier, livre, presse, estampe, affiche, papier peint.

## II. PÉRIODIQUES.

— *Gazette des Beaux-Arts.* Tome II : Notes pour servir à l'histoire du papier, par Vallet de Viriville. — Tome V (2<sup>e</sup> période) : La caricature et l'imagerie pendant la guerre de 1870. — Tome XVI (2<sup>e</sup> période) : Les graveurs et marchands imagiers populaires des XVI<sup>e</sup> et XVII<sup>e</sup> siècles, par Champfleury.

— *Le Livre et l'Image* (1893-1894). (Collection.)

— *Magasin Pittoresque.* Depuis son origine, ce précieux recueil a reproduit de nombreux documents rentrant dans les papiers et images ici visés. (Voir les tables.)

— *Intermédiaire des Chercheurs et des Curieux.* Voir aux tables les mots : Affiches, Billets, Jeux, etc.

— *Revue des traditions populaires.* Tomes III, IV, V et VI. L'Imagerie populaire. — Notice, avec gravures, sur l'Imagerie en Basse Bretagne et en Haute Bretagne. — Emblèmes de métiers et de corporations. — Images populaires flamandes. — L'imagerie de Wissembourg.

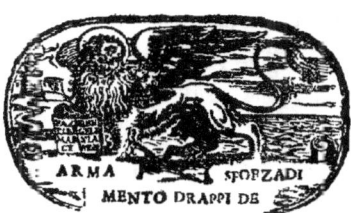

Fig. 10. — En-tête de papier à lettres italien (xviiie siècle).

# CHAPITRE PREMIER.

## Marques du Papier; Papier à Lettres; Feuilles de Compliments.

### I.

Les Filigranes des Papiers. — Papiers d'Impression et Papier à Lettres. Filigranes anciens. — Filigranes modernes.

COMBIEN nombreux les gens qui se servent d'une feuille de papier, sans même songer à regarder les filigranes, c'est-à-dire la marque, la vignette, l'image reproduite dans la pâte même! Et cependant, combien suggestifs ces dessins, quelle que soit, du reste, leur importance, leur signification; qu'ils désignent des manufactures spéciales, des formats, ou des sortes!

Finis les beaux jours du papier vergé, alors que régnaient, en allant du petit au grand, la Cloche, le Pot, l'Écu, la Couronne, la Coquille, le Raisin, le Grand-Raisin, le Jésus, le Grand-Aigle, le Grand-Monde, noms de formats et noms de filigranes, — car, sur ces feuilles aux vergeures à la fois fermes et transparentes, on pouvait voir apparaître une cloche, un pot, un écusson fleurdelisé, une couronne royale, une coquille de saint Jacques, une grappe de raisin, un aigle, et même le monogramme de Jésus. Pâtes aux rugosités sentant le fil ou aux douceurs satinées donnant l'impression de quelque crème lactée, également propices au parcours de la plume.

Papiers du Nord, de l'Est, ou du Midi, ce ne furent pas seulement des marques royales ou des écussons de villes qu'ils eurent dans leur pâte, les initiales des souverains, les devises des principautés ou des États libres, comme sur les monnaies — écus fleurdelisés, croix potencées, croix de Lorraine, croix de Bourgogne ou de Saint-André, aigle impériale ou aigles de villes, crosse de Bâle, — des figures humaines ou décoratives, des animaux, des oiseaux, des arbres, des fruits y défilaient également. Les écussons nobles y tinrent une grande place : la marque aux armes de Le Tellier, marquis de Louvois, ministre de Louis XIV, une des plus usitées, une des plus employées par les papiers français, donna ainsi son nom au format encore appelé, aujourd'hui, papier Ministre ou Tellière.

Que de vignettes pittoresques pour ceux qui savent déduire toute la philosophie des images ! des cadrans rappelant les cadrans solaires des monuments et des enseignes; des chevaliers bardés de fer ou des cavaliers montés sur des chevaux poussifs sonnant de la trompette, — très certainement, en certaines contrées tout au moins, les messagers des villes, — des lunes goguenardement rabelaisiennes dans leur croissant, des soleils épanouissants, — ils se multiplièrent sous le règne de Louis XIV, — des étoiles, des anges ayant des allures de mitrons en travail, des cornets dans des écussons, ou surmontés de chiffres, ou placés sur les flancs d'animaux, — tel le toujours amusant ours de Berne, plantigrade allangué, — des arbalètes, des fûts de colonnes, des balances, des haches d'armes, des gonfalons, des croissants, des géants et des nains, tenant des trèfles ou autres fleurs moyenâgeuses, des têtes de bœuf, des griffons, des dragons, des dauphins, des licornes, des lions combattant, des Pucelle appuyée sur une lance sommée du chapeau de la Liberté, etc., etc.

Quelquefois ces marques sont de dimensions considérables : tel le filigrane représentant tous les instruments de la Passion; tel le filigrane figurant le pape assis et bénissant, la clef de saint Pierre en main.

Combien ornés, en leurs images monochromes, tous ces anciens papiers qui portaient encore sur leur seconde feuille, écrits en entier, les mots : *fin, moyen, bulle, vanant, gros bon,* etc., indications des qualités!

Marques de France, de Lorraine, de Hollande, d'Allemagne,

de Bâle, de Berne, des villes italiennes, d'Angleterre, toutes également conçues dans le même esprit, prenant leurs figures dans

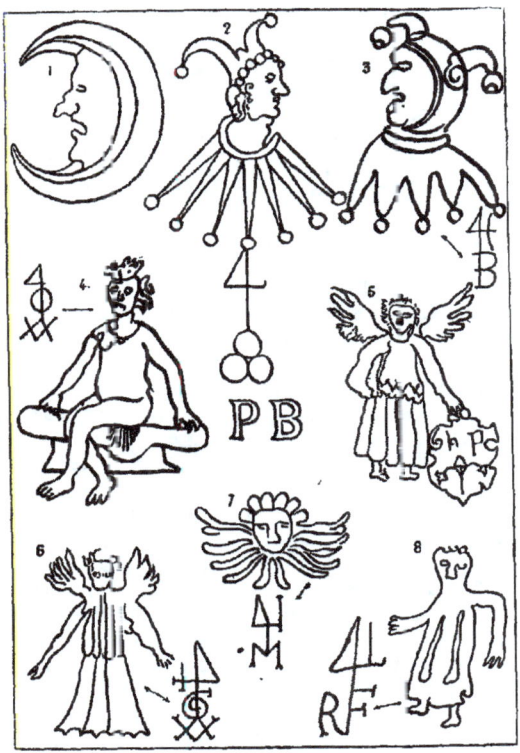

Fig. 11. — Filigranes à figures, de papiers lorrains, d'après M. Lucien Wiener.
1. Lune (1585). — 2 et 3. Folie (1587 et 1604). — 4. Femme assise (1592)
5 et 6. Ange ailé (1606 et 1628). — 7. Tête d'ange (1620). — 8. Femme ? (1631).

la langue héraldique, dans la fleur, dans les éléments, dans les sujets historiques ; filigranes primordiaux devenus peu à peu d'un emploi général dans tous les pays, se distinguant, alors, à l'aide de contre-marques.

Après les filigranes anciens, voici, non moins curieux, des filigranes d'emploi relativement récent. Il ne s'agit plus, maintenant, des beaux papiers vergés, à la cuve, destinés à l'impression ou à l'écriture, mais uniquement de papiers de couleur, pour la correspondance.

Le premier Empire, la Restauration, s'étaient contentés de têtes de souverains, Napoléon I$^{er}$, ou Louis XVIII, — ce dernier se rencontre sur les premiers papiers fabriqués par les Johannot, — le règne de Louis-Philippe avait eu quelques rares filigranes de fantaisie; le second Empire, lui, donna un essor considérable à ce genre, qui, aux approches de 1853, devint une véritable fabrique.

D'abord, comme c'était le moment où la poste commençait à prendre son développement, où l'usage du timbre se généralisait, les papeteries d'Angoulême livrèrent du papier-correspondance, à réglures, avec les mots : *Lettre affranchie. Administration des Postes, 7 grammes et demi, 20 centimes,* tracés dans la pâte, et un portrait-vignette de l'empereur. Plus tard, en 1856, dans le même ordre d'idées, on vit le nouveau timbre impérial.

Puis ce fut toute une collection de portraits, personnages français et étrangers, de jeux de cartes, de jeux divers, de pipes et de paquets de tabac, de sujets de sainteté, d'armoiries, de sujets de circonstance.

Çà et là apparaissent, dans cette amusante galerie filigranée, Napoléon III, l'impératrice Eugénie, le petit prince, la *queen* Victoria, le prince Albert, Vittorio Emmanuele, François-Joseph I$^{er}$ empereur d'Autriche, l'impératrice d'Autriche, Don Pedro II empereur du Brésil, des séries de personnages illustres, avec la mention de leur pays d'origine : Florence Nichtingale (Angleterre), Daniel Webster (Amérique), Gœthe (Allemagne). Le Congrès de Paris donnera naissance à un filigrane spécial : *la Paix, 30 mars 1856,* avec les armoiries des puissances ayant pris part au congrès. Plus tard, des papiers laisseront lire dans leur pâte : *Solférino, Magenta, Mexico,* tandis que d'autres feuilles montreront Jésus-Christ, la Reine du Ciel, sainte Clotilde, saint Joseph, ou Notre-Dame du Laus, couronnée par le saint père, le 23 mai 1855. Propagande, à la fois politique et religieuse, entreprise par le filigrane, — une idée que n'avaient pas eue nos pères, — destinée évidemment aux boutiquiers, aux casernes et aux maisons de sainteté, — propagande qui, par l'entremise des cafés, — considérable le nombre des gens faisant leur correspondance dans

ces établissements. — atteignait un public encore plus nombreux.
Peut-être d'autres tentatives du même genre eurent-elles lieu. Je me souviens avoir vu des Thiers. Mais ces deux sortes de filigranes, l'un purement décoratif et indicatif des fabriques ou des pays d'origine, l'autre à tendance propagandiste, suffisent amplement à démontrer l'intérêt que peuvent présenter les images.

Lecteurs, regardez au travers des papiers, des vieux papiers surtout; votre curiosité ne sera point déçue.

## II.

En-têtes des Papiers a Lettres officiels. — En-têtes de Papiers commerciaux.

Sur quel papier s'écrivaient, autrefois, les lettres officielles, qu'elles provinssent de monarques ou de cités libres? Sur du papier — de grand format, cela va de soi, — mais entièrement blanc, sans ornement gravé, sans chiffres, sans armoiries, sans aucune de ces vignettes, depuis si répandues, qui ont pris la dénomination significative de : *en-tête de papier à lettres*. On pouvait se servir de papiers spécialement fabriqués en vue d'un usage déterminé, mais toute marque eût été considérée comme une réclame commerciale : le cachet de cire, seul, toujours appliqué avec un soin extrême, plus tard les gros pains à cacheter recouverts d'un découpage sur lequel venait se fixer le sceau ou l'empreinte armoriale, constituaient le côté décoratif de ces missives aux royales signatures. C'est à l'écriture seule qu'on demande l'ornement, aux parafes, aux traits de liaison, aux lettres ornées, aux armoiries, signe indicatif de tout papier officiel; telle la supplique ou plutôt la demande de remise de droits ici reproduite. Si l'on rencontre, sous l'ancien régime, des écussons de France fleurdelisés, ces écussons se trouvent dans la pâte du papier.

La Révolution, qui eut une façon à elle de comprendre l'art, le côté décoratif des choses, vint changer tout cela. Elle s'était créé une sorte d'idéal particulier que l'État avait, pour ainsi dire, reçu la mission de vulgariser, de propager. Pour ce faire, tous les moyens furent trouvés bons, tous les procédés furent mis à contribution. Ce qu'il fallait surtout, c'était pénétrer les masses profondes; c'était laisser à chacun une impression de force et de grandeur. Le papier à lettres à une époque où la correspondance allait se multiplier dans des proportions considérables, le papier-monnaie au moment où l'assignat allait remplacer l'or et l'argent,

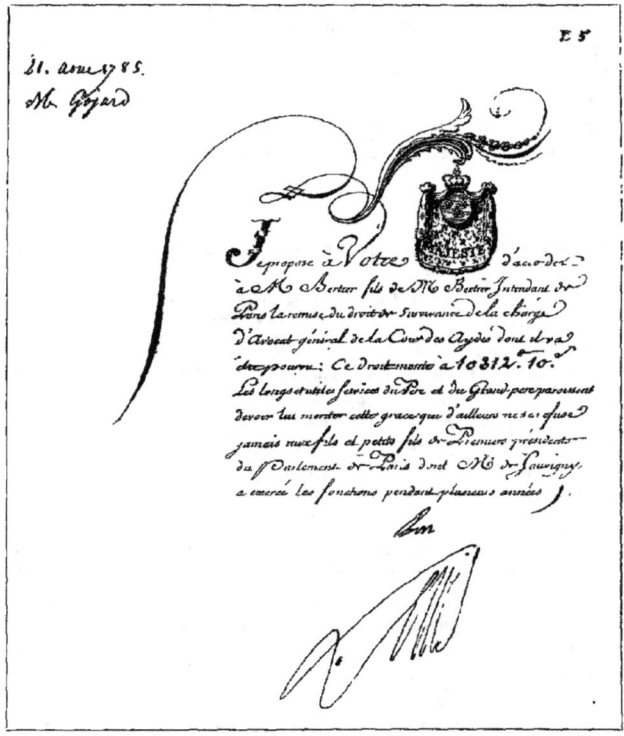

Fig. 12. — Type de lettre officielle au XVIII° siècle, avec ornements écrits à la main.

étaient des moyens tout indiqués pour la propagande, par l'image allégorique, des principes nouveaux.

En France, et partout où l'influence française devait, alors, pénétrer, c'est-à-dire en Italie, en Suisse, en Belgique, en Allemagne, les papiers à lettres se couvrirent donc d'en-têtes aux

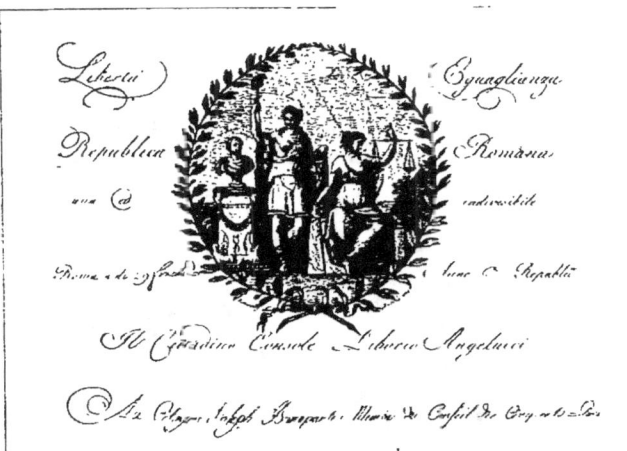

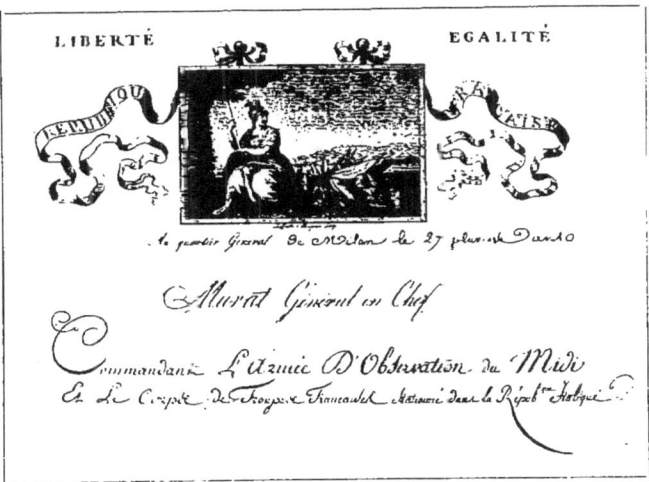

Fig. 13 et 14. — En-têtes du papier officiel de la République Romaine et du général Murat. (Coll. Étienne Charavay.)

figures significatives. Des femmes drapées à l'antique, des République, des Liberté, des Égalité, des Fraternité, des enfants nus, des génies ailés, sans oublier tout un attirail d'accessoires, d'une banalité plus ou moins courante, coq, chat, cigogne, lion endormi, serpent, balance, niveau, piques, sabres, faisceaux, charrue, bonnet phrygien, miroir, œil classique emblème de la vigilance, tout cela agrémenté de devises conçues dans le

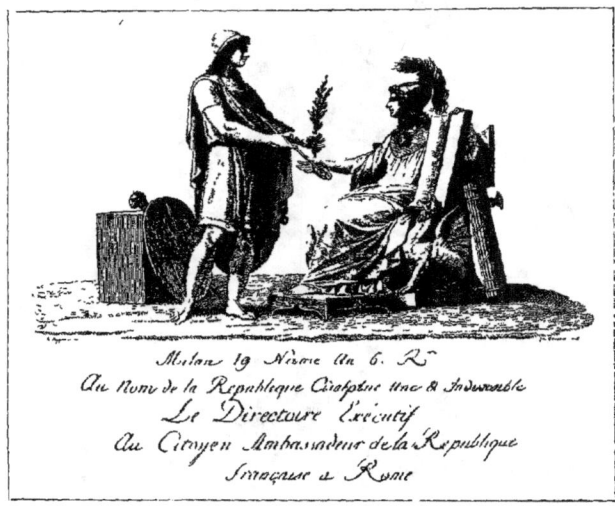

Fig. 1ᵉ. — En-tête du papier officiel de la République Cisalpine.
(Coll Étienne Charavay.)

même esprit. Ce n'étaient pas seulement des types nouveaux destinés à venir remplacer des vignettes surannées, avec des attributs s'appliquant toujours admirablement aux sujets qu'il s'agissait de représenter; c'était, surtout, un moyen de propagande dont aucun pouvoir n'avait, encore, fait usage.

D'où la quantité innombrable de Liberté, debout ou assise, tenant des piques et des couronnes, d'Égalité cherchant à mettre au point les éternelles balances de la Justice, de femmes casquées montrant les droits de l'homme, de Mercure avec branches de laurier à la main. Et toujours des attributs de circonstance : pour le ministère de la marine, la Liberté sur un navire ; pour le ministère de la guerre, des soldats entourant la Liberté et l'Égalité ; pour les équipages militaires, une femme conduisant un quadrige. Multitude d'emblèmes se rapportant à toutes les actualités, gravés au burin ou en bois, et destinés à présenter à

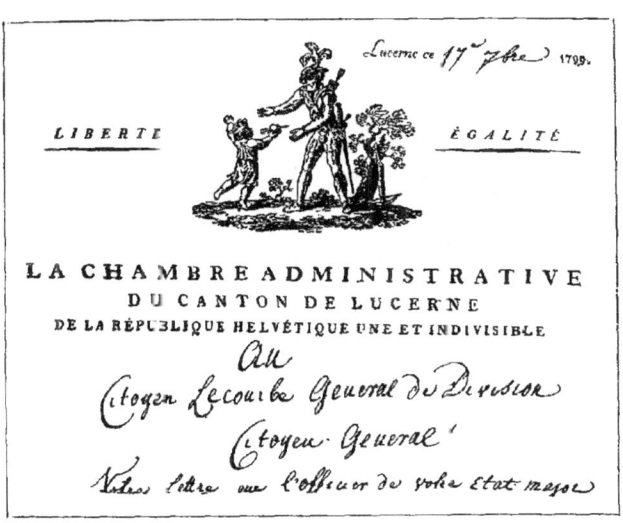

Fig. 16. — En-tête du papier officiel du canton de Lucerne. (Coll. Étienne Charavay.)
* Cette vignette de Guillaume Tell avec son fils lui apportant la pomme se trouve, plus ou moins différente, sur tous les papiers et documents officiels durant la période révolutionnaire suisse.

tous les peuples « les images chéries de la Liberté et de la Fierté républicaines ».

Si l'idéal de la Liberté, de la femme « dont l'œil s'illumine et dont le bras se tend au souffle de la passion qui commence », fut réalisé par Prud'hon dessinant ainsi pour les papiers officiels des figures d'un charme exquis, on peut dire que, quoique conçues par des artistes d'un talent très inégal, toutes ces vignettes devaient s'élever bien au-dessus de l'imagerie de pacotille, grâce à certaines particularités d'attitude, d'expression, ou d'attributs.

Images hiératiques dont le catalogue serait long à dresser, qui devaient se modifier, se compléter à mesure que l'on approchait de l'Empire. Peu à peu, en effet, tout l'attirail mytholo-

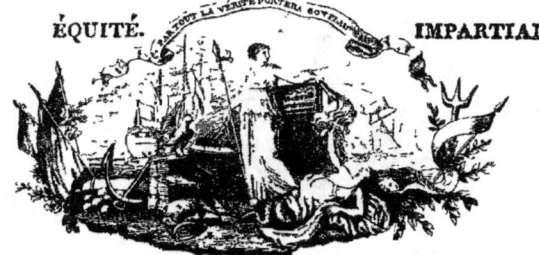

Fig. 17 — En-tête de général de corps d'armée. (Coll. Étienne Charavay.)

gique et iconographique, tout le ciel allégorique de la Révolution disparut pour faire place à des divinités nouvelles : la Victoire, la Sensibilité, la Pitié, l'Amour retour de Cythère où l'avait relégué la Terreur, puis la Fortune escortant le Triomphateur, bientôt seule et unique divinité. Marche ascendante qui se peut suivre

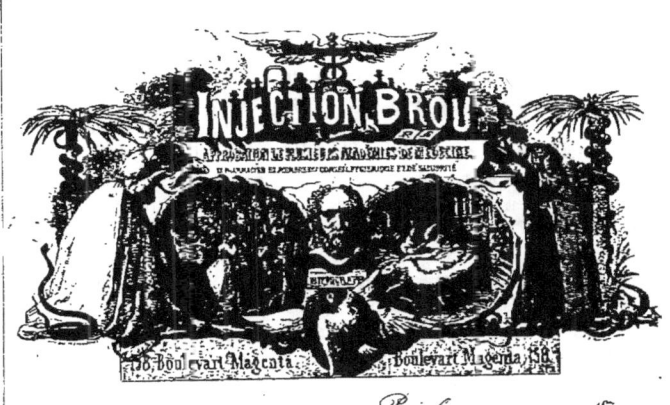

Fig. 18. — Composition servant d'en-tête au papier-correspondance de cette spécialité pharmaceutique (second Empire).

aisément, à l'aide des vignettes servant d'en-tête aux papiers à lettres.

L'Empire prit à la Révolution cet art nouveau dont l'idée devait lui complaire; mais, tout naturellement, il modifia les figures : vint même un moment où celles-ci furent totalement supprimées et remplacées, sur les papiers administratifs, par les armoiries impériales, entourées d'attributs. Ce fut très décoratif, quoique d'un aspect quelque peu uniforme, la multiplicité des figures se prêtant plus à la variété que la multiplicité des ornements.

Qu'advint-il, par la suite, de cet art nouveau engendré par la Révolution? Rien, ou peu de chose, parce que la conception idéale à laquelle il dut son origine avait disparu, parce que ce n'étaient plus des idées, des principes, que l'on tenait à afficher en tête des papiers, mais, uniquement, des motifs décoratifs ou armoriaux. Sous Louis XVIII on vit encore, ainsi, quelques compositions d'une belle allure, des gardes du corps ou des gardes nationaux soutenant l'écu de France fleurdelisé, mais ce fut tout. Dès lors, les monogrammes ou quelque vulgaire armoirie tinrent lieu d'ornement.

Le papier à lettres officiel, sous sa forme réellement artistique et originale, avait disparu, laissant comme trace ineffaçable de son passage les en-têtes révolutionnaires et non sans avoir contribué à inculquer aux masses le goût du décor, de la vignette ornée.

L'art dans le papier commercial! Ce fut d'abord peu de chose : des vues d'usines ou de fabriques, des marques, quelquefois des reproductions d'enseignes, — images déjà plus attrayantes; — des intérieurs ou des décorations de boutiques, — papiers et factures se tenaient, pour ainsi dire, par la main; — mais, peu à peu, grâce au concours d'artistes, et non des moindres, de véritables compositions industrielles vinrent orner les en-têtes. Les graveurs des papiers officiels prêtèrent leur concours au commerce : ainsi apparurent des Mercure ayant hérité de l'allure des Liberté et des Égalité officielles, des vues de ports rappelant les Vernet, des entrepôts de marchandises surchargés et grouillants de vie. Puis, sous Louis-Philippe et sous le second Empire, les sujets allégoriques, qui durent leur développement aux spécialités pharmaceutiques. Telle la composition pour l'injection Brou ici reproduite. Mais, elles aussi, elles ont vécu, les vignettes commerciales, rejetées comme trop encombrantes, et c'est l'en-tête simplement écrit qui étale ses lignes en caractères d'imprimerie ou de correspondance sur le haut des papiers à lettres commerçants. Le triomphe du papier blanc dans tous les domaines!

### III.

Le Papier a Lettres et ses transformations. — Les Lettres de Declaration d'Amour. — Le Papier à Lettres pour les Militaires. — L'Imagerie des Cartes Postales. — Les Serviettes en Papier.

LE papier à lettres! Rien n'a plus varié, peut-être, depuis l'origine, que les feuilles servant à la correspondance privée : jadis, de grand format, non ébarbées, quelque peu rugueuses, à gros grains; en des temps plus rapprochés, oblongues, dorées sur tranches; en nos jours, de tous formats, de toutes couleurs, de toutes qualités, depuis le papier pelure jusqu'à la carte anglaise.

Autrefois, pas d'enveloppes; la suscription se place sur le papier lui-même, plié à cette intention, une suscription brève. Le siècle voit naître et se populariser peu à peu l'enveloppe; à l'origine employée des particuliers seuls, aujourd'hui triomphant partout, à tel point que les commerçants, longtemps rebelles, eux-mêmes en font usage.

Longtemps il fut uniforme, le papier de correspondance, sans enjolivements aucuns, même aux époques où tout se couvrait d'ornements; longtemps, aussi, il vit la fantaisie lui servir de guide,

Fig. 19. — Enveloppe ornée, encadrements en or et en couleur
(époque de Louis-Philippe).

la mode lui donner telle ou telle forme, telle ou telle ornementation.

Chose singulière : les belles écritures, les chefs-d'œuvre du style épistolaire, — en cette heureuse époque où l'on savait, également, écrire et causer, — se trouvent sur les papiers de la plus extrême simplicité; ce sont les papiers les plus élégants qui enregistreront le plus de sottises, le plus de petits billets dénués de toute forme, de tout esprit.

Sous le premier Empire, sous la Restauration, ce sont les

papiers dont Susse ou Giroux, marchands papetiers en vogue, auront bientôt la spécialité, papiers entourés, ainsi que les enveloppes, de véritables encadrements de style, gaufrés ou imprimés en couleur, bleus, verts, bistres; papiers « de formats coquets, peu à peu transformés, Petit Poulet, Grand Poulet, Petite Mignonnette, à bordure timbrée, portant des sphinx, des carquois, des flèches, imprimés à sec, parfois de ces grands amours éphèbes, assis sur des chimères couchées ». C'est du moins ce que nous apprend un écrivain qui, par ses ouvrages, est entré dans les mœurs intimes des époques passées, M. Henri Bouchot. En 1814, des vergés de chez Johannot, ces vergés ayant, comme filigrane, la tête de Louis XVIII, et qui se couvrent de fleurs de lis, une mode qui reviendra sur l'eau, à notre époque sceptique, non par conviction, mais par genre.

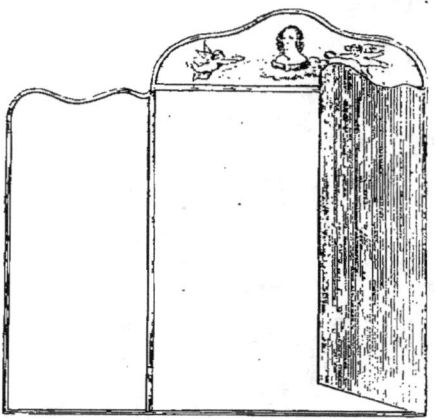

Fig. 20. — Papier à lettres avec filets et vignette imprimés en or. (Coll. de l'auteur.)

Après les papiers gaufrés, les papiers dorés sur les tranches et sur les côtés : de l'or, de l'or partout; il semble que le règne de Louis-Philippe ait eu une préférence marquée pour tout ce qui, de près ou de loin, rappelait ce précieux métal. Et ce n'était plus seulement la feuille ordinaire, habituelle : voici la feuille, à côtés venant se replier sur le fond, comme des panneaux, comme les triptyques d'un volet; dans le haut, en guise de fronton, un portrait de femme, M$^{me}$ de Sévigné, M$^{me}$ de Maintenon, ou quelque épistolaire du grand siècle couronnée par des Amours. D'autres seront garnis, sur les panneaux intérieurs, d'encadrements dans le style du jour avec petits sujets historiques, pages, damoiseaux et gentilshommes, dans le genre des en-têtes pour calendriers.

Les enveloppes sont de plus en plus allongées, de plus en

plus boyau, et ornées de façon telle qu'il reste à peine place pour la suscription. Si menue, si fine que soit l'écriture, un nom seul peut se loger en un espace aussi restreint, et encore faut-il qu'il soit court. Certains ornements rappelleront les fers à dorer destinés aux reliures des petits almanachs du xviii° siècle, ces fers

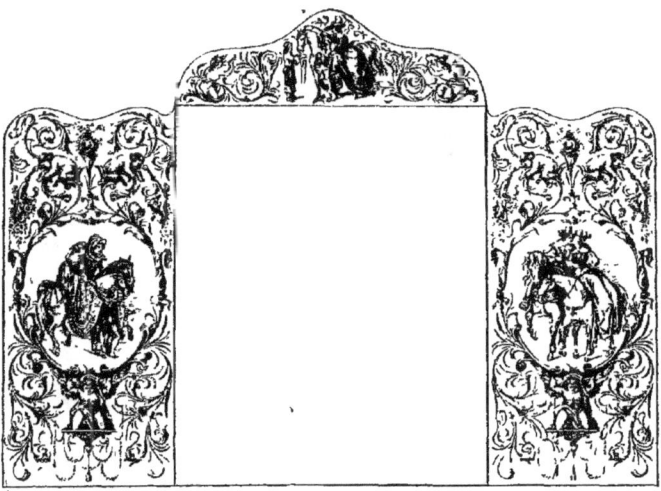

Fig. 21. — Papier a lettres orné, imprimé en or (époque de Louis-Philippe).

élégants dont M. de Savigny de Moncorps a reproduit plus d'un spécimen d'après La boëte de Teyssier.

Écoutons les renseignements fournis par un contemporain :

« Rien n'est plus digne d'une petite maîtresse, » dit l'auteur du *Manuel des Élégants et des Élégantes* (1805), « que d'écrire un billet avec de l'encre d'or sur du papier rose marqué de jolies vignettes, ou avec de l'encre d'argent sur du papier bleu de ciel, et de la cacheter avec la cire rouge à la rose des frères Graffe, laquelle ne coûte que 200 francs la livre ». La cire parfumée ! cela remplaçait alors les papiers parfumés dont la mode, un instant si générale, n'a point encore complètement disparu.

Voici le papier-correspondance se fermant sans enveloppe, avec, à l'extérieur, des petits ronds, espacés, place réservée aux pains à cacheter, alors d'un usage général; les fermetures gommées ne devant apparaître que bien plus tard. Voici le papier avec parties imprimées pour le libellé ordinaire : *Monsieur*.......

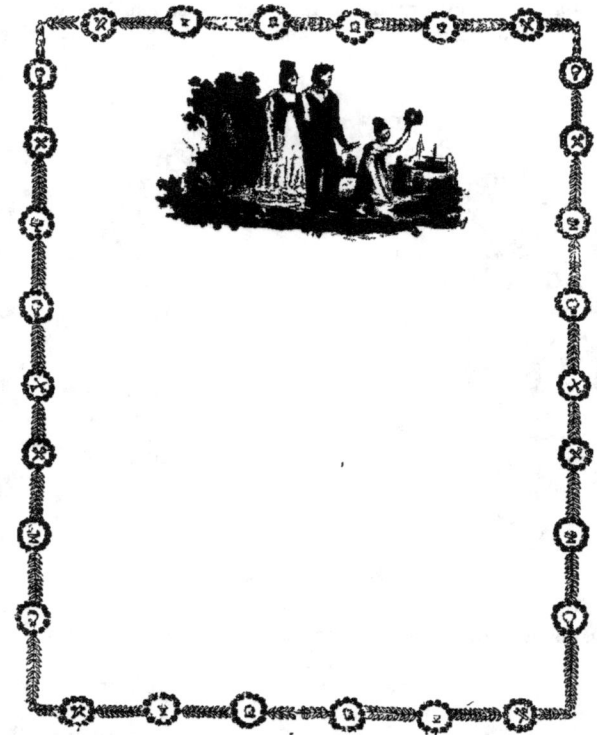

Fig. 22. — Papier orné pour lettre de compliment (époque de la Restauration).
(Coll. Beurdeley.)

*Paris.* — Voici les papiers avec des fleurs, une rose, un myosotis, une pensée, quand ce ne sont pas des bouquets entiers, avec des attributs chevalins, avec toutes les marques plus ou moins excentriques que le goût du jour mettra à la mode, avec des dentelles blanches ou en couleurs, tout cela conduisant fatalement aux papiers pour lettres de compliments, ces lettres si longtemps à la mode, dont les modèles multiples, en leur banalité décevante, se trouvent dans les nombreux recueils, à l'usage des diverses classes sociales, que chaque époque voit éclore.

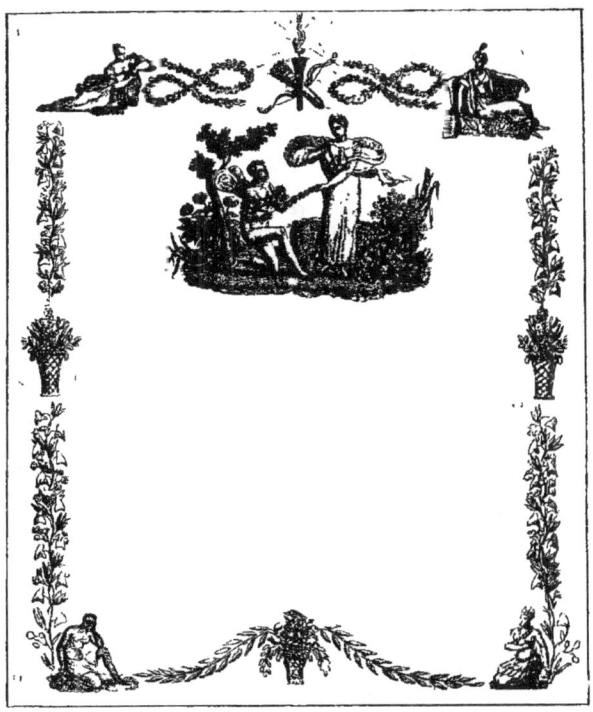

Fig. 23. — Papier orné pour lettre de compliment (époque de la Restauration).

Lettres de compliments! lettres de nouvel an! lettres pour les fêtes! Non point seulement les missives des enfants à leurs grands-parents, des neveux à leur bon oncle ou au parrain, d'inférieurs à supérieurs, mais encore les lettres de félicitations, d'amour et de tendresse (*sic*), ainsi qu'on les appelle avec une touchante naïveté, — déclaration d'amour à une jeune demoiselle, lettres de militaires à leurs bonnes amis, et autres particularités épistolaires. Ouvrez, entre tous, le Secrétaire de poche, suivi du Pétitionnaire (1816). Là vous trouverez, parmi nombre d'autres spécimens, la *lettre d'un jeune homme à une jeune demoiselle qu'il avait vue à la promenade,* la *lettre galante d'un vieillard encore frais* (sic) *à une jeune femme,* la *lettre d'amour et de reproche d'une maîtresse à un officier français, son amant, partant pour l'armée,* — toutes lettres qui s'écrivaient sur des papiers de choix, à fleurs, à dorures, à bordures, à dentelles, à gaufrages, à petites vignettes d'un sentimentalisme particulier; avec des Amours lançant des flèches, avec des enfants allant souhaiter la fête aux grands-parents, avec des amoureux appuyés sur un mouton enrubanné, avec des couples assis la main dans la main ou doucement étreints, à moins qu'ils ne s'amusent à faire la chasse aux papillons, à moins encore, — un comble, — qu'on ne voie un Adam ailé quelque peu embarrassé de son grand corps, pliant les genoux et mains jointes, pour se faire vêtir de couronnes de fleurs par une élégante à l'écharpe flottante.

Dans cet ordre d'idées, il y a mieux encore : les déclarations en une succession de tableaux, avec vignettes suggestives, sous la forme suivante : une feuille se pliant, de façon à présenter plusieurs combinaisons de dessins, chaque image accompagnée d'un texte, en vers plus ou moins mirlitonesques. Ouvrons, si vous le voulez bien, une ou deux de ces feuilles; voici ce qui va se dérouler sous nos yeux.

Un homme agenouillé offre une rose à une jeune élégante assise, tandis que l'Amour — un Amour raisonnable, assagi sans doute par une longue pratique, — retient le bras de la faible femme pour qu'elle n'accepte pas ce présent plein d'épines :

> De cet amant passionné,
> Justine, refusez l'offrande.
> Lorsqu'un amant donne il demande,
> Et beaucoup plus qu'il n'a donné.

Mais la fillette, dont le cœur et les sens ont parlé, n'a garde d'écouter les conseils d'un Amour aussi peu Régence, et, la rose acceptée, elle se laisse, à son tour, cueillir dans un baiser par l'amant entreprenant. C'est le deuxième acte :

> L'innocente a reçu la fleur.
> On exige alors de sa bouche
> Cet aveu qui flatte et qui touche,

Alors même qu'il est menteur.
Elle répond par sa rougeur ;
Puis avec un sourire céleste,
Aux baisers de l'heureux Valsin
Justine abandonne sa main,
Et la main promet tout le reste.

Ah ! Justine qu'avez-vous fait ?
Quel nouveau trouble et quelle ivresse !
Quoi cette extase enchanteresse
D'un simple baiser est l'effet ?

Pour un baiser ! Tudieu ! on allait vite en besogne à cette heureuse époque ; ceux qui ne prenaient point les villes prenaient les femmes avec une égale ardeur, car le troisième acte — et dernier — nous montre un lit, les rideaux hermétiquement fermés, tandis que, sur le devant, se laissent voir un chapeau d'homme et des vêtements de femme. Au haut la légende : « Tout dit assez... qu'Amour est là. »

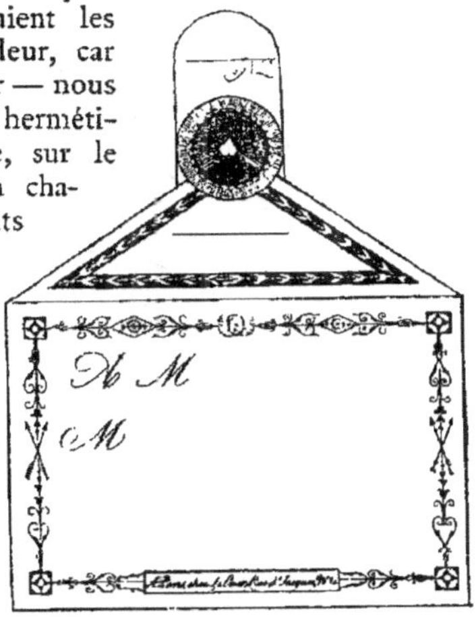

C'est ainsi qu'à la volupté
L'amour prépare la beauté
Qui par lui se laisse conduire ;
Par un adroit et long détour,
Heureux qui s'instruit en amour,
Et plus heureux qui peut instruire.

Voilà la morale, encore pleine de réminiscences xviii<sup>e</sup> siècle. On ne connaissait point, alors, les énervements des flirts sans fin. Voulez-vous la recette ? Plier ce petit papier, le mettre sous enveloppe — l'enveloppe ci-contre — et l'envoyer à celle que vous aimez. En deux temps et trois mouvements, l'affaire est dans le sac.

Fig. 24. — Enveloppe ornée pour lettre de déclaration d'amour.

C'était, du reste, toute une industrie florissante, les déclarations d'amour en vers et en images n'ayant jamais plus de deux ou trois tableaux. Et cela se donnait, sous le premier Empire et sous la Restauration, à de jeunes personnes très bien ; la déclaration-omnibus, en un certain nombre de modèles, remplaçant les billets doux fiévreusement écrits par la main de l'amant. Si vous doutez, en voici une autre qui, d'emblée, quelquefois même en vers de six pieds, s'élève contre les sentimentalités du jour (elle est de la Restauration).

La première image représente un élégant se mirant dans une glace :

> Bien insensé qui près des belles
> Perd en soupirs de précieux instants !
> Tous les chagrins sont pour les cœurs fidèles,
> Tous les plaisirs sont pour les inconstants.

Et, mettant en pratique les conseils de ce quatrain, notre élégant se dispose à déposer un baiser sur les joues d'une jolie femme :

> Vous cachez votre sein, mais vous montrez vos yeux
> Qui de tout vaincre ont le beau privilège ;
> N'est-ce pas me sauver du milieu de la neige
> Pour m'exposer au feu des cieux !
> L'Amour me dit que vous êtes mon fait ;
> Ajoutez à cela quelque prix qui m'engage :
> Il n'est pas un méchant valet
> Qui veuille servir sans gage.

Le baiser a accompli son œuvre; le soupirant est assis auprès de la belle, et sa main fourrage à travers les appas, toujours plus bas :

> C'est trop punir une main criminelle,
> Que nous sommes, hélas! bien différens d'humeur :
> Pour toucher votre sein vous me faites querelle,
> Moi, je ne vous dis rien d'avoir touché mon cœur.
> Rendez-vous à mes désirs ;
> Partagez les tendres soupirs
> De l'amant le plus fidèle ;
> Et si vous me traitez bien,
> Je vous nommerai cruelle,
> Sans faire semblant de rien.

Piquante façon, vraiment, de ménager la pudeur féminine !

Du reste, documents typiques qui en disent long sur les mœurs et les idées du moment, en matière d'amour. La lettre, l'enveloppe, rien n'y manque, et le tout a un cachet d'élégance qui ne saurait nous tromper sur le public auquel pareilles missives étaient adressées. Point besoin de dire de quelle façon elles se remettaient : de tout temps l'Amour fut un maître facteur, jamais en retard pour les distributions.

Lettres d'amour, lettres de souhaits, lettres de compliments, lettres *d'attrape*, comme on appelait, jadis, les farces du 1ᵉʳ avril, toute cette correspondance imprimée, tombée, de nos jours, dans le troisième dessous, je veux dire ne s'adressant plus qu'aux gens du peuple, avait donc eu, — et cela dès le xviiiᵉ siècle, — des ancêtres qui méritaient bien quelques lignes de souvenir.

Revenons au papier lui-même, c'est-à-dire au papier blanc, que nous avons laissé avec ses ornements dorés imitant, quelquefois, les rocailles du siècle passé. Sous Louis-Philippe il va servir à toutes sortes de décorations : on commence à l'orner de vues : monuments de Paris, grandes capitales, villes célèbres, tout cela gravé à la manière noire ou lithographié; on fabrique même du papier avec réductions de la Charte ou drapeaux tricolores, entrelacés. D'autres fois, ce seront des beautés fameuses, les grisettes de Scheffer ou de Philipon, — des diligences, une spécialité pour les hôtels, — des cartes à jouer, les cris de Paris, tandis que Maurisset et Victor Adam inaugurent les vignettes comiques, les petites comicalités qui, par la suite, prendront une importance si considérable. Et cela sans parler de tous les poncifs qui continuent à faire les délices des jeunes filles et des amoureux : colombe, messagère des Amours, petit facteur ailé, la lettre attendue en main, hirondelles légères dans un coin de ciel bleu, et quoi encore !

Les enveloppes ordinaires, elles aussi, se couvrent des mêmes ornements, tandis que les enveloppes comiques, avec leurs bandes de dessins, laissant une place blanche pour la suscription et le timbre, charment les commis voyageurs et les bonnes d'enfants. Nombreuses les séries publiées dans cet esprit par des caricaturistes plus inventifs que géniaux.

Sous le second Empire, le papier à lettres n'est pas seulement en boutique : il descend dans la rue, il se colporte, vendu au détail, dans des pochettes également illustrées ; des pochettes qui, à l'époque de la guerre de Crimée, se couvriront de zouaves et de troupiers de toutes armes, qui, en 1893, seront à l'alliance franco-russe. — « *Achetez-moi pour deux sous de papier ! mon bon monsieur !* » glapit la vieille mendiante, tandis que le camelot, qui a étendu toute sa papeterie ambulante sur un coin de trottoir, crie à l'oreille du trottin ou de la petite bonne qui passe : « *Deux sous de papier pour écrire à vos amoureux !* »

Il s'est commercialisé, le papier ! A plusieurs reprises, depuis 1860, des tentatives de papier-correspondance-réclame seront faites par des agences de publicité : annonces à l'intérieur, annonces à l'extérieur. Certaines iront même jusqu'à distribuer des feuilles timbrées à 15 centimes. Tout cela vient, apparaît, disparaît : il faut saisir l'actualité au vol.

Enfin, il n'y a pas seulement le papier à lettres du riche et du pauvre, le papier blanc aux petits grains accrochant sans cesse

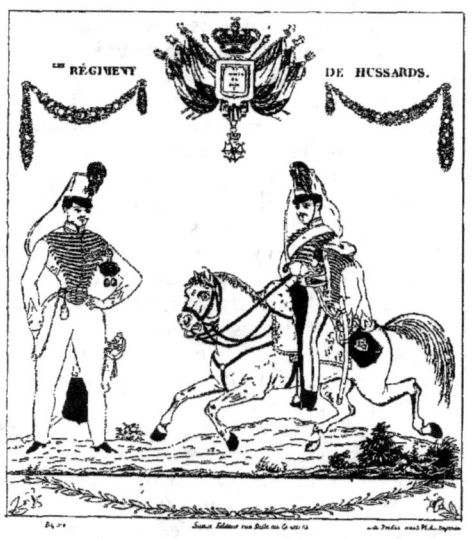

Fig. 25. — Papier a lettres pour la correspondance des militaires.
(D'après un original en couleurs. Époque de Louis-Philippe.)

la plume, les papiers luxueux de haute fantaisie, aux couleurs accentuées et criardes, rouges, noirs, dorés, verts, bleus, qui demandent l'emploi d'encres spéciales, il y a aussi, il y a eu, depuis le commencement du siècle, tout au moins, les papiers ornés de vignettes de circonstance pour la correspondance de messieurs les militaires.

Ceci, c'est plus que du papier ordinaire, c'est un coin, et non des moins curieux, de l'imagerie militaire. Que de couleurs ! que de couleurs, mes enfants ! depuis le soldat, cavalier ou fantassin, minutieusement enluminé, enseigne du corps dont fait partie le scribe, et, trônant au haut d'une feuille de grand format, jusqu'aux compositions chromolithographiques, bien ennuyeuses, malgré leurs prétentions, qui ornent les cahiers petit format, papier-correspondance actuel.

Sous le premier Empire, sous la Restauration, ce sont donc,

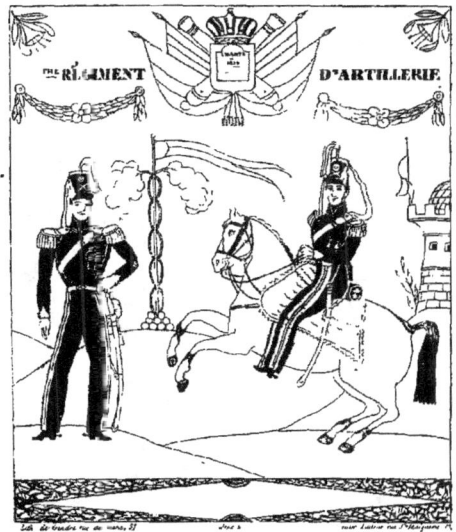

Fig. 26 — Papier à lettres pour la correspondance des militaires.
(D'après un original en couleurs. Époque de Louis-Philippe.)

uniquement, des figures militaires, ayant souvent l'aspect de soldats de plomb qu'on aurait collés sur papier ; simples figurines placées au haut de la page blanche, au coin ou au milieu. A partir du règne de Louis-Philippe, l'aspect change ; la page s'orne presque dans son entier, laissant quelques lignes seulement pour l'écriture ; bientôt, même, la correspondance ne commencera plus qu'à la seconde page, tant la gravure gagne du terrain.

Voici alors l'imagerie tourlouresque, dans toute son éloquence, le soldat étant toujours entouré d'ornements : attributs, trophées, drapeaux, canons, vues de places fortes ou de monuments militaires. La fantaisie se donne libre cours : ici, des mains s'étreignent, des bras se tendent, des flèches et des cœurs enflammés indi-

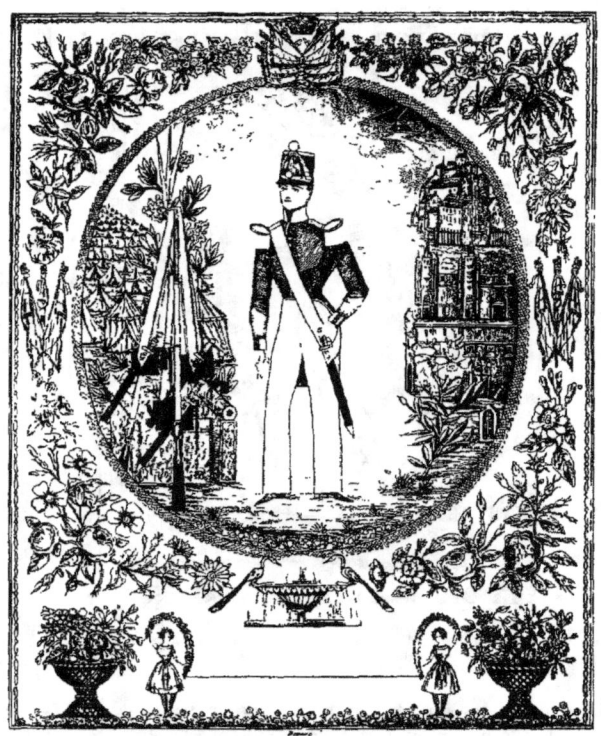

Fig. 27. — Papier à lettres pour la correspondance des militaires.
(D'après un original en couleurs. Epoque de Louis-Philippe.)

quent que l'Amour n'est pas loin. Là, un militaire fume une petite pipe en terre ou donne le bras à sa payse. En grande tenue, prêt à faire sa déclaration, il tient une rose en main; d'autres fois, c'est un simple bouquet de fleurs des champs, et, alors, il est en petite tenue, coiffé du bonnet de police. Sous le second Empire, apparaîtront, dessinés par Randon, les sujets comiques, toutes les pochades de Dumanet avec sa payse. De quoi faire rire la chambrée!

Allégorique, documentaire, fantaisiste, le papier à lettres militaire a, quelquefois aussi, sacrifié à l'actualité en reproduisant les épisodes des grandes guerres contemporaines (campagnes d'Algérie, de Russie, d'Italie), ou en donnant le portrait du souverain régnant. Louis XVIII chercha ainsi à se rendre populaire. Napoléon III, par le même moyen, s'ingénia à perpétuer la tradition

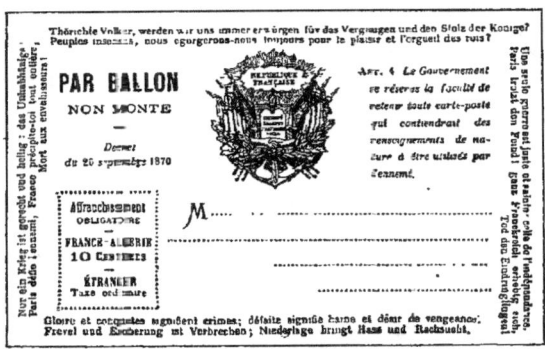

Fig. 28. — Carte-postale de la guerre franco-allemande.

napoléonienne. Mais rien ne vaut, en leur touchante naïveté, les militaires et les grisettes se tenant par la main, ou effeuillant des marguerites, ou rentrant à la caserne, bras dessus bras dessous, légèrement éméchés, le ceinturon sur l'épaule, le shako de travers.

Papier-correspondance pour messieurs les militaires, combien tu as perdu de ton charme, depuis que des éditeurs-pédagogues ont voulu faire de toi un objet d'enseignement! Où êtes-vous, Amours et cœurs percés de flèches, du temps jadis!

L'Imagerie postale! En France c'est peu de chose et cela par l'excellente raison que, née de la carte dite *postale*, elle n'a pu prendre date qu'en 1870. Quand on aura enregistré les cartes expédiées durant la guerre, *par ballon non monté*, on se trouvera avoir noté la seule curiosité qui soit à retenir. Tout autre l'imagerie étrangère en ce domaine. Partout, en Allemagne, en Autriche, en Italie, en Suisse, en Angleterre, la carte postale est devenue un prétexte à vignettes, à illustrations comiques, à reproductions de portraits illustres, de vues et de monuments. La carte a suivi le papier à lettres. Ici, toute une iconographie caricaturale de la bière, — types et scènes de brasseries; là, le théâtre, la scène de Bayreuth, et tout ce qui — personnages ou choses — se meut dans cet habituel décor; ailleurs, des costumes locaux, des scènes, des types de la rue, des bords de plage se perdant dans l'infini, des prés montagneux à perte de vue, — réclames pour des sites, pour des stations balnéaires, pour des cures spéciales; — sans compter l'imagerie qui prendra source dans les grandes fêtes nationales populaires, imagerie qu'il me suffit de signaler puisqu'elle va se retrouver tout entière sur les feuilles qui vont suivre, curieuses à plus d'un titre, quoique ne rentrant pas dans le papier-correspondance.

Qu'on en juge!

C'est ici, en effet, le papier destiné à tenir lieu de serviette, le papier-pelure, se pliant en quatre, — comme du vrai linge, — et orné sur sa face extérieure de vignettes.

S'essuyer la bouche avec du papier, fi donc! Et cependant, rien n'est plus exact : c'est, effectivement, à cet usage que servent les papiers-serviettes qui, dans les cantines des grandes fêtes populaires, suisses, belges, allemandes, autrichiennes, se placent sur les assiettes de chaque convive. Elles-mêmes les brasseries, lorsqu'elles vous servent ce qu'on appelle une « portion froide », ont recours à ce moyen, pour simplifier le service.

Il est d'emploi relativement récent, le papier-serviette, ne remontant guère au delà d'une vingtaine d'années, et il reste confiné dans les pays d'origine ou de mœurs germaniques. Je me trompe : il a gagné l'Italie; il se rencontre, en un mot, dans les contrées où les grandes agglomérations humaines, où l'habitude de célébrer le souvenir des événements nationaux ou locaux par des cortèges, ont créé une façon de vivre particulière. Comme image, comme vignettes, il varie à l'infini. De fabrication courante, il donne la vue de la brasserie ou de l'établissement; allégorique, il reproduit les écussons des contrées, il fait surgir des tireurs, des vignerons, des soldats, des gymnastes, suivant que les banquets auxquels il est destiné répondent à des fêtes de tir, de vignerons, de militaires ou de gymnastes. Enfin, grâce au concours intelligent d'imprimeurs-éditeurs, il s'est orné de la reproduction d'anciennes images allemandes du XVIᵉ siècle, si bien que, durant les entr'actes du service et même tout en s'essuyant la bouche, on peut regarder des Holbein, des Josse Amman, des Tobias Stimmer, tous les maîtres de l'époque. L'art à la portée des yeux, l'art à la portée des lèvres.

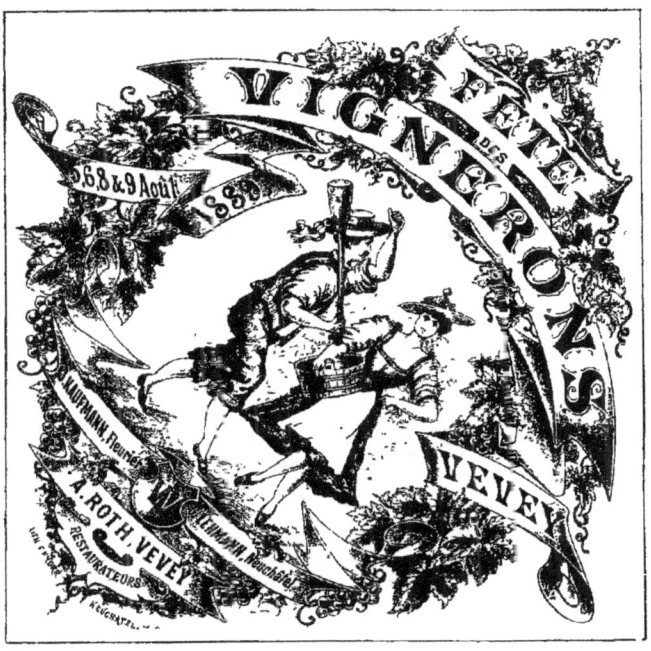

Fig. 29. — Reduction de la vignette ornant les serviettes en papier de la cantine de la fête des Vignerons, a Vevey (Suisse). 1889.

* Les serviettes de cette espèce, imprimées en toutes couleurs, de format toujours identique, se plient en quatre, comme du vrai linge, et mesurent 36 cent. × 43.

A quand le papier-serviette français, plus appétissant que le linge mal lavé des gargotes populaires ou des restaurants de banlieue ? A quand le papier nous donnant les grandes figures nationales : Vercingétorix ou Jeanne d'Arc, comme les Suisses mettent Guillaume Tell, ou comme les Allemands mettent Arminius ?

Et c'est ainsi qu'aux banquets, suite forcée de toutes les inaugurations de statues, si nombreuses à notre époque, on pourrait contempler, sur le papier-serviette, la physionomie du statufié.

## IV.

#### Lettres de Compliments des Gardes Nationaux et des Civils.

Qui veut des vieilles images, des vieilles lettres de compliments; lettres ornées, gravées, lithographiées, enluminées, s'il vous plaît?

En voici, et de curieuses, bien oubliées aujourd'hui, aussi vieilles que les diligences, toutes destinées à venir souhaiter bonjour bon an. Et celui qui, invariablement, les porte, ne déléguant ce soin à personne, c'est Rantanplan, heureux de recevoir quelque écu en échange de ses vers de mirliton. Ses vers! c'est peut-être beaucoup dire; mais comme son nom resplendit au bas de la feuille, il peut, par instants, se croire tout à la fois « ourson »[1] et poète.

Rantanplan, le tambour du régiment, ou plutôt, non, le tambour de la compagnie du bataillon de la légion de la garde nationale, au bon temps où tout le monde était soldat dans ses foyers, où l'on jouait au guerrier pacifique.

Le tambour de la garde nationale! un personnage qui remplit de ses hauts faits, de sa bonne humeur, de son importance, la moitié de l'histoire de notre siècle. Il est dans les romans, on le met au théâtre, on le voit sur toutes les estampes. Le tambour! quelque chose comme un huissier, comme un factotum, chargé d'apporter à chacun le bon et le mauvais, les billets de garde, les convocations par-devant le conseil de discipline, les invitations officielles, les nominations dans la Légion d'honneur. Le tambour, maître de la rue où, du matin au soir, il fait résonner sa caisse, le tambour qui, volontiers, se fait admirer au café voisin, de première force aux dames, aux dominos, à la triomphe, le tambour qui, toute l'année, récolte ses petits bénéfices, grâce au service du corps de garde; ayant, il est vrai, la corvée d'allumer le poêle avec quelques cotrets de bois vert, mais allant à domicile chercher les carricks, les manteaux, les capotes, les bonnets

---

1. Qualificatif donné aux grenadiers de la garde nationale à cause du bonnet à poil dont ils étaient coiffés.

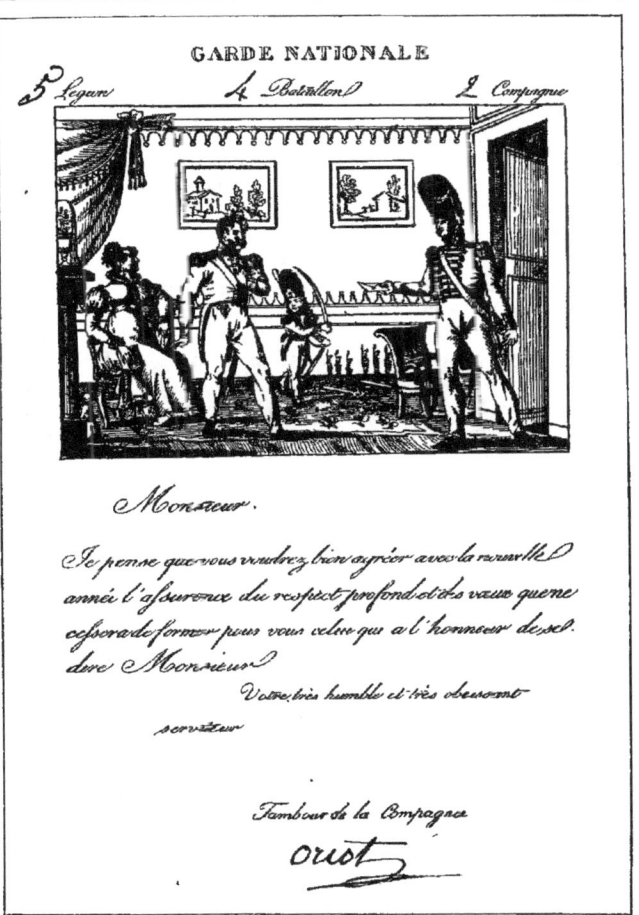

Fig. 17. — Lettre de compliment de la garde nationale (vers 1833). Les personnages sont censés représenter la reine Marie-Amélie et Louis-Philippe jouant avec son plus jeune fils, le duc de Montpensier. (Coll. Paul Dablin.)

fourrés pour les hommes de garde, ce qui lui vaut... des égards et de l'argent.

Aux étrennes, Rantanplan triomphe : il remplit une véritable mission. D'autres, par tous temps, sont porteurs de contraintes pour ennuyer le pauvre monde; lui, au 1ᵉʳ janvier, est porteur de belles lettres de compliments. Un fonctionnaire dans l'exercice de ses fonctions.

Astiqué, galonné, arborant la plaque et les épaulettes jaunes, coiffé du haut bonnet à poil si bien dénommé *ourson*, le tambour de la compagnie va, suivant l'usage antique et solennel, souhaiter bonjour, bon an, à ses camarades et à leur famille. Lui et la musique sont les vrais maîtres du jour. « De toutes parts », dit Montigny dans *le Provincial à Paris* (1825), « ou des tambours et des corps de musique qui donnent bruyamment à un seul particulier une aubade dont profite tout le quartier, ou des officiers qui vont en visite et des gardes nationaux qui se rendent à leur chef-lieu d'arrondissement ». Comme le facteur, le tambour va à domicile : mais tandis que celui-ci apporte l'almanach avec tous les renseignements pour la levée et la distribution des lettres, lui se présente avec un compliment imprimé, agrémenté de quelque vignette de circonstance : du moins il en sera ainsi sous la Restauration et sous le règne de Louis-Philippe. Après 1850, on perdra peu à peu l'habitude de l'image ornée, on abandonnera même les vers de mirliton, — et l'on se contentera — ô décadence! — d'un simple avis lithographié, une circulaire-lettre « avec tous les souhaits du tambour de la compagnie, qui se rappelle à votre bon souvenir ».

Dame! la garde du roi-citoyen fut bien forcée de s'effacer devant la garde impériale renaissante. Fini de rire pour Rantanplan, qui se vit même remplacé par la cantinière « prenant la respectueuse liberté de présenter ses hommages ». Il est vrai que ce que Rantanplan allait perdre, d'autres devaient le gagner : le second Empire fit du tambour des sapeurs-pompiers et du tambour communal des porteurs de lettres dorées et enluminées.

Un instant, en 1870, notre personnage put croire qu'il allait pouvoir se venger de « vingt ans d'Empire », mais son illusion fut de courte durée. Seuls, les souhaits pour 1871 adressés aux camarades des remparts, parvinrent à domicile. Et encore!

Malgré cette chute lamentable, les souhaits illustrés de la garde nationale eurent leurs beaux jours, et ils ont laissé une iconographie assez nombreuse, quoique peu variée : répétition presque toujours identique de gardes nationaux se préparant à entrer, frappant à la porte, présentant leur placet, fraternisant entre

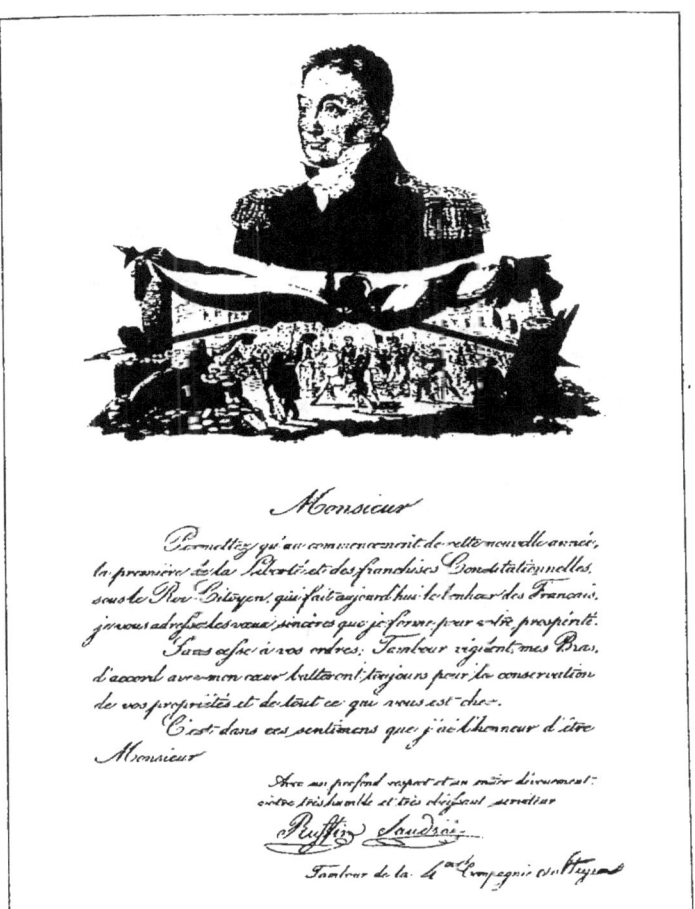

Fig. 31. — Lettre de compliments du tambour de la garde nationale, pour 1831 avec portrait de Lafayette et scène des « Trois Glorieuses ». D'après un original colorié. (Coll. Paul Dablin.)

eux ou portant la santé du supérieur, qui, pour célébrer l'heureuse journée, leur a fait verser à boire. Après la présentation du souhait vinrent les allégories, puis de vulgaires attributs.

Dans cet ensemble, quelques images se détachent, cependant : une où les souhaits sont adressés au roi Louis XVIII en personne, une autre où, pénétrant chez le roi citoyen, le tambour le trouve jouant avec un de ses fils aux soldats de plomb; une autre, encore, avec le portrait de Lafayette bourgeoisement bébête, planant au-dessus d'une figuration des Trois Glorieuses; une autre enfin — ce devait être un tambour-facteur qui l'inventa — donnant en éventail le calendrier de l'année.

Quoi qu'il en soit, c'est là une page intéressante pour l'histoire des vignettes du jour de l'an, un des derniers emplois de la gravure dans les formules banales de la vie. Entre les compliments gaufrés et dorés que les jeunes bambins venaient cérémonieusement présenter à leurs parents et les souhaits poético-artistiques du tambour de la garde nationale, exécutés à la douzaine par des burinistes de troisième ordre, achetés dans les boutiques de la rue Saint-Jacques qui conservaient le privilège de ces sortes de « passe-partout », il y a communauté parfaite. Rarement ces « souhaits » sortirent de la vulgaire gravure de commerce, quoique quelques-uns aient été lithographiés par les Vernet, mais ceux-ci, il est vrai, sont devenus introuvables, et il semble que le classique burin, que le triste pointillé, aient joui des faveurs et des préférences du public garde national. Je ne parle pas de la littérature, les vers étant à la hauteur des compositions dessinées, mais il faut bien finir sur une note gaie; c'est pourquoi je reproduis les vœux suivants adressés aux abords de 1840 :

> Aussitôt que les élections se terminent
> Mille souhaits naissent tour à tour,
> Veuillez de ceux qui tambourinent
> Accepter l'hommage en ce jour.
> Ils vous désirent douce vie
> Plaisirs sans fin, parfait bonheur,
> Félicité digne d'envie.
> Voilà les vœux de vos serviteurs,
> Les tambours de la compagnie.

Braves tambours!

Après les vœux des citoyens militaires, les vœux des civils, des patrons, des marchands, des fournisseurs à leurs clients.

Car dans cette société de l'Empire et de la Restauration qui, par ses mœurs intimes, semble si éloignée de nous, l'habitude des souhaits imprimés était devenue générale. Qu'on vous les

Marques; Papier à Lettres, etc. 33

porte à domicile ou qu'on vous les remette le matin du 1ᵉʳ janvier, dans la boutique où vous avez l'habitude de vous rendre,

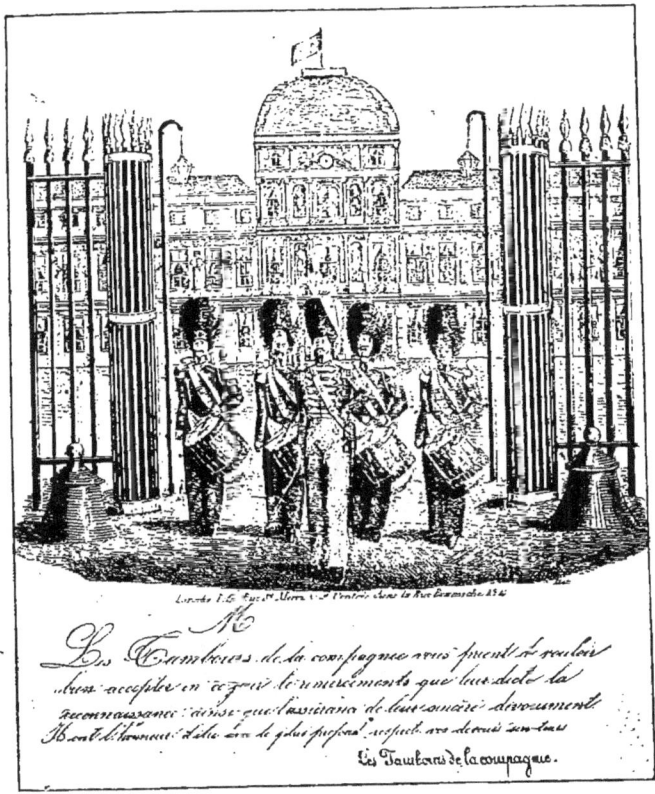

Fig. 32. — Lettre de compliments de la garde nationale. Les tambours de la compagnie des Grenadiers franchissant la grille des Tuileries (vers 1840).

personne n'oserait demander, personne ne voudrait tendre la main brutalement. Le petit papier est à la fois un cadeau et une entrée en matière. On veut bien recevoir, mais à la condition

3

d'offrir, soi aussi, quelque chose. Les chroniques des journaux de modes, sous la Restauration, ont enregistré quelquefois, au passage, ces compliments présentés par le coiffeur, par le tailleur, par le garçon de café, portant généralement, en tête, une petite vignette relative au commerce exercé par le patron. Mais retrouver ces feuilles de souhaits intéressés où les commerçants faisaient assaut de périphrases et de compliments pour attendrir le client, pour arriver à faire affluer dans la tirelire le métal précieux, n'est point chose facile[1]. Il en était, naturellement, de cette invite à la danse des pièces blanches, comme, de nos jours, avec les demandes de souscription pour des œuvres de bienfaisance ; les papiers encombrants disparaissaient vite : d'où la rareté des feuilles parvenues jusqu'à nous.

Où êtes-vous, jours heureux des feuilles à compliment, des papiers destinés à accompagner le boniment de la tirelire !

1. Voir la vignette de barbier de province reproduite dans *le Livre et l'Image*.

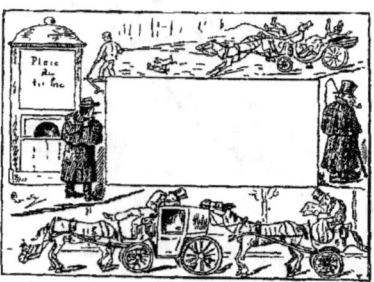

Fig. 33. — Enveloppe avec illustrations comiques de Lavrate.

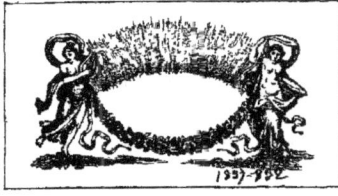 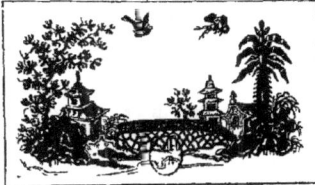

Fig. 34. — Cartes de visite avec ornements gravés (règne de Louis-Philippe).

## CHAPITRE II.

# Cartes de Visite et Cartes de Souhaits.

Cartes de Visite dans l'ancien temps. — Recherches sur leurs origines. — De quelle façon elles se déposaient au siecle dernier. — Cartes de Visite ornées du xviii<sup>e</sup> siecle. — Cartes de Nouvelle Année et de Souhaits. — La Carte de Visite au xix<sup>e</sup> siecle. Les Ornements et les Vignettes. — Cartes de Visite aux libellés grotesques.

Si vous voulez connaître ce qu'on est convenu d'appeler l'« histoire » de la carte de visite, ouvrez une encyclopédie quelconque : vous trouverez qu'elle existe depuis plus de mille ans en Chine; que les étudiants allemands de l'Université de Padoue allaient, dès 1530, déposer une carte chez leurs professeurs lorsqu'ils ne les trouvaient pas chez eux; qu'elle était à cette même époque d'un usage général en Italie : et cela, en effet, il est permis de le supposer en présence des nombreux spécimens gravés, avec figures, — hallebardiers et marchands, — ou même avec simples ornements, qui se trouvent au *Museo Civico* de Venise. Le spécimen ici reproduit vient ajouter une nouvelle preuve à ces témoignages déjà fort nombreux. Mais en France, c'est une autre affaire. Quand et sous quel nom parut-elle? Question difficile à résoudre et sur laquelle un jeune écrivain, M. Fernand Engerand, qui s'est fait remarquer, tout récemment, par de curieuses études sur les amusements des villes d'eaux dans l'ancien temps, a essayé de jeter quelque lumière.

« Au xvii<sup>e</sup> siècle, dit-il, le mot était usité. Racine, notamment, l'emploie dans l'*Histoire de Port-Royal*, mais il était assez éloigné du sens qui nous intéresse et désignait seulement le certificat de l'inspection d'un couvent passée par un évêque.

« Je n'ai point davantage retrouvé le terme « billet de visite », que d'aucuns disent avoir été la dénomination primitive des cartes; ces vocables ne figurent dans aucun des dictionnaires de l'époque; les traités de civilité, qui parlent si longuement des visites, sont muets sur cet usage, et le passage suivant des *Règles de la bienséance et de la civilité chrétienne*, du bienheureux de la Salle (1690), donnerait seul à penser que la carte de visite, si

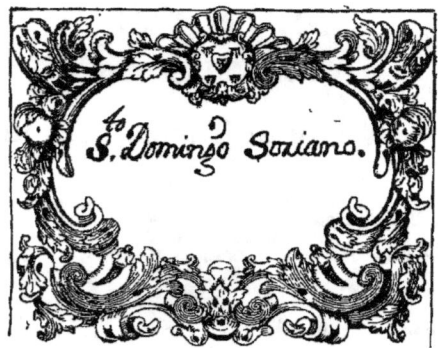

Fig. 35.— Carte de visite xvi<sup>e</sup> siècle, d'origine italienne.
(Coll. Felix Oppenheim.)

elle existait au grand siècle, était pratiquée entre gens de même rang :

« Si la personne qu'on va visiter est d'une qualité beaucoup
« supérieure et n'est pas au logis, il n'est pas bienséant de dire
« son nom, mais il faut dire qu'on reviendra une autre fois. »

« Quelle que soit la conjecture qu'on adopte sur l'origine des cartes de visite, il est certain que l'usage en était général en France vers le milieu du xviii<sup>e</sup> siècle; il en est fait mention, effectivement, dans une satire de 1741 sur les *Inconvénients du jour de l'an*, où l'auteur, critiquant la corvée des visites du 1<sup>er</sup> janvier, s'écrie que si l'hommage était sincère, il avouerait

> Qu'il aime qu'à la porte un zélé domestique
> Lui dise : « On est sorti. » C'est alors qu'il ressent

> Certain plaisir secret de voir qu'on est absent;
> Et son nom bien écrit rend sa visite en forme :
> Tel est le bel usage auquel il se conforme.

« Et, spécifiant le cas où le visiteur trouve porte close, il ajoute :

> Sur le dos d'une carte on fait sa signature
> Pour rendre sa visite au dos de la serrure.

« Voilà qui fixe l'identité de la carte de visite et son mode d'emploi.

« La carte de visite ordinaire n'était donc autre chose qu'une carte à jouer retournée, ou même un simple fragment sur lequel se mettait manuscrit, et plus tard imprimé, le nom du visiteur.

« Un collaborateur de *l'Intermédiaire des chercheurs et des curieux* en eut l'assurance quand, en démontant — il y a plusieurs années — le cadre d'une ancienne glace, il trouva dans la rainure formée par le bois et le verre une vingtaine de cartes de visite, au nom de personnes de lui connues comme ayant vécu au xviiie siècle : c'étaient, pour la plupart, des morceaux de cartes de jeu avec, au revers, les noms, soit manuscrits, soit imprimés assez gauchement par un amateur, à l'aide d'un bloc gravé en cuivre et monté sur bois, plusieurs enfin ornés d'encadrements. »

La question ainsi posée, et bien posée, ce me semble, on peut affirmer que la carte de visite se popularisa vite, parce qu'elle ouvrit la porte à toutes les vanités, à tous les orgueils. Sans mandat, sans privilège, — et c'était là grosse affaire à une époque où rien ne pouvait voir le jour sans le fameux permis, — les bourgeois se mirent à faire imprimer leurs noms sur des carrés de hollande. Quelle chasse aux titres ! jamais on ne vit tant de nobles. « Combien de gens, » dit le personnage d'une comédie de 1760, « ne sont gentilshommes que sur les cartes qu'il vous font parvenir ! » En 1783, Mercier écrira dans son *Tableau de Paris*, sur un ton moitié sérieux, moitié gouailleur : « Eh ! vite un censeur royal pour *approuver, examiner* toutes les cartes de visite qu'on glissera chez un portier ou dans la serrure. »

Chez un portier ou dans la serrure : retenez bien le procédé, car, dès ce moment, la carte de visite a pris naissance ; dès ce moment, elle va jouer son rôle de « porte-souhaits imprimé ».

Autrefois, — je veux dire au xviie siècle, — le genre était de faire prévenir une personne du jour où l'on irait la saluer ; ainsi, en 1687, la duchesse du Maine écrivait : « Les dames de Bouillon m'envoyèrent *visiter* dès le lendemain de mon arrivée, disant qu'elles me viendraient voir. » On s'envoyait porte à porte des salutations, des compliments par les laquais : « Monsieur le Marquis fait dire à Madame la Comtesse.... » — « Madame la Marquise fait prier Monsieur le Duc.... » Cela se passe encore ainsi sur la scène du Théâtre-Français. Les valets, auxquels incombait le soin de ces visites, s'acquittaient-ils bien de ce soin ? Si l'on en doutait, on pourrait alors croire que la carte de visite fut chargée de suppléer aux imperfections de leur service.

Les jours de grande cérémonie, à certaines dates, à certaines fêtes, — et l'usage subsiste toujours, — *on se faisait écrire aux portes*, suivant la pittoresque expression du moment ; si vous préférez, on allait « inscrire son nom chez les Suisses ». En 1773, Mercier écrira : « Il n'y a plus que les commis de bureau qui vont offrir hommage à leurs supérieurs. » Je sais bien que *l'Espion anglais* de 1777 publie les « conversations du jour de l'an chez M$^{me}$ du Deffand » ; mais il s'agit là d'un salon célèbre et d'une femme d'âge, d'un véritable cénacle littéraire dans lequel, pour employer les termes d'un contemporain, on va « prendre air et langue » ; car, déjà alors, l'antique usage de la présence réelle se trouve, entre égaux tout au moins, remplacé par l'usage des billets, des cartes.

En 1760, la carte « pour visite » — cette appellation, d'une scrupuleuse exactitude, me charme tout particulièrement — existe à l'état d'institution.

On s'envoie réciproquement des cartes par les domestiques. « En ce jour, » dit un voyageur étranger parlant du 1$^{er}$ janvier, « ce ne sont par les rues de la capitale que laquais portant sur des cartes ornées les souhaits de leurs maîtres ; et les laquais s'accostent, se saluent, et les laquais échangent leurs cartes. Monsieur le Duc reçoit ainsi en plein air les compliments de Monsieur le Chevalier. » Mercier va achever la physionomie générale de ce petit tableau si vivement croqué. Écoutez-le en son chapitre *S'écrire aux portes* : « La petite poste se charge aussi des visites[1]. Le porte-claquette[2] met un habit noir, l'épée au côté, et soulève le marteau des portes cochères ; elles bâillent et se referment quand

---

1. Le créateur de la petite poste, M. de Chamousset, le philanthrope bien connu (1737-1773), avait eu l'idée de porter à forfait les cartes à domicile, et il avait organisé dans ce but tout un service de commissionnaires décemment vêtus qui déposaient chez les gens le petit carton gravé.

2. Le porte-claquette était une sorte de factotum, de maître des cérémonies.

la carte est glissée. Rien n'est plus aisé, personne n'est visible ; chacun a eu l'honnêteté de fermer sa porte. Le porte-claquette prend partout le nom de celui dont il est le commettant. »

Elle a pris pied, la carte de visite ; elle se généralise ; bientôt elle nous inondera.

Au commencement du siècle, « on emploie concurremment 'les deux façons de procéder jadis en usage : on remet les cartes de visite aux portiers et l'on s'inscrit chez les suisses et les concierges » ; d'où il faut conclure, si *le Provincial à Paris* n'a point placé ses termes au hasard, que l'envoi de la carte est d'un ordre moins élevé. Pour employer le mot lancé dans la circulation par un humoriste, c'est déjà *la politesse-omnibus*. Les cartons souhaits ne se transportent plus seulement par la poste, ils ont leurs agences spéciales :

« Pour une somme assez modique, » nous apprend le même *Provincial à Paris*, « une entreprise se charge de la remise à domicile des cartes de visite ; on en viendra à se faire mutuellement des compliments qui seront transmis à un tarif convenu. »

Connaissez-vous l'épitre de Viennet contre les « cartes glacées, emblème exact de nos pensées », contre ce « nouveau scandale » dont la destruction « intéresse les mœurs et la religion » ?

> Vingt bureaux m'ont offert de me distribuer,
> A deux sous par ami, je puis tout saluer,
>
> Cent courriers s'éreintant, pour les uns, pour les autres,
> Vous rendront mes billets, et me rendront les vôtres.
> Le moyen est commode : il est reçu partout,
> Et cette *impertinence* est déjà de bon goût.

Tant de courroux pour un petit carton ! Du reste, bien avant, *le Journal de Paris* avait déjà fulminé contre cette manière banale de traduire un sentiment tout personnel.

## II.

Quoi qu'ait pu dire Monselet, la *physiologie* de la carte de visite n'a jamais été faite, pas plus, du reste, que sa *physionomie*, dont je vais essayer de tracer la légère silhouette.

La voici admirablement gravée, bien personnelle à celui qui vous l'envoie ou choisie suivant un des modèles que les graveurs de la rue Saint-Jacques, de la rue Saint-André-des-Arts, de la rue

Galande, ont dans leurs cartons, cadres tout faits sur lesquels ils se chargent au besoin d'écrire, d'imprimer ou de graver votre nom. Ils se chargent même de les faire porter.

En 1760, le sieur Croisey, rue Saint-André-des-Arts, vis-à-vis la rue Gille-Cœur, annonce ainsi que l'on trouve chez lui « de jolie (*sic*) billets de mariage et diverse sorte de billets d'invitations, cartes pour visites. »

Ici, c'est un encadrement rocaille, du pur rococo de Nancy; là,

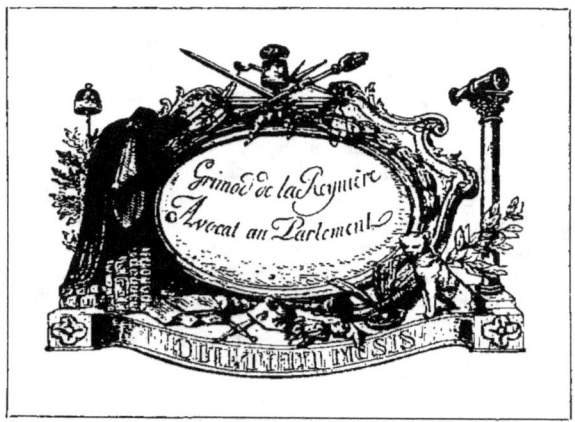

Fig. 36. — Carte de visite de Grimod de la Reynière, le célèbre éditeur de l'*Almanach des Gourmands*, ayant dû également servir d'ex-libris.

c'est une guirlande de fleurs; ici, ce sont des motifs classiques; là, ce sont des amours ou des colombes se becquetant; tout cela sent les frontispices, les en-têtes de Moreau, d'Eisen, de Cochin de Saint-Aubin.

Voici des attributs militaires : casques, drapeaux, cuirasses, pour les officiers de Sa Majesté; des attributs maritimes pour les jeunes nobles servant dans les arsenaux; des châteaux, des « fermes bien garnies », pour MM. les fermiers généraux; des vues de villes qui serviront à quelque gouverneur de province; des attributs judiciaires pour les robes du Parlement; des chars antiques et des chevaux pour un maître de poste.

Et, du reste, tout est prétexte à inscrire son nom. Déjà la fan-

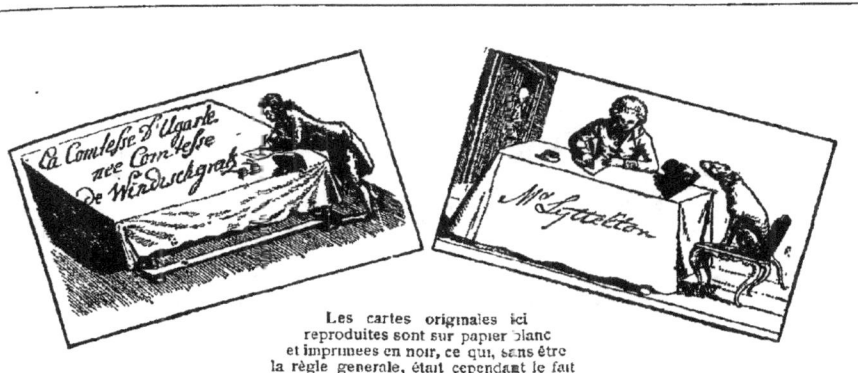

Les cartes originales ici reproduites sont sur papier blanc et imprimées en noir, ce qui, sans être la règle générale, était cependant le fait de la majorité. Celle du maître de poste Xavier de Puchberg est tirée en bistre.

Le médaillon du milieu, dans lequel se lit le nom de l'abbé Leblond, avec ornements de roses et Amours, a été exécuté d'après un dessin de Marillier. Ces encadrements, ces cartouches, étaient particulièrement répandus en France, où le côté décor l'emportait toujours sur l'image proprement dite.

Les tables sur lesquelles on écrivait son nom furent très à la mode à une certaine époque, surtout à l'étranger,

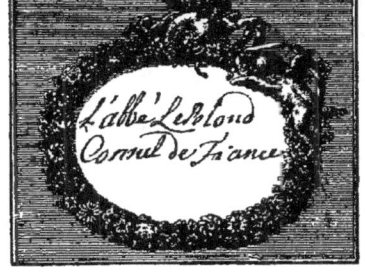

en Angleterre et en Allemagne. C'était une façon plus intime de montrer qu'on était venu, qu'on avait tenu à faire acte de présence.

Sous le Directoire et sous le Consulat vinrent les figurines de mode, les femmes debout ou assises, au milieu de la verdure, comme la carte ici reproduite, sur laquelle deux baronnes autrichiennes ont inscrit leur nom.

La carte du maître de poste de Puchberg est un exemple des compositions allégoriques, des attributs parlants dont il est fait mention dans le texte. En principe, qu'elles proviennent de personnages connus ou inconnus, les cartes de visite ornées de noms ont toujours l'attrait d'un document historique.

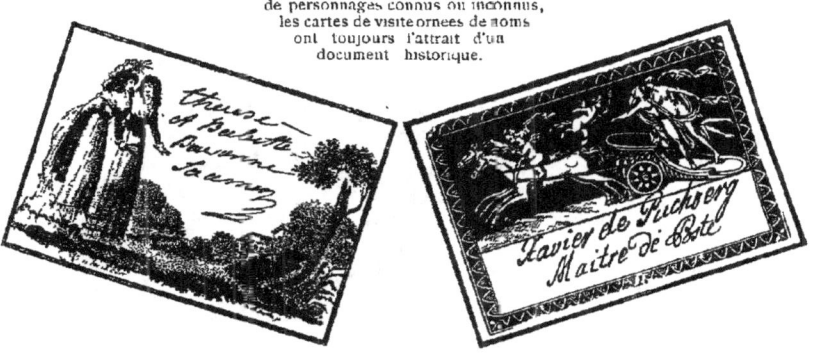

F. 37 à 41. — Cartes de visite XVIIIe siècle et premier Empire d'après les modèles que vendaient les graveurs.
(Spécimens français, anglais et autrichiens.)

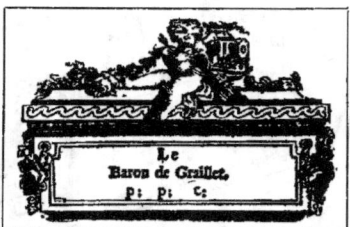

Fig. 42. — Carte de visite xviiiᵉ siècle.

taisie impose ses formes variées et amusantes. Sur une table, sur un bureau, sur une pierre, sur une glace, partout, médaillon ou surface plane, les noms se succèdent. Quelquefois le personnage est censé se représenter lui-même, écrivant la carte qu'il va envoyer. L'humour est de la partie : les singeries qui s'étalent sur les panneaux des petits appartements de Chantilly gambaderont également sur ces cartons ornés.

Et vous croyez peut-être qu'avec nos affreuses cartes blanches, ne différant que de grandeur et de typographie, nous avons inventé quelque chose! Détrompez-vous. Non seulement nos ancêtres ont le fameux P. P. C. (Pour prendre congé), ils ont encore en plus un P. P. E. (Pour prendre entrée) qui ne manque pas de logique. La princesse de Guéménée vient chez la comtesse de Duras ; elle ne la trouve point ; elle laisse une carte ainsi libellée : « Visite de Mᵐᵉ la princesse de Guéménée ». Autre part, on peut lire dans le même esprit : « Visite du prince Grassalkovics », « Le baron de Gummingen *p. p. congée* ».

Et partout il en est ainsi : à Paris, à Londres, à Vienne, à Rome, se fabriquent et se vendent des cartes ornées, — cartes plus grandes que les nôtres, — au beau hollande glacé, portant invariablement les noms en français.

Quand je dis : partout, je me trompe, car voici des cartes des provinces belges et des cantons suisses écrites sur... le dos de cartes à jouer. Est-ce rareté du papier, est-ce indifférence pour ce luxe de raffinés ? Je ne sais ; mais toujours est-il que ceux qui tracent leur nom sur le revers d'un as de pique ou d'un roi de carreau ne sont point uniquement de petites gens. A

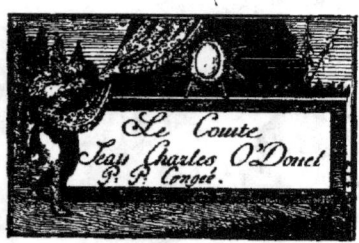

Fig. 43. — Carte de visite xviiiᵉ siècle.
\* L'inscription *P. P. Congee* est tracée à la main.

Cartes de Visite et de Souhaits.

Bruxelles, il est jusqu'à de hauts personnages qui envoient ainsi leurs souhaits intimes sur les cartes banales d'un vulgaire jeu de tarots.

Et cette habitude ne disparaîtra point complètement : des

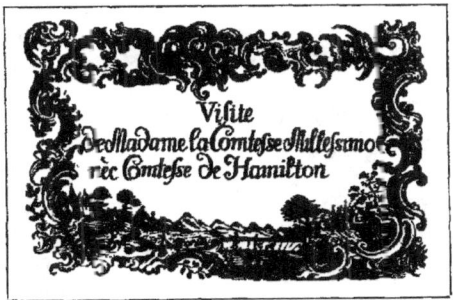

Fig. 44. — Carte de visite xviii° siècle dans un cadre rocaille.

cartes à jouer de 1830, en ma possession, servirent à cet usage. Pas dans le même public, il est vrai.

Après la carte « pour visites ordinaires », la carte pour nouvelle année. Tantôt ce sont de simples initiales : ɔ. L. N. Année,

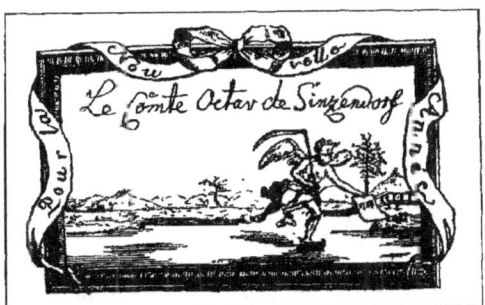

Fig. 45. — Carte autrichienne pour souhaits de nouvelle année (1789).

— P. F. (êter) L. N. A.; tantôt les mots : Premier janvier. — Je vous souhaite une heureuse année — gravés en un coin quelconque ou enlaçant les ornements des cadres. D'autres fois, on écrit à la main : « Pour présenter son hommage et ses vœux ». —

« Pour présenter ses respects à l'occasion de la nouvelle année. »
— « Pour féliciter au sujet de la nouvelle année. »

Même avec nos chromos, même avec nos félicitations se détachant en or ou à la sanguine sur des fonds opaques, nous n'apprendrions rien à nos ancêtres.

Nous pouvons être fiers de nos belles images, de nos cartes de *Christmas*, importation anglo-germanique, avec des toits chargés de givre, avec des chats aux rubans roses, avec des poésies au verso; les gens de 1760 avaient, eux aussi, leur imagerie de nouvelle année dans laquelle déjà excellaient les Allemands. Et c'était autrement typique, autrement pittoresque. Coloriées ou gouachées, — quelques-unes imitent les papiers peints, — ces cartes étaient à surprise. Je veux dire qu'une partie quelconque de l'image, — une pierre, un pan de muraille, un médaillon, un fruit, — découpée pour former porte, se levait et, dessous, imprimés ou tissés sur soie, apparaissaient les vœux de bonne année. Là se lisaient à n'en plus finir des *Prosit das Neue Jahr!* des *Zum Neuen Jahr!* des *A l'Amitié et à l'Amour pour la Nouvelle Année*; souhaits guindés, compliments enguirlandés, félicitations cérémonieuses, de tout temps chers aux Allemands. Et toute une littérature avait ainsi pris naissance, accommodant aux circonstances les poètes du jour.

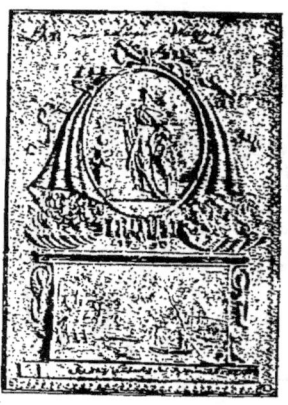

Fig. 46.
Carte de vœux de nouvel an (1790).
Le médaillon ou la tablette, quelquefois tous les deux, se soulevaient, et les vœux se lisaient au-dessous. Ces cartes étaient généralement des gaufrages en papier de couleur.

Aux approches de 1789, les temps devinrent plus graves; la mode n'était plus aux petits objets charmants qui avaient fait l'engouement du siècle. On renonça dès lors aux amours, aux colombes, aux flèches, aux cœurs enflammés. Ainsi simplifiées, les cartes de visite prirent un caractère civique tout républicain. Augustin de Saint-Aubin fut longtemps réduit, comme gagne-pain, à graver les feuilles de laurier destinées aux cartes de visite des citoyens, des purs, de la première République.

Puis avec Bonaparte voici les ornements étrusques et gréco-romains : la décoration des vases passe sur les cartes. Tel financier du Directoire inscrit son nom aux côtés de souvenirs pompéiens. Ou bien ce sont des voitures filant, hautes et légères, au-dessous desquelles des Incroyables martyrisent l'orthographe, appliquant à l'écriture la barbarie de leur prononciation; ou bien de gentilles petites poupées au goût du jour, servant en quelque sorte de passeport graphique aux belles mondaines.

Durant les beaux jours de l'Empire, l'aigle déploya ses ailes sur

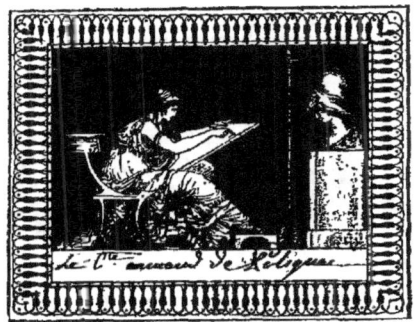

Fig. 27. — Carte de visite du premier Empire.

es petits cartons servant aux visites. Il y eut les cartes sévères avec ornements dans le style de Percier et Fontaine, avec des enfants se jouant au milieu des drapeaux et des trophées ; il y eut les cartes fantaisistes qui nous apparaissent, aujourd'hui, grotesques.

Voici, faisant l'exercice, des Amours peu vêtus, mais, par contre, coiffés d'un shako gigantesque, des Amours médecin, notaire, orfèvre, des tambours-majors à la canne indicatrice, des sujets guerriers, toute la ferblanterie troubadouresque. Les noms s'alignent sur les tambours; des élégantes — sans doute peu sensibles — inscrivent leur adresse sur une cuirasse. Mars tend à Vénus un boulet gigantesque; sur ce boulet, vous lirez : M<sup>me</sup> Herbertine de Saint-Hyacinthe.

1814 voit les cartes de visite enguirlandées de violettes, d'abeilles, de fleurs de lis : cartons emblématiques dont *le Nain Jaune* indiquera les marchands. Et ces fleurs, et ces attributs sur lesquels se lisent les noms des grandes et des petites « girouettes », souvent sont à surprise. Violettes, abeilles, fleurs de lis se soulèvent et laissent apercevoir un Napoléon, un Louis XVI, un Louis XVIII, une Marie-Antoinette.

C'est le triomphe des cartes frappées en relief sur cartons, rose, vert, chamois : un instant, signe avant-coureur de la photographie, la mode fut d'y placer des portraits à timbre sec et en médaillons. S'il faut en croire un écrivain qui s'est intéressé à ces questions, M. F. Pouy, des cartes-portraits auraient ainsi circulé avec les figures des membres de la famille royale.

Ce n'est point tout. Il y avait, alors, dans le choix des

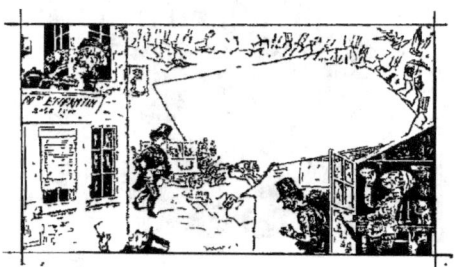

Fig. 48. — Carte de visite comique.
(Composition de Maurisset. Serie publiée vers 1840.)

cartes de visite des règles dont un homme de goût ne pouvait s'écarter, au risque de passer pour un ignorant des convenances les plus élémentaires.

« Les cartes *écrites* sont de vieux style, » lit-on dans l'*Almanach des Modes* de 1817 ; « les cartes *imprimées* indiquent les gens du petit commerce ; les cartes *à vignettes* dénotent les parvenus ou les étrangers ; les cartes *en couleur* sentent la province ; les cartes *gravées en écriture courante, sur un fond blanc tout uni, avec l'adresse en bas, en caractères microscopiques,* sont les seules adoptées dans le grand monde : c'est l'usage de la Chaussée-d'Antin. »

Quoi qu'il en soit, la carte gaufrée, avec le nom du visiteur frappé au timbre sec ou écrit à la main, continuera longtemps à primer toutes les autres.

Peu après, les encadrements en relief firent place aux filets typographiques entourant le nom imprimé en caractères mobiles, telles nos cartes dites *à la minute*. Enfin, parurent les cartes glacées, rivales de la porcelaine, dont elles empruntèrent le nom. Jusqu'en 1835, on avait adopté les cartes de visite en carton simple, entourées d'ornements allant des chinoiseries, des turqueries, au gothique le plus étonnant, lorsqu'un papetier galant exhiba un nouveau modèle de cartes artistiques entourées d'une dentelle à jour; le centre était orné d'une aquarelle ou d'une sépia, au milieu de laquelle s'inscrivait le nom de la personne, soit sur un tronc d'arbre, soit sur un rocher. Un nouveau XVIIIe siècle à l'usage des bourgeois du jour. Le mauvais goût s'étant emparé de cette innovation, on s'empressa de revenir à la carte ordinaire, dont l'aspect et le format subiront, toutefois, de nombreuses transformations.

On rencontre bien encore, aux approches de 1840, des gens qui se servent de cartons aux ornements lithographiques antédiluviens, — les noms s'écrivent en lettres cursives blanches sur fond noir, — mais les cartons teintés, véritables étiquettes pour bouteilles, ne paraissent

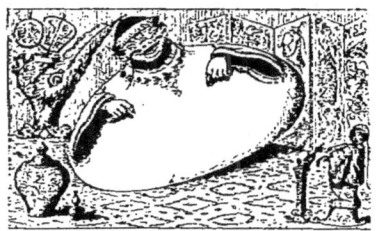

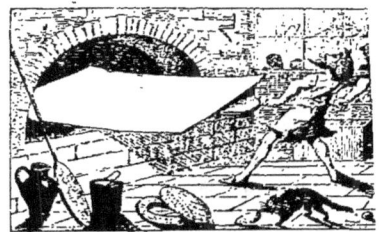

Fig. 49 et 50. — Cartes de visite comiques publiées par le *Journal Amusant* (1860).

avoir obtenu un certain succès qu'en Allemagne, le pays par excellence des attributs et des allégories. C'est également le moment où, dans des compositions comiques dessinées par Maurisset, Victor Adam et autres, ceux que taquine toujours la recherche du pittoresque inscrivent leur nom en lettres également fantaisistes. Pour les gens sérieux on a d'autres vignettes, lithographiées elles aussi, des paysages, des sites connus, des belles Napolitaines ou d'affriolantes confiseuses; quelque chose comme les gravures de *l'Artiste* réduites de format ou comme les femmes de Grévedon. Mais aux approches de 1850 tout cet attirail disparaît.

Désormais, imprimée ou gravée, la carte de visite redevient blanche : le carton triomphe en toute sa banalité, ne laissant plus aux personnes qu'une seule chose, le choix des caractères. Rares et bien osés ceux qui font imprimer leur nom en bistre ou à la sanguine, depuis que Barbey d'Aurevilly n'est plus là pour mélanger les encres![1] excentriques, les quelques artistes — comme Laguillermie ou Léopold Flameng — qui se gravent à eux-mêmes des cartes de bon goût! Philipon et le *Journal Amusant* chercheront, il est vrai, à ramener les cartes de visite illustrées par la publication d'une série de vignettes comiques imprimées sur fond jaune, mais cette tentative rencontrera peu d'enthousiastes : le dessin banal aux modèles tout faits ne pouvait plus guère charmer que les commis-voyageurs. Plastrons blancs, cartes blanches, tel était l'idéal.

### III.

Est-ce à dire qu'il ne reste rien d'original ou de fantaisiste en ce domaine? Détrompez-vous. L'image peut disparaître : le grotesque n'abandonne jamais ses droits. Voici des cartes faites pour vous réjouir.

Ici, en 1859, c'est un M. C. Remlet qui indique ainsi sa profession : « Cuisinier de M$^{me}$ la comtesse d'Auteroche et de M$^{me}$ la marquise de Courtaville, château de Liewille »; là, c'est un poète de province qui écrit modestement en guise de profession : « Poète-touriste, de X... (Jura) ». Du reste, les versificateurs-amateurs ne reculent devant rien. Voici, par exemple, un poète-cafetier de Dijon, auteur d'un volume publié en 1864, qui envoyait des cartes ainsi libellées :

---

LÉON BODIER,

*Ancien professeur d'hippiatrique et d'équitation,*
*Membre du Comité central d'Agriculture, de la Société protectrice des animaux*
*Correspondant de plusieurs Académies savantes,*
*Maître d'hôtel à Dijon*

---

[1]. Barbey d'Aurevilly, dont je possède une carte arc-en-ciel, mettait autrefois comme indication topographique : « Rue Rousselet, près la rue de Sèvres, faubourg Saint-Germain ».

Les amateurs de titres, de fonctions, famille nombreuse jamais à court d'arguments! Je ne parle que pour mémoire de Gagne, le roi des excentriques, qui au-dessous de son nom et de sa profession : « M. GAGNE, *avocat* », mentionnait tous les ouvrages dont il était l'heureux auteur, depuis *l'Unitéide*, poème en 12 chants et 60 actes, jusqu'à la *Comète de l'Antechrist*, jusqu'au *Journalophage*. Et je transcris textuellement la carte suivante, véritable modèle du genre cumulard :

---

MARQUIS DE RAGNY,

*L'un des présidents-fondateurs inamovibles de l'Académie universelle*
*Des arts et manufactures, sciences, musique,*
*Belles-lettres et beaux-arts,*
*Instituée pour l'Exposition de 1855.*
*Membre de la Société royale universelle de Londres,*
*De l'Académie des arts et métiers, du Comité des archivistes de France,*
*De l'Académie flosalpine* (sic) *d'Embrun,*
*De la Société des amis chrétiens,*
*Membre de divers congrès scientifiques et autres.*

---

Quoique cette académie « flosalpine » et ces congrès, *scientifiques et autres*, ne manquent pas de charme, il y a mieux encore, car voici un poète — impitoyables, les amants du Parnasse ! — qui ne craignait pas de joindre dix-huit lignes au simple énoncé de son nom. Et en ces dix-huit lignes défilaient successivement toutes les sociétés dont il avait l'honneur de faire partie, depuis l'Académie impériale de Reims — ceci date de 1865 — jusqu'à la Société des Sauveteurs médaillés de la Gironde, jusqu'à la Société académique de Poligny (Jura). J'en ai compté ainsi vingt-six.

Il y a ceux qui mélangent agréablement l'art et le commerce, ceux qui ne se contentent pas de mentionner les œuvres et les produits dont ils se trouvent être les auteurs, mais qui, toujours pratiques, donnent les prix de la marchandise qu'ils ont à offrir, vont même jusqu'à indiquer où elle se trouve. La carte de visite intéressée. En notre siècle d'américanisme, il faut bien être pratique !

Voici, plus variée, une carte non moins pittoresque, que des raisons d'actualité me forcent à présenter sous un nom supposé et avec quelques nécessaires transformations, mais en respectant scrupuleusement sa physionomie :

> EMILE CHEVALIER,
> *Membre de la Société des gens de lettres,*
> *Président de l'Academie***,*
> *Directeur-fondateur du journal***.*
> *Honoré d'une medaille d'honneur de vermeil grand module*
> *Par l'Association universelle*
> *Pour l'expansion de la litterature française,*
> *Membre titulaire non résident de la Société académique de****
> *Membre correspondant de l'Academie nationale de***.*
> *Et de la Société française d'archéologie,*
> *Auteur de divers ouvrages historiques et litteraires,*
> *Ayant obtenu une médaille d'honneur grand module*
> *A la Societe nationale d'encouragement au bien.*
> DIJON.

N'est-ce point, dans toute sa saveur, la carte de visite-réclame, destinée, ici, à l'exercice d'un commerce littéraire ! Du reste, le jeune et prolixe écrivain qui, le 1$^{er}$ janvier, envoie à ses amis et connaissances de tels bristols-pancartes, n'est point l'inventeur du genre, puisque feu Mollevaut, de l'Académie royale des Inscriptions et Belles-Lettres, ajoutait à son nom les titres de ses ouvrages et des ouvrages traduits par lui; or, il avait traduit Musée, Salluste, Tibulle, Catulle, Virgile, Properce, Tacite, Anacréon, Horace, Pétrarque, Thompson, Pope, Gessner; tous les anciens et tous les modernes. La carte de visite-affiche, en petit format.

Dans ce vaste musée de la vanité, né du besoin de réclame et de notoriété, de la nécessité de se faire remarquer par une particularité quelconque, on peut choisir; les sujets ne manquent point. Notons ainsi comme dignes, entre tous, de figurer dans cette galerie des grotesques de la plume :

FÉLIX CORBINEAU, artiste littérateur;

BERCHAT, aspirant au notariat;

COSSON-LALANDE, ancien élève du lycée de Bourges;

LE COMTE de ***, frère du général ***, blessé à la tour Malakoff;

HALI-BEY, fils du colonel des Mameluks de l'empereur Napoléon I$^{er}$;

Mintenois, ancien coiffeur, homme de lettres ;
Comte de Mintenet, des Carlovingiens d'Aquitaine.
Et ces deux curieuses réminiscences du siècle passé :
Rousseau, architecte, dont la famille ne descend aucunement du philosophe impie (*sic*) ;
Voltaire II, ancien négociant, fils de ses œuvres. Et œuvres est imprimé en petites capitales. Après cela il faut tirer l'échelle.

Vers 1867, Villiers de l'Isle-Adam, qui s'occupait alors d'affaires et qui courait les maisons de banque à la recherche de capitaux pour la fameuse entreprise des « Galions de Vigo », avait une carte de visite ainsi conçue, que je retrouve dans les papiers de mon père :

« Villiers de l'Isle-Adam, candidat à la succession des rois de Chypre et de Jérusalem, publiciste. »

Et cette galerie de grotesques pourrait se compléter aisément de ceux qui aiment à voir leur nom écrit en lettres historiées pleines de sous-entendus et d'allégories, ou de ceux qui inscrivent en un coin quelque sentence prud'hommesque, ou de ceux encore qui se complaisent à donner des indications plus ou moins fantaisistes à l'usage du public.

Enfin, alors que les journaux fabriquent à prix réduit des cartes de visite pour leurs abonnés, il ne sera pas sans intérêt de rappeler qu'en 1866 M. Polydore Millaud avait trouvé mieux. Il venait de fonder le *Nouvel Illustré* à 5 centimes, et, au bout de trois mois, les abonnés de ce périodique reçurent la circulaire suivante :

> Nous voulons faire richement illustrer les bandes portant les noms et les adresses de nos abonnés. Qu'ils envoient donc au plus tôt leur renouvellement.
> *P.-S.* — En détachant de votre bande le carré entouré de fleurs qui contiendra votre nom, vous aurez une charmante carte de visite illustrée.

Cette carte de visite illustrée, je la vois encore. J'étais alors malade, et jamais, je puis le dire, numéro ne fut plus impatiemment attendu que le fameux numéro porteur de la bande-carte. Hélas! ce fut une désillusion, — pour moi tout du moins. La poste avait maculé le cadre. Mon frère, pour me consoler, m'apporta *le Tintamarre*, qui m'apprit que désormais les abonnés de M. Millaud feraient leurs visites *par bandes*.

Sur ce, je laisse la carte de visite suivre ses destinées, varier, suivant la mode, de format, se présenter carton aux proportions relativement considérables, se faire petite, lilliputienne, se complaire dans sa blancheur immaculée, ou essayer de revenir aux enguirlandements, aux enjolivements d'autrefois. Elle aura beau faire, elle est condamnée suivant l'esprit du siècle à subir l'égalité démocratique.

C'est un document, une étiquette individuelle, si l'on veut, et rien de plus : c'est le passeport qui servira au visiteur d'entrée, à moins qu'il ne contribue, au contraire, à lui interdire la porte qu'il désirait franchir.

Donc, à quoi bon les enguirlandements, les enjolivements ! Ici, comme partout, c'est l'usage immodéré, c'est l'abus qui a tué la carte de visite, à telles enseignes même, que, dans les affaires, dans les rapports de la vie quotidienne, voici que triomphe l'habitude américaine d'inscrire son nom sur une fiche préparée *ad hoc*.

Plus de carton personnel : l'inscription pure et simple sur un bloc-notes à l'usage de tout le monde.

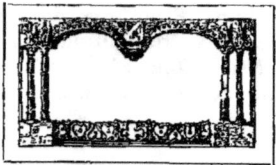

Fig. 51. — Carte de visite de 1832.

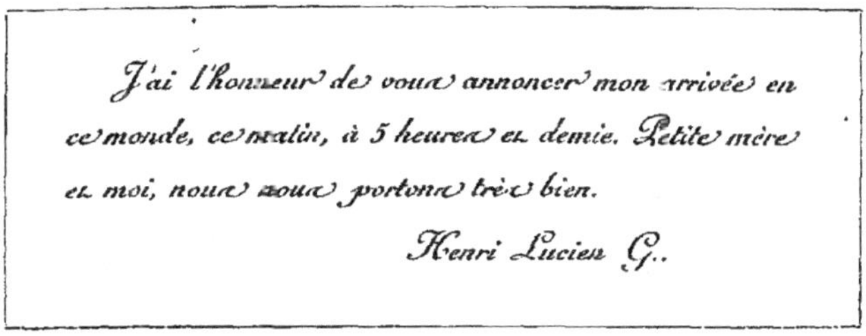

> *J'ai l'honneur de vous annoncer mon arrivée en ce monde, ce matin, à 5 heures et demie. Petite mère et moi, nous nous portons très bien.*
>
> *Henri Lucien G..*

Fig. 52. — Type de billet de naissance moderne, sans illustration.

## CHAPITRE III.

## Billets et Lettres de Part.

### I.

Naissance. — Mariage. — Décès. — Les Billets écrits et les Billets imprimés, avec vignettes. — Antériorité des Billets de décès. — Leur grandeur et leurs encadrements spéciaux. — Les Lettres mortuaires grotesques. — Billets de part satiriques.

BILLETS de part! Aucun terme ne saurait exprimer plus justement ce dont il est question, puisqu'il s'agit, au moyen de lettres spéciales, de *faire part* de la naissance, du mariage ou de la mort des êtres humains. Les trois phases de la vie: l'apparition, l'union pour la fécondation de la race, pour la transmission des forces secrètes de la nature, et la disparition. Les formes graphiques peuvent différer, l'objet en lui-même reste identique : ce sont des cartons ou des papiers destinés à faire connaître aux parents et aux amis l'état civil des leurs; l'homme n'étant, réellement, son maître que lorsqu'il annonce à la société son mariage.

D'abord l'origine, la naissance.

Les premiers billets, en ce domaine, ne remontent pas au-delà du XVIII° siècle. Avant cette époque, les naissances s'annonçaient, soit par une visite, soit par une lettre manuscrite. Tout naturellement, ces billets étaient ornés, illustrés dans le goût du siècle; les graveurs de la rue Saint-Jacques ou de la rue Galande qui tenaient des feuilles pour cartes de visite et de compliments, avaient un assortiment non moins varié de spécimens pour billets de part, naissance ou mariage. Cependant, on peut dire que les feuilles destinées à enregistrer l'entrée dans le monde étaient moins nombreuses, soit que l'usage en fût encore moins général, soit que le sujet prêtât moins à la fantaisie. Presque toujours, — je parle de la vignette, — des Amours dans des corbeilles de fleurs ou dans des barcelonnettes avec un hochet à la main, ou des Amours dansant à l'annonce de l'heureuse nouvelle, ou encore des Amours faisant cortège au nouveau-né. Comme ornements, des arbres, des fleurs, des moutons enrubannés. Au point de vue de la rédaction, ces lettres différaient quelque peu des nôtres : ce n'étaient point Monsieur et Madame qui annonçaient, c'était Monsieur qui communiquait la bonne nouvelle aux amis plus ou moins indifférents. Voici, du reste, la formule qui se plaçait généralement au-dessous de la vignette :

> J'ai l'honneur de vous faire part de l'heureux accouchement de mon Épouse.
> Le.... la Mère et l'Enfant se portent bien.
> J'ai l'honneur d'être.

Si vous voulez savoir pourquoi le premier mot était laissé en blanc, on pourrait vous répondre : afin de pouvoir mettre suivant les cas : le *mari* ou le *père*. Pauvre homme! Qui se fût jamais douté que la santé d'un mari du XVIIIe siècle pût être ainsi mise en danger par l'accouchement de madame son épouse!

Disons, également, à propos de la formule employée, que, de nos jours encore, les lettres de part provenant de hauts personnages et les missives diplomatiques sont rédigées par le mari seul : « Je vous annonce l'heureuse délivrance de Madame la Comtesse de.... » ou de « Madame la marquise de.... ».

Au point de vue image, le premier Empire et la Restauration ne modifièrent pas grand'chose : c'étaient toujours des enfants nus ou des Amours; mais, là encore, l'époque impériale ne put résister au plaisir d'affubler de shakos gigantesques les pauvres petits bébés, qui n'étaient pourtant point cause de tout ce fracas guerrier, et la Restauration, avec la sensibilité à la mode, coucha les anges dans des berceaux auprès desquels veillaient les mères vigilantes. Sous Louis-Philippe, plus d'images, ou alors la banalité dans tout son triomphe, les poncifs des papetiers.

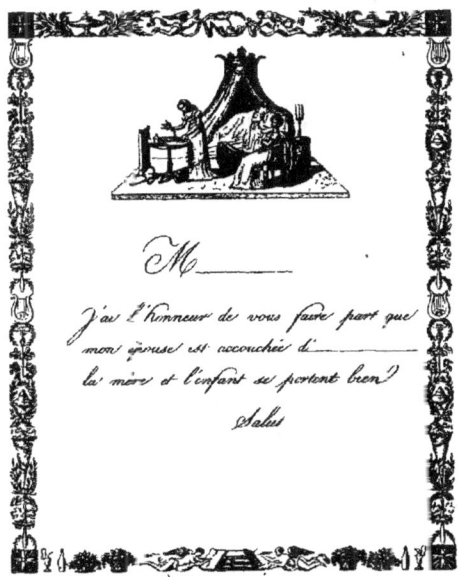

Fig 53. — Faire-part de naissance avec vignette et encadrement tirés en couleur (Restauration).

« De nos jours, » dit le docteur Witkowski, dont le curieux livre *les Accouchements dans les Beaux-Arts, dans la Littérature et au Théâtre*, contient tout un chapitre sur ce sujet, « les billets de part portent assez souvent des vignettes plus ou moins originales.

« Ici, l'Amour trace avec la pointe d'une flèche l'annonce d'une naissance. Mais pourquoi sur un mur? C'est une concurrence déloyale à la maison Bonnard-Bidault. D'autre part, pourquoi le même Amour a-t-il le pied sur son carquois ? Veut-il donner à entendre par là qu'aucun trait n'en sortira plus ? Serait-ce quelque symbole malthusien ?

« Là, deux papillons semblent voler amoureusement l'un au-devant de l'autre. Emblème des deux époux dont le rejeton sommeille, au-dessous, dans une barcelonnette ? Le reste est clair : l'Amour, entré pour la circonstance dans l'administration des postes, s'élance, vêtu d'une simple boîte aux lettres, pour distribuer la bonne nouvelle aux amis et aux indifférents.

« A ces conceptions d'un goût plus ou moins contestable, qui sont, du reste, des poncifs du commerce, nous préférons quelque aimable concert dans le genre du suivant. Des musiciens ailés, oiseaux et Amours, ravissent le nouveau-né, et cette harmonie évoque assez gracieusement l'idée de la joie de vivre qui est le charme du premier âge.

« Mieux encore : un bébé faisant son entrée dans le monde sur un bicycle — bonne occasion à réclame pour les nombreux fabricants de cette espèce de véhicule — et muni d'un appareil photographique — non moins bonne occasion pour les fabricants d'instantanés. A la bonne heure, par ce temps de vélo et de photomanies, voilà un baby qui est dans le mouvement.

« Souvent aussi les fées, les bonnes fées de la légende, ornent les billets de part dans des vignettes qui sortent de chez les graveurs attitrés de ce genre de communications. »

Après l'image, la lettre, la rédaction même du billet :

Autrefois, on l'a vu, c'était simple, très simple : pas de phrases, pas de boniment, pas de poésie dithyrambique. Le fait lui-même, l'annonce seule.

Et la raison de cette brièveté est que l'enfant n'occupait pas dans la société la place considérable prise par lui depuis, qu'il comptait même pour peu, relégué à l'arrière-plan à moins qu'il ne fût d'extraction royale ou tout au moins princière.

L'homme ne l'avait point poétisé comme de nos jours, l'homme ne passait pas ses instants à l'admirer, à le porter aux nues ; il ne s'évertuait pas à le faire parler avant l'âge, à développer en lui une vie précoce. Avec les principes éducatifs de l'abbé de Condillac on ne pouvait voir surgir ni les enfants terribles de Gavarni ni le petit Bob de Gyp. Aujourd'hui, en ces temps de générations précoces, tout a changé. De la mère on s'occupe peu, l'enfant est tout. Dans les familles ayant déjà un ou deux rejetons, il ne sera pas rare de voir l'aîné annoncer lui-même la venue du nouveau petit frère ou de la

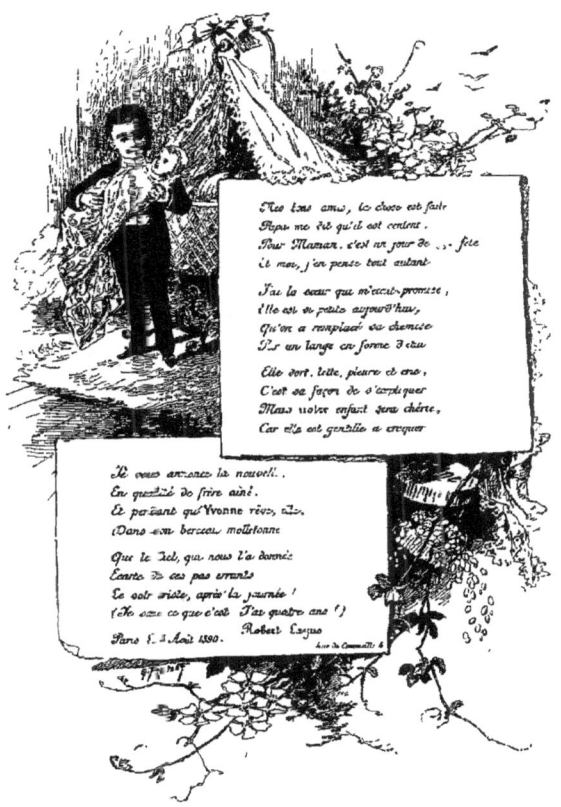

Fig. 54. — Faire-part de naissance moderne, d'après une gravure de G. Fraipont

nouvelle petite sœur. Et des vers sans prétention, souvent même à tournure enfantine, se joindront à l'image de circonstance. Telle la composition ici reproduite.

Quelquefois, ce qui est plus typique encore, l'enfant annonce lui-même son entrée dans le monde :

> *Mon papa et ma maman sont heureux de vous faire part de ma naissance :*
>
> *André D...*
>
> *138, Bd Diderot.*

Ailleurs on s'amusera à copier le passé.

« Un certain style pseudo-gothique, » dit, ici encore, le docteur Witkowski, « s'est, comme on sait, introduit partout. De braves gens ont cru élégant de faire rédiger des lettres de part en style moderne, mais en caractères dignes d'une enseigne de tapissier, le chef-d'œuvre étant, par surcroît, décoré de figures copiées sur quelques méchants vitraux.

« Voici une rédaction dudit genre prétentieux, avec l'aggravation d'un style et d'une orthographe soi-disant archaïques :

> A donc Messire et Dame... esprouvent moult joye, plaisir, rejouissance, vous apprenant la venue en certain monde de jolye mignonne Damoiselle Marthe.
>
> Icelle nasquit doulcement en la maison du boulevard de Saint Michel Archange 94, le 15 janvier 1884.

Mais déjà ces formules sont vieillottes, s'emploient de moins en moins, et l'on revient au classique. Images et papiers d'hier qui, eux aussi, sont de vieilles images et de vieux papiers.

## II.

Après la naissance, le mariage. Là encore les origines de ces imprimés sont loin de se perdre dans la nuit des temps. Aux siècles antérieurs, lorsqu'un mariage était sur le point de se contracter, les parents des deux futurs époux allaient eux-mêmes en faire part à toutes les personnes de leur connaissance. Peu à peu cet usage vint à passer de mode ; et comme on s'arrangeait pour ne pas trouver les personnes auxquelles on rendait visite, on fit faire des billets manuscrits qu'on laissait à leur porte, billets plus ou moins ornés de peintures, d'arabesques et d'emblèmes, qui contenaient l'annonce du mariage.

Ce fut plus tard seulement que l'on s'avisa de substituer les billets imprimés aux billets manuscrits. M. et M$^{me}$ de Pons et M$^{me}$ de Castellane furent, à ce qu'il paraît, les premiers à se servir d'imprimés. Voici en quels termes sont conçus ces billets, d'un très petit format :

« Monsieur et Madame de Pons sont venus pour avoir l'honneur de vous faire part du mariage de Monsieur le marquis de Pons, leur fils, avec Mademoiselle de Brosse. »

« Madame de Castellane est venue pour avoir l'honneur de vous faire part du mariage de Mademoiselle de Brosse, sa fille, avec Monsieur le marquis de Pons. »

Le billet de mariage du dernier duc de Richelieu, de même petit format, que l'on peut voir au Cabinet des Estampes, se trouve dans un encadrement champêtre ; il est ainsi libellé :

« Monsieur le duc de Richelieu a épousé, la nuit du 6 au 7 aoust 1784, au château de Montjau, en Bourgogne, la seconde fille de Anne Marie-Joseph de Lorraine, prince de Guise, comte de Harcourt. » — Et c'est tout.

Mais cette façon d'annoncer son mariage était loin d'être entrée dans les habitudes, c'etait même encore une fantaisie de grand seigneur, car, quelques années avant, le célèbre joaillier Lempereur, ayant envoyé à tout Paris des billets imprimés, ornés d'images allégoriques, pour annoncer le mariage de sa fille, la Cour, s'il faut en croire le duc de Luynes, en montra quelque ombrage, et le grand-père du duc de Richelieu, c'est-à-dire le maréchal, celui qui était filleul de Louis XIV et de la duchesse de Bourgogne, furieux de ce qu'un bourgeois se fût permis pareille chose, fit, simplement, écrire à la main ceux de sa fille, qui épousait le comte d'Egmont. Cela jeta même du discrédit, un certain temps, sur les billets ornés, ces beaux billets pour lesquels les Marillier, les Eisen, les Moreau, dessinaient des guirlandes de roses enlacées d'Amours, à moins que des souhaits, des sentences plus ou moins banales, ne vinssent se placer aux quatre coins.

En est-il de plus anciens que ceux ici cités ?

La bibliothèque de l'Université de Gand, assez riche en documents de cette espèce, n'en possède pas d'antérieur à 1768, et la rédaction de ce billet est assez curieuse pour être fac-similée ici :

> Monsieur,
>
> Ma fille cadette venant de contracter ce jourd'hui l'aliance avec messire Thiedor, baron de Pelichy, dont j'ai le plaisir de vous donner part, espérant que vous voudrez bien prendre part à leur satisfaction, de même qu'à la mienne, vous obligerez infiniment celui qui a l'honneur de se dire très parfaitement,
>
> Monsieur,
>
> Votre très humble et très obéissant serviteur et parent,
>
>      P. de Stappens d'Heyrnes.
>
> Bruges, ce 19 septembre 1768.

Signature et date se trouvent écrites à la main, d'où l'on peut déduire, puisqu'il s'agit ici d'un billet imprimé pour la circonstance, et non d'un passe-partout, qu'il était plus convenable, ou tout au moins, d'usage, dans la contrée, d'ajouter soi-même cette partie manuscrite.

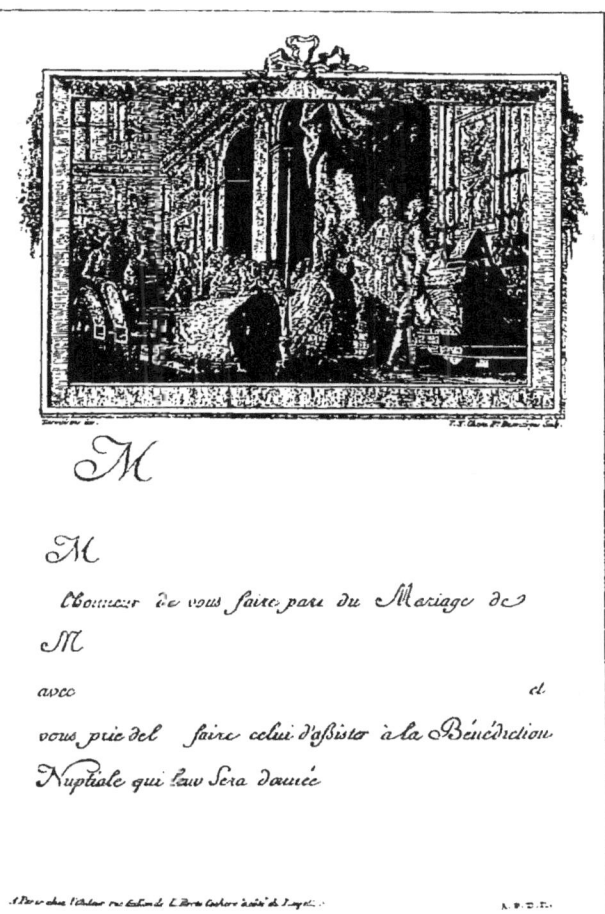

Fig. 6. — Faire-part de mariage (XVIIIe siècle), gravé par Desmaisons.

Fig. 56. — Faire-part de mariage (XVIIIe siècle). (Réduction de moitié.)

La conclusion est que les billets de mariage s'étaient encore peu vulgarisés durant tout le siècle, qu'ils restaient l'apanage des grands seigneurs. Par contre, dans les dernières années, l'usage des communications imprimées était devenu général, ainsi que permet de le supposer le billet ci-contre, invitant à la bénédiction nuptiale d'un maçon.

Comme forme extérieure, ils s'agrandirent, se transformèrent peu à peu, cessèrent d'être de simples cartons avec encadrements et se présentèrent ornés de ravissantes vignettes ayant toujours trait à la cérémonie elle-même. Les rares spécimens parvenus jusqu'à nous peuvent passer pour de petits bijoux de bon goût et d'élégance.

Loin de faire disparaître le billet orné, la Révolution conserva cette excellente habitude. Seulement, au lieu du mariage religieux, ce fut la célébration du mariage civil que l'on plaça au haut des lettres d'invitation. Dans ce domaine, une vignette de Queverdo, gravée suivant le style de la grande époque, peut prendre place à côté des plus belles compositions de Moreau.

Toutefois, sous la Révolution, les mariages protestants — une nouveauté on peut le

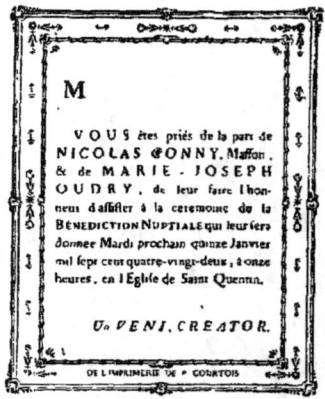

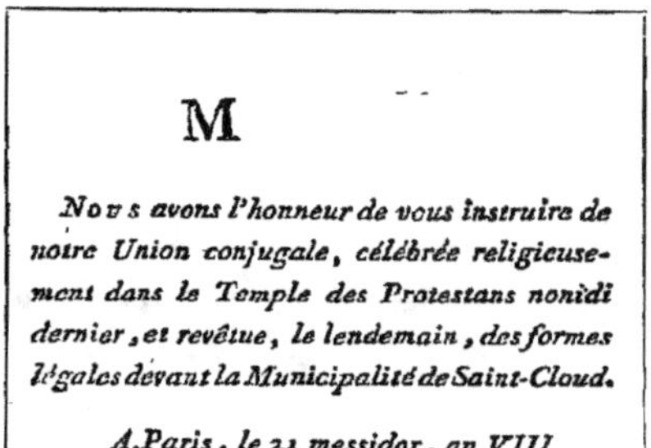

Fig. 57. — Reproduction d'un billet de mariage protestant. (Coll. de l'auteur.)

dire, puisque, avant 1789, les dissidents ne pouvaient pas contracter officiellement union — devaient se distinguer par des lettres de très petits formats et privées de toute composition illustrée. Un culte qui n'admettait pas d'images dans ses temples ne pouvait

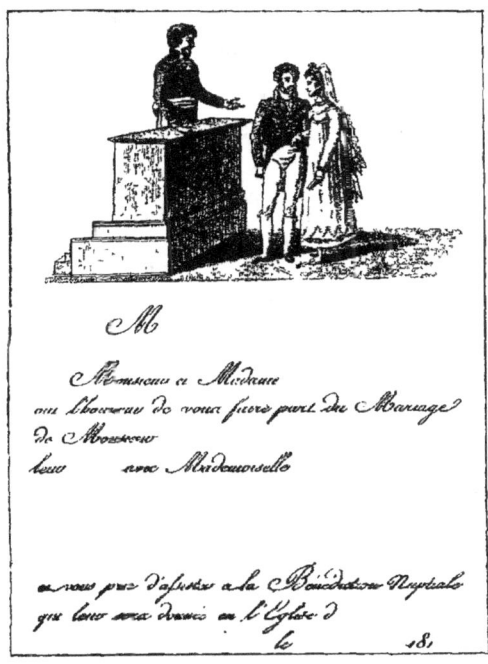

Fig. 58. — Faire-part de mariage (premier Empire).
La vignette, gravée au pointillé et dans l'esprit des pièces de la Révolution, représente le maire unissant les conjoints. C'était un motif appartenant au commerce.

logiquement avoir ni vignettes, ni encadrements sur les avis-communications destinés à annoncer une cérémonie de son rite.

L'Empire et la Restauration ne changèrent rien à cette mode du décor, les vignettes seules se plièrent au goût du jour. Plus de compositions encadrées formant tableau, mais une simple gravure isolée; généralement hommes et femmes agenouillés sur un prie-dieu et sous le voile. Puis l'emploi de toute image disparut; la communication de mariage s'écrivit en gothique, en anglaise, sur des papiers brochés ou à dentelles, jusqu'au jour où le vergé de Hollande et le glacé d'Angoulême apparurent pour ne plus disparaître. Sous Louis-Philippe, on rencontre quelquefois des enjolivements, une jeune mariée, voire même un fiancé offrant le bras à sa fiancée pour la conduire à l'autel, mais cela ne dura pas. On peut être pompier : il n'est pas permis d'être *bébête*.

### III.

A QUI le tour? Parbleu, au billet mortuaire.
Elle a le triste privilège d'avoir apparu bien avant les autres, la noire littérature, et cela, pour l'excellente raison qu'elle affichait ses placards à la porte des églises, et que, de tout temps, la disparition des êtres humains a eu, au point de vue des rapports sociaux, une autrement grande importance que leur apparition. Que peut faire à la société le petit chérubin qui vient de naître? elle ne le connaîtra que parvenu à l'âge d'homme, tandis que, célèbre ou non, le décès de l'individu est un événement qu'il faut connaître et répandre par tous les moyens possibles.

Donc, les billets d'enterrement remontent bien au delà du XVIII$^e$ siècle, et si l'on avait encore quelques doutes à cet égard, ils seraient facilement dissipés par ce passage d'une comédie de Boursault, *le Mercure galant* (1683), qui met en scène un libraire, lequel propose de les enjoliver :

> Mais, Monsieur, jusqu'ici les billets nécessaires
> Pour inviter le monde aux convois mortuaires,
> Ont été si mal faits qu'on souffrait à les voir;
> Et pour le bien public, j'ai tâché d'y pourvoir.
> J'ai fait graver exprès, avec des soins extrêmes,
> De petits ornements de devises, d'emblèmes,
> Pour égayer la vue et servir d'agréments
> Aux billets destinés pour les enterrements.
> Vous jugez bien, Monsieur, qu'embellis de la sorte,
> Ils feront plus d'honneur à la personne morte;
> Et que les curieux, amateurs des Beaux-Arts,
> Au convoi de son corps viendront de toutes parts.

Autres documents, non moins probants, quoiqu'ils proviennent de source différente. D'abord une lettre mortuaire imprimée, conservée à la bibliothèque de l'Université de Gand, annonçant le décès d'une religieuse, et portant la date du 27 juin 1645. Puis un tarif de 1671 qui donne le prix pour la distribution desdits billets, le port étant fixé à 30 sols par journée d'homme. Leur emploi, il est vrai, n'était pas encore général, mais sur 18 à 20 000 personnes qui mouraient alors, annuellement, à Paris, 4000 environ nécessitaient l'impression de

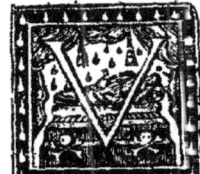

Fig. 59. — Type de lettre de décès XVIIIᵉ siècle. (Réduction du quart de la grandeur de l'original. — Coll. Paul Dablin.)

billets, dans la proportion de 500 à 1000 exemplaires pour chacune.

Maintenant, quelle était la forme exacte, la grandeur, l'aspect typographique de ces véritables affiches mortuaires ?

Un érudit, M. P. Clauer, qui a eu à sa disposition une collection de près de 80 billets allant de 1705 à 1768, va nous renseigner de façon précise. Ce sont des placards oblongs, de 16 à 26 centimètres de hauteur et de 28 à 40 de longueur, d'une rédaction uniforme, qui s'est conservée dans nos lettres de convoi et de bout de l'an, si ce n'est pour la finale, ainsi conçue : « Messieurs et Dames s'y trouveront s'il leur plait ». Ces billets sont plus ou moins agrémentés de vignettes et lettres ornées..., ornées de têtes de morts, d'ossements en croix, cyprès, faux et sabliers, draperies noires semées de larmes blanches, c'est-à-dire que ces sujets de circonstance encadrent toujours la lettre initiale, le *V* du : « Vous estes prié d'assister ». Et ce ne sont point les seules vignettes qu'emploie l'imagerie mortuaire. Quelquefois, la tête de mort est ornée d'une espèce de collerette, et des tibias forment le *V*, ou bien elle est entourée d'une bêche et d'un pic ; ou bien, encore, elle est ailée, allusion, sans doute, au départ pour le

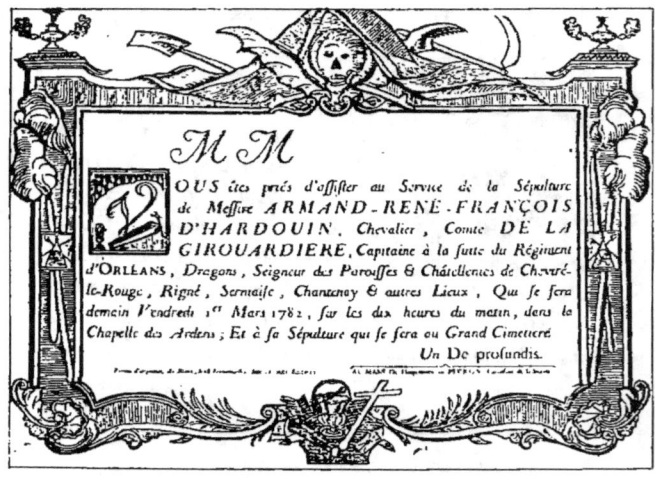

Fig. 60. — Type de lettre de décès xviiie siècle, avec encadrement orné.

céleste séjour. Ailleurs, ce sera l'intérieur d'une église, un prêtre, suivi de clercs, jetant de l'eau bénite sur un catafalque, un prêtre à l'autel disant la messe, des femmes à genoux. Et, comme si leur apparition était indispensable, on verra sur certaines pièces du xviiie siècle, annonçant le décès de personnages connus, une urne funéraire avec des Amours assis et pleurant.

Quoi qu'ils fussent déjà d'un format respectable, on peut même dire de grandeur anormale eu égard à la tendance contraire qui prévalait alors partout, ces placards funèbres allèrent en s'agrandissant. Vers 1813, ils atteignent la taille du plus volumineux de nos journaux actuels, disons *le Temps*, si vous voulez bien. En 1822, le billet de Mgr de Vaucourt, évêque d'Orléans, présente 41 sur 47 centimètres, et de nos jours, dans les pays, comme la Belgique où cet usage s'est conservé, on voit des avis mortuaires mesurer 50 centimètres sur 63; le texte étant entouré de larges encadrements noirs aux larmes d'argent, et quelquefois, sur un des côtés, une Vierge en pleurs, avec ou sans urne.

Sous le premier Empire, ces grands placards, dont l'effet nous paraît si singulier, étaient encore d'usage général, mais sous la

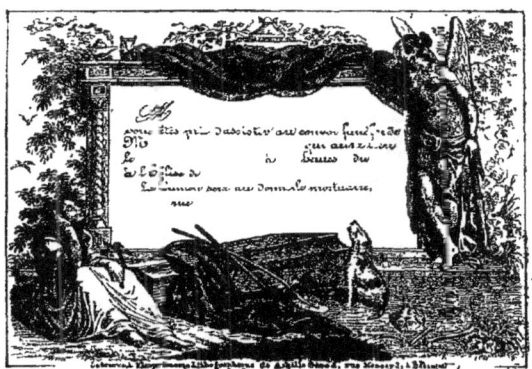

Fig. 61. — Faire-part mortuaire (époque de la Restauration [1]).
(Coll. Henri Beraldi.)

Restauration des tentatives furent faites pour modifier cette publicité.

Pourquoi, pensa-t-on, ne pas donner au billet mortuaire les mêmes proportions qu'au billet de naissance ou de mariage, puisqu'il est, au même titre, une lettre de part? et alors, on vit apparaître des cartes ornées de vignettes d'un sentimentalisme véritablement inouï : des femmes en pleurs, des chiens hurlant devant la bière de leur maître, des familles, des bandes d'enfants dans la désolation, tandis que l'avis de décès, de celui que l'on pleurait ainsi en scènes touchantes de désespoir se trouvait inscrit sur une sorte de pierre tombale.

1. Ce faire-part, qui a déjà figuré dans mon livre XIX<sup>e</sup> Siècle m'a été obligeamment prêté par la librairie Firmin-Didot.

Ces cartes mortuaires rencontrèrent-elles le succès qui leur était dû ? on ne saurait le dire. Toujours est-il qu'à partir de ce

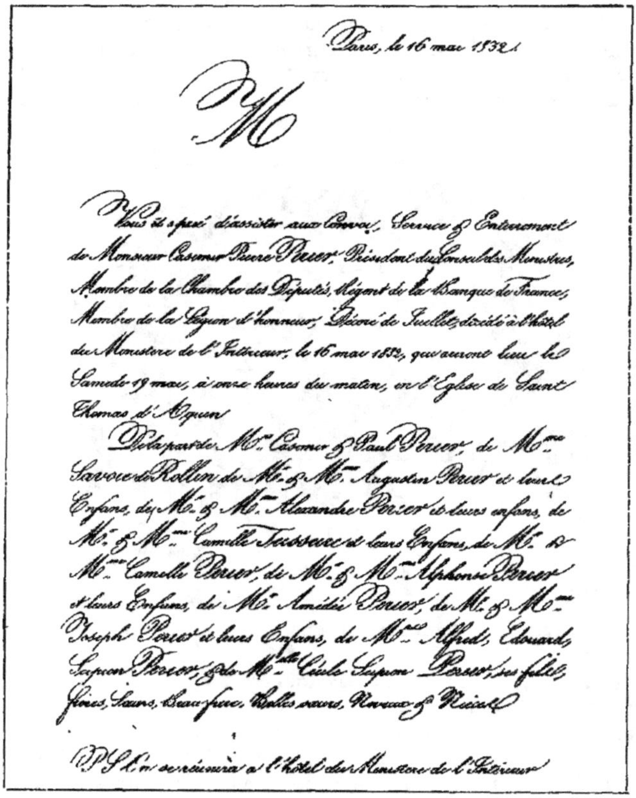

Fig. 62 — Lettre de part des obsèques de M. Casimir Perier (16 mai 1832).
(Coll. Etienne Charavay.)

moment, les grands formats que la poste transportait, pliés comme un journal, disparurent peu à peu. Sous Louis-Philippe, autres modifications. Plus d'ornements, plus d'allégories mortuaires, le faire-part imprimé ou autographié, tiré sur feuille simple, puis sur feuille double entièrement blanche. Tels, dans cet esprit, les faire-part de l'abbé Grégoire, l'ancien évêque constitutionnel, et de Casimir Perier, président du Conseil des Ministres. Plus tard

*M*

*Vous êtes prié d'assister au convoi, service et enterrement de Monsieur* Henri GRÉGOIRE, ancien évêque de Blois, décédé en sa demeure, rue des Vieilles-Tuileries n° 2, *qui se feront le lundi* 30 *mai* 1831, *à* 10 *heures du matin, à l'église de l'Abbaye-aux-Bois sa paroisse.*

*De profundis.*

De la part de Madame Dubois, de Monsieur Barabine, de Monsieur Duplis, de Monsieur ▬▬▬, ses exécuteurs testamentaires

Fig. 63. — Lettre de part des obsèques de l'ancien évêque Grégoire (30 mai 1831).
(Coll. Étienne Charavay.)

seulement, c'est-à-dire vers 1840, on en vint à la lettre encadrée de noir, d'usage aujourd'hui général.

Si notre siècle, contrairement à ce qui s'est produit dans les autres domaines, a passé ici du grand au petit, s'il a enlevé au part mortuaire ce qui constituait son cachet particulier, il aura, au moins, pour lui, la spécialité des lettres grotesques rédigées le plus sérieusement du monde. Avec ces dernières on pourrait constituer un amusant recueil, un ouvrage de haute saveur, tant la fantaisie, l'excentricité, se sont montrées dans un domaine où l'on ne s'attendait guère à les voir; mais, laissant ce soin à d'autres, je me contente de reproduire à titre de spécimen la lettre panégyrique qu'on va lire, et quel panégyrique, grand Dieu!

M.

La Providence vient de nous frapper d'un coup sensible par la mort de notre cher Waldemar, à l'hôpital de Lyon, le 10 courant. Heureux ceux qui meurent comme lui, bien disposés et munis des sacrements. Je m'incline sous la volonté, qui ne nous frappe que pour notre souverain plus grand bien. Peut-être plus tard son âme eût été en péril! la vie n'est que combats et dangers; et l'avenir plus que jamais!

Ce cher enfant a été frappé de la mort de sa tendre et digne épouse; il s'est trouvé dans l'impossibilité de continuer l'instruction; il a dit : Ne voulant pas nous gêner, Dieu m'a donné le sort, il faut que je le subisse! Je vous laisse mon petit Joseph, il sera votre soutien et votre consolation, il me faut une grande distraction ou je suis mort!

Il nous écrivait de Sisteron, le 13 avril : J'ai fait mes Pâques avec douze soldats et caporaux; l'abbé Baume était content. Ce même curé lui écrit de Lyon, comme il se recommandait à ses prières. Le chapelain de Lyon a dit à son ami Hennequin, qui a planté une croix sur sa tombe : C'est le meilleur chrétien que j'aie rencontré ici.

Le 24 mai, il dit : J'ai visité la Salette, vu l'endroit où la sainte Vierge s'est assise et celui où elle a fait son ascension; on y a fait une belle chapelle, remplie de béquilles et mille autres choses qui indiquent des guérisons miraculeuses; pour moi j'avais une fluxion qui me faisait horriblement souffrir, je me suis lavé avec l'eau et, chose étonnante, le lendemain j'étais parfaitement guéri; j'ai éprouvé là un contentement inexprimable; il y a là quelque chose d'extraordinaire, qui saisit malgré qu'on veuille.

Ce cher enfant a passé comme une chandelle : une demi-heure avant sa mort, il chantait encore quelques mots de cantique; il était bon, doux et humain, il est regretté de tous ceux qui l'ont connu.

Prions pour lui et pour nous.

DELARUE, père.

(Dozulé, le 17 septembre 1869.)

Voilà, certes, une lettre mortuaire d'un grotesque achevé, une façon peu ordinaire d'enterrer les gens, qui prête plus au rire qu'aux pleurs. Ce pauvre Waldemar qui eut la chance sans égale de pouvoir guérir sa fluxion avec l'eau de la Salette, ce pauvre Waldemar qui passa comme une chandelle, qui, une demi-heure avant sa mort, chantait encore... des cantiques, fut-il regretté, espérons-le pour lui, et pour l'honneur du genre humain. Comment être oublié lorsqu'on vous expédie dans l'autre monde couvert de pareilles fleurs... de rhétorique !

Exemple vraiment pittoresque de littérature mortuaire qui nous permet d'affirmer qu'au point de vue du ridicule, ce genre n'a rien à envier aux inscriptions des pierres tombales.

## IV.

De ridicule à la satire il n'y a qu'un pas, je le franchis. Et cela pour remonter jusqu'à l'origine d'un emploi très particulier du billet de part, sous ses trois formes, dont notre époque fera un usage assez fréquent. Je veux parler des canards colportés et vendus sur la voie publique annonçant, le mariage ou le décès fantaisiste de personnages politiques. Qui ne se souvient du mariage de Léon Gambetta avec Louise Michel, du décès de Jules Ferry dit le Tonkinois, de l'enterrement de Guillaume I$^{er}$, de Bismarck, du général Boulanger, placards que les camelots criaient en les soulignant de façon caractéristique : *Enfin il a cassé sa pipe ! Enfin il a remercié son boulanger !* et autres aménités.

Eh bien ! la lettre de part satirique n'est point, comme on pourrait le croire, une invention des « vendeurs » de la rue du Croissant. Reportons-nous, si vous le voulez bien, à l'année 1661, en février : le cardinal Mazarin, si fort détesté, approche de ses derniers jours, mais comme il ne disparaît point assez vite, l'éminent personnage qu'on voudrait tant voir « en plomb », de lugubres farceurs se donnent la satisfaction de l'enterrer tout vivant. Le 4 février on semait dans sa chambre, on glissait un peu partout, sous les portes, un faire-part ainsi conçu :

Vous êtes prié d'assister aux convoi, service et enterrement de feu Monseigneur l'Éminentissime cardinal Mazarin, duc et pair de France, duc de Nivernois et Rételois, duc de Mayenne, etc., grand ministre d'État, etc....; le 21 mars prochain, ou, au plus tard, le 21 septembre, etc.

« Il me semble, disait à ce propos Guy Patin, dans une lettre à Falconet, que ces gens-là sont bien hardis ! »

Le cardinal, reconnaissons-le, fut de bonne composition, puisque, pour plaire à « ces gens-là », il avait, lui-même, avancé l'heure de son deuil : il mourut, on le sait, le 9 mars 1661. Mais il ne se doutait guère qu'il inaugurait une plaisanterie macabre dont notre siècle allait faire un objet de commerce.

Morte deux fois en couches d'un empereur, la République

devait recevoir les mêmes honneurs funèbres. On connaît les placards qui circulèrent en 1852 : on connaît moins le *De Pro-*

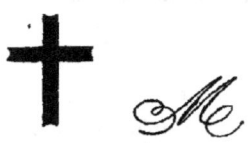

Fig. 64. — Lettre mortuaire satirique, publiée et colportée dans la rue lors de la chute du ministère Gambetta (1882).

*fundis* ou plutôt le billet d'enterrement pour les funérailles de ladite Dame qui mourut en 1804, lorsque Bonaparte se fit décerner l'empire par le Sénat.

Messieurs et Dames,

Vous êtes priés, de la part des citoyens Bertrand Barère, directeur de la Monnaie républicaine, place de la Révolution, Fouché, Réal, Rœderer et autres d'assister au convoi d'enterrement de très haute, très puissante et très illustre citoyenne la République Française, une, indivisible et impérissable, décédée le 28 floréal an XII (18 mai 1804), en son Palais conservateur, et à son service qui se fera le 14 juillet de la même année.

*Requiescat in pace.*

Et au-dessous de ce faire-part rédigé suivant les règles, se trouvait une pièce de vers enterrant la Pauvre République avec une douleur très certainement sincère, mais quelque peu satirique, dont ce sizain fera connaître la nature :

Frères et Amis,
Partisans de la République,
Grands raisonneurs en politique,
Dont je partage la douleur,
Venez assister, en famille,
Au grand convoi de votre fille,
Morte en couches d'un Empereur.

Heureuse époque où la satire et l'épigramme n'avaient point encore perdu leurs droits, où la conviction forgeait les armes destinées à combattre l'ennemi! Et ces vieux papiers font honneur aux lettres-farces, commerce fructueux pour les « vendeurs » qui spéculent sur les passions du jour.

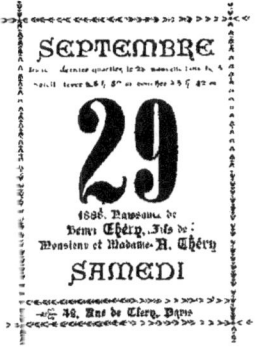

Fig. 55. — Billet de naissance moderne.
(Coll. Lucien Layus.)

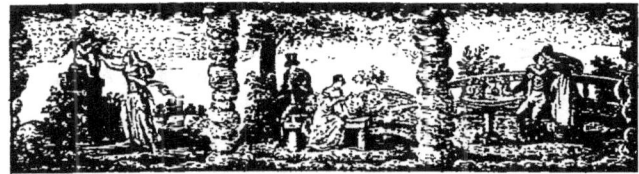

Fig. 66. — En-tête pour un almanach de la Restauration.

## CHAPITRE IV.

## Cartes et Lettres d'Invitations. Programmes de fêtes et de soirées.

Soirées. — Bals de Sociétés. — Diners. — Fêtes et Cérémonies officielles : Couronnements. — Expositions. — Bals de l'Opéra. — Théâtre : Programmes et Cartes d'entrée. — Musiques militaires.

### I.

SOIRÉES, invitations de gala, cérémonies officielles, bals parés et costumés, concerts, tous ces papiers d'un jour, tous ces documents fugitifs, produit d'une circonstance, d'un événement ou d'une fête quelconque, ont subi les mêmes influences.

Ornés d'encadrements, quand la mode est à ce genre ; fantaisistes ou donnant lieu à des compositions spéciales, quand le cadre disparaît pour faire place à l'illustration, dans le sens moderne octroyé au mot. Autrefois, il y a un style, une convention ; aujourd'hui, la fantaisie règne et gouverne, le goût et les préférences personnelles à chacun étant seuls guides en la matière.

C'est dans des encadrements dessinés par Saint-Aubin, Moreau, Eisen et autres, que le XVIII<sup>e</sup> siècle envoyait ses invitations aux bals parés. Rares les pièces qui sortent de cette ornementation classique, pleine de goût et d'un arrangement toujours merveilleux, au cadre sentant le frontispice ou le dessus de panneau, très fouillé, surchargé même, et cependant d'une légèreté, d'une grâce inouïes. Parmi celles qui font exception, citons la carte du *Bal de MM. les Ambassadeurs d'Espagne*, à l'hôtel de Bouillon, le 2 janvier 1750, entourée d'ornements élégants mais quelque peu mièvres, et la carte qui servait de billet d'entrée pour les divertissements donnés au Roi sur le théâtre des Petits Appartements, en 1759, — trois personnages costumés, devant un balcon sur lequel on lit: *Parade*[1]. Jusqu'en 1789 rien ne fut modifié dans le style de ces cartes, de format généralement restreint et gravées tantôt en largeur, tantôt en hauteur, sans qu'on ait jamais observé aucune règle précise à cet égard. Je dis : *cartes*, la lettre n'étant pas encore admise. Et plusieurs — on peut le voir par la pièce ici reproduite — donnent des renseignements amusants sur les mœurs et sur les modes du jour.

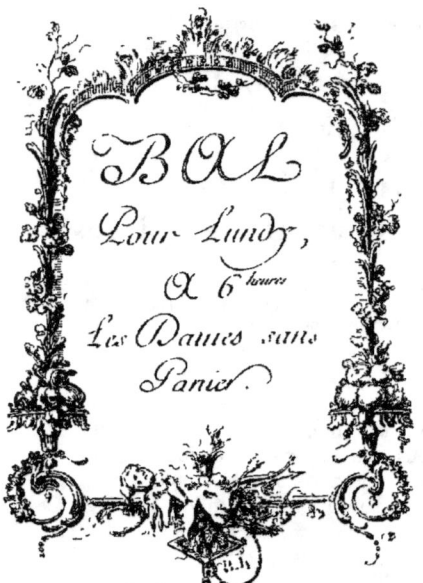

Fig. 67. — Carte d'invitation pour soirée (XVIIIᵉ siècle) gravée par Choffard.

Sous le premier Empire, l'ornement prédomine encore, mais, sous la Restauration, les habitudes commencent à se modifier; peut-être aussi parce que les soirées et les bals se sont multipliés d'une façon considérable. Déjà les formes d'invitation diffèrent suivant l'importance de l'assemblée, suivant le monde dans lequel la fête se donne. Écoutons, du reste, à ce sujet, *le Provincial à Paris* (1825), toujours bien renseigné sur les usages du jour : « Pour une réunion qui, sans devoir être fort brillante, n'est cependant pas sans une sorte de conséquence (*sic*), les billets écrits à la main sont plus honnêtes que les invitations imprimées; les caractères gothiques indiquent un grand bal. Quand le bal doit être précédé d'un concert, un dessin lithographié, placé au bas du

---

1. Ces deux cartes ont été reproduites dans le *Magasin Pittoresque*.

billet, représente des instruments de musique, ou simplement un violon. » Heureuse époque, qui en était encore aux bonnes vieilles images parlantes, qui, pour chaque chose, avait ses clichés, qui avait élevé la gothique à la hauteur d'une institution, qui cherchait à employer la lithographie pour les ornements allégoriques comme on s'était servi, au siècle dernier, de la gravure

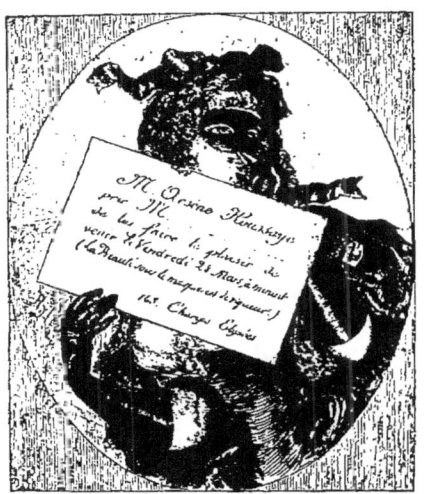

Fig. 60. — Carte d'invitation aux soirées Arsène Houssaye.
Dessin de Henry de Montaut.

sur bois! Passe encore pour le violon, mais la lyre lithographique, c'est l'idéal, comme banalité sentimentale.

Voici donc pour les grandes fêtes de la Restauration, — tel le bal James de Rothschild (1821), — les invitations faites sous forme de lettres et portées à domicile par des jockeys. La lettre prime; c'est plus seyant, plus anglais, et le bon ton veut qu'elle soit gravée par Susse, qui vient d'inventer les carnets de bal pour l'inscription des danses. Tout le monde n'aura pas des jockeys à sa portée; mais le beau monde remplacera ainsi la carte ornée du xviii$^e$ siècle par la lettre gravée, d'écriture courante.

Lorsque, après 1830, l'étiquette ancienne disparaîtra tout à fait, alors la fantaisie se glissera, peu à peu, dans les invitations.

Déjà, antérieurement, les artistes avaient donné le signal en joignant à la classique invite, de petits sujets dessinés. Telle l'invitation au bal déguisé (*sic*) de J. Isabey (1819); un personnage, bougie à la main, demandant à un pierrot et à une pierrette qui entrent : « Messieurs, montrez-moi vos billets[1] ». Dessin lithographié, naturellement. Le beau burin du siècle antérieur avait disparu; la gravure au pointillé, avec son gris lourd et monotone, ne se prêtait pas à la pochade; la lithographie, art nouveau, facile, du moins bon enfant, était donc tout indiquée pour tenir cet emploi, et très certainement il en eût été toujours ainsi, si elle ne s'était trop vite commercialisée, si, justement, certains industriels n'avaient fabriqué, en vue même de ces fêtes, de ces soirées, des séries d'ornements au trait qui firent le bonheur des salons bourgeois, Louis-Philippe régnant.

L'Empire vint, et, sous l'impulsion des soirées mi-artistes, mi-mondaines, alors en vogue, l'invitation reprit son caractère individuel : les artistes s'amusèrent à nouveau à dessiner des sujets d'à-propos, des compositions de fantaisie, des têtes de femmes ou des personnages masqués.

Il n'y a plus de mode, à proprement parler, pour la forme des invitations, plus d'habitude, plus d'usage reçu; chacun agit à sa guise, mais, carton ou lettre, tout se couvre de « petits bonshommes ». Et, dès lors, c'est la grande marée montante du graphique arrivant là, comme partout ailleurs, à cet encombrement, à cette pléthore qui, sont la caractéristique du siècle. Et si, par hasard, les cartons, envoyés à domicile, se composent d'une simple invitation écrite, gravée ou lithographiée, soyez sûrs qu'on se rattrapera avec le programme du concert.

## II.

Voulez-vous du graphique? En voilà, de quoi remplir des cartons, de quoi faire craquer les tiroirs, rien qu'en prenant la crème des invitations illustrées, lancées depuis bientôt trente ans.

L'invitation à dîner, illustrée, qui tient une si grande place dans notre iconographie moderne, est de date relativement récente, et cependant le dîner et la chanson en joyeuse société furent, de tout temps, deux importantes fonctions.

---

1. Reproduit dans le *XIX<sup>e</sup> Siècle*, de J. Grand-Carteret (voir page 258).

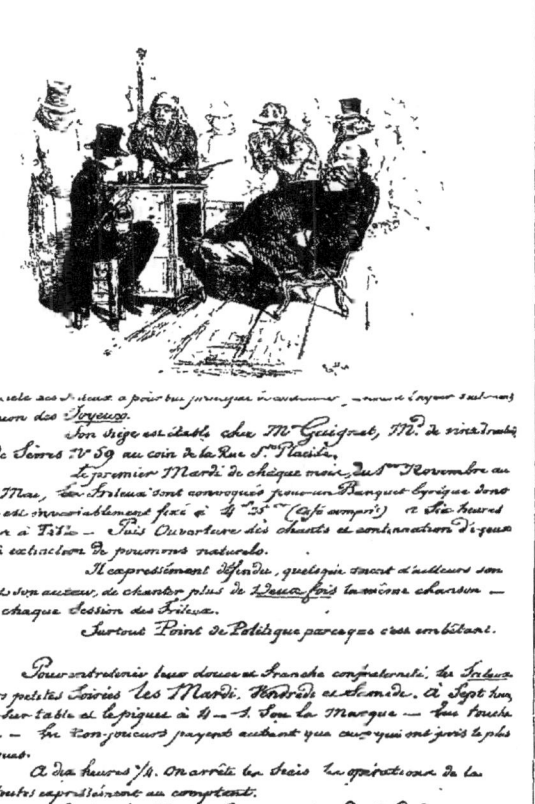

Fig. 69. — Invitation dessinée par Raffet pour le dîner des « Joyeux ».

Je n'en veux pour preuve que la devise des épicuriens français :

> Rions, chantons, aimons, buvons,
> Voilà toute notre morale.

Nombreuses les agapes substantielles et joyeuses qui, depuis le xviie siècle, se tinrent sous l'égide de Comus et de Bacchus; nombreuses les Sociétés satiriques comme cet ordre de la Carafe qui fit quelque peu parler de lui; nombreuses les réunions de bons vivants qui, depuis Piron et Collé, enrichirent la poésie française de ces chansons si bien dénommées, par un maître, « cantiques civils ». Si déjà l'on voit apparaître la lettre imprimée, d'invitation illustrée il n'est pas encore question.

Quelques fermiers généraux prièrent, cependant, à des repas par cartes ornées, mais c'était là une exception et non une règle admise par les usages mondains. Grimod de la Reynière, célèbre comme éditeur de l'*Almanach des Gourmands*, envoya des invitations dont le texte a été souvent reproduit, et sur lesquelles on chercherait vainement la présence d'un ornement quelconque.

Ce qui se voit, ce sont des feuilles de souvenir, des planches gravées en commémoration d'agapes fraternelles destinées à être remises à chaque convive d'un banquet de corps ou de corporation. Telle la gravure représentant le « Repas donné le 7 mars 1806 par les marchands d'estampes de Paris, à leur confrère et ami Le Clerc », au-dessous de laquelle on lit : « Ils le prient d'agréer cette légère esquisse comme un gage de leur estime et de leur amitié »[1].

A vrai dire, l'illustration ne commença à se montrer sur ces feuilles d'un usage spécial que lorsque les dîners de rapins succédèrent aux dîners de poètes et de vaudevillistes : alors se développa la pochade, inspirée, tenue en quelque sorte sur les fonts baptismaux par la lithographie; la pochade, à laquelle Horace Vernet ne craignit pas d'apporter le concours de son crayon, pour laquelle Charlet et Raffet devaient dessiner d'amusantes et curieuses vignettes.

C'est l'aurore du dîner moderne, plus primesautier, plus tantaisiste; le dîner des *Gras* qui amènera le dîner des *Maigres*, qui, d'invention en invention, conduira au dîner des *Incohérents*, ou encore le *Dîner des Joyeux* et même ce fameux *Dîner de la Soupe*

---

1. Reproduite dans le *XIX[e] Siècle* de J. Grand-Carteret.

à *l'Oignon*, qui avec son enseigne calembourdière, *l'Oignon fait la force*, ne semble pas — quoique institué, cependant, en pleine Restauration — appartenir à la même époque que les classiques de la chanson.

Le dîner des *Gras*, ce fut le nom que prirent par la suite les agapes de la *Société des Frileux* dont était président un nommé Jacques Vincent, dit Belloud, celui-là même que Raffet, faisant allusion à cette particularité, a représenté, ici, les pieds dans un poêle.

Il nous a laissé un certain nombre d'invitations, toutes lithographiées, de grand format, et conçues comme suit : une composition dans le haut, un long boniment dans le bas. Au-dessous d'un dessin où Charlet a mis Jacques Vincent dans un plateau de balance, l'autre plateau étant chargé d'un poids de 500 kilos, on lit :

    Aimable ami,

Je viens enfin d'atteindre mes 350 livres (175 kilos) bon poids

La science s'en réjouit : elle sait maintenant jusqu'où la peau du ventre d'un mortel peut s'étendre.

Resterons-nous indifférents devant un si beau travail de la nature ? Non !

Alors nous dînerons samedi prochain, 28 juillet, chez Bourdon, successeur de la mère Saguet, barrière du Maine, rue du Moulin-de-Beurre.

Le repas sera servi à 5 h. 1/2 précises. J'y serai : il y aura gras.

Du travail, des privations et de l'ordre me donnent les moyens de vous offrir ce repas à mes frais : en contribuant, seulement pour votre part, de *Cinq francs soixante-quinze centimes* environ, nous alignerons, avec mes sacrifices, les autres dépenses d'orchestre, illuminations, bischofs, etc.

Devons-nous, cher ami, compter sur la faveur de votre présence ?

Veuillez répondre, au plus tard, *vendredi avant 2 heures*.

    A votre tout dévoué

                    JACQUES VINCENT
                      Rue d'Assas, n° 2.

P.-S. Que votre réponse soit *franche* sous tous les rapports.

Collectives ou individuelles, les invitations dessinées, — à l'origine, toujours lithographiées, — se développèrent surtout sous le règne de Louis-Philippe. D'abord peu de chose : du calembour, des attributs grotesques, une charge quelconque; on retrouve sur certaines feuilles parvenues jusqu'à nous le fameux nez de Bouginier que les pyramides d'Égypte ont immortalisé : la tendance nettement artistique ne se manifestera que plus tard, lorsqu'on aura modifié l'idée première, lorsque ces simples

« appels à festoieries » seront considérés comme des pages d'illustrations classiques, lorsque sur ces feuilles éphémères, destinées à amuser un instant, chacun voudra fixer la marque de son faire personnel.

L'école paysagiste donnera ainsi, sous le second Empire, des planches gravées d'arbres et de lointains feuillus qui, vues avant

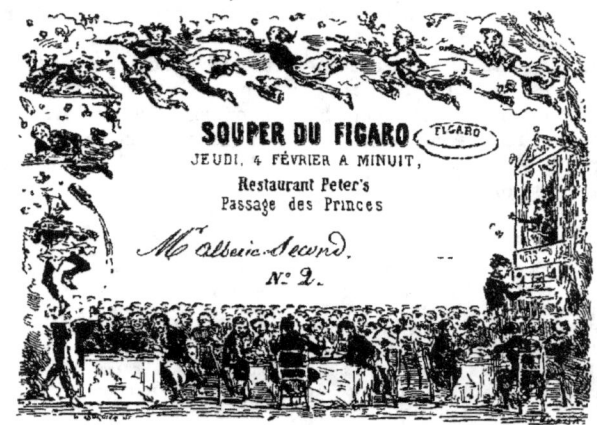

Fig. 70. — Encadrement dessiné par Benassit pour le « Souper du *Figaro* » (second Empire). Dans le petit théâtre de guignol, à droite, Lemercier de Neuville.

toute lettre, pourraient facilement passer pour les illustrations d'un volume de poésies.

A vrai dire, ce classicisme d'une nouvelle espèce ne dura pas : on comprit vite que les invitations destinées à des agapes fraternelles qui n'engendrent jamais la mélancolie, qui portent rarement à la rêverie, devaient revêtir une tout autre allure, et l'on rentra dans le genre pittoresque humoristique, qu'on n'aurait jamais dû abandonner.

Papiers d'un jour, gravures ou charges d'un instant, constituant une iconographie nombreuse mais difficile à dresser, — que reste-t-il de la plus célèbre, de la plus joyeuse de ces bandes, celle de Dinochau, en dehors de la rare et pittoresque lithographie où toutes les têtes de la bohème impériale apparaissent curieusement groupées! — et cependant, malgré tout, papiers qui pourront servir à établir l'histoire de nos plaisirs et de nos mœurs intimes.

Excentriques, souvent documentaires par le nombre des personnages qu'elles mettent en lumière, faisant la guerre au « bourgeois obtus », déplorant, de temps à autre, les transformations des cités, la disparition des vieux murs, des demeures

Si chères où les heures<br/>
S'envolaient en chansons,

ces invitations sont donc doublement intéressantes, et par leur tournure générale d'esprit, et par leurs indications locales. Depuis vingt-cinq ans l'actualité y a pris place : on retrouverait, en les feuilletant, la trace des événements les plus divers, actualités politiques, sociales, théâtrales, industrielles, scientifiques même.

Souvent amusantes, quelquefois banales, allant de la fantaisie la plus extravagante aux objets, aux attributs les plus prosaïques, du portrait-charge aux simples armoiries parlantes, ces invitations ont, à la fois, leur aristocratie

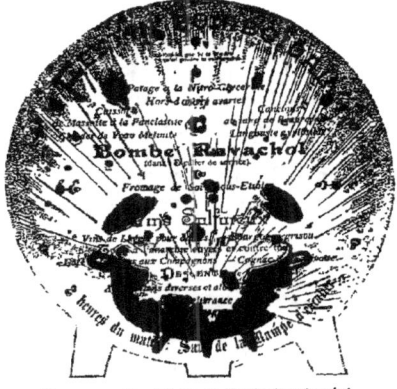

Fig. 71. — Invitation au festin bomboïdal
(Coll. Lucien Layus.)

et leur démocratie, leurs classiques et leurs fantaisistes. Ici, les menus gravés à l'eau-forte ou coloriés à la poupée, pour les raffinés, pour les délicats de la pointe ou de la plume; là, les vulgaires encadrements, sans destination précise, passant des uns aux autres avec la même facilité, la même indifférence. Ici, les ornements sévères, les compositions architecturales; là, quelque dessin abracadabrant, quelque bouffonnerie du crayon, donnant la main à des bouffonneries littéraires.

Dans ce domaine, le passé, — je l'ai déjà fait entrevoir, — c'était hier. Donc un dîner existant depuis plus de trente ans nous donnera, par l'ensemble de ses menus, l'historique complet de cette iconographie spéciale et relativement moderne.

Parcourez la collection du *Bon Bock*, typique entre toutes, parce qu'elle est à la fois graphique et littéraire, et vous aurez l'intuition très nette de ce qui se peut trouver dans ces feuilles iconographiques.

Jadis autographiées, se composant invariablement d'un dessin à la plume entouré de détails écrits, programme de la dernière soirée et noms des assistants, les invitations du *Bon Bock* sont depuis 1887 reproduites en phototypie. Pêle-mêle, en cette collection de bientôt 200 planches, apparaissent des Somm, des Régamey, des Willette, des Aimé Perret, des Frappa, des Eugène Carrière, des Steinlen, des Henri Pille, des Carrier-Belleuse, des Laurent-Gsell, des Kauffmann, sans oublier les caricaturistes comme Alfred Le Petit, Moloch, E. Cohl, Vignola.

Et si, après avoir feuilleté les graphiques, on jette un coup d'œil sur les productions des poètes du cru, que de joyeux quatrains! Déjà un « tintamardier » avait chanté les hauts faits de cet essaim joyeux et fol. Depuis, Octave Pradels, dont les œuvres légères rappellent quelquefois les *Contes* de La Fontaine, et qui, bien souvent, a laissé sa verve s'épandre librement sur les invitations, a composé ces *Commandements du Bon Bock* :

A sept heures tu t'amèneras
Et te caseras bruyamment.

La soupe aux choux avaleras
Et l' gigot fatal mêmement.

L'toste officiel écouteras
Dans l'plus complet recueillement.

A francs battoirs applaudiras
Les artist's frénétiquement.

Mêm' t'enschopenauerderas
Au besoin héroïquement.

A la maison retourneras
Éméché, naturellement.

A ton épouse tu feras
D'la soirée un récit charmant.

Comme ainsi tu l'allumeras,
Tu l'éteindras pareillement.

Sans rechigner tu bisseras
— Si c'est dans ton tempérament.

Et d' cett' façon assureras
Au Bon Bock son recrutement.

Plume et pinceau, poésie et charme de la vignette, les invitations aux modernes dîners de sociétés mélangent tout de façon pittoresque. Et, du petit au grand, chacun veut avoir son invitation, son dessin, les individus comme les groupes. Sociétés de secours mutuels, de protection ou d'avancement, chambres syndicales, associations professionnelles, réunions d'anciens élèves des grandes écoles du gouvernement, corps scientifiques ou médicaux, tous les groupements humains, qu'ils se réunissent autour d'une table commune, à date fixe ou pour certaines occasions, possèdent, effectivement, des invitations ou des menus illustrés; déjà les vulgaires passe-partout des papetiers ne leur suffisent plus, il leur faut des compositions originales. Aussi voyez, ce n'est plus un choix, une curiosité : c'est une marée montante, plus envahissante, plus terrible encore que la marée des cartes destinées aux soirées et aux fêtes.

Et maintenant, passons du général au particulier ; de la foule,

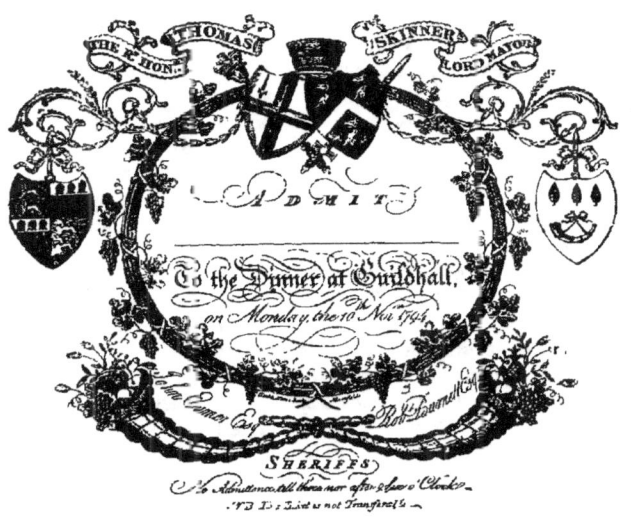

Fig. 72. — Carte d'invitation au banquet du lord-maire, à Londres (novembre 1794).

ou, du moins, des groupes individuels aux aristocraties dirigeantes.

Les invitations aux banquets et repas officiels de l'ancien temps étaient-elles ornées ? Oui. Tel souper de Versailles, sous Louis XV, se présente à nous par un carton donnant la date, l'heure et le nom de l'invité dans un encadrement qui rappelle les compositions de Moreau, Eisen et autres, pour les bals parés de la Cour. Ici, en France, on peut le dire, des arrangements décoratifs d'une très grande allure; là, à l'étranger tout particulièrement, des écussons, des armoiries, des couronnes de fleurs ou de fruits, des cornes d'abondance d'où s'échappent mille douceurs, mille gourmandises. Et déjà, sur ces cartons d'une rareté insigne, des indications toutes modernes : *L'entrée dans la salle du banquet aura lieu à telle heure, juste,* — *Cette carte est rigoureusement personnelle,* — prescriptions démocratiques, administratives, qui paraissent quelque peu bizarres à une époque d'aristocratisme où les sélections, les démarcations des classes, rendues encore plus visibles par les différences du costume, semblaient ne pas devoir nécessiter pareilles garanties. Mais que prouve cela ? Sinon que rien n'est changé sous le soleil.

Gravée au burin, l'ancienne invitation garde en elle, quoi qu'il en soit, quelque chose d'un privilège royal ou municipal : comme l'affiche, elle n'appartient pas au commun des mortels, elle est l'indice d'un pouvoir souverain. Et c'est pour cela, aussi, qu'elle n'a pas revêtu une forme particulière, qu'elle ne s'est jamais permis aucun écart de fantaisie individuelle. Elle porte en elle la trace du goût ornemental particulier au pays, et la marque des habitudes locales : papier aristocratique accompagné de tous les indices de la souveraineté ; — elle est ornée parce qu'elle doit l'être, parce que le cérémonial veut qu'elle se présente ainsi ; mais, curiosité mise à part, elle ne nous apprend rien de nouveau sur la décoration même des invitations.

Sous Napoléon I$^{er}$ et sous Louis XVIII l'ancienne tradition revient à la mode : les cartons aux banquets officiels se remarquent par la richesse de leurs ornements et le luxe de leurs armoiries ; puis, peu à peu, cette habitude se perd, l'embourgeoisement se fit complet avec Louis-Philippe, et dès lors, les repas de gala se contentèrent de la banale invitation écrite à l'anglaise, sur carte plus ou moins glacée.

Mais tout se représente à nouveau, toute habitude ancienne a son moment où elle revient à la mode. La multiplicité des banquets officiels, en notre fin de siècle, — banquets répondant à des fêtes, à des voyages présidentiels ou ministériels, à des inaugurations de chemins de fer, de monuments publics, de statues, — a été, très certainement, une occasion, un prétexte dont les partisans du graphique se sont emparés pour reprendre la tradition des invitations officielles illustrées. Non plus, comme autrefois, de simples encadrements, mais bien des compositions d'actualité.

## III.

Voici d'autres documents, plus solennels, des cartes pour les fêtes, pour les cérémonies officielles, pour les baptêmes, les mariages, les couronnements, les funérailles des grands personnages.

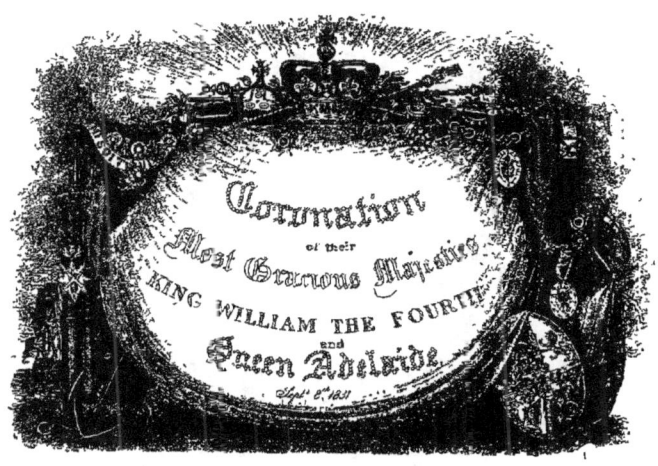

Fig. 73. — Carte d'invitation au couronnement de S. M. le Roi Guillaume IV d'Angleterre et de la reine Adélaïde (8 septembre 1831).

Dans cet ordre spécial, le XVIIIe siècle nous a laissé peu de chose, et, jusque vers 1850, les documents français ne présentent qu'un intérêt fort minime. La carte d'entrée aux funérailles de Louis XVIII ne se distingue que par la largeur de son cadre de deuil, les cartes pour le sacre de Charles X ne sortent pas de la banalité la plus ordinaire. Ici un M couronné, là une fleur de lis, et c'est tout ce qui rompt la monotonie de ces blancs cartons. A l'étranger, en Angleterre et en Allemagne principalement, il n'en fut pas de même. C'est une abondance d'attributs royaux : couronne, sceptre, main de justice, grands colliers, écussons, drapeaux, non pas que tout cela présente une très grande originalité, mais l'ensemble en est toujours particulièrement décoratif.

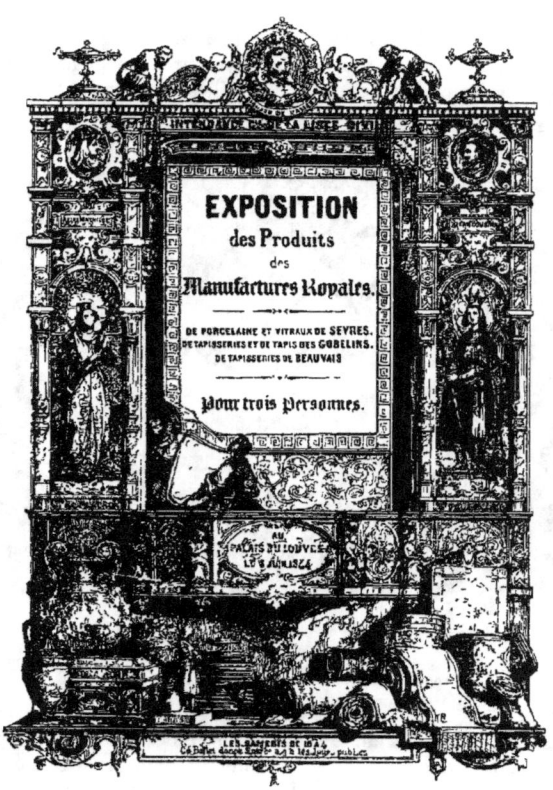

Fig. 74. — Entrée à l'Exposition des produits des manufactures royales (1844).

Pour les grandes fêtes et cérémonies nationales, c'est la banalité courante. Sous l'ancien régime, des écussons fleurdelisés; sous la Révolution, les attributs habituels : balances, piques, cornes d'abondance, caducée de Mercure, couronnes de laurier, à moins que ce ne soit une invitation simplement écrite : tels la pompe funèbre pour les plénipotentiaires de Rastadt, la fête du 10 août, la pompe funèbre en mémoire du général Joubert; sous l'Empire, c'est l'assemblée du Champ de Mai (1<sup>er</sup> mai 1815), un N couronné dans un rayon, deux amours au pied du faisceau des licteurs sur lequel plane l'aigle impériale; en 1848, la fête de la Concorde, avec ses mains étreintes et son triangle égalitaire; en 1852, la distribution des Aigles à l'armée : une affreuse carte lithographiée avec quatre aigles lilliputiens aux angles; et, quel que soit l'endroit ou la nature des cérémonies, c'est toujours la même disposition. La carte d'entrée donnée par la Commune de Paris pour le *Te Deum* à Notre-Dame (14 février 1790) n'est pas plus ornée que la carte d'entrée à la chapelle royale des Tuileries sous Louis XVIII ou Charles X, signée :

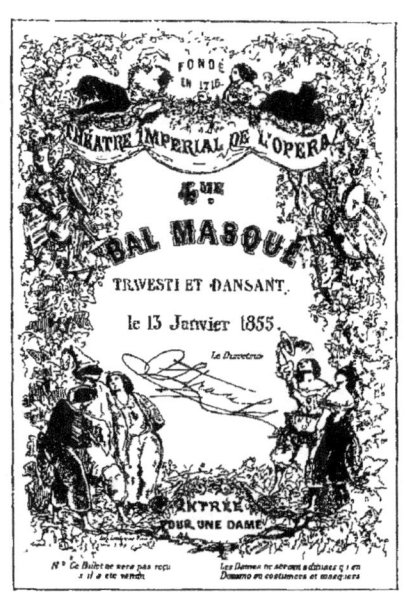

Fig. 75. — Entrée au bal masqué de l'Opera (1855).
(Composition de P. Comba.)

« le Capitaine des gardes », que le billet pour la Cène du jeudi saint, que le billet pour le Reposoir du Louvre (13 juin 1830), que les billets de circulation pour le grand couvert du Roi, que les laisser-passer pour la musique du Roi, pour les concerts de musique sacrée aux Tuileries. Des timbres, des étiquettes pompeuses, des écussons fleurdelisés, et c'est tout.

Les premières expositions ont des cartes toutes simples. Sous Louis-Philippe, l'intendance générale de la liste civile fait dessiner par Laloi une grande composition ornée avec médaillons et figures en pied, la reine Mathilde, Jean Cousin, sainte Adélaïde, saint Ferdinand, pour l'exposition annuelle des produits des manufactures royales au Louvre. Quelque chose comme un titre-frontispice destiné à *l'Artiste* ou à telle autre publication de même nature : du gothique Renaissance.

Pour les bals de la Cour, rien ; pas même pour le fameux qua-

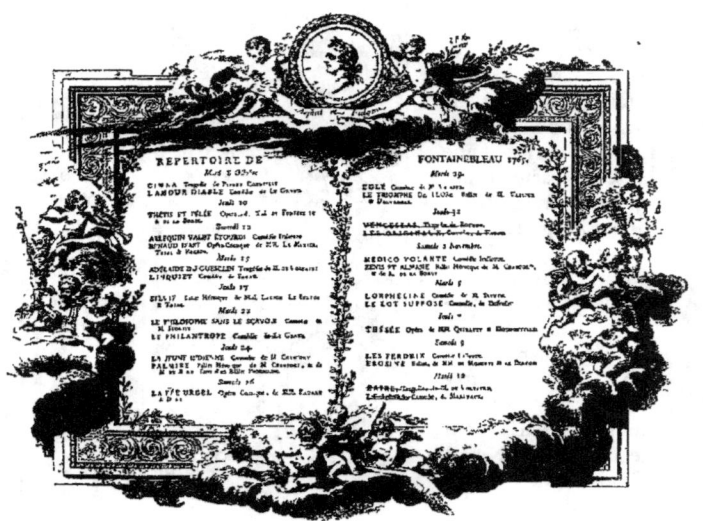

Fig. 76 — Repertoire du theatre de Fontainebleau. Liste des pièces devant être jouees du 8 octobre au 12 novembre 1765.

drille Marie Stuart (1829), qui semblait appeler, cependant, quelque jolie aquarelle, souvenir d'Eugène Lami. Il faudra le règne de Louis-Philippe et les bals de l'Opéra pour voir apparaître les compositions signées Gavarni, Comba, Damourette et autres, des arlequins et des pierrots, des débardeurs et des débardeuses.

Heureusement, voici le théâtre, le théâtre qui, dès le XVIIIe siècle, donnait le répertoire des comédiens de la Cour dans les ravissants encadrements pour lesquels Eisen et Moreau semblent s'être surpassés. Cette mode des programmes ornés dura

# Cartes et Lettres d'invitations.

longtemps. Sous l'Empire, sous la Restauration, Duplessis-Bertaux et Étienne Jourdan devaient graver à l'eau-forte des encadrements pour les billets de service de la Comédie française et de l'Odéon au milieu desquels apparaissent, quelquefois, en de petites vignettes, les principales scènes des pièces jouées.

Les billets sont des cartons ornés d'écussons armoriés reproduisant les armes des seigneurs de qualité aux noms desquels

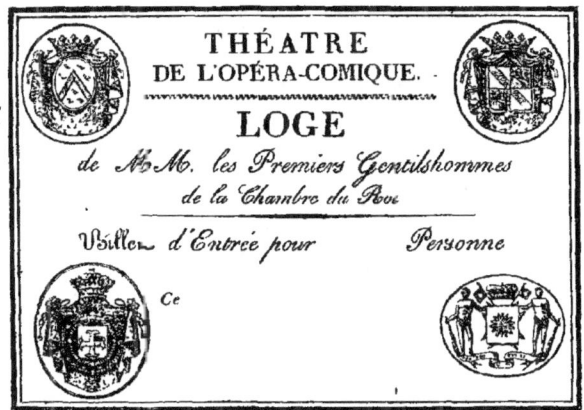

Fig. 77. — Carton d'entree dans la loge des gentilshommes du Roi (Restauration)
(Coll. E. Perrot.)

sont les loges : premiers gentilshommes de la chambre du Roi, grand chambellan, directeur des fêtes et spectacles de la Cour, loge de S. A. R. Madame la duchesse de Berry. Théâtre-Italien, Opéra, Opéra-Comique, Odéon, c'est partout les mêmes cartons, différant entre eux par la couleur seulement. Sous Louis-Philippe, les invitations aux spectacles de la Cour, que ce soit aux Tuileries, au palais de Saint-Cloud ou au palais de Versailles, deviennent des feuilles volantes comme les programmes, souvent même avec programmes; et le second Empire continuera à se traîner dans la même banalité.

Les programmes, ce sont, autrefois, de très petites feuilles imprimées sur des papiers ordinaires, gris ou bleutés. Aucun luxe, aucune image; la vignette paraît être l'attribut des spectacles de la foire. Le programme de Drury-Lane, à Londres, ici reproduit, donne bien l'idée de ces feuilles dont l'intérêt ne réside

```
Theatre Royal, Drury-Lane,
    This present TUESDAY DECEMBER 5. 1797,
    Their Majesties Servants will act a Comedy called The
          W  O  N  D  E  R.
    Don Lopez,  Mr  HOLLINGSWORTH
    Don Felix,   Mr.   KEMBLE
    Frederick  Mr.   CAULFIELD
    Don Pedro,   Mr   SUETT,
    Col. Briton,   Mr   WROUGHTON
    Gibby,   Mr   SPARKES,
           Being his First App rance
    Lissardo.   Mr   KING,
    Alguazile,   Mr   MADDOCKS,
    Vasquez,   Mr   TRUEMAN,
  Soldier, Mr. WENTWORTH,  Servant Mr WEBB,
    Donna Violante,   Miss   BIGGS.
         Being her Second Appea ance in that Character
    Donna Isabella,  Miss  DE CAMP,
    Inis,   Miss   MELLON
    Flora,   Miss   POPE
    To which will be added a Comic Opera called
   NO SONG NO SUPPER.
    Crop,   Mr   DIGNUM,
    Frederick,   Mr   KELLY.
    Endless,   Mr   SUETT,
    Robin,   Mr.   BANNISTER. Jun
    William,   Mr.   SEDGWICK.
    Servant  Mr.   WEBB
    Dorothy,   Mrs.   BLAND
    Louisa,   Miss   WENTWORTH
    Margaretta,   Miss   LEAK.
    Nelly,   Mrs.   ROFFEY.
  Boxes 4s Second Price 3s Pit 3s 6 l Second Price 2s Gallery 1s Second Price 1s
   Upper Gallery 1s Second Price 6d   NO MONEY TO BE RETURNED
     This Evening the Doors of the Theatre will be opened at a Quarter past
  Five, and the Performance to begin at a Quarter after Six,
  Price by On owners next the Stage-Door         I want Rex et Regina
  On account of the indisposition of Miss JORDAN The New Drama of The
  CASTLE SPECTRE is unavoidably post oned
    To morrow, The Comick Opera of the HAUNTED TOWER, with (9th
  time) The Farce of The WANDERING JEW
     On hursday, (by particular desire) The WHEEL of FORTUNE
     On Friday, will be revived The Tragedy of The COUNTESS of SALISBURY.
```

Fig. 78 — Programme du theatre royal de Drury-Lane (1797), a Londres, imprime sur papier gris ordinaire. (Coll. de l'auteur.)

que dans l'actualité des renseignements donnés. Toutefois, considérés dans leur ensemble, et depuis l'origine, les programmes de spectacles ont revêtu les formes les plus diverses, soit comme format, soit comme aspect. D'abord purement typographiques, imprimés suivant le goût de l'époque, ils deviennent plus grands, se surchargent de cadres et de majuscules de mauvais goût, jusqu'à ce que, — dernière incarnation, — ils prennent la mode anglaise des feuilles illustrées en chromolithographie repliées sur elles-mêmes, à moins qu'ils ne se fassent tout petits, ayant en bonne page le portrait du premier rôle, de

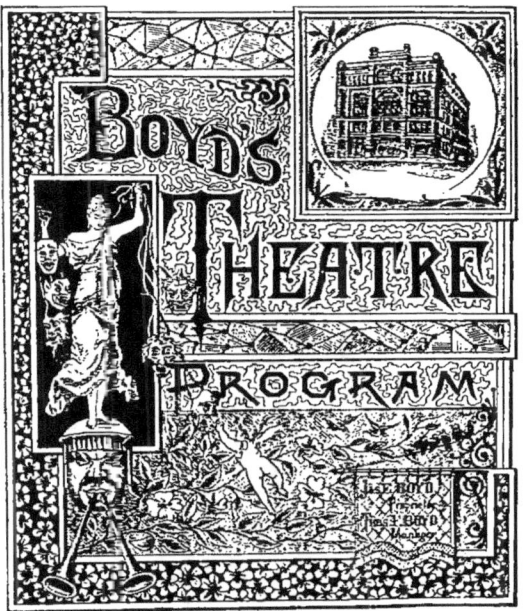

Fig. 79. — Couverture d'un programme de théâtre américain.

façon à pouvoir, ainsi, se glisser commodément dans la poche. Pour les représentations de gala, le second Empire inaugura les programmes entièrement exécutés par des artistes en renom, et, dès lors, cette habitude se perpétuera.

Mentionnons comme ayant un caractère spécial les programmes des théâtres américains, avec portraits et annonces, toujours composés de plusieurs pages, et dont la première, jouant à la couverture, est occupée par une composition ornée. Si l'on voulait étudier l'illustration théâtrale sous toutes ses formes, il faudrait, ici encore, pousser jusqu'au Japon, où de longues et étroites bandes donnent noms, scènes et portraits; mais la course

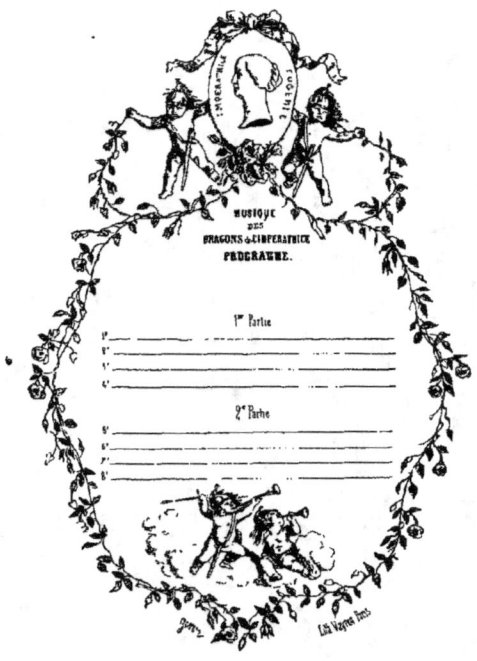

Fig. 80. — Programme de la musique des Dragons de l'Impératrice (avec médaillon de l'Impératrice dans le haut), dessiné par Girin

est déjà longue, et les musiques militaires demandent, elles aussi, quelques lignes de souvenir.

Les musiques militaires, sous leur forme brillante et mondaine, c'est le passé, c'est la Royauté et l'Empire; non seulement les jardins publics de Paris, mais encore les places, les promenades de toutes les villes de province. Dans l'Est et dans le Nord, principalement, une véritable iconographie locale prit ainsi naissance.

Nancy, Strasbourg, Metz, Mulhouse, Pont-à-Mousson, Lille, voient des artistes du cru dessiner des compositions lithographiques dans lesquelles les militaires et l'élément féminin tiennent la principale place. Sous le second Empire, cet engouement ne fit que s'accroître, mais la décoration des programmes se modifia; s'inspirant du XVIII<sup>e</sup> siècle, elle se fit ornementale, décorative : des petits amours nus et casqués embouchèrent la trompette de la cavalerie, guides, dragons, cuirassiers, chasseurs à cheval, tressant des couronnes pour cette impératrice Eugénie dont toute la jeunesse fut amoureuse et dont le profil de camée apparaissait sans cesse au haut des compositions ainsi dessinées. Disparus, hélas! les programmes illustrés des musiques militaires!

Dernière iconographie : celle des représentations théâtrales militaires qui prirent naissance durant les guerres d'Afrique et se développèrent considérablement sous le second Empire, en Crimée; programmes quelquefois amusants, quoique restreints au champ étroit du troubadourisme, et sur lesquels devait se donner libre cours la verve de jeunes troupiers devenus, depuis, — certains du moins — des crayonneurs émérites.

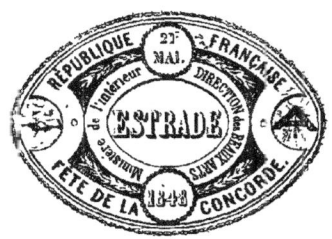

Fig 81. — Reduction de la carte originale sur papier bleu.

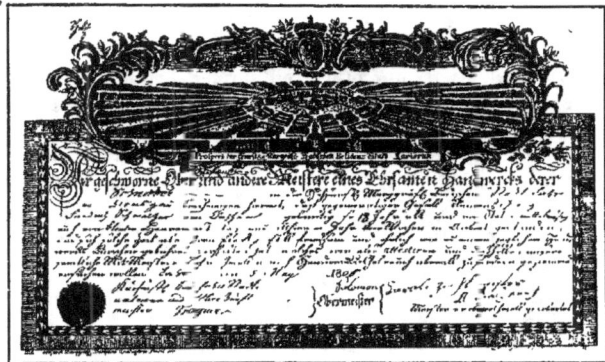

Fig. 82. — Passeport allemand de la fin du xviii<sup>e</sup> siècle.

## CHAPITRE V.
## Papiers Administratifs et Politiques.

Engagements et Congés militaires. — Ordres d'exécution à mort. — Laisser-passer. — Passeports. — Brevets. — Certificats d'existence. — Papiers relatifs à la Librairie. — Cartes d'assemblées ou de fêtes politiques. — Cartes d'électeurs.

### I.

CE sont, ici, des documents de toutes sortes, d'une maigre importance comme valeur iconographique, mais d'un certain intérêt au point de vue historique. Quelques-uns sont dénués de toute ornementation; ils n'en devaient pas moins prendre place parmi les curiosités du papier, tant à cause de leur rédaction que pour les renseignements par eux fournis sur certains détails d'organisation intérieure. Du reste, les ornements, lorsqu'ils se rencontrent, sont un amalgame plus ou moins heureux d'attributs, gravés sur bois ou sur cuivre, par des artistes d'ordre inférieur. Mais ce sont des papiers publics, des diplômes de l'ancien temps, et c'est ce qui constitue leur attrait pour nous.

Désirez-vous savoir comment se libellait un congé militaire

au XVIIe siècle : jetez un coup d'œil sur cette pièce « Louis-quatorzienne » ornée du soleil et de la célèbre devise : *Nec pluribus*

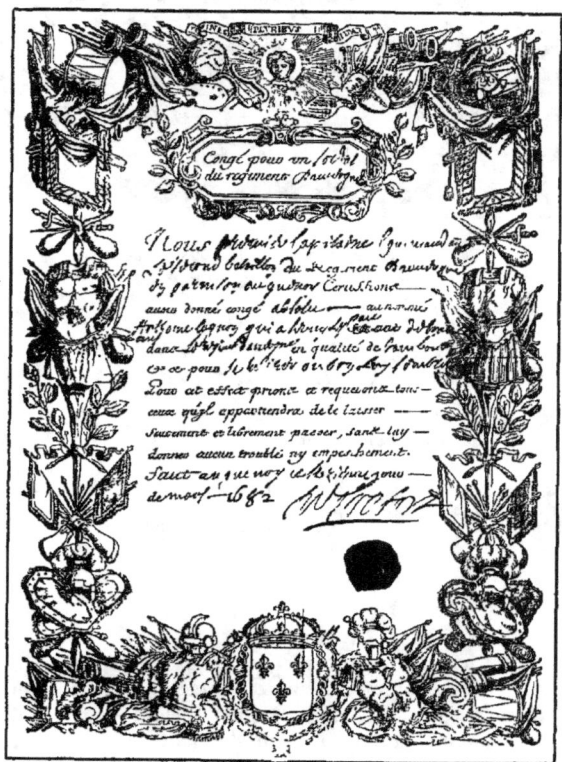

Fig. 83 — Congé militaire (règne de Louis XIV).
(Coll Étienne Charavay )

*impar*. Au contraire, êtes-vous curieux de connaître la formule d'un engagement, un siècle plus tard : le petit papier orné d'un simple écusson fleurdelisé vous renseignera de façon non moins précise. Combien suggestif ce papier! Ce n'était pas un devoir, un impôt auquel on se pliait de plus ou moins bonne volonté.

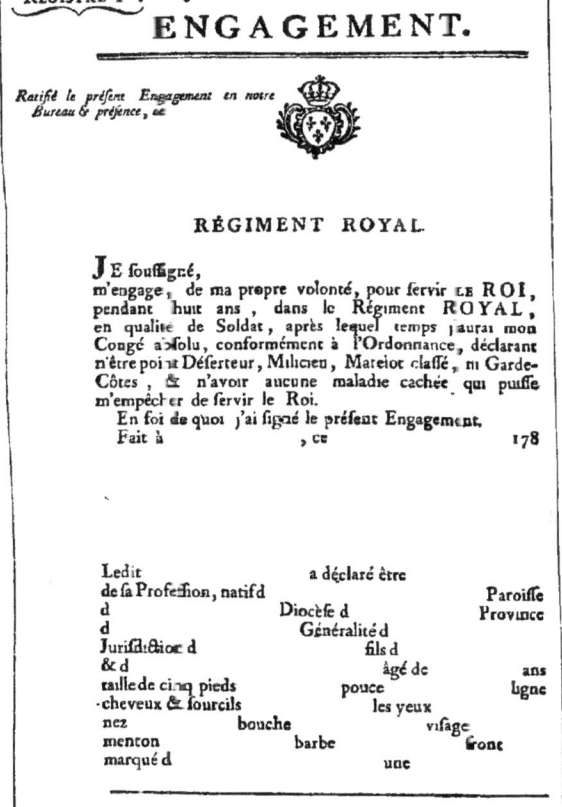

Fig. 84 — Specimen d'engagement militaire (règne de Louis XVI).
(Coll. Étienne Charavay.)

C'était un honneur, jadis, de servir le Roi. Pesez bien ceci :

n'avoir aucune maladie cachée qui m'empêche de servir le Roi. La conscription forcée changera tout cela, en notre siècle, où souvent des individus invoqueront des *maladies cachées* dans l'espoir d'échapper ainsi aux exigences de la loi commune. Autres temps, autres mœurs!

Et si l'on veut établir des rapprochements quant à la forme extérieure, entre pièces de même nature, il suffira de comparer à ces deux papiers militaires de l'ancien régime le congé absolu qui se donnait sous la Révolution, sur une vignette pleine

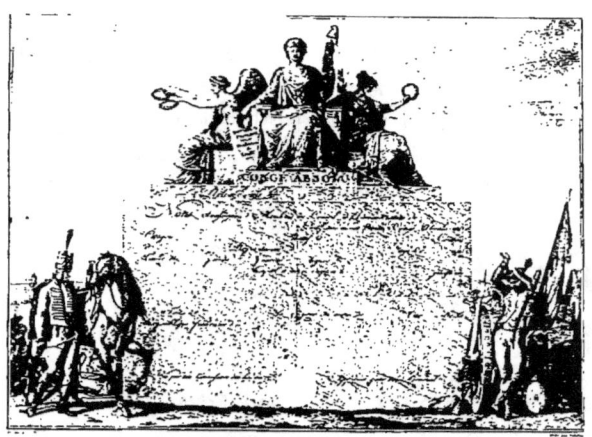

Fig. 85. — Spécimen de congé absolu (époque du Directoire). Composition de Carle Vernet. (Coll. Étienne Charavay.)

d'allure, signée Carle Vernet. Ce ne sont plus, comme sous Louis XIV, des attributs allégoriques renouvelés des Romains et mélangés à des drapeaux, fanions, tambours, trompettes et canons de l'époque, c'est bien réellement une composition de circonstance, reproduisant, sous l'égide des trois divinités du moment, Liberté, Égalité, Fraternité, les types et les costumes militaires du jour.

Et puis, observez bien ceci. Jadis le texte tenait une place considérable, l'image ne servant qu'à l'encadrer; aujourd'hui c'est sur la composition elle-même que le document vient s'aligner. Partout il faut que la Révolution s'affirme; partout il faut qu'elle laisse la marque personnelle de son passage.

Désirez-vous connaître la formule employée par le Tribunal révolutionnaire pour livrer à l'exécuteur des jugements criminels ceux — et Dieu sait combien nombreux! — que la folie politique condamnait, jetez un simple coup d'œil sur ce papier qui n'a

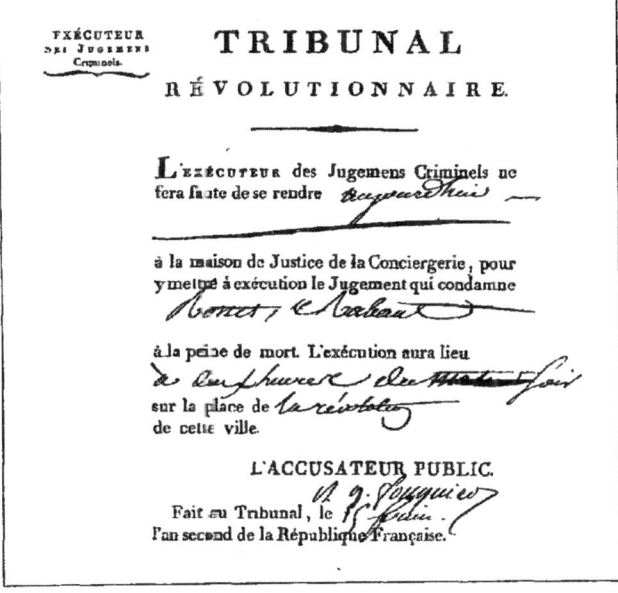

Fig. 86. — Ordre d'exécution du député Rabaut Saint-Étienne
(Coll. Étienne Charavay.)

rien de sanguinaire, qui cependant fut tenu par le bourreau, et qui, très certainement, fit couler le sang d'un innocent. Quelle brièveté! quel laconisme! Aujourd'hui le style administratif se contenterait de mettre : *l'exécuteur des jugements criminels se rendra*, là où la fièvre du jour, suant par tous les pores le froid de l'acier, du couperet toujours prêt à tomber sur les têtes, enjoignait sur un ton itératif et sans réplique : *ne fera faute de se rendre*. En bon français, ne manque point, ô exécuteur mon ami, de couper la

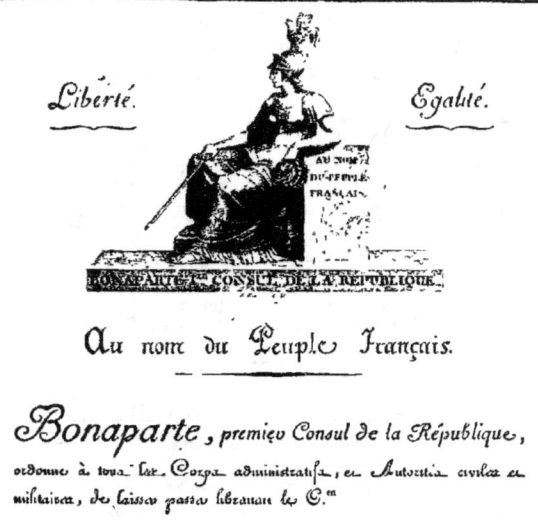

Fig. 87. — Laisser-passer (époque du Consulat).
(Coll Etienne Charavay )

tête que l'on t'envoie, si tu ne veux te voir promptement raccourci en son lieu et place.

Voici — pièces d'un ordre moins farouche — des laisser-passer, l'un avec une République au casque surmonté du coq gaulois, l'autre avec les armoiries impériales, la forme quelque peu fantaisiste du français employé par le premier ayant disparu

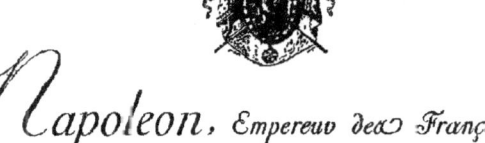

Fig. 88. — Laisser-passer (époque du Premier Empire).
(Coll. Étienne Charavay.)

sous l'étiquette napoléonienne du second, — mais, à cela près, tous deux sentant de même façon l'autorité du pouvoir personnel; Consul ou Empereur, c'est Napoléon qui parle.

Voici un passeport étranger, à la date de 1806, mais très certainement antérieur comme vignette, donnant, comme en-tête, au lieu des habituelles armoiries, au lieu d'ornements de pacotille, la vue de la capitale du pays, Carlsruhe, résidence du margrave de Bade, la ville singulière entre toutes par son rayonnement en forme d'éventail.

Les laisser-passer ne seront pas longtemps ornés, mais les passeports, jusque vers 1820, présenteront, souvent, des compositions intéressantes, surtout dans les petits États, dans les petites principautés qui, par la richesse de l'illustration, se figureront ainsi suppléer à la petitesse, à l'exiguïté de leur territoire.

Du reste, en matière d'encadrements ou de vignettes, ce n'est pas le choix qui manque.

Ornés les brevets de décoration, qu'il s'agisse de la Légion d'honneur, de la Fleur de lis ou de la croix de Saint-Louis; ornés les brevets d'engagements ou d'admission dans les corps militaires; ornés les brevets de pension; ornés les brevets de membres de sociétés; ornés les certificats de service, tout comme les certificats de bravoure ou d'existence; ornés les brevets de récompense militaire; ornées les commissions de préfets; ornés les certificats d'étude ou de bonnes notes; ornés enfin, et ceci est un comble, — il est vrai qu'il s'agit d'une pièce datant de la période révolutionnaire, — les certificats d'indigence à la Maison nationale des Élèves de la Patrie, ci-devant la Pitié.

A nous l'ornement, n'en fût-il plus au monde! et toutes les administrations officielles depuis trois siècles, sous une forme ou sous une autre, ont tenu à munir de vignettes quelconques les certificats qu'elles délivrent.

Toute règle a son exception. Voici, en effet, un certificat d'existence — une pièce historique, puisqu'il s'agit de Voltaire, — qui se présente à nous dénué de toute ornementation, en son style bref et laconique. Pas la plus petite fleur de lis, pas le moindre écusson. Ne cherchez point le pourquoi de cette exception, car c'est très certainement un motif d'ordre majeur. Sans doute, puisque nous sommes sur le territoire qui a pour enseigne la fière devise : *Post Tenebras Lux*, l'imprimeur n'avait point, dans son matériel habituel, d'écusson fleurdelisé, et voilà l'unique raison pour laquelle le certificat de vie de M. de Voltaire s'offre à nous aussi peu décoré.

Cette passion pour le graphique ne durera pas toujours, il est vrai, et l'on voudrait bien retrouver sur les passeports actuels les belles figures qu'y avaient fait asseoir Prud'hon, Copia et autres artistes de la période révolutionnaire.

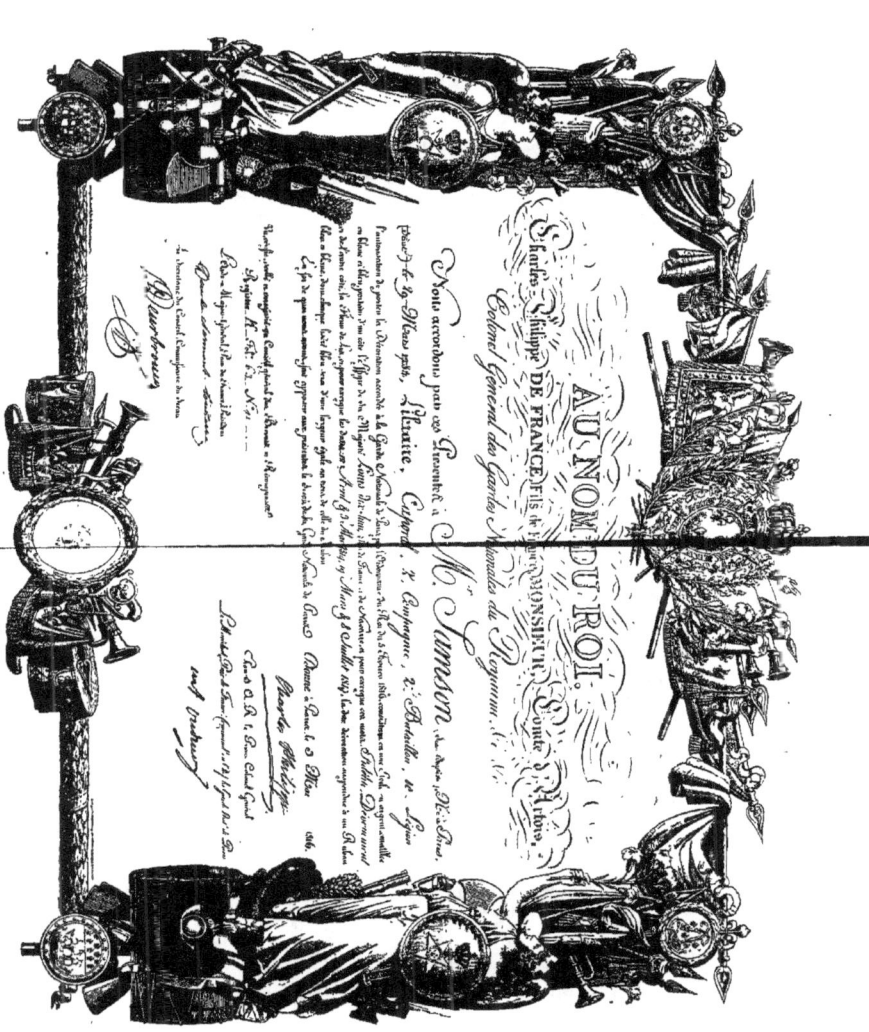

Aujourd'hui, quelles qu'elles soient, les pièces officielles sont

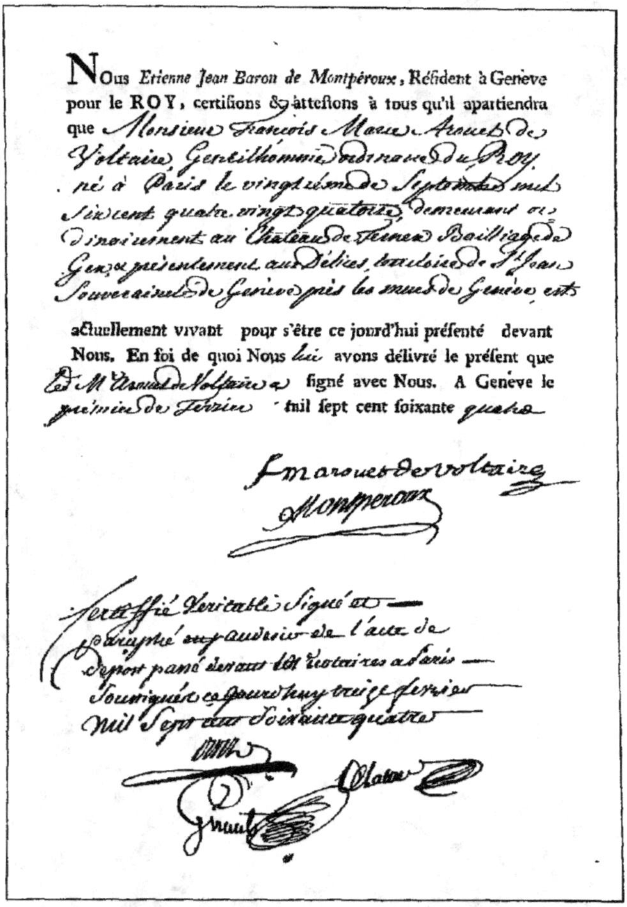

Fig. 89. — Certificat d'existence délivré à Voltaire (1764). (Coll. Étienne Charavay.)

dépourvues de tout ce qui pouvait leur constituer une originalité; l'administration française ne connaît plus que le papier blanc. A la coquetterie ancienne a fait place l'indifférence la plus profonde : pourvu que les scribes remplissent les formules préparées à l'avance, peu importe le reste.

Très certainement, dans cinquante ans, on ne collectionnera plus guère en ce domaine.

## II.

A<sup>UTRES</sup> papiers.

Et ceux-ci ont droit à toute notre sympathie, à tous nos respects, non point par leurs images, mais parce qu'ils con-

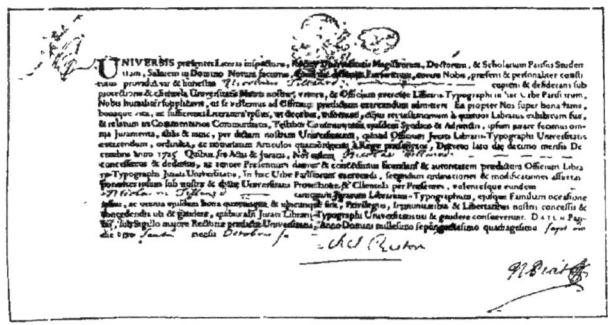

Fig. 90. — Diplôme de libraire-imprimeur au XVIII<sup>e</sup> siècle.

cernent le livre, parce qu'ils appartiennent à ce dieu, dont le culte est toujours suivi par de nombreux fidèles.

D'abord un diplôme d'imprimeur-libraire au XVIII<sup>e</sup> siècle, rédigé en latin, imprimé sur parchemin, appartenant à cette famille de papiers, quelquefois intéressants au point de vue des formules, mais toujours identiques d'aspect. Qui en a tenu un les connaît tous.

Puis un certificat de dépôt d'ouvrages à la Bibliothèque Nationale, certificat avec la signature de Van Praët, qui, malgré nous, nous amène à constater que, si souvent les constitutions sont violées, souvent aussi les lois ne sont qu'imparfaitement appliquées. Car, en vertu de cette loi du 19 juillet 1793, la Biblio thèque Nationale devrait posséder deux exemplaires *de tout ce qui a été imprimé et publié en France depuis un siècle*, alors que, de nos

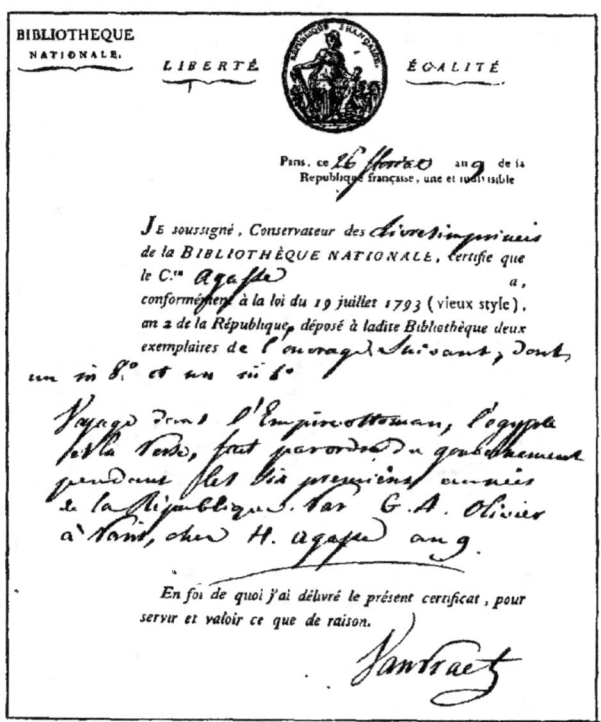

Fig. 91. — Certificat de dépôt d'ouvrage délivré par la Bibliothèque Nationale.

jours encore, nombre d'imprimeurs ou d'éditeurs ne daignent jamais effectuer le dépôt de leurs publications.

Vous tous, travailleurs, qui, sans cesse, vous en prenez à ces pauvres conservateurs, bien innocents en la question, adressez-vous aux vrais coupables, aux imprimeurs, aux éditeurs, qui ne veulent pas se conformer à la plus simple des prescriptions.

Et tranquillisez-vous, *Vieux Papiers, Vieilles Images*, sera dans les rayons de la rue Richelieu.

Autres papiers encore.

Cette fois, il s'agit de simples pièces politiques, dont la valeur ne réside que dans la comparaison possible entre documents anciens et documents contemporains.

Quelle était la forme, la rédaction d'un billet de tribune donnant accès à la salle des séances de l'Assemblée nationale, pas celle de 1871, mais la vraie, celle de la Révolution ? demandait, il y a quelques années, un questionneur de profession. Je suis heureux de pouvoir lui donner réponse aujourd'hui, sous la forme la plus probante, c'est-à-dire par la reproduction du document lui-même. Et il faut avouer que ce secrétaire *Populus* dont

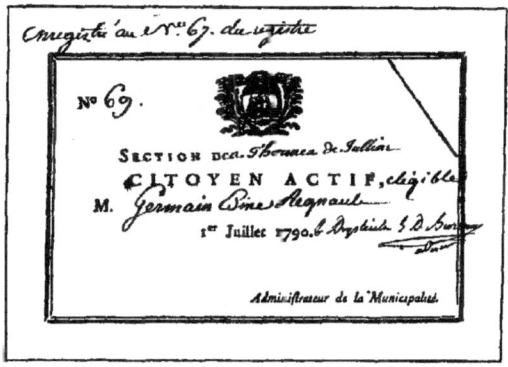

Fig. 92. — Carte d'électeur en 1790. (Coll. Étienne Charavay.)

la signature accordait l'entrée à quelqu'un du *populo* ne manque pas d'un certain charme.

Les autres documents, qui parlent également sans qu'il soit besoin d'autre explication, pourraient, que dis-je, devraient prendre place dans une histoire du suffrage universel. Mais puisqu'ils ont été négligés par les auteurs qui ont traité ce sujet, piquons-les au passage.

Carte de citoyen actif, carte d'électeur, vieux papiers qui ont bien leur intérêt, puisqu'ils nous rappellent les appellations parti-

*Papiers Administratifs et Politiques.*

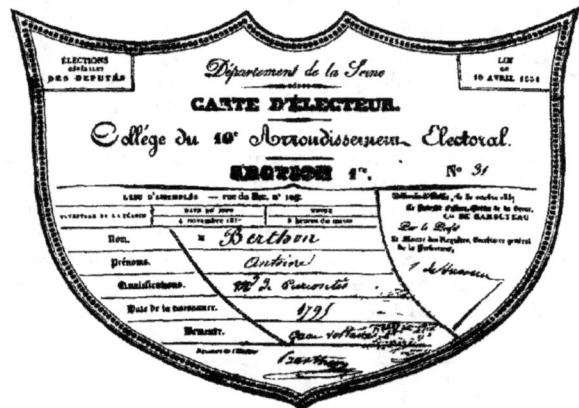

Fig. 93. — Carte d'electeur en 1836. (Le carton original est bleu.)
(Coll. de feu le D<sup>r</sup> Piogey.)

culières à des systèmes de vote entièrement différents. Et 1790, avec son vaisseau aux armes de la ville de Paris, l'emporte encore sur 1839, malgré les échancrures d'un carton qui se donnait des prétentions à l'écusson et qui, dans le fait, pourrait appartenir à la famille des étiquettes de pharmacie.

Les papiers, eux aussi, auraient-ils leur éloquence! C'est à le croire, car, à tout prendre, la carte du citoyen actif a une autre allure que la carte de l'électeur censitif : l'une est une constatation d'identité laissant à l'homme toute son indépendance; l'autre semble vouloir l'enrégimenter, lui coller une étiquette dans le dos ou sur la poitrine. Allons, bon! voilà que, malgré moi, je reviens à ce terme d'attribution commerciale.

Eh bien, oui! les papiers ont leur éloquence, leur cachet particulier, leur caractère *sui generis*. Et la preuve, la voici. Jetez un coup d'œil sur ce *bulletin de l'ouvrier*, et dites-moi si, malgré l'écusson fleurdelisé qui le surmonte, il ne crie pas par toutes ses dispositions, par ses filets, par ses numéros d'enregistrement, d'immatriculation, son origine policière. Il n'y a que la police, le recrutement ou la finance pour avoir mise en page aussi serrée, pour couvrir ainsi leurs feuilles d'observations placées dans tous les sens. L'homme immatriculé, l'homme numéro. Dès que les chiffres prédominent, toute physionomie individuelle disparaît. noyée dans cet impersonnalisme démocratique dont les mathématiques se trouvent être l'expression la plus haute. C'est pourquoi, sans crainte d'erreur, on peut affirmer hautement : un bureau de placement libre n'aurait pas eu des feuilles sentant ainsi la Préfecture.

Je vous le disais bien, les papiers ont leur éloquence et même... leur odeur, au figuré comme en réalité, car, ceux qui possèdent

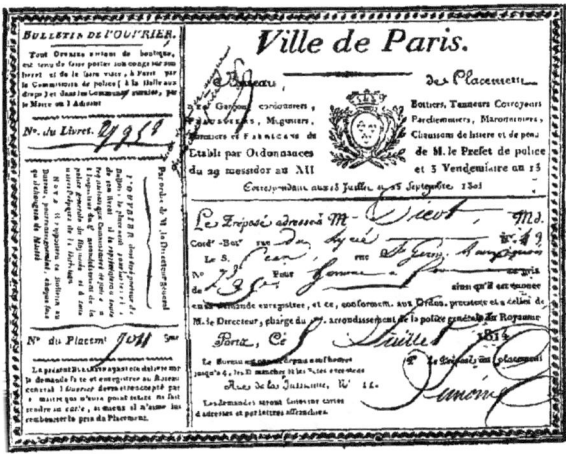

Fig. 94. — Bulletin d'ouvrier datant de la première Restauration.

l'odorat bibliophilesque sentent, de prime abord, au parfum que dégage une feuille, son origine et son époque. Le papier français n'a point l'odeur du papier anglais ou allemand; un papier jauni par le temps ne fleure point comme un papier fortement piqué. Affaire d'encre; question de matières premières; patine du temps.

Ne sont-ce pas les papiers, encore, qui par toute une succession de timbres secs appliqués sur eux, en pleine pâte, peuvent nous renseigner, à défaut d'autres pièces, sur les transformations gouvernementales !

Ils supportent tout philosophiquement, et passent, sans se plaindre, de l'aigle à la fleur de lis, pour recevoir, demain, l'empreinte d'un coq gaulois, la Charte entourée de drapeaux, — tel un mausolée au milieu des cyprès, — ou même les banales et peu décoratives initiales R. F.

Et c'est ainsi que tout chiffon possède une physionomie particulière à l'aide de laquelle on pourrait, facilement, reconstituer non seulement son histoire, mais encore l'histoire des faits, des événements auxquels il a indirectement participé. Ainsi revêtu de marques, de griffes, n'est-il pas le témoin précieux entre tous, dont nul ne saurait contester l'authencité !

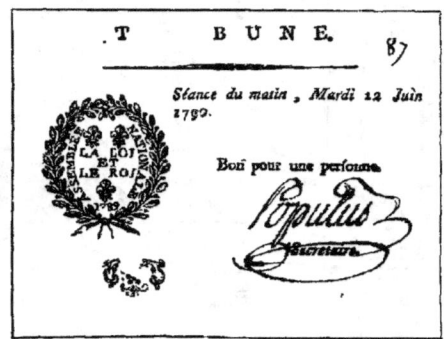

Fig. 95. — Billet donnant accès a la tribune de l'Assemblée nationale.
(L'original est sur papier rose.)

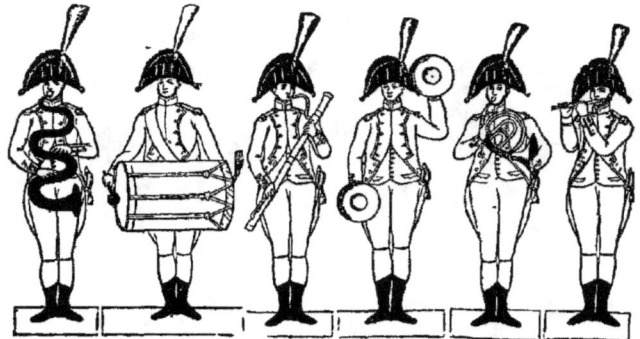

Fig. 76. — Musiciens. Imagerie militaire de la fabrique de Desfeuilles, a Nancy.

## CHAPITRE VI.
## Imagerie Populaire.

Images religieuses. — Images légendaires. — Images militaires. — Images napoléoniennes. — Images politiques. — Images a tendance philosophique ou satirique. — Images d'actualités. — Les placards populaires : Cortege du Bœuf gras. — Brevets et Diplômes, maîtres d'armes, maîtres de danse, diplômes comiques.

IMAGES ! images ! qui veut mes belles images ? — Et, sur cette invite, rassemblant autour de lui le peuple des campagnes, le colporteur promène et montre, de village en village, les images qui garnissent sa banne, images de toutes sortes, de tous formats. D'abord le Roi et la Reine, en grandeur naturelle (*sic*), — nous sommes sous Louis XVI, si vous le voulez bien, — puis les imageries de dévotion, les macédoines à plusieurs sujets à la page, les sujets gracieux, les scènes familières, les vues et les cris de Paris, les vues d'optique, les costumes militaires, les caricatures et les grotesques, les jeux et les métiers. Feuilles au trait et aux ombres légèrement esquissées, gravées sur bois ou sur cuivre, tantôt en noir, tantôt aux enluminages grossiers, constituant en quelque sorte, depuis le XVI$^e$ siècle, le domaine de l'estampe populaire, ayant pu changer de caractère suivant le procédé employé, suivant la marche des idées, mais se mouvant toujours dans le même cercle.

Religion, mode, mœurs, coutumes, types, fêtes et cérémonies, événements historiques, l'imagerie populaire a tout abordé ; ce qui ne l'a pas empêchée de se complaire, également, aux œuvres de fiction : contes et histoires diverses, personnages ou héros légendaires, aux reproductions de paysages, de fleurs, d'animaux, aux comparaisons entre les âges de la vie, entre classes sociales.

Imprimées sur gros papier, accusant par l'état de leurs tailles de nombreux tirages antérieurs, collées sur les murs et même sur les meubles, jusque dans les chaumières les plus écartées, souvent enluminées à l'aide de trois couleurs, rouge, jaune, bleu, ces images constituaient, pour ainsi dire, le musée de peinture du peuple. Industrie florissante, chaque province, quelquefois même chaque ville un peu importante, ayant ses graveurs-marchands. Il en venait de Lille, de Chartres, de Troyes, d'Orléans, de Quimper, de Reims, de Morlaix, de Montbéliard, d'Épinal, de Nancy, sans oublier Paris ; et les routes provinciales étaient sillonnées de colporteurs, de messagers plus ou moins boiteux, chargés de placer, d'écouler les produits multiples de tous ces ateliers, de toutes ces imprimeries.

Combien curieuse, combien pittoresque, combien honnêtement naïve cette imagerie populaire encore si peu connue, encore si méprisée du collectionneur de marque et, cependant, suivant l'observation de Champfleury, « plus intéressante que l'art médiocre de nos Expositions, où une habileté de main universelle fait que deux mille tableaux semblent sortir d'un même moule » !

Demandons au colporteur de défaire sa banne, et voici les sujets qui vont se présenter à nous, durant l'espace d'un siècle, je veux dire de 1750 à 1850.

D'abord, les sujets religieux, qui ne disparurent point aussi vite que certains écrivains l'affirment, puisque, aux abords de 1840, c'était encore l'objet d'une fabrication importante.

Christs, Vierges, saints et saintes, à 1, 2, 4, 6, 8, 10 ou 12 à la feuille, sans omettre les *petits saints à découper*, dans leur cadre gothique ayant des apparences de vitraux, apôtres et sujets de piété, saints locaux et saints universels, je veux dire objet de la dévotion générale. Les saints et saintes, accompagnés d'oraisons, qui apparurent aux approches de 1840, amusants spécimens de l'imagerie d'Épinal, série considérable dans laquelle on voit figurer sainte Marie, modèle de vertus présenté aux jeunes filles, sainte Adélaïde, reine d'Italie, sainte Jeanne, reine de France, sainte Geneviève de Brabant, Geneviève de Paris, sainte Élisabeth, sainte Madeleine, sainte Rosalie, saint Honoré, patron des

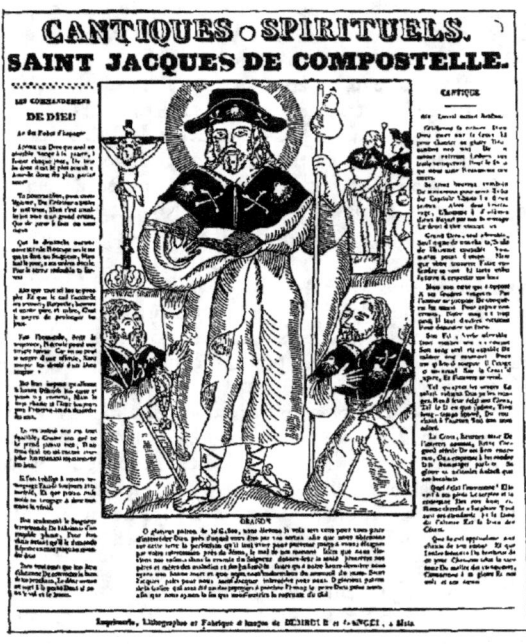

Fig. 97. — Spécimen d'imagerie religieuse (vers 1840). — (Fabrique de Metz.)

boulangers, saint Isidore, patron des laboureurs, saint Cornély, protecteur des bestiaux, saint Georges, saint Jacques de Compostelle. Cela s'appelait *Cantiques spirituels*. — Les saints et saintes placés dans des encadrements de fleurs, taillés d'une façon fort audacieuse, avec une recherche d'ornementation que pourraient envier les adeptes des écoles fin-de siècle, ou bien, alors, entourés de cadres à tableaux, ayant pour dorure de l'ocre, et d'un bourgeois à faire rêver. Notre-Dame de Bonne Délivrance, Notre-Dame du Puy, Notre-Dame de Bon Secours, Notre-Dame de Montaigu, toutes les Vierges du jour prirent place dans cette collection. Du reste, imagerie curieusement enluminée, avec des verts prêts à être fauchés, des violets étonnants, des jaunes d'une couche épaisse, des rouges flamboyants, qui semblerait laisser croire qu'on a voulu se rapprocher des tonalités de l'école espagnole.

Parmi les saints locaux, les plus anciens nous viennent de Bretagne : saint Corentin, patron et premier évêque de Cornouaille, ayant à ses pieds le poisson miraculeux auquel on coupait tous les jours un morceau de chair qui, tout aussitôt, repoussait; — sainte Anne d'Auray, patronne de la Bretagne, toujours couverte de riches ornements; — Notre Sainte Dame la Vierge, qu'on pourrait prendre pour une figure de jeu de cartes, à la robe parsemée d'hermines et tenant en main un sceptre fleurdelisé; — saint Cado passant le pont pour la construction duquel il s'était entendu avec le Diable; — saint Yves de Vérité, protecteur des honnêtes gens et de leur famille; — saint Durlo, etc.

Imagerie naïve, archaïque, dont les personnages atteignent presque à la hauteur du clocher de leur église, dont les arbres ont des feuillages en copeaux, dont les tailles, alors même que modernes, ont conservé la rudesse des anciens bois. Scènes des Évangiles, épisodes de la vie des saints, légendes religieuses, pèlerinages et sanctuaires, cérémonies et événements, tout prend place dans ces collections.

## II.

Après l'imagerie religieuse, l'imagerie légendaire, avec ses monstres à figure humaine, avec ses animaux antédiluviens dont on donnait toujours *l'exacte portraiture,* avec ses proverbes et ses héros populaires, Gargantua ou Geneviève de Brabant, avec ses contes de fées. Gargantua devint bien vite l'incarnation du Dieu avale-royaume, du pouvoir souverain dont le grand couvert était toujours dressé. Depuis deux siècles, Gargantua a pu revêtir toutes les formes, figurer la monarchie, l'aristocratie, le jacobinisme, l'esprit de conquête ; l'idée mère n'a point changé : il est à table, entouré de ses serviteurs qui lui présentent des plats chargés de victuailles et, jamais rassasié, il avale, il engouffre, il s'empiffre. Personnification du pouvoir, allusion aux grands qui, sans pitié, font disparaître les petits.

De même que le Roi avait son *petit lever* et son *grand lever*, de même Gargantua eut son *petit couvert* et son *grand couvert*, suivant l'appétit des imagiers, c'est-à-dire suivant

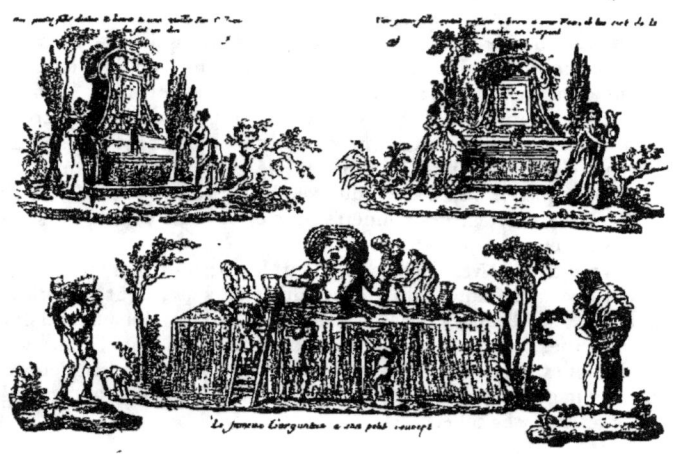

Fig. 98. — Spécimen d'imagerie populaire de la fabrique de Basset, à Paris (époque du Directoire).

Ces feuilles, gravées au burin et en noir, avaient toujours plusieurs sujets à la page. C'étaient les *macédoines* du XVIII<sup>e</sup> siècle.

qu'on voulait faire de lui un ogre plus ou moins insatiable, un avale-royaume aux dents plus ou moins longues. Vint même un jour où Gargantua apparut sous les traits du Roi, de ce pauvre Louis XVI, plus gourmand que féroce, et, dès lors, on se fit un malin plaisir d'incarner en lui tous les souverains qui voulurent bien se laisser *portraiturer*. On vit même apparaître des Gargantua affublés du chapeau à plumes directorial.

Dans quelle catégorie précise faut-il ranger la célèbre bête du Gévaudan qui fit tant parler d'elle? on ne saurait trop le dire; mais; très certainement, elle appartient quelque peu aux personnages fabuleux, elle tient par plus d'un côté à la légende, puisque l'on vit des placards populaires donner, suivant les contrées, *le Portrait de la bête féroce qui ravage les environs de Lyon*, *le Portrait de la bête féroce qui ravage les environs d'Orléans*. Peut-être fit-on pour elle ce qui se pratique sur une si grande échelle de nos jours : des changements de titre pour écouler les produits, plus facilement, dans différentes contrées. Voici, toutefois, ce qu'un chroniqueur orléanais, Lottin, écrivait au sujet de cette dernière :

« Une bête cruelle, que l'on croyait être une hyène et qui désolait le Gévaudan, l'Auvergne, le Nivernais, le Bourbonnais et les frontières de l'Orléanais, contre laquelle on avait fait marcher des troupes réglées, est tuée à cette époque par le sieur Antoine, habile chasseur. Cet animal féroce avait fait les plus grands ravages et inspirait une terreur universelle. » Des images coloriées, faites chez M. Letourmy, marchand de papier sur le Martroi, qui se fit une réputation dans ce genre de gravure, furent vendues par milliers. »

Les vieilles légendes sont presque toujours suivies de complaintes qui, quelquefois, ne comptent pas moins de vingt-neuf couplets. Telles *l'Histoire admirable de l'infortunée sainte Geneviève de Brabant et le récit exact de ses malheurs* :

> Les larmes parleront mieux,
> Que les discours de ma bouche;
> Le récit de tant de malheurs,
> Ne demande que des pleurs.

*les Malheurs de Pirame et Thisbé* (dans leurs amours) d'après un vieux lai du XIII⁰ siècle : *les Amours d'Henriette et Damon*, en cinq scènes : la demande refusée; l'entrée d'Henriette au couvent; la capture de Damon par les Turcs; sa délivrance par des prêtres; la main d'Henriette accordée par le père avec l'assentiment de la Mère supérieure. Dans cet ordre d'idée l'imagerie et la littérature de colportage se donnaient la main.

C'est encore parmi les légendes qu'il faut ranger tous ces

contes, tous ces récits, qui, depuis si longtemps, amusent l'humanité : *la Petite Cendrillon, le Petit Chaperon Rouge, Don Quichotte de la Manche, Robinson Crusoé, Robinson Suisse, Gulliver, Barbe-Bleue, l'Ogre et le Petit Poucet, le Chat botté, Peau d'Ane, Lustucru,*

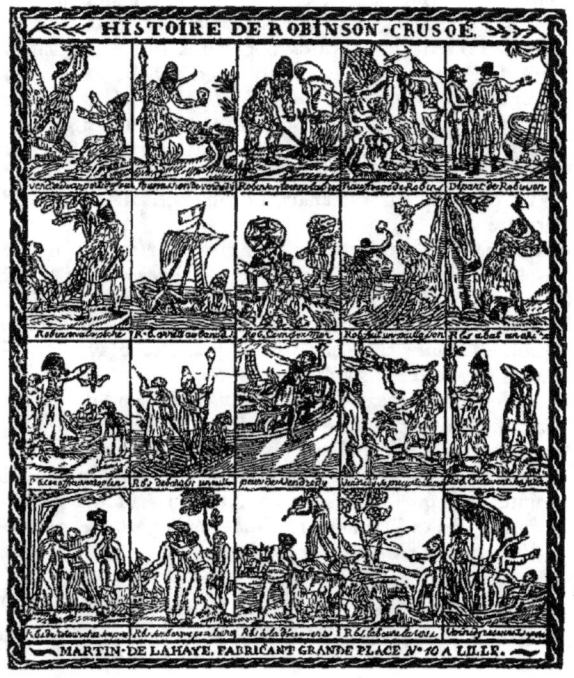

Fig 99 — Specimen d'imagerie populaire gravée sur bois et en noir.
(époque du premier Empire). — (Fabrique de Lille.)

*Croquemitaine*, et tant d'autres, que les imagiers devaient accommoder à toutes sauces, suivant les idées et les modes du jour. C'est ainsi que, dans une *Histoire de Barbe-Bleue* sortant d'une imprimerie bretonne, on voit le méchant mari tué par un des frères de sa femme costumé en dragon Louis XVI; c'est ainsi que, sur un bois de l'époque révolutionnaire, Croquemitaine ne « croque » pas seulement les petits enfants, mais avale aussi tous les honnêtes artisans, nouvelle façon d'accommoder la légende de Gargantua. Plus tard, pour les enfants modernes, on inventera *le Père Fouettard*; plus tard, *Paul et Virginie* viendront s'ajouter à tous les autres récits d'amour; plus tard encore, *Robert Macaire* et *Madame Macaire* compléteront cette galerie.

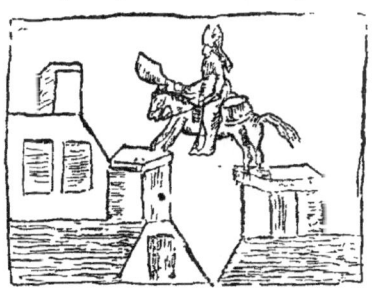

Fig. 100. — Saint Nicolas à cheval, sautant d'une cheminée à une autre, un sabot à la main.

Notons que dans cette iconographie enfantine saint Nicolas tient une place particulière, donnant même naissance, suivant les contrées, à toute une imagerie spéciale.

### III.

Tambours et fifres en tête, voici les soldats, les soldats alignés par bandes de deux, de quatre, de cinq ou de six, suivant la grandeur des personnages. A l'origine ce sont de hautes figures prêtes à être collées sur bois ou sur carton. Empanachés, raides et guindés, bien en bois, quoique imprimés sur papier. Tous les costumes, toutes les armées, toutes les nations ont défilé ainsi depuis plus d'un siècle, amusant les enfants et donnant, quelquefois, des renseignements précieux sur les détails de l'uniforme. Imagerie considérable, universelle, particulière à tous les pays, dont la production ne s'est jamais arrêtée et qui a revêtu différentes formes.

Les costumes et les types d'abord, puis les scènes de la vie des camps, les forteresses, les batailles les héros populaires, et, par la suite, toute la grande épopée des guerres de la Révolution et de l'Empire. Au XVIII$^e$ siècle, les uniformes et les types, les détails des costumes, les harnachements de la cavalerie, les couleurs des étendards; imagerie froide et documentaire. Les gravures allemandes tiennent le haut du pavé dans cet ordre d'idées. L'impulsion donnée à l'esprit guerrier par les conquêtes de Bonaparte,

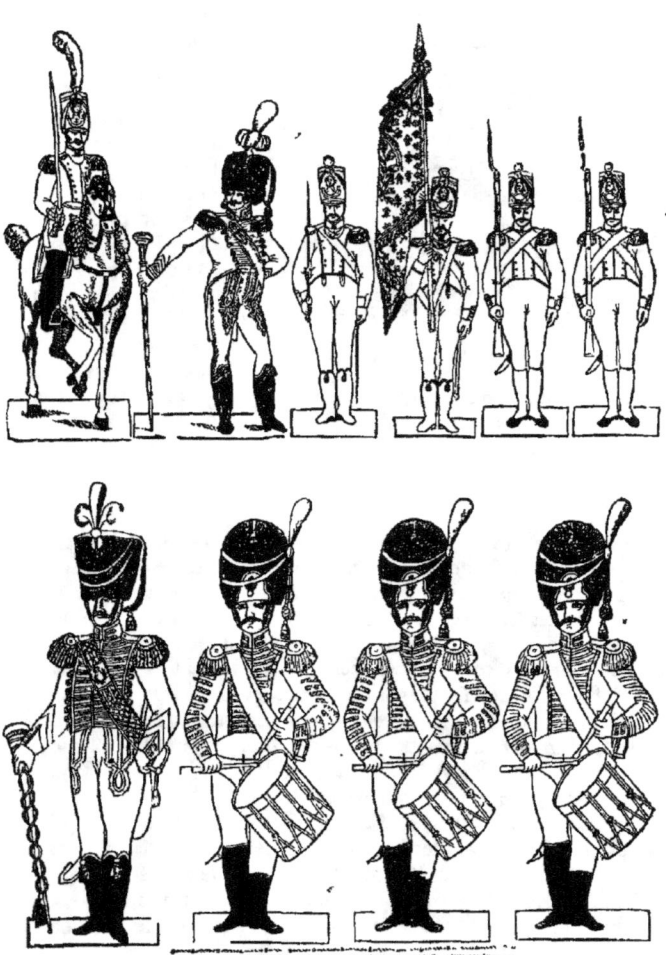

Fig. 101 et 102 — Imagerie militaire (époque de la Restauration).
Soldats de la fabrique de Desfeuilles, à Nancy.

par les promenades victorieuses des armées françaises à travers l'Europe, suscite de toutes parts la production : jamais on ne vit autant d'images militaires que durant la période de 1795 à 1815 : généraux et cavaliers montés sur des chevaux au poitrail rebondissant, même attitude, même allure, fantassins se pressant, serrés, sur des feuilles trop petites, et tout cela enluminé avec un

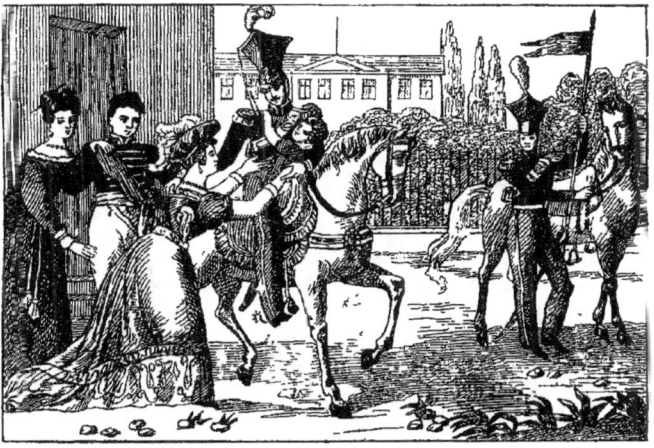

Fig. 103. — Depart du prince Poniatowski. D'après l'original colorié.

Au-dessous se lit la legende suivante :
— Le prince Poniatowsky, issu du sang du dernier roi de Pologne, s'était attaché à la fortune de la France dans l'espoir sans doute de conquerir, sous sa protection, l'indépendance de son pays. A sa voix s'etaient rassemblés quinze mille de ses généreux compatriotes. L'instant arrivé de les reunir à l'armee française, il s'arrache des bras de son epouse eploree, dont la tendresse inquiète semblait pressentir un douloureux avenir.

luxe de couleurs jusqu'alors ignoré, quand les planches sont des burins et sortent de chez Jean, l'éditeur attitré de ces suites de costumes. D'autres, à Paris et à Lille, se contentent de bois grossièrement recouverts d'une ou deux couleurs, et se spécialisent dans les détails de la vie des camps.

Sur les feuilles du XVIII$^e$ siècle, le militaire défile; sur les feuilles du Consulat, il sent la poudre et la victoire; il caracole, il monte à l'assaut, alors même que les figures sont gauches et pittoresquement amusantes; alors même que les bois sont taillés de façon primitive. Et ce qui indique bien l'influence exercée par ces grossières estampes, l'imagerie de chez Jean donne le ton à toute la production européenne. Témoin le cavalier et le fantassin de provenance espagnole que l'on pourra voir aux images étrangères.

L'imagerie plus particulièrement napoléonienne se développe surtout après la chute de l'Empire; à l'épopée par l'action suc-

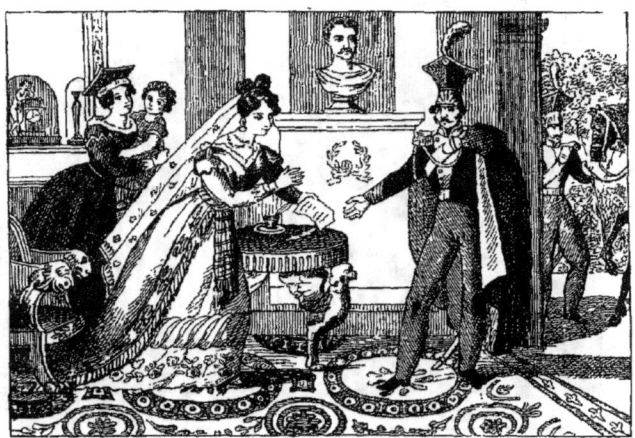

Fig. 104. — La princesse Poniatowsky apprend la mort de son mari
(D'après l'original colorié.)

* Au-dessous, se lit la légende suivante

— Les souverains alliés, sensibles au malheur du prince Poniatowsky, crurent devoir instruire sa veuve de la perte qu'elle venait de faire, par une lettre qu'un officier polonais fut chargé de lui remettre L'infortunée princesse, déjà en proie aux plus sinistres pressentiments, connut l'affreuse réalité à l'air morne de l'officier et aux premiers mots de la lettre. Ainsi furent changés en crêpes funèbres les chaînes de fleurs d'un hymen auquel semblaient réservées les plus brillantes destinées.

cédait, tout naturellement, l'épopée par l'image. Toutes les batailles, toutes les actions, tous les mots prêtés à l'Empereur, tous ses actes de clémence, toutes ses familiarités avec les vieux grognards, tous les hauts faits de ses lieutenants apparurent à la devanture des marchands d'estampes. Dans cette production il y a deux périodes.

Sous la Restauration, ce sont des planches plus ou moins grossièrement gravées en taille-douce, les figures et les chairs au pointillé rose, les uniformes coloriés à plat, en épaisses couches relevées à la gouache : c'est de Paris que sort toute cette fabrique d'un romantique inouï comme coloris, quoique beaucoup, cependant, soient exécutées à la manière noire, de cette manière noire qui a tout l'aspect d'un lac de bitume.

Sous le règne de Louis-Philippe, c'est la fabrique d'Épinal et

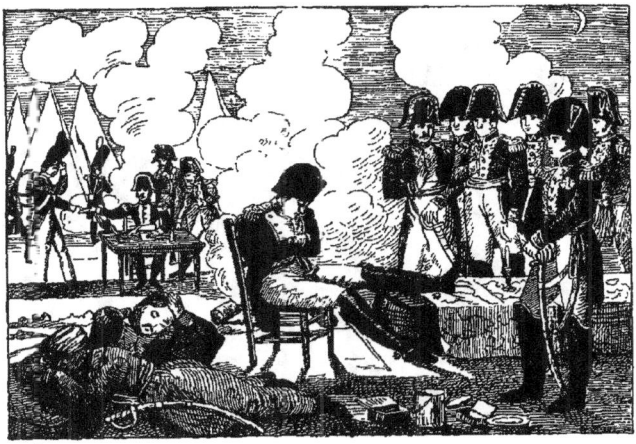

Fig. 105. — Veille de la bataille d'Austerlitz. D'après une estampe populaire coloriee.

* Au-dessous se lit la legende suivante :
— Trois princes puissants s'étaient réunis contre Napoléon, avec des forces considérables, mais le génie de cet homme extraordinaire et le courage des soldats français déconcertèrent toutes leurs esperances. Après avoir fait les plus savantes dispositions, et donne ses ordres pour attaquer l'ennemi le lendemain, a la pointe du jour, le vainqueur de Marengo s'assit tranquillement au milieu des feux de son armee, et s'endormit d'un profond sommeil. La victoire mémorable qu'il remporta dans cette fameuse journée justifia pleinement un calme aussi heroique a la veille d'une action si decisive,

la gravure sur bois : genre tout différent, au champ beaucoup plus vaste, et je dirai presque d'une exécution supérieure, comme valeur d'art. C'était, si l'on veut, une seconde édition, une nouvelle façon de célébrer l'épopée impériale : le bois recommençait ce que le cuivre avait fait, douze ans plus tôt. Sous la Restauration, les graveurs subissant, très certainement, l'influence du milieu, accommodaient les vieux de la vieille à la façon du jour : leurs grenadiers avaient je ne sais quoi de l'*ourson* (garde national).

Après 1830, l'influence de Charlet et de Raffet se laisse voir de manière caractéristique.

A partir de ce moment cette imagerie, à juste titre célèbre, prend le haut du pavé et ne l'abandonne plus. Que ce soient les troupes de l'armée d'Afrique, le lignard de 1840, ou les brillants costumes de l'armée impériale, elle a revêtu sa forme définitive.

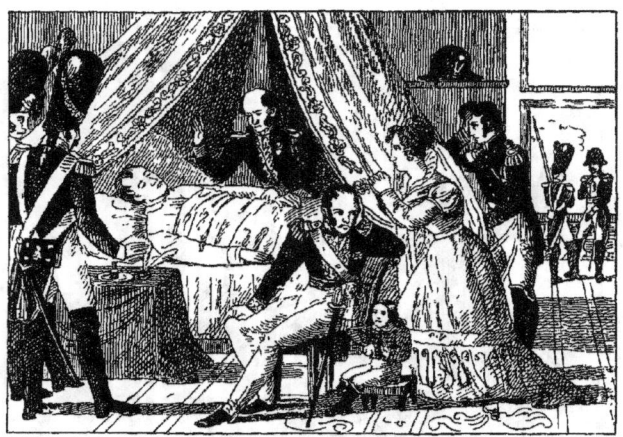

Fig. 106. — Mort de Napoléon. D'après une estampe coloriée.

' Au-dessous se lit la légende suivante '

— Le 5 mai 1821, à 6 heures du soir, Napoléon rendit le dernier soupir. Le général Bertrand, sa digne épouse et son fils étaient auprès de lui, plongés dans la plus profonde douleur, et le contemplaient avec une admiration respectueuse, à ces tristes et solennels instants. Sa fin fut très calme, et de tendres souvenirs semblaient alors occuper son âme. Il mourut âgé de près de 52 ans, des suites d'un cancer à l'estomac... On lui rendit tous les honneurs dus à son rang, et on l'ensevelit dans un endroit de l'île qu'il avait lui-même choisi, les yeux tournés vers la France.

Metz, Wissembourg, Pont-à-Mousson, ont beau fabriquer des petits pioupious à la douzaine, aucune fabrique ne rivalisera avec Pellerin et C<sup>ie</sup>, *fournisseurs brevetés de Sa Majesté l'Impératrice*. Et puis, est-ce le fait de l'élégance, de la richesse des uniformes, est-ce le fait des dorures qui viennent se placer avec profusion sur toutes les coutures, mais ces feuilles ont un aspect réjouissant que ne possédaient point celles de la période antérieure.

Pour la troisième fois la grande épopée est à nouveau popula-

**NAPOLÉON A ESSLING.** (22 Mai 1809).

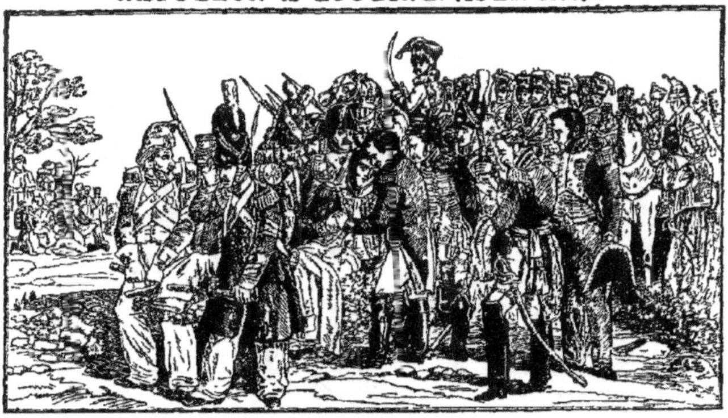

Fig. 107 — Réduction d'une estampe populaire coloriée de la fabrique d'Epinal (vers 1840)

Au-dessous, une longue légende explicative qui demande à être reproduite dans son entier :

— Après la bataille d'Essling, Napoléon se trouvait presque seul à quelque distance du pont construit sur le Danube, se promenant à grands pas, absorbé dans les réflexions pénibles que lui suggéraient les circonstances : ses traits offraient en cet instant l'expression de la douleur, et ses yeux, mornes et couverts, ne cessaient par intervalles de fixer la terre que pour se fixer sur la longue file de malheureux mutilés qui s'efforçaient de gagner les buissons de l'Ile, pour y chercher un abri et quelque soulagement à leurs maux. Ce fut en suivant de l'œil cette marche lunebre qu'il vit s'avancer le groupe qui portait le maréchal Lannes : de vieux grenadiers, l'honneur des armées françaises, tout couverts de sang et de poussière, noircis par la poudre qu'ils venaient de brûler, avaient, en croisant leurs fusils et quelques branches de chêne, formé le brancard sur lequel reposait l'illustre guerrier. Dès que l'Empereur put reconnaître le duc de Montebello, il pressa le pas pour venir au-devant de lui. Les grenadiers s'arrêtent, et Napoléon, se précipitant sur le sein de son vieux compagnon d'armes, et ce moment presque évanoui par la perte de son sang, lui demande d'une voix étouffée par les sanglots : « Lannes, mon ami, me reconnais-tu ?. . c'est l'Empereur .. c'est Bonaparte... c'est ton ami ». A ces mots, le maréchal, entr'ouvrant ses paupières fermées, rappelle ses esprits et fait quelques efforts ; mais, hors d'état de parler, il ne peut que lever ses bras affaiblis pour les passer autour du cou de Napoléon, qui le tient lui-même embrassé : leurs sanglots se confondent alors.

Pendant cet éloquent silence, les vieux grenadiers qui naguère frémissaient de rage en voyant, malgré leur valeur indomptée, échapper la victoire, laissent couler de leurs yeux sombres et farouches des larmes d'attendrissement ; ils demeurent saisis de respect et tremblants d'émotion devant ce tableau déchirant La crainte d'épuiser dans ces embrassements le peu de vie qui reste au maréchal, détermine l'Empereur à s'éloigner, et l'on continue de porter le mourant vers le lieu ou il puisse recevoir des soins, malheureusement impuissants Il mourut à Vienne quelques jours après.

risée par l'image, et la vieille garde prend place aux côtés de la jeune garde impériale. Comme tout cela défile crânement, pimpant, astiqué, cent-gardes, lanciers, dragons, cuirassiers, chasseurs, artilleurs de la garde, gendarmerie d'élite, grenadiers,

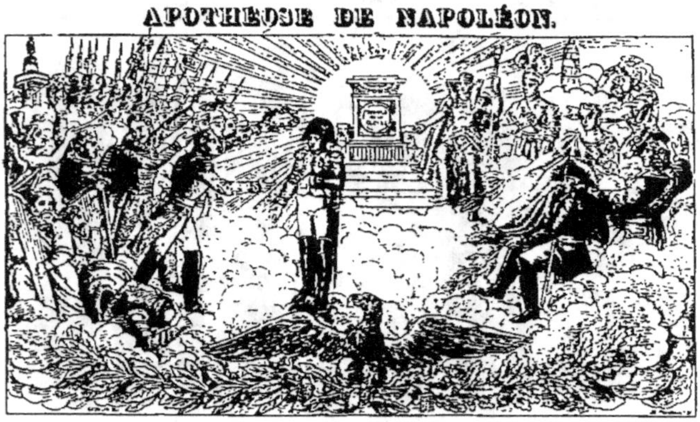

## APOTHÉOSE DE NAPOLÉON.

Fig. 103. — Réduction d'une estampe populaire coloriée de la fabrique d Epinal (vers 1840).

Au-dessous également, une longue notice explicative établissant un parallèle entre Napoléon et les autres grandes illustrations humaines :

— L'apothéose présente en analyse les grands hommes et les héros de l'ancien et du nouvel âge : Sésostris, Alexandre, César, Gengiskan, Bayard, Turenne, Frédéric II ; les braves généraux Kléber, Desaix, Hoche, Lasalle, Ney, et une foule d'autres chefs et soldats qui ont partagé ses dangers et ses triomphes ; tous saluent de leurs lauriers le grand Napoléon, qu'ils se plaisent à reconnaître comme le génie qui les a surpassés. A côté d'eux sont des bardes qui chantent des hymnes à sa louange. On aperçoit dans le lointain la colonne Trajane, les pyramides d'Égypte, la colonne de la place Vendôme, les plus grands monuments du monde : les Aigles romaine et française, et le Temple de la Gloire, où ses exploits sont gravés en caractères indestructibles.

Aucun des grands hommes de toutes les époques et de tous les âges peuvent-ils être mis en parallèle avec l'homme du xix<sup>e</sup> siècle? Que sont-ils auprès du général de l'armée d'Italie, du conquérant de l'Égypte, du fondateur de l'Empire français, du vainqueur de l'Europe? Napoléon, supérieur à chacun d'eux par la qualité même qui a fait leur gloire, l'emporte encore par la réunion, en sa personne, des autres grandes qualités qui leur ont manqué. Il pourrait soutenir la comparaison avec ces rois fameux, ces illustres capitaines, ces sages législateurs, tous réunis : à lui seul il les éclipse tous. Ses victoires ont sauvé la République expirant sous la coalition européenne : son gouvernement a tiré la patrie des fanges sanglantes de l'anarchie. C'est au créateur de l'Empire que la France doit ses lois, ses monuments et sa gloire : il l'a conduite au Temple de l'Immortalité !

chasseurs de Vincennes, chasseurs à pied, voltigeurs, zouaves, turcos. Ici, la famille impériale et les costumes du premier Empire ; là, Napoléon III suivi de son état-major et de son escorte.

Par bandes de trois, de quatre ou de sept à la feuille, ce sont bien les fantassins et les cavaliers-types de cette imagerie populaire qui, de tout temps, pour dix centimes, a fait battre le cœur des gamins.

Tenant de près à l'imagerie militaire, se confondant même souvent avec elle, suivant la nature des personnages, voici l'imagerie politique : Napoléon I$^{er}$, Louis XVIII, Charles X, Louis-Philippe, Napoléon III, le maréchal de Mac-Mahon et les Présidents de la troisième République, tous les chefs d'État de notre siècle ont, chacun à son tour, passé par le cuivre ou le bois des artistes populaires. Mais ce qu'il faut retenir, c'est le fait que l'impulsion militaire donnée par le premier Empire à l'imagerie française influa pendant longtemps sur la représentation graphique des souverains. Sous la Restauration, les fabriques de Chartres et d'Orléans, desquelles étaient sortis tous les grands bois relatifs aux fêtes, aux cérémonies impériales, se voient forcées d'abandonner, et de détruire même, des sujets qui ne pouvaient plus avoir aucun débit. Toutefois, quelques-uns restèrent, et voici ce qu'il advint d'eux :

« Une exception eut lieu, » nous dit M. Garnier, l'auteur d'une curieuse monographie sur l'imagerie à Chartres : « elle concernait la grande image de Napoléon I$^{er}$, empereur des Français, commandant sa cavalerie et l'infanterie de sa garde d'honneur. Il en coûtait au fabricant chartrain de licencier toute une armée dont la création lui avait causé des frais considérables. Les quatre bois qui, réunis, formaient cette grande image, furent donc conservés, et, par des pièces adroitement ajustées, le graveur fit disparaître les emblèmes de l'Empire et les remplaça par ceux de la Royauté. Le roi Louis XVIII fut hissé sur le même cheval qu'avait monté le grand Empereur; les plumets autrefois tricolores de nos vaillants soldats, qu'on laissa désormais en blanc, en achevèrent la transformation.

« Le débit considérable qu'avait eu la grande image de l'Empereur devait faire penser à la remplacer par un autre sujet d'égale dimension représentant le souverain régnant. La disposition fut la même. On y voyait figurés en pied le roi Louis XVIII et S. A. R. M$^{gr}$ la duchesse d'Angoulême, que le trône, devenu royal, séparait. Cette image, d'un dessin plus correct et d'une exécution meilleure comme gravure, obtint un immense succès, qui se prolongea même longtemps. »

Qu'ajouter à cela? Rien, sinon que la quantité de Napoléon I$^{er}$ à cheval dut amener forcément des Louis XVIII, des Charles X, et même des Louis-Philippe à cheval. Décemment un souverain ne pouvait plus se présenter à pied aux regards du populaire. Attraction curieuse exercée sur les masses, influence

*Imagerie populaire.*

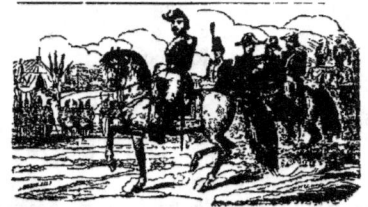

Fig. 109. — Vignette de placard populaire politique.
Au-dessous se trouve tout un texte célébrant, sur le mode dithyrambique, les evenements qui amenèrent la proclamation du second Empire.

qui se retrouvera jusque sur les placards populaires. Telle l'*Arrivée de Son Altesse Impériale Mgr le Prince Louis Napoléon dans la ville de Paris*, dont on retrouvera un dernier écho — bien affaibli, il est vrai — dans *le Général Boulanger se rendant au Cercle militaire à cheval*.

A cheval! à cheval! Toute la portée de l'Épinal comme propagande politique en faveur des souverains réside dans ce simple fait.

## IV.

Religieuse, légendaire, militaire, l'imagerie va nous apparaître maintenant philosophique, satirique, comique, récréative, ornementale et actualiste.

Philosophique, avec les grandes compositions sur le Juif Errant que les graveurs font marcher depuis des siècles sans repos, prétendant toujours nous donner son *vrai*, son *véritable*, son *seul portrait authentique*, éternel bonhomme Misère dont Champfleury a étudié tout particulièrement l'iconographie, incarnation vivante de l'humanité toujours en travail, toujours en marche; avec *les Quatre Vérités*, qui, elles aussi, depuis le milieu

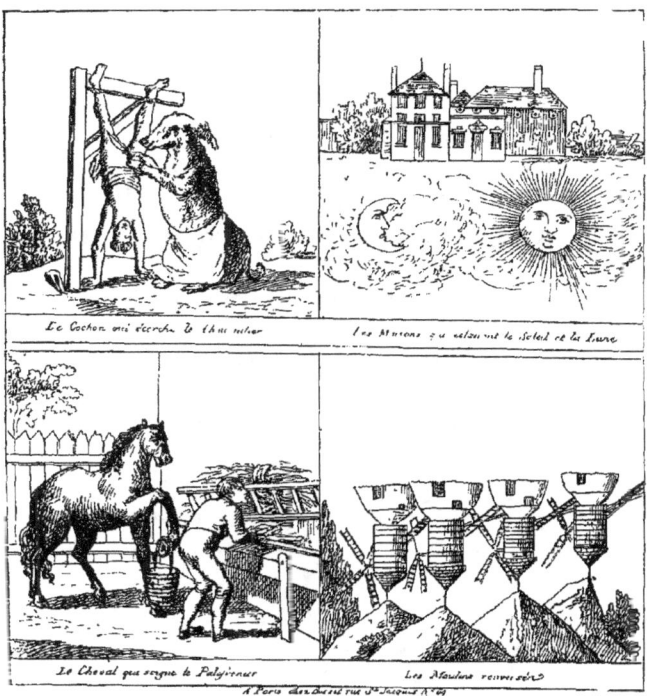

Fig. 110. — Spécimen d'une feuille de la collection dite *le Monde renversé*
(époque du premier Empire). — (D'après un original en couleur.)

du xviiie siècle, peuplent toutes les imageries, changeant quelquefois les personnages, mais ne s'écartant jamais de cette affirmation de principes :

*Le prêtre* : Je prie pour vous tous. | *Le militaire* : Je vous défends tous.
*Le paysan* : Je vous nourris tous. | *Le procureur* : Je vous mange tous.

avec les échelles sociales, avec les quatre âges de la vie ou les degrés des âges, avec les trois chemins de l'éternité, avec toutes les estampes qui, d'une façon quelconque, recherchent les comparaisons ou les parallèles.

Satirique, avec les innombrables feuilles que la Restauration produisit dans les domaines les plus différents et dont la série *le Monde renversé* est restée le type le plus parfait, changeant tout, intervertissant les rôles, plaçant choses et gens la tête en bas; l'envers du bon sens, en un mot. Ainsi se purent voir les hommes montés par les animaux, le cuisinier à la broche tandis

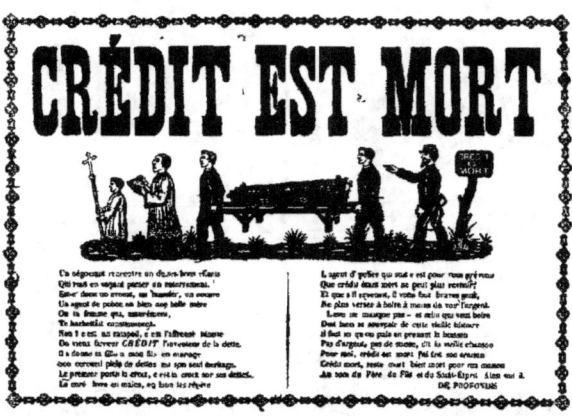

Fig. 111. — Interprétation moderne de la fameuse estampe jadis si populaire *Crédit est mort.* — (Image de colportage.)

que les oies la tournent, l'ours faisant danser son maître, l'oiseau chassant, le poisson pêchant, le cheval en voiture traîné par celui qui d'habitude se fait traîner, le chien à table tandis que l'homme ronge les os, la terre en haut, le ciel en bas. Toutes choses plus abracadabrantes que spirituelles.

Comique, avec *Monsieur et Madame Denis ou les souvenirs nocturnes de deux vieux époux*, avec le *Retour de Saint-Malo de M. Dumolet*, avec toutes les feuilles de grotesques, de personnages à grosse tête, les messieurs Vautour, La Trompe, Mouton, les demoiselles Minette, La Biche, Fin-Bec, avec les scènes de la vie traitées dans un sens caricatural.

Récréative et ornementale, à la fois, avec les images dites de cabaret venant prendre place sur les murailles, non seulement des cabarets de village, mais encore des perruquiers et des savetiers. Tels *les Véritables Cris de Paris* qui, jusqu'après 1830, colporteront encore dans les campagnes les petites vignettes du siècle précédent, *Lustucru forgeant la tête des mauvaises femmes*, et le célèbre *Crédit est mort*, auquel les graveurs modernes donneront une interprétation nouvelle, en le représentant conduit en terre par l'autorité. Parmi toutes ces inventions, la plus populaire sera certainement *l'Horloge de Crédit*, ayant, au-dessus du cadran, l'inscription : *A l'Espérance, Crédit est mort*, et, tout autour, des personnages qui varieront suivant l'époque ou la fabrique : soldat, pèlerin, hallebardier, estampe à légendes significatives :

> Donnera-t-on quelque chose à crédit ?
> Quand le coq chantera, Crédit on donnera.

Mauvais payeurs, qui entrez céans, remarquez bien ce cadran : quand l'aiguille marquera midi, on vous donnera à crédit.

Typique et locale, spéciale à certaines contrées avec les images de pèlerinage, avec les emblèmes et vignettes de corporations, avec les billets des Rois imprimés sur gros papier gris, au nombre de seize à la feuille, chacun représentant une dignité personnifiée, billets qui, jadis, se vendaient dans les rues de Lille à partir du 4 janvier, annoncés par le cri suivant :

> Les biaux billets du roi
> A n'un douppe[1].

Amusants petits bois dont les figures, en pied ou à cheval, ressemblent aux personnages des livres populaires, faisant défiler le Roi et tout son entourage : le conseiller, le secrétaire, le valet de chambre, le laquais, le médecin, le portier, le messager, le musicien, le ménestrier, le verseur, l'écuyer tranchant, le cuisinier. Pas de reine, celle-ci restant au choix du souverain d'un instant.

Billets des Rois, que n'êtes-vous en usage partout !

Enfin l'actualité sous ses formes multiples, qu'il s'agisse des types ou de certains incidents qui piquèrent la curiosité. En 1768, *la Belle Bourbonnaise*, qui avait eu les honneurs de la gravure sur cuivre avant de tomber dans l'imagerie à bon marché ; sous le Consulat, *Fanchon la vielleuse*, une figure qui accaparera longtemps la curiosité ; sous la Restauration, certains animaux ou

1. Double : un liard.

personnages exotiques : *l'Arrivée de la Girafe au Jardin des Plantes*, *le Singe Jocko*, *les Osages à Paris*. Puis, ce sera le tour de *l'Assassinat de Fualdès* avec son interminable complainte, et de *l'Assassinat du duc de Berry*, qui, tous deux, dans un sentiment différent, captiveront les chercheurs d'émotions.

Les crimes, les assassinats, moins nombreux à cette époque, il faut le reconnaître, que de nos jours, occupèrent, cependant, toujours, une certaine place dans l'imagerie populaire, — d'autant qu'alors on n'était point blasé sur les forfaits hors nature. L'auteur de *l'Imagerie à Chartres* va nous fournir à ce sujet quelques renseignements précieux :

« Un horrible crime, » dit-il, « eut, sous l'Empire, le privilège de se voir reproduit par la gra-

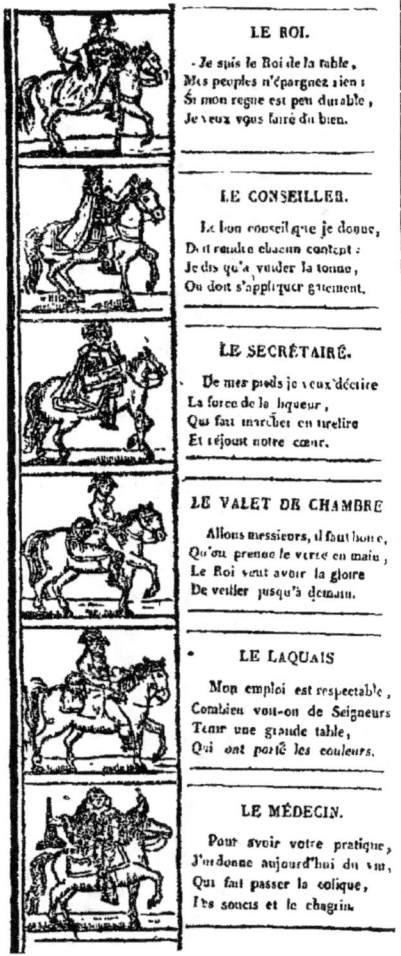

Fig. 112. — Billets pour tirer les Rois. Fabrique de Lille. (Collection Quatre-Reybourbon.)

vure. Il s'agissait d'une fille dénaturée qui avait tué son père, sa mère, ses deux sœurs, et eût anéanti jusqu'aux derniers membres de sa famille, s'ils ne se fussent dérobés à sa férocité.

« La procédure criminelle s'est instruite dans le département de l'Allier, assez loin de la capitale de la Beauce, mais les demandes arrivaient de tous côtés, et il fallut bien se décider à créer une image, d'une exécution presque aussi horrible que la scène sauvage qu'elle était chargée de représenter.

« Un rapport du sous-préfet de Gannat au préfet de l'Allier relatant les détails des abominables forfaits commis par Madeleine Albert, âgée de 23 ans, dans la soirée du 13 janvier 1811, une lettre annonçant son arrestation et l'inévitable complainte donnaient l'explication des crimes que l'image mettait en action. On en vendit des milliers d'exemplaires. »

Ce que M. Garnier ne dit pas et ce qui se produisit cependant, à maintes reprises, c'est que ce bois devait servir à nouveau à d'autres imprimeurs pour colporter par monts et par vaux d'autres « horribles assassinats ».

Après les crimes et les faits-divers, sous leurs formes multiples, les grandes découvertes appelées à révolutionner le monde, à modifier profondément les mœurs et les habitudes sociales. Tels les moyens de locomotion, au premier rang desquels il convient de placer les chemins de fer. Jamais l'Épinal ne devait se montrer aussi naïvement puissant qu'avec ces feuilles qui présentent tout l'attrait d'un document.

Et maintenant, dernière particularité, l'imagerie d'actualité politique née sous le feu des événements du jour, appelant à son service de vieux bois, retapés suivant les besoins de la cause.

1830 et 1848 fourniront matière à de nombreux placards, toujours accompagnés d'un long texte explicatif : *les Barricades des Trois Glorieuses, Mort de Mgr Affre, Liste générale des insurgés devant comparaître devant les conseils de guerre, et leur transfert par chemin de fer, de Paris au Havre* (c'est l'amusant canard ici reproduit), *Grand Jugement des 25 accusés compromis dans l'assassinat du général Bréa et de son aide de camp*, avec les portrait des victimes et des accusés ; bois aux tailles qui font rêver.

Aux côtés de cette imagerie populaire, il faudrait encore, si l'on voulait être complet, accorder une place à l'imagerie populaire « point naïve », je veux dire aux œuvres graphiques exécutées dans un but de propagande, de vulgarisation, par des artistes connus. A l'étranger, ce genre s'est de tout temps confondu avec le genre purement populaire, parce que l'art s'est mis immédiatement au service des masses; parce qu'il a donné à l'estampe conçue pour la jeunesse ou pour les populations rurales un cachet de naïveté et de science, en même temps, digne des primitifs. En France, au contraire, les images ainsi mises au jour restent le fait de certaines individualités : ce sont des exceptions, des pièces uniques dessinées en un jour de joyeuse humeur ou en vue d'une

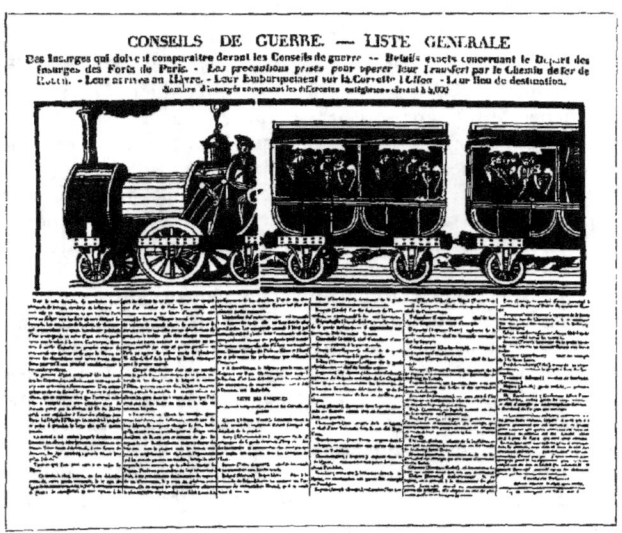

Fig. 113 — Placard d'actualité politique (1849).
L'image, comme on pourra facilement s'en convaincre, est constituée de deux fragments de bois, sciés et réunis tant bien que mal.

circonstances particulière, charges d'atelier, invitations à des dîners, à des bals, à des fêtes.

Telle la pièce composée par Courbet, et ici reproduite, la complainte de l'apôtre Jean Journet, type auquel Champfleury a consacré plusieurs pages dans la galerie de ses *Excentriques*.

De l'Épinal d'art, mais de l'Épinal qui ne devait jamais pénétrer les masses profondes, celles-ci tenant toujours pour le Juif-Errant, marcheur autrement infatigable que Jean Journet.

En un chapitre spécial, je parle de l'imagerie relative aux

jeux, mais il faut encore mentionner, ici, deux spécialités qui tiennent une grande place dans l'iconographie populaire :

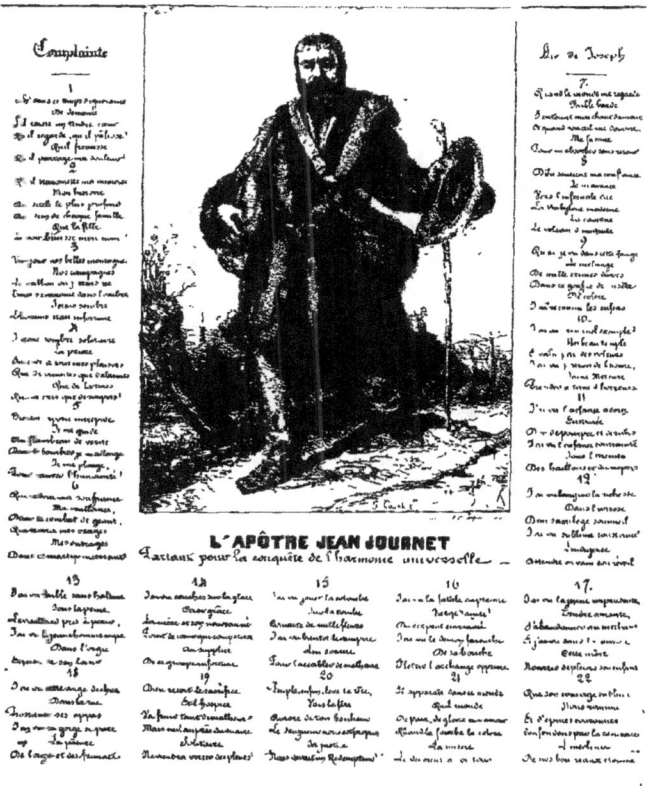

Fig. 114. — Imagerie populaire artistique.
La complainte de Jean Journet, avec composition lithographique de Courbet.

les placards relatifs aux bœufs gras, les brevets et diplômes.
*Demandez l'ordre et la marche du cortège du bœuf gras !* Depuis le premier Empire jusqu'en 1871, à l'exception toutefois de la seconde République, qui se montra pour cette promenade, jadis

## LE CHEMIN DE FER.

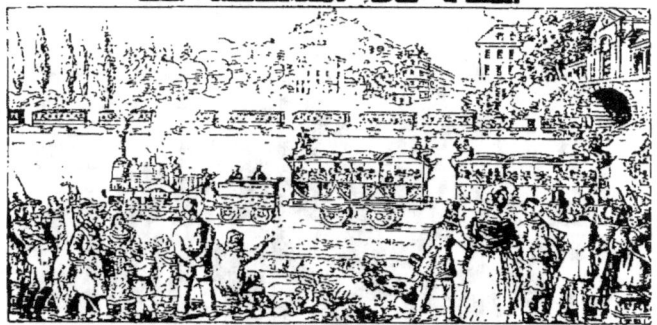

Fig. 115. — D'après une estampe populaire coloriée de la fabrique d'Épinal (vers 1850).

Au-dessous de cette amusante image, donnant le type des wagons de l'époque, se trouve une longue notice sur les chemins de fer, abondant en détails, d'une naïveté typique, qui montre bien de quelle façon émerveillée l'on envisageait encore la plus grande découverte du siècle. De cette notice nous extrayons les passages suivants et nous y ajoutons une des poésies placées là, sans doute, par les éditeurs pour joindre l'agréable à l'utile, pour amuser tout en instruisant.

La parole est à la littérature épinalesque :

— De toutes les merveilles de ce siècle, les chemins de fer sont, sans contredit, une de celles qui occupent le premier rang. — L'invention en est due à M. Beaumont, extracteur de charbon de terre à Newcastle, et ce fut l'Angleterre qui, la première, en fit l'application. Les chariots roulaient d'abord sur des rails ou rainures de bois, puis on les recouvrit de plaques de fer, et en 1767 on se servit de la fonte pour la construction des rails. Le transport se fit primitivement au moyen de chevaux ; mais en 1810, l'usage des machines locomotives à vapeur fut adopté (la planche ci-dessus en donne un modèle).

Les voitures qui servent à transporter les voyageurs et les marchandises s'appellent wagons. Celles pour voyageurs sont communément de deux sortes : les wagons garnis qui forment les premières classes, et les wagons non garnis, les secondes. Un wagon contient facilement quinze personnes, et une chaudière fait ordinairement le service de vingt-cinq à trente wagons, c'est-à-dire pour quatre à cinq cents personnes. — Sur un chemin de fer, un seul cheval traîne cent quarante-cinq quintaux, charge que peuvent à peine traîner huit chevaux sur une route ordinaire. Le cheval fait, en outre, une lieue un tiers à l'heure, tandis que huit chevaux feraient tout au plus, sur un bon chemin ordinaire, trois quarts de lieue. — Le départ peut se renouveler une demi-heure après l'arrivée des mêmes wagons.

Les chemins de fer doivent être plats ou d'une pente peu sensible : aussi l'on voit souvent des montagnes percées, et l'on a à passer quelquefois dans de longs souterrains, etc.

### Les Agréments des chemins de fer.

Air : *Vive le galop.*

REFRAIN : Vive le ch'min d' fer,
C'est un éclair.
Voyagez, fillettes gentilles ;
Répétez gaiement en chemin :
C'est beau, c'est charmant, c'est divin!

Vous qui passez pour de jaloux maris,
Ah ! si parfois vos femmes sont peu sages,
Ne leur cherchez pas trop de soucis,
Car lestement elles feraient le voyage.

Hier au soir j'entendais un époux
Qui murmurait d'une triste aventure,
Sa femme avait un tendre rendez-vous
Pour essayer les nouvelles voitures

Une grisette, lasse de faire des traits,
De son amant évitant une danse,
Dit : Je vais faire lestement ce trajet.
J'n'aime pas les coups, je prends l'avance

Si la Belgique offrait ce beau chemin,
Les débiteurs s'écriraient : Quelle aubaine!
Nous sommes pauvres aujourd'hui, ce matin,
Mais dans une heure notre affaire est certaine.

Ah ! si Napoléon n'était pas mort,
Pour les guerriers quel chemin de victoire !
Les chemins de fer seraient un heureux sort
Ils feraient voler nos braves à la gloire.

Quel contre-temps pour l'accéléré,
Il est bien triste, ainsi que la gondole,
Chacun se dit : c'est un fait avéré,
Le chemin de fer leur coupe la parole.

chère aux Parisiens, aussi peu bienveillante que la République actuelle, ce cri n'a pas cessé de retentir, poussé par les camelots et autres vendeurs de canards. Et les programmes eux-mêmes n'ont guère changé d'aspect. Bois ou lithographies, ils nous montrent toujours le bœuf gras, ce descendant en droite ligne du bœuf Apis, empanaché, revêtu des ornements les plus riches, conduit par deux licteurs, quatre sacrificateurs et Calchas, le grand-prêtre au couteau aiguisé, à la lame fine et de pur acier. Gardes municipaux, hérauts d'armes, tambour-major, pages, Indiens ou Aztèques aux plumes assassines, à la lourde massue, mousquetaires Louis XIII, — l'idéal du garçon boucher, — quelquefois même le duc de Bourgogne, prince de mélodrame cher au populaire, ont successivement pris place sur ces feuilles dont la collection est curieuse à feuilleter. Derrière, comme fond, pour donner l'illusion de la grande ville, s'esquissaient les lignes droites de quelque monument ou des arbres en rangées profondes. D'autres fois, ce sera le Temps conduisant le classique char de l'Amour et toutes les divinités d'un Olympe de circonstance; ou bien encore Robert Macaire et Bertrand avec une bande de musiciens grotesques. C'est ainsi que ces programmes aux tailles naïves nous ont conservé les noms des bœufs célèbres se recommandant des auteurs et des féeries à la mode, ou rappelant les victoires d'Algérie, de Crimée et d'Italie.

Encore un coin amusant de l'imagerie populaire; les brevets de maîtres d'armes, toujours illustrés, toujours entourés d'encadrements conçus dans le même esprit : trophées d'armes et de drapeaux, figures de dieux antiques, — Minerve déesse de la Sagesse et Mars dieu de la Guerre; — inscriptions : *Valeur, Honneur, Générosité envers les vaincus*; — ou bien, portraits de maîtres connus, Saint-George, Lafaugère, Labussière, Daressy et autres; — tous ayant pour sujet principal deux combattants

*Imagerie populaire.*

croisant le fer, tantôt seuls, tantôt entourés de spectateurs civils ou militaires. Dessins généralement gauches et naïfs dont la collection ne manque pas d'un certain pittoresque.

Et les brevets de maîtres de danse. Combien joyeux ceux-là, avec leurs amours, avec leurs allégories sentimentales, avec leurs valseurs entraînés dans un tourbillon sans fin, avec leurs Polonais polkant sans arrêt, avec leurs quatuors conduisant des quadrilles échevelés! Longtemps ce sera le vieux maître ancien régime, correct et guindé, jusqu'au moment où les échos du Ranelagh, où les folies de Frascati, où les entraînements de Tivoli influeront de façon définitive sur cette imagerie.

Enfin, après les brevets sérieux, les brevets et diplômes comiques, déjà connus au xviiie siècle, mais qui devaient se multiplier, surtout à partir de la Restauration, avec les brevets de chevalier de l'ordre de l'Éteignoir, ornés de l'énorme éteignoir classique et d'attributs composés d'oiseaux nocturnes, hiboux, chouettes, chats-huants. De nos jours, c'est-à-dire depuis 1845, les diplômes de franc buveur, de franc p..., de c..., et même de franc tumeur, mauvaise imagerie coloriée qui, elle aussi, fera souvent l'ornement des cabarets de village. Collection peu intéressante, mais considérable, qui montre une fois de plus l'immensité du champ ouvert aux fantaisies graphiques.

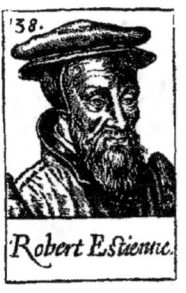

Fig. 116. — Portrait populaire

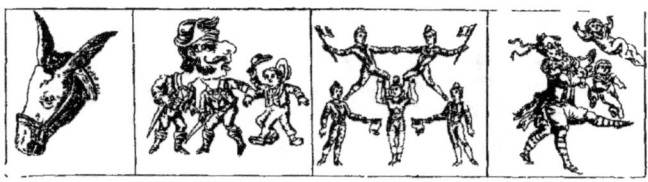

Fig. 117. — Image populaire pour transformations.

## CHAPITRE VII.

## Curiosités et Excentricités de l'Image.

Personnages représentés par les allégories des métiers. — Objets de toutes sortes figurant des êtres animés. — Personnages dessinés à l'aide de figures géométriques. — Figures constituées à l'aide de personnages enlacés. — Les doubles visages. — Paysages à figure humaine. — Alphabets grotesques et Anagrammes. — Personnages avec lettres tracées sur leur corps. — Musique animée. — Portraits en Parafes et Ornements d'écriture. — Compositions en Feuillages. — Images a transformations. — Images animées mues par des fils. — Imageries à Portes et Fenêtres. — Portraits en Piqûres d'épingles.

Ce sont ici les curiosités de l'image, ce que l'on pourrait appeler la clownerie, la gymnastique du trait graphique. Il en est qui s'amusent à contourner la langue, à faire prendre au texte écrit, grâce au concours de la typographie, des formes pittoresques et précises; ici un verre, là une bouteille. Il en est d'autres qui se complaisent à torturer les traits, à constituer des personnages avec des attributs dits allégoriques, à grouper des figures géométriques de façon telle qu'elles donnent l'impression d'êtres vivants, à faire entrer dans la tête d'un personnage connu au moyen de petites figures superposées et groupées, souvent sans tenir compte des lois les plus élémentaires de l'équilibre, tout ce qui personnifie, tout ce qui caractérise ledit personnage; il en est dont la spécialité a résidé dans l'exécution, soit d'images à double tête, soit, ce qui est, peut-être, un peu plus élevé comme conception, dans la représentation de ruines, de vues, de paysages qui, suivant la façon dont on les regarde, se transforment en têtes humaines. Imitation des singularités, des mirages produits par la nature elle-même, puisque certaines montagnes, suivant l'heure du jour, suivant la façon dont elles sont éclairées, prennent les mêmes formes et donnent absolument l'illusion de figures connues.

Est-ce tout, en ce genre peu prisé des artistes, quoiqu'il ait amusé bien des générations? Que non point! Voici, encore, les alphabets grotesques; je veux dire les lettres constituées au moyen de petits bonshommes entrelacés; les images à anagramme, c'est-à-dire les lettres formant un mot, une devise, un titre; les personnages alignés en bandes, sur le corps desquels, en accentuant certains traits, sans rien changer à leur physionomie ou au dessin, on peut, sans l'aide d'aucune loupe, voir se détacher une phrase.

Est-ce là tout? Non. Quoi donc encore?

Quoi donc! Les dessins exécutés en traits d'écriture, les figures qu'on dirait obtenues au moyen de nielles ou de copeaux; images se remarquant plutôt par le procédé employé que par les excentricités de la forme.

Et voici encore autre chose, comme si le domaine de la fantaisie était inépuisable quand il s'agit du graphique : les images à transformations, les images à découpures, dans une partie quelconque du corps, venant s'appliquer pour se compléter, pour donner l'illusion de la réalité, sur une partie de chair de la personne qui les regarde, figure ou mains; les images qui, à une certaine époque, s'appelleront « à portes et à fenêtres », l'ouverture soit de l'une soit de l'autre laissant voir par derrière une interprétation nouvelle du sujet figuré sur le devant.

Cette fois, la nomenclature est au complet. Nous pouvons commencer notre voyage à travers les fantaisies de l'image.

## I.

A TOUT seigneur, tout honneur. Place aux attributs allégoriques, autrement dit aux personnages mis sur pied à l'aide d'allégories représentant le métier, la profession de chacun d'eux. Dès le XVI$^e$ siècle l'esprit inventif des graveurs se complut dans ces arrangements symétriques d'objets placés tout autour du corps, et destinés par leur superposition à figurer un homme en pied; art particulièrement goûté des masses en Italie, en Allemagne, dans les Flandres. Du reste, estampes bourgeoises et sans prétention. Au XVII$^e$ siècle, cette mode passa en France, popularisée par les Bonnard, famille de graveurs-marchands qui devait enrichir l'imagerie de tant de productions diverses, et par un artiste décorateur d'une haute valeur, Nicolas de Larmessin.

Sous le titre générique de : *Habit*, les Bonnard firent ainsi défiler en une succession de feuilles tous les corps de métiers, tous les cris de Paris : on vit l'*Habit du vinaigrier*, l'*Habit du savetier*, l'*Habit du tonnelier*, l'*Habit du marchand de lanternes*, l'*Habit du cureur de puits*, l'*Habit du porteur d'eau*; images populaires représentant les métiers populaires et gravées d'une façon plus ou moins soignée.

De Larmessin, lui, attaché au rivage par sa grandeur, se cantonna dans les professions d'un ordre plus élevé, et, sous son burin irréprochable, les personnages ainsi représentés, dans leur pompeux costume à la Louis XIV ont, vraiment, grande allure. Si les hommes sont particulièrement décoratifs, les femmes attirent et retiennent par leurs grâces, par l'ampleur de leurs cornettes, par la majesté de leurs jupes.

Le xviiie siècle laissa quelque peu tomber dans l'oubli ce genre dont le grand défaut était, du reste, de manquer de variété. Les attributs allégoriques, les emblèmes, les instruments professionnels avaient beau varier à l'infini, le fond ne changeait point. On ne quittait un personnage chargé de tonneaux que pour voir un personnage arborant toutes les chaussures à la mode; on passait d'une devanture d'horlogerie posée sur le corps d'un homme comme en boutique, pour admirer les étalages de la belle pâtissière. Seule, donc, la façon de grouper les objets pouvait donner certaines différences. Il faut, toutefois, signaler çà et là quelques tentatives pour revenir à ce genre : notamment les figures constituées à l'aide de compositions architecturales. Ce ne sont plus les attributs des métiers, variant pour chaque personnage, mais bien une représentation générale des types humains au moyen des figures et des styles de l'architecture : on plie leur corps aux formes d'un vase, d'un fronton, d'une porte, d'un fût de colonne. Ce ne sont plus les *Habits*, ce sont les *Habillements à la grecque*, les *Figures à la grecque* travestissant ainsi noble, moine, bourgeois, berger ou paysan. L'humanité mise en monuments, le corps humain représenté par des lignes droites, froidement architecturales. Au xixe siècle, à cette époque où les compagnons remettent à la mode les anciennes corporations, l'imagerie d'Épinal et de Metz reprend les figures des Bonnard, et celles-ci, arrangées, modernisées, débarrassées de leur costume

Louis XIV, accompagnées de longues légendes explicatives, rehaussées d'un coloris populaire, font, à nouveau, le tour de France. Reviendront-elles? Pourquoi pas? Grandville, qui fut un grand

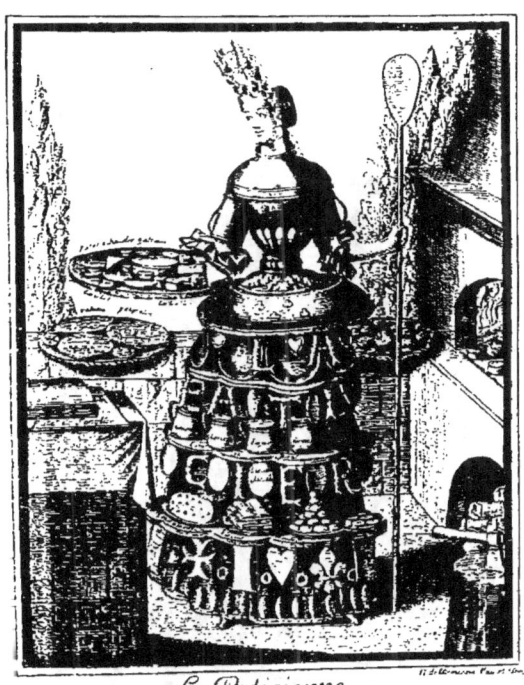

Fig. 16. — Planche faisant partie de la série : Figures allégoriques des métiers, composée par N. de Larmessin (xviie siècle).

chercheur, dans ce domaine, nous a bien donné le royaume féminin transformé en fleurs, — on ne pouvait être plus gracieux. Et à l'étranger, Allemands et Anglais paraissent toujours se complaire en ces figurations : ici, les hommes et les monuments dessinés en saucisses, — l'influence de la charcuterie comme mets national; — là, des personnages obtenus à l'aide de légumes empilés les uns sur les autres. D'autres fois ce seront des objets militaires, ou des objets de toutes sortes donnant des séries

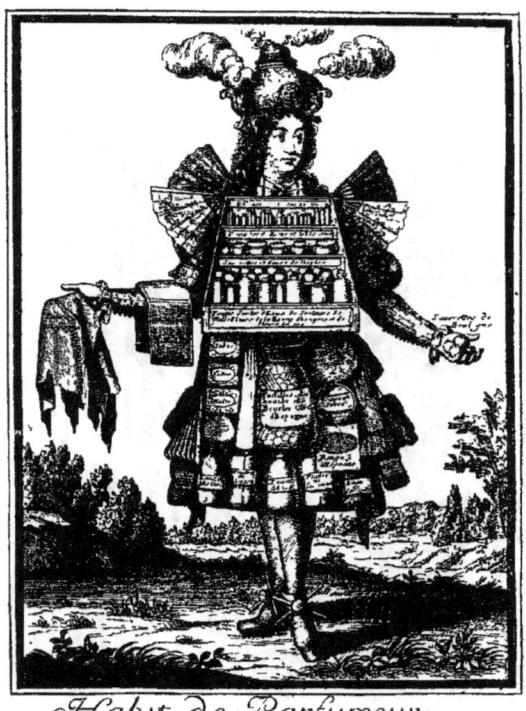

Fig. 119. — Planche faisant partie de la série : Figures allégoriques des métiers, composée par N. de Larmessin (xviie siècle).

multiples : cigares, chapeaux, cruches, etc. Genre que l'Anglais Cruikshank contribua pour une bonne part à populariser, de tout temps fort goûté par la caricature, employant ce moyen comme arme de satire et de dénigrement.

Faut-il rappeler l'homme couvert de papier-monnaie dirigé contre Law, l'homme aux assignats, allégorie suffisamment explicite qui, sous la Révolution, fit le bonheur des émigrés en

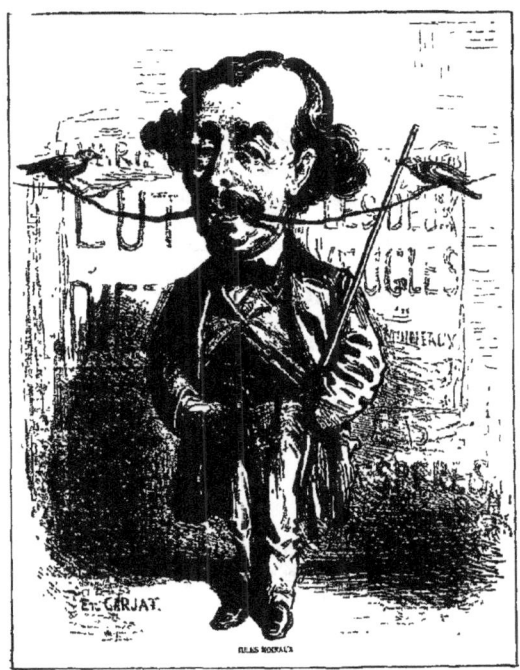

Fig. 120. — Portrait-charge de Jules Moinaux, par E Carjat, publié dans le journal le Gaulois (1864).

Angleterre et en Allemagne, l'homme aux pièces de cent sous inventé à propos de la question bimétallique ?

Est-il besoin d'évoquer le souvenir du *Pieu-Monarque* (Charles X en pieu), des poires à figure humaine, *ressemblance frappante garantie*, — comme disait Philipon, — avec un certain monarque qui devait encore, véritable tête de Turc, servir de monture aux parapluies ? Et, plus près de nous, le fameux melon de Gill se laissant

## Curiosités et Excentricités de l'Image.

portraiturer, dans tous les sens, sous les traits d'un magistrat impérial ? Jeux de mots graphiques, à peu près, transformations, déformations qui sont pour l'image ce que le calembour est à la légende. Personnages qui, grâce à certaines accentuations de leur figure, se verront sans cesse représentés sous les traits d'un bouledogue, d'un bœuf, d'un coq, d'un hérisson, dont le nez se termine en trompe d'éléphant ou en bec de canard ; plaisanteries employées à toute époque, devenues, de nos jours, d'un usage fréquent et devant constituer les principaux éléments de l'arsenal du Rire, de la caricature politique. Pas besoin de légende à des portraits comme celui de Jules Moinaux, ici reproduit.

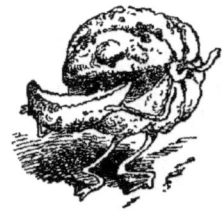

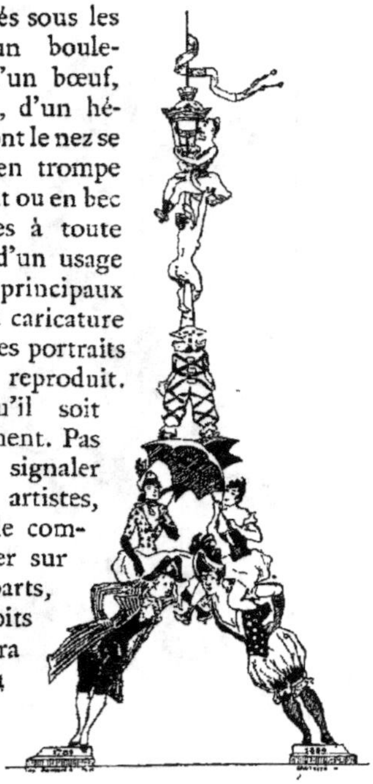

Fig. 121. — Le melon d'André Gill.

Avec des yeux, une bouche,
Un nez, des pieds et des mains,
Comme mes cousins germains,
Les hommes, j'eus une *touche* :
Cette touche est sans attrait,
C'est un excellent portrait

Choses trop connues pour qu'il soit besoin de s'y arrêter plus longuement. Pas plus que je ne veux m'amuser à signaler les figures humaines que certains artistes, travaillés sans cesse par un besoin de comparaison, se complaisent à dessiner sur des maisons, sur des vieux remparts, sur des clochers d'églises, sur des toits de monuments, — à Paris on coiffera l'Institut d'un bonnet de coton, à Munich on plantera un bicorne de jésuite sur les tours de la cathédrale, — ou encore, ces amoncellements, ces pyramides de gens placés les uns sur les autres, dans le but d'arriver à la représentation d'un monument connu — tel le dernier spécimen du genre, la tour Eiffel en chair et en os, donnant bien l'impression de la vraie tour en fer.

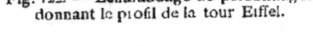

LA TOUR DU JOUR.

Fig. 122. — Echafaudage de personnages donnant le profil de la tour Eiffel.

A côté de ces allégories, il faut ranger les personnages dessinés à l'aide de figures géométriques : triangles, carrés ou parallélogrammes. Ce fut hollandais, anglais, allemand; cela gagna même la France. Tout à angles droits, en cubes ou bien en cercles, faisant ainsi ressortir, tantôt le bas du corps figuré chez la femme par l'ampleur de la jupe, tantôt le visage et le buste constitués par des cercles énormes, au-dessous desquels se plaçaient de petites allumettes destinées à tenir lieu de jambes.

Depuis, les personnages entièrement représentés au moyen de simples lignes droites, la figure ayant la forme d'une note de musique, ont fait école : les Allemands mirent ainsi en branle des régiments d'êtres humains pleins de vie et d'une remarquable justesse de mouvements. Quant aux personnages en figures géométriques, donnant lieu à d'amusantes interprétations des scènes et des gestes de la vie quotidienne, — saluts, rencontres, promenade, danse, déclaration d'amour, etc., — ils furent la spécialité d'un artiste anglais, et non des moindres, Bunbury.

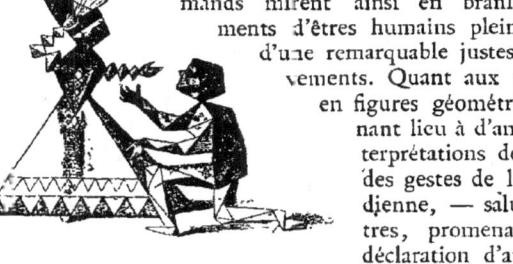

Fig. 123. — Les amoureux.
Fantaisie graphique de Bunbury (XVIIIe siècle).

Sous son crayon inventif, un Arlequin tout en triangles se jette aux pieds d'une noble dame dont le bas du corps rappelle vaguement quelque pyramide d'Égypte, un monsieur dont le buste est une énorme futaille donne le bras à une dame élancée comme une guêpe, des gens ronds éclatent de rire au passage d'une troupe de gens ovales.

Suivant les cas, les personnages incarnent en eux telle ou telle profession, et leur humeur varie : un homme en carrés, c'est un magistrat, solide sur sa base et l'air sévère; une femme tout en triangles, raide et guindée, a des aspects de Junon en colère; un homme aux ronds bien accentués, la bouche béatement ouverte et les yeux niaisement écarquillés, semble vouloir s'épanouir. Type de bon vivant, de Roger Bontemps.

Figures géométriques animées toujours d'une grande exactitude de poses et d'expressions.

Adieu triangles, ronds et carrés! voici, plus modernes, les

figures constituées à l'aide de personnages et d'attributs enlacés, genre dont la mode prit, surtout, sous le Directoire. A vrai dire, c'était un rappel des grotesques italiens et hollandais, avec la même tendance érotique et satanique. Ce qui avait été jusqu'alors un objet de rire, un pur amusement, devint avec le siècle un moyen de combat, de satire politique. Combien populaire, en 1814, chez les nations étrangères, le fameux portrait *hiéroglyphique* de Napoléon I$^{er}$ — cela s'appelait ainsi — trouvé par les Allemands; coiffant l'Empereur du classique petit chapeau figuré par une moitié d'aigle, mutilé et asservi, formant son visage avec les corps de toutes ses victimes, entourant son cou de la mer Rouge, allusion à ses soldats noyés et au sang qu'il fit verser. De nos jours, nombre d'hommes politiques seront ainsi cloués au pilori de la haine publique, — tels Pie IX, Bismarck, Guillaume I$^{er}$, Napoléon III, — et la photographie popularisera partout ces figures dont le nez — ceci est à remarquer — s'obtient toujours par le genou plié ou par les rotondités postérieures.

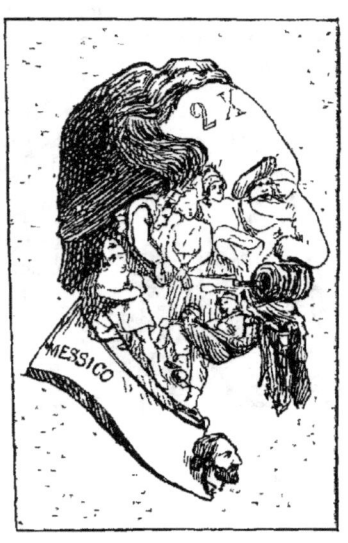

Fig. 124. — Portrait hiéroglyphique de Napoléon III (1871).

Les cheveux sont formés par l'aigle impériale, la moustache est figurée par un canon hérissé de baïonnettes. Sur son front la date du 2 Décembre; dans la figure elle même tous les personnages qui jouèrent un rôle dans son existence. A son cou, comme épingle, la tête de Gambetta.

Qui ne connaît les doubles visages, ces images de tout temps populaires qui, elles aussi, aux jours des luttes violentes, servirent à ridiculiser certains personnages politiques! La Révolution en fit grand usage, accommodant ainsi clergé et noblesse. *Autrefois, aujourd'hui,* — *Content, pas content,* — *Maudissant la Révo-*

*ution, Croyant à la contre-révolution.* — Mais jamais ces études de physionomie, ces types à double figure, ne furent aussi universellement répandus que sous la Restauration. Cela s'appelait : *Magasin de visages, Galerie des grotesques, Têtes d'après nature, Figures renversées, les Bonnes Têtes*[1]; cela transformait un diplomate en charbonnier, une élégante en poissarde, un homme en femme, un gros bonnet du jour en un Aliboron quelconque; cela

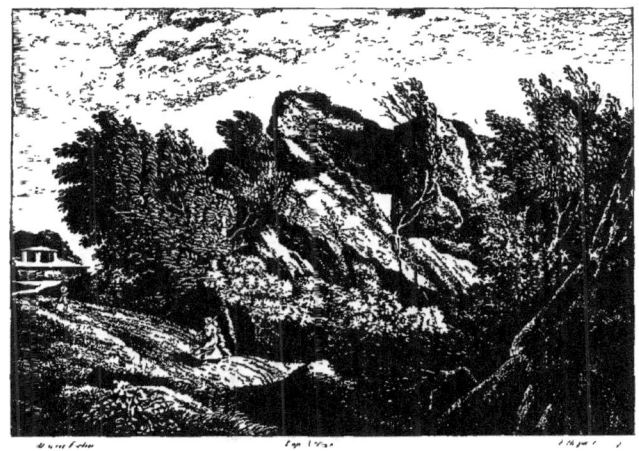

Fig. 125 — Paysage a figure.
D'après la lithographie originale (époque de la Restauration)
(Coll. de l'auteur.)

accolait les grands hommes, *Rousseau-Voltaire, Buffon-Lafontaine*; cela opposait un jésuite à un libéral, pour la plus grande joie du populaire. Et comme le succès allait toujours grandissant, on resservait le tout, avec de nouvelles légendes : *Jean qui pleure, Jean qui rit, — Fi qu'il est laid! Ah! qu'il est beau!* Tous les jeux de physionomie, tous les sens y passèrent. De cet ensemble qu'est-il resté? Des doubles figures découpées servant de réclames à des commerçants quelconques. Grandeur et décadence!

Rochers, ruines, paysages, sites agrestes, que ne cachâtes-vous

1. Nombre de ces estampes ont été reproduites par moi dans *les Mœurs et la Caricature en France*.

point en vous, ou du moins quelles figures, quelles silhouettes
n'esquissâtes-vous point ? car, avec vous, point de malices, point
de ces têtes qu'il faut aller chercher entre les jambes ou dans le
dos des personnages, travail de patience qui constitue tout l'attrait
de nos modernes questions. Gravés ou lithographiés, xvii<sup>e</sup> ou
xviii<sup>e</sup> siècle, vos paysages, vos vues sont classiques : si vous
n'avez aucune idée malicieuse, vous ne verrez pas autre chose

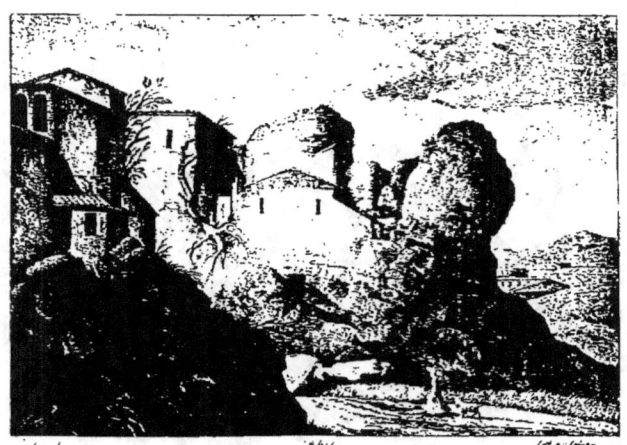

Fig. 126. — Paysage à figure.
D'après la lithographie originale (époque de la Restauration).
(Coll. de l'auteur.)

que le paysage lui-même, un coin de forêt ou quelque ruine
d'Italie, mais si la tête couchée que profile ainsi le paysage vous
saute aux yeux, alors vous ne pourrez plus vous débarrasser de
cette obsession. De très près c'est une étude de nature : vu d'un
peu loin, c'est une tête qui ne vous lâche plus. Méfiez-vous
surtout de l'attraction exercée par l'œil. On ne saurait vous
contempler sans un certain respect, sans une certaine tendresse,
pittoresques images qui contribuèrent ainsi à populariser les
traits du Grand Homme, au nez et à la barbe des censeurs de la
Restauration. Quel esprit inventif, quelle recherche d'ingéniosité
ne fallait-il pas à ceux qui vous dessinaient pour transformer ainsi
en barbe et en cheveux des arbres d'une fort jolie venue, ma foi,

pour, avec des rochers, faire des fronts, des nez, et des mentons en galoche ! Et comme les transfigurations d'une seule venue ne devaient point suffire à de pareils chercheurs toujours en quête de comparaisons, il y eut les paysages cachant plusieurs figures dans leurs taillis profonds, sous des touffes de verdure, ce qui,

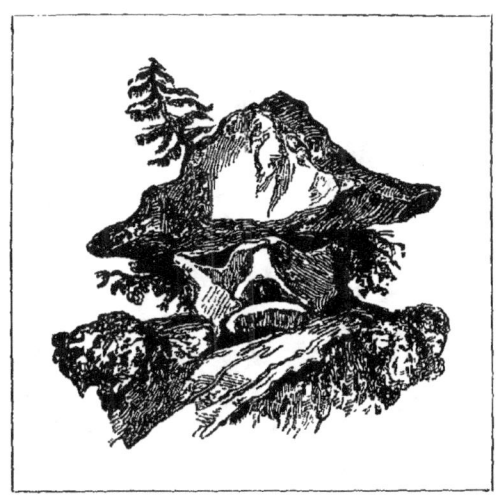

Fig. 127. — Poisson d'avril a la manière anglaise.
Le capitaine Roc. (*Charivari*, 1839.)

plus tard, amènera la silhouette. « Quand vous m'aurez bien vu », dit la légende d'une gravure du xviie siècle, « vous n'aurez encore rien vu ». Bonne et naïve image, pleine de prévenance !

## II.

Au tour de l'alphabet, au tour des lettres ornées. Des grotesques, des diables, montant à l'assaut des lettres comme à un mât de cocagne, se cramponnant à elles en tous sens, exécutant ainsi de véritables exercices d'acrobates, tout le monde a vu cela : les Poitevin, les Victor Adam, les Maurisset ont suffisamment popularisé, à une certaine époque, ce genre que les primitifs de l'imprimerie n'avaient point négligé, eux non plus. Qui ne se souvient, également, des lettres portant entre leurs jambages des maisons, des voitures, toutes sortes d'objets; des lettres servant en quelque sorte de cadre, de point d'appui à des sujets quelconques! En un mot, la lettre ornée dans un esprit fantaisiste et pittoresque, là où les classiques, les artistes des

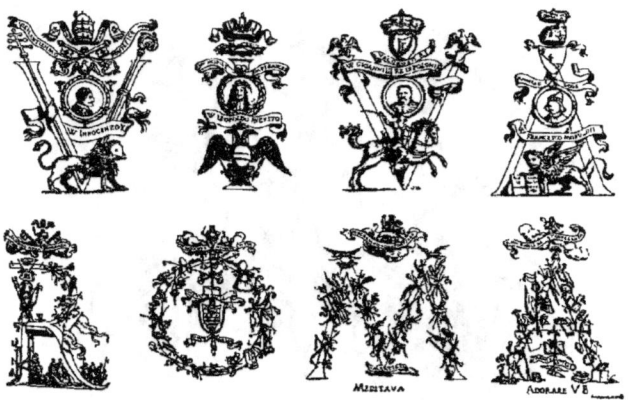

Fig. 123. — Anagramme composé par G. M. Mitelli (XVII° siècle) d'après la gravure originale.
* Les quatre premières lettres donnent les portraits du pape Innocent XI, de l'empereur d'Allemagne, Leopold, de Jean III roi de Pologne, de Francisco Morosini, doge de Venise. La lettre M est composée d'instruments de torture, la lettre A de trophées d'armes.

grandes époques s'étaient contentés d'ornementations de style, de médaillons et de figures d'une remarquable richesse décorative. Tel le *Viva Roma* ici reproduit, composé au XVII° siècle par Mitelli, donnant des portraits, des allégories, des ornements, même des instruments de torture. On ne pouvait être plus couleur locale. Anagrammes fort goûtés à certaines époques, anagrammes qui, d'Italie, passèrent en France, où ils devaient célébrer les actions d'éclat du Grand Roi.

Tout à l'heure c'étaient les images dans lesquelles il fallait chercher d'autres figures ou qui, suivant la façon dont on les regarde, représentent des choses absolument différentes; maintenant, ce sont les personnages sur le corps desquels on trace un nom, nom d'homme, nom de ville, nom de journal.

Tels les militaires allemands bien raides, bien astiqués, sur les bras et la poitrine desquels se laissent voir en caractères très lisibles les mots : *Fliegende Blätter*, titre du fameux journal à caricatures de Munich.

Comme de juste, ce genre ne fut point négligé aux époques où c'était un moyen commode pour affirmer des principes que

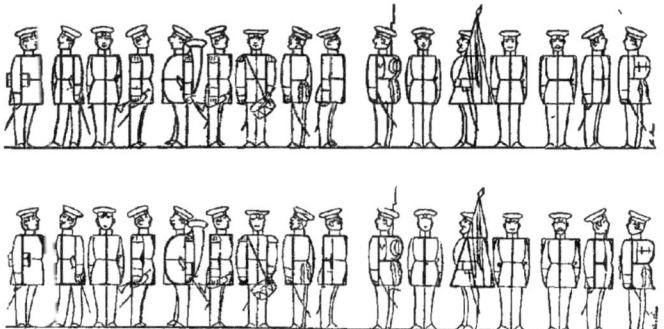

Fig. 127) — Bandes de personnages, avec lettres sur leur poitrine, provenant d'un journal allemand. Ces bandes furent publiées séparément : il s'agissait, pour les lecteurs, de trouver le mot ainsi formé par ces lettres. La seconde bande permet de lire très distinctement : *Fliegende Blætter*.

l'on ne pouvait afficher trop ostensiblement. Sur une bande de personnages bouffis, à la Louis XVIII, s'étale en toutes lettres le cri : *Vive Napoléon!* et l'on pense si les vieux grognards durent s'amuser avec ces alphabets fleurdelisés, d'autant plus séditieux qu'ils apparaissaient plus parfaitement corrects.

De même qu'il y a eu les fleurs animées, on vit les lettres animées; alphabets portés par des personnages de convention ou par des figures représentant, soit les cris de Paris, soit des types connus, chacun étant placé à la lettre initiale de son nom. Ainsi défilèrent la danse des lettres, la guerre des lettres, jusqu'à ce que, sous la Restauration, on se servit de cette figure dans un sens calembourdier, pour montrer la Censure faisant la chasse aux lettres.

L'alphabet ne fut point seul, ainsi accommodé; à son tour, la langue musicale prêta ses portées à d'amusantes combinaisons. Ce fut l'œuvre de Grandville, de Grandville dont l'esprit inventif se mit bien des fois à la torture pour trouver du nouveau : sur les notes s'alignèrent des bandes joyeuses de personnages, dansant en cadence, se tenant par la main, se faisant mille grâces. La

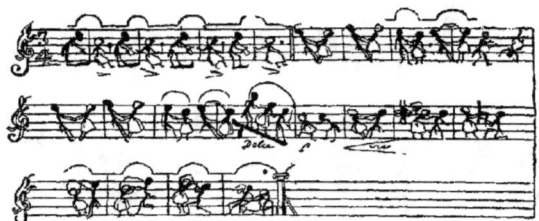

Fig. 130 — Musique animée, la valse. Composition de Grandville.

musique animée par le dessin, la musique, pure notation de sons aux lignes plus ou moins blanches, plus ou moins noires, plus ou moins légères, plus ou moins surchargées, calme ou agitée,

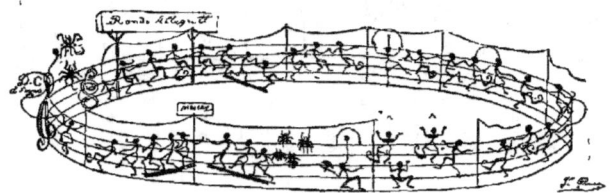

Fig. 131 — Musique animée, composition de Grandville.
Tarentelle de nègres et de négresses, d'équilibristes et de patineurs.

servant de prétexte à des acrobaties linéaires. En Allemagne, ce côté de la comicalité graphique a été souventes fois exploité; en France, Grandville ne fit point école. Cela resta l'œuvre d'un artiste original qui a laissé une trace profonde dans l'histoire de l'image, mais peu ou pas d'imitateurs. Cet exemple est précieux, car il nous permet d'établir une distinction entre les fantaisies purement individuelles et les fantaisies qui, soit pour un motif, soit pour un autre, se vulgarisèrent et régnèrent, un moment, en maîtresses.

## III.

Les parafes et les ornements d'écriture, c'était, au bon vieux temps, toute une science, quelque chose comme les paysages

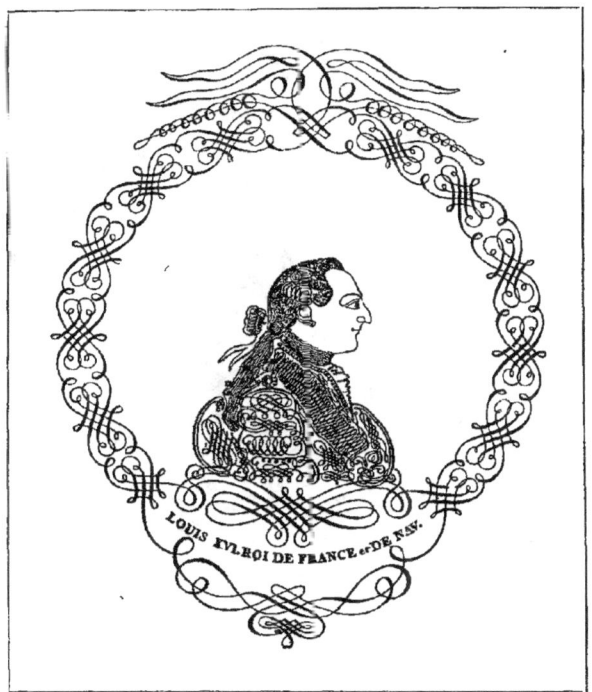

Fig. 132. — Portrait en parafes d'écriture,
execute par G. P. Jumel, maître ecrivain (1777).

et les portraits en cheveux, à une époque plus rapprochée de la nôtre. Art bien déchu, celui de la plume, art qui eut ses maîtres et ses professeurs, qui donna matière à des traités, à des albums spéciaux, qui charmait le peuple des villes et des campagnes, qui, au xviii<sup>e</sup> siècle, fit, en quelque sorte, partie du bagage des artistes forains, qui devint une industrie, comme la silhouette ; ce que sera, de nos jours, le portrait au fusain, de *ressemblance frappante*, exécuté au pied levé, par des artistes du trottoir.

Les tableaux en écriture, ils s'encadraient, ils ornaient les chambres, ils figuraient à la foire Saint-Germain. Témoin une

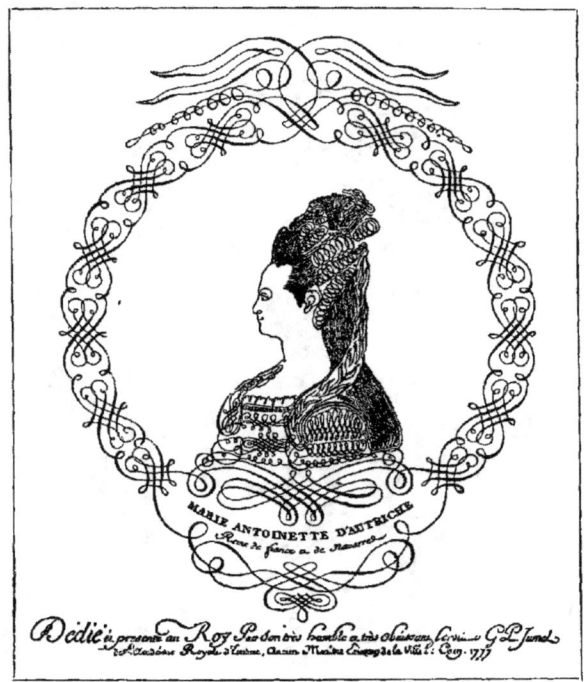

Fig. 133 — Portrait en parafes d'écriture, exécuté par G. P. Jumel, maître écrivain (1777).

affiche du sieur Derouen, datée de mars 1732, et annonçant aux curieux, sous la forme suivante, « quatre tableaux tout entiers en écriture » :

« 1° Le portrait du Roy et de la Reine ;
« 2° Suzanne au bain ;

« 3° Un chef d'œuvre d'écritures ;
« 4° Un écran nouveau. — Chaque trait des deux tableaux renferme un discours propre aux objets qu'il représente, comprenant en partie l'astronomie, la géographie, l'optique, la musique, la poésie. »

Le Roi et la Reine, cela va de soi, toutes les majestés du XVIII° siècle passèrent par là ; les souverains populaires comme Henri IV furent même « emplumés » ainsi, de façon rétrospective. Les pancartes, les tableaux d'écritures sur lesquels triomphaient l'anglaise, la bâtarde, la ronde, la gothique, c'était comme le chef-d'œuvre de l'artiste calligraphe au point de vue corporatif, en même temps qu'une réclame pour son industrie, pour ceux qui pourraient avoir besoin des secours de son art. Une enseigne parlante.

Mais les tableaux, chefs-d'œuvre d'application et de patience, cela touchait au rêve ! Car il n'y avait pas seulement Suzanne au bain : on montrait encore, dans les foires, des Christ en croix, des Andromède, des Télémaque et Mentor, des Bélisaire aux yeux noyés dans l'encre ; on représentait même des attaques et des prises de forteresses par Louis XIV, en personne. L'antiquité, l'histoire, les sciences, la découverte de l'Amérique, tout passait par les traits, les enroulements et les parafes de la plume.

En buste, en pied, à cheval, les portraits étaient devenus la spécialité de calligraphes, qui se faisaient un jeu de représenter ainsi les personnages du jour ; les uns naïfs, aux indications sommaires, les autres chargés d'ornements vraiment remarquables par leurs enchevêtrements, permettant de distinguer le poids et la lourdeur des vêtements.

Les uns, de la tête aux pieds exécutés sans autre secours que la plume, le visage sans traits intérieurs, si ce n'est l'arcade sourcilière et un léger point d'arrêt aux lèvres pour esquisser le sourire, si bien que les personnages ainsi figurés avaient, invariablement, des yeux de merlan frit et des nez en bec d'oiseau. Les autres avec des dessous à l'aquatinte ou au pointillé, pour accentuer, pour ombrer les chairs, ce qui leur donnait naturellement plus de relief. La plume populaire, la plume aristocratique.

Il y avait encore les ornements, les cadres exécutés avec des plumes différentes, aux traits plus gros. Et ces sortes d'encadrements avaient pris une telle importance qu'on allait jusqu'à les ajouter à des pièces gravées. La manie du cadre en ornements ou en traits, de grosseurs différentes, à la plume, fut, véritablement, la maladie dominante du siècle.

Les parafes et les ornements d'écriture! ils ne faisaient pas les délices du peuple uniquement en France; ils triomphaient dans tous les pays, en Allemagne, en Angleterre; là aussi, donnant dans leur majesté les souverains et les hommes illustres, les drapant, les figurant en traits enlacés de tous sens.

Ce serait, assurément, une iconographie curieuse, celle des

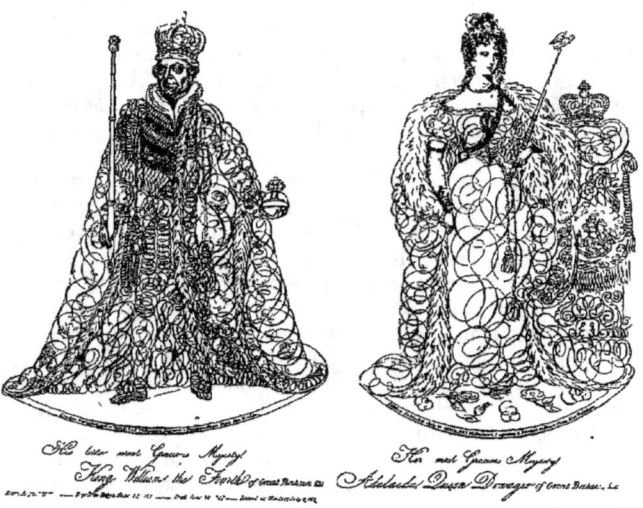

Fig. 134. — Portraits en parafes d'écriture,
du roi Guillaume IV d'Angleterre (mort en 1837) et de la reine Adelaide (1838).

dessins et des livres composés entièrement à la plume; d'autant que les siècles antérieurs, je veux dire le XVI$^e$ et le XVII$^e$, s'étaient, eux aussi, adonnés à cet exercice de gymnastique calligraphique. Histoire naturelle, types, habitations, scènes de la rue ou de société, tout se peut voir ainsi, naïvement interprété, en des recueils que les maîtres d'écriture exécutaient pour la jeunesse, dans le genre du héraut ou du combat entre coq et lion, ici reproduits. Elles proviennent, ces amusantes figures, d'un livre français publié en 1691, lequel fourmille en représentations aussi pittoresques. Ce qu'il y a de vraiment remarquable dans ces enroulements de plume, d'une simplicité enfantine, c'est la façon dont ils traduisent le mouvement, le calme ou le repos des êtres figurés. Sur le héros ils indiquent, non sans éloquence, la marche ascendante; avec le coq et le lion, ils expriment l'attente fière et les préparatifs de l'attaque. Le chameau, l'éléphant, le paon, le cheval, le mouton, le chien, le chat, toute la gent animale de ce précieux petit bouquin se trouve représentée avec la même précision.

Ces bons « plumiers », combien je les admire et combien je les regrette, ne serait-ce que pour la façon primitive et toute de convention dont ils représentaient les terrains ! Ils eurent la vie

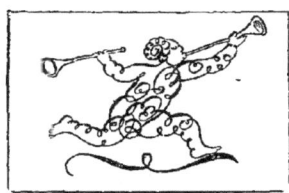 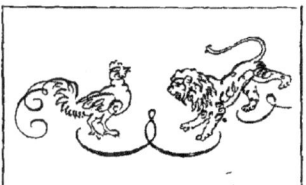

Fig. 135 et 136. — Heraut. — Combat de coq et de lion.
Vignettes en parafes d'écriture, provenant d'un ouvrage français publié en 1691.

dure, du reste, se complaisant à faire des portraits de Napoléon I$^{er}$ et de Joséphine, popularisant, sous la Restauration, les figures des grands philosophes du siècle passé, affichant — chose assez particulière — des opinions libérales très tranchées, exécutant, dans cet esprit, des images allégoriques qui amusaient les gens du peuple, qui pénétraient dans les casernes. Telle la feuille *Lequel des deux sent mauvais?* c'est-à-dire du libéral qui, coiffé du grand chapeau à cocarde tricolore, fume la pipe en homme mal élevé, ou du monarchiste au nez de polichinelle bourbonien, qui serre une fleur de lis entre ses dents.

« Plumiers » aristocratiques, « plumiers » forains, « plumiers » politiques, tous ont disparu. Cependant, sur les quais, près du Pont-Neuf, cherchez bien, vous trouverez encore des « Midolle » qui s'amusent à calligraphier.

Constituer des personnages ou des tableaux avec des enjolivements à la plume ne fut pas l'unique préoccupation des anciens : les ornemanistes des écoles allemandes, hollandaises, italiennes, ceux qu'on a appelés les petits-maîtres, inventèrent bien d'autres

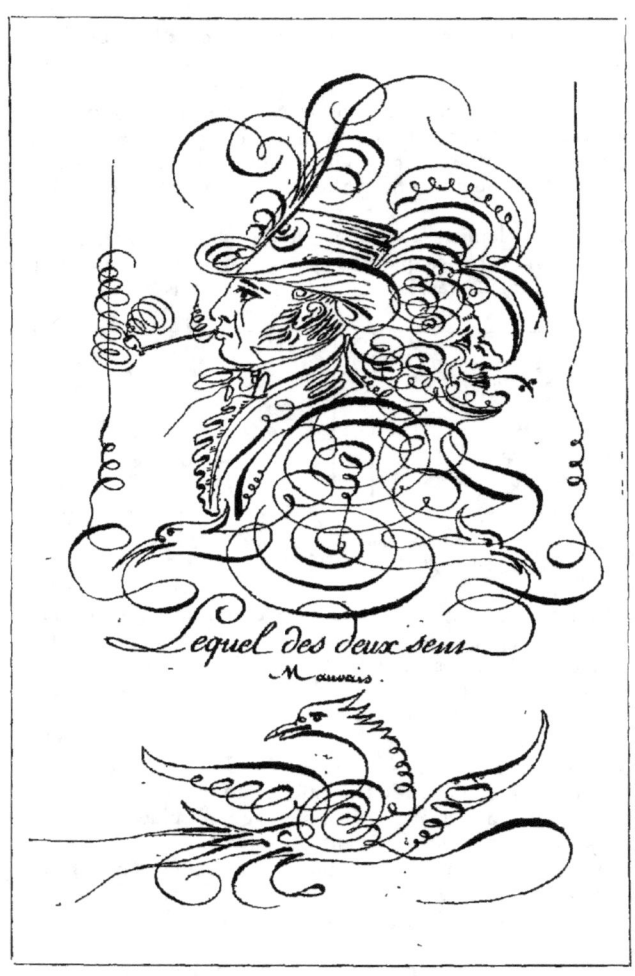

Fig. 137. — Composition en parafes d'écriture, symbolisant, à l'aide de ces deux personnages, le libéralisme et le royalisme. — Dans l'oiseau placé en bas il faut voir un aigle (époque de la Restauration).

procédés graphiques, au XVIIe siècle, avec leurs estampes destinées tout spécialement à l'industrie. Les fruits, les feuillages, les fers forgés se prêtèrent à nombre de combinaisons parmi lesquelles l'orfèvrerie allait chercher ses modèles : les feuillages,

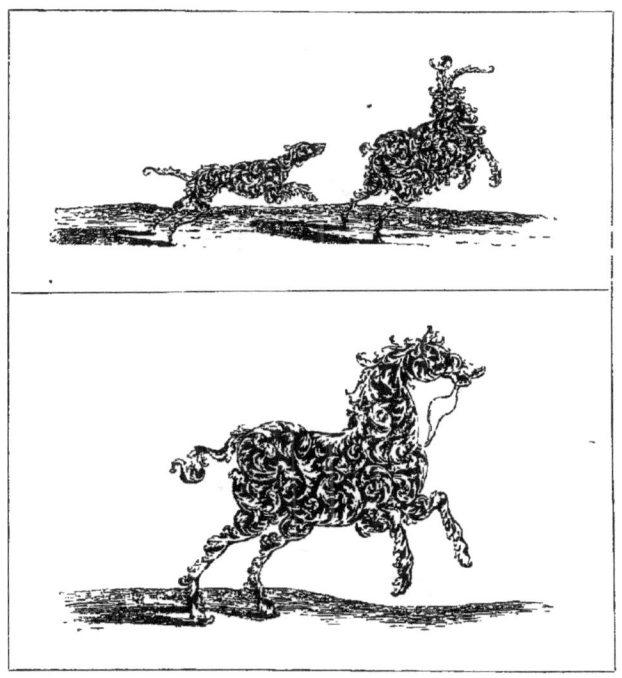

Fig. 138 et 139. — Animaux en feuillages d'ornement, par Wolfgang Hieronimus van Bommel, Nuremberg (1660).

les copeaux, les nielles devinrent ainsi populaires. Les graveurs de Nuremberg, au XVIIe siècle, publièrent, dans cet esprit, des albums, des feuilles volantes dont s'amusaient petits et grands et dont l'influence devait s'exercer sur l'imagerie enfantine. Des feuillages, des copeaux, on en vint à la ficelle, à la corde, les nœuds tenant alors lieu des enroulements de la plume.

Et ce n'est point tout.

Après les parafes d'écriture, après les nielles, après les copeaux, il semble qu'il n'y ait plus rien à inventer. Mais dans le domaine graphique la patience humaine ne connaît pas de bornes ! Il se trouva donc des gens à l'esprit assez pointilleux, des myopes très certainement, pour s'amuser à constituer des

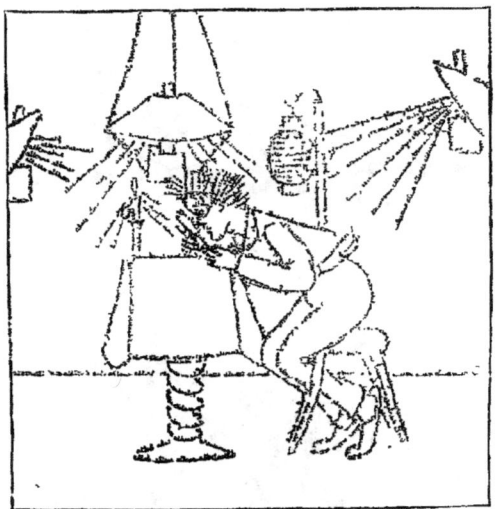

Fig. 140. — Le monsieur qui s'applique à écrire 1000 mots sur le dos d'un timbre-poste le soir, en rentrant du bureau, histoire de s'amuser... Zuze un peu s'il ne s'amusait pas !.

*Dessin formé de lettres lisibles au microscope. D'après un journal belge, l'Européenne illustrée.

dessins à l'aide de lettres, de phrases entières, de documents se rapportant au personnage représenté.

Tels les Napoléon Iᵉʳ, dont les contours extérieurs sont formés par les discours du trône; tels les Louis XVI, le long desquels on peut s'amuser à lire, en son intégralité, le fameux testament tant de fois reproduit.

Ce petit amusement, ce jeu de patience, n'a fait que se vulgariser avec le siècle, mais autrefois on tâchait de se faire lire; aujourd'hui, au contraire, il faut que les lettres soient lillipuiennes; exercice de haute voltige qui fait les délices des enfants, grands et petits, et qui nous a valu des récits de voyages tenant dans une coquille de noix, les cartes postales reproduisant en entier le Code ou le Coran, les portraits des hommes en vue avec leurs discours : tel le Carnot vendu lors de la mort du regretté président.

## IV

Les images à transformations ne sont point nées d'hier. Le XVIII° siècle les connut, et, sous la dénomination de *Variétés amusantes*, en fit usage de façon assez fréquente. Ces *Tableaux changeants*, ainsi qu'ils sont appelés, d'autres fois, rencontrèrent même, d'emblée, un certain succès auprès des masses, dont ils piquaient la curiosité : si leur genre n'était point varié, il cadrait avec les idées du jour. C'étaient, en effet, des histoires chevaleresques ou amoureuses, des bergers et des bergères, des attaques, des assauts, des conquêtes, se passant, toujours, dans le royaume de Cythère, ce royaume dont l'époque avait fait un monde. Gravures aux enluminages populaires, chansons sur les airs à la mode, constituaient ces tableaux dont les scènes se déroulaient suivant les ouvertures du papier : les archaïques, les empanachés, les chevaleresques plaisaient aux petites gens; les légers, les grivois faisaient le bonheur de tout le monde. On pliait, on dépliait; on ouvrait, on refermait; et ce fut une grande joie quand un graveur-enlumineur de la rue Saint-Jacques mit en vente, vers 1780, des *Tableaux d'un nouveau genre, se prêtant à toutes sortes de combinaisons*. Modernes, mes frères, nous n'avons rien inventé! Grands seigneurs par le haut, laquais par le bas; bergères par le buste, Pompadour par les jambes, ces combinaisons préparaient, sans s'en douter, le mélange, l'égalité des classes que 1789 devait bientôt faire triompher. Sans compter le petit abbé poupin dont on pouvait, de la façon la plus naturelle, changer la robe. Ah! vous voulez être toujours fourré sous les jupes; ah! vous ne vous plaisez que sous les cotillons : eh bien! l'on vous en donnera, *monsieur l'abbée*! (sic).

Et, dès lors, les images à transformations qui avaient fait leur entrée dans le monde, sous l'égide de Cupidon, ne cessèrent de se prêter à des combinaisons nouvelles, variant suivant l'esprit du moment. Elles donnèrent même naissance, ainsi qu'on a pu le voir, à tout un commerce, celui des lettres d'amour à l'usage des amants peu inventifs.

*Curiosités et Excentricités de l'Image.*

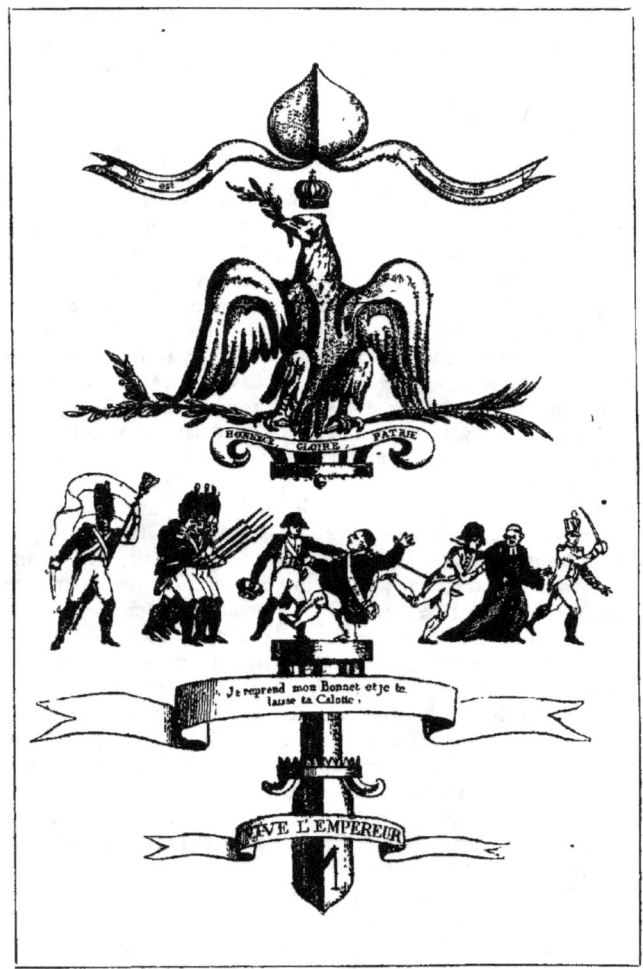

Fig 141. — Image politique à transformation, se pliant dans la partie comprise entre les deux légendes, publiée pendant les Cent-Jours. Collection de l'auteur.

Après la feuille de papier pliée en plusieurs morceaux, offrant à chaque ouverture, sur chaque face, un sujet nouveau, image et chanson, la feuille simple cachant ou laissant voir, au moyen d'un ou deux plis venant s'appliquer sur la partie du milieu, une image qu'il faut voiler ou montrer. Estampes érotiques ou séditieuses, je veux dire à portée politique, dont le Directoire et la Restauration firent usage. Combien de fois l'aigle triompha-t-il ainsi de la calotte! Combien de fleurs de lis abritèrent ainsi d'impériales violettes! Combien de poires se transformèrent en roi-citoyen! De nos jours la réclame s'est emparée de ces différents moyens, espérant ainsi attirer l'attention sur ses produits : cela devait être.

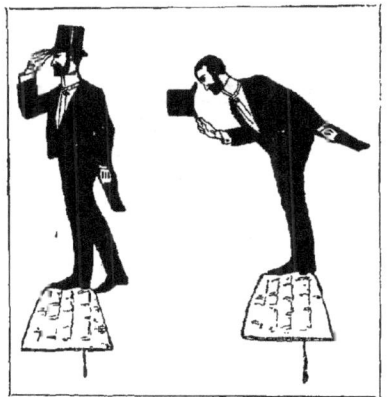

Fig. 142. — M Carnot saluant le public au retour de Longchamps. Pantin en carton mû par une ficelle, et exécutant deux mouvements.

A ces images dont les transformations s'obtenaient tout naturellement, par le pli du papier, notre siècle devait ajouter ce que les Allemands, devenus des maîtres en ce genre, ont si bien appelé les *images animées* ou articulées, c'est-à-dire pouvant se mouvoir à l'aide d'un fil intérieur qu'une patte en carton dépassant quelque peu, à l'extérieur, permet de faire manœuvrer. Lorsque ce genre nouveau apparut, sous la Restauration, on vit de gentilles bergères ou de pimpantes petites bourgeoises offrir ainsi leur cœur : une idylle en action. Sous Louis-Philippe, ce fut le Grand Homme, le signe de l'honneur bien en vue sur la poitrine.

De nos jours, on a le choix entre les sujets gracieux et les personnages que fait surgir l'actualité politique. On peut bien citer ici, dans ce dernier domaine, les Rochefort et les Ulbach, les Floquet et les Laurier, frappant, en imitation des « maréchaux » classiques du joujou, sur ces enclumes ayant la forme de crânes illustres, les Sarah Bernhardt se livrant à toutes les excentricités d'une gymnastique forcenée, les Ferry, les Boulanger, les Floquet, les Jacques prenant toutes sortes de postures, à l'aide de simples articulations et de non moins simples ficelles; enfin, dernier pantin en carton dont la vogue fut extraordinaire, *M. Carnot saluant le public au retour de Longchamps*. Ne sont-ce point là, déjà, dans toute l'acception du terme, de vieilles images, puisque cette dernière, elle-même, nous rappelle les jours où, sans remords, on pouvait critiquer la correction du plus correct, du plus honnête des magistrats !

Non moins grand devait être le succès des images à ouvertures. Celles-ci prirent naissance sous le feu de la passion politique, alors que les graveurs populaires de la Révolution, pour plaire aux masses, donnaient des volées de bois vert aux aristocrates et aux curés, aux marquises et aux religieuses, à tous les suppôts de l'ancien

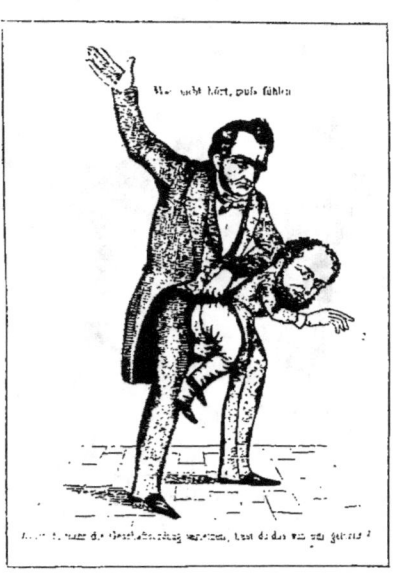

Fig. 143. — Celui qui n'entend pas doit sentir.
Caricature allemande de 1848 représentant le président de l'Assemblée nationale donnant la fessée au député israélite Blum. (Coll. de l'auteur.)

Régime, à tous les hommes du jour accusés de tiédeur ou de complicité avec les traîtres (*sic*). *Pan, pan, pan, Mr l'Abbé. — Pan, pan, pan, Mme la marquise*, et la fessée se donnait aux aristocrates déculottés dont la partie postérieure, mise à nu, venait se placer sur la main, entre le pli formé par le pouce et l'index, de façon à donner l'illusion de la réalité. Une simple entaille dans le papier, et les jacobins les plus enragés pouvaient s'octroyer le plaisir de fesser messieurs et mesdames les aristocrates.

Plaisir doublement agréable que bien d'autres devaient prendre, par la suite; qui, sous la Restauration, mit en mouvement des Ney dont le derrière cachait des bouquets de violettes et dont la Révolution de 1848, en Allemagne, usa sans compter, fessant et refessant tous les députés accusés de tiédeur. Que de bras durent empoigner ainsi les pauvres députés! que de mains durent s'amuser à faire rougir cette figure dont la pudeur simulée ne s'alarme pourtant point facilement.

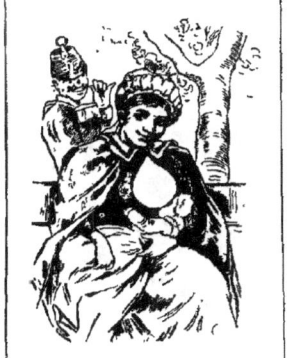

Fig. 144. — Le « nez-nez » fin-de-siècle. La partie blanche, c'est-à-dire le sein, est découpée, et se place sur le nez, de façon à donner l'illusion d'un enfant tétant.

Ici, comme en toute chose, notre époque a généralisé, et, après la partie opposée au devant, on a pu voir tantôt des coiffures en carton découpées en grandeur naturelle, n'ayant du visage que les oreilles, destinées à venir se placer sur la figure de tous ceux qu'amusent ces sortes de transformations, — tel le *tout le monde matelot*, lors de la visite des marins russes, — tantôt les doigts venir tremper dans un baquet pour figurer des jambes, tantôt le nez représenter le sein d'une nourrice. Amusements innocents, trouvailles quelquefois heureuses.

Fesser l'ennemi, tel fut donc le grand bonheur de l'*imagerie politique à soupapes*, suivant l'expression ingénieuse d'un contemporain. L'imagerie courante, elle, alla chercher son plaisir ailleurs, elle inventa les *Portes et Fenêtres*, à la fois destinées aux enfants et aux amateurs de spectacles grivois, simples portes, du reste, simples fenêtres, collées sur le milieu ou dans un coin de l'estampe, si bien qu'en soulevant ce carton rapporté on pouvait voir ce que faisaient à l'intérieur les gens qui, sur l'image extérieure, apparaissaient calmes et tranquilles. Comme il monte majestueusement sa garde, ce beau garde national coiffé de l'ourson! ouvrez sa guérite, vous le verrez faire bombance. Comme il est affairé, ce banquier! pénétrez dans ses salons, vous le verrez à la table de jeu. Comme elle marche d'un pas précipité, la jeune élégante de 1830! suivez-la, prenez la porte qu'elle va ouvrir, vous comprendrez la raison de sa précipitation. Elle était attendue par un Rodolphe vraiment irrésistible. D'autres fois c'était, réellement, l'extérieur et l'intérieur des choses : telle la baraque foraine qui, ouverte, montre un magnifique sauvage du Canada. Ou bien des oppositions : la mère au bal, tandis que derrière la porte, à la maison mal gardée, la fille se laisse conter fleurette.

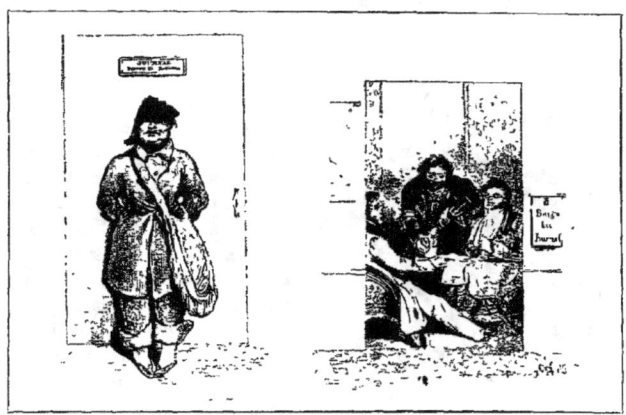

Fig. 145. — Porte du bureau de rédaction (vignette exterieure) :
on ouvre la porte et l'on aperçoit les rédacteurs en train de faire bombance.
Image faisant partie de la serie dite : *Portes et Fenêtres*.

Toute une humanité en action, avec ses faiblesses, avec ses plaisirs et ses peines.

*On n'entre pas*, — *Madame s'habille*, — *Madame n'est pas visible*, — *Monsieur est sorti*. — Que de choses vivantes et animées, que de polissonneries en action se laissèrent voir ainsi, de 1830 à 1840, derrière portes et fenêtres! toutes déjà esquissées par le menu, en un de mes précédents ouvrages, et qu'il suffisait de signaler ici pour clôre cette longue nomenclature[1].

La politique elle-même en fit son affaire. Les planches de *la Caricature* de 1830 et les feuilles volantes mirent sur la sellette Charles X et Louis-Philippe pour le plus grand plaisir du populaire. Le *pieu-monarque* était béatement agenouillé à l'église,

1. Voir *les Mœurs et la Caricature en France*.

et en soulevant une porte on le voyait sur les genoux d'une marquise. De la même façon, avec la même facilité, Louis-Philippe à Jemmapes devenait une poire étalée sur un trône.

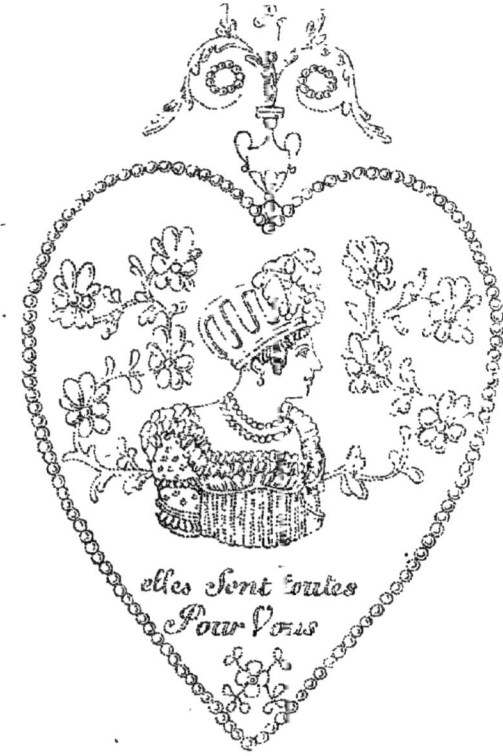

Fig. 146. — Portrait de la duchesse d'Angoulême exécuté en piqûres d'épingle (1816). (Coll. de l'auteur.)

Encore des images, mais d'un genre très particulier : en effet, il ne s'agit plus, cette fois, de traits de plume, mais bien de piqûres d'épingle, de piqûres pour lesquelles on inventa un petit appareil spécial qui donnait à la feuille le relief du gaufrage. Ce fut, très certainement, le succès du jour sous la Restauration : tout le monde, dans les salons, sous la lampe autour de laquelle se groupait la famille, s'amusant à piquer, à pointiller les personnages du jour.

Précieuses les quelques feuilles sauvées du naufrage et parvenues ainsi jusqu'à nous ! Ici, — c'est le camp des monarchistes, — des Louis XVIII, des Madame d'Angoulême, des Duc et Duchesse de Berry, avec des coiffures impossibles, avec des devises caractéristiques : *Amour et Fidélité à nos princes*. *Elles sont toutes pour vous*; là, — côté des impérialistes, — des Napoléon de toutes sortes, à pied, assis, la lunette en main, à cheval prêt à passer la revue, ou sur le rocher de Sainte-Hélène.

Images naïves, rehaussées quelquefois de couleurs non moins primitives pour indiquer certaines parties du costume. Combien n'auraient-ils pas donné, les personnages ainsi représentés, pour ne jamais recevoir d'autres piqûres que celles des épingles destinées à tracer leur contour !

La manie du graphique esquissé à l'aide de trous d'épingles devait durer un certain temps; un instant même, sous le second Empire, toutes les gravures eurent à endurer ce supplice : on piquait, on piquait, sans trêve ni merci; mais, plus jamais, on ne revit les portaits allégoriques de la Restauration.

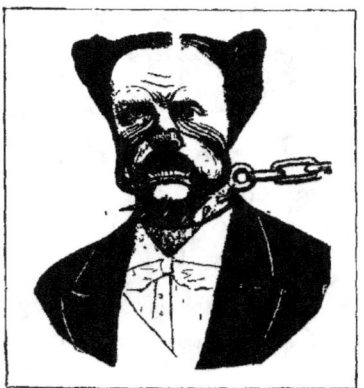

**CASIMIR TERRIER**

Fig 147. — Satire dirigée contre M. Casimir Perier

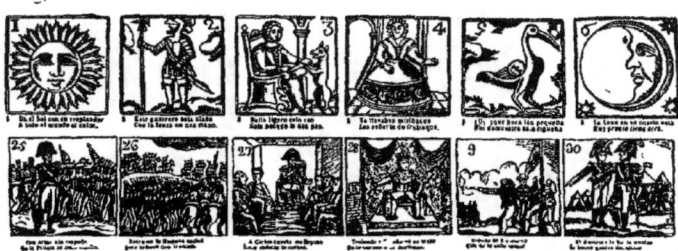

Fig. 148. — Spécimen d'imageries populaires espagnoles.
(Figurines sur les astres et Histoire de Napoléon I")

## CHAPITRE VIII.

## Images populaires étrangères.

Points de ressemblance entre les différentes Imageries. — Images Russes : leurs procédés, leur aspect. — L'Imagerie militaire et ses héros nationaux. — Les Mœurs, les Particularités de la vie dans les différentes Estampes Nationales. — Caractéristique des Images Espagnoles, Belges, Hollandaises, Suisses, Anglaises, Italiennes, Allemandes. — Les images exotiques : Java, Tonkin, Japon.

### I.

En principe, toutes les imageries populaires se ressemblent, je veux dire subissent les mêmes influences, parce que, partout, l'âme populaire, en ses naïvetés, se laisse gagner à l'enthousiasme des choses simples et des légendes héroïques.

Bois d'Épinal ou bois de Moscou, il y a des procédés qu'on retrouve partout, il y a des façons de tailler les personnages et les maisons, les arbres et les accessoires, que, quels qu'ils soient, les primitifs ressentent d'instinct. Tous les enfants s'amusent à tracer des lunes et à orner ces lunes des traits du visage humain : c'est le portrait qui procède directement de la nature. Tous les peuples ont passé par la période des représentations graphiques où les personnages apparaissent trois fois plus grands que les maisons qui doivent les abriter, si bien qu'on n'est pas toujours sans inquiétude quant à la façon dont ils pourront réintégrer leur logis.

Qu'il s'agisse des bois de Moscou ou de Londres, de Barcelone ou de Tokio, il est un ensemble de sujets qui se présentent dans toutes ces feuilles naïvement taillées et grossièrement enluminées, parce que certains faits furent toujours pour les masses un sujet d'étonnement ou d'admiration. Tel le lion docilement mené en laisse par un homme, tel le chat capturé par les rats. Les sensations populaires ne sont point complexes : un paysan breton voit les choses comme elles seront vues par le paysan

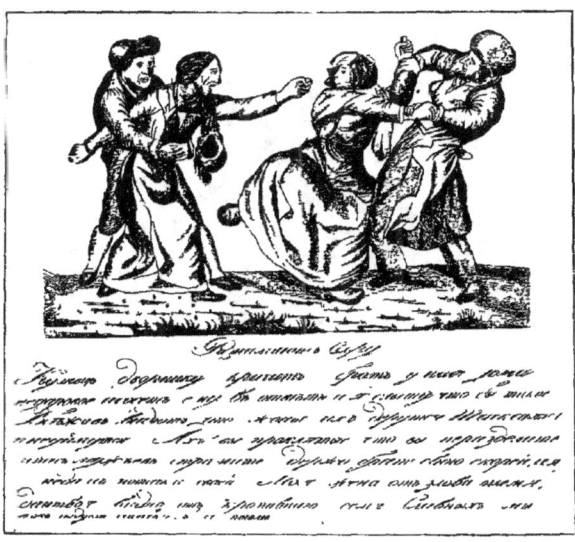

Fig. 149. — Ancienne imagerie populaire russe. (Coll. de l'auteur.)

russe. Il n'y a pas seulement une école du primitif au point de vue de la gravure elle-même, il y a aussi, pour l'humanité, une sorte d'éducation du primitif. Seulement les peuples parviennent à la vie plus ou moins tard, en sorte que, par exemple, on chercherait vainement, aujourd'hui, dans l'imagerie française devenue savante et prétentieuse, ce que l'on trouve abondamment encore dans l'imagerie russe.

Considérée dans son ensemble, celle-ci présente deux aspects distincts : elle est à la fois décorative et anecdotique, ce qui indique l'existence chez les peuples ruthènes d'un sens du pittoresque très développé, légué par les Byzantins et entré pour ainsi dire dans le génie même de la nation.

Complément obligé de l'image, au moins à certaines périodes ou pour certains imagiers, la décoration se rencontre partout, aussi bien autour des portraits du Tzar et de la Tzarine, ornement de toutes les izbas, qu'autour des compositions allégori-

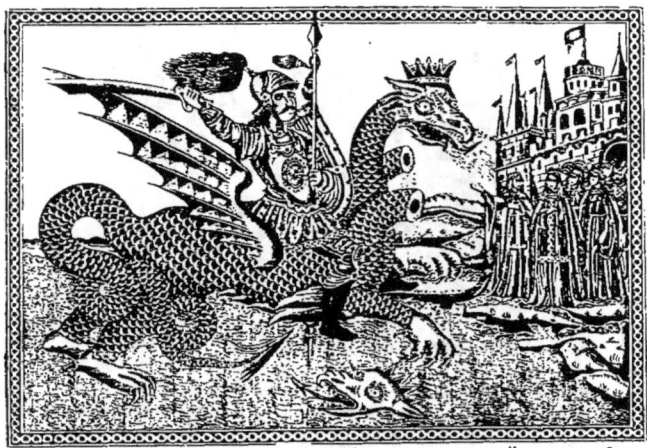

Fig. 150. — Estampe populaire russe.

* Le glorieux, fort et vaillant chevalier Jaroslaw Lazarewitch chevauchant sur un merveilleux grand dragon ailé à trois têtes, tandis que la charmante princesse Anastasie Vochramiejewna vient à sa rencontre.

ques et des scènes de la vie locale. Et ce qui prédomine, dans cette décoration, c'est le bois et la faïence, je veux dire les fonds imitant les carrelages, et les découpages rappelant les avant-toits des maisons paysannes. La fantaisie ne s'y exerce pas comme sur les objets mêmes de la vie usuelle, comme sur ces multiples ustensiles en bois rouge et or, chandelier ou sucrier, comme sur ces étoffes aux fonds éternellement blancs et aux décors éternellement rouges qui meublent si bien les intérieurs du pays. Plus sobre, l'image ne connaît point ces richesses.

L'estampe russe, comme la plupart de ses congénères, paraît

avoir eu deux périodes : la période de la gravure, bois ou cuivre, la période de la lithographie.

Avec la gravure, c'est la feuille de colportage, ce sont les estampes grises de tonalité, grises de tirage, aux entailles larges et profondes, aux perspectives problématiques, aux végétations bizarres et singulièrement tourmentées, aux arbres qui s'élèvent comme des balais ou qui s'étalent en lamelles coniques à l'instar

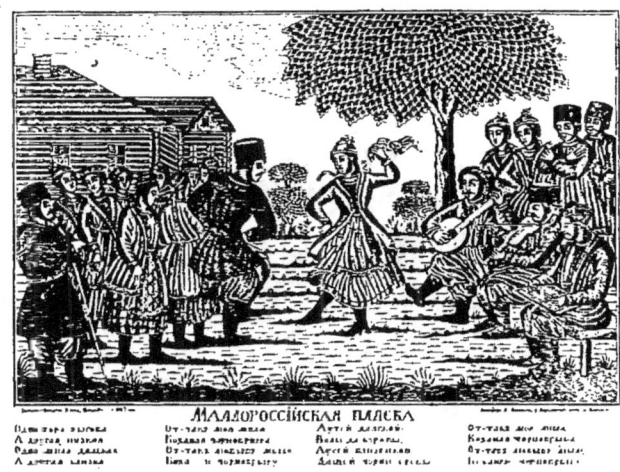

Fig. 151. — Danse petite-russienne. Estampe populaire russe.
Au-dessous, en caractères russes, le texte de la chanson chantée par les assistants.

des produits exotiques, — toute une esthétique du sapin vraiment pittoresque — aux terrains creusés qui apparaissent tantôt comme les sillons d'un champ récemment labouré, tantôt comme un tapis tigré. Travail symétrique, barbare et naïf, marquant bien les creux et les encoches du burin, mais qui, par la recherche constante de l'effet, du décor, par le soin spécial apporté à certains détails, par les fleurs et les petits arbustes dont le sol est piqué en ses sillons, en ses lignes de végétation, indique cependant la connaissance, la compréhension, d'une esthétique déjà plus raffinée.

De tout cela résulte un ensemble parfaitement inhabile au

point de vue du métier, mais très attirant en soi par ce développement, pour ainsi dire inconscient, du décor, du contourné, du fouillé; vraisemblablement la caractéristique de l'art russe. Fait à noter, les bois primitifs restent presque toujours en épreuves noires, leur couleur est dans l'aspect présenté par la feuille elle-même, sans qu'on ait cru devoir demander un surcroît de relief à des patrons découpés, ainsi que cela s'est pra-

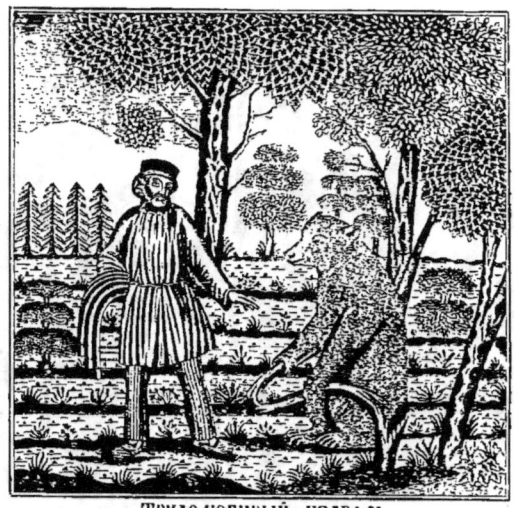

Fig. 152. — Estampe populaire russe.
L'ours laborieux essayant de courber le bois ainsi qu'il l'avait vu faire au paysan.

tiqué et se pratique encore, habituellement, dans les pays latins.

Avec la lithographie, tout au contraire, ce sont les compositions coloriées qui prennent le dessus, soit qu'on reproduise les anciennes images, populaires depuis deux siècles, soit qu'on se lance dans des sujets plus compliqués, aux arrangements plus habiles, quoique moins typiques; toute l'ornementation particulière à notre époque et sans caractère bien défini.

Si le métier, le travail de fond, ne tient plus qu'une place secondaire, l'effet se trouve dans la couleur, dans la façon dont les tons sont superposés les uns aux autres en lignes bien droites, avec des ciels aux colorations intenses, aux rouges, aux bleus, aux jaunes éclatants, avec des terrains d'un vert qui ferait le bonheur de tous les bestiaux de l'univers. Et les estampes ainsi reproduites, ainsi présentées sous une forme nouvelle, se trouvent encadrées d'un large filet rouge tranchant d'une façon assez habile sur l'ensemble. Tirages coloriés, souvent mats, de ce mat particulier aux peintures d'autrefois, ayant une saveur que ne possédera jamais le vernis de la chromolithographie, actuellement en honneur.

## II.

Après les procédés, les sujets. Toutes les estampes populaires, qu'elles soient espagnoles, anglaises, allemandes ou russes, ont puisé aux mêmes sources, et cela s'explique aisément puisque c'est l'histoire, les coutumes, les légendes du pays qu'elles font revivre graphiquement pour le plus grand plaisir des masses. Partout apparaissent, ainsi, les sujets héroïques, les personnages plus ou moins habituels à toutes les légendes chrétiennes; la Russie évoquera saint Georges et le dragon, les centaures et les animaux monstrueux, tandis que l'Allemagne donnera à la Mort et au Chevalier, à la Danse des morts sous toutes ses formes, une place considérable.

Identique, partout aussi, l'imagerie militaire, avec ses héros nationaux, avec son cortège habituel de revues, d'entrées triomphales, de batailles sanglantes, avec son ensemble de généralités qui fournissent les fabriques d'Épinal du monde entier : adieux d'une recrue, retour du soldat au domicile paternel, soldat blessé soigné sur un tambour, soldat décoré de la main du souverain, soldat adoptant l'enfant trouvé, que sais-je encore! Et les revues, grandes planches sur lesquelles, régulièrement, caracole au premier plan un général fortement empanaché, à la taille élevée, tandis que, dans le fond, défilent des troupes lilliputiennes, raides et symétriques comme des soldats de plomb, aux gestes stéréotypés, à l'alignement impeccable.

Les estampes militaires nationales ne se distinguent donc, entre elles, que par le choix de leurs figures de prédilection. En France, c'est le Petit Caporal qui sera le dieu des chaumières; en Russie, Pierre le Grand et ses auxiliaires; en Allemagne, le grand Frédéric jusqu'à ce que Blücher vienne lui faire concurrence; en Suisse, Guillaume Tell; dans le Tyrol, les héros de l'indépendance; en Italie, Garibaldi; en Espagne, les moines qui donnèrent le signal de la résistance contre l'étranger; en Suède, Gustave-Adolphe; en Angleterre, Cromwell et, plus tard, Wellington. Et autour de ces grandes figures apparaissant à époques différentes, parce que tous les peuples ne sauraient avoir en même temps leur période héroïque, se montrent comme en un rayonnement génial certains types spéciaux. En France, ce fut le grognard, le mameluk, le fantassin des Pyramides, le cuirassier de Borodino, le lancier de Poniatowski, le grenadier de Waterloo; en Russie, ce sera le cosaque du Don, le zaporogue, le strélitz, le soldat discipliné à l'européenne, le dragon, le simple canonnier; en Prusse, le hussard de la mort, le dragon, le fantassin de la garde royale; en Angleterre, les têtes rondes; en Italie, le bersaglier et le franc tireur. Grâce à ces particularités, l'imagerie militaire des différents pays atteint souvent à la hauteur du document historique.

Mais les estampes populaires nationales sont surtout intéressantes à consulter à cause des renseignements précieux qu'elles fournissent sur les mœurs, les coutumes locales, sur tous les points de la vie intime.

Ouvrez un album d'estampes russes, et rien de ce qui touche à la rue, à la vie populaire de ce pays, ne vous sera, désormais, étranger. Feuilletons : cela vaut la peine.

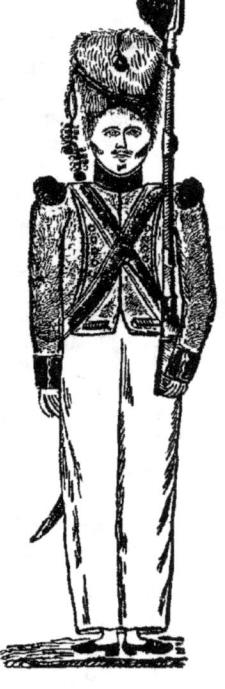

Fig. 153 — Grenadier (premier Empire). Imagerie espagnole (fabrique de Barcelone) D'après un original en couleurs.

Voici l'attaque du traîneau en pleine forêt par des loups décharnés et raides comme le bois dans lequel ils ont été taillés; le beau cosaque de la garde faisant danser aux jeunes filles le *chorovod*, danse orbiculaire qui se retrouve sans cesse sur les estampes; voici les jeunes filles à la coiffure encore si caractéristique, filant à la lueur d'une petite *latte*, flambeau de bois enduit de résine; le couronnement des jeunes garçons, rosières du sexe mâle, par les filles du village; les montagnes de glace à la foire, toute grouillante d'un public bizarre; la visite nocturne

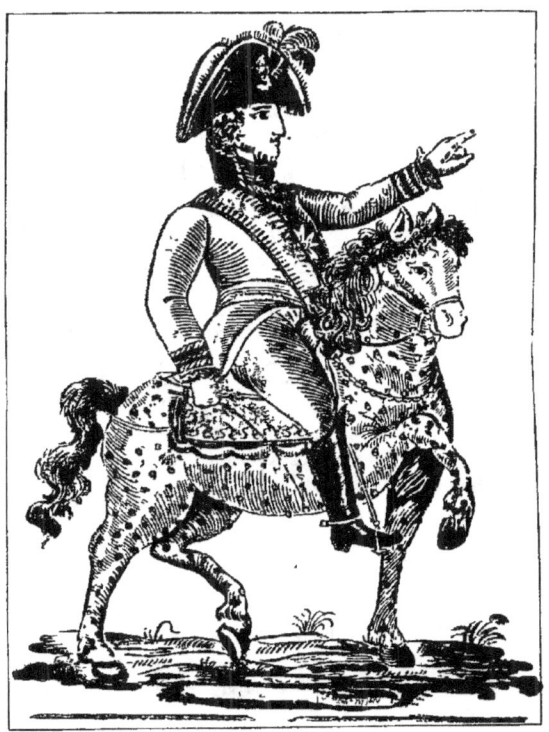

Fig. 154. — Général (premier Empire). Imagerie espagnole (fabrique de Barcelone). D'après un original en couleurs.

de l'amoureux à sa fiancée, vieille coutume du moyen âge qui s'est perpétuée dans certains cantons suisses et dans la Forêt Noire, partout connue dans les contrées germaniques sous le nom de *kiltgang*.

Voici les intérieurs de *traktirs*, sortes de « traiteurs » chez lesquels un grand orgue à remontoir, de midi à minuit ne cesse de moudre des airs; les danses paysannesques aux sons d'orchestres nationaux, violon, guitare, zither; voici les traîneaux chargés de sapins pour la Noël, les *drochkis* microscopiques filant comme le vent sous la conduite de leur *izvochik*, ce prolétaire du fouet flottant dans sa robe à larges plis, tandis que les chevaux, la tête passée dans l'arc qui rejoint les brancards, prennent facilement l'attitude de carcans ailés; puis encore les *troikas*, dont on entend, par anticipation, les grelots joyeux; puis tous les types de la rue : les débitants de thé, de bière, de pain d'épice, de figues en chapelet; les marchands de journaux au portefeuille gonflé de gazettes; les moujiks en casquette noire, en longues bottes, en tablier blanc; les mendiants, loqueteux, suppliants, hirsutes, plus sales que les mendiants espagnols, et affichant, au lieu de la fière gueuserie de ces derniers, une sorte de résignation religieuse; les juifs sordides, sentant encore le bouc, à la barbe en broussaille, à la houppelande rapiécée.

Parcourez les collections de l'Épinal espagnol qui a eu et qui a encore pour capitale Barcelone. Là, règnent en maîtres les *corridas*, le taureau et le toréador, les *banderillero*, les *espada*, les *picador*, — *Corrida de Toros y Mogiganca*, *Corrida de Toros y Navillos*, — les petites vignettes sur les métiers, les types de la rue, au premier rang desquels apparaît le marchand de pastèques, les belles limonadières des kiosques en plein vent, les processions de

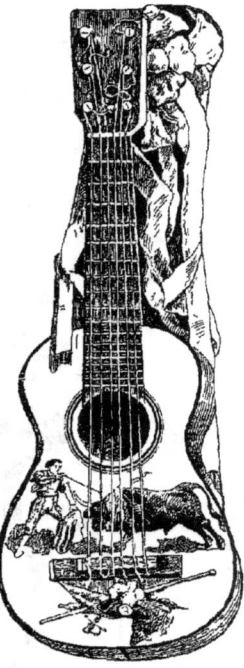

Fig. 155 — Image tauromachique découpée en forme de guitare et distribuée avec le programme des courses. D'après un original en chromolithographie (fabrique de Valence).

la semaine sainte, les cérémonies religieuses avec leurs *padres* et leurs pénitents blancs, les danseurs aux élégances basquaises, les histoires de *figaros*, le prince Carnaval, Don Quichotte, accommodé à toutes les sauces, — on ira même jusqu'à transformer Napoléon III en *nouveau Don Quichotte*, — les *manolas*, les *gita-*

nas, etc. Feuilles populaires ou affiches, éventails ou papiers dentelés servant à orner les cuisines, tout chantera en un brillant coloris, souvent rehaussé d'or et d'argent, les gloires de la tauromachie. Partout se glisseront des feuilles aux ornements pittoresques, aux formes élancées, quelquefois une guitare, sur lesquelles on pourra admirer l'adresse d'un toréador. Estampes anciennes au coloris primitif et barbare, avec des grotesques

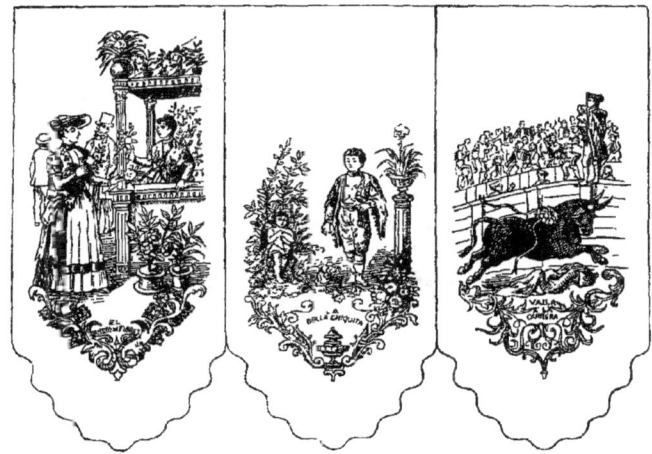

Fig. 156. — Rouleau de papier se developpant,
destiné à servir d ornement aux cheminees de cuisine (papier vert, jaune, rose ou bleu).

tenant de Rabelais et de Callot, avec des soleils et des lunes aux formes étranges ; estampes modernes aux chromolithographies brillantes rappelant par leur rouge vif les mœurs sanguinaires dont elles se complaisent à tracer les plaisirs. Un Épinal, tantôt très particulier, tantôt restant dans les sujets généraux, dans les histoires légendaires propres, embrassant les pays, les objets les plus différents, l'histoire sainte, les Aventures de Télémaque, les fables d'Ésope, les contes de La Fontaine. On y verra même, comme en France, le Monde renversé appelé ici *el Mundo al Revés*.

Et les mêmes remarques se peuvent appliquer à toutes les imageries. En Suisse, ce sera le paysage, l'homme du terroir, le montagnard, et les animaux qui peuplent les prairies, la laiterie et le fromage; à moins que, la politique s'en mêlant, — ce qui arrive souvent, — ce ne soit le tricorne du jésuite; en Belgique, dans la partie flamande, les estampes de pèlerinages à forme triangulaire; en Hollande, contrée de graisse exubérante, toutes les histoires allégoriques françaises accompagnées de poésies ou de complaintes en parler du pays. Feuilles coloriées à douze petits sujets à la page, texte français et flamand, aux titres bizarres : *On voit, dans cette estampe, en Paul et Virginie, l'Amour et la Vertu qui unirent leur vie.* — *On sera heureux de connaître les infirmités* (sic) *d'Héloïse et d'Abélard.* — *Les malices du petit Chaperon Rouge.* — Et avec cela des vers, des sentences rappelant ce qu'on avait si bien dénommé, à une certaine époque, *le français réfugié*. Jugez-en par ce quatrain, mis au bas d'une gravure intitulée : *Pays de Cocagne* :

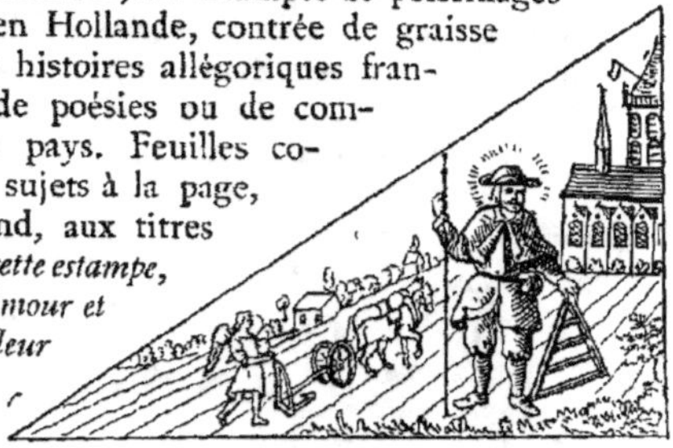

Fig. 157. — Image belge de pèlerinage représentant saint Guidon.

> Fut-il jamais un peuple paresseux et friand,
> L'image ci-dessous le montre, bel enfant !
> Examinez-la bien dans le temps de loisir,
> Et vous y trouverez, sans doute, du plaisir.

Oui certes, ne serait-ce que le plaisir de pouvoir savourer la poésie du pays de Cocagne.

En Angleterre, le juge classique, immuable, étouffant sous la perruque à marteaux, des matelots à foison, des marchands de poisson comme il convient au pays où règne et fleurit le *stockfish*, le policeman à la petite baguette soigneusement enveloppée dans son fourreau, et, par-dessus tout, — parce que c'est l'âme du pays, — John Bull, fort de sa carrure, toujours prêt à boxer, à terrasser l'ennemi. Il le prouvera bien dans la merveilleuse suite de caricatures contre « le petit Boney », le maigre et osseux Bonaparte. Tout, en ces images, respire l'embonpoint, une exubérance de santé qui aboutira aux paquets de graisse ornés d'une boule, en guise de tête, et reposant sur deux poteaux qui tiennent lieu de jambes.

En Italie, il y a de l'arlequin et du faquin, du polichinelle et du pierrot, du carnaval et du travestissement, — un des grands plaisirs des graveurs transalpins sera d'habiller les hommes en femmes. Du reste, imagerie avant tout locale, dialoguant dans tous les patois italiques et mettant en action des types, des personnages légendaires locaux.

En Allemagne, c'est la bière et les buveurs, le temple de

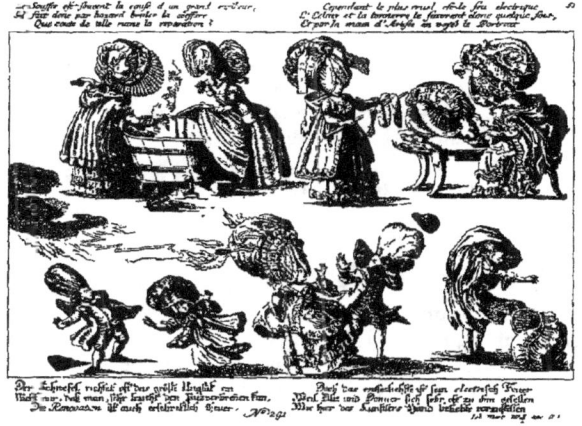

Fig. 158. — Image populaire allemande visant l'excentricité des modes. Fabrique de Will, à Augsbourg (xviii° siècle).

Gambrinus et tous ses attributs, les contes fantastiques à la Musæus, à la Grimm, à la chanoine Schmidt, les histoires d'ouvriers apprentis, les récits illustrés se déroulant en une succession de vignettes, tous les héros du Walhalla, tous les *Kœnig*, tous les *Kaiser*, à moins que n'apparaisse la figure placide de Michel, ce Jacques Bonhomme allemand, aussi corpulent que John Bull, mais toujours de bonne complexion et point batailleur.

Et comme la Hollande, l'Allemagne, dans ses villes du sud, Augsbourg principalement, aura une propension marquée pour les estampes à tendances cosmopolites, aux légendes françaises et allemandes. Séries de sujets de mœurs, de caricatures, de planches de modes sortant de chez les frères Haïd ou de chez Will;

études de types et de physionomies notées avec un soin infini et faisant déjà pressentir Lavater.

Telle, aux yeux de ceux qui savent observer, apparaît, en ses grandes lignes, l'imagerie européenne.

### III.

Et maintenant, si vous le voulez bien, jetons un rapide coup d'œil sur les estampes exotiques, quelques-unes d'une richesse de coloration, d'une variété de sujets, que pourraient envier nos graveurs.

Les unes sont architecturales, aux lignes droites, aux hautes perspectives se dressant vers les cieux — c'est l'imagerie égyptienne; — les autres — telles les imageries tonkinoises ou javanaises — se livrent sur le papier à toutes les fantaisies, à toutes les naïves exubérances des pierres sculptées. Toute une galerie de grotesques se trouve ainsi mise en mouvement par les *ombres théâtrales javanaises*; collection de personnages dans des poses excentriques, presque toutes similaires, — en cet heureux pays, les gens doivent avoir le bras long, — imprimée en rouge et noir, sur papier de riz. Grotesques à la fois enfantins et savamment contournés, tenant à la fois de l'idole et des puissances diaboliques.

Curieuse, l'imagerie tonkinoise, avec son mélange d'exotisme et d'européanisme, mariant le décor, l'influence chinoise, aux actualités politiques et militaires, donnant le jeu des trente-six bêtes ou des portraits de souverains à côté des batailles actuelles, instrument de propagande, en quelque sorte, destiné à fondre les mœurs, les coutumes locales, avec l'influence française dont la prépondérance s'affiche de façon si caractéristique sur les images militaires. Et, comme coloris, une très grande simplicité jointe à l'éclat naturel des couleurs orientales. Du reste, curiosités exotiques dans un ordre d'idées où, de tout temps, les Japonais régnèrent en maîtres.

L'estampe, l'image imprimée sur feuille volante, est, très certainement, le monument le plus ancien de l'art au Japon. « C'étaient, » dit M. Théodore Duret, « des images religieuses assez grossières, que l'on vendait dans les sanctuaires bouddhistes et qui représentaient le bouddha ou quelque saint local, puis vinrent, à la fin du XVII$^e$ siècle, la reproduction des physionomies d'acteurs et des scènes de théâtre, estampes d'abord imprimées en noir, puis enluminées au pinceau, et, dès les premières années du xviii° siècle, imprimées en couleurs à deux ou trois tons. »

Dès ce moment, l'imagerie japonaise agrandit le champ de ses investigations et complète son domaine, devenant, comme les imageries européennes, un miroir fidèle des types, des mœurs, des traditions du pays. Figures de femmes, scènes populaires, réunions de plaisirs, scènes de romans, faits historiques, batailles, paysages, inventions nouvelles, tout y prend place.

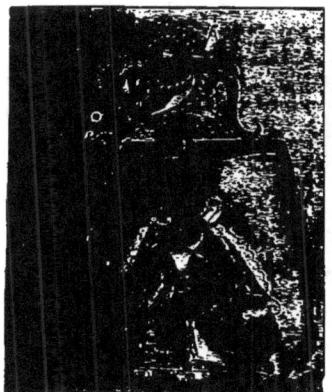

Fig. 157. — Ombres théâtrales javanaises.
(Collection Olivier Beauregard.)

Ces caricatures, imprimées en rouge et noir sur papier de riz, représentent presque toujours le même personnage, conçu dans la note grotesque.

« Les grandes impressions en couleurs, dans ce siècle, » dit ici encore M. Théodore Duret, « perdent la suprême élégance qu'elles avaient atteinte au xviii° siècle. Elles n'ont pas la même harmonie de lignes, la même sobriété de coloris, mais, passées à l'état d'art tout à fait populaire, restent, malgré cela, puissantes et pleines de vie. »

Art populaire! Voilà bien ce qui caractérise les feuilles ici reproduites, les images serrant de près l'actualité, les placards illustrés destinés à annoter, pour ainsi dire, les événements, les incidents de la vie civile et militaire. Et ce ne sont pas seulement des batailles, des combats maritimes, des faits nouveaux, comme l'introduction des chemins de fer, c'est tout ce qui touche au monde visible, hommes, bêtes, choses, paysage, la gravure d'industrie, la réclame commerciale, le prospectus, l'affiche, comme le comique populaire et le grotesque, ces deux cordes qui, dans tous les pays, dans toutes les civilisations, à toutes les époques, ont toujours su faire vibrer l'âme naïve des masses, au même degré que l'héroïque, le patriotique et le terrible.

Si du Japon nous passions en Chine, les mêmes observations seraient à faire, les mêmes phénomènes se produiraient, quoique cependant, dans l'Empire du Milieu, l'imagerie soit restée plus locale, toujours plus imprégnée des figures hiératiques, visant

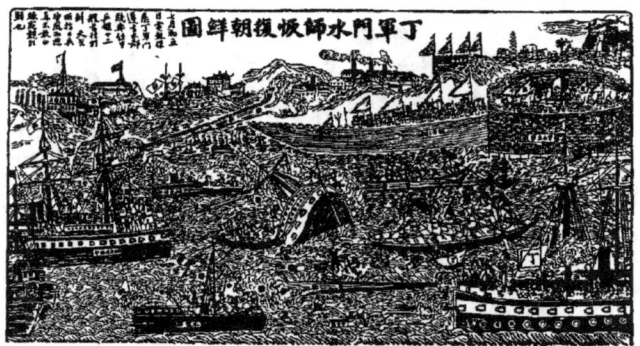

Fig. 160. — Image populaire japonaise. Combat avec la flotte chinoise.

du reste bien moins au paysage, au tableau complet, se canton-

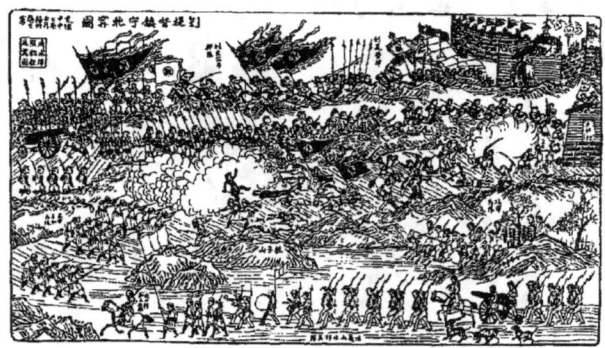

Fig. 161. — Image populaire japonaise : bataille avec les Chinois.

nant, surtout, dans les individus, dans la représentation des dieux, des dragons ailés et de tous les monstres étranges qui composent l'enfer chinois.

Décoratives au plus haut point, les images japonaises ont une saveur particulière par leur mélange d'archaïsme et de modernisme. Si on les regarde de certaine façon, elles rappellent les perspectives enfantines de nos anciennes compositions

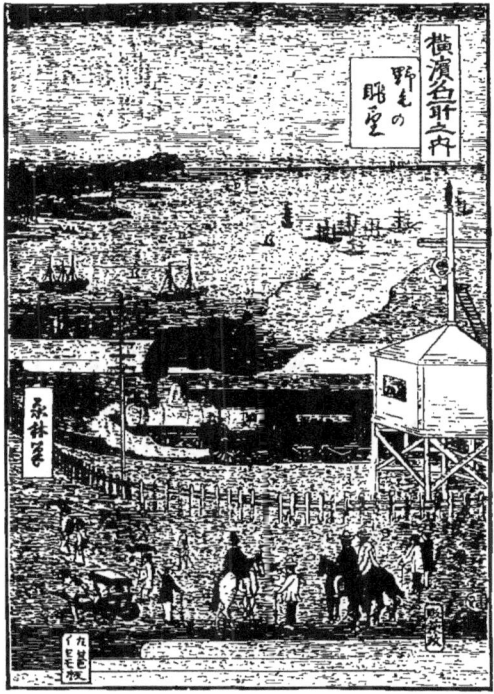

Fig. 162. — Le premier chemin de fer au Japon, d'après une image populaire.

gothiques; la terre et l'eau y sont généralement indiquées comme sur les images russes, mais elles ont une vie, un mouvement — dans les marches de troupes, par exemple, défilant étendards au vent — que les bois populaires de notre vieille Europe n'accusent presque jamais; et, d'autre part, à côté de cet archaïsme de métier, apparaît le monde moderne dans toute son expansion scientifique, dans toute sa force brutale.

Si l'on peut se permettre cette comparaison du réel au figuré, je dirai qu'elles me produisent l'effet de l'antique et merveilleuse cité de Nuremberg, enveloppée dans sa ceinture de murailles, éclairée à l'électricité et sillonnée en tous sens par les moyens de locomotion les plus nouveaux. Le présent venant se greffer sur le passé, sans lui enlever son charme et sa couleur. Fusion et non révolution. N'est-ce pas là tout l'avenir!

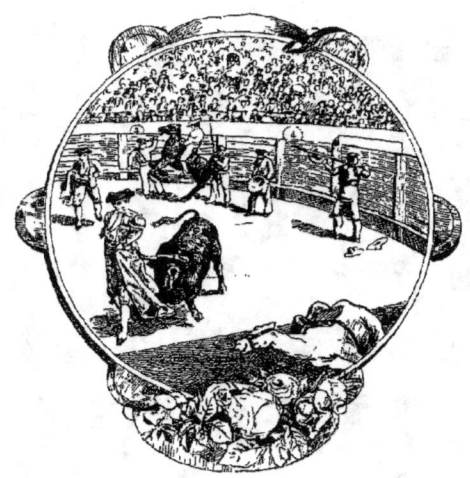

Fig. 163. — Image tauromachique
D'après une chromolithographie (fabrique de Valence).

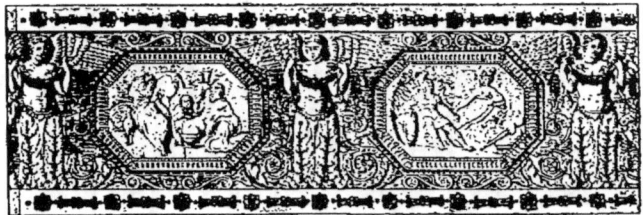

Fig. 164. — Frise décorative pour un calendrier de la Restauration.

## CHAPITRE IX.

## Les Naïvetés de la Légende.

Naïvetés dues au burin des graveurs. — Naïvetés des Légendes à certaines époques. — Légendes grasses et calembourdières. — Estampes satiriques. — Légendes entourant le corps des personnages.

Les naïvetés de la légende, les calembours de la légende, les dessins servant de sujet à de véritables dialogues littéraires, à des sortes de pamphlets que la pointe des graveurs étage sur le corps des personnages, leur fait tenir à la main en des papiers qui se déroulent à l'infini, ou sortir de leurs poches, de leur bouche, quand elle ne pousse pas l'inconvenance jusqu'à les montrer sortant des bas-fonds, comme en cette fameuse estampe satirique : *Courrier des Pays-Bas* qui restera le modèle du genre. Encore toute une collection de pièces amusantes.

La naïveté des légendes, elle est de deux sortes, je veux dire qu'elle doit être attribuée, tantôt au graveur, tantôt aux idées mêmes qui ont cours dans la société. L'imagerie populaire ne fut jamais dessinée, assurément, par des artistes d'une éducation esthétique ou littéraire supérieure; on peut même affirmer que les buristes de cette école ne s'élevèrent guère au delà du niveau de l'artisan. Dessinateurs, graveurs, souvent aussi marchands à la fois, ils s'adressaient au peuple et ne cherchaient qu'à placer leur produits suivant les besoins de l'actualité. D'où les fautes grossières et certaines naïvetés de formes vraiment comiques qui, malheureusement, perdent une partie de leur charme à ne pas être fac-similées.

Sur une eau-forte du XVIII siècle, je lis : « Portrait d'un grand seigneur et de son épouse : l'homme est à droite, la femme est à gauche ». Touchatout aurait ajouté : « Lequel des deux est l'Auvergnat? » Au-dessous d'un portrait, assez peu connu, de Marie-Antoinette, on peut voir la mention : « Madame la Reine ». Une grande composition lithographique de 1822 porte : « Homme avec un chat : le chat est facilement reconnaissable à

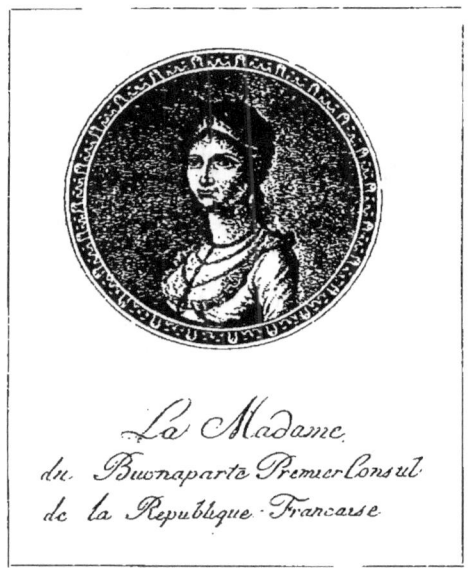

Fig. 165. — Reproduction d'un portrait de 1802, au pointillé, amusant pour sa légende. (Coll. E. Perrot.)

sa fourrure. » Une estampe très sérieuse de la Restauration donnant les portraits de tous les Louis, depuis Louis XIII, ajoute à la brève mention : *Cinq Louis*, « S. M. le roi Louis XVIII régnant se remarque entre tous par son embonpoint ». Et j'ai gardé pour la bonne bouche celle qui est reproduite ici dans toute son évangélique pureté : « La Madame du Buonaparte, premier Consul de la République française ». La Madame! Pour un peu, le graveur eût écrit : « La bonne amie ». Graveur, mon ami, combien il est regrettable que tu n'aies point formé des élèves pour nous donner les portraits des « Madames des Présidents de la troisième République » !

Le xviii<sup>e</sup> siècle ne négligeait point l'emploi satirique du calembour pour personnifier les gens. Témoin : *La Fontaine de Saint Innocent*, l'amusante charge sur ce critique et ce bel esprit qui avait nom Lafont de Saint-Yenne[1]; toutefois, les calembours, les jeux de mots, se rencontrent de préférence sur les estampes politiques ou sur les estampes à sujets graveleux. Un homme sur un pot, M. Léon Apo, c'est Napoléon, et *la Belle décidée ou l'adroite coquine*, ici reproduite, nous apprend comment on s'y prenait, sous la Restauration, pour demander que *Bona... parte*. En 1848, une caricature montrant un homme du peuple qui attend le roi détrôné pour lui infliger une correction énergique, porte la mention : *Départ d'Orléans à 3 heures 50. Louis! Philippe t'attend*. Une autre, de même nature, a pour variante : *Louis! Philippe d'Orléans t'attend... au ciel*. Calembredaines plus insensées que méchantes !

Le rire de la Restauration fut, on le sait, un rire particulièrement gras, — n'était-ce point l'époque des ventripotents! — et l' « armandsylvestrisme » se manifestait alors par l'image bien plus que dans la littérature. Le long des murs, contre les bornes, les caricaturistes ne se faisaient point faute de déposer, en dépit des ordonnances. Et comme le dessin, suffisamment explicite pourtant, ne leur suffisait point, on appelait la légende à la rescousse. Ici, au-dessous d'un homme en posture non équivoque, l'alphabet se déroulait jusqu'à la lettre K; là, sur un dessin représentant un homme tout près d'une fenêtre sur laquelle un perroquet se trouve perché, on n'a pu résister au plaisir d'inscrire : *Caca... toës*. Ailleurs, deux hommes sont occupés à parcourir les listes électorales affichées au mur; l'un debout est à la lettre T, l'autre penché, une loupe à la main, à la lettre K. De l'autre côté du mur, contre une borne, un homme qui est en droit de se croire seul. Admirez la légende : *Je suis au K, et moi je suis au T*. N'insistons pas autrement.

La palme, comme légendes naïves, revient — qui le croirait! — aux estampes à sujets galants. *L'amour, ma Julie, aime un peu d'abandon*, dit un jeune homme très habillé, très engoncé dans son costume 1830, à une jeune femme assise, à ses côtés, sur un

---

1. Cette estampe a été reproduite par *le Livre et l'Image*, tome I, page 12.

sopha, dans une toilette très... primitive. — *Le Bain de pieds ou le Dimanche matin*, se lit au-dessous d'une lithographie de Vallon de Villeneuve, absolument comme si l'entretien des pieds était une fonction dominicale. — *Les Regrets* montre une femme assise sur un tertre, vêtue d'un court jupon qui laisse voir ses jambes, et ayant à ses pieds un chapeau d'homme. — *Le Péage*

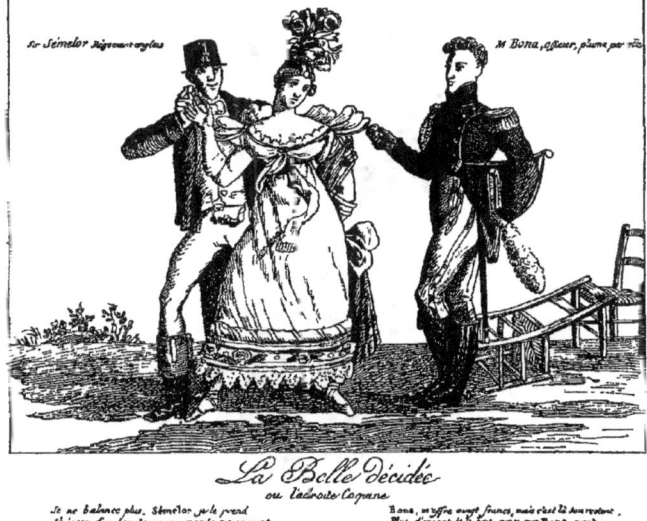

Fig. 166. — Estampe satirique, à calembour, visant Napoléon (1815). (Coll. de l'auteur.

*d'amour*, un jeune homme embrassant une femme, sur un pont, avec l'observation suivante : « Ce droit de péage n'existe que pour une moitié du genre humain, » et pour qu'on ne s'y trompe point, le graveur a ajouté de sa pointe légère : « la femme ».

Le troubadourisme de la Restauration a, lui aussi, fourni son appoint avec les pointillés aux sombres couleurs : scènes et couronnements de rosières; rencontre, adieux, départ, retour de gentils troubadours et de mignonnes bachelettes, à moins que ces dernières ne soient des pèlerines jolies, ce qui est encore

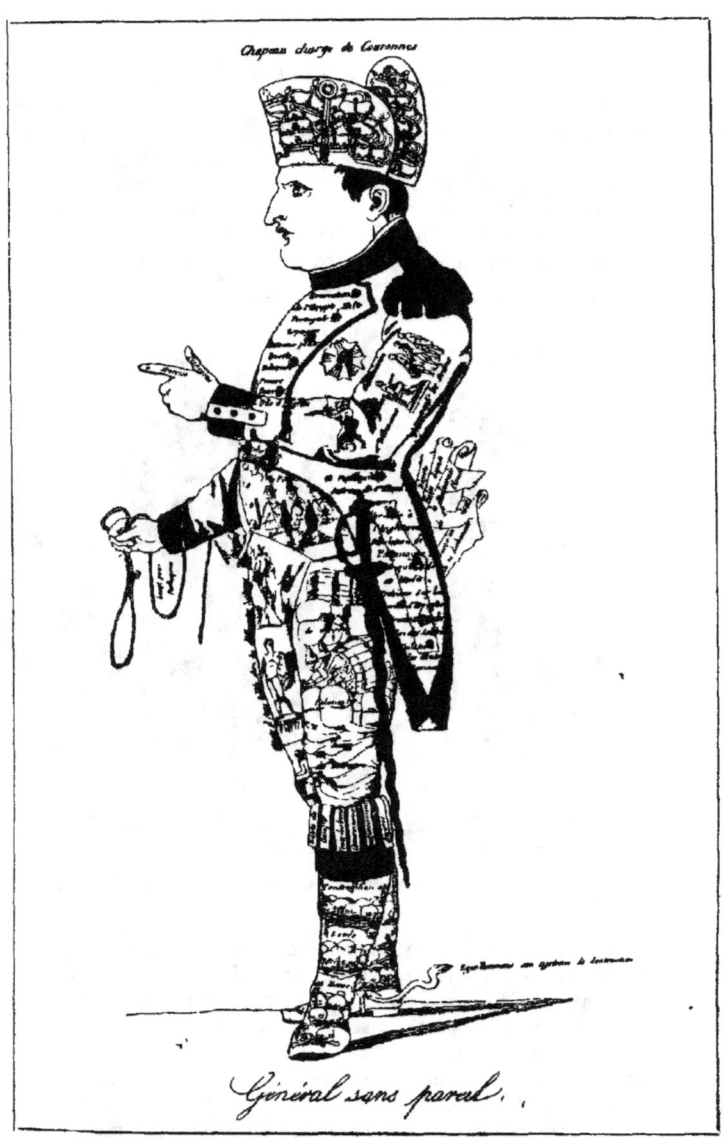

Fig. 167. — Estampe satirique contre Napoléon, d'origine anglaise, d'après un original colorié. (Coll. de l'auteur.)

bien plus couleur locale, puisque toutes les femmes, le bâton à la main, la gourde aux côtés, la pèlerine chargée de coquillages, allaient, alors, en pèlerinage... chercher l'amour. Écoutez ce que vont moduler sur la harpe les deux jeunes jouvenceaux de *la rencontre* :

| | |
|---|---|
| O gentil troubadour ! | Ne la revois-tu pas, |
| Si tu reviens fidèle | O troubadour fidèle ! |
| Chante un couplet pour celle, | Regarde-moi, c'est elle, |
| Qui bénit ton retour. | Ouvre-lui donc tes bras. |
| Pardonne mon refus, | Priant pour notre amour, |
| Pèlerine jolie, | J'allais en pèlerine |
| Sans avoir vu ma mie, | A la Vierge divine |
| Je ne chanterai plus. | Demander ton retour. |

Et voilà comment, vers l'an 1818, Pèlerine jolie obtenait le retour du Troubadour gentil.

1830 ne voulut pas rester en arrière, et dans des séries de compositions souventes fois destinées à des romances, Lehnert et autres artistes lithographes nous montrent, assises sur des tertres gazonnés ou enfoncées dans les profondeurs des taillis, ces jeunes femmes en tablier, aux escarpins mignons, une rose à la main, la coiffure aux coques assassines, accompagnées de jeunes hommes à la cravate immense, à l'air mélancolique ou fatal, roucoulant des légendes pleines d'une sentimentalité éthérée :

| | |
|---|---|
| Rien que l'Amour, tout avec lui. | Jenny ! vous me croiriez sincère, |
| Voilà l'emploi de notre vie.... | Si vous m'aimiez un peu. |

ce à quoi un gamin sceptique, comme il en pousse quelques-uns en notre fin de siècle, n'eût pu s'empêcher de répondre : « Oh oui ! va. »

Laissons l'amour et les pèlerines pour entrer dans le domaine de la satire. Les dialogues illustrés, les figurations de personnages couverts de légendes, furent toujours le propre des époques de luttes et de combats acerbes. Certains peuples, il est vrai, se complurent plus particulièrement à ce genre d'exercice qui fut et qui reste, encore, la spécialité des Anglais et des Allemands. Qu'elle soit aux mains des partis politiques ou qu'elle s'arme contre l'étranger, la caricature anglaise, jusqu'en 1830, a été, invariablement, surchargée de légendes, comme la caricature allemande, sous la Réforme, en 1830, en 1848 et même en 1870, alors qu'il fallait faire flèche de tout bois contre Napoléon III. La Hollande et la Suisse affectionnèrent également ce genre, soit dans leurs discussions intérieures souvent fort vivaces, fort acerbes, soit dans les luttes qu'elles durent soutenir contre l'étranger. En France, si, quelquefois aussi, la légende est d'une interminable longueur, c'est au bas du dessin qu'elle se trouve reléguée : seules la période révolutionnaire et la période impériale virent triompher ces labyrinthes de légendes explicatives entourant les personnages de véritables toiles d'araignées, d'arabesques écrites dont la physionomie est d'un pittoresque tout particulier. C'est presque l'imagerie murale des temps d'effervescence.

Aux XVIIᵉ et XVIIIᵉ siècles les inscriptions qui se lisent sur les estampes françaises sont, encore, purement explicatives — les foules d'autrefois se plaisaient à ces commentaires écrits; — elles ne deviennent agressives que lorsque les évènements introduisent dans le pays les mœurs et les violences de la politique. Tôt ou tard, toutes les nations devaient passer par ces crises violentes dont l'Allemagne, sous la Réforme, et l'Angleterre, avec la révolution de Cromwell, avaient les premières donné l'exemple. Louis XVI et Marie-Antoinette, Napoléon Iᵉʳ, Charles X, Louis-Philippe, Napoléon III, montèrent, successivement, le calvaire de l'insulte graphique, calvaire toujours identique, dont les formules ne varièrent guère.

Aux époques de douce quiétude, les inscriptions purement explicatives; aux époques de combat, les légendes acerbes qu'on se jette à la face, qu'on colle sur le dos de ses ennemis, transformés ainsi en hommes affiches.

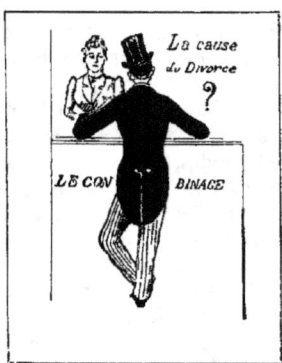

Fig 168. — Question populaire.

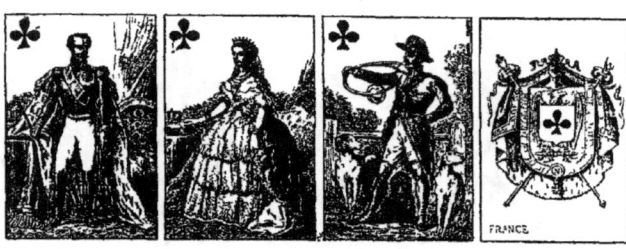

Fig. 169. — Cartes du *Jeu des Souverains* (second Empire).

## CHAPITRE X.

## Les Cartes à Jouer.

Les Tarots. — Variations subies par les Cartes françaises, dans les Noms, les Personnages et les Costumes. — Cartes d'Actualités historiques et politiques. — Cartes d'Enseignement pour la jeunesse. — Cartes de Fantaisie comique. — Cartes de Cartomanciennes. — Cartes Chinoises et Japonaises. — Les Enveloppes des Jeux de cartes. — Les Cartons pour Jeux.

### I.

Cartes françaises classiques, aujourd'hui vendues partout, et qui devaient si profondément changer le vieux tarot en lui enlevant ses atouts symboliques, en modifiant le dessin, en simplifiant l'appareil même du jeu; cartes qui, dès la fin du xv$^e$ siècle, aviez déjà pénétré partout, puisque l'estampe satirique *le Revers du jeu des Suysses* (1499) nous montre les souverains de l'Europe faisant une partie avec un jeu aux couleurs françaises; cartes devenues, par notre influence, un jeu essentiellement populaire, ce n'est point de vous que je compte parler ici.

Tout le monde ne vous connaît-il pas, avec vos couleurs, avec vos figures toujours identiques depuis 1450, bon vieux jeu du roi Charles VII en lequel un érudit des anciens temps, le Père Daniel, a voulu voir la représentation figurée de la monarchie française : La Hire, Hector, Ogier, Alexandre, César, David, Charlemagne, rois et empereurs pris parmi les plus illustres,

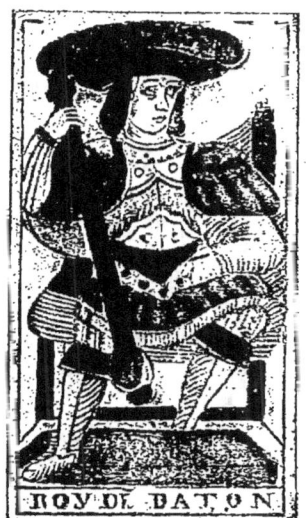
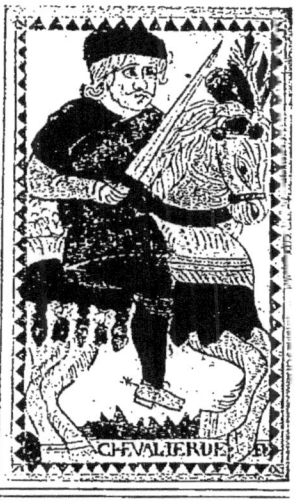
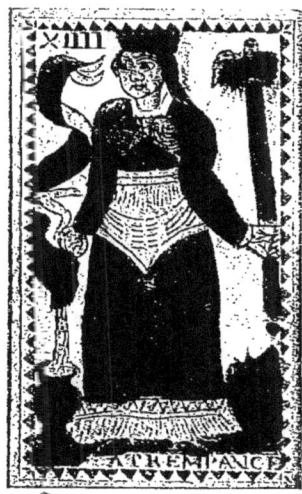
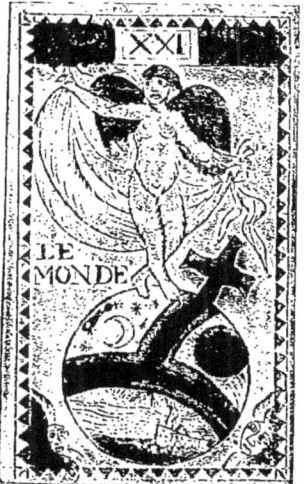

Fig. 170 à 173. — Roy de bâton faisant partie d'un jeu de tarot allemand (XVIIIe siècle). — Les trois autres cartes appartiennent au jeu de tarot de Jean Galler. (Collection Édouard Montagne.)

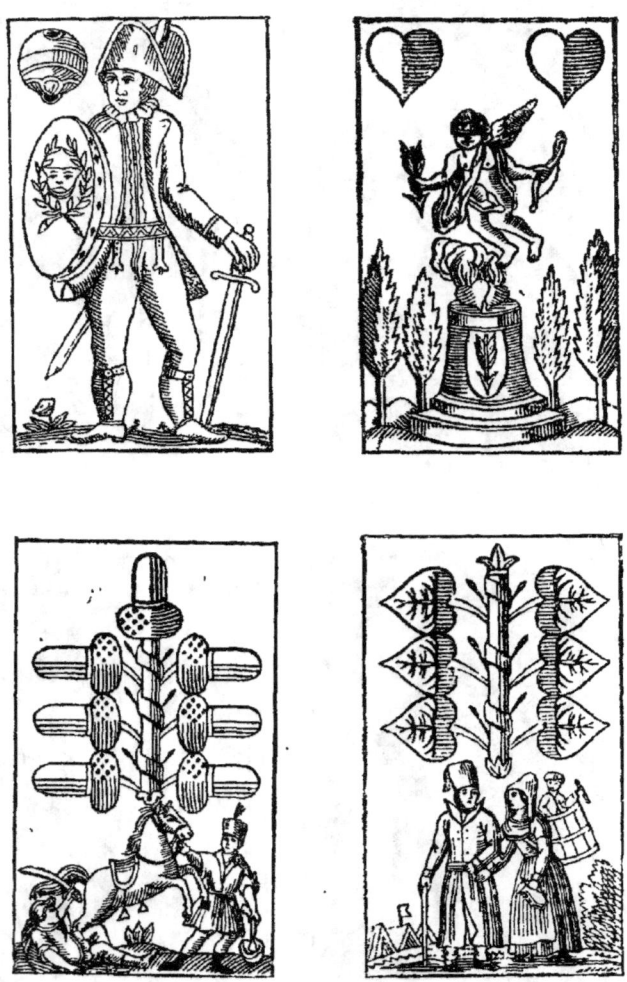

Fig. 174 à 177. — Cartes d'un jeu populaire allemand, ou suisse-allemand (XVIII° siècle) avec grelot, cœurs, glands et feuilles. (Collection Édouard Montagne.)

Pallas, Rachel, Judith, Argine, déesses antiques, toutes figures devant avoir une attribution historique quelconque.

De vous, donc, rien à dire.

Mais le tarot, le tarot venu d'Espagne, d'Italie, d'Allemagne, n'est-ce pas là, par excellence, la vieille enluminure, la vieille image, pittoresque et naïve, aux couleurs éclatantes en leur barbarie primitive ?

Le tarot, avec son format tout en hauteur, avec ses soixante-dix-huit cartes dont le dos sera, toujours, imprimé de grisailles en compartiments, avec ses figures qui ne rappellent en rien nos rois de cœur, nos valets de trèfle, nos huit de carreau, nos as de pique, avec ses atouts figurant des symboles aux combinaisons les plus variées, en tout vingt et un, personnifiés par les images suivantes : Bateleur, Papesse, Impératrice, Empereur, Pape, Amoureux, Chariot, Justice, Ermite, Roue de Fortune, Force, Pendu, Mort, Tempérance, Diable, Foudre, Étoile, Lune, Soleil, Jugement, Monde et Fou; avec ses cinquante-six cartes, proprement dites numérales, composées des Rois, des Reines, des Cavaliers, des Valets et des points, classées par séries, quatre en tout, chaque série ayant ses emblèmes : *vase* (c'est-à-dire le prêtre), *denier* (commerce), *épée* (guerrier), *bâton* (agriculture) !

Tarot primitif dont les couleurs et les divisions furent plusieurs fois changées par l'Allemagne donnant pour signe caractéristique aux séries les *grelots*, les *cœurs*, les *feuilles* et les *glands*, ou bien des quadrupèdes, des oiseaux, des fleurs; figures, signes, emblèmes dont je laisse à d'autres le soin de rechercher l'origine orientale, qui prirent sous le crayon des dessinateurs d'outre-Rhin une allure tout particulièrement décorative.

Combien ornés, combien empanachés, ces tarots dont quelques-uns furent de véritables miniatures, qui, au XVIe siècle, se chargèrent d'attributs à la Dürer, qui, tout en conservant scrupuleusement leurs figures, laissèrent toutefois une porte ouverte à la fantaisie en introduisant sur leurs cartes les métiers, les occupations, les classes du jour !

Vîtes-vous jamais plus amusant personnage que le *Roy de bâton*, la tête couverte d'une coiffure fantastique et bizarrement assis sur son trône! vîtes-vous jamais équilibriste plus sérieusement grotesque que l'ange perché sur un monde-ballon, aux allures de quelque poussah mécanique!

Qui peut-il bien vouloir embrocher, le chevalier qui tient son épée comme un coutelas de boucher; le chevalier monté sur un coursier caparaçonné dont les yeux et les narines ont d'étranges ouvertures !

Guère moins comique, la Tempérance, quoique son visage ne prête cependant guère au rire.

Cartes populaires, assurément, au plus haut chef, fabriquées par quelque ouvrier cartier, ainsi que le porte la curieuse mention : *Cartes de taraut faites par Jean Galler, dans la Rue, à Brusselles*, cartes de la fin du siècle dernier, restées, quand même, essentiellement « tarotales » d'aspect, de couleur, d'allure. La figuration générale, l'idée dominante ne se modifieront, en effet, jamais. Que des anges soufflent ou non sur le monde pour le faire se tenir en équilibre, que le roy de bâton soit plus ou moins empanaché, que le chevalier d'épée ait une allure plus ou moins majestueuse, ce sont là purs détails, pures questions de dessin ou d'ingéniosité.

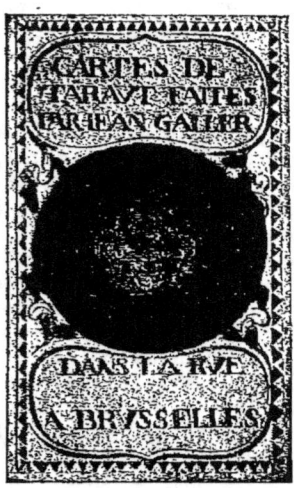

Fig. 178. — Adresses du tarot de Jean Galler. (Coll. Édouard Montagne.)

Populaires, également, les cartes numérales, avec leurs feuilles, leurs glands, leur grelot, leur cœur, appartenant à un jeu populaire allemand, ou suisse allemand, qui se trouvent ici reproduites (voir page 201). Images de fantaisie aussi, avec les petites vignettes placées dans le bas, scènes et sujets de la vie intime, locale. L'Amour s'y montre sur son autel, arc et flèche en mains : il ne faut point s'en étonner puisque c'est un jeu du xviii<sup>e</sup> siècle.

Qu'il s'agisse du tarot ou du piquet, les cartes, du reste, furent, en tout temps, transfigurées, défigurées, subissant nombre d'influences diverses, laissant la fantaisie régner en maîtresse sur leur étroit domaine pourvu que les points n'aient pas à se ressentir de ces adaptations multiples.

Tous les genres, tous les procédés leur furent appliqués. On vit même des jeux entiers en parafes d'écriture, en cette Allemagne où le genre que devait illustrer Midolle comptait de nombreux adhérents. Cartes à l'usage des militaires avec les types, les grades et tous les costumes de l'armée.

Les cartes, c'est presque l'histoire des variations du goût, des modes et des idées dans les differents États européens ! Pas de changements dans les noms et les costumes auxquels n'aient été soumis les rois, les reines, les valets, en un mot les personnages qui président à ce jeu.

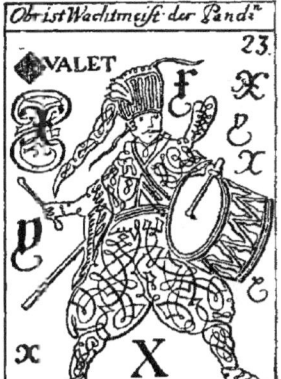

Fig. 179. — Valet de carreau (tambour du corps des pandours), faisant partie d'un jeu de cartes militaire, gravé en parafes d'écriture (Pièce allemande du xviii° siècle.)

En France tout d'abord :

« Le règne de Charles IX, » dit une notice fort bien faite de *la Grande Encyclopédie*, « amena des valets de chasse, de noblesse, de cour et de pied pour accompagner Auguste, Constantin, Salomon et Clovis, Clotilde, Elisabeth, Penthésilée et Didon; le règne de Louis XIV, qui imposait aux cartes cette devise : « J'aime l'amour et la cour, vive la reine ! vive le roi ! » ne se contenta pas de ces illustrations royales, et choisit de préférence César, Ninus, Alexandre et Cyrus major, Pompeia, Sémiramis, Roxane et Hélène, Roger, Renaud et Rolland; quant au valet de trèfle, il n'avait pas d'autre nom que celui du cartier. On écrirait tout un livre sur les révolutions des cartes, jusqu'à celles de la République française une et indivisible, où les quatre dames furent supplantées par quatre vertus républicaines, les quatre valets chassés par quatre réquisitionnaires républicains, et les quatre rois détrônés par quatre philosophes : Voltaire, Rousseau, La Fontaine et Molière. Après la Révolution de Février, on fit des cartes françaises ; aujourd'hui, on fait des cartes impériales : Napoléon est le roi de cœur, Joséphine la dame de cœur, le maréchal Ney le valet de cœur, etc. Nos révolutions seraient-elles donc écrites sur les jeux de cartes ? »

# JEU DE DEVISES ROYALES.

## NOTICE ET RÈGLES.

Par la publication de ce Jeu, j'ai pensé être agréable aux vrais sujets du ROI, en leur rappelant, même dans leurs momens de loisir, ce qu'ils doivent d'amour, de fidélité, de dévouement à leur Monarque, modèle de loyauté, de franchise et de bonté.

Ce Jeu, entièrement nouveau, a l'avantage sur tous ceux qui ont paru jusqu'à ce jour, de procurer des émotions pures.

*Il est indispensable que les Devises dont il est composé soient énoncées.*

**HONNEUR.** L'honneur accompagne toujours les Lys.
**GALANTERIE.** La Rose est le symbole de la beauté, un Chevalier français doit être galant.
**LOYAUTÉ.** Il doit être loyal, non-seulement dans ses actions, mais encore dans ses pensées.
**CONSTANCE.** Avoir un cœur constant, c'est-à-dire à l'épreuve de toutes les vicissitudes humaines.

On peut jouer à deux, trois, quatre, cinq ou six personnes, en donnant plus ou moins de cartes.

Le moins que l'on puisse en donner est huit.

La Donne se fera deux par deux.

Lorsque le Roi des Cœurs se trouvera dans la main avec les quatre As, cela vaudra 20 fiches, si celui qui les porte s'exprime ainsi :

**VIVENT LES BOURBONS ! UNION, AMOUR, FIDÉLITÉ AU ROI !**

Lorsque le Roi des Lys, la Reine de la Pensée ou des Cœurs, se trouvera avec quatre As, cela vaudra 16 fiches, si celui qui les porte s'exprime ainsi :

**UNION, AMOUR, FIDÉLITÉ !**

Lorsque le Roi de la Pensée se trouvera dans la main avec l'As de Lys et l'As de Rose, on recevra 8 fiches, si l'on s'exprime ainsi :

**AMOUR, FIDÉLITÉ, SOUVENIR, REGRETS AU ROI DE NOS PENSÉES !**

Si l'on a le Roi des Lys ou des Roses, on devra dire :

**VIVE LE ROI !**

Sans quoi l'on perdra 12 fiches.

Les Exemplaires qui ne seraient pas revêtus de ma signature seront regardés comme faux, et les contrefacteurs poursuivis suivant la Loi (le Dépôt en ayant été fait). S'adresser chez M. BAYARD, Auteur et Éditeur, rue Chapon, N° 7.

Fig. 180. — Prospectus d'un jeu d'actualité politique, consacré à la gloire des Bourbons (Restauration).

Que de choses faudrait-il encore ajouter à ce court aperçu, si l'on voulait entrer dans la description même des jeux !

D'abord, tous les grands hommes furent ainsi, plus ou moins, encartés, sans parler des attributs, des ornements divers que durent recevoir, à certaines époques, les personnages classiques eux-mêmes, — tels Lahire, Hector, Lancelot, qui, sous le premier Empire, virent l'aigle impériale prendre place sur leur cuirasse ou sur leur écu. Ici le *Jeu de l'Empire français* avec des personnages héroïques; là, sous la Révolution, tous les philosophes de l'antiquité, jusqu'à ce que David dessine une série de types, Romains et Carolingiens, d'un goût sévère, d'une froide correction.

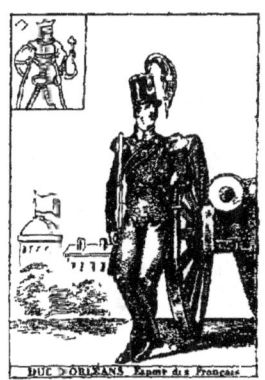

Fig. 181. — Carte d'un jeu historique sur la Révolution de 1830
(Collection du vicomte de Savigny de Moncorps.)

Plus tard, sous la Restauration, — c'est ici un jeu à tendances libérales, — on mélangera agréablement Voltaire, Buffon, Racine et Bayard, tandis que les partisans acharnés de la monarchie légitime imagineront le *Jeu de devises royales* ayant pour épigraphe : *Vivent les Bourbons!* dont les figures représentent Bayard, Marie-Antoinette, Henri IV, François I$^{er}$, dont les cartes ordinaires s'appellent : *Galanterie, Loyauté, Honneur, Constance, Fidélité*, etc. Querelles de jeu qui devaient souvent se transformer en querelles politiques.

En 1831 ce sera le *Jeu de la Révolution de* 1830, portraits, scènes et épisodes des « trois Glorieuses ». Louis-Philippe, la reine, le duc d'Orléans, le duc d'Aumale, le duc de Chartres, y figureront tous en pied, avec des devises caractéristiques : *Bonté, — Père des Libertés, — Espoir des Français*, etc., délices des joueurs d'estaminets et des gardes nationaux attablés au corps de garde. Plus tard, sous le même Louis-Philippe, aux approches de 1840, apparaîtra le *Jeu de Napoléon*, qui, à son tour, popularisera les exploits du grand homme.

En 1848, ce seront les héros de la liberté et les personnages de la Révolution : Guillaume Tell, Bolivar, Washington, Bonaparte. Sous le second Empire, on verra, suivant la tendance hiérarchique et aristocratique du jour, le *Jeu des Cours* avec les armoiries des États et leurs souverains, majestueusement campés en pied, comme une vraie dame de cœur ou un classique roi de carreau.

Ensuite, ce furent les essais de transformation dans le costume, certaines époques ayant ainsi essayé d'imposer leur modes.

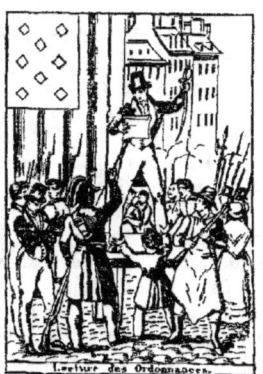 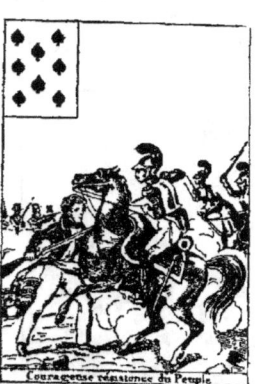

Fig. 182 et 183. — Cartes d'un jeu historique consacré à la Révolution de 1830.
(Collection du vicomte de Savigny de Moncorps.)

Tantôt les femmes seront coiffées comme Marie de Médicis, tantôt elle seront habillées comme M$^{me}$ de Montespan. Sous le Directoire, on verra apparaître des personnages coiffés du grotesque chapeau à plumes. D'autres fois, c'est aux noms qu'on s'attaquera; la reine de cœur deviendra Élisabeth, la reine de pique Bethsabée; les valets seront Joinville, Crillon, Roland, Bayard, et ils porteront la petite toque à plumes. D'autres fois, enfin, les cartes se couvriront de devises.

En Allemagne, en Angleterre, les cartes présenteront un aspect plus particulièrement décoratif. Voici, par exemple, des cartes, aux armes de Bavière, avec légendes et sujets divers, mélange singulier de Watteau et de chinoiseries, dont les personnages tiennent à la fois du xvi$^e$ et du xvii$^e$ siècle; voici des cartes héraldiques avec les armoiries de tous les États et des

Villes libres; voici des cartes avec tous les écussons de la noblesse anglaise. A vrai dire, ce n'est plus positivement la carte considérée au point de vue du jeu, seul, mais bien la carte tenant lieu de moyen de propagande.

Cartes historiques, cartes conçues dans un but unique d'enseignement, cartes à tendances scientifiques, cartes de pure fantaisie, quoique nées de conceptions bien différentes, tout cela se tient, puisque c'est toujours une tentative pour rompre en visière avec le type classique. Paul Boiteau, l'auteur d'un intéressant travail : *les Cartes à jouer et la Cartomancie*, les apprécie ainsi, dans leur ensemble : « Les fantaisies ordinaires consistaient, pour les jolis jeux, dans les fleurs qu'on mettait au milieu des carreaux et des cœurs, dans les guirlandes qu'on suspendait autour des points, dans mille enjolivements de cette nature. Un huit de trèfle pouvait être figuré comme il suit : huit chardons à la place des huit trèfles; un petit trèfle en bas de la carte pour indiquer la couleur, et un coq au milieu des chardons, lequel n'indique rien du tout.... Les circonstances étaient les fréquentes conseillères de ces écarts. Une victoire venait; on avait pris Charleroy : l'ingénieux cartier fabriquait sur-le-champ des cartes patriotiques, un jeu complet de cinquante-deux cartes. J'en détache le quatre de pique : ce sont quatre canons qui font un feu d'enfer sur une forteresse. Dans un autre jeu, les cœurs sont figurés par des trompettes et des tambours, les carreaux par des fleurs, les trèfles par les lis de la royauté, les piques par des drapeaux et des casques. »

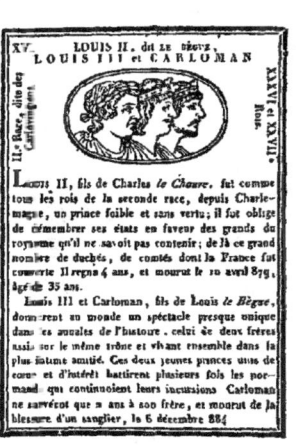

Fig. 184. — Carte du jeu inventé par de Joly pour apprendre l'histoire de France aux enfants (1821).

Et comme, sous le grand Roi, l'actualité militaire renaissait sans cesse, comme les prises de villes succédaient aux prises de forteresses, et les prises de forteresses aux prises de villes, en ces jeux à allure guerrière les cartiers finirent par ne plus changer

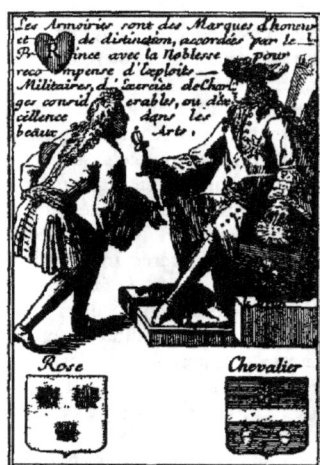 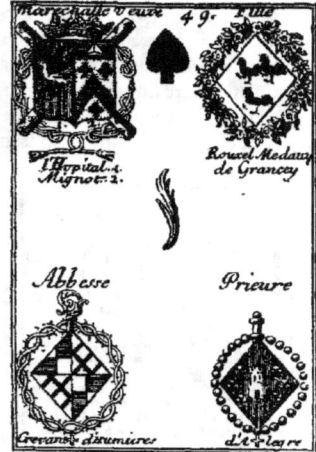

Fig. 185 et 186. — Cartes d'un jeu héraldique de l'époque de Louis XIV, gravées par Le Brun.

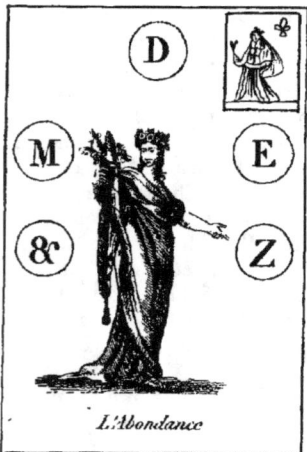 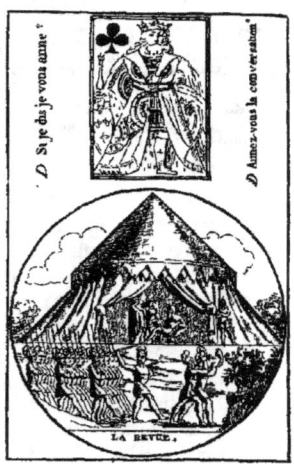

Fig. 187. — Carte d'un jeu à figures symboliques (Restauration).

Fig. 188. — Carte d'un jeu de demandes et réponses (premier Empire).

que le nom de la cité : aujourd'hui Charleroi, demain Graveline, une autre fois Dunkerque.

C'est également sur ces cartes historiques que le xviie siècle fit défiler tous les rois de France en autant de personnages équestres ou pédestres, tous campés à la Louis XIV, tous ayant en bas, en une courte notice, le résumé de leur règne. Le jeu des rois de France se présentera souvent, durant le cours des siècles : sous la Restauration, Jouy, l'académicien-chroniqueur, rédigera ainsi des cartes, sans dénomination aucune de points uniquement destinées à l'enseignement de la jeunesse.

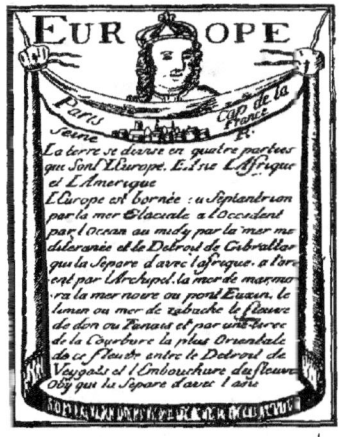

Fig. 189. — Carte du *Jeu de cartes de la Géographie* (1644). Les figures et les points apparaissent toujours derrière le rideau, la physionomie de toutes les cartes étant identique.

Mais n'anticipons point; car, longtemps auparavant, les cartes avaient servi à tout autre chose qu'au jeu. Le xviie siècle qui avait conçu l'image éducatrice, vulgarisatrice, se servit des cartes comme il devait se servir des jeux, comme il se servira tout spécialement, nous le verrons, du jeu d'oie. En cela il ne faisait que suivre l'exemple donné en 1507 par le cordelier Thomas Murner, auteur d'un livre en jeu de cartes pour enseigner la philosophie.

Aidé d'un dessinateur habile, Le Belle, l'académicien Desmarets conçut toute une série de cartes instructives destinées à l'instruction du jeune roi de France alors âgé de huit ans. Ainsi défilèrent le *Jeu des Fables, composé de toutes les déités fabuleuses et de toutes les principales fables* (1644), le *Jeu de cartes de la Géographie, les quatre parties du monde, tous les royaumes et provinces qui les composent* (1644), le *Jeu de l'Histoire de France* (1645), divisant les rois en six catégories, bons rois, rois simples, rois cruels, rois sans foy, les « malheureux », les « ny bons ni mauvais », le *Jeu des cartes des Reines renommées*, 4 saintes, 4 célèbres, 4 vaillantes,

4 pieuses, 4 sages, 4 cruelles, 4 impudiques, 4 galantes, 4 capricieuses, 4 malheureuses, etc. Le succès aidant, Desmarets eut des imitateurs. Un sieur Duval (d'autres fois orthographié Du Val) publia, en 1677, le *Jeu des Princes de l'Empire*, distribué en quatre couleurs, — car avec ces jeux on pouvait réellement *jouer aux cartes*, — désignées par la couronne impériale, le bonnet électoral, le chapeau des villes libres et la couronne ducale, puis les *Tables de Géographie réduites en un jeu de cartes* et dédiées au Dauphin.

Au siècle suivant, le sieur Desnos, « libraire du roi de Danemark pour les globes et cartes géographiques, » devait plus ou moins rééditer tous ces jeux, sous des titres quelque peu différents. C'est ainsi qu'il annonçait sur ses catalogues, le *Jeu des Femmes illustres de toutes les époques*. Dans cet esprit éducatif notre siècle poussera les choses encore plus loin, puisqu'il mettra l'alphabet et la grammaire en jeux, ainsi que le prouvent les titres

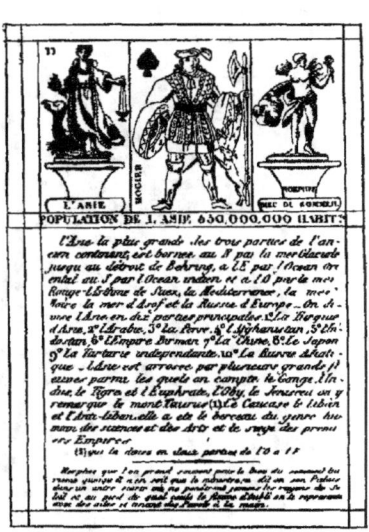

Fig. 190. — Carte d'un jeu géographique

Chaque carte reproduit comme ici une figurine de femme personnifiant une partie du monde ou une contrée et une figure de dieu antique. Le milieu est toujours occupé par des notices géographiques.

suivants : *Jeu récréatif pour apprendre l'alphabet aux enfans* (les seize premières lettres gagnent sur les seize dernières); *Introduction à la grammaire, jeu fort utile pour mettre les enfans à portée d'étudier la grammaire avec fruit*; *l'A. B. C., jeu de cartes alphabétiques*, avec cet amusant petit boniment : « Plus de larmes, plus de chagrins : enfants, vous apprendrez, désormais, l'A. B. C. tout en jouant ». Et, après la grammaire, ce sera le tour de la mythologie.

Mais longtemps la géographie fera prime dans cet ordre d'idées, car on trouve encore des jeux semblables sous le premier Empire et sous la Restauration, avec notices surchargées d'indications et de notes.

## II.

Nous voici, maintenant, dans le domaine de la pure fantaisie, soit par la façon dont les cartes elles-mêmes sont dessinées, soit par les sujets qu'elles mettent en scène.

En un mot, il ne s'agit plus, ici, de cartes ordinaires, mais

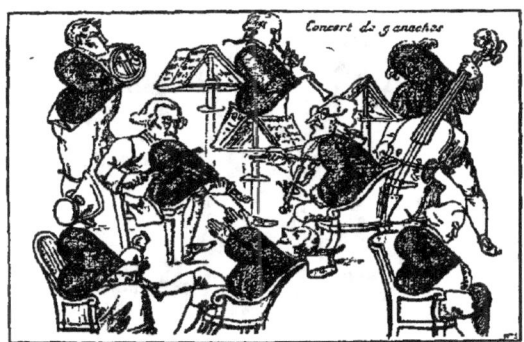

Fig. 191. — Huit de cœur. Carte d'un jeu fantaisiste de la Restauration.

bien d'images destinées à remplir cet office, soit que la carte elle-même se relègue dans un coin, la partie principale étant laissée à une vignette, soit que l'image et les points se confondent en un tout.

Au XVIII<sup>e</sup> siècle, Hogarth fut l'inventeur de ce dernier genre qui, très vite, devint populaire et donna lieu, plus tard, sous la Restauration, à la publication d'un nombre considérable de suites diverses : je veux parler de scènes et sujets quelconques, généralement dans un esprit comique, les points venant se placer, en noir et en couleur, sur le corps des personnages, sur les têtes, sur les chapeaux, sur les bras, sur les jambes, sur un objet accessoire. C'est ainsi que, suivant les poses des personnages, la veste et les bras donnaient, tantôt des cœurs, tantôt des piques.

Les Anglais, du reste, conservèrent de tout temps cette spécialité, trouvant partout matière à trèfles, piques, carreaux ou cœurs : châle, violon, éventail, ridicule, portefeuille, bouclier, casque, fer forgé, tout cela sera transformé, par eux, en points nettement indiqués, le signe distinctif de la couleur se fondant

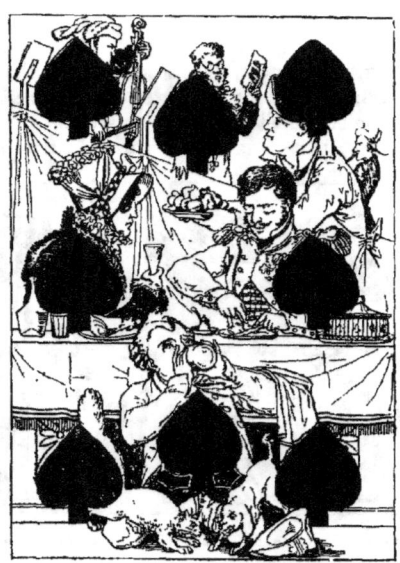

Fig. 192. — Huit de pique.
Carte d'un jeu fantaisiste du général baron Athalin (Restauration).

dans l'ensemble de façon à constituer des images du plus pittoresque aspect. Très souvent ces jeux sont imprimés en noir ou en bistre, si bien que, seuls, les signes *cœur* ou *carreau* se trouvent enluminés. Très souvent aussi, ces cartes-caricatures sont un singulier mélange de sujets historiques et de sujets de fantaisie; elles ont des fonds de paysage ou de style, du plus pur gothique, et ridiculisent en même temps les manies et les passions du jour.

Cela devait plaire tout particulièrement au Rire de la Restauration; cela devait tenter, entre tous, un esprit original comme le général baron Athalin. Les séries gravées par ce dernier, d'une pointe légère, avec les signes en noir et en rouge, se peuvent placer aux côtés des plus ingénieuses créations de Hogarth. Personnages, scènes, empruntés aux multiples sujets de la vie sous une

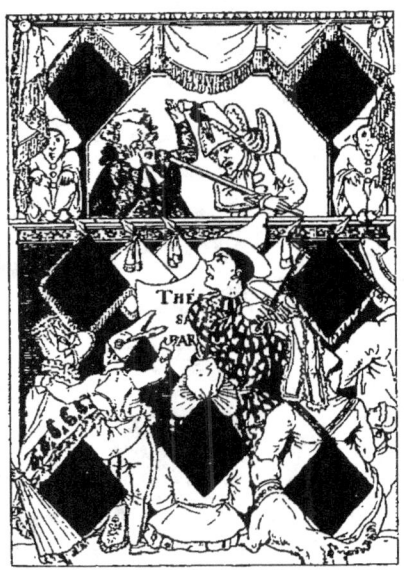

Fig. 193. — Sept de carreau.
Carte d'un jeu fantaisiste du général baron Athalin (Restauration).

forme mi-sérieuse, mi-comique, hommes et animaux, tout se peut voir en ces cartes, qui, malheureusement pour elles, ne furent point vulgarisées comme l'avaient été celles de Hogarth, en Angleterre et en Allemagne. Curiosité, devenue une véritable rareté, — elles furent tirées à cinquante exemplaires, — ne se trouvant plus que dans les cartons de la Bibliothèque Nationale. Là défilent, en une succession de feuilles, Charlemagne, Judith, Arlequin, des cosaques, des chiens savants et des singes, très à la mode depuis Carle Vernet, des alchimistes, des musiciens, nombre de costumes et de scènes militaires, des scènes de théâtre, le public des galeries du Palais-Royal, des scènes

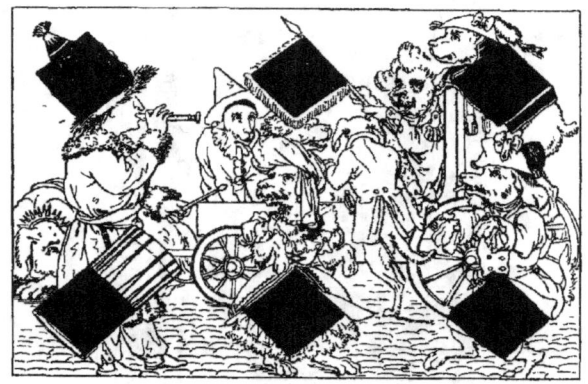

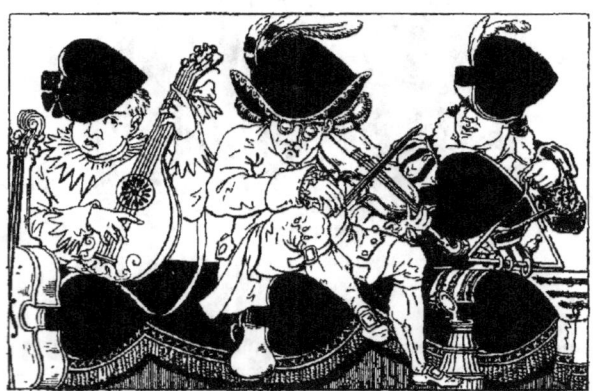

Fig. 194 et 195. — Six de carreau et sept de pique.
Cartes d'un jeu fantaisiste du général baron Athalin (Restauration).

bibliques, des sujets de fantaisie, — dames en chaise à porteurs, militaire et élégante soupant dans un restaurant à la mode, famille en promenade, enfants venant visiter les grands parents, —

des particularités comme les échassiers des Landes, des scènes comiques dont plusieurs dans la note grasse du jour, avec la seringue, à nouveau aussi populaire qu'à l'époque de Thomas Diafoirus.

Véritable macédoine, suivant le mot cher à l'époque, s'étendant à tous les domaines, à tous les genres, car voici les personnages et les sujets, non moins divers, non moins nombreux, qui

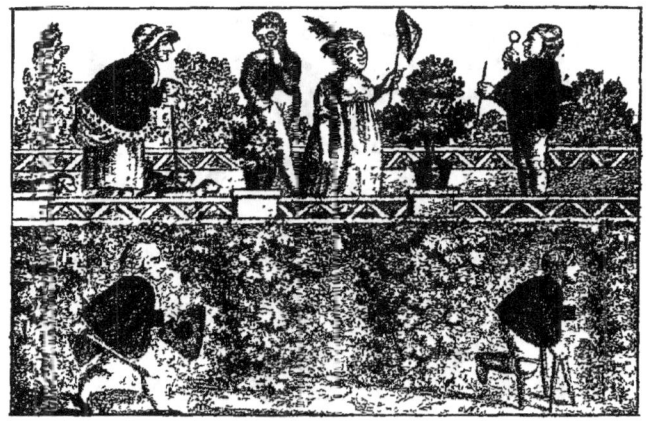

Fig. 196 — Quatre de pique.
Carte d'un jeu fantaisiste de la Restauration, en lithographie.

se trouvent sur un autre jeu de la même époque : Chasteté, Pauvreté, Humilité, Sermon sur le jeûne, Malade, Torquemada, Allée des Tuileries, Financier, Plutus, la Fortune, Scène de *Figaro*, Joueurs, la Danse des Chiens, — le chien tenait alors dans la société la place aujourd'hui dévolue au chat, — Scène de Magnétisme, Assemblée de Docteurs, Malin, Bacchante, Bacchus, Boulevard de Gand, Vieux Soldats, Garde National en grande tenue, Conscrits, Solliciteurs à Paris, Piqueur d'assiette, Gourmandise, Comus, Discussion politique d'après nature, Concert, Patrouille de Bizets, — c'était le nom donné aux simples lignards de la Garde nationale, — Académie, Scène des Galeries de Bois, Troubadour suranné, la Volupté, l'Amour. En un mot toutes les choses qui défrayaient les conversations et les chroniques du jour, ce qu'on trouvait dans les *Hermites*, dans les *Rôdeurs*, dans les *Argus*, dans les *Lorgnettes*, dans les *Rideau Levé* et autres recueils pittoresques d'actualités et d'études. Les mœurs et les types, les scènes de la rue et les comédies d'intérieur, avaient ainsi, par les cartes, une illustration multiple et variée : jamais société n'avait pareillement promené ses ridicules sur les tables à jeu. On ne saurait trop insister sur ce point,

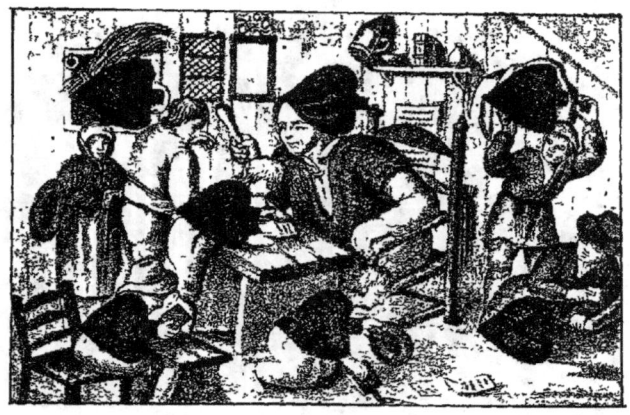

Fig. 197. — Sept de pique.
Carte d'un jeu fantaisiste de la Restauration, en lithographie.

car ce fut la véritable caractéristique de l'époque, tout comme les jeux historiques et d'enseignement avaient été le propre du xvii siècle.

Les cartes du jour devaient également présenter une autre particularité, au point de vue de leur exécution, de leur aspect extérieur. Jusqu'alors gravées au burin, à l'aquatinte ou sur bois, elles virent, vers 1822, la lithographie s'introduire dans leur domaine : tels plusieurs types ici reproduits, dont le dessin naïf montre encore toutes les inhabiletés du procédé.

Après la Restauration, l'engouement pour ce genre disparut peu à peu, et les cartes fantaisistes tombèrent dans le domaine de la lithographie commerciale, pour ainsi dire, ne conservant quelque intérêt que par le côté comique des sujets.

Et maintenant, enregistrons, au fur et à mesure, les jeux fantaisistes dus à la bonne humeur des cartiers ou à quelque actua-

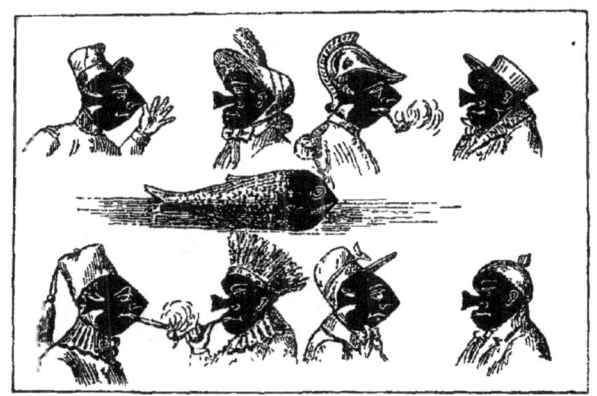

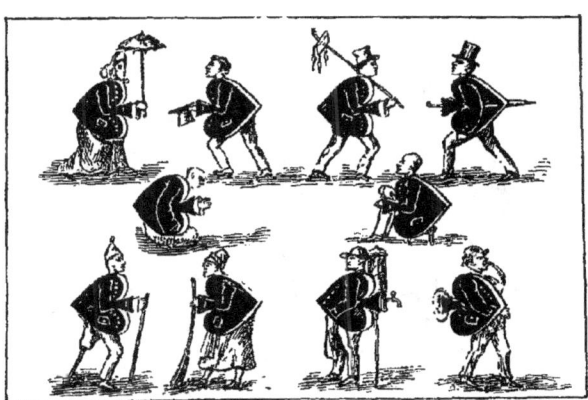

Fig. 198 et 199. — Neuf et dix de pique.
Cartes d'un jeu populaire fantaisiste, moderne (second Empire).

lité. Voici le *Jeu des Statues des quatre parties du monde*, le *Jeu des Chevaliers de l'Étoile*, le *Jeu des Costumes*, le *Jeu des Nations*, le *Jeu des Grotesques*, avec demandes et réponses, le *Jeu des Métiers et*

*Fabricants* dont les cartes sont couvertes de légendes, le *Jeu de Robin des Bois*, l'opéra-comique dont la popularité devait être soumise à bien des épreuves, le *Jeu du Caméléon*, — cet animal fort à la mode, et pour cause, au commencement du siècle, se trouvant coupé sur chaque carte en petits morceaux, — le *Jeu des Départements* (avec cartes géographiques), le *Jeu des Cris de Paris*, — tout ce qui est susceptible d'être orné d'images devait alors passer par ces suites connues, — enfin, le *Jeu de cartes musical* inventé, en 1840, par un M. Bobœuf, très fier d'une invention qui devait, paraît-il,

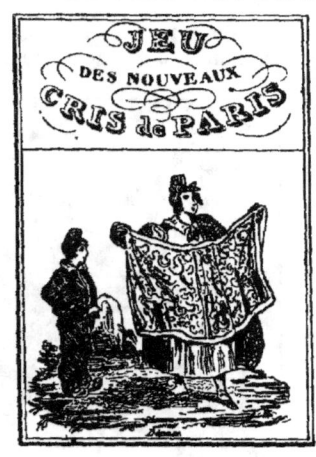

Fig. 200. — Enveloppe d'un jeu composé de tous les cris de Paris (1835).

apprendre la musique à tout le monde et dont les cartes portaient les légendes et les attributs suivants : *Do*-do, *Ré*-chaud, *Mi*-mi, *Fa*-got, *Sol*-dat, *La*-pin, *Si*-fflet.

Voici encore les cartes portées par des personnages jouant le

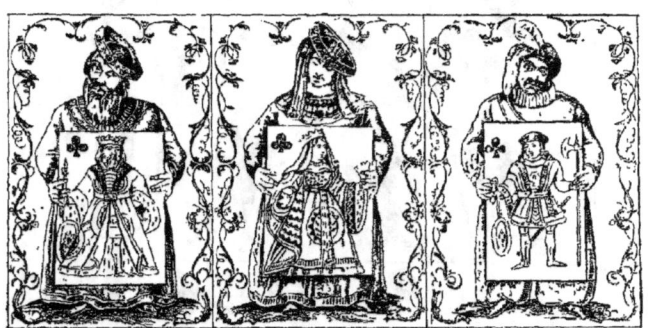

Fig. 201 — Cartes d'un jeu dont toutes les cartes se trouvent ainsi portées par des personnages revêtus de costumes historiques, chacun représentant également la carte qu'il tient devant lui.

rôle d'hommes-pancartes — sans calembour, — les cartes à dessin purement linéaire, les cartes du système métrique, les cartes-silhouettes donnant des portraits de grands hommes, avec légendes plus ou moins calembourdières : un homme plein de noirceur, un homme de chœur (saint Vincent de Paul), les cartes à ombres découpées et, — il faut bien les signaler tout au moins, — les cartes transparentes, qui ne furent point toujours ce que le vulgaire pense, qui ne se bornèrent pas uniquement à mettre en lumière les figures érotiques de l'Arétin, qui, soit dans un but d'amusement, soit dans un pur esprit de réclame, cachèrent souvent dans les fibres de leur papier des grotesques ou des scènes bien innocentes. Enfin, une perle : *Robert le Diable*, jeu de mariages, inventé sans doute par quelque tenancière d'agence matrimoniale pour amuser ses clients et pour les mieux préparer ainsi au grand jeu de la danse des écus. Voici, du reste, l'explication de ce petit jeu pas méchant :

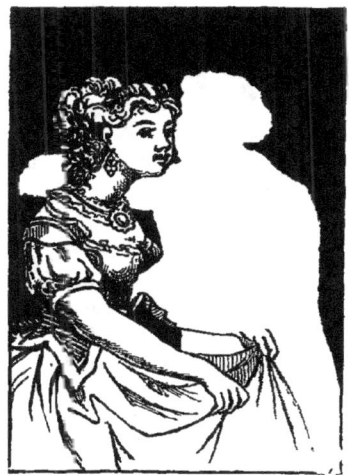

Fig. 202. — Carte d'un jeu populaire à figures transparentes.

* Placée devant la lumière, la figure en blanc s'accentuait et s'ombrait à l'intérieur (second Empire).

« Explication. — Le but des joueurs doit être d'arranger des mariages, et pour ce faire, toutes les cartes étant distribuées, la personne qui se trouve à la droite de celui qui les a données en fait tirer une dans son jeu à son voisin de droite, et ainsi de suite, jusqu'à ce que tous les mariages soient terminés. Le célibataire est le seul qu'on ne puisse marier. Alors celui entre les mains duquel il est resté perd la partie.

« Les mariages ne peuvent avoir lieu qu'entre un homme et une femme de même nation. »

L'inventeur était, paraît-il, opposé au mélange des races.

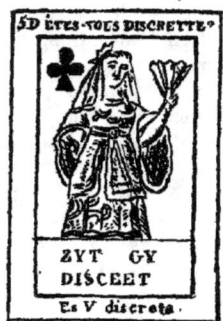

Fig. 203 — Type de carte de cartomanciennes.

Cartes symboliques, cartes arabes, cartes de cartomancienne, même celles dont une tireuse célèbre se servit pour prédire à Napoléon III les désastres de 1870, cela ne présente guère de variétés. C'est toujours un garçon brun, un garçon blond, — d'autres, plus polies, plus raffinées, diront : un jeune homme brun, un jeune homme blond, — c'est toujours : *vous ferez un voyage, — vous recevrez une lettre, — vous aurez une succession à recueillir, — vous serez demandée en mariage par un homme très riche*; ou encore : folle espérance, — sympathie, — déception, — un danger, — une femme méchante, — un homme de loi, — un homme de la campagne, et autres balivernes à l'usage de la classe, encore nombreuse, malheureusement, des crédules. Tantôt avec figures comme les cartes ordinaires, mais d'un dessin naïvement primitif, tantôt agrémentées de simples ornements, tantôt avec demandes, — il en est même avec demandes et réponses, — tantôt avec la simple mention des explications correspondant aux points; combinaisons modernes, combinaisons antiques, tarots plus ou moins bizarres en tête desquels trône, dans toute sa gloire, toujours plein de l'esprit sacré, le vieux tarot oriental. Il est vrai que pour messieurs les militaires et les bonnes d'enfants, on ne fait point tant d'embarras : le piquet vulgaire suffit amplement.

Ce qui est plus amusant, ce sont les cartes populaires publiées dès le xviiie siècle, avec des oiseaux, des fruits, des animaux, ou encore ces cartes de la Restauration, destinées au même public, mélangeant, d'une façon tout au moins piquante, les dieux de l'antiquité, Pluton, Jupiter, Proserpine, Vénus, avec Don Quichotte et Bayard, avec des crieurs ambulants comme le marchand de chansons et le marchand de

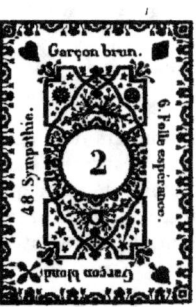

Fig. 204. — Types de cartes de cartomanciennes.

mort-aux-rats, avec M. Pigeon, ce bon type de garde national, avec Lantimèche, Jocrisse, Diafoirus, M. Toupet et Milord Bouffe-Trop.

Et puisque je viens de parler de 1870, c'est avec le jeu de cartes de la guerre et des hommes de 1870 que je terminerai ce rapide aperçu graphique des cartes françaises, tout en faisant observer qu'en ce siècle, les événement historiques paraissent avoir eu peu de prise sur elles. Plus loquaces furent les Allemands dans leurs manifestations iconographiques, et nombreux ont été les jeux publiés par eux avec les batailles de cette époque.

### III.

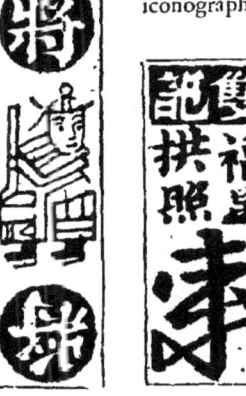

Fig. 205 et 206. — Cartes chinoises imprimees en rouge et noir.
(Coll. Édouard Montagne.)

TOUTES plus ou moins, dans leurs types classiques ou dans le domaine de la fantaisie, les cartes étrangères — le tarot excepté — sont arrivées à se rapprocher des cartes françaises. La maison Grimaud ne fabrique-t-elle pas des jeux spéciaux pour la Belgique, la Russie, l'Espagne, l'Italie même! Notons cependant, sans qu'il soit besoin de s'y arrêter autrement, les cartes anglaises, très décoratives, avec leur dos orné de fleurs ou de feuillages, les cartes suisses, allemandes ou autrichiennes, donnant en d'agréables enluminures les costumes populaires de ces contrées, des écussons, des écus de villes, des types et des scènes de mœurs. — On verra ainsi, sur certaines d'entre elles, les grandes fêtes de tir ou de gymnastique.

Enfin l'on ne saurait passer sous silence les cartes japonaises, — le Japon connut les cartes vers 1543, — introduites par les Portugais, — et surtout, comme étant d'une originalité toute spéciale, les cartes chinoises, qui remontent, elles, à une plus haute antiquité, puisqu'un sinologue érudit, M. Abel de Rémusat, leur assigne comme date l'année 1120. Indications numérales, figures symboliques, personnages et sujets, ces cartes ont tout ce qui constitue les cartes européennes, mais plusieurs, dans chaque jeu, ne sont couvertes que de caractères d'écriture, tandis que d'autres sont purement ornementales. Certaines, même, — au Japon, — contiennent des poèmes avec le portrait de l'auteur. Voici, ce semble, un débouché tout trouvé pour nos rimailleurs en quête de popularité. Les jeux japonais sont de formes et de grandeurs différentes — il en est de la grandeur des cartes européennes; — les cartes chinoises, au contraire, sont toujours de forme rectangulaire, longues de 5 ou 6 centimètres, larges de 1 centimètre, ornées soit de figures, soit d'ornements, qui, facilement, les feraient prendre pour des vignettes de bâtons d'encre dite de Chine. Au Japon, c'est un motif à décor, à images, à proverbes illustrés; en Chine, malgré les modifications subies en ces dernières années, c'est toujours le vieux tarot indien aux figurations mystiques.

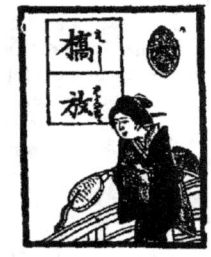

Fig. 207. — Carte japonaise moderne : jeune femme sur un pont, jetant un poisson à l'eau.

Et maintenant, cette petite promenade achevée, posons les cartes, non sans signaler, toutefois, les images qui seraient encore à retenir si l'on faisait une histoire complète des cartons historiés destinés au jeu.

Les papiers d'abord, — le carton qui reçoit l'empreinte de la figure ou des points se composant de trois éléments : le *papier tracé* ou *main brune*, gris, évitant la transparence; le *papier cartier*, qui se colle sur le dos, blanc, coloré ou historié, *taroté*,

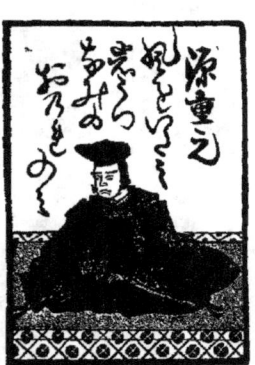

Fig. 208. — Carte japonaise : un poète ayant, au-dessus de lui, son poème.

pour lui laisser cette indication qui rappelle l'origine de la carte elle-même; le *papier au pot*, sur lequel on imprime, l'enluminure se faisant au moyen de patrons.

Puis les enveloppes de jeux. Jadis presque uniformément, que l'on soit en France, en Lorraine, en Allemagne, en Italie, en Espagne ou en Angleterre, les armes royales ou impériales, et, au-dessous, le nom du cartier en grosses lettres aux types gothiques ou elzéviriens. *Cartes fines faites par* .... X, *cartier ordinaire*

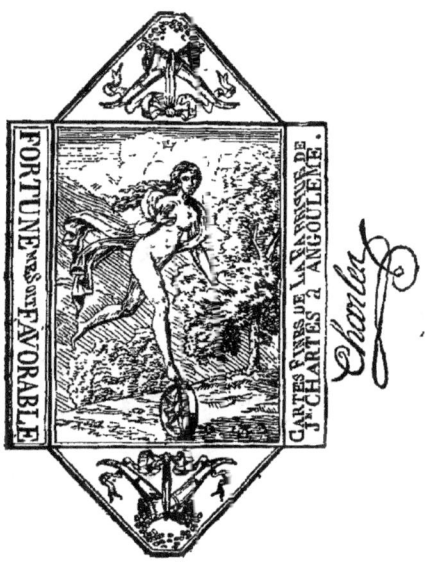

Fig. 209. — Enveloppe de jeu d'un cartier d'Angoulême (premier Empire).

*du Roi ou de Monseigneur.* En France, ce sont les vignettes classiques, habituelles à toutes les enveloppes de papiers ou de cartes. Ou le grand cordon du Saint-Esprit surmonté de la couronne royale; au milieu et aux angles, des fleurs de lis. Ou, dans une couronne de feuillages, avec lettres entrelacées, les armes de la ville abritant la fabrique du cartier. Ou le nom seul écrit en gothique, dans toute la longueur de la feuille. Ou bien, encore, le nom dans un enroulement de style gothique.

Au XVIII<sup>e</sup> siècle, ces enveloppes perdirent leur caractère, et se rapprochèrent des papiers peints. Avec le siècle la fantaisie revint et, longtemps durant, la mode fut aux figures de Fortune glissant sur sa roue, — symbole de l'argent qui jamais ne se fixe en un point, qui toujours roule, — popularisées sous le Directoire.

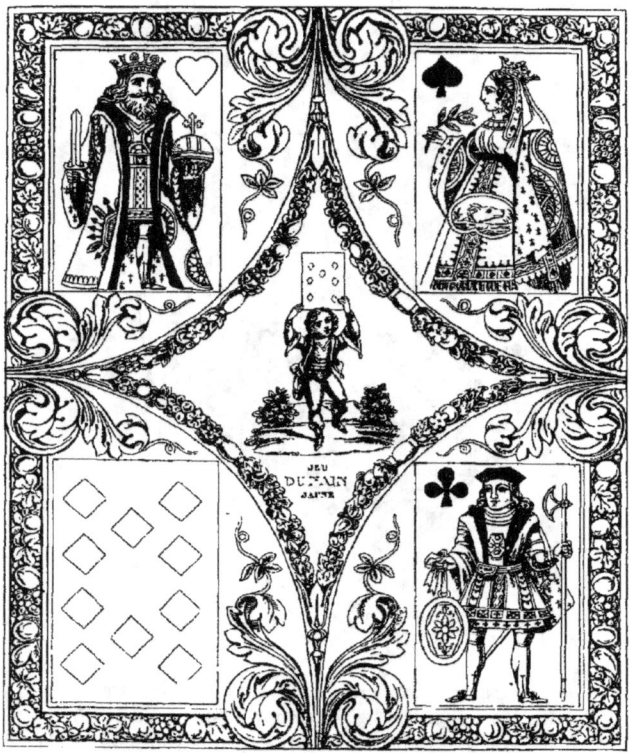

Fig. 210. — Image pour le jeu du *Nain Jaune*.

De tous les jeux auxquels les cartes donnèrent successivement naissance, le *Piquet*, le *Whist*, la *Triomphe*, la *Bouillotte*, le *Reversis*, le *Nain jaune*, paraissent seuls avoir eu des enveloppes spéciales. Sur une enveloppe de la *Triomphe* apparaissent des figurations tarotales, — ce qui est logique, ce jeu étant une dérivation du tarot, — sur une enveloppe de whist se voient des Anglais à la Carle

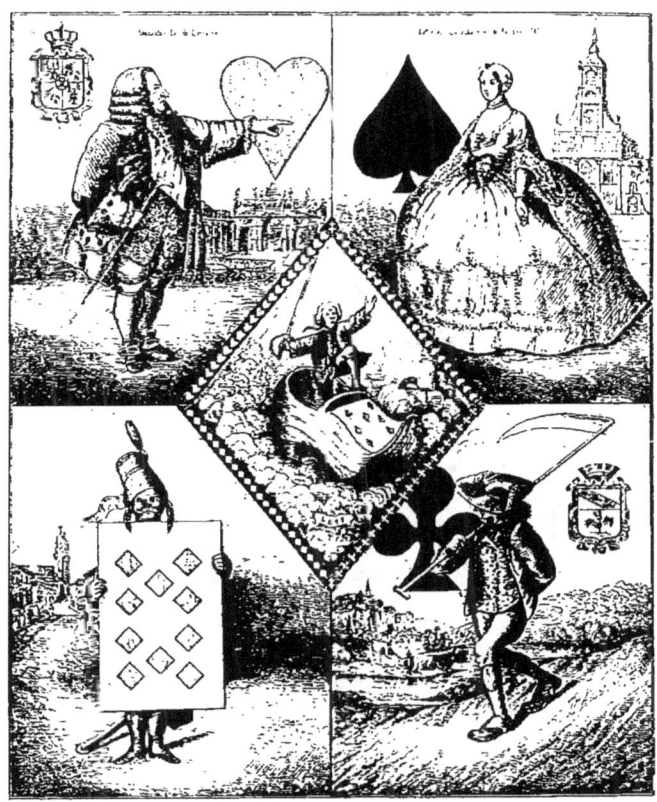

Fig. 2m. — Image pour le *Nain Jaune Lorrain*. D'après une lithographie.

Vernet, ce qui a également sa raison d'être, puisque c'est une importation anglaise; mais, soit que ces pièces n'aient jamais rencontré amateurs, soit qu'elles aient offert peu d'intérêt, elles ne se présentent pas aussi couramment que les enveloppes et affiches pour le *Nain jaune*. A lui seul ce jeu possède une iconographie assez nombreuse, et les deux feuilles ici reproduites nous le font voir sous ses deux aspects différents : *français* et *lorrain*, national et local.

Enveloppes, placards d'affiches, règles pour certaines spécialités, pièces intéressantes entre toutes, véritables passeports qui, dans le domaine de la fantaisie surtout, permettez d'attribuer aux jeux dus à l'esprit inventif des cartiers, leur véritable attribution, leur véritable nom, que ne vous conserve-t-on toujours soigneusement !

Affiches de cartiers, avec vos rois et vos reines crânement

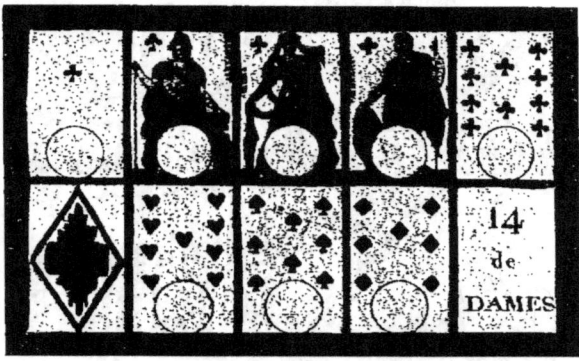

Fig. 212. — Carton du jeu de la quinte impériale.

campés, aux costumes hauts en couleurs, tirant l'œil des joueurs, qui semblez monter la garde derrière les vitres des débitants de tabac, où êtes-vous ? Il est temps qu'un collectionneur patient vous sauve de l'oubli et vous rappelle à la vie pour la plus grande joie de tous ceux qu'intéresse l'image, sous ses formes multiples, dans sa représentation populaire.

Et cependant les cartes, elles et leur empaquetage, ne sauraient se plaindre : combien nombreux, en effet, les spécimens parvenus jusqu'à nous en présence du sort réservé aux jeux à cartons, jeux procédant tous, plus ou moins, du loto, se jouant avec des numéros tirés d'un sac et marqués, au fur et à mesure de leur appel, par des jetons ! Doublement précieux donc le spécimen ici reproduit du jeu de la *quinte* ou *quine* impériale (les deux orthographes se rencontrent) avec ses figures dessinées par Gateaux. Les cartons, il est vrai, ne présentèrent jamais la variété, l'ornementation multiple des cartes : bien vite ils revinrent aux simples énumérations numérales.

Venu d'Italie, le loto devait conserver en lui quelque chose de la loterie, et ce sera un honneur, pour lui, d'avoir eu les compositions de Gateaux, comme la loterie, antérieurement, avait donné naissance aux galantes petites vignettes de Gravelot. Cartes et cartons pour jeux enfouis dans les tiroirs, peut-être, quelque jour, verra-t-on vos amusantes figures déjà utilisées par la céramique venir orner les papiers peints, et égayer ainsi les chambres des maisons campagnardes. Pour ma part, je le souhaite !

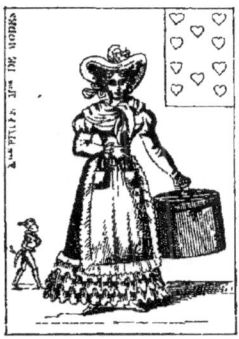

Fig 213. — Carte d'un jeu fantaisiste de la Restauration, composé de types et modes du jour.

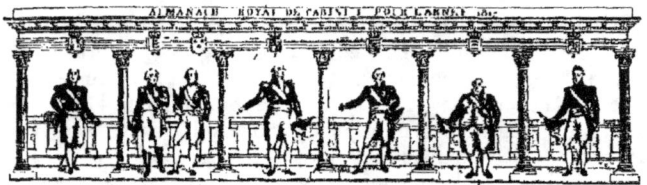

Fig. 214 — En-tête d'almanach donnant les portraits des souverains alliés

## CHAPITRE XI.

## Le Calendrier Mural. — Les Thèses.

Les grands Calendriers a Estampes et sujets historiques (xvii<sup>e</sup>-xviii<sup>e</sup> siècles). — Actualités et scènes de mœurs. — Les Calendriers de la Révolution et leurs Encadrements. — Triomphe du Calendrier de cabinet (premier Empire). — Petits Sujets et Médaillons en tête des mois — La Propagande politique par le Calendrier. — Les Actualités. — Décadence de l'Ornementation. — Les Calendriers perpétuels. — Les Thèses ornées.

Le calendrier mural, l'almanach-feuille, ne fut pas toujours l'horrible carton qu'aux approches de l'année nouvelle le facteur vous apporte en quatre formats différents laissés à votre choix — façon aimable, quoique peu déguisée, de venir chercher ses étrennes. Il eut ses beaux jours, voire même son époque de splendeur, alors que tout se faisait à la taille du Monarque, alors que, dédaigneux des conseils, le Grand Roi ne cessait de vaincre, n'empêchant point les autres d'écrire.

« Ses beaux jours », ce fut le règne de ces magnifiques calendriers-estampes, gravés avec un soin infini, tirés à nombre encore assez grand, que fabriquaient et vendaient plusieurs marchands « enlumineurs du Roi » et qui, si l'on en croit M. Leber, ont dû être répandus un peu partout, à titre de présent, par l'intermédiaire des agents diplomatiques. Qu'ils aient été, de leur temps, fort populaires, c'est là un point sur lequel aucun doute ne saurait exister; mais, ce qui est non moins certain, c'est qu'ils sont devenus d'une extrême rareté, aussi difficiles à rencontrer dans les collections que dans le commerce.

Feuilles volantes gravées dans un but unique, pour un usage

spécial, ils ont eu à lutter non seulement contre le sort réservé à toute image de cette espèce, mais encore, cloués ou même collés sur les murs, se voyant, à chaque renouvellement d'année, remplacés par un indicateur nouveau du temps, ils n'ont pu échapper aux déchirures, aux outrages de toutes sortes réservés à la gravure faite pour un temps limité. Combien ont été, ainsi, déchirés et perdus à jamais! combien se sont trouvés collés sous d'autres plus jeunes, plus actuels, et détruits, de la sorte, comme inutiles! Le citron qu'on jette au ruisseau, après en avoir exprimé tout le jus !

S ils furent, réellement, les plus beaux qu'on ait jamais vus, ils ne sont pas, cependant, les plus anciens. Les calendriers volants du xv$^e$ siècle, gravés par les procédés xylographiques, contenant les indications astronomiques du comput, imprimés en noir et en rouge, ayant au haut de chaque mois de petites vignettes allégoriques, généralement en forme de médaillons, sont leurs aînés. L'Allemagne devait donner à ces feuilles volantes indicatrices du temps une allure toute particulière, en les entourant de personnages empanachés ou d'encadrements d'une richesse et d'une fantaisie extrêmes. Pendant près d'un siècle, les calendriers de tous pays resteront fortement imprégnés de ce gothique germain.

En France, on se contenta d'ornements sobres, de simples encadrements, de purs dessins d'architecture, avec des cartouches fleurdelisés, avec le monogramme du souverain, et cela jusqu'au moment — premières années du xvii$^e$ siècle — où apparurent les grands almanachs illustrés, en une seule feuille, ornés de compositions très chargées, très étudiées, portant les signatures de Michel Lasne, de Crispin de Passe, d'Abraham Bosse, de Larmessin, de Cochin le père. « L'usage s'établit, » dit M. Victor Champier dans son intéressant travail sur *les Anciens Almanachs illustrés*, « une tradition se forma, une espèce de composition classique s'imposa, dans une dimension déterminée, n'ayant pas moins de 90 centimètres de hauteur sur 55 de largeur, et les calendriers furent publiés, chaque année, au nombre de cinq, six, quelquefois dix ou douze, par des marchands d'estampes qui étaient presque tous, en même temps, des graveurs de mérite, et qui s'en firent une spécialité. »

Historiques, militaires, allégoriques, répandant partout les victoires et les conquêtes de Louis XIV, glorifiant la personne du Grand Roi, allant jusqu'à le placer sur un char de triomphe entouré de Jupiter, de Mars, de Vénus et de Mercure, avec cette légende significative : *Le Roi est le Soleil de ses sujets*, ornés de portraits de souverains et de princes, interprétant les événements de l'année, reproduisant les modes du temps, riches en scènes de mœurs, satiriques, à leur heure, ces almanachs, par leur magnifique ordonnance, par la finesse de leur facture, par la richesse de leurs détails, personnifient mieux que tout autre document l'époque qui les vit naître.

Grâce à eux Louis XIV n'eut pas seulement ses historiographes, il eut aussi ses iconographes, car ces feuilles sont de véritables estampes historiques devenues par le fait du calendrier des images de propagande destinées à porter aux quatre coins du globe les spectacles et divertissements de la Cour, les carrousels, les feux d'artifice, les réceptions d'ambassadeurs, le petit et le grand couvert du Roi, les sièges des villes conquises par ses généraux, les splendeurs de Versailles, tout ce qui constituait en un mot la France du jour en sa pompeuse majesté. Les ennemis du Roi y sont souvent caricaturés, remarque fort justement M. Champier, avec cette bonne humeur, cette fantaisie réjouissante, cette fanfaronnade, cette crânerie batailleuse et méprisante, que justifiaient de nombreux succès. Cette manière d'hommage au souverain rentrait, du reste, dans le programme. Ne serait-ce pas, également, pour plaire au Roi, que l'on verra les graveurs s'attaquer à ses autres ennemis, les protestants et les jansénistes, en des estampes quelquefois d'une violence extrême ? Ici encore, en ce domaine spécial, l'image obéissait à son rôle de propagande.

Mais il ne faudrait point croire que tous les beaux et grands calendriers du siècle ne furent qu'apothéoses et adulations pour le pouvoir royal. Plusieurs fois, ils se firent l'écho de la misère du peuple, et ceux-là, certes, n'étaient pas pour flatter le monarque. « Ainsi, celui de 1653, » nous apprend M. Victor Champier, qui sera, encore, mon guide ici, « fait défiler tous les marchands, cordonniers et boulangers, libraires et rôtisseurs, qui sortent d'une maison portant cette enseigne : *A la Pitié*, pour s'entasser dans d'autres maisons, sur lesquelles on lit ces mots : *la gueuserie, la misère*. Celui de 1662 indique la crise financière que l'on traverse, et l'artiste a placé, à côté d'une foule joyeuse de seigneurs et de dames, des animaux qui parlent. Un oiseau dit : *Tout se payera* ; la cane dit : *Quand ? Quand ? Quand ?* le coq dit : *Nous devons tant !* le mouton dit : *Jamais !* Celui de 1699 exprime le mécontentement des gens de toutes les professions et met dans la bouche de chacun un mot qui caractérise la fâcheuse situation des affaires. La race des agioteurs, surtout, n'est pas épargnée, et le système de Law fait éclore de nombreux almanachs. »

Encensé, de son vivant, par les images murales, Louis XIV mort fut, par elles, assez prestement enterré. En 1715, une feuille gravée se contente de célébrer son apothéose et sa réception par Jupiter, en plein Olympe. Et si sous Louis XV, — jusqu'en 1789, — les calendriers continuèrent à reproduire les conquêtes, les batailles et autres spectacles officiels, l'attention, cependant, commençait déjà à se moins porter sur les choses de la Cour. L'instrument de propagande conçu dans un but unique et toujours identique avait peu à peu disparu pour s'occuper du public, dont la curiosité était, alors, ouverte aux choses les plus diverses. « Les guerres lointaines, les épisodes d'un intérêt général, les séances du Parlement, quelques fêtes populaires, la visite de Pierre le Grand en France, le ridicule de certaines modes, voilà quels furent les principaux sujets d'illustrations pour les calendriers. » J'ajouterai que le mesmérisme et les globes y tinrent une certaine place ; j'ajouterai que les sujets légers y figurèrent en nombre. Et ce qui est surtout important à noter, le calendrier, dès lors, changea de forme, diminua ses proportions. Aux grandes et somptueuses estampes succédèrent les almanachs imprimés sur deux feuilles, d'un format plus commode, répondant ainsi mieux aux exigences et au goût du jour. Autant il avait précédemment triomphé dans son ampleur, dans la royale majesté de son format, autant il tenait, maintenant, à se faire petit, tout enrubanné, tout couvert d'Amours et de guirlandes, de cartouches aux sujets polissons. Bien mieux, malgré cette réduction déjà considérable, il chercha encore à se faire plus petit, se pliant par bandes de façon à ne laisser voir de lui que la colonne relative au mois courant, à s'enchâsser dans des cadres spéciaux en bois sculpté ou en métaux ciselés.

Tel il était lorsque la Révolution survint, la Révolution qui allait lui imposer une réforme complète au point de vue du temps, des mois et des jours, qui allait faire revivre l'antique et créer toute une série d'emblèmes nouveaux. Dès lors plus de sujets historiques, plus d'actualités, plus de scènes de mœurs, mais des attributs quelquefois ingénieux, des têtes de femmes personnifiant les mois, ou les déesses du nouveau Régime, la Liberté,

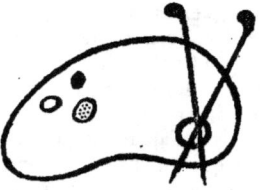

Original en couleur
NF Z 43-120-8

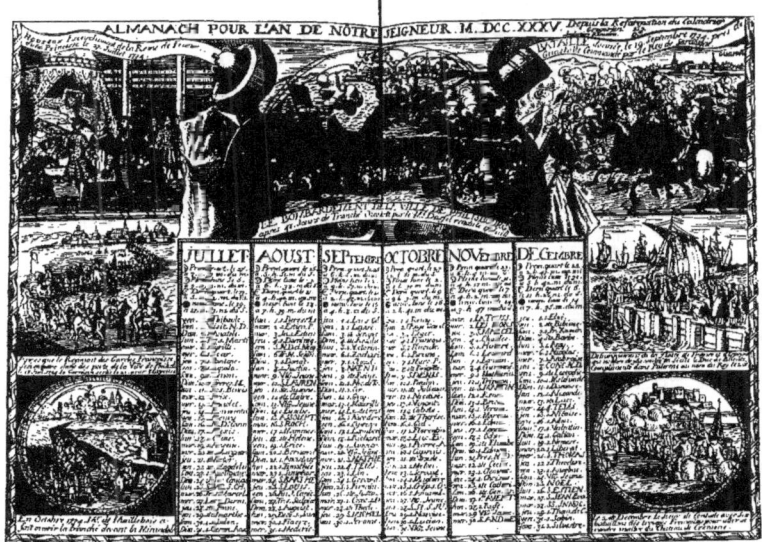

l'Egalité, la Justice, la Loi, le Génie de la République; figures toutes empreintes de cette sentimentalité dont Greuze avait donné le signal, mais débarrassées des minois chiffonnés de l'influence

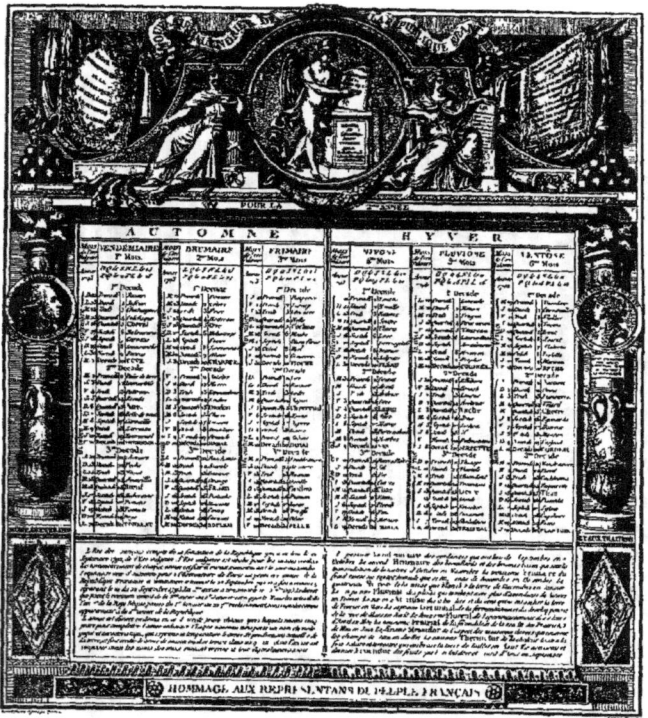

Fig. 215 — Deuxième semestre du *Nouveau Calendrier de la République française*, gravé par Queverdo (An II).

Louis XV. On devait y voir également les portraits des héros et des diverses victimes de la Liberté, — suivant le terme admis, — Marat, Lepelletier, Chalier et le jeune Barra. Grâce à Debucourt et à Queverdo, qui marièrent habilement les scènes pittoresques aux motifs philosophiques, alors à la mode, tout en introduisant et en popularisant les procédés en couleurs, ces calendriers conservèrent une certaine allure : on peut même dire que ce genre, malgré l'emphase de la décoration, produisit quelques pièces très remarquables.

Sous le Directoire, cela se traîne sans intérêt, avec des vignettes quelconques, et sous l'Empire, malgré Percier, malgré une ou deux tentatives pour rendre à l'almanach sa majesté, tentatives qui devaient être, pourtant, du goût de Napoléon, c'est le calen-

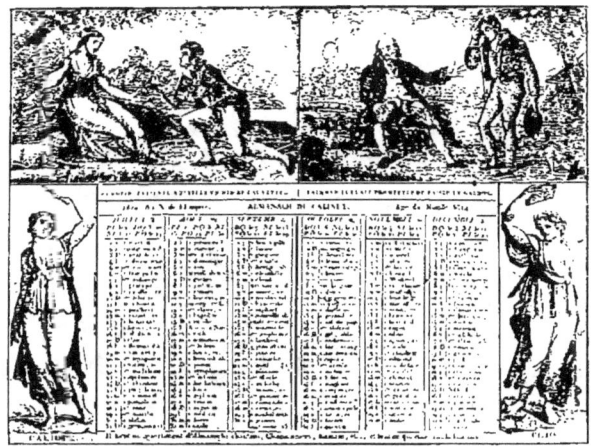

Fig. 216. — Deuxième semestre d'un Almanach de cabinet du premier Empire (1814), monté sur carton, avec sujets coloriés.

drier de cabinet qui triomphe. Il n'était point nouveau, du reste : le XVIII° siècle l'avait connu, avec ou sans compositions illustrées, avec ou sans médaillons.

Le calendrier de format moyen, imprimé sur deux feuilles, collé sur carton, ce sera, désormais, l'idéal : au haut des mois, de petits sujets, en médaillons, têtes de savants et de philosophes de l'antiquité, scènes idylliques, séries de vignettes sur l'Amour : les nymphes blessées par l'Amour, l'Amour désarmé pendant son sommeil, les nymphes brûlant et brisant les armes de l'Amour, l'Amour forgeant ses flèches, etc., etc., — ou bien scènes de mœurs parisiennes : le patinage sur le canal de l'Ourcq, les bals champêtres, le glacier, la balançoire, le danseur de corde, le joueur de gobelets, le marchand de chansons; — rarement des scènes de batailles, ce qui peut paraître assez extraordinaire, rarement les portraits de l'Empereur et de l'Impératrice, ce qui ne s'explique pas non plus.

La Restauration nous ramène aux scènes historiques, aux allé-

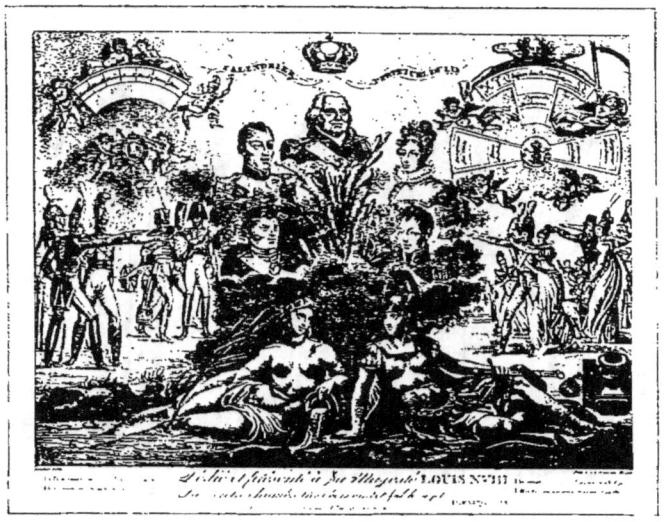

Fig. 217. — *Calendrier perpétuel du Lys*, publié en 1815. (Collection de l'auteur.)

gories de circonstance. En 1815 paraît l'*Almanach du Lys* donnant, en médaillons habilement groupés sur la fleur, les portraits de la famille royale. D'autres montrent Madame attachant les cravates aux nouveaux drapeaux, la Cour assistant à la procession du vœu de Louis XIII. En 1817, le *Calendier de la Paix et de l'Union* marie agréablement les portraits de la famille royale aux portraits des souverains alliés, puis viennent le *Calendrier à la Charte* (1821), le *Calendrier Dieudonné* pour la naissance du duc de Bordeaux, *les Fastes de la Monarchie* (1820), calendrier entouré d'arceaux gothiques, avec les noms des grands capitaines de l'ancienne France.

Mais, dès 1819, à la propagande royaliste par le calendrier répondait, au moyen des mêmes armes, toute une propagande impérialiste conçue, est-il besoin de le dire, dans un esprit essentiellement guerrier. *Les Tables de la Gloire,* — *Une Victoire par jour,* — *Souvenir français,* — *Almanach de la Colonne,* — *Calendrier des braves défenseurs de la Patrie,* autant de titres qui, avec leurs inscriptions de circonstance : *La garde meurt et ne se rend pas,* — *Honneur,* — *Fidélité,* — *Dévouement,* exprimaient sans ambages le but poursuivi. La Restauration s'en émut et, au lieu de poursuivre les éditeurs, — ce qui eût été une maladresse, — fit comme avec les jeux d'oie, opposa fastes militaires à fastes militaires. En 1824, parut le *Calendrier des Braves de la Légitimité,* en 1825 toutes les vignettes représentèrent le passage de la Bidassoa, la prise du Trocadéro, le Dauphin rentrant dans Paris, entouré de son armée et acclamé par la foule. Mais l'enthousiasme des blancs fut de courte durée, tandis que les souvenirs des guerres de la République et de l'Empire, retracés avec vignettes au-dessus des mois de tous les calendriers, allaient, bientôt, se transformer en une véritable propagande napoléonienne.

En médaillons ou en carrés, petites ou grandes, au nombre de douze, de quatre ou de deux, les vignettes des calendriers, si l'on fait exception de cet antagonisme politique, se traînaient dans la banalité courante déjà signalée plus haut, représentant des scènes de mœurs ou de fantaisie, des scènes champêtres, des scènes de théâtre ou de romans célèbres : *Gil Blas, la Dame Blanche, le Barbier de Séville,* — les œuvres de Molière eurent surtout le don de se traîner ainsi au-dessus des mois, — des scènes de la rue, des scènes historiques, des couronnements de rosières, des portraits de grands hommes ou de femmes illustres, des types féminins, des costumes populaires, des métiers, des jeux d'enfants, des sujets religieux, — en très grand nombre à partir de 1820, — des vues de villes de France ou de l'étranger, — la Suisse et l'Écosse devaient être les fournisseurs attitrés de ce romantisme mural, — des ruines romaines, des vieux châteaux, des vues d'églises, des reproductions de tableaux, des intérieurs de cabaret, que sais-je encore !

Toute une sentimentalité bizarre, une imagerie de circonstance, qui devait, se répétant quelquefois des années durant, constituer de véritables passe-partout à l'usage des mois de l'année. Don Quichotte, Robinson Crusoë, Paul et Virginie fournissaient également des motifs d'illustrations. Quelquefois l'actualité s'y faisait jour : en 1818, un calendrier donnera les montagnes françaises et les montagnes de glace de la Russie ; en 1823, ce sera l'*Almanach*

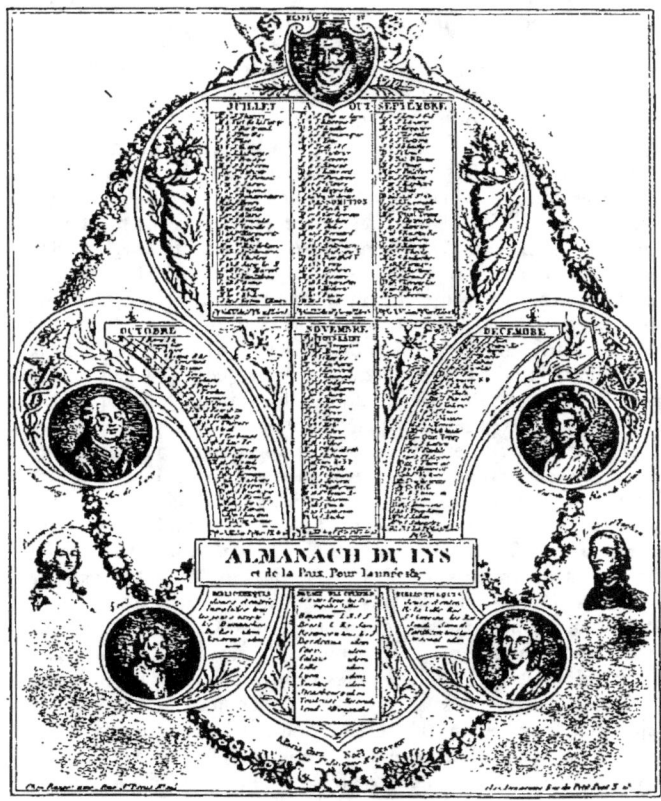

Fig. 218. — Deuxième semestre de l'*Almanach du Lys*.
* Le premier semestre donne les portraits des membres de la famille régnante.

*des Grecs*; en 1831, l'*Almanach National*, destiné à célébrer les événements de 1830.

Entre deux, la poste avait essayé d'avoir, elle aussi, son almanach à elle pour lutter avec tous les almanachs de cabinet qu'éditaient et vendaient les libraires-papetiers. D'où l'*Almanach des Facteurs*, ici reproduit.

Certes, tout cela n'est plus du grand art ; c'est de la petite vignette qui, souvent, dégénérera en véritable dessin industriel, en cliché commercial, mais heureusement les calendriers entourés de purs motifs d'ornement conservent encore un certain style, une certaine allure, quoique trop lourds, trop surchargés. Beaucoup chercheront les arrangements, les combinaisons de texte et de vignettes ; les feuilles des mois seront jetées dans tous les sens, coupées par des images. Malgré les faiblesses des burins, il faut tenir compte des intentions et des recherches.

La sentimentalité du jour s'amusa à placer en douze vignettes, au-dessus des douze mois, l'histoire d'une paysanne ou l'histoire d'une grisette, et toute la banalité des sujets se lit sur ces légendes qui demanderaient, presque, un accompagnement de guitare : *Le duo, — Consolations, — Regrets, — Passé, — Présent, — Avenir, — La fleurette, — La barque, — Le pêcheur, — Le poëte, — La romance, — La bienfaisance, — Le départ du guerrier, — La jeune mère, — Le chant d'amour, — Les bons vivants, — Le rendez-vous, — Amour et travail, — Le portrait, — La toilette, — Les tendres aveux.* — J'en passe, et des meilleurs, mais il faut se borner, d'autant qu'ils ne nous donneraient aucune indication nouvelle.

Et dire que j'allais oublier Némorin et Estelle, troubadours et pèlerines. Dessus de pendules à l'usage des bourgeoises sentimentales, n'étaient-ils point tout indiqués pour dessus d'almanachs ; ne devaient-ils pas voir défiler les jours comme ils contribuaient à voir couler les heures !

Après ! Louis-Philippe régnant, c'est l'apparition des placards-calendriers, ramassis de vieilles histoires et de vieux bois sous les titres les plus extravagants, *les Mystères de Paris* d'Eugène Süe, *la Grâce de Dieu*, *la Esmeralda ou Notre-Dame de Paris*, *la Cour des Miracles et ses mystères* ; le canard dans toute sa hideur ; puis une série sur les Robert Macaire, personnage devenu populaire dans tous les domaines depuis le développement du *puffisme* industriel ; çà et là des reproductions de vignettes de Gavarni ou de Daumier gravées au burin, des comicalités de Victor Adam, tandis que l'actualité fournit nombre de compositions sur les guerres d'Algérie, tandis que le retour des cendres donne à la propagande napoléonienne un nouvel élément. Eux aussi, les moyens de locomotion s'emparent du calendrier. D'abord les diligences, les bateaux à vapeur et les omnibus, qui profitent de ces cartons annuels pour se faire de la publicité, pour répandre dans le public leurs commodités, leurs heures de départ et d'arrivée, puis les chemins de fer. Une vraie salade de sujets et d'ornements, à telles enseignes qu'un instant l'influence troubadour revient à la mode.

Une seule particularité bien spéciale à l'époque : les calendriers

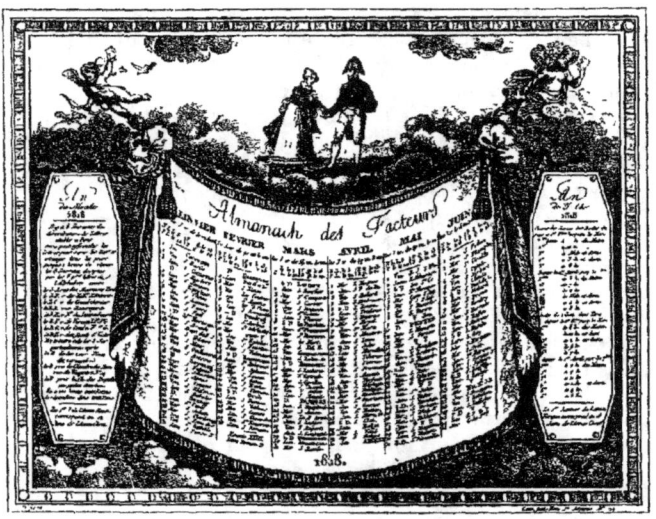

Fig. 219 — Premier semestre de l'*Almanach des Facteurs* (1818).

* Le personnel postal avait tenu à publier un almanach portant son nom, lequel dura quelques années sans modifications dans la partie ornementale. On se contentait de changer le calendrier et la date de l'année

jetés çà et là, mois par mois, sur le corps de personnages; tantôt une femme dansant, avec les mois se promenant le long de sa jupe, tantôt un joyeux vivant en goguette, tantôt le Temps traînant une voiture sur les roues de laquelle se développent les mois et les jours, tantôt deux personnages placés bien en face l'un de l'autre, l'un portant les six premiers mois de l'année, l'autre les six derniers.

Enfin Louis-Philippe devait avoir les honneurs d'un enterrement royal conduit par l'almanach. Le *Calendrier National* pour 1848 nous le montre en aveugle demandant l'aumône.

Les scènes de 1848, la mort de Mgr Affre, surtout, se voient reproduits à leur tour, puis 1849 amena à nouveau les Napoléons, l'oncle, le neveu, le cousin, sur des placards de propagande aux enluminages réjouissants, et l'almanach continua ainsi, toujours plus banal, toujours plus calendrier de cabinet ou des postes, relatant encore, de temps à autre, les événements importants,

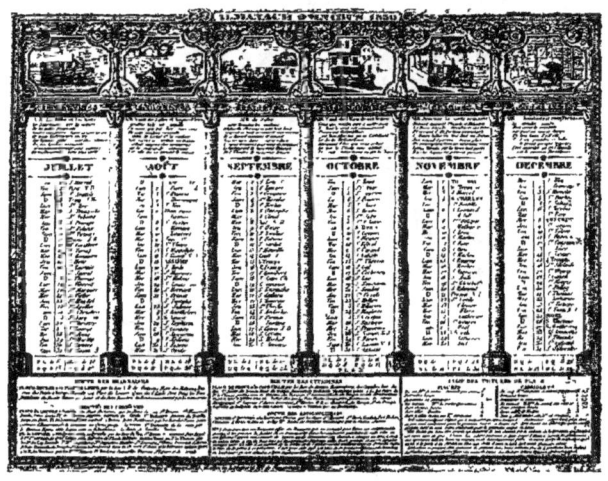

Fig. 220 — Deuxième semestre de l'*Almanach des Omnibus* (1820), monté sur carton, avec vignettes représentant les omnibus de l'époque, et chansons, au-dessous, célébrant les mérites desdites voitures. (Voir les poésies page 253.)

donnant les batailles du second Empire, accolant des portraits de Napoléon III à des portraits de Napoléon I<sup>er</sup>.

Ne pouvant tout enregistrer, je laisse de côté les calendriers tirés en chromo-lithographie par Engelmann, aux abords de 1838, avec un moyen âge curieusement romantique, et les calendriers aux gaufrages imitant les cuirs, avec des blancs se détachant sur des fonds violets, verts, bleus ou lie de vin. Le gaufrage, un instant, régna en maître : nous le retrouverons dans toute sa splendeur avec les abat-jour.

Il faudrait un chapitre également pour les calendriers perpé-

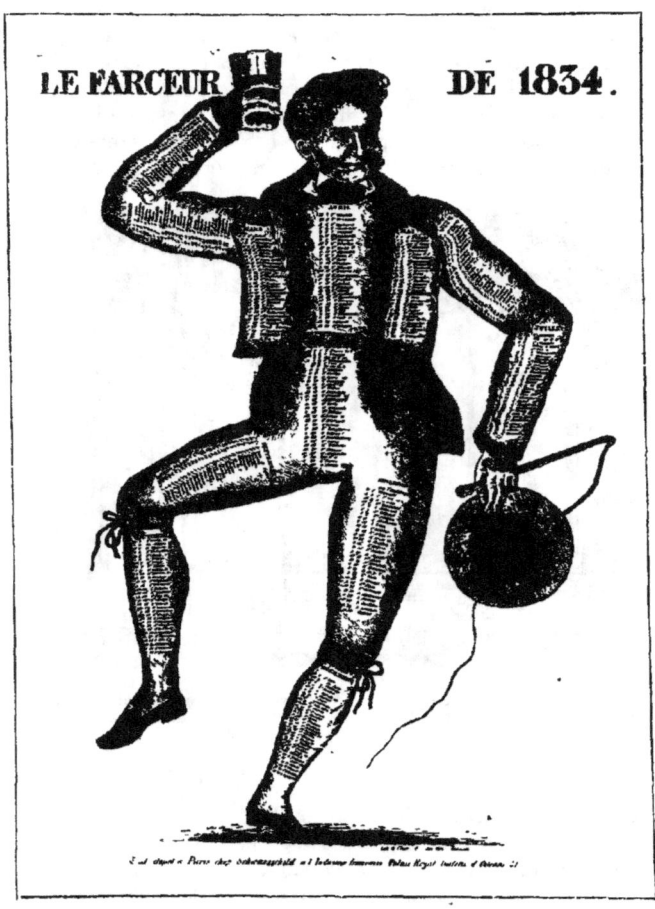

Fig. 221. — Almanach fantaisiste (1834).
* Les mois du calendrier, ainsi qu'on peut le voir, se trouvent alignés sur le corps du personnage.

tuels dont l'origine est déjà lointaine, de tout temps ornés de
façon amusante et rehaussés de coloris populaires; calendriers
donnant l'année, le mois, le jour, la longueur des journées et
des nuits, composés d'un fond fixe sur lequel viennent s'appliquer
des parties mobiles, le plus souvent des médaillons ronds.
Mais, en fait, ces calendriers n'apportèrent aucun document
nouveau pour l'histoire de l'ornementation par l'almanach, et les

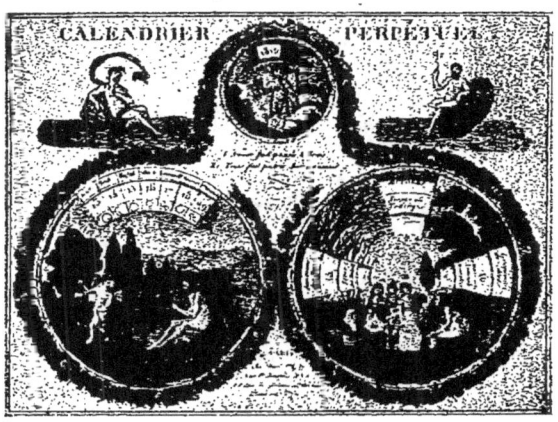

Fig. 222. — Calendrier perpétuel (1819),
avec sujets coloriés représentant e Temps et l'Amour.

deux spécimens ici reproduits suffisent amplement à nous renseigner
sur ce genre spécial de la mesure du temps.

Pleurons sur le sort de l'almanach, descendu de la grande
estampe d'art au rôle de simple feuille postale collée sur carton,
mais consolons-nous en voyant luire pour lui l'approche d'un
jour nouveau. Après les tentatives de calendriers d'art gravés à
l'eau-forte, entre 1866 et 1880, voici maintenant les calendriers
en couleurs ornés de têtes féminines, de sujets historiques ou
autres, cherchant à revenir aux grands formats d'autrefois, et
qui déjà ont donné naissance à des compositions remarquables au
point de vue des procédés chromiques.

## II.

Après les calendriers, les thèses, quoi que ce soient documents de nature absolument différente, comme intérêt et comme usage, mais thèses et calendriers se rapprochent par l'ampleur du format, par la majesté pompeuse du burin, par la façon même dont tous deux venaient s'appliquer au mur sous couleur d'ornement.

Le calendrier était le document pour tous; les thèses étaient le souvenir personnel, le titre de noblesse intellectuelle — si l'on peut s'exprimer ainsi — que l'on était fier, autrefois, d'arborer, de montrer, de placer bien en évidence, à la portée des amis et des visiteurs. Le calendrier soumis au temps n'avait qu'une durée restreinte et fixée par avance. Les thèses étaient éternelles, non seulement elles duraient la vie de leur auteur, mais encore elles se perpétuaient, elles se transmettaient de père en fils. D'où la facilité avec laquelle elles se rencontrent aujourd'hui encore; d'où leur nombre relativement considérable si l'on tient compte de l'extrême rareté des calendriers.

Ce sont de véritables estampes, les feuilles gravées et ornées reproduisant les thèses qui, jadis, se soutenaient avec éclat devant l'ancienne Université, feuilles portant souvent les armes du soutenant ou de son patron au bas du portrait de l'un ou de l'autre, lorsqu'il s'agissait d'individualités marquantes, ou bien affichant simplement l'écu de Robert Sorbon, le fondateur de la Sorbonne; du reste, toujours accompagnées de cartouches, de médaillons, d'enroulements, de feuillages décoratifs découpés comme en pleine ciselure, et quelquefois dédiées à d'illustres et très hauts personnages.

Les thèses sorboniques, elles, tiennent une place considérable dans l'iconographie de Louis XIV, ayant chanté sur tous les modes la gloire du Roi-Soleil. A pied, à cheval, en buste, en médaillon, assis, debout, partout il trône. Partout apparaît Sa Royale Majesté, précédée, comme sur les almanachs, de l'ange exterminateur, voyant, comme sur les almanachs, ses ennemis terrassés à ses pieds à moins que des soleils de toutes dimensions ne soient placés en satellites autour de l'astre rayonnant.

Pour ces feuilles, Le Brun, de Poilly, Robert Nanteuil, Edelinck, composent et gravent des Louis XIV, au port divin, majestueusement drapé dans les plis du manteau royal, si bien que, durant tout le grand siècle, les thèses, — quel que puisse être, du reste, leur intérêt, — se trouvent être, comme les almanachs, un véritable monument élevé à la gloire du souverain.

Et c'est pourquoi elles devaient être au moins mentionnées ici puisque malheureusement leur ampleur s'oppose à toute reproduction de format réduit.

Attachées au rivage par leur grandeur, puissent les thèses nous être restituées quelque jour graphiquement, sous forme d'album, comme ces almanachs-estampes reproduits par M. Victor Champier, en un intéressant recueil qui, quelque jour, se fera rare. A l'image nationale on pourra ainsi opposer l'image individuelle, et toutes deux nous montreront que tout se résumait, alors, en un seul être d'essence divine : le Roi.

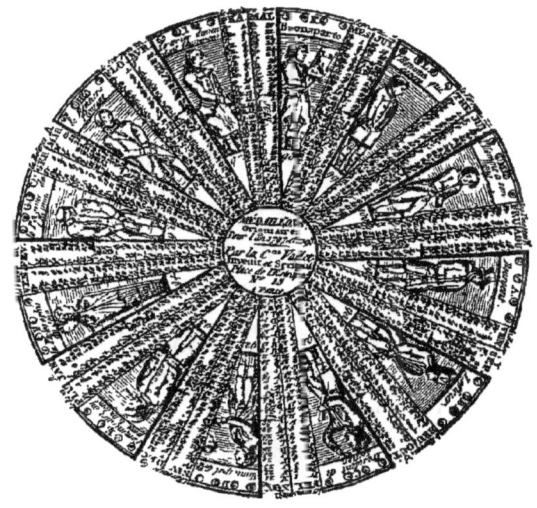

Fig. 223. — Almanach républicain pour 1797-98,
avec figures personnifiant les principaux personnages et événements depuis 1789.

# Appendice au Chapitre XI.

## NOTICES BIBLIOGRAPHIQUES

POUR SERVIR A

## L'ICONOGRAPHIE DES CALENDRIERS

### AU XIXᴱ SIÈCLE.

---

### I. — Calendriers bourboniens.

— *Almanach du Lys*, pour l'année 1813 et 1815. Portraits de la famille Royale, Louis XVIII. duc et duchesse d'Angoulême, comte d'Artois, duc de Berry.

<small>Les 12 mois sont en entier sur un lis entoure de medaillons reliés entre eux par des guirlandes de roses.</small>

— 1816. Almanach avec les portraits des rois de France et des grands capitaines.

<small>Charles V. — Saint Louis. — Henri IV. — Duguesclin. — Bayard. — Catinat.</small>

— *Almanach des Bourbons*, 1816.

<small>Avec les portraits de la famille Royale.</small>

— 1817. Calendrier avec deux grands sujets historiques.

<small>Madame, Duchesse d'Angoulême, attache les cravates aux drapeaux que le Roi donne a tous les corps d'armee, en présence de la Famille Royale.
Procession du vœu de Louis XIII a laquelle ont assisté les Princes et Mesdames, Duchesses d'Angoulême et de Berry.</small>

— 1817. Calendrier, avec 6 médaillons ovales.

<small>Saint Louis à Vincennes — Charles VII et Agnès Sorel. — François Iᵉʳ et la reine Marguerite. — Henri IV et le capitaine Michau. — Louis XIV et Mᵐᵉ de La Vallière. — La violette est comprise dans l'amnistie (Louis XVIII entouré de Mesdames, et tenant à la main un bouquet de ladite fleur).</small>

— 1817. *Calendrier de la Paix et de l'Union*. Du sein de l'olivier s'élève avec éclat notre Consolateur.

<small>Louis XVIII, la Famille Royale et les Souverains alliés, entoures de branches d'olivier. Au milieu, dans un medaillon rond, l'alliance du duc de Berry.</small>

— 1821. *Calendrier à la Charte.*
1ᵉʳ semestre, avec figures : A la Justice, A l'Art militaire.

Au milieu, Louis XI assis sur son trône; devant lui se tiennent les Présidents du Parlement. « Que voulez-vous ? » dit Louis XI irrité de la résistance que lui oppose le Parlement. « La mort, Sire, » répond Lavaquerie, premier Président. « Nous sommes tous résolus de mourir plutôt que de vérifier votre édit. »

Au bas, la fontaine de la place du Châtelet. Tout autour les noms des artistes, manufacturiers et fabricants ayant obtenu des médailles a l'Exposition nationale de 1819. De chaque côte du calendrier se trouve la liste des députés.

2ᵉ semestre, avec figures : A l'Agriculture et au Commerce, Aux Sciences et aux Arts.

Au milieu, Louis XVIII prêtant serment a la Charte. — Au-dessous la colonne Vendôme avec l'inscription : *A l'Armée*, et de chaque côte les noms des généraux. Tout autour, la Charte constitutionnelle, les ordonnances et les proclamations du Roi.

— 1820. Calendrier avec ornements antiques.

Dans des cartouches les légendes suivantes : « Tout est perdu fors l'honneur. » — « La garde meurt, mais ne se rend pas. » — « A moi Auvergne, voilà l'ennemi ! » — « Nos soldats sont des sujets fidèles et non des assassins. »

— 1821-1822-1823. *Calendrier Dieudonné.*

Vignettes : Apothéose du duc de Berry : Songe de la duchesse de Berry. — L'espérance l'attend (la France au berceau de l'enfant qui va naître). — Encore six ans de plus — Le duc de Bordeaux. — Comme Henri IV le vin est son premier lait, comme lui il sera brave et galant. — La France recevant le duc de Bordeaux.

2 feuilles, chacune avec documents différents. Pour la première :
Institutions de Saint Louis, au lit de mort, adressées a son fils Philippe le Hardi. — Instructions de Louis XIV a son petit-fils. — Lettre de la duchesse de Berry au Roi. — Noms des pairs et députés.

Pour la seconde :
Testament de Louis XVI. — Testament de la reine Marie-Antoinette. — Prière quotidienne de Madame Élisabeth de France, sœur de Louis XVI, pendant sa captivité.

— 1820. *Les Fastes de la Monarchie*, almanach pour 1820, dédié à la Noblesse française.

Chaque mois est entouré d'arceaux gothiques ayant, au haut, des trophées de drapeaux et d'écussons sur lesquels sont inscrits les noms des grands capitaines de l'ancienne monarchie. Dans le bas, autour du titre, sur des faisceaux : *Croisades* et *Diex el volt*.

— 1824. *Calendrier des Braves de la Légitimité*, dédié à S. A. R. Madame la duchesse d'Angoulême.

Passage de la Bidassoa. — Entrée dans Madrid. — Prise du Trocadero. Petites vignettes relatives à l'expédition d'Espagne.

— 1825. *Calendrier de Cabinet* pour l'année 1825.

Au-dessus, dans des médaillons, les portraits du roi et des pairs de France : S. M. Charles X. — S. A. le Duc d'Angoulême. — Moncey. — Gouvion Saint-Cyr. — Marmont. — Victor, duc de Bellune. — Oudinot, duc de Reggio. — Macdonald. — Soult. — Davoust. — Suchet. — Général Cambronne.

— Calendrier pour 1825.

Avec les portraits de la duchesse de Berry, de feu Louis XVIII, de la Dauphine et du Dauphin, du duc de Bordeaux, de Mademoiselle et du roi Charles X.

— 1825. Calendrier avec figures sur l'expédition d'Espagne.
>Passage de la Bidassoa. — Prise du Trocadéro. — Entrevue du roi d'Espagne et du duc d'Angoulême. — Entrée du duc d'Angoulême à Paris.

— 1825. Calendrier avec figure sur l'expédition d'Espagne.
>Le Dauphin entrant dans Paris entouré de son armée; de chaque côté foule l'acclamant Au bas sont inscrites toutes les campagnes de 1823.

— 1836. Calendrier, avec les portraits de Louis-Philippe, la reine Amélie et la famille Royale.
>Mauvais médaillons gravés sur bois.

## II. — Calendriers napoléoniens.

— 1819. *Les Tables de la Gloire*, almanach pour 1819, dédié à tous les amis de la Patrie.
>Noms de batailles et de généraux, côte à côte avec les saints.

— 1819. *Une Victoire par jour.* Almanach militaire dédié aux Braves, par A.-M. Perrot et Ladvocat.
>Batailles et généraux, avec les saints au-dessus de chaque mois Dans un cartouche, les noms des généraux de l'Empire.

— 1820. *Calendrier des Braves défenseurs de la Patrie, ou autant de Victoires que de jours.*
>Noms des batailles et des généraux des guerres de la Révolution et de l'Empire.

— 1820. *Souvenirs français.*
>Avec inscriptions : « La garde meurt et ne se rend pas — Honneur au courage malheureux. »

— 1822. *Almanach de la Colonne.*
>Médaillon central : grenadier portant un enfant de troupe devant la colonne : « Du bronze de vingt nations nous avons formé la colonne. » Chaque mois porte un nom de victoire

— 1821. *Deux Victoires par jour.* Almanach militaire dédié aux Braves, par Ladvocat.
>Victoires des Français depuis 1792 jusqu'en 1815. Avec ornements guerriers.

— 1821. Calendrier gravé sur le fronton du Panthéon.
>Avec tous les noms des victoires de la République et de l'Empire au-dessus des mois.

— 1821. *Les Tables de la Gloire*, almanach pour 1821, dédié aux amis et aux défenseurs de la Patrie.
>Dans des cartouches, au-dessus des mois, se trouvent des légendes aux armées victorieuses; au-dessous, faisceaux d'armes avec les inscriptions: « Honneur, Patrie, Fidélité, Dévouement. »

— 1824. *Calendrier-Colonne des Héros français depuis l'an 700 jusqu'à l'année 1824.*
>Calendrier gravé en entier sur une colonne surmontée d'un groupe personnifié

par le Temps et une femme, l'architecture étant dessinée par Adam et le groupe par Deveria. Sur le socle, entouré d'aigles aux coins, un quatrain :

> Grands jours, illustres noms chéris de la victoire,
> Des siècles ont passé sur votre souvenir,
> Et plus brillante encor votre immortelle gloire
> Attend les siècles à venir.

— 1825. Calendrier ayant, au-dessus de chaque mois, dans un médaillon, les noms des batailles de l'Empire.

Au milieu une colonne sur laquelle sont inscrits les noms des généraux français. Au pied de la colonne, cette inscription : « Aux Braves ».

— 1834. Calendrier avec vignettes de batailles.

Prise de Malte par Bonaparte (1798). — Bataille d'Aboukir (1799). — Bataille de Tabarie (1800). — Bataille d'Héliopolis (1800).

— 1836. Calendrier avec vignettes de batailles.

Bataille de Montereau. — Bataille de Montmirail. — Bataille de Mont-Thabor. — Bataille de Smolensk.

— 1836. Calendrier pour 1836.

Le buste de Napoléon dédié aux Braves, soutenu par un grenadier et un lancier de la garde ; au-dessous, les noms de maréchaux et généraux de l'Empire, avec la légende : « Dieu protège la France ».

— 1833. *Almanach des Braves, dédié à la Nation française.*

Buste de Napoléon dans un médaillon soutenu par deux braves de la Grande Armée (soldat de la Révolution et grenadier) Au-dessus son chapeau et son epée, avec la légende : *Des larmes au grand homme.* Sur des feuilles de papier les noms des batailles. En haut, un aigle tenant dans son bec la croix de la Légion d'honneur. Au-dessous, le calendrier.
Image coloriée de chez Dembour, à Metz.

— 1838. *Almanach pour 1838. Calendrier des Braves.*

Buste de Napoléon couronné par une femme personnifiant la France. De l'autre côté, un grenadier. Calendrier au milieu. Au-dessous, attributs : Aigle, Code, Légion d'honneur, et la légende : « Tout pour le peuple ».
Image colorée de chez Pellerin.

— 1839. *Clémence de l'Empereur Napoléon.* Almanach Nouveau pour l'année 1839.

Au milieu, Napoléon, la France à genoux implorant sa clémence pour l'avoir détrôné, tandis que la Renommée le couronne de roses.
Gravure sur bois. — Placard populaire.

— 1841. *Almanach National.*

Au milieu, dans un carré, calendrier en forme d'éventail. Tout autour, scènes lithographiées relatives à l'Empire. Arrivée de l'Empereur à Paris le 20 mars, par la route de Villejuif, avec le brave bataillon de l'Ile d'Elbe, et escorté des troupes que l'on avait envoyé pour le combattre. — Les députations de l'armée de terre allant passer la revue de l'Empereur dans les Galeries du Louvre. — Revue des bataillons de tirailleurs de la garde nationale par l'Empereur au Champ de Mars. — 12 juin, l'Empereur passe en revue le 2ᵉ corps d'infanterie à Avesnes. — 14 juin : le 10ᵉ de ligne demande à marcher à l'ennemi sans cartouches. — 15 juin, passage à Charleroi du 2ᵉ corps d'infanterie allant au village de Quatre-Bras. — 16 juin, les Anglais attaqués par le maréchal Ney au village de Quatre-Bras, avec le corps d'infanterie et la 3ᵉ division de cavalerie. — Bataille de Waterloo. Le 16 juin, l'Empereur gagne la bataille de Fleurus (Bataille de

Ligny). — La garde nationale, la garde impériale et la ligne travaillent à faire des fortifications sur la butte Montmartre. — Le 21 mars, dans la cour des Tuileries, l'Empereur en passant la revue de la garnison de Paris laissa tomber son chapeau un jeune lieutenant le lui remettant, l'Empereur lui dit : « Merci, capitaine..... — Dans quel régiment, Sire? — Dans ma garde. »

— 1842. *Souvenirs de Napoléon.*

Au haut du calendrier, le chapeau et l'épée de l'Empereur reposant sur un coussin. Sur les côtés : Bataille d'Austerlitz, Bataille d'Eylau, Retour de l'île d'Elbe, Adieux de Fontainebleau ; vignettes carrées ayant, au milieu, dans un médaillon, le portrait de Napoléon et le tombeau de Sainte-Hélène.

— 1842. Calendrier consacré aux souvenirs de l'Empire.

Petites vignettes de formes rondes, carrées, jetées çà et là dans les encadrements surchargés de l'époque. Les mois de l'année se trouvent sur quatre feuilles se détachant du motif central : les Funérailles de Napoléon.

— 1842. Calendrier avec vignettes napoléoniennes.

« Courage, mes enfans, la France vous regarde. » — « Nous nous mettrons au travers. » — Revue dans la cour du château (des Tuileries). — Bonaparte et Kléber.

— 1842. Calendrier avec vignettes napoléoniennes.

Arcole. Autour : Sainte-Hélène et Courbevoie. — Austerlitz. Autour : le char funèbre et le catafalque.

— 1841. *Tombeau de l'Empereur Napoléon aux Invalides. Programme des cérémonies funèbres et religieuses qui vont avoir lieu à Paris, à l'occasion de la translation des cendres de Napoléon.*

Calendrier et chanson sur le retour des Cendres. Au haut, mauvais bois populaire représentant le catafalque. Au-dessous, la statue de la colonne Vendôme.

— 1841. *Derniers Vœux de Napoléon Bonaparte accomplis par la France. Almanach nouveau pour la présente année 1841. Prédictions et pronostications comiques.*

En haut, lithographie populaire représentant le catafalque.

— 1843. Calendrier avec vues du char funèbre et de l'île Sainte-Hélène.

Placard populaire : mauvaises gravures sur bois.

— 1843. *L'Indicateur Général*, gravé par Houiste, écrit par Bénard. Calendrier Napoléonien, avec le Tableau historique, scientifique, industriel et monumental de la France, de 1789 à 1842.

Encadrement architectural et 9 vignettes, 5 scènes de batailles : Mont Saint-Bernard, Arcole, les Pyramides, Wagram, Montereau. 4 petits sujets personnels à l'Empereur : Toulon, Adieux (à Marie-Louise), Charleroi, Sainte-Hélène.

— 1846. *L'Empereur Napoléon aux Invalides.* Almanach nouveau pour l'année 1846.

Placard populaire. Avec un bois représentant les Invalides.

— 1849. *Napoléon Républicain*, calendrier pour 1849.

Six portraits : l'oncle, le neveu, le cousin, le duc de Reichstadt, le prince Murat, Pierre Bonaparte.
Chansons : Napoléon député, le peuple français à Louis-Napoléon Bonaparte. Imagerie coloriée.

— 1849. Calendrier pour 1849.

> Portraits des quatre représentants du peuple, de la famille Bonaparte : Louis Bonaparte président de la République, Napoléon Bonaparte, Lucien Murat, Pierre Bonaparte.
> Les deux premiers sont tenus par Napoléon 1er, dont le buste apparait dans le fond, et qui met les mains sur leurs épaules.

— 1851. Calendrier ayant, d'un côté, le portrait de Napoléon I", de l'autre le portrait de Louis XIV, avec scènes de batailles se rapportant aux deux souverains.

— 1851 et suite. Calendriers avec médaillons de Napoléon III, ayant, au-dessus, le buste de Napoléon I".

### III. — Calendriers à tendances libérales et consacrés aux événements de 1830 et de 1848.

— 1822. *Calendrier Libéral* pour 1822.

> Avec les portraits de Benjamin Constant, Dupont, Chauvelin, Bogne de Faye, Devaux, comte de Girardin, Hardouin-Picot, Desormeaux, Courvoisier, Casimir Perier, general Sebastiani, Manuel, Bedoch, Bignon, Chabaud-Latour, général Taraire, Martin de Gray.
> Au-dessous, comme legende, la dedicace : « Aux citoyens utiles, aux grands hommes, la patrie reconnaissante ».

— 1830. *Calendrier de la Liberté de la Presse et de l'Ordre public en France*, depuis la Révolution de 1830 (Une Saisie, un Jugement ou une Émeute par jour).

> Calendrier satirique composé par Giraudon-Bovinet, récapitulant les mesures prises contre la liberté de la presse depuis 1830. Vignettes également satiriques (*Exemple d'ordre public* — la troupe chargeant les passants — et vues de la cour de la Préfecture de police et des prisons).

— 1831. *Calendrier des Régénérateurs de la Liberté*, dédié et présenté au général Lafayette.

> Au-dessus, sur une bande, la République assise, tenant en main un drapeau avec l'inscription : « Liberté. Ordre public ». De chaque coté, des soldats unis à des ouvriers et à des bourgeois jurant de vivre ou de mourir pour elle.

— 1831. *Almanach National*, 1831.

> Au-dessus de chaque mois se trouve une gravure représentant les evenements de la Révolution de 1830. — 27 juillet : Lecture des journaux prohibes au Palais-Royal. — 28 juillet : Combat, rue Saint-Honoré, entre les Parisiens et la Garde Royale. — 29 juillet : Prise de l'Hôtel de Ville et de l'artillerie royale. — 29 juillet : Prise du Louvre par le peuple commandé par l'École Polytechnique. — 3 août Retour de Rambouillet dans les voitures de la cour. — 7 août : Proclamation de Louis-Philippe 1er, roi des Français.

— 1848. *Calendrier National*.

> Au milieu, Louis-Philippe, assis, demandant l'aumône. « Faites l'aumône au dernier des Rois!! » (Beranger) Sur sa poitrine, une pancarte avec l'inscription : « Assistez un pauvre aveugle, s'il vous plait ».

— 1849. Calendrier, avec scènes de la Révolution de 1848.

> 20 avril 1848: Fête de la Fraternité (distribution des drapeaux). — 21 mai 1848 : Fête de la Concorde (char de l'Agriculture).

— 1849. Scènes relatives à la mort de Mgr Affre.
> « Aimez-vous les uns les autres, que la paix soit avec vous. — Puisse mon sang être le dernier versé! »
> « Prends cette croix, garde-la sur ton cœur, elle te portera bonheur. — Le Bon Pasteur donne sa vie pour ses brebis. »

— 1849. *Calendrier religieux dédié aux Fidèles*, 1849.
> Cérémonie des Funérailles de Monseigneur Affre, à Notre-Dame.

— 1849. Calendrier avec scènes relatives à la Révolution de 1848.
> Banquet de la garde nationale. — Campement de gardes mobiles. — Poste de gardes-marine. — Garde républicaine à pied et à cheval.

### IV. — Calendriers historiques divers.

— 1822. *Calendrier des Fléaux et des Folies révolutionnaires*, ou un crime et une folie par jour.
> Petites vignettes représentant les sujets suivants : Incendie des châteaux Noyades de Nantes, Cimetière de la Madeleine, Spoliation des Églises.

— 1823. *Almanach des Grecs*, avec vignettes relatives à la guerre de l'Indépendance.
> Passage des Thermopyles par Léonidas — Passage des Thermopyles par Marcos Botzaris. — Combat naval de l'île de Scio. — Prise de la forteresse de Jenitzar.

— Calendrier pour 1826.
> Un grand panneau, au milieu duquel est un navire portant, inscrit sur ses voiles, les noms des généraux français. Sur le drapeau flottant à l'arrière, on lit : « Aux braves morts pour la patrie ». Au-dessus des colonnes du calendrier, dans des couronnes, les inscriptions : *Gloire, Honneur*, etc.

— Calendrier pour 1829, avec différents sujets héroïques.
> Combat du vaisseau *le Vengeur* (15 juin 1794). Vive la Nation! — Brisson et les émeutiers, 4 novembre 1827. — Adieu, pilote, voilà le moment d'en finir. — Mort du chevalier d'Assas (16 octobre 1760). — A moi, Auvergne! voilà les ennemis!

— Calendrier pour 1829.
> Avec quatre vignettes représentant les personnages symboliques : paysan, médecin, militaire, procureur ; chacun ayant, au-dessous, les légendes habituelles : *Je vous nourris tous. — Je vous guéris tous. — Je vous défends tous. — Je vous ruine tous.*

— *Relation historique du naufrage de la frégate « la Méduse »*, almanach nouveau pour l'année 1840.
> Bois populaire avec texte explicatif.

— Calendrier pour 1843.
> Gravure représentant la mort de S. A. R. le duc d'Orléans (13 juillet 1842).

— 1846. *Calendrier Historique*.
> Au haut, Napoléon I⁸ sur le champ de bataille d'Austerlitz. Sur les côtés : entrée d'Henri IV à Paris (1594). Exil de Marie de Médicis (1631). Prise de Valenciennes (1677). Bataille de Fontenoy (1715). Bienfaits de Louis XVI (1783). Bataille de Jemmapes (1792). Rentrée de Louis XVIII (1814). Prise d'Alger (1830).

## V. — Calendriers consacrés aux guerres d'Algérie.

— Calendrier pour 1839.
    Prise de Constantine et portraits du duc d'Orléans et du dey d'Alger.

— 1842. *Calendrier patriotique* pour l'année 1842.
    Contenant les faits mémorables des victoires et conquêtes des Français en Algérie depuis sa possession jusqu'à nos jours.
    Avec gravure sur bois et une pièce historique

— 1843. Calendrier avec scènes des guerres d'Algérie.
    Dernier assaut de Constantine. — Prise de Constantine. — 1200 contre 123. — Defense de Mazagran.

— 1844. Calendrier avec scènes des guerres d'Algérie.
    Bataille de l'Isly. — Bataille de Mogador.

— 1845 Calendrier populaire.
    Bombardement de Tanger. — Bataille d'Isly. — Bombardement de Mogador — Le prince de Joinville. — Le maréchal Bugeaud.
    Bois populaires.

— Calendrier pour 1845.
    Embuscade française en Afrique. — Approches de l'armée française contre les Arabes. — Avec quatre types militaires : chasseurs d'Afrique et Arabes.

— Calendrier pour 1846.
    Générosité des Français envers leurs prisonniers. — Prisonniers français traitant de leur rançon.

— 1846. Calendrier pour 1846.
    Bataille d'Isly. — Bombardement de Tanger. — Le maréchal Bugeaud. — Le général Lamoricière. — Le duc d'Aumale. — Le prince de Joinville.

— 1848. *Calendrier Départemental illustré*, calendrier Algérien.
    Entouré de gravures sur la guerre. — Assaut de Constantine. — Mort du général Damremont. — Construction de la batterie de brèche. — Marche de l'armée française sur Constantine. — Mort du colonel Combes. — Explosion de la mine préparée par les Arabes. — Fuite des Arabes dans la grande rue de Constantine.
    Au milieu une carte de la Seine-Inférieure

## VI. — Calendriers consacrés aux illustrations nationales.

— 1820. *Almanach national* pour 1820.
    Au-dessus des mois, dans des médaillons, les portraits des grands hommes Bayard, Fénelon, Lapérouse, Poussin, Tourville, Mirabeau, Charlemagne, Molière, Kléber, L'Hôpital, Jeanne d'Arc, Cl. Perrault. Au-dessous les légendes suivantes : « La France est le seul pays du monde qui puisse s'honorer d'avoir produit chaque jour de l'année un personnage célèbre. — Sciences. — Lettres. — Beaux-arts. — Industrie. — Valeur. — Vertu. — Religion. — Philosophie »

— 1827. *Calendrier Royal* pour 1827, donné par les Postes.

Avec les portraits de J.-J. Rousseau et de Voltaire.

— 1846. *Calendrier des Illustrations de la France* pour 1846.

Avec les portraits de Lamartine, prince de Joinville, Odilon-Barrot, Arago, Chateaubriand, maréchal Bugeaud, Thiers, Berryer. En haut, la France, tenant en main la Charte. Sur les côtes, la République et l'Industrie.

1848. *Le Temps. Almanach national, historique et prophétique.*

Placard populaire. Dans le haut, le Temps, ayant autour de sa faux un drapeau déroulé, sur lequel figurent les portraits de personnages illustres : Charlotte Corday, Turenne, Casimir Delavigne, etc.
Texte racontant dix-sept ans de l'histoire de France, de 1829 à 1847.

— 1827. *Calendrier des Dames* pour l'année 1827. Hommage aux Dames françaises, par Madame Gabrielle de P\*\*\*.

Au-dessus de chaque mois, les portraits de M<sup>me</sup> de Sévigne, M<sup>me</sup> Deshoulières, Marguerite de Valois, M<sup>me</sup> de Maintenon, Jeanne d'Arc, Jeanne d'Albret, M<sup>me</sup> de Stael, M<sup>me</sup> Dacier, Laure, M<sup>me</sup> de Lafayette, Clotilde de Surville, M<sup>me</sup> de Graffigny.

— 1845. *Calendrier dédié aux Dames.*

Avec petits portraits de femmes représentant des vertus ou des aptitudes spéciales : Agnès Sorel, Miramion, Jeanne d'Arc, M<sup>me</sup> Dacier, M<sup>me</sup> Damoreau, Marie d'Orléans, M<sup>me</sup> de Sévigne, Marie-Thérèse, Sophie Gay, Rachel, M<sup>me</sup> Lavalette, Marguerite de Valois.

## VII. — Calendriers consacrés à des actualités parisiennes.

1830. — *Almanach Omnibus.* Divisé en deux semestres.

Au-dessus de chaque mois les différentes voitures de l'époque, chaque type ayant une réclame en vers le concernant, adaptée aux airs nouveaux :

PREMIER SEMESTRE.

**Omnibus** : Air : *Je loge au 4<sup>e</sup> étage.*

Les omnibus sont vraiment dignes,
De tous nos hommages, je crois,
On les voit sur toutes les lignes
Voiturer l'honnête bourgeois ;

Ils nous entassent côte à côte
Pour cinq sous en toutes saisons,
Et vraiment ce n'est pas leur faute
Si l'on voit encor des piétons.

**Dames Blanches.** — Air : *On dit que je suis malice.*

Les Dames Blanches sont charmantes,
Même je dirai ravissantes.
On vante leur légereté,
On cite leur solidité.

Souvent depuis la Madeleine
Plus d'un élégant s'y promène,
Et descend d'un air triomphant,
Sur la place de l'Elephant.

**Tricycles.** — Air : *Vaudeville de la Somnambule.*

« Messieurs, pour la barrière du Maine, »
Dit un conducteur obligeant.
A ces mots je reconnais sans peine
Les Tricycles et leur train élégant.

Partez, écrivains à la glace,
Des beaux esprits c'est le rendez-vous,
Vous pouvez aller au Mont-Parnasse
Pour la bagatelle de cinq sous.

**Ecossaises.** — Air : *Vaudeville de l'Intérieur d'une étude.*

Pour l'Ecole de Médecine,
Un transport vient d'être établi
Et ce trajet, ou le devine,
Par les Favorit's est servi.

Quoiqu'approuvant cette conduite,
Moi je craindrais, je l'dis sans fard,
En prenant une Favorite
De revenir en corbillard.

**Diligentes.** — Air : *J'ai vu le Parnasse des Dames.*

De cette voiture élégante
Dites-moi le nom, cher voisin.
— Monsieur, c'est une diligente
Qui se rend au quartier d'Antin,

Oui, j'ai recours à leur vitesse,
Que chacun sait apprécier,
Lorsque je vais chez ma maîtresse
Ou que je fuis un créancier.

DEUXIÈME SEMESTRE. (Voir la gravure de la page 230.)

**Béarnaises.** — Air : *la Robe et les Bottes.*

La Béarnaise, c'est la voiture
De la petite propriété,
Contre une averse l'hiver ça vous assure,
Et toute poussière en été.

Les honnêt's gens n' s'ront plus victimes
Du fier landau numéroté,
Car moyennant vingt-cinq centimes,
Le malheureux n' sera pas crotté.

**Carolines.** — Air : *Vaudeville de jadis et aujourd'hui.*

Caroline, hélas ! me rappelle
Un nom qui fut cher à mon cœur
De cette voiture nouvelle
J'aime la forme et la couleur.

Son succès est certain en France
Surtout auprès des amoureux,
Car la couleur de l'espérance
Est celle qu'ils aiment le mieux

**Citadines.** — Air : *De Julie.*

J'aime beaucoup les Citadines.
A Belleville elles vous mènent tout droit.
Souvent en route je rencontre mes voisines
Et ce hasard aisément se conçoit,

Nous arrivons dans ce séjour céleste
Et nous trouvons pour nous désennuyer
Le restaurant de monsieur Denoyer
Et l'théâtre de monsieur Sevestre.

**Batignollaises.** — Air : *Vaudeville de l'écu de six francs.*

Vous qui voulez rire à votre aise
Et dont le goût est campagnard,
Prenez une Batignollaise
C'est bien plus gai qu'un corbillard (bis).

La docile Batignollaise
Atteignant l' but qui vous séduit,
Au Per' la Thuile vous conduit
Et l'autr' vous mène au Père-Lachaise.

**Fiacres.** — Air : *Voici la riante semaine.*

Bravant gaiement Tricycle et Diligente,
La Dame Blanch' l'omnibus et son train,
Et se riant d' la fortune inconstante,
Le Fiacre hélas! va tout droit son chemin.

Avec orgueil il parcourt chaque place
En contemplant tous ces nouveaux essais
Vertus, attraits, sur la terre tout passe
Mais les sapins ne périront jamais.

**Cabriolets** — Air : *Ce boudoir est mon Parnasse.*

Le Cabriolet, j'espère,
Doit avoir la primauté,
Car pour sa course légère
En tous lieux il est cité.

Va-t-on rejoindre sa belle,
On le prend presque toujours ;
Prêt aussitôt qu'on l'appelle,
C'est le courrier des amours.

Au bas de la feuille se trouve l'indication du parcours de chaque voiture

— 1828. *Calendrier Royal.*

> Bois populaire représentant les Indiens et la Girafe, cette dernière étant tenue par l'un d'eux avec une corde.

— 1846. Calendrier pour 1846.

> Voiture du général Tom-Pouce. Le petit nain célèbre, qui faisait alors courir tout Paris, est représenté dans différents costumes, montant en voiture ou se pavanant dans une voiture attelée à quatre chevaux.

— 1842. *A la Grâce de Dieu*, calendrier pour 1842.

> Scène de *la Grâce de Dieu* au-dessus du calendrier. — Lithographie.

— 1842. *La Grâce de Dieu*. Histoire véritable de Marie la petite Savoyarde, almanach nouveau pour 1842.

> Vieille gravure sur bois et texte populaire.

— 1843. *La Esmeralda ou Notre-Dame de Paris*. Almanach nouveau pour l'année 1843.

<small>2 bois populaires : scènes de *la Esmeralda*.</small>

— 1844. *Calendrier des Mystères de Paris*, dédié aux 1 000 000 000 000 000 Lecteurs !!!!

<small>En haut, dans un medaillon, portrait d'Eugène Sue, entouré de tous les personnages des *Mystères de Paris*. Vignettes représentant le Tapis-franc, — le retour au presbytère, — Saint-Lazare, — la promenade, — le sauvetage, — la reconnaissance, — l'assassinat, — le départ.
J. Gagné del, gravé sur pierre par H. Boullet.</small>

— 1845. *Scènes des Mystères de Paris* : Le Tapis-franc. La Punition. La rue aux Fèves. La plaine Saint-Denis. Le Caveau. La Maladie.

<small>Sur les côtés, portraits en pied de Rodolphe, Fleur-de-Marie, Rigolette, le Maître d'école.</small>

— 1845. *La Cour des Miracles et ses Mystères*. Mœurs, coutumes et usages de ses habitants connus sous le nom de Truands. Almanach pour l'année 1845.

<small>Feuille populaire avec mauvais bois.</small>

— 1837. *Le Robert-Macaire de 1837*.

<small>Robert Macaire et Bertrand, portant sur eux les mois du calendrier (chacun un semestre), avec la légende : « Vois-tu, Bertrand, le seul moyen de nous introduire partout, c'est de nous faire. ... quoi !..... calendrier ».</small>

— 1838. Calendrier pour 1838.

<small>Sous forme de table de marbre que tiennent de chaque côté Robert Macaire et Bertrand. Sur le haut , jouant ainsi au-dessus de cheminee, pendule avec un chevalier et des sacs d'écus tout autour.</small>

— 1840. Calendrier pour 1840. Robert Macaire et Bertrand.

<small>« Mon cher Bertrand, la houille ne fume plus, les actions sont sans mouvements, nous n'avons plus d'autre chance que d'exploiter le tremblement de terre pour 1840. »</small>

— 1840. *Nouveau Système des poids et mesures mis à la portée de tout le monde*.

<small>Au haut, petite vignette représentant Robert-Macaire aux prises avec le Temps.</small>

— 1840. *Almanach des Farceurs*.

<small>Pierrot, Polichinelle, Arlequin, tiennent une toile sur laquelle on lit le titre de l'almanach. Derrière eux apparaissent Robert Macaire et Bertrand.
Image populaire coloriée.</small>

— Calendrier pour l'année 1841.

<small>Le Temps trainant un char chargé de masques. Le calendrier se déroule sur une énorme roue pleine.</small>

— 1842 et suite. *Calendrier Parisien*. Paris et ses monuments.

<small>Placard populaire avec mauvaises vignettes sur bois donnant, chaque année des vues différentes de la capitale.</small>

— *Les Petits Mystères de Paris*. Calendrier nouveau pour l'année 1844.

Placard populaire avec deux bois et texte : Le marché des Innocents. — Le Petit-Lazari. — Tous nos billets de mariage. — Comme on dine au Palais-Royal pour 2 francs. — Le père Coupe-Toujours.

— *Calendrier Parisien* pour l'année 1845.

Placard populaire donnant, sur les côtés, la colonne de Juillet et la colonne Vendôme.

— Calendrier pour 1844. Vues de l'ancien Paris, 1750.

Place Maubert : enlèvement de police. — Place des Halles : déménagement d'un peintre.

— Calendrier pour 1847.

Vues du boulevard de la Madeleine et du boulevard du Temple.

— Calendrier pour 1847.

Scènes de l'Hippodrome. Barrière de l'Étoile.

### VIII. — Calendriers avec vignettes sur les moyens de locomotion

— *Almanach des Voyageurs* pour 1843.

Avec petites vignettes représentant les chemins de fer de Saint-Germain, Versailles et Corbeil, les Messageries Toulouse avec les coches et bateaux à vapeur, les Messageries royales, les malles-postes, les Messageries générales.

— 1843 *Calendrier des Postes*.

Dans le haut une malle-poste. Dans le bas un facteur remettant à une dame son calendrier, avec la légende : *Cadeau d'étrennes du Facteur*.

— 1840 à 1846. Séries de calendriers avec vues des grandes routes de France.

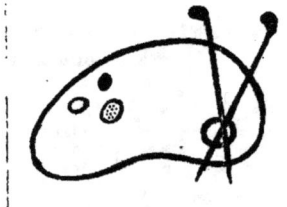

Original en couleur
NF Z 43-120-B

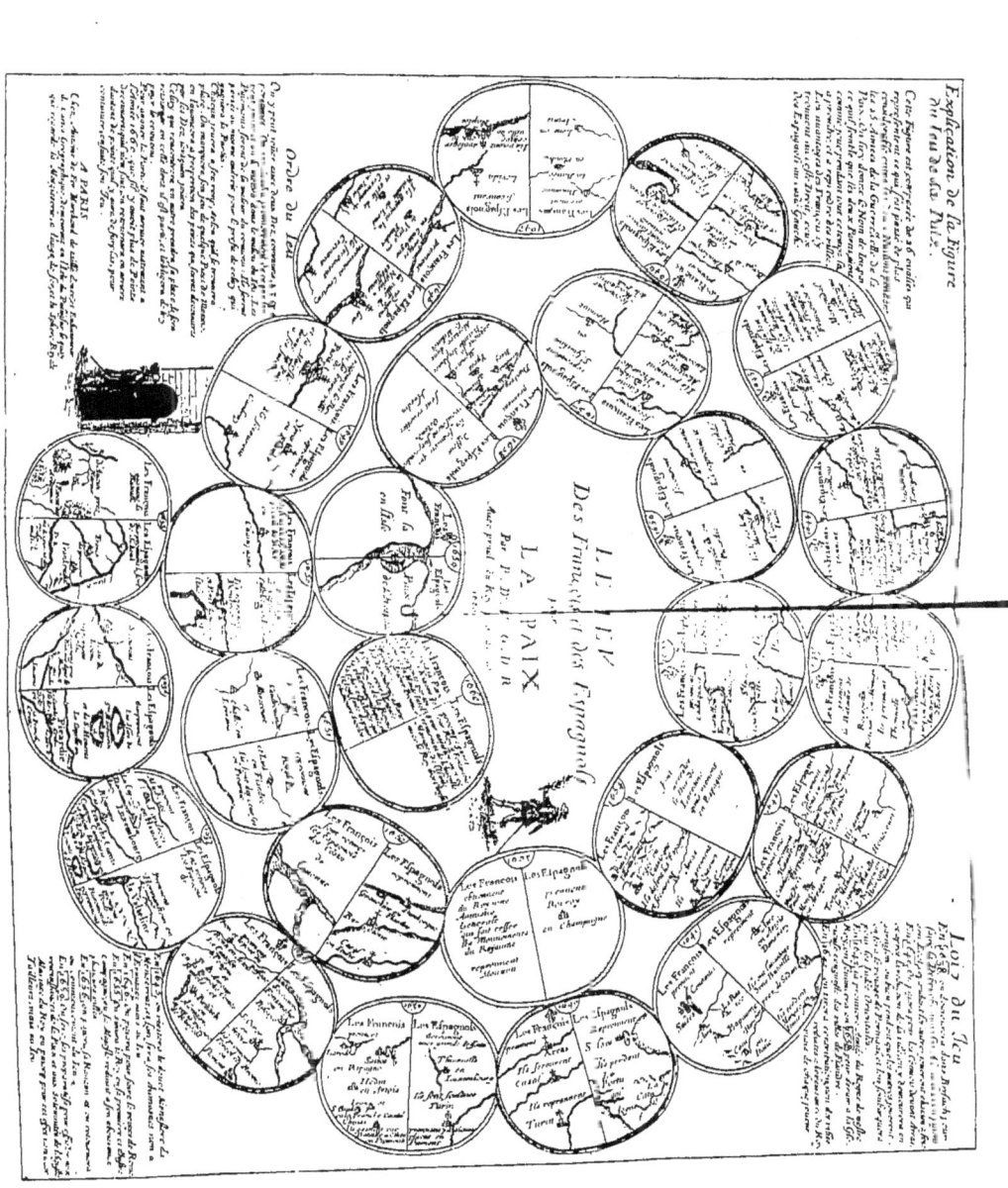

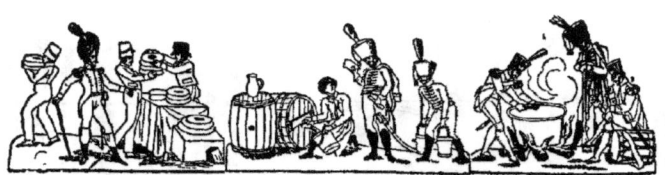

Fig. 224. — Cantine militaire. Image de chez Desfeuilles, à Lille.

## CHAPITRE XII.
## Les Jeux d'Oie.

Feuilles populaires. — Jeux d'oie destinés à instruire l'enfance. — Jeux d'oie héraldiques, militaires, religieux. de modes. — L'Actualité politique ou littéraire dans le Jeu d'oie. — Le Théâtre, les Courses, les Actualités industrielles. — Le Jeu d'oie et la Caricature.

En une de ces scènes d'intérieur dont il eut, toujours, la spécialité, Chardin a représenté deux enfants, un garçon et une fille, s'amusant au jeu d'oie, ce « noble jeu renouvelé des Grecs », ainsi qu'il convient de l'appeler, suivant les légendes de l'ancien temps, et avec tout le respect qui lui est dû. Car il a droit à toute notre estime, à toutes nos sympathies, ce jeu bien innocent et, pourtant, plein de charme, plein d'imprévu, plein d'angoissants inconnus, qui captiva notre enfance et fit le bonheur de plus d'un philosophe, Rousseau, entre autres.

Le jeu d'oie, aujourd'hui majesté déchue, depuis que les exercices physiques ont absorbé toutes les forces, tout l'intellect de l'enfant, depuis que les réunions de famille autour des fameuses tables rondes, ayant survécu de longs siècles aux romans de chevalerie, ont été remplacées par d'autres préoccupations; le jeu d'oie qui prêta ses flancs, ses feuilles, son carton, pour mieux dire, aux choses, aux idées du jour. Ce n'est pas seulement un accessoire de l'image, comme on pourrait le croire, c'est un document historique de premier ordre, un document qui, par l'ampleur de sa feuille, a pu fournir aux sujets les plus divers les développements qu'ils comportaient, leur permettant d'évoluer en tous sens, de se produire sous toutes leurs faces.

Le jeu d'oie qui enseigne, qui apprend, qui prête à l'observation, à la rêverie! Cette portée philosophique qu'il eut, en tous temps, un article de l'ancien *Magasin Pittoresque* l'a fait particulièrement bien ressortir.

« Ce n'était point seulement le jeu des enfants, » dit l'article en question, « mais celui des jeunes filles, des grands parents : c'était surtout le jeu du foyer. En attendant le souper, les familles le jouaient près du feu, et il éveillait un intérêt toujours renouvelé. Malgré la simplicité de ses combinaisons, le jeu d'oie offre, en effet, plus de distractions et de retours que beaucoup d'autres. Il est égayé par les images grossières mais reconnaissables qui le composent; il prête à une série continuelle de jeux de mots, de surprises, d'espérances remplies ou trompées; il a enfin l'avantage de procéder du hasard et d'égaliser, par conséquent, les forces du joueur. »

Mais, dira-t-on, il y a jeu d'oie et jeu d'oie, le vrai jeu d'oie classique, « renouvelé des Grecs », suivant la formule, avec ses éternelles petites vignettes identiques, placées chacune en sa case, mauvais bois populaires que réimprimaient sans fin les ateliers d'Orléans, de Lille ou de Chartres, qu'un graveur imbu de l'esprit du temps essayera, un jour, d'habiller à la Watteau, jeu quelque peu terne et d'une décevante monotonie; — puis le jeu d'oie composé dans un but essentiellement éducatif, et, enfin, le jeu d'oie accommodant à la sauce grecque les personnages et les événements du moment.

Du premier, rien à dire, les feuilles populaires auxquelles il donna naissance ne se distinguant entre elles que par le plus ou moins d'éclat du coloris, par le procédé de reproduction, par les ornements, les vignettes des coins, ou encore, par les différences du titre. Tels le *Jeu de la Chouette* ou le *Jeu du Solitaire*.

Le second est le jeu particulièrement en honneur aux XVII$^e$ et XVIII$^e$ siècles, destiné à intéresser l'enfance, à lui donner des notions générales sur les choses et les institutions humaines, souvent plus littéraire que graphique, surtout dans le domaine de l'histoire et de la géographie, et alors composé de notices d'une interminable longueur, enfermées dans des cartouches ornés. Son but était bien uniquement d'ouvrir l'esprit de l'enfant, de lui inculquer le goût de la lecture, sous une forme qu'on estimait devoir être attrayante.

L'Ancien et le Nouveau Testament, l'histoire grecque, l'histoire romaine, l'histoire de France, la chronologie des rois, l'histoire universelle, les vertus et les vices, les règles et les formes de la conversation, l'alphabet lui-même, la géographie de la France, la géographie universelle, les mathématiques, également, se trouvaient ainsi enseignés à l'aide de promenades autour de 63, 75, 85 et quelquefois même 113 cases. Véritables leçons de choses avant Frœbel, surtout lorsque ces jeux — et tel est le cas pour la science héraldique, la marine, les sujets militaires — étaient illustrés d'images documentaires.

Et puis, comme il fallait varier, comme il fallait récompenser les enfants bien sages, en leur offrant des récréations moins arides, des sujets plus palpitants, — du moins c'est la tendance qui doit se manifester au XVII$^e$ siècle, — des éditeurs accommodèrent à cette petite promenade les aventures de Télémaque fils d'Ulysse, ou les aventures de Don Quichotte, pour lesquelles les burinistes purent graver des vignettes d'une sécheresse tout à fait classique.

Les feuilles héraldiques, militaires et autres n'ont rien perdu, avec le temps, de leur attrait, car en les comparant l'une à l'autre, depuis 1680 par exemple jusqu'en 1815, on peut suivre les progrès de la tactique militaire, de l'art des fortifications, de la marine et même de la géographie.

Malgré son classicisme et son doctrinarisme, le XVII$^e$ siècle ne résista cependant pas au plaisir des imitations et des parodies du jeu d'oie. Le *Jeu des Français et des Espagnols pour la paix* (1660), le *Jeu du Canal Royal* en 1682, fait à propos de l'ouverture du canal du Languedoc, peuvent être considérés comme les premières applications aux événement contemporains des formes de ce jeu, alors que *l'École des Plaideurs* sera, quelques années plus tard, une satire, non déguisée, des choses et des gens de justice; alors que *le Divertissement royal sur les vertus héroïques de Louis XIIII, roi de France et de Navarre* — un jeu auquel tous les courtisans devaient s'adonner avec une noble émulation — ouvrira la voie aux jeux d'oie ayant pour but de glorifier un homme et de perpétuer ses actions d'éclat.

Le XVIII$^e$ siècle, lui, continuant à graver les mêmes feuilles, ne se fit guère remarquer que par l'abondance des jeux à tendances religieuses, spirituelles, doctrinales, par les reproductions de costumes et de coiffures, et par l'introduction de cet élément dont il eut toujours la spécialité, la note amoureuse. C'est à lui que l'on doit les jeux de l'Amour et de l'Hymen, les jeux de Demandes et de Réponses, chargés de devises et de questions.

Après 1789, l'actualité politique prend possession du jeu d'oie :

la Révolution française fut condamnée, sous des titres différents, à faire la promenade des soixante-trois cases. On vit même paraître *les Délassements du père Gérard, ou la Poule de Henri IV mise au pot en* 1792, façon piquante d'accommoder la monarchie libérale, nationale, aux idées, aux principes du jour.

A l'avenir, toutes les époques laisseront, ainsi, la trace de leur passage. En 1815, les Cosaques; sous la Restauration, les fleurs, afin de pouvoir graver, une fois de plus, la célèbre devise : *Gloire aux Lis*; en 1830, les journées de Juillet; sous le second Empire, lors de la guerre de Crimée, le *Jeu des Rois d'Angleterre*, etc. Le grand homme aura sa période : Louis-Philippe régnant, nombreux seront les jeux d'oie popularisant les actions d'éclat de Napoléon I$^{er}$, ou racontant, par le menu, les actes de sa vie. Et la République, pour ne pas rester en arrière, donnera naissance au *Jeu de la Présidence*, reproduisant en dix-huit numéros le portrait-buste des dix-huit hommes les plus marquants du 4 septembre 1870 au moment où allait se poser la question de la présidence, de la direction du nouveau pouvoir exécutif. A partir de ce moment, du reste, les individualités politiques, malgré leur médiocrité, se verront souvent sur les feuilles populaires.

Éducatrice et militaire, sous le premier Empire, se plaisant aux costumes militaires, aux batailles, aux fables et aux jeux de l'enfance, religieuse sous la Restauration, à nouveau militaire sous le second Empire, la tendance du jeu d'oie sera de se porter toujours plus vers les choses d'actualité.

Au commencement du siècle apparaît la note parisienne : les enseignes, les cris, les monuments de la grande ville exécutent la promenade habituelle; les théâtres et les acrobates fournissent les illustrations du *Jeu des Théâtres de Melpomène, Momus et Thalie*, de tous les jeux consacrés aux danseurs de corde, sauteurs et voltigeurs. En 1846, le roman d'Eugène Suë donne naissance au *Jeu des Mystères de Paris*; le second Empire crée les jeux de courses, les steeple-chase, qui, avec tous leurs obstacles, affectent une forme particulière et adoptent le vert comme couleur générale, faisant en même temps entrer dans la ronde les chemins de fer, alors que les omnibus et autres moyens de locomotion s'étaient introduits sous Louis-Philippe. En 1867, c'est *le Noble Jeu de l'Exposition universelle*, et le siècle finissant clôture la série avec le jeu de la Tour Eiffel dominant les autres de toute la hauteur de ses fers échelonnés.

Beaucoup serait à dire, encore, sur les jeux de circonstance, d'actualité politique, sur la propagande par l'image ; j'insiste sur ce dernier point, puisque, là comme partout ailleurs, la Restauration chercha à battre en brèche les gloires du régime tombé en faisant appel aux mêmes moyens que lui. Tel le *Nouveau Jeu des Troupes françaises*, montrant, comme vignette finale, le roi « Louis XVIII recevant, avec bonté (*sic*), les hommages des chefs de l'armée ». — *avec bonté* : c'est tout un monde, toute une tactique ; un moyen d'amorce jeté aux vieux grognards. *Avec*

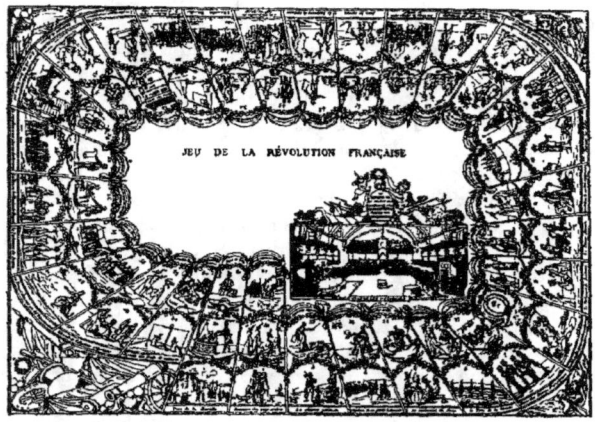

Fig. 225. — Reproduction très réduite du jeu d'oie dit « de la Révolution française ».

*bonté* : tout un système social ne repose-t-il pas dans ce simple mot! Tel, encore, le nouveau jeu de l'histoire de France (l'Empire excepté, bien entendu), dont toutes les cases donnaient, en guise d'oies, les membres de la famille royale, mâles ou femelles, et qui, pour comble d'ingénuité, se terminait au jardin des Tuileries, dans lequel Louis XVIII recevait les félicitations de ses « fidèles sujets » poussant des cris d'allégresse et entonnant le fameux : « Nous avons notre père de Gand ».

Rarement satirique au cours de son histoire, — il faut faire exception pour l'*École des Plaideurs*, — le jeu d'oie depuis 1870 s'est laissé envahir par la caricature politique, promenant ainsi les rois de France en charges, forgeant un *Jeu de Lois*, dessiné

par Lafosse, devant à Blass l'amusante feuille « triboulétine »,
le *Jeu du Canard*, à Alfred Le Petit des créations plus ou moins
grotesques et inventant, durant la période boulangiste, *l'Assiette
au beurre*, document typique pour les mœurs, les idées et les convictions contemporaines.

Feuilles de pure actualité, de pure curiosité, créées, mises au
jour par les journaux illustrés, ou rentrant dans le domaine du
colportage populaire, conservées par quelques collectionneurs,
que le Dépôt légal ne possède même pas au complet, et qui
n'eurent jamais pour but d'instruire ou d'amuser les enfants.

Jeux d'oie, jeux d'oie, images du bon vieux temps, plus personne ne mettra jamais rien sur vos cases.

Espérons toutefois qu'un éditeur intelligent, comprenant le rôle
de l'image à notre époque, ne laissera pas passer l'année 1899
sans nous donner le *Jeu d'oie du siècle*, résumant en ses cases, à
travers la promenade habituelle, les événements, les modes, les
découvertes, les particularités les plus typiques du siècle. Document populaire précieux qui pourrait, à la fois, servir de leçon
aux enfants et prendre place dans les cartons d'estampes.

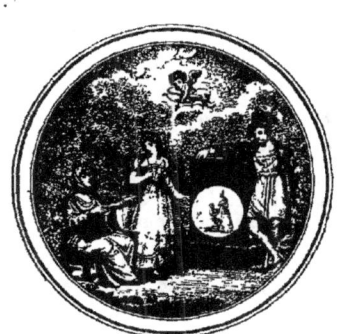

Fig. 226. — La lanterne magique.

# Appendice au Chapitre XII.

## NOTICES BIBLIOGRAPHIQUES

POUR SERVIR A

## L'ICONOGRAPHIE DES JEUX D'OIE

### I. — Jeux d'oie divers.

— *Nouveau jeu du Solitaire* (xvii<sup>e</sup> siècle).

— *Jeu de la Chouette.*

— *Nouveau jeu de la Chouette.*

— *Le nouveau jeu de l'Oie. Dédié au beau sexe.*

— *Jeu des Antiques* (Restauration).
    Le dernier numéro représente la statue d'Henri IV sur le Pont-Neuf.

— *Grand jeu du Sorcier, à l'instar du jeu d'Oie* (1843).
    Vignettes composées d'oies et de petits personnages

— *Les trois jeux réunis* : 1° le jeu Historique (se jouant comme le jeu d'Oie); 2° le Labyrinthe français ou nouveau Tonton-piste); 3° les trois Toupies nationales (jeu nouveau), 1879.

### II. — Jeux héraldiques.

— *Le jeu du Blason*, par N. de Fer, géographe de Sa Majesté Catholique (1655).

    « L'on doit considerer ce jeu comme une méthode ou introduction de l'art du blason », dit la notice. On compte quarante cases portant des armoiries ou, quelquefois, de simples inscriptions, et disposées en deux carrés, l'un dans l'autre. Au bas, a gauche, commence le n° 1 représentant les emaux du blason communs au temple de Gloire. Le dernier (n° 63), au-dessous du titre, offre les armes du Roy, accompagnees d'un riche entourage Sur le côté gauche de l'estampe une colonne de texte gravé a pour titre : « Introduction pour le jeu du Blason, par D. V. G. de R. » La colonne de droite est intitulée : « Ordre et Loix du jeu du Blason ».

### III. — Jeux historiques.

— *Le jeu historique de l'Ancien Testament* (1710), par le P. Bernon, jésuite.

> Jeu se composant de 60 médailles chargées d'inscriptions et rangées sur une table ovale représentant les évènements les plus célèbres de l'Ancien Testament. Le joueur devait expliquer l'inscription sur laquelle le sort des dés l'avait conduit ou bien payer la somme dont on était convenu.
> D'après les *Mémoires de Trévoux*, un petit livre spécial contenait les règles de ce nouveau jeu et l'explication des médailles.

— *Jeu historique sur l'Ancien Testament* (1743).

> Donnant également les évènements les plus célèbres de l'ancien Testament.

— *Jeu de l'Histoire, depuis la Création jusqu'à Moïse* (1836).

> Se termine à Pharaon submergé dans la mer Rouge.

— *Jeu de l'Histoire Sainte, depuis la naissance de Moïse jusqu'à sa mort* (1824).

> Six estampes relatant tous les évènements connus de cette période.

— *L'Histoire Romaine depuis sa fondation jusqu'à Constantin* (xviii* siècle).

> Simples légendes chronologiques, dans des cartouches.

— *Grand jeu de l'Histoire de Rome, depuis sa fondation jusqu'à César Auguste* (Consulat).

> Série de vignettes relatant chronologiquement les évènements de l'histoire romaine.

— *Tableau chronologique de l'Histoire Universelle, en forme de jeu* (1715).

> Allant d'Adam à Louis XV.

— *Jeu chronologique utile pour apprendre la suite des siècles, et ce qui est arrivé de plus remarquable en chascun* (xviii* siècle).

> Les siècles sont divisés en trois parties, la première se faisant remarquer par la naissance d'Abraham, la seconde par la naissance du Christ, la troisième par la naissance des deux rois de France du nom de Louis de Bourbon.

### IV. — Jeux consacrés à l'Histoire de France.

— *Le jeu Royal et Historique de la France, nouvellement inventé pour apprendre facilement et en peu de temps la suite merveilleuse de nos Roys, leurs actions les plus mémorables, la durée de leur règne, le temps de leur mort et le lieu de leur sépulture, depuis Pharamond jusques à notre invincible Monarque Louis XIV, Dieu-donné, heureusement régnant. Le tout recueilli des plus célèbres historiens anciens et modernes* (1662).

> Suite de légendes chronologiques sur les rois de France, dans des cartouches

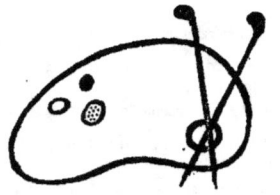

Original en couleur
NF Z 43-120-8

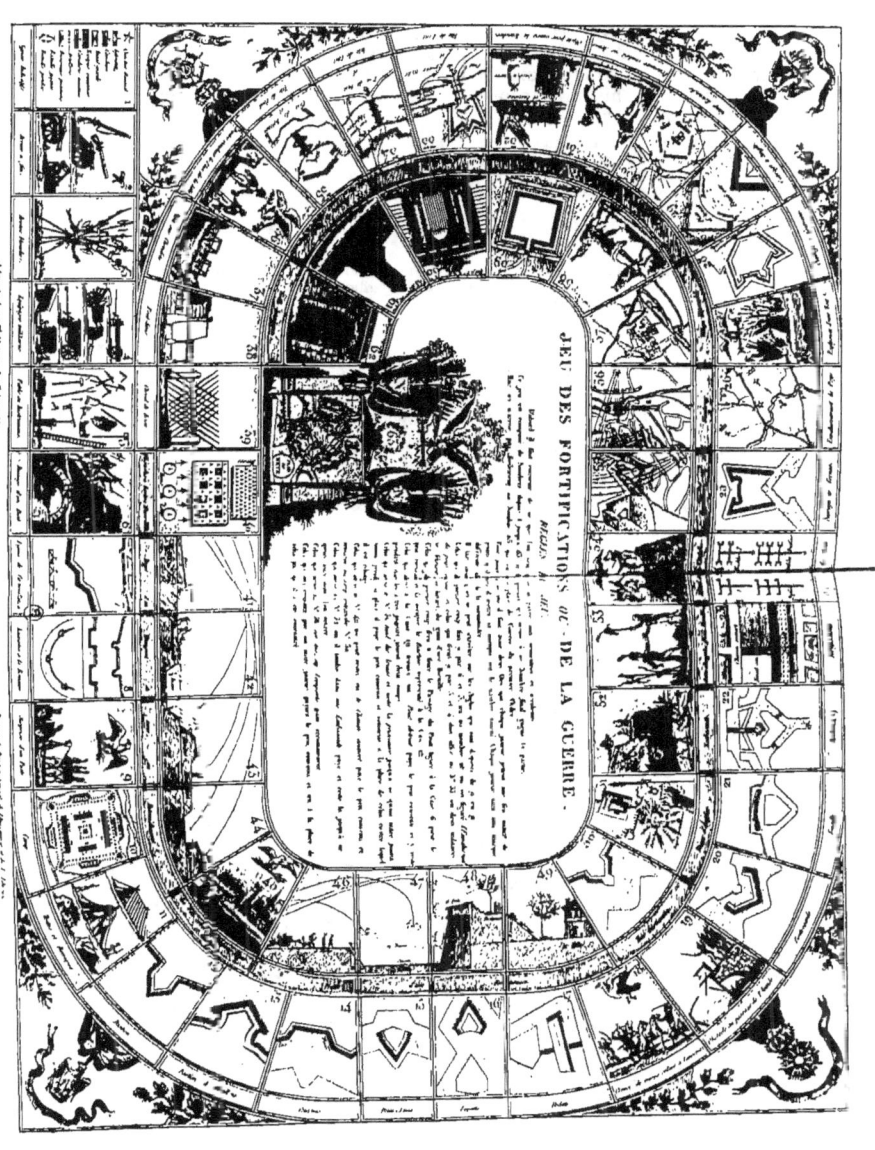

— *Abrégé chronologique des Roys de France*, instructif et récréatif, où l'on apprendra en jouant ce qui s'est passé de plus curieux sous leurs règnes. Ouvrage orné de symboles, hiéroglyphes et attributs convenables à l'histoire (1730). Par le sieur Du Tertre, orné et dessiné par De Phainx fils.

Suite de légendes chronologiques dans des cartouches, le jeu se trouvant, lui-même, dans un encadrement très richement orné, composé d'amours. Les cases sont écrites en lettres romaines (marques de bonheur) et en ronde (marques de malheur). Les cases remplies d'une coulee montrent le courant du jeu.

— *Nouveau jeu Historique et chronologique des Rois de France* (XVIII° siècle).

Série des rois de France, en médaillons, avec courtes notices, se terminant au n° 63 par Louis XV, au-dessus duquel, en des éditions postérieures, on a ajouté *Louis XVI dit le Bienfaisant*.

— *Jeu de l'Histoire de France* (1803).

— *Nouveau jeu historique et chronologique de la Monarchie française* (Restauration).

Comme bien on pense, Napoléon 1er n'y figure point.

— *Jeu historique et chronologique de l'Histoire de France* (1839).

Le n° 63 représente Louis-Philippe.

— *Jeu des Rois de France* (second Empire).

Le n° 63 représente la Famille Impériale. (Imagerie de Metz.)

— *Tableau chronologique et drolatique des Rois de France*.

Le n° 75 et dernier est représenté par Napoléon III.

### V. — Jeux militaires.

— *Jeu des Fortifications*, inventé et dessiné par Gilles de la Boissière, ingénieur ordinaire du Roi (commencement du XVIII° siècle).

52 cases avec vignettes représentant tous les ouvrages qui servent à la défense des places et des camps.

— *Les Délassements des élèves de Mars, ou nouveau jeu militaire* pour apprendre à la jeune noblesse les principaux termes de la guerre (XVIII° siècle). Par le sieur Roussel.

Les cases sont des cartouches avec des inscriptions techniques et quelques vignettes. Commence à l'engagement et se termine par une vignette représentant le trône.

— *Les Travaux de Mars, ou nouveau jeu de la Guerre, dédié à la jeune noblesse de France* (1767).

Jeu donnant, en 66 cases, tous les termes techniques et toutes les opérations militaires.

— *Jeu des Exercices militaires de l'Infanterie française et de Manœuvres du Canon*. Position du soldat. Récompense militaire (XVIII° siècle).

Jeu représentant des séries de fantassins à l'exercice.

— *Nouveau jeu de la Marine*, par Roussel, graveur (xviiie siècle).

> Jeu destiné à apprendre à la jeune noblesse tous les termes de l'art naval. Commence à l'embarquement et se termine à « bon port ».

— *Nouveau jeu de la Marine*, par Jeanne Chapoulard, 1768.

> 63 cases. « Cette récréation, » dit une notice, « apprend non seulement les termes usités de la marine, mais même le détail et le nom des différents bâtiments de guerre qu'on met en mer. »

— *Jeu des Fortifications ou de la Guerre* (Consulat).

> Véritable traité de l'attaque et de la défense des places, sous forme de jeu d'oie, avec vignettes techniques. Le numéro final est le plan de Metz.

— *Jeu des Guerriers français, favoris de la Victoire* (premier Empire).

> Les cases représentent les batailles et les actions d'éclat des généraux de l'époque. Le jeu commence au départ des conscrits pour l'armée et se termine à la Légion d'honneur « récompense nationale ».

— *Le jeu des Héros de l'Empire français*.

> Jeu, de forme ovale, ayant comme motif central deux soldats en pied, et 12 cases, sur les côtés, composées d'attributs militaires.

— *Jeu de la Guerre* (premier Empire).

> Même disposition.

— *Jeu de l'École militaire de l'Empire français*.

> 21 cases. Au haut, le palais de Meudon avec « les premiers pas de S. M. le roi de Rome ». Les 11 cases représentent des costumes militaires : lanciers, cuirassiers, mameluks, pages, hérauts d'armes, etc.

— *Nouveau jeu militaire. Dédié aux héros de l'Empire français*.

> Batailles et actions d'éclat. Commençant par le trompette de cavalerie et se terminant à la Légion d'honneur.

— *Nouveau jeu impérial de l'Aigle*.

> Petites vignettes sans intérêt. Au milieu l'aigle, avec une corne d'abondance.

— *Le nouveau jeu de la Marine impériale*.

> Avec 63 cases toutes consacrées à des sujets ou à des termes de marine.

— *Nouveau jeu des Troupes françaises* (Restauration).

> Publié pour enflammer à nouveau l'humeur guerrière, ce jeu d'oie se termine par une vignette de circonstance : « Louis XVIII recevant, avec bonté, les hommages des chefs de l'armée ».

— *Jeu des Militaires français* (1837).

> Série de costumes militaires et de portraits de généraux se terminant à Napoléon, avec le classique : « Après vous, Sire ».

— *Jeu historique de la France militaire* (second Empire).

> Jeu se terminant à l'Arc de Triomphe. Faits militaires de l'ancienne et de la nouvelle France, avec portraits.

— *Jeu Militaire* (second Empire).

> Série de personnages militaires. (Imagerie d'Épinal.)

— *Jeu de l'Armée française* (second Empire).
:   Avec la série des costumes militaires du moment. (Imagerie d'Épinal.)

— *Jeu de l'État-Major français* (second Empire).
:   21 cases, avec tous les costumes de l'état-major. Lithographie coloriée.

— *Jeu de la Marine* (second Empire).
:   Faits maritimes avec portraits de navigateurs et d'amiraux.

— *Jeu du Conscrit* (second Empire).
:   Commence par le départ du conscrit et se termine, au n° 63, par un beau maréchal de France doré sur toutes les coutures

— *Jeu de la Grande Redoute* (second Empire).
:   Jeu représentant une cible sur laquelle se trouvent, en pied, des militaires de l'époque. (Imagerie d'Épinal.)

— *Jeu des Nations* (second Empire).
:   Cartes, dans un médaillon, des puissances européennes, avec les types militaires au dessus. (Imagerie d'Épinal.)

— *Jeu des Guerres du second Empire*.
:   Série de cases carrées, avec la place des dés. Pièce tirée en chromolithographie par Lemercier.

## VI. — Jeux géographiques.

— *Nouvelle Méthode de Géographie ou Voiage curieux par les villes les plus considérables et les principaux Païs des 30 Gouvernements généraux et les 6 particuliers du Roïaume de France, mis en jeu* (1718).
:   Voyage de Paris à l'Orléanais qui s'accomplit en 109 cases donnant, dans des cartouches ornés, le nom des villes.

— *L'Emulation française, ou Description historiographique du royaume de France*. L'itinéraire de Paris aux principales villes de province (1780). Par M. Moithey, ing.-géographe.
:   Même jeu que celui de 1718, avec 108 cases. Au milieu se trouve une grande carte de France.

— *La Géographie Universelle, ou la connoissance exacte de la Mappemonde, mise en jeu* (1780). Par M. Moithey.
:   Les numéros sont représentés par des noms de villes. Au milieu, la carte du Monde.

— *Règle du jeu de la Mappe-Monde ou Carte générale de toute la terre mise en jeu*. Ouvrage aussi utile que curieux, et qui donnera une connaissance exacte du monde entier (XVIII° siècle).

— *Jeu géographique de la République française*, présenté à la Convention nationale et dressé par J.-N. Mauborgne, ancien professeur.
:   La feuille est divisée en 83 petites cases, numérotées, liées ensemble, disposées comme pour le jeu d'oie ordinaire, et renfermant chacune une carte des

83 départements de la France. « Remarque : L'auteur a suivi la marche de Nicole de a Croix » (*sic*). De distance en distance, sont placés à côté de ces petites cartes numérotées, des coqs gaulois, « oiseau symbolique de la Nation », ou d'autres petites vignettes : un escalier de 200 degrés, — des courriers au galop ; — des dés, — une sentinelle, etc., qui représentent pour les joueurs autant d'obstacles a franchir, avant d'arriver au but, autant de dangers à éviter. — Le n° 83 et dernier, contenant la carte de la « Corse divisée en 9 districts », est le terme du voyage. Cette dernière case est surmontée d'un faisceau républicain couronne du bonnet phrygien, entouré de lauriers, d'armes et de drapeaux, entrecroisés avec les emblèmes des trois ordres de l'Etat (epée, crosse et bêche), le tout décoré d'une légende où se lisent les mots : « Liberté, Egalité ».

— *Jeu instructif des Peuples et Coutumes des quatre parties du monde et des terres australes* (Restauration).

Les numéros sont représentés par des personnages qui figurent les peuples et les costumes.

## VII. — Jeux d'enseignement.

— *Le jeu des Lettres ou de l'Alphabet inventé il y a près de 2000 ans et renouvelé en faveur de la naissance de Mgr le duc de Bretagne* (1705). Par Alexandre Fleuriau. Pour apprendre promptement et en jouant aux enfants et aux vieillards à lire, écrire, même se divertir.

Ce jeu, surtout écrit, a pour fond le manteau fleurdelisé surmonté de la couronne royale.

— *Les Épines changées en Roses.* Jeu nouvellement inventé pour apprendre à lire aux enfans en très peu de temps, et mis au jour par M<sup>lle</sup> Duteil qui s'en est servie avec succès avant de le donner au public (xviii<sup>e</sup> siècle).

Il se termine au Palais de la Lecture. Jeu consacré aux lettres et à leur prononciation.

— *Jeu de la Conversation. Règles que l'on y doit observer* (xviii<sup>e</sup> siècle).

Série d'inscriptions et de préceptes ayant trait à l'art de la conversation et à des sentences et se terminant, au n° 87, par l'arrivée dans la salle de la Conversation.

## VIII. — Jeux consacrés à l'enfance.

— *Jeu des Écoliers* (premier Empire).

Avec 44 cases donnant les jeux et occupations des enfants.

— *Jeu de l'Oie savante, jeu de grand plaisir et de grande instruction, dédié aux enfants studieux.* Par R. H. Grison.

Série d'oies avec questions sur le système métrique.

— *Jeu familier de la Civilité pour l'instruction des enfans.* Dédié à la jeunesse studieuse (Restauration).

Se termine au n° 63 par cet avis : « Adorez et servez Dieu. Soyez juste, bon et charitable envers tous. Ayez pour devoir et règle de toutes vos actions Dieu, le roi, la patrie. »

— *Jeu instructif des Fables de La Fontaine* (Restauration).

Les fables de la Fontaine représentées par des vignettes et transformées ainsi en jeu d'oie.

— *Jeu des Fables d'Ésope* (premier Empire).

Mêmes dispositions que le précédent, Ésope remplaçant la Fontaine.

— *Nouveau jeu des Fables d'Ésope* (premier Empire).

Même jeu publié par un autre éditeur. Les vignettes des coins diffèrent.

*Les Hochets. Nouveau jeu dédié à la jeunesse* (Restauration).

Les cases, composées de petites vignettes de circonstance, sont séparées par des ornements gothiques.

— *Jeu instructif d'Histoire naturelle des animaux* (Consulat).

Les vignettes représentent les principaux animaux de la création.

— *Jeu de l'Histoire naturelle, imité du jeu de l'Oie* (1834).

Mêmes vignettes.

— *Le jeu de la petite Cendrillon ou de Fées* (premier Empire).

Série de vignettes relatives aux contes de fées.

— *Jeu des Contes de fées* (second Empire).

Imagerie d'Épinal : vignettes sur les contes les plus populaires, se terminant à la reine des fées.

— *Jeu du Petit Voyageur* (1860).

Sorte de course à travers le monde. Les vignettes représentent des sites et des villes. — Imagerie d'Épinal

## IX. — Jeux religieux.

— *Jeu du Point au Point pour la fuite des vices et pour la pratique des vertus* (xviie siècle).

Série de médaillons, avec petites vignettes : péché mortel, la vue de la grâce, la patience, l'aumône, etc.

— *Jeu des Aveugles présenté aux mondains aveuglés par les péchés*, par Hamel, ci-devant curé de Mouy, jeu mystique.

On y trouve le démon et le monde qui crèvent les yeux à tous les pêcheurs par leurs propres péchés avec différents moyens pour recouvrer la vue dont le plus grand et le plus souverain est le lavoir de Siloé, qui est la fin du jeu parce que ce lavoir représente Jésus-Christ qui a rendu la vue à l'aveugle-né.

— *Le nouveau jeu des vertus récompensées et des vices punis, ou le Triomphe de la Vertu* (1763).

Toutes les cases sont consacrées à des vertus ou à des vices.

— *Le divertissement studieux des Religieuses Ursulines.*

Jeu donnant en une série de légendes tous les fondements de l'Ordre.

— *Le jeu des Ages ou des Vices, Vertus, Passions et Évènements de la vie* (premier Empire).

Vignettes se rapportant aux différentes époques de la vie et bustes de personnages avec des qualificatifs.

— *Règles du grand jeu de la Genèse*. Gloire à Dieu, etc. (premier Empire).

— *Récréation spirituelle*.

De nombreux jeux d'oie ont été publiés sous ce titre ; tous, pour gagner la partie, demandant l'entrée dans la salle du « Céleste Époux ». Les vignettes se composent, soit de simples légendes, soit de cœurs enflammés. Un spécimen de l'époque du Consulat porte au bas la mention. « La boule à douze facettes pour jouer à ce jeu se vend chez Vaugeois, tabletier, rue des Arcis, au *Singe Vert* ».

— *Jeu du Nouveau Testament*, contenant la Vie et la Passion de Notre-Seigneur Jésus-Christ (Restauration).

— *Chemin de la Croix ou Récréation spirituelle* (1836).

Toutes les cases sont consacrées à la vie de Jésus. Une notice explicative dit : « C'est par ce délassement de l'esprit que la jeunesse apprendra ce que Notre-Seigneur Jésus-Christ a souffert pour racheter ses péchés ».

— *Jeu instructif de l'histoire de Notre-Seigneur Jésus-Christ* (1836).

Jeu conçu dans le même esprit.

— *Jeu du Salut* (1839). Commençant par la création du monde et ayant comme dernier numéro le Christ au Ciel, entouré de ses Apôtres.

« De quoi sert à un homme de gagner tout le monde », dit la légende explicative, « s'il vient a perdre son âme ? »

## X. — Jeux d'actualités politiques.

— *Le jeu des François et des Espagnols pour la Paix*, par P. D. V. G. D. R. (1660).

Représenté par une série de médaillons donnant, année par année, de 1635 à 1660, le détail graphique, à l'aide de cartes, des opérations des Français et des Espagnols. Le dernier médaillon, sans plan, enregistre la signature de la paix. Pour commencer, une petite vignette représentant un mousquetaire mettant la clef à la serrure d'une porte de forteresse ; pour terminer, le même, porteur d'un rameau d'olivier.

— *Jeu de la Constitution sur l'air du Branle de Metz* (vers 1720).

Consistait a gagner le Concile, auquel on arrivait, par la tradition des Apôtres, au nombre de 13. La 6ᵉ case figurait un Pont (symbolisant les explications données par le clergé en acceptant la Bulle avec réserves), et des Évêques chancelaient ou tombaient en passant sur ce pont, qui conduisait à l'acceptation, représentée par une femme ayant les yeux bandés, à la 12ᵉ case. La 16ᵉ representait un Labyrinthe d'où on sortait par un accommodement, pour rencontrer une Tour de Babel, au n° 24, puis l'évêque de Soissons avec un hautbois, au n° 33, la Bastille au n° 40, Louis XV au n° 55, et Clément XI au 58, qui forçait à recommencer le jeu.

La règle du jeu, qui est en vers, sur l'air du *Branle de Metz*, avait pour frontispice une petite gravure représentant un Concile tenu par des oies mitrées avec la croix pectorale sur le ventre.

Ce jeu eut un succès considérable au moment où les querelles jansénistes et la bulle Unigenitus passionnaient toute la France.

— *Jeu de la Révolution française* tracé sur le plan du jeu d'Oye, renouvelé des Grecs.

Les 63 cases sont consacrées aux principaux évenements de la Revolution depuis la prise de la Bastille Sur les côtés, vaudeville de *la Famille patriote*.

— *Jeu de la Révolution française.*

Les 63 cases représentent également les principaux évènements de la Révolution en une série de vignettes allégoriques. Le jardin de l'oie était figuré par la salle des séances de l'Assemblée nationale.

— *Les Délassements du père Gérard ou la poule de Henri IV mise au pot en 1792.* Jeu National.

En haut, sur les côtés, portrait-médaillon du bon roi Henri et du pere Girard. Les images des cases reproduisent les évenements de la Revolution.

— *Jeu des Cosaques* (1815).

Toutes les cases sont naturellement relatives aux Cosaques : types, exercices, campements, etc.

— *Les Barricades ou les Trois Journées de Juillet* (1830).

Les cases de ce jeu représentent les évènements et les actions d'éclat des « Trois Glorieuses ».

— *Jeu instructif des Fleurs* (Restauration).

Serie de petites figures de fleurs ayant pour nombre final le Lis blanc, « symbole de la vertu », avec l inscription caractéristique · *Gloire aux Lis*.

— *Jeu des Rois d'Angleterre* (second Empire).

Avec les portraits des souverains de la Grande-Bretagne. Fut publié à propos de la guerre de Crimée.

## XI. — Jeux d'actualités industrielles.

— *Le jeu du Canal royal* (1682).

Jeu d'oie publié à propos du canal du Languedoc decrété en 1666 et qui venait d'être inauguré en 1681.

— *Le noble jeu de l'Exposition de 1867.*

Publié par le journal *le Figaro*, avec vignettes représentant certaines curiosités de l'Exposition, dont les batiments occupent le milieu.

— *L'Exposition Universelle de 1867 en jeu d'oie.*

Publié par le journal *Paris-Magazine*.

— *Jeu de la Tour Eiffel.*

Jeu en hauteur. La tour, la tour elle-même, dans toute sa ferrugineuse majesté, les numéros étant placés tout le long.

### XII. — Jeux consacrés aux moyens de locomotion.

— *Jeu des chemins de fer* (vers 1853).
   Vignettes de wagons et de gares. Imagerie de Metz.

— *Jeu de chemin de fer (sic)* (1854). Wissembourg et Paris (texte français et allemand).
   Les vignettes des cases donnent en une série d'images tout ce qui est relatif aux chemins de fer.

— *Jeu de Poste et de Voyage* (1864). Wissembourg et Paris (texte français et allemand).
   Jeu consacré aux autres moyens de locomotion.

— *La Course autour du monde* (vers 1865).
   Au bas se trouvent des types de tous les moyens de locomotion alors en usage : locomotive, vélocipède, char romain, cheval, ballon *le Pôle Nord*, etc.

### XIII. — Jeux sur la vie humaine.

— *Le jeu des Ages ou des Vices* (premier Empire).
   Série de petits sujets et de bustes d'hommes célèbres placés là dans un esprit phrénologique.

— *Le jeu universel de l'Industrie humaine* (Restauration).

— *Jeu de la Vie humaine* (1846).
   Pour gagner, il faut arriver au « Temple du Bonheur », et là, observe la légende, « vous empochez tout ce qui s'y trouve ».

### XIV. — Jeux satiriques.

— *L'École des Plaideurs* (xviii⁰ siècle).
   Jeu d'oie consacré aux choses et aux gens de la chicane, avec une longue explication satirique curieuse à reproduire : « Pendant que les Plaideurs attendent monsieur leur Procureur, leur Avocat ou leur Rapporteur, dans une antichambre, pour ne point perdre patience ny se desennuyer en parlant mal de leurs parties, ils pourront se divertir à ce jeu-cy ou ils apprendront bien mieux l'évènement de leurs causes que de la bouche du plus fameux consultant du Palais »
   Les épigraphes placées aux coins ne sont pas moins significatives :
   « Le Procureur et le Boucher scavent esgalement trancher.
   « La Chicane est une vermine qui les meilleures maisons mine.
   « Le Praticien plumitif escorche le plaideur tout vif. »
   Quant aux vignettes des cases, elles sont, elles aussi, d'une éloquence tout à fait suggestive. On y voit l'enseigne du plaideur dont les 4 P. se doivent lire : « Prend (sic) Patience Pauvre Plaideur », et le dernier numéro est l'Hôpital, « palais de la chicane ».

— *Jeu de Lois* (troisième République). Dessin de G. Lafosse.
   Sujets de la guerre et de la Commune : on y trouve les portraits de Trochu, Jules Favre, Bismarck, Guillaume, etc.

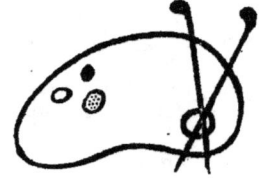

Original en couleur
NF Z 43-120-B

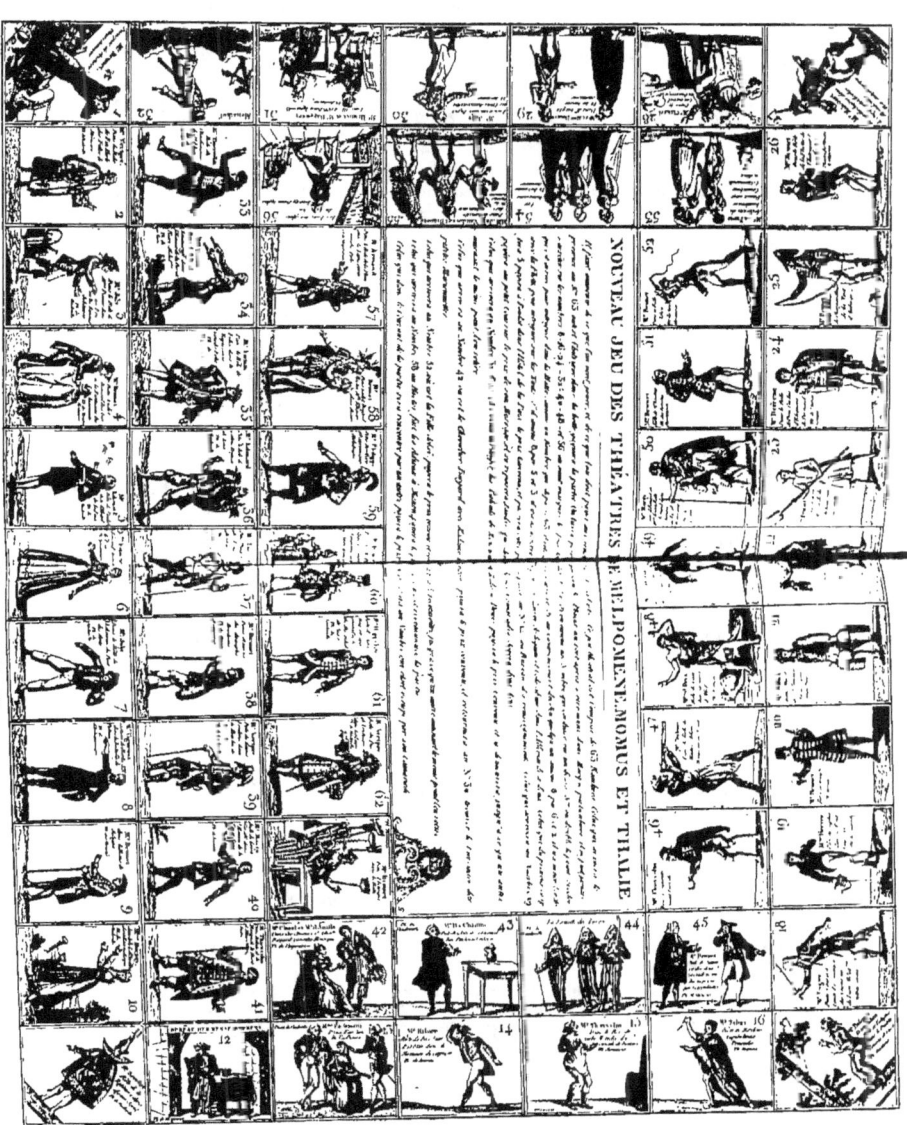

— *Nouveau jeu de l'Oie du « Sifflet ».* Revue des actualités, par V. Morland (1874).

— *Le jeu du Canard,* par J. Blass (1881).

> Jeu d'oie publié par le journal *le Triboulet* visant Jules Grévy et les politiciens du jour.
> « Point n'est facile, dit la notice, d'arriver à cette bienheureuse case 63 où *Triboulet* débarrasse de tous les canards républicains. »

— *Chercher midi à XIV heures.* Jeu nouveau (1878).

> « C'est perdre son temps pour ne rien trouver, » dit la notice. « Pour réhabiliter ce malheureux XIV heures nous en faisons dans notre jeu une chance heureuse »

## XV. — Jeux sur Paris.

— *Le jeu de Paris en miniature* dans lequel sont représentés les enseignes, décors, magasins, boutiques et divers établissements des principaux marchands de Paris, leurs rues et numéros (1802-1803).

> Chaque case est figurée par une enseigne de magasin, ce qui rend ce jeu très précieux au point de vue du document. Plusieurs de ces enseignes reproduisent les succès des théâtres : *aux Trois Lurons, a la Petite Cendrillon, au Diable à Quatre,* etc

— *Les Cris de Paris* (Directoire).

> Représentant les 44 cris qui faisaient « le plus souvent retentir les rues, les places, et jusqu'aux culs-de-sac de la ville et banlieue de Paris » Signalons, entre tous, les suivants : revendeur, — marchand de billets de loterie, — colporteur, — la laitière · Allons vite! — Decrotez-la, ma pratique. — Jeannot, des bouquets pour Toinette. — Ramonez la cheminée du haut en bas. — Aux quatre angles, le jeu de la Bague, les Parades, les Battus payent l'amende, autre parade, la « Balance pour connaître sa pesanteur »

— *Jeu des Monuments français de la Ville de Paris* (Restauration).

> Série de vignettes représentant des monuments. Pour gagner il faut arriver à la fontaine du Chatelet.

— *Jeu des Monuments de Paris* (1838).

> Même jeu avec quelques changements dans les monuments reproduits.

— *Jeu du Voyageur en Europe,* représentant les vues des plus beaux édifices des principales villes de cette partie du monde (1830).

> Pour gagner il faut arriver à l'Arc de Triomphe.

## XVI. — Jeux consacrés à des personnalités.

— *Le Divertissement Royal sur les vertus héroïques de Louis XIIII, roi de France et de Navarre.*

> Jeu en l'honneur du Grand Monarque: on entre par la Porte Royale et l'on sort par le monument élevé à Louis XIV Aux quatre coins, soleils allégoriques avec legendes latines, faisant ainsi allusion au Roi-Soleil. Madrigal en l'honneur du Roi.

— *Le jeu des Illustres Capitaines, Philosophes, Orateurs et Poètes*, par N. de Fer (xviii° siècle).

    Portraits-bustes des illustrations de l'antiquité romaine, avec courte biographie sur chacun d'eux. « Les têtes, » dit une notice, « sont prises du *Livre des Hommes illustres* de Fulvius Ursinus. »

— *Jeu Royal de la Vie d'Henri IV* (Restauration).

    Scènes de la vie du roi populaire sans oublier, naturellement, la poule au pot, se terminant par l'apothéose d'Henri IV. Contient également les portraits en médaillons de tous les rois de France jusqu'à Louis XVIII et des autres membres de la famille royale, alors régnante.

— *Jeu de l'histoire de Napoléon* (1844).

    Jeu lithographique avec les noms de toutes les victoires de l'Empire, figurées par des petites vignettes.

— *Jeu du Grand Homme* (époque de Louis-Philippe).

    Commence par une allocution de Napoléon, le représente sur tous les champs de bataille, donne ses bons mots et se termine à la colonne avec la classique légende agrémentée d'une faute d'orthographe : « Ah ! qu'on est *fiere* d'être Français quand on regarde la colonne » D'espace en espace des aigles, avec ces mots : « La gloire fut toujours son guide ».
    Ce jeu a été reproduit dans *le Livre et l'Image* (tome III).

— *Jeu historique de la Vie de Napoléon* (1832).

    Composé de 45 cases commençant au siège de Toulon et se terminant à l'apothéose.

— *Jeu de la Présidence* (4 septembre).

    Jeu composé de 18 numéros représentés par 18 têtes : Thiers, Jules Simon, Bancel, Jules Ferry, Jules Favre, Gambetta, Crémieux, Rochefort, Louis Blanc, F.-V Raspail, Barbès, Pelletan, Garnier-Pagès, Felix Pyat, Ledru-Rollin.

## XVII. — Jeux consacrés à l'amour.

— *Jeu de l'Hymen* (xviii° siècle).

    Toutes les cases visent d'une façon quelconque l'Amour, sous ses bons et ses mauvais cotés. Pour gagner il faut arriver au Mariage.

— *Nouveau jeu de l'Hymen* (xviii° siècle).

    Avec 90 cases. Jeu conçu dans le même esprit

— *Le jeu des Bons Enfants, vivant sans souci et sans chagrin, où sont les intrigues de la vie.* Nouvellement inventé et mis au jour par les chevaliers de la Table ronde.

    Payaient tribut ceux qui s'arrêtaient au cornard content ou au cornard malheureux, chez l'accouchée, au baptême, etc. Le n° 63 représente la table des bons enfants.

— *Les Étrennes de la Jeunesse. Le petit jeu d'Amour* (xviii° siècle).

    Avec 32 cases pour les cavaliers et 32 cases pour les dames. Légendes et devises.

— *Jeu de l'Amour et de l'Hyménée* (Directoire).

80 cases avec devises : 14 avec petits sujets coloriés Pour gagner, il faut arriver à l'hymenée, « conclusion de l'Amour »

— *Le jeu de la Fortune* (Directoire).

Les figures des cases sont relatives a l'Amour que l'on voit, sous différents travestissements, et a la Fortune, entremelees de petites vignettes sur les mois, dans la note des almanachs galants du jour. Le n° 1 represente l'entree du bonheur, et l'on arrive au bout pour voir la Fortune qui vous couronne.

— *Jeu agréable et récréatif des Amours* (premier Empire).

S'ouvre par la porte du jardin d'Amour pour gagner il faut arriver à l'Amour de la Gloire, des Sciences et des Beaux-Arts. — Serie de petites vignettes avec Amours.

— *Jeu de l'Amour et de l'Hyménée* renouvelé du jeu des Oies et dédié aux deux sexes, par Nadar et Gedéon (second Empire).

Avec serie de petites vignettes comiques.

## XVIII. — Jeux consacrés à des œuvres de fiction.

— *Jeu des Aventures de Don Quichotte* (xviii° siècle).

Les aventures du célèbre hidalgo mises en jeu d'oie

— *Jeu historique des Avantures* (sic) *de Télémaque, fils d'Ulysse*, faisant suite au 4° livre de l'*Odissée* d'Homère (xviii° siècle).

Les figures des cases sont toutes relatives aux aventures de Telemaque.

— *Jeu des Mystères de Paris* (1846).

Les cases representent sous toutes leurs transformations les personnages du roman d'Eugène Sue. Au n° 63 et dernier Fleur de Marie est nommee abbesse.

— *Jeu Mythologique du Phénix* (premier Empire).

Se terminant au n° 63 par le Phenix, oiseau revere des Égyptiens Avec tous les dieux et deesses de l'antiquité.

— *Jeu du cheval Pégase*, dédié aux favoris d'Apollon (premier Empire).

Composé de 11 cases figurees par 11 Muses. Le n° 12, au milieu, represente la Renommee montee sur Pegase.

## XIX. — Jeux consacrés aux fleurs.

— *Jeu des Fleurs* (premier Empire).

Jeu qui jouit d'une certaine vogue sous le premier Empire et la Restauration et dont les cases representaient, toutes, des fleurs

## XX. — Jeux consacrés au théâtre.

— *Jeu des Variétés amusantes* (xviii° siècle).

Revue du theatre, vers 1780, avec les principales scenes des pieces à la mode.

— *Nouveau jeu des Théâtres de Melpomène, Momus et Thalie* (premier Empire).

<small>Les cases représentent les acteurs les plus célèbres du jour dans les rôles ou les scènes des pièces à la mode.</small>

— *Le grand jeu des Danseurs de corde, Sauteurs et Voltigeurs* (premier Empire).

<small>Exercices d'acrobates.</small>

— *Jeu des Grands Danseurs et des Bouffons italiens* (premier Empire).

<small>Avec les célébrités acrobatiques du jour. 63 numéros se terminant à la pyramide, et ardin d'Arlequin.</small>

— *Grand tournoi d'Arlequin et de Polichinelle* (1858).

<small>Imager populaire enfantine</small>

### XXI. — Jeux consacrés aux courses.

— *Derby*. Jeu des Courses (1852).

— *Jeu Derby ou Steeple-Chase* (1852).

— *Steeple-Chase*. Programme des Courses (1853).

— *La Course au clocher*. Jeu anglais dit : steeple-chase (1855).

— *Jeu des Courses de chevaux* (1866).

<small>Jeu composé de 100 numéros ayant, tout autour, des séries de personnages constituant une sorte de défilé du public des courses. Imagerie d'Épinal, coloriée.</small>

— *The Steeple-Chase* (1860).

— *Grande chasse au Cerf*. Jeu de Société.

<small>N. B. — Tous ces jeux ont la même configuration : ils représentent invariablement un hippodrome avec des séries de numéros, quelquefois avec vignettes de chevaux et d'obstacles qu'il fallait franchir pour arriver à gagner la partie. Le jeu du Cerf prit naissance sous le second Empire au moment où les grandes chasses à courre, dans la forêt de Fontainebleau, furent mises à la mode.</small>

### XXII. — Jeux avec figures de modes.

— *Jeu du Costume et des Coiffures des dames* (XVIII° siècle).

<small>Publié sous le règne de Louis XVI : intéressant au point de vue des modes du jour.</small>

— *Nouveau jeu des Costumes des dames françaises*, par un adorateur du beau sexe (premier Empire).

<small>Jeu commençant à la marchande de modes et finissant à l'habit de bal paré. Malgré son titre, on y voit, cependant, figurer quelques costumes d'hommes A été reproduit dans mon livre : *les Mœurs et la Caricature en France*.</small>

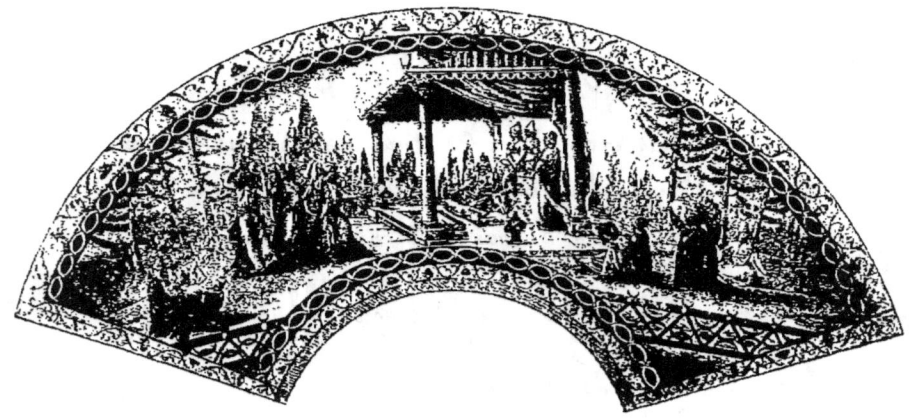

Fig. 227. — Éventail fantaisie (époque du premier Empire).

## CHAPITRE XIII.

## Éventails; Écrans; Abat-Jour; Papier Peint.

Éventails gravés, aux XVII<sup>e</sup> et XVIII<sup>e</sup> siècles. — L'Éventail Imagerie. — La Révolution et les Éventails à sujets politiques. — L'Éventail de modes et les sujets de mœurs. — Production considérable sous le Directoire. — Éventails anagrammatiques sous la Restauration. — Les Portraits et les Actualités dans l'Éventail. — Écrans anciens : du XVIII<sup>e</sup> siècle à 1830. — Les Abat-jour à illustrations. — Les Transformations du Papier peint : la Décalcomanie.

A NOUS l'éventail, non point l'éventail en plumes, plus riche que commode, non point l'éventail en ivoire ou en bois ouvré, non point l'éventail aux lamelles recouvertes d'étoffe et ornées de peintures, mais le simple éventail en papier, l'éventail-imagerie aux compositions gravées, imprimées, d'une variété si considérable.

N'était-il pas tout disposé pour l'estampe, cet instrument... de coquetterie dont les femmes se servent avec plus ou moins d'art, plus ou moins de charme, plus ou moins de virtuosité ! — n'est pas Parisienne qui veut, est Espagnol qui peut, — n'offrait-il pas une surface particulièrement propice aux évolutions des personnages, aux rondes dansantes, aux inscriptions, aux décorations de style, aux médaillons encadrant des scènes historiques ou des vues! Et c'est pourquoi, sévère, badin, satirique, se confinant dans le domaine de l'histoire ou serrant de près l'actualité, faisant revivre les personnages mythologiques ou donnant les profils des souverains régnants, vulgarisant les chansons à la mode ou notant les extravagances des costumes et des coiffures, inventant des rébus ou des énigmes à deviner, amusant la jeunesse des deux sexes avec le petit jeu, jadis si goûté, des demandes et des réponses, reproduisant les romances des salons avec les airs notés, il a fourni, longtemps durant, un champ considérable à la verve des imagiers.

Tout, on peut le dire, passa par l'éventail; tout fut gravé en feuilles spéciales destinées à recouvrir les lamelles de ce « cache-pudeur » dont les femmes savent si bien se servir, lorsqu'il s'agit d'écouter, de savourer quelque histoire légère. Historique le mot de cette mignonne marquise Louis XV abritée derrière sa forteresse de papier : « Racontez, monsieur l'abbé, je ne vous verrai point rougir. » De même qu'il y avait des petits livres de poche contenant à la fois le calendrier, la messe et un recueil de polissonneries; de même on inventa des éventails dits « à double face » montrant majestueusement quelque épisode de l'histoire sainte, tandis que madame, tout en s'éventant, tout en se mettant à l'abri, pouvait savourer les charmes d'une historiette non moins édifiante. Dansez, pantins!

Contemporain de Louis XIV, l'éventail aux compositions gravées, aux burins à la fois solennels et délicats, vit défiler des sujets d'actualité, de la Cour, du monde et des théâtres, des épisodes militaires et des scènes champêtres, du Watteau et du Lancret. Il en fut ainsi jusque vers 1760. L'Éventail à M<sup>lle</sup> L'Allure et l'Éventail à la Coquette, qui tous deux circulèrent, « coururent » — pour employer l'expression du moment, — vers le même temps, c'est-à-dire en 1734, sont restés célèbres.

Si l'on veut se rendre compte de la multiplicité des sujets qui ornaient alors l'éventail dont se servaient les grandes dames, qu'on lise les descriptions suivantes, transcrites d'après les originaux qui se trouvent au Cabinet des Estampes :

Éventail de juillet 1733 :

« Le milieu de l'histoire est tiré de l'histoire de Don Quichotte. Au côté gauche est une scène de *l'Embarras des Richesses*, comédie jouée au Théâtre-Italien, en juillet 1725, par M. d'Allainval. — Au-dessous est une autre scène de *l'Heureux stratagème*, comédie de M. de Marivaux, jouée au même théâtre, le 6 juin 1733. De l'autre côté, une scène de *la Veuve coquette*, pièce aussi jouée aux Italiens, en octobre 1721. Elle est de M. Desportes fils, peintre de l'Académie. Au-dessous est un couplet noté du vaudeville d'un opéra-comique intitulé *le Départ de l'Opéra-Comique*, joué à la foire de Saint-Laurent, le 28 juillet 1733; cette pièce est de M. Pannard. »

Éventail d'août 1733 :

« Le milieu représente Don Quichotte désarmé, chez le duc,

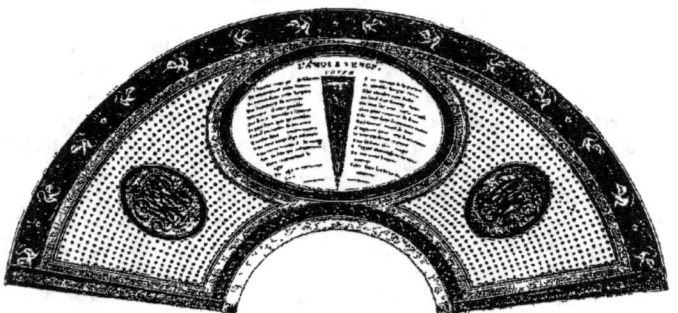

Fig. 228. — Éventail de l'époque Louis XVI.
* Les lettres entrelacées, dans les médaillons des côtes, contiennent la fin de la phrase commencée : *Je suis utile a la.... Je rafraîchis la....*

par de jeunes demoiselles. Au côté droit est une scène du *Jeneçay Quoy*, comédie de M. de Boissy, en un acte, en vers libres, représentée sur le Théâtre-Italien, le 10 septembre 1731. — Au-dessous, une scène de *Jodelet maître et valet*, comédie de M. Scarron, jouée en 1645. — Au côté gauche, une scène des *Petits Comédiens ou la Tante dupée*, opéra-comique de M. Pannard joué en août 1731. Cet opéra-comique, qui était joué par des enfants dont le plus âgé n'avait pas treize ans, fut représenté devant le Roy et les principales scènes ont été gravées en écrans. »

Le théâtre tenait donc une grande place, se prêtant plus particulièrement, par son côté décoratif, au goût empanaché du jour. Sur les milieux figuraient, tantôt des scènes de *Don Quichotte*, — aussi un privilégié de l'éventail, — tantôt des compositions historiques avec des Alexandre le Grand au profil bourbonien, tantôt des sujets pour les fables de La Fontaine, tantôt des Vénus sous les traits de M^me de Montespan. D'autres se plaisaient à retracer des scènes parisiennes : la promenade en voiture, le café, le théâtre de Guignol, les équilibristes, le Pont-Neuf et les marchands d'orviétan, quelquefois même les cris de Paris.

Par la façon dont ils étaient gravés, ces éventails restaient dans le domaine de la grande estampe d'art, l'imagerie propre-

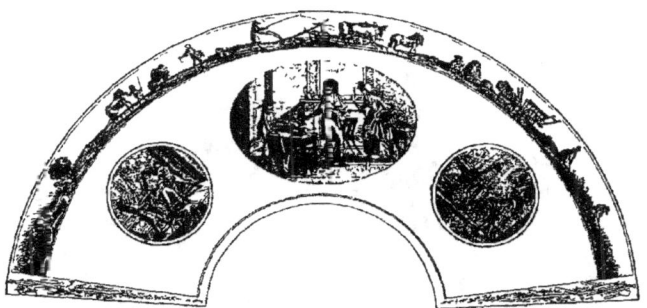

Fig. 229. — Éventail avec médaillons au pointillé de couleur sur fond uni (Directoire)
La frise du haut représente des scènes champêtres ; dans les médaillons sont des sujets d'intérieur.

ment dite ne devant faire son apparition que vers la fin du règne de Louis XV.

L'éventail-imagerie! celui qui, vraiment, appartient à l'histoire du papier illustré. Prodigieux fut son succès, considérable son débit, ayant pour principale clientèle les femmes de la bourgeoisie.

Dans ce domaine triomphèrent les feuilles gravées au pointillé de couleurs; des médaillons aux claires tonalités sur des fonds noirs, bleus, bistre, — médaillons ovales pour les portraits, médaillons ronds et carrés pour les sujets champêtres ou historiques. Si les bergers jouant de la flûte et les Amours dansant ne craignirent pas, ainsi que les moutons enrubannés, de venir y prendre place, il faut reconnaître, cependant, que le succès était ailleurs. Souvent, il est vrai, les fêtes de la Cour figuraient sur ces feuilles, mais c'était un prétexte à portraits de Marie-Antoinette ou de Louis XVI. La masse réservait ses préférences pour les éventails à rébus ou à questions, qui accaparaient également les faveurs des salons, parce que le rébus à deviner ou la question à poser fournissaient plus facilement matière à causerie, à « flirtage »; — la masse, comme les grands, se passionnait pour les vaudevilles et les chansons : tels la romance de *Nina ou la folle par amour*, la *Prise de tabac du comte d'Albert*, etc., motifs qui se chantaient sur les boulevards et dans les guinguettes avoisinantes. Le ballon s'introduisit, à son tour, aux approches de 1783, et, là comme partout ailleurs,

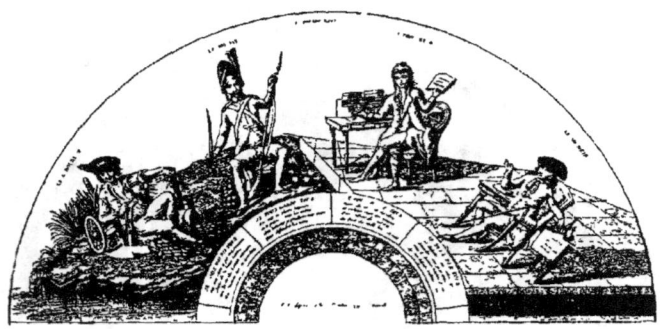

Fig. 230. — Éventail représentant les quatre états
(Laboureur, — Soldat, — Procureur, — Médecin).

il jouissait de la faveur générale, les « globes », pour respecter le qualificatif ancien, ayant le privilège de mettre les gens en joyeuse humeur.

Subitement, brusque changement : c'est la Révolution. L'éventail reproduisant la séance d'ouverture des état généraux et l'éventail à la cocarde nationale, — trois cocardes avec les portraits de Louis XVI, Bailly et Lafayette, — inaugurent la série politique. Dès lors il retracera les événements historiques, il popularisera les traits des hommes du jour. Voici Louis XVI assis sur le trône, ayant à ses côtés Necker, debout, sous le costume de Minerve. Le roi tient à la main la devise : *Je veux faire le bien*, tandis que, à ses côtés, quatre personnages figurant le tiers état, le paysan, la noblesse et le clergé expriment les sentiments du jour : demandes de réformes, abandon des privilèges.

Voici la *Pompe funèbre du clergé de France*, satire graphique publiée sous toutes les formes; voici l'éventail à la Mirabeau ayant, au milieu, le buste d'Honoré-Gabriel Riquetti, avec la devise : « Je combattrai les factieux de tous les partis », tandis que, sur les côtés, quatre médaillons ovales représentent des événements de la vie du grand orateur et le montrent couché sur son lit de mort.

Voici la *Prise de la Bastille*, avec des allégories comme la cage ouverte; voici la *Fête de la fédération*, au Champ de Mars, avec, au verso, le *Ça ira*, en musique; voici les *Droits de l'homme* entourés de faisceaux et d'attributs au goût du jour; voici la série des éventails à la Nation, avec devises: *Vaincre ou Mourir*, *Mort ou Liberté*, avec des armoiries en sautoir : bêche et râteau, avec des scènes patriotiques accompagnées du *Chant du Départ* et d'autres dans la même note; voici, enfin, l'éventail à la Marat donnant, dans deux médaillons séparés par la statue de la Liberté, les bustes de Marat et de Lepelletier.

A un certain moment, les éventails s'étaient couverts de musique notée; sous le Directoire, ils se couvrirent d'assignats, de trompe-l'œil uniquement composés avec ce papier trompe-

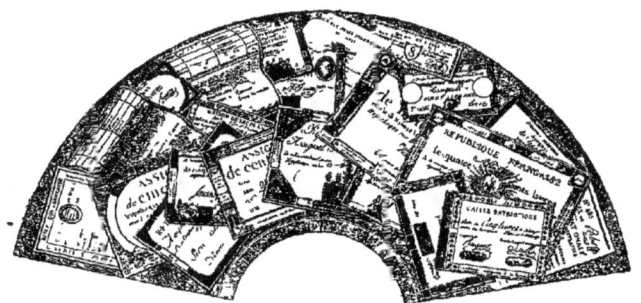

Fig. 231 — Éventail dit aux assignats,
donnant, en trompe-l'œil, les types des principaux papiers fiduciaires.

valeur, jusqu'au moment où, conclusion logique, apparut l'éventail des rentiers (ruinés), et sa conjugaison : « Je fus, tu fus, il fut, nous fûmes », ou bien l'éventail mettant en présence, le bourgeois enrichi et le malheureux en haillons, chacun ayant, au-dessus de lui, ces légendes significatives : « J'étais, tu étais, il était, nous étions, vous étiez, ils étaient. — Je suis, tu es, il est, nous sommes, vous l'êtes, ils sont ».

L'éventail raillait, ridiculisait. Après les assignats, ce fut le

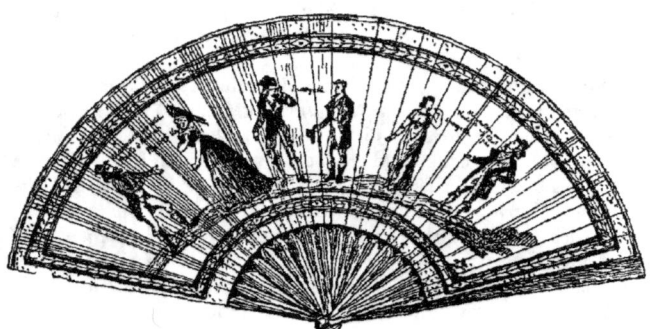

Fig 232. — Éventail avec figures d'Incroyables et de Merveilleuses (époque du Directoire).

tour des gens, des modes et des excentricités. Incroyables et merveilleuses défilèrent, grossièrement peinturlurés sur ses feuilles d'imagerie, ou bien gravés à l'aquatinte et au pointillé. *La Folie du jour, les Incroyables, les Anglomanes, les Incroyables au caffée en attendant le cours de la Bourse, les Héroines d'aujourd'hui, les Croyables au Péron*, tous ces sujets popularisés par les estampes des graveurs servirent d'images pour éventer les belles du jour. Un instant la mode fut au tout petit éventail, en papier vert, uni, sur lequel prenait place quelque gravure de mode : à signaler, dans cet esprit, la vignette représentant une merveilleuse faisant usage dudit éventail, avec l'exclamation significative : « Ah! qu'il fait saud! »

Était-ce engouement, fureur de la mode, ou réellement besoin d'air, — il est dans l'histoire des époques chaudes et des époques frileuses, les nations subissant comme les hommes certaines influences, — mais jamais l'éventail ne donna lieu à pareille fabrication, à pareil commerce. A côté des sujets d'actualité, des portraits, des caricatures, des figures de mode dont il vient d'être parlé, tous les domaines étaient exploités, soit qu'on réimprimât d'anciens cuivres, soit qu'on transformât au goût du jour des sujets connus, soit qu'on inventât des compositions nouvelles.

Ici le Balet (sic) de Psiché, l'Amour vengé (conte), le Guerrier désarmé par l'Amour, les Adieux de César et de Cléopâtre, Pénélope promets (sic) à ses amans de se remarier après ses ouvrages (un rêve, comme légende!), l'Amour dans un bain, Achille reconnu par Ulysse à la cour de Nicomède, les Divinités chargé (sic) de l'appareil d'un festin pour les noces d'Hercule, Hercule et Omphale, Minerve et

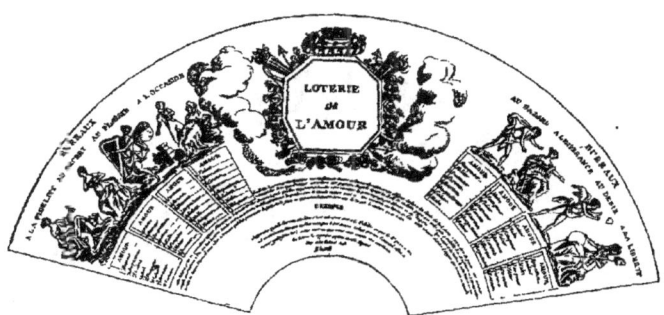

Fig. 233. — Éventail-imagerie donnant les règles du jeu, la Loterie de l'Amour ; très populaire au XVIII<sup>e</sup> siècle, et accommodé ici aux exigences du jour, une des figures représentant la Liberté avec la pique et le bonnet phrygien

Calliope inspirant Ovide à la composition, — toute une antiquité plus ou moins alourdie par des burins maladroits.

La suite du XVIII<sup>e</sup> siècle : les Petits Marodeurs (sic), Némorin et Estelle, le Mariage du Jardinier, les Débris du Printems, le Mari jaloux, le Petit Malheur ou le sabot cassé, la Loterie de l'Amour, avec ses bureaux : à la Fidélité, au Secret, au Plaisir, à l'Occasion, au Hasard, à l'Espérance, au Désir, à la Liberté, tout cela se terminant par le plus comique travestissement qu'il soit possible de voir : des bergers, coiffés du chapeau à plumes Directoire. Passe pour les Grecs et les Romains, en cuirasse et en perruque Louis XIV, mais la folie empanachée du Directoire faisant disparaître les bergers Watteau sous sa coiffure, c'est un monde ! Éternel besoin des époques de marquer leur passage dans l'histoire !

Puis, sans noter autrement les scènes de cabaret, les scènes champêtres, les scènes de chasse, les scènes maritimes, les scènes d'intérieur, les scènes romaines, les scènes turques, certaines actualités, certaines représentations des plaisirs ou des mœurs du jour : ici, des courses de chevaux ou de voitures, — le domaine de Carle Vernet, — des femmes appuyées sur quelque harpe dont elles joueront pour mieux faire ressortir les rondeurs de leur bras; là, Fanchon la vielleuse, qui détient, à ce moment, le record de la popularité. Et, au milieu de tout cela, apparaissant, on ne sait trop pourquoi, la générosité de Bayard.

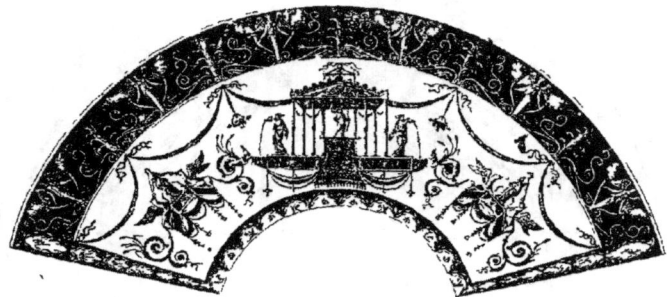

Fig. 234. — Éventail en style d'ornement (époque du Consulat).

Certes le citoyen Millon n'aurait pas pu trouver époque plus propice pour son poème *l'Éventail* :

> Déesses, pour exemple offrez votre conduite,
> Que la belle en tout temps, par vos leçons instruite,
> Lise sur l'Éventail vos amoureux exploits.

Cette fabrication à jet continu de sujets grecs et romains, de sujets anciens et modernes, de sujets galants et idylliques, ne devait pas empêcher le style décoratif du jour de s'infiltrer très profondément dans l'éventail : d'où la quantité de feuilles aux arabesques, aux sphinx, aux chimères, aux femmes, aux Amours se détachant en blanc sur des fonds aux pointillés de couleurs, d'une exécution souvent heureuse, et souvent, aussi, d'une grande pureté de dessin.

Les actualités politiques eurent également leur place. Quand on avait reproduit les victoires de Louis XIV, donné les tableaux historiques de la Révolution, ce n'était pas pour négliger les actions d'éclat des armées de la République. D'où le nombre assez considérable d'éventails reproduisant les traits du général en chef de l'armée d'Italie, du Corse aux cheveux plats, du premier Consul : tels, la *Paix de 1795*, *Paix glorieuse, an VI*, *Bonaparte couronné par les Muses*, — *Au beau fixe le baromètre* (portrait de Bonaparte), — *le Désir des peuples* (ils jurent de maintenir la paix, la main étendue sur la mappemonde), — *Réception de Bonaparte au Luxembourg après Campo-Formio*, — *Liberté des mers* (Bonaparte sur l'Océan, dans un char romain, devant la carte d'Europe), etc., etc.

L'Empire calma-t-il les surexcitations féminines, on diminua-t-il l'engouement pour l'éventail, toujours est-il que l'imagerie vit sa production considérablement diminuer durant cete période. Toutefois elle popularisa le Sacre, les portraits de Napoléon, de Joséphine et de Marie-Louise, pour aboutir, en 1815, à l'éventail aux violettes laissant apercevoir, au jour, les profils de la famille impériale; éventails séditieux, à portée politique, et qui, par cela même, jouissaient de la faveur publique.

Sous la Restauration — époque où les cartonnages se tirant devinrent à la mode — apparurent les éventails anagrammatiques : le succès fut tout particulièrement pour ceux sur lesquels on lisait le mot *Roma*, et l'explication de cet engouement nous est fournie par un journal de 1821, *le Miroir* : « Ce mot, au moyen d'un mécanisme fort simple », dit le rédacteur de l'article, « se change en celui d'*Amor*, qui, bien que latin, nous paraît devoir être compris de nos belles ». O bon rédacteur !

Au point de vue du procédé un changement se produisit dans la fabrication de l'imagerie pour éventail lorsque la chromolithographie, appliquée dès 1828 par M. Léger-Pomel, se trouva en grande partie, à partir de 1839, substituée à l'impression en taille-douce. Mais, en somme, plus on avançait vers le milieu du siècle, plus la vulgaire estampe coloriée, plus les compositions décoratives des époques antérieures tendaient à disparaître. Portraits de Louis XVIII, de la duchesse d'Angoulême, de la duchesse de Berry, de Louis-Philippe et de Marie-Amélie, portraits des membres du Gouvernement provisoire de 1848, de Napoléon III et de l'impératrice Eugénie; prise du Trocadéro, funérailles de Napoléon I$^{er}$, Exposition universelle de 1867, ou bien encore, scènes comme le colin-maillard, la balançoire, jeux divers de l'enfance : rien là-dedans qui indique un changement quelconque. C'est toujours l'actualité sous ses formes différentes, avec les choses et les personnages du jour. Amours coiffés de shakos, troubadourisme, romantisme, industrialisme,

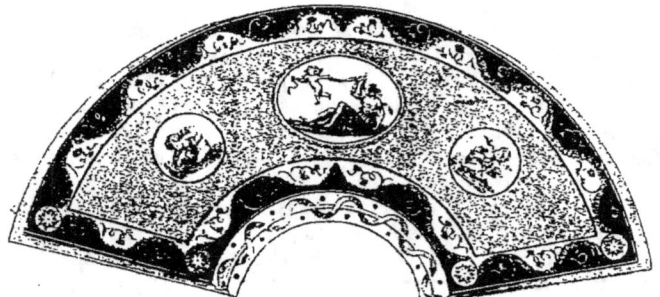

Fig. 235. — Éventail en style d'ornement (époque du Consulat).

— on inventera sous le second Empire l'éventail-réclame, — tout cela marqua son passage, sur cette arme utile et légère servant de parure au sexe, sur le « ventilateur à main » qui

> Ombrage et rafraîchit les attraits d'une belle.

O citoyen Millon, sois satisfait !

## II.

Après l'éventail, l'écran et l'abat-jour; après le cache-pudeur, le cache-feu, le cache-lumière : trinité des remparts, des abris en papier, dont l'iconographie est particulièrement amusante.

L'éventail, lui, reste pompeux et classique en présence des fantaisies sans nombre dans lesquelles doivent se complaire écrans et abat-jour.

Bien simples, bien naïvement agencés, les ancêtres de l'écran ! un carton arc-en-ciellé de deux ou trois couleurs, toujours du rose et du vert — paraissant avoir été étendues à l'aide d'une brosse — et sur lequel on collait des découpures quelconques provenant des imageries à un sol. Il n'en fallait pas plus à celles qui, po.ir s'éventer, faisaient appel aux plus sémillantes fantaisies de Lancret ou de Watteau. Que voulez-vous? Autant aristocratique

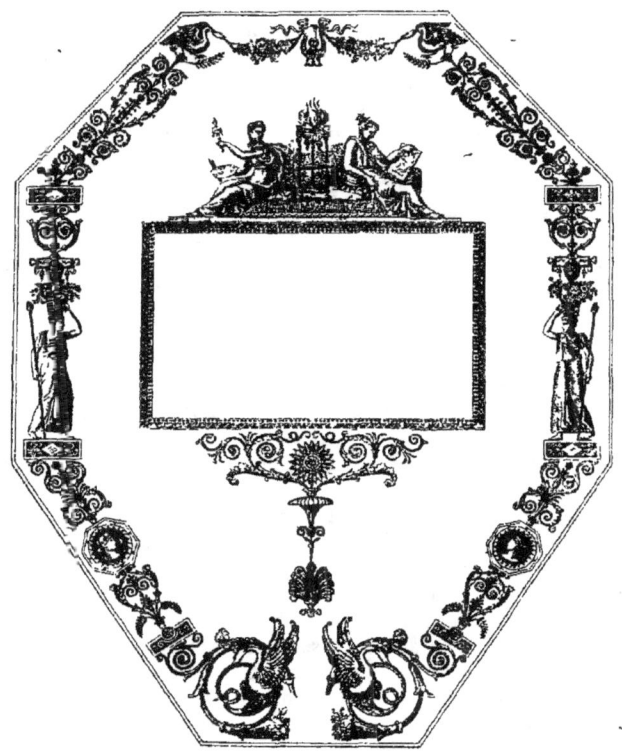

Fig. 236. — Écran premier Empire.

* Sur la part e blanche du milieu, formant tableau, se collait une vignette dans le gout sentimental du jour, ou quelque vue ou quelque reproduction de peinture.

était l'éventail, autant populaire, autant ornement de *vide-bouteille* apparaissait l'écran.

Bien vite, il est vrai, il prit sa revanche avec le Consulat, l'Empire, la Restauration, la Royauté bourgeoise, époques de triomphe pour lui, durant lesquelles il atteignit au summum de la fantaisie. Nulle part, en effet, dans aucune branche de l'industrie du papier, le troubadourisme et le sentimentalisme ne devaient se montrer aussi parfaitement comiques.

Comme l'éventail, composé, sous le Consulat, d'ornements décoratifs d'un arrangement très harmonieux, il ne tarda pas à nous montrer des lyres entourées de fleurs, des Amours tenant l'aile d'un papillon, des laitières suisses et des promenades sur l'eau dans de frêles embarcations. Ici, c'est un carlin défendant la jarretière de sa maîtresse, un Amour étendu sur un de ces nuages au pointillé qui semblent gros de poussière, apportant une lettre à une belle inconnue; là, ce sont des femmes jouant avec des cygnes, des colombes naviguant dans les airs, le bec chargé de banderolles sur lesquelles on lit : *A vous pour jamais!* des Amours enfouis dans des choux gigantesques, des voyageurs aériens dans une nacelle faite de couronnes de roses, tandis que l'Amour les abrite du soleil et les évente — on ne saurait être plus prévenant; — des hommes et des femmes, aux toilettes impossibles, prêts à toucher aux fruits du pommier si, heureusement pour eux, l'Amour n'était là pour les avertir du danger et pour préserver leur innocence : *Prenez garde à vous, le fruit est défendu.*

Et c'était avec pareils abris qu'il fallait se garantir des chaleurs du feu pétillant dans l'âtre!

Il est vrai qu'on avait d'autres fantaisies, d'autres images à vous offrir: d'abord les écrans qui se découpaient et laissaient voir, à la lueur des flammes, des vignettes quelconques, des vues enluminées plus particulièrement, ou des sujets napoléoniens — fatalement l'Empereur devait avoir sa place sur cet objet, — ou des jeux de cartes, ou des chinoiseries, sans oublier la générosité de Bayard et les prouesses du Roi Vert-Galant.

Que ne vit-on pas! Des écrans-palmes, des écrans-cibles, des écrans tricolores, des écrans-paon, *le Zéphir, joujou dédié aux dames, journal-écran,* l'écran de Junon, « avec un petit télégraphe de salon servant à exprimer tous les mots que l'on veut dire », — il fallait bien, sous une forme quelconque, faire concurrence à l'éventail « inventeur du langage des yeux », — enfin l'écran royal donnant, dans des médaillons gaufrés, les têtes du bon roi Louis-Philippe et de sa famille.

Burin, pointillé, lithographie, coloriage, l'écran employa tous les moyens, l'écran usa de tous les procédés, se plaisant à opposer les paysages d'hiver, le givre et les cascades aux flammes des cheminées bourgeoises.

Et voici qu'à son tour, l'abat-jour prit naissance, l'abat-jour, dernier venu de la trinité par moi évoquée, qui doit son origine à l'Empire et dont les premiers spécimens connus, datés de 1809, se présentent couverts de rebus.

L'abat-jour! ce fut, longtemps, le grand attrait de la table de famille, l'image aux sujets multiples que contemplaient les en-

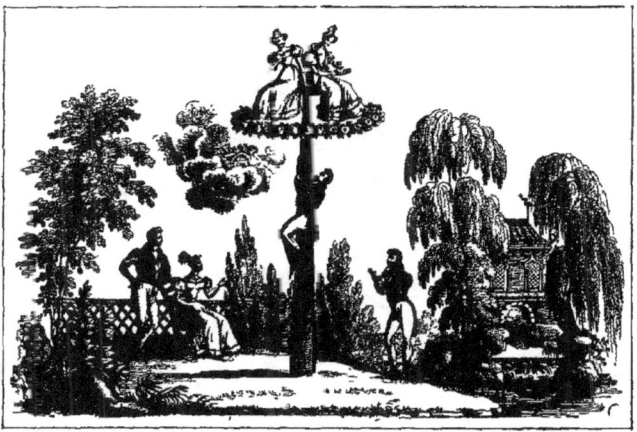

Fig. 237. — Sujet pour écran (Restauration).

fants et que l'on faisait tourner en tous sens! L'abat-jour! à dentelles, à découpages, à gaufrages, à sujets en relief, à transparents qui deviendront, quelque jour, sujets à réclames, à pointillages patiemment piqués à l'épingle! ce fut, un instant, le roi des cartonnages.

Notons bien ceci : il conserva tout le temps son caractère propre. Entre lui et l'écran, rien de commun. L'écran nous amusera pour son troubadourisme forcené; l'abat-jour, bien plus raisonnable, lui, se complaira dans les petits sujets à la Victor Adam, dans les petites scènes de mœurs à la Grandville, à la Delarue, à la Henry Monnier, dans les silhouettes et dans les ombres chinoises. N'étaient-ce point sujets tout indiqués pour la lumière

Éventails; Écrans; Abat-Jour; Papier Peint. 291

des carcel! S'il donne des portraits de souverains et de grands hommes, s'il déroule dans son entier la légende napoléonienne, s'il chauffe les premières locomotives, s'il préconise les décou-

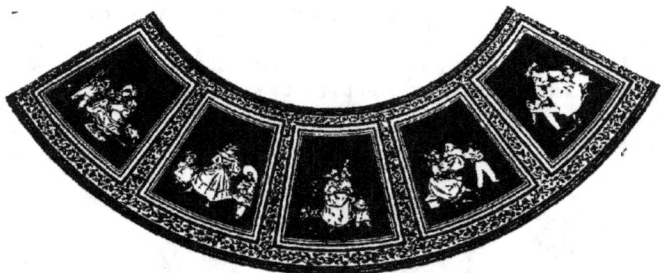

Fig 238. — Abat-jour avec sujets en blanc sur fond noir, d'après des dessins de Delarue (époque de Louis-Philippe).

vertes et les inventions du jour, s'il sacrifie quelquefois à l'actualité, politique ou autre, si même il se laisse aller aux fantai-

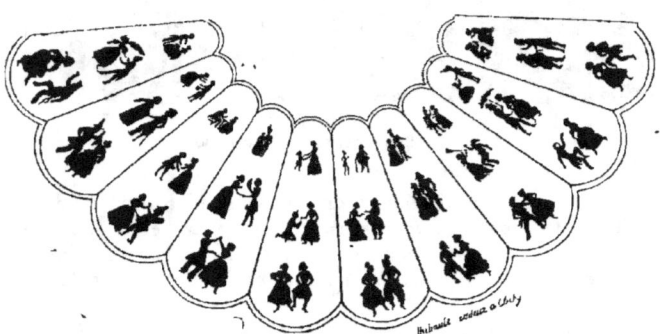

Fig. 239. — Abat-jour avec silhouettes sur fond blanc (époque de Louis-Philippe).

sies dans lesquelles se complurent tous les papiers, grands ou petits, anciens ou modernes, représentant *Paul et Virginie, Faust et Marguerite, Phœbus et la Esmeralda*, — ceci se passait en 1843, — la vérité est qu'il s'intéresse aux scènes de mœurs amusantes, aux scènes de société et aux effets de lumière pouvant s'obtenir directement par cette même lampe dont il a pour mission de corriger la lueur trop éclatante. Un instant incendies et feux d'artifice jouirent ainsi des faveurs de cette jupe aux ballonnements plus ou moins amples, plus ou moins raides, qui triompha sous Louis-Philippe et égaya la jeunesse du second Empire.

Tours de lampes comiques, abat-jour à paillettes, à dessous mystérieux, où êtes-vous? Sans doute enfouis avec les lampes à colonnes, — les vraies, — avec tous les systèmes prédécesseurs du moderne pétrole!

### III.

Papiers coloriés, papiers de couleur, papiers peints, décalcomanie, chiffonomanie, tout cela se touche de bien près, d'autant que je n'ai point l'intention de refaire l'histoire de la décoration des tentures après l'étude si consciencieuse de M. Rioux de Maillou, publiée lors de l'Exposition rétrospective des Arts décoratifs.

Or donc, papier peint arrivé de nos jours à une si grande perfection, à une si grande variété, je t'enrôle dans cet amusant domaine, je te mets en bonne compagnie.

Fabriqués par les imagiers-graveurs, par les miroitiers-enlumineurs, les papiers peints servaient, autrefois, à nombre d'usages. Tous, — qu'il s'agisse des anciens papiers, dorés ou argentés, à fleurs et à ornements, ou des papiers plus récents dits veloutés, à la mode d'Angleterre, — avaient des attributions diverses et multiples.

Bientôt, remplaçant, pour les gens des classes moyennes, les panneaux et les décorations en vogue, le papier peint faisait, sur la fin du xviii$^e$ siècle, œuvre de propagande et de vulgarisation. Par lui, les sujets des motifs les plus élégants se trouvèrent répandus partout. Pour lui, les Desrais, les Prieur, les Huet, les J.-B. Fay, c'est-à-dire les artistes qui exécutaient des cartons pour les tentures décoratives, inventèrent des dessins d'un genre nouveau. Pompadour et rococo, à l'origine, affectionnant les semis de petites fleurs aux claires tonalités, copiant les damas, les ramages et même les paysages des étoffes, il popularisa le style, l'art décoratif et champêtre de l'époque Louis XVI, produisant même, à son tour, des panneaux, coloriés ou camaïeux, pour les maisons de campagne des grands seigneurs.

La Révolution, avec Réveillon, fit réellement de lui un art nouveau, populaire, parvenu, aujourd'hui, à sa pleine expansion. Et dès lors, comme tous les autres papiers, ses congénères, il subit les influences multiples des modes et du goût antique ou moderne, au point de vue du style; tantôt purement décoratif, tantôt pittoresque, anecdotique et même actualiste dans le

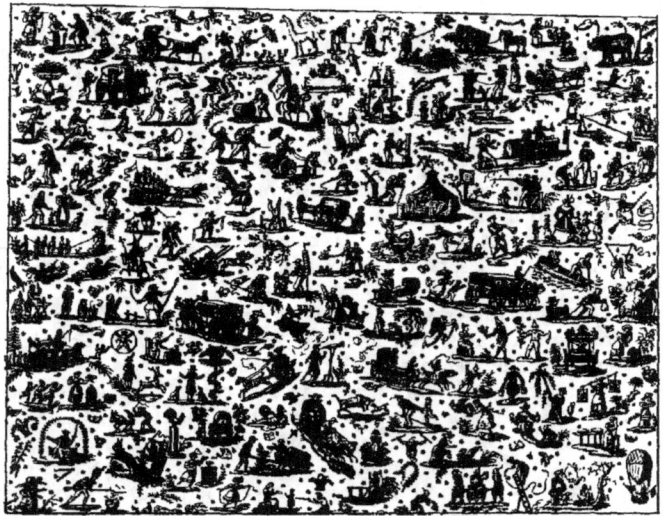

Fig. 240. — Type de papier peint avec macedoine de sujets (Restauration).
(Coll. de l'auteur.)

domaine de la politique, de la propagande des grands hommes par l'image.

Et il a la vie dure, le papier peint! Dans les vieux pavillons de campagne à volets verts, ne retrouve-t-on pas, quelquefois encore, les panneaux à draperies, à rideaux factices, bien relevés, attachés par des embrasses fixées à une paterre, aux plis raides comme du zinc!

Dans les salles communes d'auberges, dans les châteaux rustiques, ne peut-on pas également admirer les paysages suisses aux cascades dont les eaux sont couvertes de mousse, les paysages du Brésil aux végétations luxuriantes, tous ces grands panneaux aux ciels noyés dans des bleus de pastel, tous ces paysages indiens aux couleurs rougeoyantes, avec des Incas, — sans doute la faute à Chateaubriand!

Comme un vulgaire jeu d'oie, comme un simple almanach, le papier peint a voulu toucher à tout : après avoir été pompadour et rococo, il a, sans gêne aucune, sacrifié aux Grecs et aux Romains, remplaçant les fleurs et les enguirlandements de roses par des lances, des casques et des boucliers. Il a voulu instruire, amuser, donnant des scènes tirées du Tasse ou des *Aventures de Télémaque*, imprimant des vignettes pour les fables d'Ésope ou de La Fontaine, reproduisant, d'après Carle Vernet, les courses en France et en Italie.

Lui aussi, il s'est complu dans ces macédoines qui sont comme le pot-pourri de l'art, mélangeant tout en ces petites vignettes, hommes et choses, chacun ayant, pour se bien tenir en place, pour ne pas perdre l'équilibre, son petit bout de terrain, possession précieuse qui ne s'oubliait alors jamais. Les fonds étaient semés d'étoiles, ou de papillons, ou de boules, ou de lyres, — il est de ces attributs qui lorsqu'ils vous ont empoigné une fois ne vous quittent plus.

Les macédoines sur les murs, cela vaut les images du *Journal Amusant* imprimées sur papier jaune à l'usage des *buen-retiro* champêtres.

Et pourtant il s'était élevé jusqu'au portrait, le papier peint. Que dis-je, il a commencé par là, donnant des Marie-Antoinette d'une très amusante coloration, continuant avec des Napoléon I$^{er}$ et des Louis XVIII, et terminant sa galerie des célébrités avec des Louis-Philippe dont je laisse à M. Rioux de Maillou le soin de nous donner l'amusante physionomie.

« Arrêtons-nous un moment à l'année 1830. Un portrait de Louis-Philippe nous y convie. Pas moyen de passer sans le regarder, il attire l'œil et l'éblouit. Voilà le monarque de fraîche date en habit bleu bien franc, en larges pantalons blancs à sous-pieds, le sommet de la tête dominé par le toupet caractéristique; il tient un drapeau tricolore de la main droite, un drapeau surmonté du coq gaulois, et, de la main gauche, une pancarte sur laquelle sont écrits ces mots en grosses lettres : *la Charte sera désormais une vérité*. Nous avons là le côté anecdotiquement populaire de la monarchie de Juillet. Le papier peint est élevé à la hauteur d'un instrument de propagande constitutionnelle. Il étalera les beautés du régime sur les murs des auberges et des cabarets de campagne; il lui prêtera son éclat incomparable. Les paysans aiment les tons voyants, tapageurs, aveuglants. Cela sied à leur imagination, toujours un peu enfantine, à l'écorce rugueuse de leur cerveau, toujours difficile à pénétrer, même au moyen des jeux. Le papier peint représentant le roi

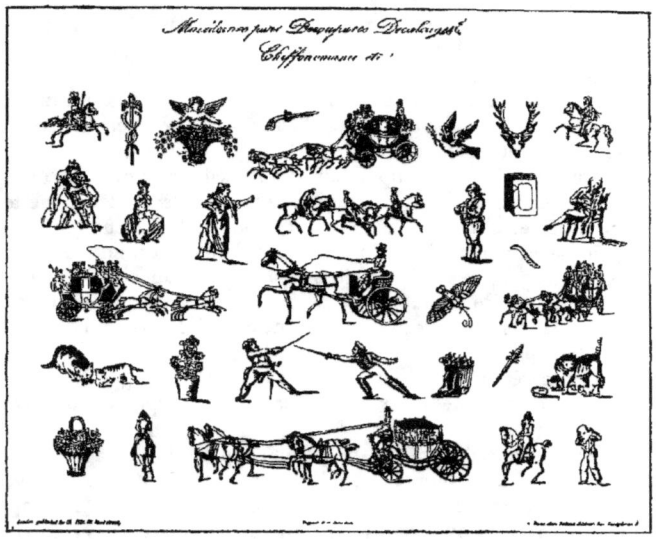

Fig. 241. — Feuille de papier avec vignettes destinées à être découpées. (Restauration.)

bourgeois répond à un besoin. Le rouge des joues lutte victorieusement avec le rouge du drapeau (et quel rouge!); le noir du toupet, dressé comme un point d'interrogation, ne fait qu'un avec le noir des bottes, comme le bleu des yeux ne fait qu'un avec le bleu de l'habit. La pose est martiale, comme il convient à celui qui porte un drapeau aussi lourd que celui-ci, et qui possède de pareilles couleurs, vibrantes comme un éclat de fanfare; elle est digne aussi, quoique bon enfant, comme il convient à un chef d'État débonnaire, mais appuyé sur le rouleau de la Charte, mais tiré à plusieurs planches sur un papier bon marché. »

Dites, bonnes gens, vîtes-vous jamais roi plus débonnaire, que ce monarque enluminé, lui et sa Charte, entouré de drapeaux tricolores, cherchant à se donner une allure martiale et nous laissant l'impression d'un de ces pains d'épice monstres qui popularisent dans les foires les célébrités du moment et les têtes couronnées !

Les macédoines du papier peint m'amènent tout naturellement aux macédoines présentées sous forme d'estampes détachées, pour découpures, décalquages, chiffonomanie, une passion, une vogue, une furie qui disparut subitement, comme elle était venue, pour apparaître à nouveau, plus encombrante encore, avec le second Empire.

Sous la Restauration c'était la bonne découpure de l'ancien temps, le décalquage ; Napoléon III régnant, ce fut la décalcomanie, cette petite image que l'on plaçait, sur les assiettes, sur les boîtes en carton, sur les boîtes en bois, pour la voir se développer, se reproduire sur lesdits objets avec sa polychromie criarde et de mauvais goût. Du coup, les enfants devinrent insupportables : c'était la décalcomanie à l'état aigu, une sorte de tatouage imposé aux objets.

Chiffonomanie primitive, aux feuilles multiples, allant de Paris à Londres, se complaisant surtout aux carrosses, aux militaires, aux Amours, ayant tout un stock de banalités, de clichés graphiques, — livre, poignard, pistolet, bague, épingle, table, corbeille de fleurs, chapeau, animaux domestiques raides comme du bois, hirondelles, colombes, — quoique ne reculant pas devant les sujets plus compliqués, en fait, collant partout ses petites vignettes, ne respectant ni les abat-jours, ni les écrans, ni les paravents, ni les panneaux intérieurs des armoires.

Dans tous les salons bourgeois, dans toutes les Cours, on découpe, on décalque. A Paris, à Londres, à Vienne, à Berlin, le collage et la décalcomanie triomphèrent. Si vous en voulez la preuve, — et quelle preuve ! — allez en Prusse, à Sans-Souci, dans ce château encore tout plein des souvenirs du grand Frédéric et de Voltaire.

Là, dans une des pièces habitées par la royauté bourgeoise de 1830, vous trouverez un paravent illustré de macédoines ainsi découpées et collées par celui qui devait être l'empereur Guillaume Ier. Toute une imagerie en relief sur un fond de papier uni, la chiffonomanie dans sa nullité avec sa salade de sujets, de gens et de choses assemblés sans rime ni raison ; mais c'était du découpage, du collage, et il n'en fallait pas plus pour amuser les gens de l'époque, petits ou grands, épiciers retirés des affaires ou princes du sang. L'esthétique du jour ne voyait pas plus loin : les caricatures en rouleaux étaient le digne pendant des hommes en robe de chambre.

C'était le digne pendant des bobèches et des collerettes en papier, de tous les objets sans nom avec dentelles de papier dont s'ornaient, alors, les cheminées, qui triomphaient, bien en évidence, sur les commodes, le meuble type de la monarchie bourgeoise. Et ce fut bien réellement, on peut le dire, le plaisir de plusieurs générations, l'homme étant, par essence, découpeur, arrangeur, classeur et colleur de papier.

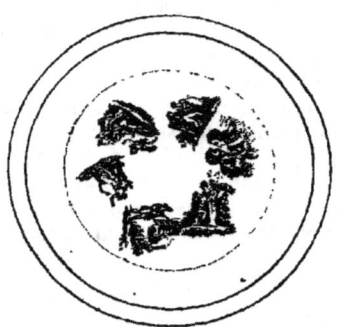

Fig. 242. — Image pour *le Transfigurateur*.

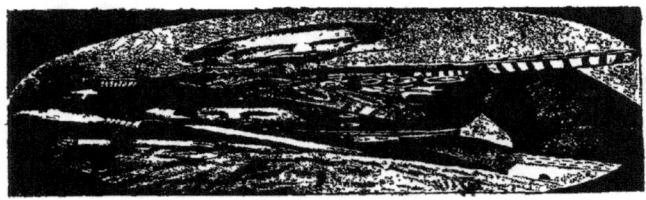

Fig. 243. — Napoléon III, l'Impératrice et le petit Prince.
D'après une image d'optique.

## CHAPITRE XIV.

## Silhouettes; Découpages; Ombres Chinoises; Optique Curieuse.

Les Portraits et la Silhouette. — Les Découpages au ciseau. — Figures de Lanterne magique. — Optique amusante et Vues d'optique. — Les Ombres chinoises. — Pièces jouées au théâtre des Ombres chinoises, en 1790. — Les Estampes séditieuses : Ombres et Profils politiques. — Les Diableries. — Les Portraits-charge.

### I.

ON a souvent discuté sur les origines du portrait; de savants mémoires même, dus à de non moins savants auteurs, ont été présentés sur ce sujet à différents corps académiques, aux époques heureuses où l'on aimait à discuter de et sur tout. Mais, en pareille matière, le bon sens me paraît prévaloir sur les considérations les plus savantes : le premier portrait, c'est évidemment l'ombre portée, et les traits charbonnés à l'entour, pour en conserver la physionomie. L'art des enfants, l'art des peuples au berceau : l'homme faisant lui-même sa chambre noire par l'empreinte que laisse un corps au plein soleil; la photographie naturelle, sans épreuves fixées et sans retouches; la photographie bon enfant.

Cependant, si les silhouettes sont de toute antiquité, les portraits dits « à la silhouette » ont une origine plus récente, devant, comme on sait, leur nom à M. de Silhouette, contrôleur général des finances sous Louis XV (1759). M. de Silhouette avait été populaire, si populaire, même, qu'il ne put pas longtemps soutenir sa réputation. Le Parlement s'éleva contre lui, l'opinion publique l'abandonna, son nom fut bien vite ridiculisé, et tandis que d'autres avaient été criblés d'épigrammes et de petits pamphlets volants, voire même de caricatures plus ou moins spirituelles, il se trouva, lui, immédiatement en butte à des séries de profils surgissant de tous côtés, comme plus tard on verra des enfants charbonner sur les murs la poire de Louis-Philippe.

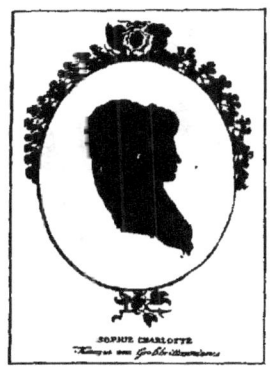

Fig. 244. — Portrait-silhouette découpé au ciseau et placé dans un cadre orné colorié au pinceau. — (xviiie siècle.) (Coll. de l'auteur.)

« Dès lors, » dit Mercier dans son *Tableau de Paris*, « tout parut à la silhouette, et son nom ne tarda pas à devenir ridicule. Les modes portèrent à dessein une empreinte de sécheresse et de mesquinerie : les surtouts n'avaient point de plis, les culottes point de poches, etc. » L'ombre de la chandelle, quelle place n'occupera-t-elle pas dans les amusements du xviiie siècle!

Sur les vignettes de Saint-Aubin, comme sur les vignettes de Chodowiecki, on verra la famille s'amuser, autour des tables, à ces petits exercices, et après les ombres portées viendront les découpages. Il y a réellement de la silhouette dans l'air durant toute la seconde période du siècle. Vingt ans après notre contrôleur général de joyeuse mémoire, le marquis de Luchet, parlait des gens qui, aux boulevards, s'amusaient à prendre sur le sable la silhouette des élégants et des élégantes à la mode. « Et le public de regarder, » ajoutait-il, « et le public de chercher à deviner quels étaient les personnages dont le sable gardait ainsi l'empreinte ! »

S'il faut en croire un bien curieux document que j'ai sous les yeux, une véritable industrie prit ainsi naissance ; un de ces individus qui, de tout temps, ont vécu de la rue, proposait à ceux « qui pouvaient avoir besoin de renseignements spéciaux sur les membres de leur famille », des « images découpées d'après les empreintes prises sur le sable mouvant des boulevards », chose facile à une époque où, la causerie étant tout, on ne marchait pas avec la précipitation d'aujourd'hui, où l'on restait facilement en place, dans un étroit périmètre.

Vingt ans et plus le portrait à la silhouette fit fortune ; c'était une industrie organisée, d'où la quantité de portraits éphémères, devenus malheureusement d'une rareté extrême, qui tenaient alors, pour ainsi dire, la place de la carte-album photographique. Et comme on était dans la période du beau portrait, gravé dans un médaillon reposant sur une tablette, on eut l'idée de confectionner des sortes de cadres passe-partout dans lesquels venait prendre place la silhouette du personnage ainsi découpé, tandis que son nom se mettait à l'encre ou s'imprimait à l'aide de caractères mobiles, sur la tablette. Tels les portraits ici reproduits dans des encadrements de style dessinés par Gonord.

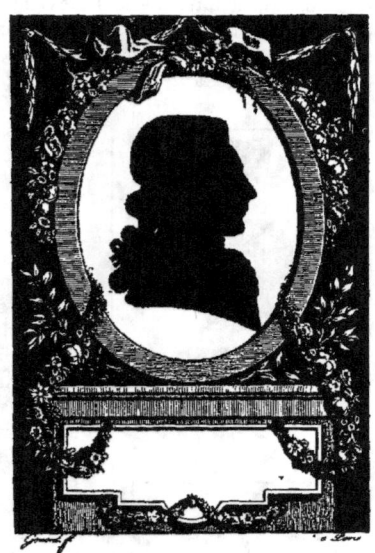

Fig. 245. — Portrait-silhouette dans un encadrement passe-partout de Gonord (xviii° siècle). (Coll. de l'auteur.)

L'industrie fut prospère ; nombre d'artistes en vécurent, s'intitulant « dessinateur en silhouettes ».

Un genre, une profession qui eut ses spécialistes, comme il y avait des peintres de marines ou de ruines à la Hubert. Un qualificatif qui s'arborait même hautement sur les cartes de visites. Ainsi nous a été conservé le nom d'un maître en ce genre, Schmid.

On silhouettait en boutique, on silhouettait en plein vent. Tous les bals publics du Directoire et du Consulat, *Salle de Terpsichore, Paphos, l'Élysée, Frascati, Isle de Vénus, Jardin d'Apollon* avaient leur silhouetteur attitré. « Dans un coin de la salle, dit Kotzebue, en ses *Souvenirs de Paris* (1804), on voit un silhouetteur qui y a dressé sa table et qui fait sur le champ des silhouettes à un prix assez modique. Un amoureux qui n'a que rarement l'occasion de voir sa maîtresse peut aisément l'engager à se glisser dans cette boutique, pour lui laisser du moins son ombre. » Le genre ne s'est point perdu : il va triompher à nouveau, en ces dernières années, dans les lieux de plaisir.

Après les portraits, les découpages, qui donnèrent naissance à

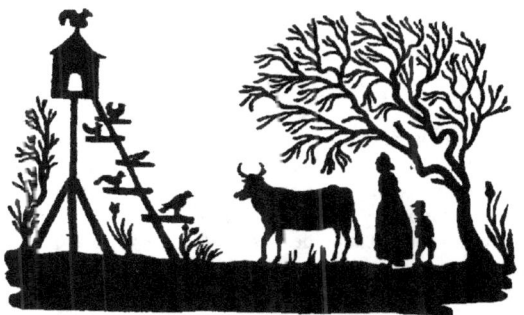

Fig. 246. — Découpage au ciseau, d'après un original de 1818.
Œuvre d'un « artiste-découpeur » pour salons. (Coll. de l'auteur.)

d'autres spécialistes, « les découpeurs au ciseau », dont parle l'avocat Barbier dans son « Journal ». Autre mode, autre engouement. « Partout, dit un journal contemporain, on rencontre des gens occupés à découper : les laquais perdent ainsi jusqu'aux notions les plus élémentaires du service, les portefaix eux-mêmes cherchent à constituer des découpures avec les premiers papiers qui leur tombent sous la main. Jamais on n'a vu vendre tant de petits ciseaux : on dit que leur inventeur a fait fortune. » Les découpages se faisaient en papiers de différentes couleurs, mais le plus souvent blancs ou noirs, et pour les conserver on avait inventé des portefeuilles composés de cahiers de papier dans tous les tons; les découpures claires se plaçaient sur des papiers noirs; les découpures foncées, sur des papiers jaune, vert, gris. Découpages plus ou moins habiles, plus ou moins travaillés, plus ou moins légers qui peuplèrent un instant les salons de paysages et de scènes rustiques, d'idylles et de petits poèmes en action, dont s'accommodait on ne peut mieux la mièvrerie du jour. Certains artistes étaient ainsi parvenus à silhouetter les arbres avec la même finesse qu'ils les gravaient sur le cuivre à l'aide de la pointe.

Des salons, les découpages passèrent dans les campagnes, engendrant alors des séries de bonshommes se tenant par la main, aux formes traditionnelles, et destinés souvent, animaux ou personnages, à être plantés debout, amusette à l'usage des enfants dont on retrouve les traces persistantes dans les contrées les plus éloignées, les plus différentes de mœurs et de situation.

## II.

La silhouette, le dessin noir, étaient trop à la mode pour que l'on ne vînt pas aux ombres par le moyen de la lanterne magique, pour que les spectacles d'ombres, dits « ombres chinoises », ne commençassent pas, eux aussi, à se populariser.

Voici comment l'auteur des *Nouvelles Récréations physiques et mathématiques* (1786), un livre qui fait autorité en la matière, s'exprime au sujet des « ombres magiques » (*sic*) :

« On applique sur les verres des petites figures découpées sur du carton très mince, dont quelques parties du corps sont mobiles aux jointures; et, avec des fils de soie qui coulent le long des châssis dans lesquels ces verres sont renfermés, on leur fait faire à son gré divers mouvements en tous sens; les mouvements de ces petites figures étant bien disposés, sont bien plus naturels que ceux qu'on peut leur faire exécuter avec deux verres mobiles, attendu qu'ils peuvent avoir lieu en différents sens; ce qui produit alors beaucoup plus de variété et de vérité, et l'on occasionne par ce moyen plus de surprise et d'agrément; de cette manière, on peut, pour exécuter plusieurs scènes comiques, se servir de deux verres ainsi disposés. »

Quant aux ombres chinoises, elles avaient apparu dès 1780, rencontrant, d'emblée, un succès considérable. Ces petites figures d'hommes ou d'animaux, faites de carton et découpées, rendues mobiles en diverses parties, selon l'effet qu'on voulait en obtenir, pouvant à l'aide de fils avancer, reculer, gesticuler, amusaient

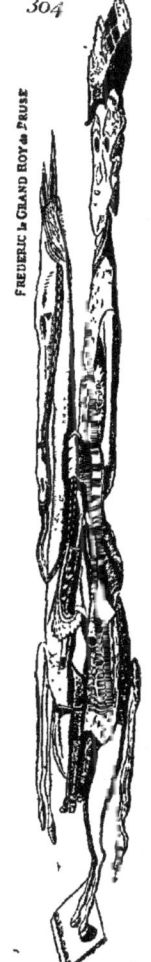

Fig. 247. — Portrait d'optique en hauteur et en raccourci destiné à être regardé avec des verres spéciaux.

fort grands et petits. En 1786, elles faisaient partie des délices du Palais-Royal et prenaient place dans tous les petits almanachs galants de « chez Boulanger ».

« Lanterne magique, curiosités à voir ! » — « Optique, optique amusante ! » longtemps ils retentirent dans les villes et dans les campagnes, ces cris, poussés par les honnêtes Auvergnats dont Saint-Aubin, Poisson et, plus tard, Carle Vernet, contribueront à populariser les types.

La lanterne magique ! un instrument bien primitif, qui eut la vie longue, qui se perpétuera dans notre siècle, jusqu'aux abords de 1860, accompagné, pour faire figure dans le monde, d'un orgue lamentable dont les trémolos étaient arrêtés de temps à autre par le cri strident et souvent lugubre, au milieu des ombres de la nuit, du lanternier signalant ainsi son passage.

La lanterne magique ! avec ses figures grotesques, avec ses monstres épouvantables, avec ses fantômes, ses spectres, apparaissant, grandissant, circulant et s'évanouissant, avec ses gracieuses figures, avec ses paysages, avec ses touchantes scènes à la Greuze, avec ses sujets vus de jour et de nuit, avec ses effets de neige, de lune, de soleil couchant, d'incendie, que sais-je encore !

Les optiques ! ces boîtes portatives où, à travers des verres grossissants, se voyaient mille tableaux éclairés par le reflet d'une lumière posée devant. Pour les alimenter, tout un commerce prit naissance, toute une armée de graveurs et de marchands — parmi lesquels Lepautre, Sébastien Leclerc, Mariette, Moreau, Perelle, de Poilly, Vernet — confectionna des *vues d'optique* — vues et perspectives — qui quelquefois encore, se trouvent en nombre dans les portefeuilles des marchands des quais; grandes vues, coloriées, par bandes, à la façon des papiers peints, grandes vues qui firent ainsi défiler toutes les capitales de l'Europe, tous les pays exotiques, tous les monuments, toutes les curiosités de la nature ou de l'art, tous les spectacles officiels, carrousels, fêtes, feux d'artifice, cérémonies,

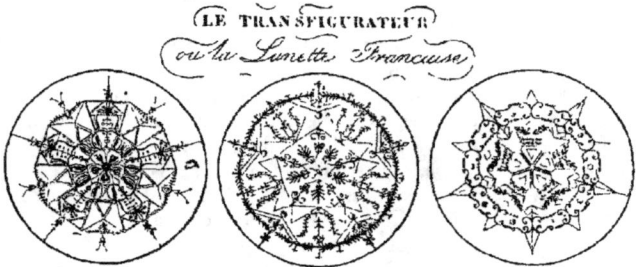

Fig. 248 — Fonds d'ornements géometriques pour les vignettes du *Transfigurateur*.

tous les événements marquant les modes et les personnages mêmes, ou encore les drames lugubres, toujours passionnants, comme les naufrages et les incendies. Le *point d'optique*! qui saura jamais le nombre des feuilles gravées, aux XVII$^e$ et XVIII$^e$ siècles, sous ce titre caractéristique! Tout n'y figure-t-il point : le grotesque et le sérieux, l'histoire sainte et les rois de France !

Notre siècle prit à son prédécesseur l'optique curieuse et ne cessa de la développer, inventant toutes espèces d'appareils enfantins, gravant à leur usage des déformations et des transformations sans nombre.

Voici, sous la Restauration, les *pièces curieuses à voir*, exécutées au pointillé par un artiste plus fécond que distingué, Canu, petites vignettes arrondies et écrasées venant « se placer dans la lentille de la lanterne magique » : le *Transfigurateur ou la Lunette française*; — des personnages ramassés sur eux-mêmes au point de ne plus constituer que d'informes boules de graisse, lithographies coloriées dues à Noël; — voici, après 1830, le *Marinorama*, édité par un sieur Babœuf (1833), qui annonçait plus de 500 000 000 de scènes variées, le *Nouveau Théâtre Maritime* (1833, également), le *Diorama-Miniature* de chez Aubert (1836), des paysages, des vues de Paris et des grandes capitales, des scènes militaires, des naufrages, des macédoines de diverses espèces — on affectionnait alors ces *olla-podrida* du dessin. — De 1832 à 1840, tout Paris passa, ainsi, en vues dioramiques : des séries donnérent l'optique du Palais-Royal, l'optique de l'Arc de Triomphe, l'optique des Ponts, l'optique des Tuileries, l'optique du Luxembourg. Une manie, une fureur ! A tel point que le théâtre s'en empara et qu'une revue de 1840 donna *Tout Paris en optique*.

Après 1840, un éditeur, Siès, popularisa un autre genre, « les déformations grotesques », à l'aide d'un système spécial, *le Miroir cylindrique*. « Pour voir distinctement et comme il faut chaque tableau réfléchi dans le miroir, » disait une notice, « il faut que l'œil n'en soit ni trop éloigné, ni trop rapproché, et assez élevé. Pour voir le dessin remplissant du haut en bas ledit miroir, on doit poser la boîte au milieu du rond marqué à cet effet sur chaque tableau. »

*Le Miroir cylindrique* devait, longtemps durant, charmer les salons, puis, peu à peu, cet engouement disparut, pour faire place à d'autres fantaisies. Il faut encore signaler, cependant, sous le second Empire, des séries de personnages lithographiés tout en longueur, sur d'étroites bandes de carton destinées à figurer derrière des verres et représentant soit des personnages politiques, Napoléon Ier ou la famille impériale régnante, soit des types : promeneurs, valseurs, lutteurs, musiciens, etc.... Dès lors, les beaux jours de l'optique curieuse étaient comptés.

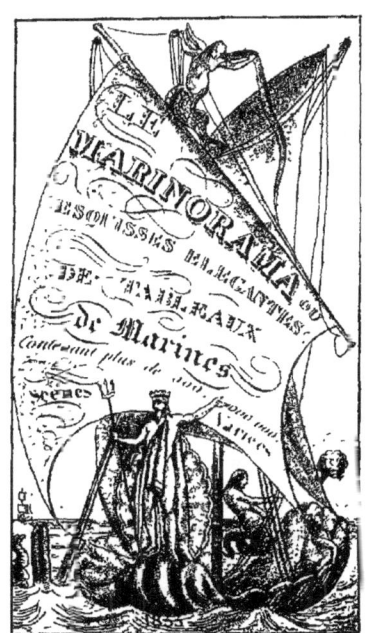

Fig. 249 — Titre du *Marinorama*, scènes maritimes présentées sous forme de vues panoramiques.

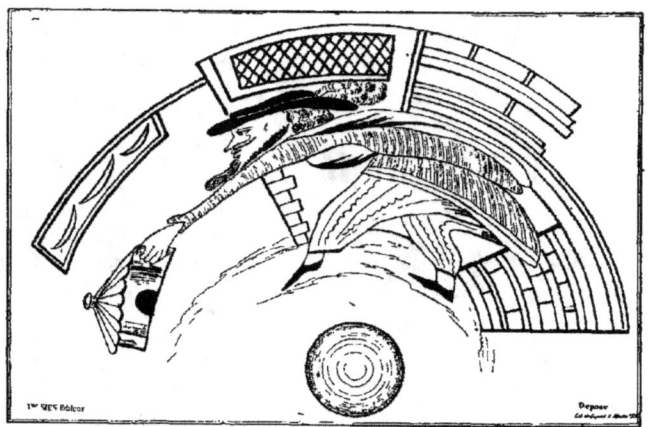

Fig. 250. — Image pour *le Miron Cylindrique* de l'éditeur Sies (1843).

## III.

Sous leurs multiples transformations, les ombres chinoises ont eu la vie plus dure. Le petit théâtre sur lequel elles manœuvraient dès 1784 continue à attirer la foule sous la Révolution : on trouvera, certainement, quelque intérêt à connaître de quelle façon il était composé et quelles pièces s'y jouaient d'après l'*Almanach général de tous les Spectacles de Paris* (1791).

### OMBRES CHINOISES
Au Palais-Royal, arcade n° 127.

Ce petit spectacle est assez suivi, et il est digne de la curiosité des amateurs. La salle n'est qu'un salon de compagnie, mais ce salon (*sic*) est presque toujours plein, et assez bien composé.

*Prix des places* : premières, 12 sous; secondes, 6 sous.

*Directeur* : M. Moreau, connu ci-devant à l'*Ambigu-Comique*, sous le nom du *Petit Arlequin d'Audinot*.

*Associé à la Direction* : M. Benoit, mécanicien distingué.

*Claveciniste* : M. Mozin.

*Acteurs* : Messieurs Caron, Marlier.

*Actrices* : Mesdames Grillet, Victoire.

PIÈCES JOUÉES EN 1790.

*La Fédération Nationale*, par M. Maillet, autrement dit M. Pillardin. Platitude. — *Mil sept cent quatre-vingt-neuf* et *Mil sept cent quatre-vingt-dix, son fils*, par M. Guillemain. Allégorie très ingérieuse. — *La Démonseigneurisation*, par M. Guillemain. Folie très gaie et assez saillante. — *Arlequin-Pluton*, par M. Caron. Farce. — *Les Pédants*, par le même. — *Le Peintre en portraits*, par le même. — *Le Gagne-Petit*, par le même. — *La Bataille d'Arlequin*, par M. Dorvigny. Farce qui fait rire. — *Arlequin changé en Nourrice*, par le même. — *Arlequin Corsaire-Patriote*, par le même. Toutes ces *Arlequinades* doivent leur succès au sieur Moreau. — *Arlequin Bijoutier*, par M. Landrin. Critique ingénieuse, quoiqu'un peu froide. — *Les Forges de Vulcain*, pièces d'ombres à découvert, dont la mécanique est du sieur Benoît.

Sous le premier Empire, sous la Restauration, le succès continua, car voici les renseignements que donne l'*Almanach des Plaisirs de Paris* pour 1815 sur le spectacle illustré par feu Séraphin.

### OMBRES CHINOISES

Au Palais-Royal, du côté de la rue des Bons-Enfants.

Depuis longtemps ce spectacle passe pour être celui des enfants; cependant je connais beaucoup de grandes personnes qui s'y amusent, et j'avoue, sans scrupule, que je suis du nombre. *Le Pont rompu, la Forêt enchantée, le Mari qui corrige sa femme*, n'offrent ni une grande richesse d'imagination, ni un dialogue bien élégant; mais la grosse voix des acteurs, comparée à la petitesse de leur taille, leur tournure un peu guindée, et leurs gestes *saccadés*, qui rappellent quelquefois ceux de certains acteurs des boulevards, ne sont pas médiocrement plaisants.

Peu à peu, les ombres chinoises se popularisèrent, se vulgarisèrent, et les imagiers fabriquèrent à l'usage de l'enfance ces feuilles aux noirs personnages, se découpant et s'articulant à l'aide de fils faisant mouvoir bras et jambes qui ont constitué et constituent encore les acteurs peu encombrants, les chanteurs jamais enroués des théâtres portatifs de la jeunesse. Le Séraphin du Palais-Royal se multiplia en autant de Séraphins en chambre jusqu'au moment où, rajeunies par d'habiles artistes, mises dans leurs meubles par un impresario intelligent, les ombres chinoises redevinrent un spectacle aussi divertissant que mondain. Ombre de Séraphin, ne soyez point jalouses des ombres du *Chat Noir*!

Laissons les ombres se profiler derrière les toiles légères, sur les scènes des théâtres microscopiques, et revenons au papier seul, n'ayant pour tout décor que la feuille blanche sur laquelle le sujet se détache en une masse noire. D'abord ce furent les

## Silhouettes, Découpages, etc.

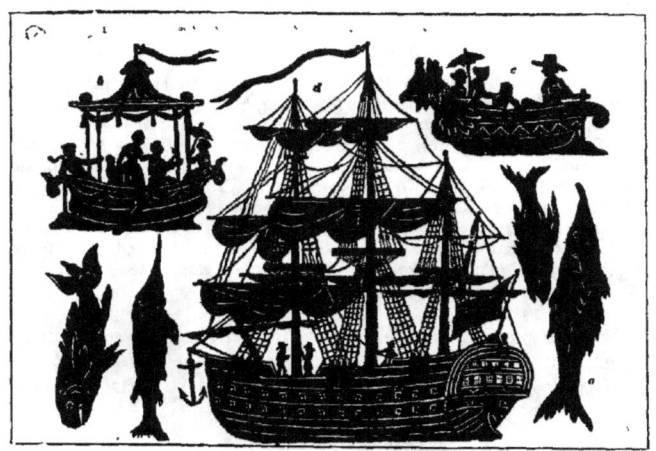

Fig. 251. — Sujets pour théâtre d'ombres chinoises, articulés au moyen de fils (vers 1860).

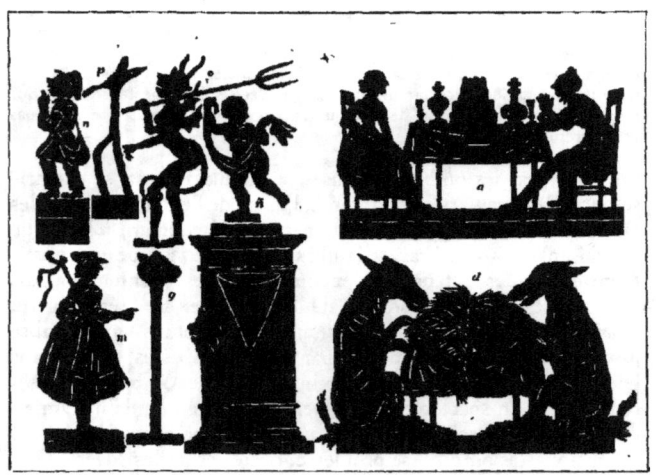

Fig. 252. — Sujets pour théâtre d'ombres chinoises, articulés au moyen de fils (1860)

ombres politiques, donnant naissance à nombre d'estampes séditieuses, bourboniennes ou napoléoniennes, des familles entières dans un bouquet de lis, de pensées, de roses, ou dans des objets quelconques appropriés à la circonstance — telle la

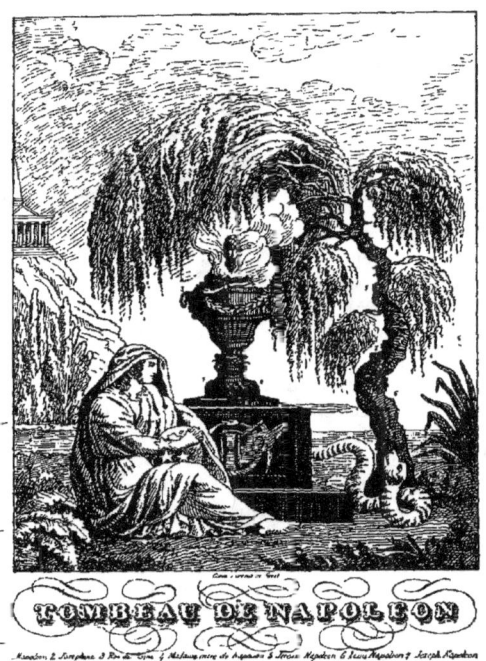

Fig. 253. — Image à profils cachés donnant les silhouettes de sept personnages de la famille impériale.

fameuse urne funéraire de Louis XVI — esquissant par leurs contours les profils de personnages connus.

Ici, l'ombre portée par un étui ou par une canne qui donnera Napoléon I$^{er}$; là, contre un arbre au tronc ouvert pour la circonstance, on verra apparaître tantôt l'homme à la redingote grise, tantôt le roi des bourgeois, Louis-Philippe I$^{er}$. Compositions malicieuses qui amusèrent bien des générations; autrement pittoresques, autrement artistiques, il faut le reconnaître, que nos modernes « questions », d'un graphique détestable et d'un esprit douteux. Iconographie nombreuse qui opposera aux silhouettes noires les silhouettes blanches, qui à l'aide d'un portrait trouvera moyen de constituer plusieurs physionomies, qui dans les mêmes traits trouvera deux figures différentes. Pendant trente ans l'humanité s'intéressera à ces silhouettes, oubliées,

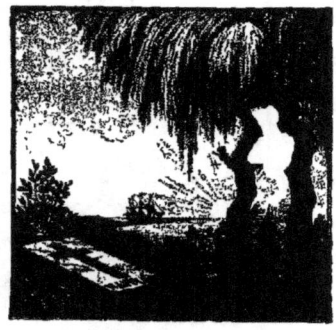

Fig. 254. — Le tombeau de Napoléon avec le portrait de l'Empereur se détachant en blanc entre les branches du saule pleureur.

abandonnées depuis un certain temps, jusqu'à ce que la fameuse : « Demandez qu'est-ce que ça dit », — ingénieuse trouvaille du musicien Salabert, le sait-on ? — vienne à nouveau mettre à la mode le système des ombres portées, à tendance politique.

Puis, aux approches de 1830, ce sera le tour des Diableries, véritables rondes endiablées de grotesques et de personnages d'actualité, dans les domaines les plus différents, les Diableries qui, sous le crayon de Poitevin et de quelques autres artistes, finiront par devenir un véritable cauchemar. Chaque jour voyait naître ainsi quelque nouvelle feuille satirique, pénétrant partout, se glissant sous les portes, forçant les consignes, se plaçant sur le bureau des politiciens, et cela jusqu'au moment où, fatigué de cette perpétuelle obsession, le public poussa son cri de révolte : *Au Diable les Diables!*

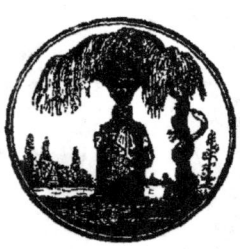

Fig. 255. — L'urne royaliste avec les silhouettes de Louis XIV et de la famille royale se détachant en blanc.

Mais tandis que messire Satan s'amusait à donner son nom aux productions d'une verve endiablée, les Allemands, eux, se complaisaient dans l'idylle et dans le moyen âge, dessinant des Faust et des Marguerite, faisant défiler, par ce moyen, de véritables galeries de portraits. Tels les types de la cité berlinoise dessinés par un de leurs plus habiles silhouetteurs, Paul Konewcka et ici reproduits.

Après, l'imagerie noire qui, au XVIIIe siècle, avait orné tant de volumes sérieux de portraits-frontispice à la silhouette, — tel le profil de l'historien Gibbon en tête de ses mémoires, — l'imagerie noire, dont les Allemands avaient fait si grand usage dans le domaine de la caricature, élevant le grotesque à la hauteur du classique, revint au portrait-charge dont les *Dominotiers* de Dantan, avec leur tendance calembourdière, resteront le type le plus accompli. Mais, déjà, ces *Dominotiers* indiquaient une façon différente de se servir du noir. Les anciens découpages n'admettaient intérieurement aucun trait; seule, la silhouette extérieure devait, sans autre indication, donner la ressemblance parfaite du personnage.

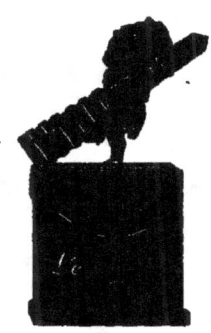

Fig. 256. — L'ingénieur Lebas. Portrait-charge des *Dominotiers* de Dantan.

\* Il tient sous son bras l'obélisque de Louqsor érigé par lui, en 1836, sur la place de la Concorde.

Dantan, au contraire, égaya, éclaira ces masses de traits blancs. Manière nouvelle d'animer l'ombre. D'autre part, on tendait à revenir au passé. Si le XVIIIe siècle s'était amusé à prendre l'empreinte des ombres portées sur le sable par les promeneurs, le XIXe siècle, lui, allait porter sur le papier les figures créées au moyen de l'ombre des mains par certaines combinaisons dans le placement des doigts. Stop aidant, ce furent, sous le second Empire, des têtes d'animaux à l'usage de la jeunesse, — le lapin, le chien, le canard, le chat, — jusqu'au jour où un prestidigitateur inventif, ingénieux, habile entre tous, Trewey, parviendra à former des têtes d'hommes célèbres, quand il ne représentera pas, ainsi, des scènes à plusieurs personnages.

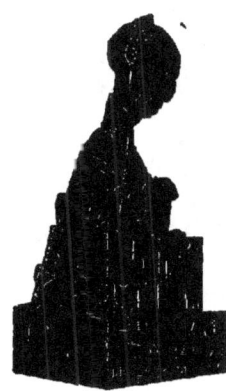

Fig. 257. — Le médecin Orfila. Portrait-charge des *Dominotiers* de Dantan.

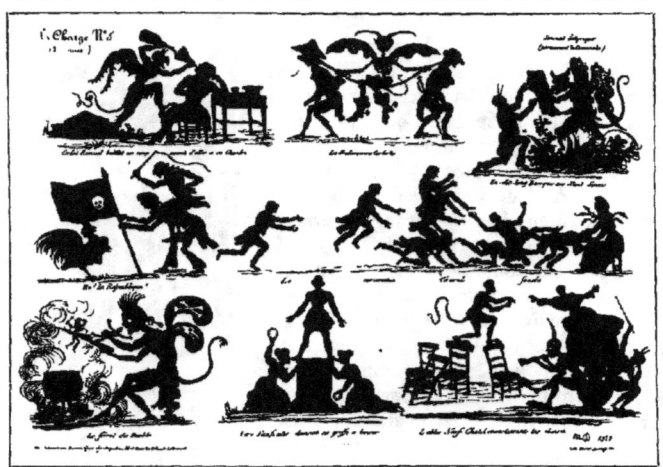

Fig. 258. — Feuille de diableries politiques publiée par le journal *la Charge* (1833).

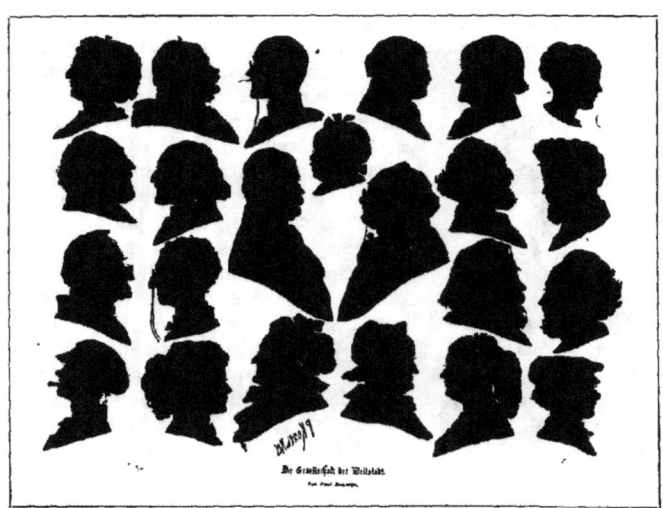

Fig. 259. — La société de la « ville universelle » (sic) (Berlin).
Célébrités et types berlinois. Portraits à la silhouette dessinés par Paul Konewcka.

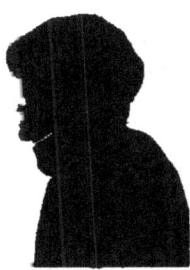

Fig. 260. — Portrait-charge de Proudhon, découpé au ciseau (1850).

La main devenant un agent, un acteur dont le papier garde les figures; la main servant à constituer des portraits d'une ressemblance souvent plus grande que ceux obtenus par l'objectif photographique.

Jadis ces ombres étaient quelque peu fantaisistes; je veux dire qu'elles ne répondaient pas exactement au placement des doigts : avec Trewey — et ce sera le grand mérite de cet artiste — elles deviendront d'une précision mathématique, en même temps qu'elles acquerront la vie, le mouvement, qui faisaient défaut aux productions antérieures.

L'ombre qui se profile, qui s'étend comme une tache d'huile, l'ombre qui marche, après laquelle courent si volontiers enfants et jeunes chats, espérant arriver à saisir la proie, qui, toujours, leur échappe: domaine aussi vaste que varié dont le papier devait servir à noter toutes les transformations.

Silhouettes nées de la disgrâce d'un homme célèbre, découpages ayant pris naissance sous le ciseau d'un homme habile, vous avez survécu à toutes les révolutions, remplissant sans cesse les journaux contemporains de scènes amusantes et pittoresques, fines comme des dentelles ajourées, — imagerie russe, allemande, autrichienne, — ou lourdement noires sous les paquets d'encre, — œuvre des dessinateurs anglais et français.

Depuis Grandville, la silhouette est devenue, dans les feuilles caricaturales, un genre très particulier, une façon spéciale de faire défiler les hommes et les choses.

Dans la publication illustrée, c'est un domaine à part; quelque chose comme

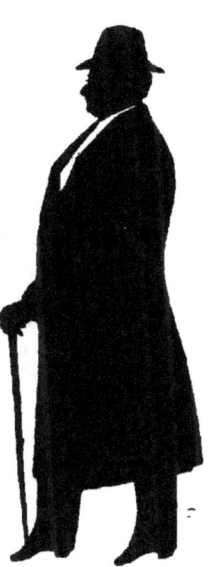

Fig. 261. — Portrait de Trewey, découpé au ciseau.

l'article de fond, le fait divers ou la nouvelle dans la presse quotidienne.

Du reste, simple procédé de dessin, simple expression graphique n'ayant plus que de lointains rapports avec les silhouettes découpées du bon vieux temps, ces silhouettes dont on retrouvera l'esprit dans le profil de Proud'hon et dans le portrait en pied de Trewey ici reproduits.

Entre le simple découpage au ciseau dans du papier noir, et les silhouettes que l'on a cherché depuis à éclairer, à animer par des points, ou des traits blancs, il y a tout au monde : c'est le passage d'un passé naïf aux habiletés cherchées du présent.

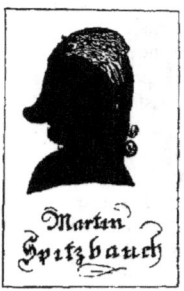

Fig. 262. — Portrait-silhouette d'un livre satirique allemand.

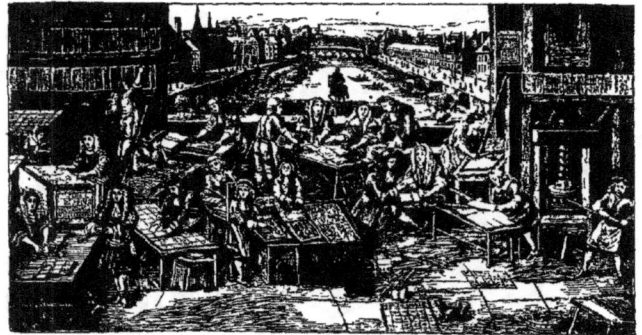

Fig. 263. — Fabrique de cartes sous Louis XIV.

## CHAPITRE XV.
## Cartographie Amusante.

Cartes allégoriques littéraires : *les Quatre Parties de l'Empire du Monde et de la Lune : Description du Royaume de Galanterie.* — Les thermomètres. — Les cartes figurées par des personnages.

Les cartes! non point les grandes et belles cartes d'autrefois, non point les plans de villes gravés avec un soin, une minutie qui font l'admiration des modernes, — cartes et plans qui apparaissent avec des reliefs surprenants, — mais bien les cartes allégoriques et les cartes dans lesquelles des séries de personnages groupés viennent prendre, comme un gant, la forme et les contours des pays indiqués.

Littéraires surtout, les cartes allégoriques du xvii<sup>e</sup> siècle décrivant les pays du rêve ou de la fantaisie avec un soin minutieux, inscrivant les noms des contrées, traçant la place des capitales et des plus importantes cités, comme s'il s'agissait de nations dès longtemps connues.

*Le Mercure Galant* contribua, un des premiers, à répandre ces cartes allégoriques en publiant, en 1678, la *Carte de l'Empire de la Poésie,* sur laquelle on voit figurer les châteaux de l'Acrostiche, de l'Anagramme, de la Ballade, la montagne de la Tragédie, le désert du Bon Sens, l'île de la Satire, l'archipel des Bagatelles et autres curiosités naturelles, aussi peu véridiques que peu connues. Puis vint toute une géographie galante et amoureuse, popularisée par les petits almanachs, par tous les in-24 de la littérature légère se moquant agréablement du mariage et du cocuage, à moins encore que l'on ne cherchât à représenter le non moins important royaume de Bacchus et des bons vivants.

Une grande feuille, gravée avec certain soin, *les Quatre Parties de l'Empire du Monde et de la Lune*, donna, ainsi, en quatre cartes différentes, placées l'une à côté de l'autre, la description de ces Empires qui semblaient tenir si fort au cœur des gens de l'époque et dont les descriptions demandent à être reproduites dans leur intégralité. En pareille matière, cela vaudra mieux que tous les commentaires, d'autant que l'orthographe est souvent amusante.

Donc laissons la parole aux géographes auteurs de ladite carte afin de pouvoir savourer toutes les merveilles de ces contrées :

### Les Quatre Parties de l'Empire du Monde et de la Lune.

I. *Carte générale de l'empire d'Amour.* — L'empire d'Amour, qui fait le plus fleurissant État du monde sur lequel toutes choses se maintiennent est composé de sept provinces, savoir : *Tendresse, Amour, Espérance, Inconstance, Désespoir, Jalousie* et *Jouissance*, la province de Tendresse est d'un territoire nouveau, et à la mode, arrousé des rivières d'Inclination et d'Agitation, où se rendent plusieurs jeunes sources. L'Amour est très fertile, mais a quelques déserts qui en gastent quelque fois la beauté et la bonté, ses rivières sont de Satisfaction et d'Inquiétude; Espérance est une province avec canal qui rend ses habitans dans le devoir. Celle de Désespoir est sous un méchant climat qui résulte des mauvaises vapeurs des provinces voisines, l'Inconstance a des cantons meslez de Joyes et de Chagrins. Jalousie a une terre si fâcheuse que ses habitans en sont ridicules et celle de Jouissance est la meilleure, car on y vit qu'en plaisirs et douceurs.

II. *Carte générale de l'empire de Bachus et de tous les bons garçons.* — L'Empire de Bachus n'est pas moins considérable que celui de l'Amour, il est aussi en sept parties qui sont *Gourmandise, Ivrognerie, Divertissement, Réjouissance, Bonne Chère, Débauche* et la principauté de la *Cuisine*. La première qui est la Gourmandise, est remplie de friands, de bons gosiers, et de bons ventres, l'Ivrognerie qui est le chef-d'œuvre de Bachus est aussy l'aggrément des saffres ; la troisième qui est le divertissement, qui ne produit qu'Instruments, Bals, Comédies, Promenades et autres. La quatrième qui est Réjouissance a un terroir de bons mots, de chansons, de goguenards, où l'on vit à son aise. La cinquième qui est la Bonne chère, on y voit que tables couvertes de bons sucs, de Ragoust et de bon vin ; la Débauche qui est la sixième est pleine de tous plaisirs avec excès, et la septième qui est principauté de la Cuisine donne tout ce qui est à la Bonne chère, et où s'exécute la puissance de Bachus.

III. *Carte de communication de l'Amour avec Bachus.* — Ce continent de Pais sous la domination de l'Amour et de Bachus se communique par le rapport des habitans qui le composent, il y a sept provinces dans chacune desquelles l'Amour et Bachus ont des habitans, la première est *Bonvivant* qui fournit à Bachus la goguenardise, le rire, le bon goust, et des sans souci, et à l'Amour il donne Libéral, Agréable, Facile, Gaillard, prest à tout faire et des belles parolles. La deuxième est *Plaisir*, où sont les rendez-vous, l'Amour, la Jeunesse, la Collation, le bon vin, la Promenade, l'Opéra, l'après-souper; la troisième est l'*Union* où l'Amour et Bachus sont d'acord. La quatrième est *Libertin* qui s'abandonne à l'Amour, et Bachus dont les suites font bien payer les Plaisirs. La cinquième est le *Changement* qui a des habitans qui vont comme le vent, aujourd'huy à l'Amour, demain à Bachus. La sixième est *Contant Pais* que l'Amour et Bachus rendent heureux. La septième est *Pécunieuse* qui fait subsister les autres provinces, car elle a des financiers, du commerce, sans quy l'Amour et Bachus ne valent rien.

IV. *Carte de l'empire des Précieuses.* — L'empire des Précieuses est divisé en cinq parties, savoir : *Précieuse, Beau parler, Affectation* et *Coquetterie*, où les habitans sont de belle stature, courtois, aymables, gallants et curieux d'apprendre, qui recherchent les beaux mots, affectent à bien parler, et rendent le dire si mignards que pour exprimer un mot ils en disent cinq et six. La célèbre académie s'occupe a corriger plus de cent mots par jour, a estre tout à la galanterie et surtout à la coquetterie, une Princesse nommée *Prude* gouverne cet Empire, qui y establit la Pompe, la Majesté, l'Arrogance, la Grandeur, la Vanité, le mespris des autres, l'Inconstance, la Perfidie, l'Ingratitude et la lecture des romans et comédies, on y recherche fort la Joye, l'Embonpoint par la Bonne Chère, la promenade et le doux repos du Lit où le trop de plaisir avec autant de pensée, les rend quelque fois malades autant que l'on veut.

L'Amour, Bacchus, et les Précieuses; les cartographes fantaisistes du XVIIe siècle mariaient ainsi les choses d'éternelle conception et les ridicules, les exagérations du jour, sans oublier ce qui était, ce qui fut de tout temps l'agent des plaisirs humains, l'argent, le métal croissant en pays *pécunieux*, celui qui fait subsister les autres provinces, sans lequel Bacchus et l'Amour, malgré tous leurs charmes, ne valent rien. Très certainement la satire des Précieuses devait s'adresser plus particulièrement aux gens épris de littérature; cependant, si l'on tient compte du succès des comédies de Molière, dans cet ordre d'idées, on peut croire que la renommée de ces personnes pleines d'affectation et de mignardise avait pénétré la classe bourgeoise dans son entier. Particularité qui ne saurait se rencontrer à aucune autre époque.

Et maintenant, voici, toujours dans le même ordre d'idées, quoique cependant avec une note un peu différente, *la Géo-*

*graphie galante* qui, par trois de ses provinces, tout au moins, la *Bonne Chair*, le *Jeu*, l'*Opulence*, nous fait pénétrer plus avant dans les spécialités gourmandes ou industrielles, et dans les jeux préférés du moment. Du document; pour mieux dire, quelques simples renseignements qui pourront, un jour, avoir leur intérêt, quoique le tout se trouve avec force détails dans

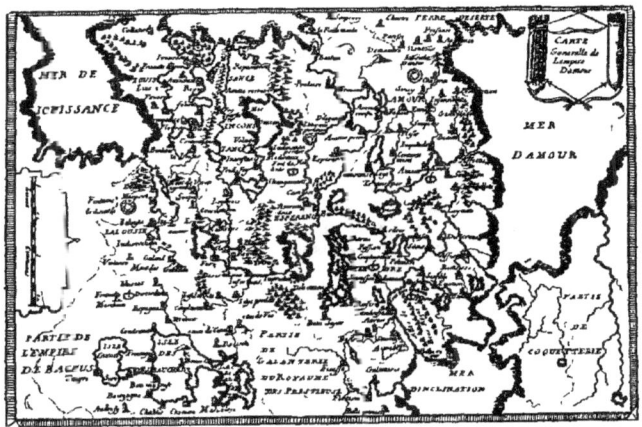

Fig. 264. — Carte générale de l'Empire d'Amour, une des quatre parties de l'Empire du Monde et de la Lune.

Au-dessous se trouve gravée la légende que nous reproduisons plus haut (voir page 318) Cette carte ne contient que les noms, mais il en est, dans le même ordre d'idées, qui donnent une sorte de géographie en relief des contrées, c'est-à-dire avec des montagnes, des châteaux, des villes, toutes les habituelles indications de la cartographie sérieuse.

les Almanachs et États, alors assez nombreux, consacrés aux différentes branches de l'activité humaine, à tous les commerces gourmands ou non qui de bonne heure eurent leurs « Indicateurs ». On verra, par la lecture attentive de toutes ces qualités cartographiques, qu'Angoulême passait alors pour la ville la plus gourmande de France et de Navarre, que Mayence était déjà célèbre pour ses jambons, que Frontignan, Beaune, Chablis, Grave, Muscat, avaient acquis, pour leurs vins, une renommée qui ira toujours grandissant. A ce point de vue, la géographie galante de *la Province de Bonne Chère* peut passer pour un avant-coureur des cartes de la France gourmande qui, sous la Restauration et après 1830, figureront en tête des nombreux almanachs consacrés aux plaisirs de la bouche.

De même pour les jeux, quoique leur nomenclature soit fort incomplète, mais ce mélange de fiction et de réalité donne à la description du *Royaume de Galanterie* un intérêt documentaire que les autres cartes de même nature ne possèdent point. Voici, du reste, l'énumération conforme à l'original, la clef, si l'on préfère, de toutes les villes, provinces, mers, lacs, constituant les différentes parties du royaume dont il est question :

### Description universelle du Royaume de Galanterie.
#### GÉOGRAPHIE GALANTE.

Le royaume de la Galanterie est situé entre les monts de Despence et la mer d'Imprudence dans laquelle on fait grand traffic d'affetteries, de cajories, et minauderies. Les marchands sont gens bien faits, emplumés et enfarinés. La capitale ville est *Coquetterie*, où l'on fait grand débit de découpeures faites à la langue, brodées de jalousie et d'ennuis ; pour arriver dans cette ville on laisse le destroit de vertu à gauche, pour passer au cap de Complaisance qui conduit au port d'Amitié, où l'on traficque d'œillades, de poullets, de soupirs, de boucquets et d'œux doux, de là on passe par Assemblée, par Connoissance et par Conférence, qui sont petits villages sur nostre ville capitale. Ce royaume est divisé en quatre provinces qui sont l'*Opulence*, le *Jeu*, la *Bonne Chère* et l'*Amour*.

I. *La province de la Bonne Chère.* — La Bonne Chère a pour rivière, Ragoust, Politesse, Délicatesse et Profusion qui se deschargent dans le fleuve d'Appétit, qui a ses emboucheures dans le lac de Gourmandise ; la ville capitale est Angoulesme, les autres s'appellent Mayence, Frontignac, Beaulne, Mascon, La Cyouta, Coudrieux, Malyrus, Chably, Grave et Muscat. L'ambition des peuples ne tend qu'à l'entretien de leur ville capitale, ou les homes sont noyés dans la mer rouge que Noé a descouverte.

II. *La province d'Amour.* — L'Amour est la plus grande province, et plus peuplée, est arrousée du fleuve de confidence, dans lequel se précipitent plusieurs petites rivières apellées par ceux du pays, Gentillesse, Agréement, Douceur et Tendresse. Et au milieu du royaume une montagne qu'on appelle Vanité et proche d'icelle est la forest d'attraits, dans laquelle est situé le chasteau de Perfection fort estimé par sa rareté, l'on voit de la porte une prairie émaillée de mille fleurettes, qui conduit par une allée de charmes au jardin de privauté dont l'enclos est à perte de veüe tout remply de roses et de lys, sur lesquelles les mouches font le miel d'agreement, les villes de cette province sont Parfaite, Bien faicte, Addrette, Aimable, Caballe, Intrigue et Feintise, où l'on fait grand commerce avec toutes personnes de piperies, vengeance et de trahison. La capitale ville se nomme Coquetterie dont les habitans sont fort enjoüés, elle est scituée sur le fleuve de Confidence, qui se va rendre dans le lac d'Abandon, et se deschargent par les canaux du Vice dans la mer de Perdition, où les voyageurs de cette province font souvent naufrage.

21

III. *Province de l'Opulence.* — L'Opulence a pour rivières, Castor, Dorure, Équipages et Pistolles qui se vont rendre dans le fleuve du Train sur lequel est située la ville de Finance, capitale de la province qui est habitée par gens du party. Dans la mesme province sont les villes de Raguse, Gênes, Sedan, et d'Autruche, les habitans de ce pays sont alliés de la fortune, et viennent à bout de toutes leurs entreprises par le moyen de leur ville capitale.

IV. *La province du Jeu.* — Le Jeu est arrousé des rivières de la grande et petite Prime, du Piquet, du Brelan, du Revasy et du Hoc, qui se deschargent dans le fleuve du Hazard, la capitale ville est l'Interest qui est accompagné des villes d'Apparence, Chance, Ruse, Perte, Chagrin et Dispute, les vallets de ce pays enrichissent souvent leurs maistres.

L'Amour, l'Opulence, le Jeu, la Bonne Chère (*sic*); c'était donc, autrefois, comme aujourd'hui; seulement beaucoup qui, alors, se contentaient de la vue de ces contrées merveilleuses se montreraient, maintenant, plus exigeants. Autrefois, on s'amusait à donner à ces pays une apparence, une configuration terrestre; de nos jours, on s'occupe peu de savoir quelle est leur étendue, quelles sont leurs villes, provinces, mers, lacs, pourvu qu'on puisse aborder au cap de toutes les félicités humaines.

Cette passion de cartographie fictive minutieusement décrite comme s'il s'agissait de quelque nouveau monde récemment découvert, étreignit tout le xvii<sup>e</sup> siècle et se continua jusque durant les premières années du siècle suivant.

Citons encore, parmi les plus célèbres productions, la *Carte de l'Isle du Mariage*, comprenant, en outre, l'île des Têtes à têtes (*sic*), l'Ile des Caresses, l'Ile de la Jeunesse, l'Ile des Vieillards, l'Ile de l'Indifférence, l'Ile des Infirmités, l'Ile du Divorce, — lesquelles îles se trouvent baignées par des mers qui ont nom Océan Mélancolique, Mer de l'Espérance, Mer du Dégoût, Mer des Visions; la terre ferme étant le pays du veuvage occupé par le royaume des Plaisirs et par le royaume de la Liberté. Puis encore la *Description de la carte du Monde de la Lune* donnant, en une série de petites vignettes placées sur les côtés, les portraits en pied de toutes les femmes, avec les royaumes, États et républiques qu'elles possèdent dans la Lune. Cette fois, ce n'est plus une satire sur l'Amour, mais bien une suite de descriptions à double sens, qui touchent de près à la pornographie galante. Voici, en effet, de quelle façon le géographe qui a dressé cette carte définit les propriétés des femmes : « *la Bonne*, celle qui a la paume de la main velüe, *la Friande*, qui n'en veut point sans cause, *la Juste*, qui ayme le droit, *la Superbe*, qui n'ayme que les grands, *la Délicieuse*, qui ne fait que sucer le bout des choses, *la*

*Faible*, qui, pour peu pousser, tombe à la renverse, *la Diligente*, à qui fait toujours peur d'être oisive ».

Quant à la description même de ces deux mappemondes, elle ne sort point de l'habituelle fantaisie : *Mer des Sottises, Océan de Tromperies, Terre du Capricorne, Mer de Coquetterie, Golfe du Bonnet, Lac d'Amour*, sont les légendes qui se lisent, çà et là, sur les mers et les terres fermes.

C'étaient, avouons-le, jeux bien innocents, dont ne se contenteraient guère nos modernes, amusettes qui indiquaient chez les gens de l'époque un besoin de créer, d'inventer, et en même temps de classifier, d'ordonner. Du reste, cette habitude ne se perdra point entièrement, puisque, de nos jours encore, on verra des gens imbus d'un esprit religieux très respectable, fabriquer ainsi de toutes pièces *le Monde des Vertus* et *la Presqu'île de la Perfection*, lithographies d'un travail pénible, suivies de descriptions allégoriques aussi peu attrayantes, parce que correctement écrites, et dégagées de toutes les formes naïves des mappemondes antérieures.

Moins éprise de géographie, notre époque inventera les thermomètres allégoriques, commençant par le *thermomètre du sentiment*, planche non sans valeur, composée par Feyen-Perrin, pour aboutir à ces produits du colportage le plus vulgaire : *thermomètre de l'amoureux*, — *thermomètre de l'homme heureux*, — *thermomètre du pochard*.

Le thermomètre du sentiment, de chaque côté duquel se tiennent un homme et une femme, le doigt posé sur un mot répondant à un des degrés du thermomètre, peut servir de guide à toutes les compositions de cette espèce. Voici, du reste, ce qui se lit le long de la colonne :

*Vaporisation*. — *Fusion*. — *Carbonisation*. — *Fer rouge*. — *Rage*. — *Sensualité*. — *Feu dévorant*. — *Délire amoureux*. — *Tentatives désespérées*. — *Oubli des convenances*. — *Assaut réitéré*. — *Tendresse*. — *Confiance*. — *Amour platonique*. — *Amitié*. — *Admiration*. — *Sympathie*. — *Estime*. — *Indifférence*. — *Froideur*. — *Égoïsme*. — *Lassitude*. — *Dégoût*. — *Horreur*. — *Insulte*. — *Crime*. — *Torture*. — *Sang coagulé*.

Et c'est tout. Changez les mots : vous aurez le thermomètre du pochard. Ce petit jeu est, on le voit, moins compliqué que le *compte d'un amant rendu à une maîtresse de l'emploi de son temps pendant douze heures*, chacune des douze heures de l'horloge reproduite donnant une pensée de l'Amant. O heureux XVIIe siècle !

## II.

Laissons les cartes aux contrées imaginaires, bien oubliées de notre époque, et considérons la cartographie amusante sous un autre jour; je veux parler des cartes sur lesquelles on pose, en maître, un personnage quelconque, et, mieux encore, des

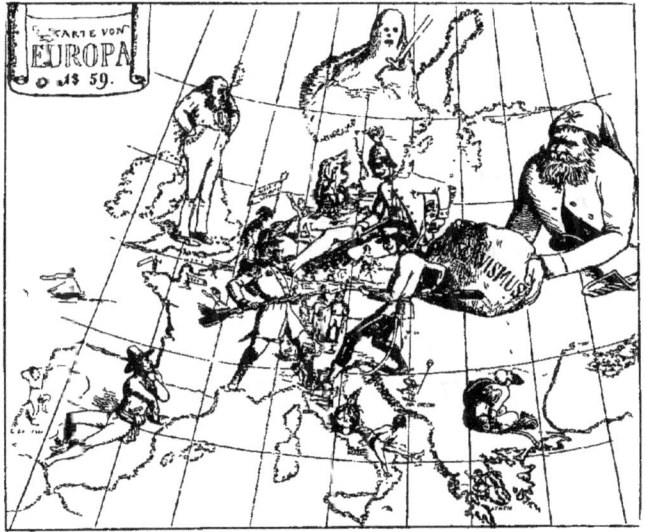

Fig. 265. — Carte d'Europe en 1859, publiée par un journal allemand.

cartes figurées par des personnages groupés de façon à former par la position de leur corps les contours des différents pays.

Quoique très moderne, ce genre n'est pas nouveau. Une carte d'Europe de 1628 sous la figure d'un empereur, personnage en pied qui doit être Charles-Quint, fut reproduite, jadis, par *le Magasin Pittoresque*, et voici l'explication que donnait, à ce sujet, le rédacteur du recueil :

« Pour se rendre compte de la carte à figure d'empereur que nous donnons, il suffit de renverser une carte d'Europe, de manière à avoir l'occident en haut et l'orient en bas. On apercevra alors les différents pays à peu près dans la position respective que nous leur voyons, et l'on comprendra comment l'artiste à pu trouver, dans le continent et les îles principales, les éléments de sa singulière composition. On peut présumer que cette figure d'empereur, qui comprend l'Europe entière, n'est autre que celle de Charles Quint. La place donnée à l'Espagne, qui forme la tête et porte la couronne de l'Europe sur la tête, confirme encore cette supposition. »

Quelquefois, telle la fameuse carte aux soleils publiée en Hollande, — tous les astres s'éteignant devant le soleil de Louis XIV, — ces publications étaient conçues dans un esprit entièrement satirique.

Mais, malgré les images ainsi publiées, à différentes époques, en Angleterre et en Allemagne, on peut dire que ce genre se développa surtout en notre siècle, où il est devenu la spécialité de certains journaux illustrés italiens, faisant et défaisant ainsi la carte d'Europe, au gré de leur imagination. Souvent c'est une araignée, personnification de la puissance du jour, qui d'un coin quelconque de la terre étendra ses pattes velues sur le monde, tantôt ce sera le petit chapeau napoléonien, tantôt l'ours de Sibérie, tantôt enfin le casque prussien.

Genre peu varié du reste, malgré sa nombreuse production, Genre sans grande originalité, surtout lorsque les personnages se trouvent chacun chez soi, sur une carte d'Europe classiquement dressée. Le principal était de noter son existence dès les siècles antérieurs ; c'est ce que j'ai fait.

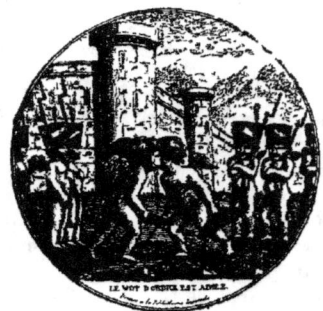

Fig 266. — Petite vignette pour écran (premier Empire).

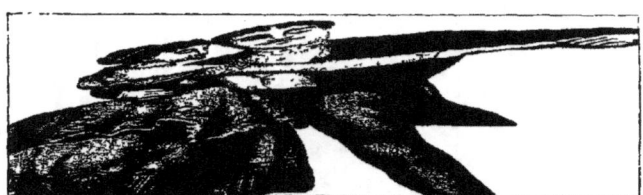

Fig 267. — Danseurs, d'après une image d'optique.

## CHAPITRE XVI.

## Titres de Musique.

Les anciens Titres ornés d'attributs décoratifs. — Les Titres écrits et illustrés en lithographie. — Restauration et époque 1830. — Les Titres dessinés par Célestin Nanteuil. — Titres comiques ou d'actualités politiques. — Imagerie musicale moderne.

Les titres de musique! Un art très spécial, devenu une industrie florissante, pour ne pas dire un commerce prospère.

Pour eux, le XVIII<sup>e</sup> siècle trouva ses cadres les plus imposants, ses ornements les plus délicats, ses attributs les plus gracieux; des enguirlandements de roses, des anges exécutant quelque musique céleste, des harpes, des violons, des clavecins, des cahiers remplis de notes; tout un arrangement de circonstance qui permit, une fois de plus, aux dessinateurs-graveurs de montrer leur goût et leur sentiment exquis du décor. Dans les médaillons, dans les ovales, dans les carrés formés ainsi par les encadrements, prenait place le titre, également gravé : en musique, il ne pouvait être question d'un autre procédé.

Cela avait réellement grand air; cela répondait bien aux études de clavecin ou de luth, aux variations, aux airs agréables qu'il s'agissait de présenter aux dames : couverture élégante pour le clavecin ou le grand piano à queue des salons aristocratiques. Ce n'était pas, à proprement parler, une décoration différente des autres décorations de l'époque, d'autant que la publication musicale n'avait pas encore pris le développement que lui donnera le siècle suivant; et cependant on sentait, déjà, la tendance à constituer une spécialité.

Le Consulat, le premier Empire, ne modifieront pas grand'chose à cet arrangement des titres. Quelques-uns placeront, çà et là,

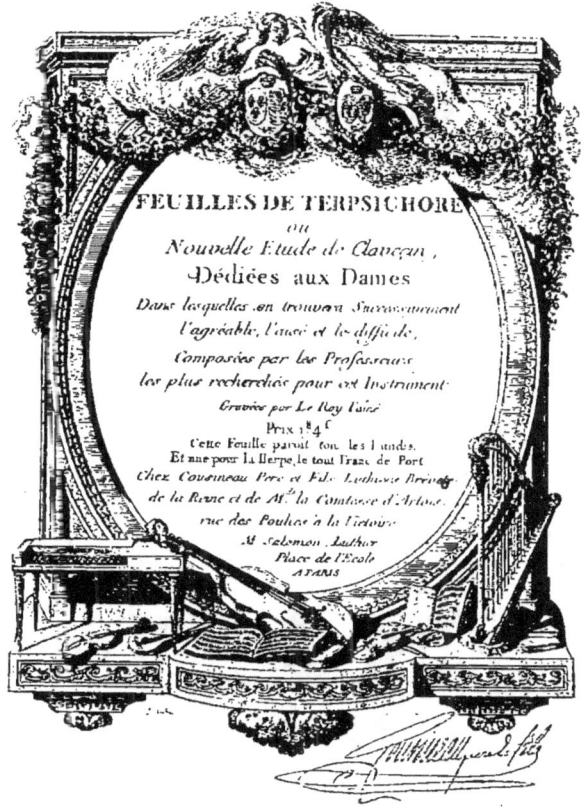

Fig. 268. — Titre de recueil de musique, gravé par Le Roy (vers 1783).
(Coll. de l'auteur.)

des groupes de petits musiciens, feront un emploi immodéré des lyres et des chalumeaux; quelques-uns feront appel au dieu Pan, tandis que d'autres, plus modernes, planteront des exécutants au piano, et l'on verra, alors, se propager les lourdes draperies, les amples rideaux dont il devait être fait si grand usage

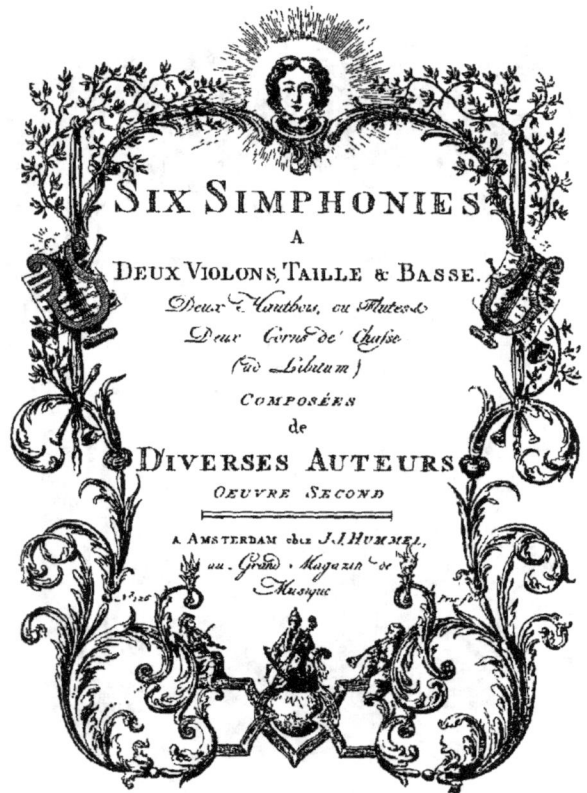

Fig. 269. — Titre de recueil de symphonies, avec ornements et personnages (pièce hollandaise) (vers 1800) (Coll. Louis Beraldi.)

en ce domaine. Mais le style et l'idée resteront toujours identiques : on ne sortira pas de la décoration.

Avec la Restauration, apparut la lithographie qui, d'emblée, s'ap-

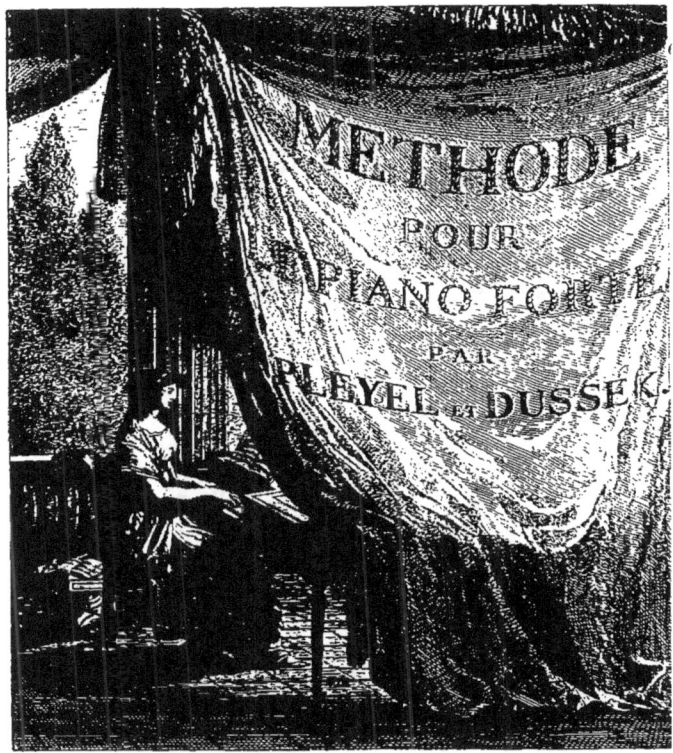

Fig. 270. — Titre de la première édition de la méthode Pleyel, gravé par Choffard (époque du Consulat).

« La Révolution, comme on le sait, donna un certain essor à la musique, ou du moins la dirigea dans une voie nouvelle. L'ornementation des œuvres musicales subit, elle aussi, un contre-coup, et depuis 1798 jusque vers 1810 tous les titres gravés représenteront des personnages au clavecin ou au piano-forte.

pliqua à la musique, cherchant à imiter les sombres pointillés en

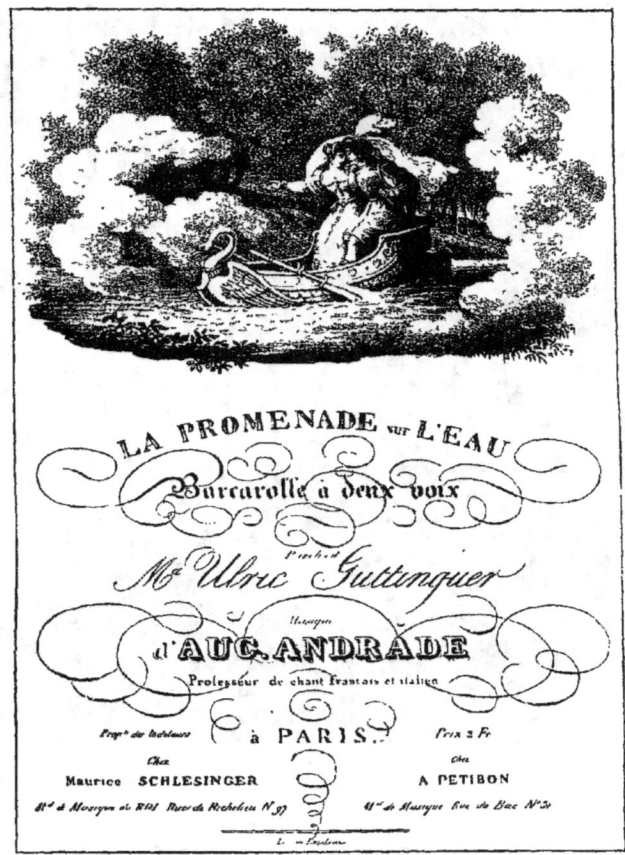

Fig. 271. — Titre de musique lithographique, avec vignette également lithographique (Restauration). (Coll. de l'auteur.)

lesquels se complaisaient les pages à toques crénelées et les gentes demoiselles du jour. L'emploi de la lithographie s'explique, tout naturellement, par la raison que le titre devant être écrit, ce procédé permettait, tout comme la gravure, de donner à la fois l'image et le texte. La partie écrite pouvait ainsi se développer en lignes plus ou moins courbes, aux lettres plus ou moins ornées et agrémentées de parafes. Romances, nocturnes, barcarolles, chansonnettes même se présentaient sous cette forme, avec des titres suffisamment indicateurs : *Je ne la verrai plus ! — Il faut aimer, — le Départ, — Natalie au tombeau de sa mère, — Gentil Edmond, — Premier Regard et premier soupir, — M'oublieras-tu ? — Me fuyez-vous ? — Si j'étais petit oiseau, — le Retour du troubadour, — Laisse-moi te dire : je t'aime*, sans compter *la Promenade sur l'eau*, dans une barque conduite par le cygne du *Lohengrin*, un cygne avant la lettre. Tout le sentimentalisme du moment, pour lequel la lithographie semblait avoir été spécialement créée. Cela remplaçait les *Pièces de luth*, le *Journal de pièces de clavecin*, les *Feuilles de Terpsichore* et autres recueils du XVIIIe siècle dans lesquels régnait l'influence de Haydn et de Mozart.

D'autres fois, il est vrai, c'était la chanson, la pure chanson de tous les *Caveaux*, alors en nombre, chanson grivoise, militaire, politique même : *la Tentation ou l'occasion fait le larron, le Départ du grenadier* (romance sentimentale, à deux voix, chantée dans *les Cuisinières*, 1823), *l'Ancêtre, le Vieux Troupier, le Lancier polonais*; romances pour lesquelles Charlet dessinait complaisamment des grognards à l'allure désespérée. Le découragement n'était-il point dans l'esprit du moment !

Et cependant, malgré le succès de ces couvertures, la gravure, la classique gravure au burin, résistait encore, quoique là, comme partout ailleurs, bien déchue de son antique splendeur. Chasselat, Lepeintre, Lambert, Cognet, exécutaient donc pour certains recueils musicaux des compositions qui, quelquefois, occupaient le recto et le verso de la couverture.

Vint 1830; curieuse époque qui n'eut pas seulement sa révolution politique et littéraire, qui, avec Monpou, un féroce, chercha également à donner à la musique une allure nouvelle. Alors, avec *la Tour de Nesle*, ballade tirée du roman de *l'Écolier de Cluny*, avec *le Forban*, chant de mer, on vit apparaître, remarquables, souvent, par leurs violentes oppositions de noirs et de blancs, les compositions dans lesquelles Célestin Nanteuil se complairà à représenter des bandits farouches, des gitanas aux yeux d'acier, des anges séraphiques, des diableries réglées en musique par le chef d'orchestre, messire Satanas. Nanteuil, Édouard May, Jean Gigoux, devaient appliquer à l'illustration du

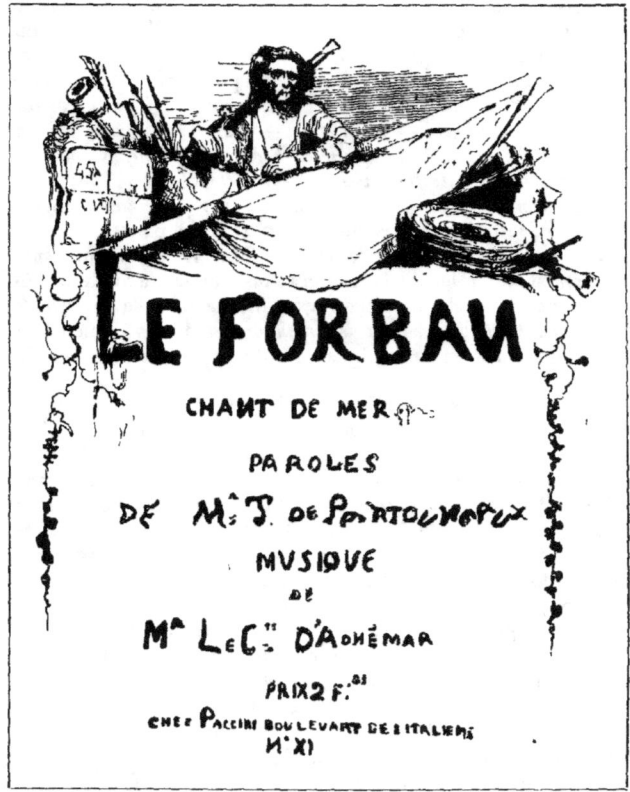

Fig. 272. — Titre de musique, composé par Célestin Nanteuil (époque romantique).
(Coll Henri Beraldi.)

romantisme musical les procédés déjà employés par eux pour le romantisme littéraire.

Tandis que les uns combinaient, en des frontispices architecturaux, le Moyen Age et la Renaissance, juchant, dans les niches, des personnages de toutes espèces, ou figurant, dans des médaillons, des scènes qui rappellent *Henri III et sa cour*, les autres faisaient mouvoir tout un arsenal de jeunes hommes et de jeunes femmes placés là, en quelque sorte, pour renseigner le public dilettante sur la nature des morceaux à déchiffrer. Jeunes hommes drapés dans de longs manteaux, interrogeant fixement l'horizon, appuyés sur le fût d'une colonne brisée; jeunes femmes à manches pagodes et peigne à la girafe se traînant, échevelées, aux pieds de soudards farouches; combien n'en vit-on pas, de ces amusantes figures, sur les titres des romances du jour! Et ce, pendant que seigneurs et hommes d'armes passaient dans de *pâles embarcations*, aux lueurs de la *lune rougeoyante*.

Tandis qu'Édouard May dessinait des titres pour *Gays Loisirs*, pour *le Bal où je ne serai pas*, Nanteuil exécutait toute une suite pour des ballades de *Faust*, et la politique apparaissait sur un encadrement pour des concertos de Henri Hertz, qui porte triomphalement, en guise d'écusson de noblesse, la charte de 1830, comme si cette dernière devait avoir une influence quelconque sur la musique classique.

A partir de 1840, tout en restant fidèle au courant, cela s'embourgeoise quelque peu. Fournisseur attitré des éditeurs de romances, — romances sages qui n'avaient plus rien à voir avec les emportements de Monpou, — Nanteuil et ceux qui le suivirent, Julien, Jean Gigoux et Devéria, cherchèrent des personnages à physionomie gracieuse, à poses langoureuses, pour ne point effrayer les jeunes demoiselles sorties de pension que papa et maman font mettre au piano. Alors apparut le journal-musique *la Romance*, aux sentimentales vignettes souvent aussi signées Bouchot, Arago, E. Leroux; aux titres toujours imbus de l'esprit de la Restauration : *Si je mourais! Belle et jolie, l'Exilé, A demain, Je suis discret, la Jeune Captive, Rassure-toi, j'aime toujours! Colin et Suzette, Ah! j'ai peur de l'aimer, Je suis discret;* avec, presque toujours, des personnages couchés sur l'herbe ou nonchalamment étendus aux pieds de leur belle.

Les titres dessinés par Nanteuil; toute une iconographie curieuse à parcourir et qui permet de suivre cet artiste depuis son origine, partant de l'échevelé, de l'endiablé, pour aboutir à la lithographie bien ornée, dont son talent n'arrive pas toujours à corriger la banalité. Les titres succèdent aux titres, les sujets aux sujets : *Plainte au Miroir, Hélène, Un Mardi gras à Venise,* les

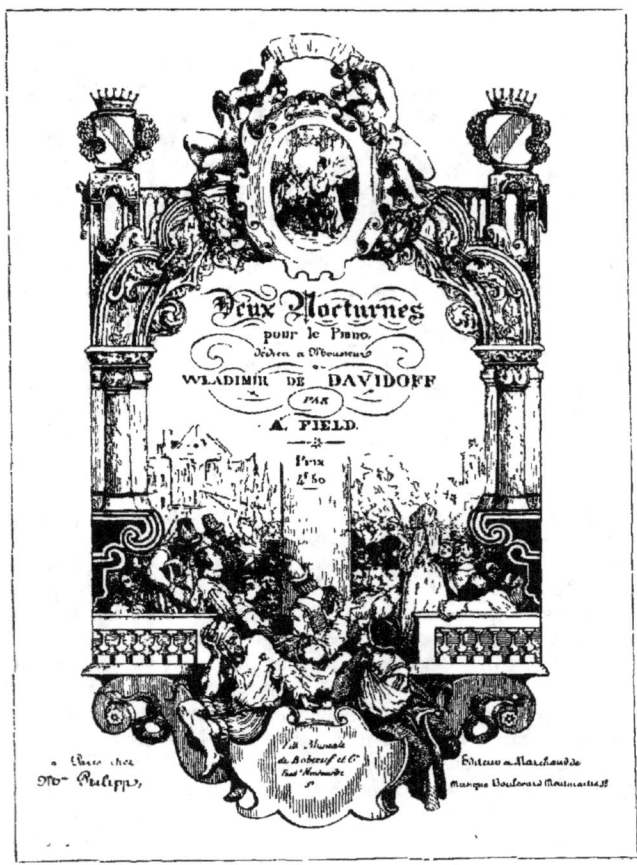

Fig. 273. — Titre de musique, composé par Édouard May (époque romantique).
(Coll. Louis Beraldi.)

*Mystères de Paris, les Français chantés par eux-mêmes.* Bientôt pas une chansonnette qui ne se présente sans une composition signée de lui. Il exécute les couvertures des quadrilles militaires suscités par des musiciens en quête d'actualités : *la Bataille de l'Isly*, *la Prise de Sébastopol*, et dessine un ballon pour *le Géant*, valse légère. Il s'essaye même au comique, quoique ce genre doive rester la spécialité de Bouchot et de Cham, le premier sous Louis-Philippe, le second à partir de 1848 surtout. Voyez *Ma Lune*, parodie de *Ma Normandie*. Et tout cela ne l'empêche pas de donner des compositions pour *Lucia de Lammermoor*, pour *Lucrezia Borgia*, des opéras, s'il vous plaît; car la partition, elle aussi, prétend avoir ses couvertures illustrées.

En avant les quadrilles! En avant les scènes comiques! Bouchot n'est-il pas là pour représenter les danses folles, pour traduire en images les drôleries de la chanson contemporaine! voici *le Bal de Musard*, *Pannotet aux Champs-Élysées*, *Quadrille fantastique*, *le Véritable Mathieu Laënsberg*.

En avant la lithographie! Petits et grands, artistes célèbres, artistes de troisième ordre, tous dessinent des pierres pour la chanson ou pour la musique. C'est Ch. Jacque; c'est Grandville, qui, tout naturellement, va aux scènes comiques; c'est Grandidier; c'est Mouilleron, qui se spécialise dans les romances sentimentales et les chansons de Pierre Dupont; c'est Henry Emy, dont le nom se lit sur *les Français dansés par eux-mêmes* (ils étaient alors peints, décrits, chantés, mis à toutes les sauces); c'est Victor Coindre, qui passe de *la Cour des Messageries*, chansonnette amusante avec les scènes du départ et de l'arrivée, aux actualités politiques, tel le quadrille : *Voyage de la reine Victoria au château d'Eu*; c'est Mialhe, qui dessine des titres avec des personnages galopant sur les lettres, dans l'esprit de Le Poitevin; c'est Mes, dont la signature orne le *Chant héroïque sur Napoléon*, dédié au prince et à la princesse de Joinville, le retour des Cendres ayant donné naissance à toute une musique napoléonienne; c'est Lesaché, qui orne de compositions plus ou moins entraînantes les galops pour le bal de l'Opéra; c'est Sorrieu, dont les encadrements, les enchevêtrements, viennent servir de titre à nombre de mélodies; c'est Pastelot, c'est Gustave Janet, et tant d'autres!

Et, malgré tout, la lithographie n'est point encore seule maîtresse des couvertures de musique: *Carlotta, polka du Ranelagh*, se présente avec un titre gravé sur bois, comme certaines compositions de Cham, comme, plus tard, certaines œuvres d'Offenbach avec les compositions de Gustave Doré. Il y a, aussi, les titres dessinés et gravés sur acier ou sur étain, dont un nommé Vialon a la spécialité.

Tel était Cham dans le journal, tel il apparaît sur les couvertures de musique, avec la série intitulée : *le Monde pour rire*, al-

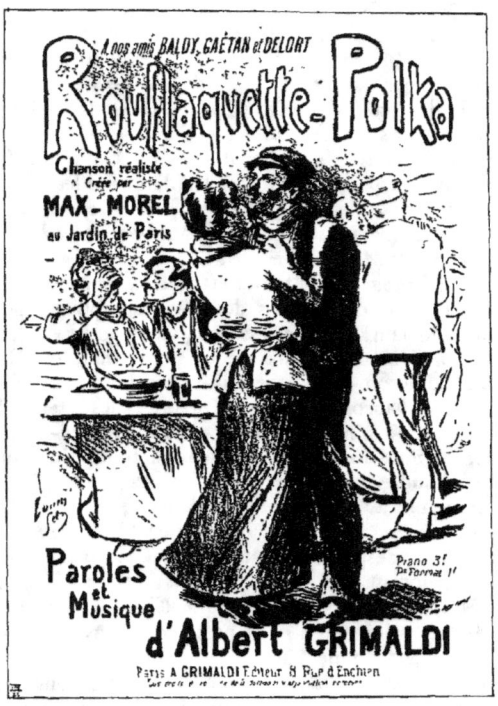

Fig. 274. — Titre de chanson moderne, dessiné par Lucien Setz.

bum comique, *Il n'y a plus d'enfants*, *Quatre Filles à marier*, *Monsieur Bourgeois*, *Monsieur Prud'homme*, etc. Pages amusantes, riches en petites vignettes, si bien que l'on croit tout d'abord avoir devant soi, non des valses ou des quadrilles, mais quelque tirage à part des revues comiques du spirituel et fécond caricaturiste.

Avec le second Empire, l'orgie de l'imagerie musicale atteint au paroxysme; de tous genres, de tous formats, les titres illustrés se pressent aux devantures des éditeurs de musique et des marchands de chansons : grands opéras, opérettes, chansonnettes comiques; titres composés à la plume en manière architecturale pour les partitions, folies du crayon pour les valses entraînantes, les quadrilles échevelés d'Offenbach et d'Hervé, compositions patriotiques, sentimentales ou légères, pour les succès des cafés-concerts, pour les chansons de Thérésa, qui de la rue envahissent les salons. La lithographie triomphe avec le petit format; la lithographie se commercialise avec les fonds de couleur, vert, jaune, bleu, rose, sans parler de toutes les banalités, fleurs, oiseaux, ruines, clairs de lune que de chastes demoiselles, vouées toute leur vie à l'ingrat métier de copiste, composent pour les œuvres de jeunesse des musiciens amateurs.

Alors apparaissent Donjean, Chatinière, Grévin, Stop, Draner, H. Meyer, Darjou, Hadol, Gill, dessinateurs et caricaturistes, chacun avec son genre, avec sa note personnelle, les uns s'amusant à commenter les actualités qui donnent leur nom aux productions musicales, les autres se cantonnant dans les sujets féminins ou dans la romance sentimentale et patriotique. Plus tard, ce sera, toujours dans le même esprit, Butscha, Ch. Clérice et autres, faisant preuve de qualités plus ou moins originales, d'un sens caricatural plus ou moins grand, jusqu'à ce que, devenue naturaliste, réaliste, pornographique même, la chanson fasse appel au talent de nouveaux artistes, et prenne, sur ses couvertures, des allures absolument différentes. La lithographie en noir a vécu : c'est la lithographie en couleur qui règne en attendant que le procédé s'implante à son tour, demandant à l'art primitif du patron des effets qu'on chercherait vainement à produire d'autre façon.

Les couvertures des périodes antérieures avaient été, soit décoratives, soit purement artistiques; celles de la période moderne constitueront, pour l'avenir, un document des plus précieux pour les mœurs ou plutôt pour les... mauvaises mœurs du moment. Elles populariseront, également, avec une facilité inouïe, les portraits des auteurs et des artistes, alors qu'autrefois cela paraissait réservé à une élite. Mais jamais l'union du dessin et de la musique n'aura été aussi complète. Plus de chanson sans son titre illustré, sans sa composition signée presque toujours de noms connus.

Et le siècle, qui avait commencé avec le troubadourisme, avec le romantisme, voit *l'Amant d'Amanda, Sacrédié, la Valse des Bas noirs, la Rouquine, Elle a sa trompette, la Marche des vieux tableaux, la Fringale, Ah! qu'on rigole! Ah! quel chameau! les Petits Joyeux*, remplacer, par des images non moins éloquentes, les sentimentalités rêveuses des époques antérieures. — *En voulez-vous, des z'homards?* Depuis *les Pompiers de Nanterre*, jamais pareil succès ne s'était vu, et à ce moment les chansons ne se *camelottaient* pas encore dans les rues. Camelot, mon ami, grâce! grâce! ou je réclame le grand air de *Robert*.

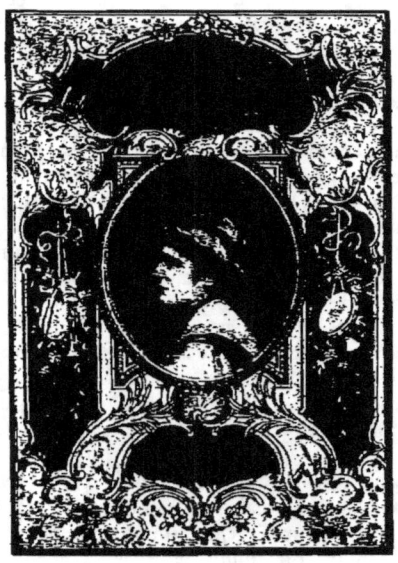

Fig. 275. — Couverture de partition moderne.

Fig. 276. — Vignettes provenant d'une feuille de rébus de 1840.

## CHAPITRE XVII.

## Rébus et Calembours Illustrés.

Les Rebus graphiques au xviii<sup>e</sup> siècle. — Le Rébus politique. — Images à légendes calembourdières. — Multiplicité des feuilles de rébus sous la Restauration et le règne de Louis-Philippe. — Le Rebus populaire sous le second Empire. — Disparition du Rébus illustré. — Le Rebus dans les journaux

Rébus, calembourgs (n'oublions pas le *g*, je vous prie), énigmes, jeux innocents et d'un esprit douteux, qui amusèrent nos pères, contribuèrent au succès de bien des journaux — il y eut le rébus quotidien comme on verra poindre et grandir le menu quotidien — et font encore, dans les sous-préfectures, le bonheur des commis-voyageurs et des ronds de cuir.

Ah! c'est toute une iconographie, et non des moindres, depuis le xvii<sup>e</sup> siècle qu'elle fournit du travail aux burinistes et aux graveurs sur bois, apparaissant, souventes fois, dans les planches du *Mercure Galant*, pour se retrouver, en notre siècle, dans *la Mode*, dans *l'Illustration*, dans *le Monde illustré*, dans tous les périodiques à images.

Toutefois, il y a progrès dans l'état général des esprits; non point que les faiseurs de calembours — nous pouvons supprimer le *g* — aient disparu, mais parce que, de nos jours, on n'oserait plus donner des rébus en planche hors texte. La gravure et la lithographie eurent ce triste honneur : des cuivres et des pierres furent employés à ce singulier exercice qui est à l'esprit ce que la désarticulation des membres est au corps. Si le rébus a toujours sa place, il s'est fait petit; relégué dans son coin, il ne met plus les cerveaux à la torture.

Vers l'année 40 de notre siècle, des imprimeurs, des marchands d'images, à Paris et à Lyon, s'étaient fait une spécialité des rébus en feuilles volantes ; aujourd'hui, je ne sache pas qu'il existe un seul producteur de cette sorte de marchandise. Depuis lors, il est vrai, le vélocipède a remplacé le rébus : si la gymnastique de l'esprit n'est guère plus pratiquée, les bras et les jambes s'emploient à faire marcher des roues de caoutchouc.

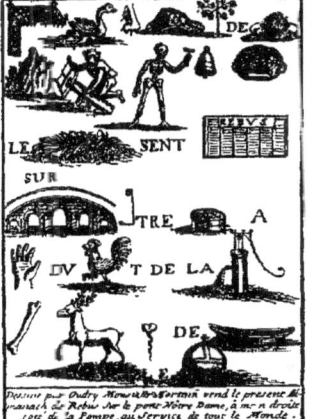

Fig. 277. — Page de l'*Almanach de Rebus* dessinée par Oudry (1716).

Si le rébus littéraire, dont Rabelais, on le sait, fit souvent usage, date des premières années du xvi$^e$ siècle, si le rébus représenté en figures apparut sur les enseignes, dès la seconde moitié de ce même siècle, on peut croire que cette façon de devise par seules peintures ne remonte pas au delà du xvii$^e$ siècle pour les œuvres gravées. *Le Rhébus(sic) sur les misères de la France* (1613), reproduit, jadis, par *le Magasin pittoresque*, paraît être un des plus anciens spécimens du genre. Sur les enseignes c'était, bien réellement, une simple devise ; sur le papier, sur la feuille volante, cela devenait une véritable glose concernant un sujet quelconque, une sorte de pamphlet, de libelle, au moyen de l'image. Et ce jeu trouva ainsi, à pareil emploi, sa raison d'être, puisque c'était le seul moyen de parler *de rebus* sur le compte desquelles on ne pouvait s'exprimer autrement.

C'est pour cette raison, encore, qu'après avoir triomphé avec l'enseigne, faisant le bonheur du populaire, le rébus vint prendre place, par la suite, sur les écrans, les éventails, les tabatières. Les premiers donnèrent asile au rébus galant ; les dernières cachèrent, en leur double fond, les rébus politiques, à tendances séditieuses.

Le xviii$^e$ siècle vit, dans cet ordre d'idées, *le Livre de Rébus* dédié à S. A. R. M$^{me}$ la duchesse de Berry, *l'Almanach de Rébus* dessiné par Oudry, *les Jeux de Rébus* sur le modèle des jeux d'oie, et la *Gazette de Rébus quæ geruntur, ou les Principaux Événements de*

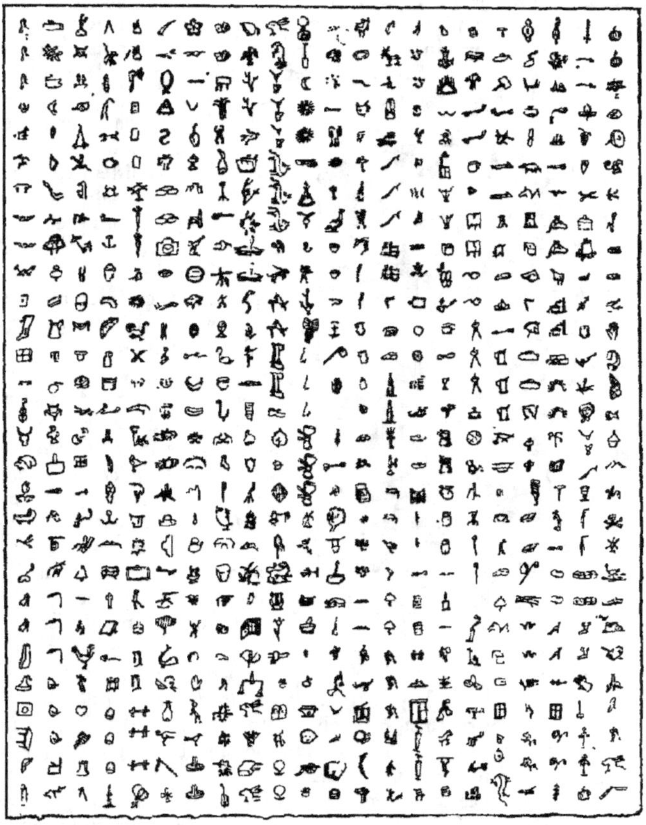

Fig. 278. — Reproduction d'une lettre-rébus, d'après un original du XVIII° siècle.

*l'année* 1715 *écrits en logogriphes et rébus*; feuilles gravées, de tous formats, encadrées comme des tableaux, chantant l'illustre Régent et le subtil Louis XV, tous deux à l'esprit également calembourdier. Littérature courtisanesque dont on pourra juger par ces seuls spécimens :

Régent · né · pour · le · bonheur · de · la · France ·
Tout · le · monde · charmé · de · vos · nouveaux · exploits ·
Plus · grand · par · vos · vertus · que · par · votre · naissance ·
Chacun · se · croit · heureux · en · vivant · sous · vos · lois ·

Des · Grand · et · des · Petit · l'illustre · Regent · est · adoré ·

Pour cette littérature, point n'était besoin, certainement, de lettres en chiffres ou en images, et l'on peut même se demander : à quoi bon le rébus, puisque l'explication était donnée au bas même de la feuille? Sans doute pour que le Régent ou le Roi pussent admirer l'esprit ingénieux de l'auteur; sans doute pour que les devineurs ne pussent pas un instant se méprendre sur la réalité des sentiments exprimés.

Après le rébus courtisanesque, le xviii<sup>e</sup> siècle cultiva le rébus amoureux ou léger, cela devait être; on taquina ainsi Margot, Toinon, Monsieur l'Abbé, et en quel français, c'est ce que nous apprendra l'explication qui suit :

Monsieur · l'abbé · ou · allé · vous · Allet · vous · vous · casser · le · cou ·
Vous · allet · sans · chandel · et · bien · cher · cher · les · demoiselles · vous · mentende · bien ·

Si le règne de Louis XVI et la Révolution mirent en honneur le rébus politique, je veux dire consacré aux choses et surtout aux hommes du moment, le premier Empire parut avoir un goût très modéré pour ce genre d'exercice, non point que Napoléon y fût opposé, mais les idées étaient ailleurs, car autrement, malgré police et policiers, les tabatières à double fond eussent pu facilement vulgariser ainsi ce qu'on ne pouvait exprimer ni par la plume ni par le crayon.

Le retour des Bourbons marque également le retour du calembour, dont Louis XVIII était un fervent adepte. Alors apparurent les images aux légendes calembourdières, *la Mère-Idienne, l'Amie-Naudière, la Mère-Luche, la Mère-Ique, l'Abbé-Chamelle, l'Abbé-Daine, le Père-Dreau, le Père-Clu*, toutes ces suites grotesques et bouffonnes, déjà décrites dans mon *Histoire de la Caricature en France*. Alors triomphèrent, à nouveau, les bons mots de l'âge d'or calembourdiste; alors se colportèrent, en petites images octogones, gravées d'un burin monotone, *les Calembourgs du marquis de Bièvre*, défigurant, décomposant, torturant les mots :

*l'Abbé-Quille* (un abbé jouant aux quilles), *Ève-en-Gille* (une femme en pierrot), *la Mère-noire* (une négresse), *le Père-çant* (moine mettant en perce un tonneau), *l'Ange-oleur* (ange aux pieds d'une femme), *le Rat-colleur* (un rat collant des affiches), *la Sœur-qu'on-verse* (une religieuse tombant de voiture), *le Tapis-scié*

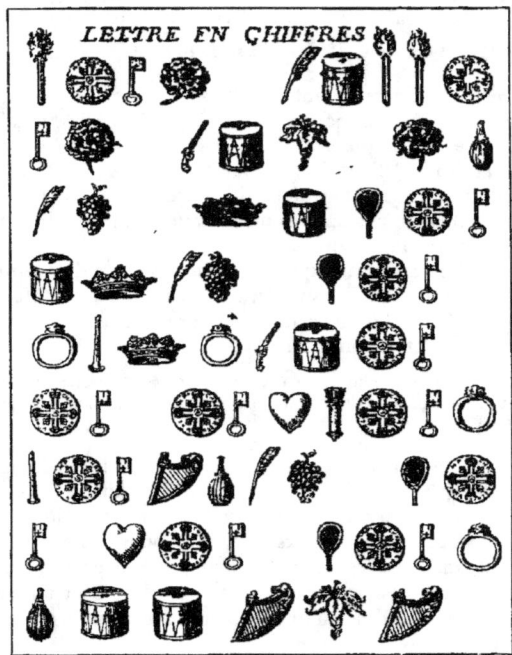

Fig. 270. — Reproduction d'une *Lettre en chiffres*, d'après un original du XVIII° siècle.

(personnage sciant un tapis), *le Pré-fait* (paysan fauchant), *le Père-charie-table* (moine chariant une table dans une brouette).

Et il y en avait ainsi des douzaines à la feuille ; et près de cent feuilles colportèrent de la sorte, à travers le monde, cette crème d'esprit faite de bêtise sans nom.

Mais le mouvement était donné : la France avait été guerrière, elle devenait calembourdière. Aux feuilles « bièvraines » succédèrent d'autres séries, non moins fades, les *Proverbes parlants*, les *Demandes et Réponses*, les *Rébus légendes* : littéraires, théâtrales, politiques, toutes les actualités furent mises en rébus ; les monuments de l'Europe, eux-mêmes, n'échappèrent pas au sort commun. Sous Charles X les affaires avec le Dey d'Alger firent le bonheur des coupeurs de fil en quatre, et les *Aventures d'un Dey-terminé* montrèrent, avec des dés, un *Dey-couronné*, un *Dey-monté*, un *Dey-gringolant*.

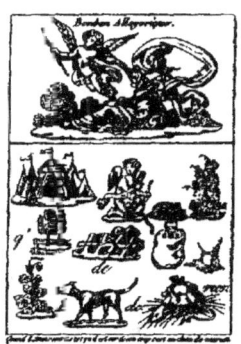

Fig. 280. — Vignette de feuille de rébus pour boîtes à bonbons (Restauration).

Louis Philippe régnant, la maladie ne fit que croître et embellir : la branche cadette ne voulait, en rien, le céder à la branche aînée. Avec les devises pour confiseurs le rébus avait, depuis longtemps, conquis l'empire des bonbons : *Bonbons des fleurettes*, — *Bonbons allégoriques*, — *Sucreries rimées*, — *Douceurs*, et autres suites non moins sucrées en font preuve. Des confiseurs il gagna les parfumeurs. Comme forme, il se démocratise ; ce n'est plus seulement le burin, le pointillé et l'aquatinte, ou la belle lithographie de chez Engelmann (des recueils de rébus en grand format parurent chez cet éditeur célèbre), c'est même l'autographie. Horribles les tailles-douces sortant des ateliers lyonnais ; Decomberousse, rue de l'Enfant-qui-pisse, Giraud et Gayet, Fugère, rue de la Poulaillerie, et autres.

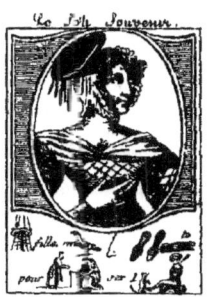

Fig. 281. — Vignette de feuille de rébus pour objets de parfumerie (Restauration).

Voici les rébus dans des assiettes (1835), les rébus en silhouettes (même date), les *Calembourgs en action*, le *Monde renversé*, l'*Oracle des Dames, des Demoiselles et des Messieurs*, — séries datées de 1836 et publiées à Paris, chez Porlier, — les *Maximes de différents auteurs*, rébus pour 1836, les *Questions* : *Quel est le sentiment qui fait le plus maigrir ?* — *Quelles sont les ouvrières qui n'ont jamais d'indiges-*

tions? — *La différence d'une femme à une serrure*, et autres demandes dont je ne m'amuserai pas à transcrire les ineptes réponses; voici les *Réflexions morales en rébus* (1839), ou encore la *Morale en distiques* (même date, même origine : Lyon); voici les *Petits Amours*, plus jeunes que le siècle, assurément, alors âgé de trente-neuf ans.

Tandis qu'un personnage, peu connu autrement, s'amuse à dessiner de grandes compositions lithographiques, non dénuées d'allure, comme si l'art seul était en jeu, compositions qu'il signe hardiment : « le marquis de Chabannes, éditeur », Berthiau et Gramain, éditeurs parisiens, mettent en rébus les métiers, les annonces du jour, les peuples et les villes. De chez eux sortent les *rébus légendes*, en forme d'armoiries, les *Bonnes Vérités en devises*. Le théâtre et la littérature fournissent leur contingent : *les Deux Serruriers*, *A la Grâce de Dieu*, *les Mystères de Paris*, *le Sonneur de Saint-Paul*, *les Pilules du Diable*, prennent place sous de petites vignettes, *le Naufrage de la Méduse*, *l'Obélisque*, *le Mesmérisme*, *le Puits de Grenelle*, sont, eux aussi, mis à contribution. Les proverbes arabes n'échappent pas au sort commun (1842); et, qu'elles le veuillent ou non, les femmes illustres du grand siècle, M$^{me}$ de Sévigné, M$^{lle}$ de Lespinasse, subissent la torture de se voir transformées en rébus à l'usage de gens qui, jusqu'alors sans doute, ignoraient jusqu'à leur nom.

Du reste, ce n'est plus la lettre en chiffres, le rébus à chercher, à deviner. Au-dessous de plusieurs anges qui soufflent les vents, on lit : *Vendanges*; au-dessous de six reines, au port vraiment royal, on prend la peine d'inscrire : *Syrènes*, avec un *y*.

La garde nationale de Paris a les honneurs d'une feuille (1843) qui dut faire les délices des corps de garde, et Napoléon, le grand Napoléon, voit sa vie, ses exploits mis en rébus. Cela devait être.

L'antiquité, le moyen âge, les temps modernes, les grands hommes, les types, les choses, tout est matière à faire joujou : Bacchus, Hercule, Vénus, Guillaume Tell, Franklin, Don Quichotte, Bayard mourant, d'Assas surpris, sont *rebusifiés*, comme la Colonne, comme *Jeanjean*, le conscrit de l'époque héroïque, comme le canonnier français qui tire également sur l'ennemi et sur les belles, comme la vivandière qui n'a rien perdu de la popularité que lui valut la retraite de Russie, comme le grenadier, le lancier, le jeune tambour, le voltigeur, comme les types de la rue, comme les gourmands dont l'image faisait, alors, ses délices.

Et, pour comble, voilà les dessinateurs qui se mettent de la partie, donnant au calembour, au rébus, une forme plus antique. D'abord ce sont Cham et Quillenbois (1842), puis, plus tard, Maurisset, dont l'album de *Rébus illustrés* inaugure le second Empire (1852). Sous un gros bonhomme se regardant dans une glace, Cham écrit *Gras-double*, et Don Quichotte, pour lui, se transforme en *une cervelle sautée qu'on a laissé cuire assez*. Il y a plus fort. A la question : « Pourquoi Napoléon n'entendait-il rien aux mesures? » il répond : « Parce qu'il disait : la ligne est formée de mètres ou pieds » (pour les abonnés du *Constitutionnel* : de mes troupiers). Ouf!

Tous les imagiers deviennent fournisseurs de rébus. Tandis que Blocquel-Castiaux, à Lille, publie des *Petits Dessins gravés destinés à la composition des rébus*, Pellerin intitule, pompeusement, ses feuilles : *Rébus à deviner*. Un rêve!

En voulez-vous, des rébus? Oh! les sales feuilles autographiées que le second Empire va nous donner! De 1850 à 1868 les imprimeurs lyonnais ne cessent de produire. Feuilletons : *Pochades, Épigrammes, Réflexions, Rébus mixte, Souvenirs de voyages, la Géométrie pittoresque, Rébus bibliques, Rébus chinois, Proverbes indiens, la Case de l'oncle Tom, les Monuments de Paris, l'Histoire sainte, École de natation, Paysages, Binettes, la Sagesse antique, Musée cosmographique, Panorama bouffon, Rébus ornithologiques, Demandes et réponses, Classification calembourdienne (sic) des jeux*.

En voulez-vous, des rébus? — Allez à la Bibliothèque nationale, aux estampes, et, par grosses, vous les trouverez, les sales feuilles.

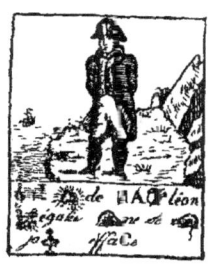

Fig. 282. — Rebus sur Napoléon (1840).

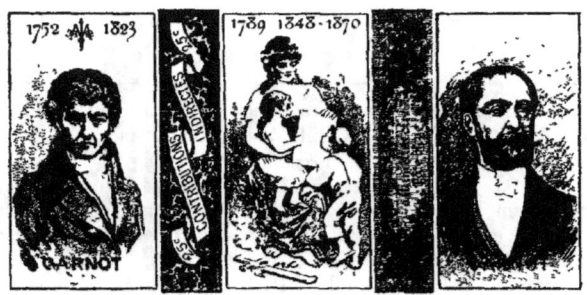

Fig. 263. — Projet de composition de Félix Régamey, pour boîtes d'allumettes dites « cinq minutes ».

## CHAPITRE XVIII.

## Étiquettes; Cartes d'adresses.

### I.

Étiquettes pour Apothicaires et Confiseurs. — Vignettes de Boîtes a bonbons. — Étiquettes de Bouteilles de liqueur. — Étiquettes de Parfumeurs. — Imagerie Tabacologique : — Enveloppes de Papier à Cigarettes et Vignettes de Boîtes d'allumettes.

POINT banales les étiquettes d'autrefois, et combien ornées! D'emblée, en les regardant, on comprend qu'elles étaient destinées à figurer sur des objets d'usage personnel, devant prendre place, d'une façon quelconque, dans l'intérieur.

Les unes sont de purs ornements, cartouches gravés par des dessinateurs spéciaux, pour un usage déterminé, et vendues en feuilles; — il en est pour les pharmaciens, pour les droguistes, pour les parfumeurs, pour les joailliers, — les autres sont des compositions originales commandées à des artistes en renom et devenues, malheureusement, d'une insigne rareté. Entre toutes, au XVIII$^e$ siècle, se distinguent celles des apothicaires, corporation qui, de tout temps, eut pour la décoration un penchant très caractéristique. Si Esculape et Hermès s'y rencontrent quelquefois, il ne faudrait point croire, cependant, qu'il ait été

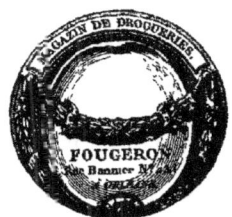

Fig. 284. — Étiquette pour boîte de pharmacie.

fait de ces dieux, un usage immodéré ; je n'en dirai pas autant du serpent, car toute pharmacie d'alors, en province aussi bien qu'à Paris, aurait cru déroger si elle n'avait eu, au moins, une étiquette aux deux serpents entrelacés, les têtes et les queues formant nœud, en haut et en bas. Je ne m'étendrai pas entièrement sur les étiquettes rondes, carrées, oblongues, à ornements ordinaires, mais celles en forme de cartouches, d'écus, aux feuilles d'un élégant rocaille entourées de guirlandes de fleurs, méritent de ne point passer inaperçues, et l'on aura quelque plaisir à les voir, ici, reproduites. Étiquettes destinées à prendre

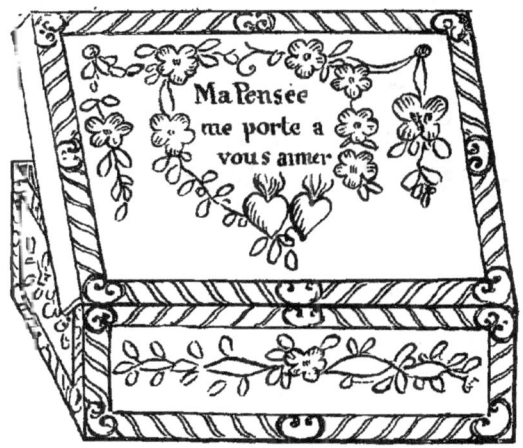

Fig. 285. — Boîte à bonbons, fin du xviiie siècle, cartonnage colorié.
A l'intérieur de la boîte on lit : « Villier, confiseur, rue St-Honoré, a côte des 15/20 ». Et au-dessous : « Pastille de Provence, orange et citron ». (Coll. du Musée Carnavalet.)

place sur les pots, sur les flacons, alors que les autres étaient réservées aux boîtes recouvertes de papiers unis.

Combien simples les « boëtes » destinées à recevoir les bijoux de prix, égayées seulement par le décor varié des papiers peints leur servant de vêtement! Il est vrai que telle étiquette gravée par Choffard saura, à l'occasion, leur donner un certain aspect. Pas plus luxueuses, les boîtes à bonbons, cartonnages souples avec des attributs, des emblèmes, des légendes de circonstance, destinées au sexe, qui, de tout temps, montra pour les douceurs un faible particulier. L'art très spécial des cartonnages, dans lequel les Allemands nous devancèrent, est encore dans l'enfance.

Souventes fois, les étiquettes ont — comme je viens de l'indi-

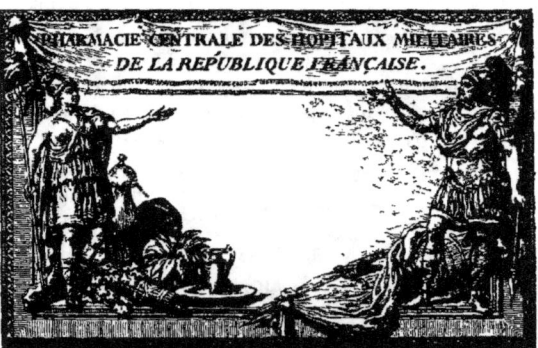

Fig 286. — Composition de Choffard pour une étiquette de pharmacie (vers 1795).

quer pour les pharmaciens — des vignettes spéciales, des attributs, voire même des armoiries corporatives. Desnos, l'infatigable éditeur des petits almanachs à gravures galantes et des petites estampes enluminées, annonce, quelque part, en l'un de ses catalogues, qu'il en tient tout un choix à la disposition de ceux que cela pourrait intéresser. Les enluminures des métiers de Paris durent très certainement, en mainte occasion, servir à cet usage particulier.

Mais allez retrouver tout cela : des boîtes, il n'en faut plus parler, et les étiquettes seraient presque aussi difficiles à rencontrer si quelques feuilles n'avaient été sauvées, de-ci de-là; si les autres ne se rencontraient dans l'œuvre des dessinateurs ou des graveurs qui les ont exécutées.

La Révolution, qui devait laisser des traces ineffaçables de son

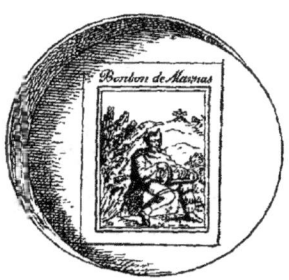

Fig. 287. — Étiquette de bonbons collée à l'intérieur d'une boîte de confiseur (Restauration). (Collection de l'auteur.)

passage sur le papier-monnaie et sur les cartes à jouer, introduisit, aussi, un sentiment nouveau dans la décoration des étiquettes, spécialement des étiquettes officielles : ici encore, c'est aux pharmacies et aux hôpitaux militaires qu'il faut venir demander des spécimens de cette ornementation (voir la vignette de la page précédente).

Moins privilégiées, les boîtes à bonbons des années 1790 et 1791 se recouvrent de papiers patriotiques avec des petits Amours costumés en gardes nationaux. La fin du siècle voit naître les boîtes rondes, plates, ficelées en croix, pareilles à celles encore en usage pour les dragées, et les cornets pointus qui ne se rencontrent plus guère que dans quelques boutiques borgnes des quartiers perdus.

Sous le premier Empire et sous la Restauration l'étiquette revêt une forme nouvelle, et prend un essor considérable. Les boîtes à bonbons, ordinaires, je veux dire recouvertes de papier uni, présentent, soit à l'extérieur, soit à l'intérieur de leur couvercle, une petite vignette collée, tantôt en médaillon, tantôt en carré, tantôt en losange — le fameux losange qui devait laisser sa trace sur tout, — tantôt en écusson. Sur cette vignette le nom du bonbon : *bonbon du Petit Chaperon*, *bonbon de Marsyas*, *bonbon Joséphine*, *bonbon Cosaque*, etc. Les bonbons fins se mettent dans des boîtes aux papiers gaufrés ou décorés d'allégories, tantôt guerrières, tantôt pacifiques. Sous le premier Empire on y verra des Napoléon et des Joséphine avec des semis d'abeilles ou de violettes, sous la Restauration le profil de Louis XVIII avec des fleurs de lis.

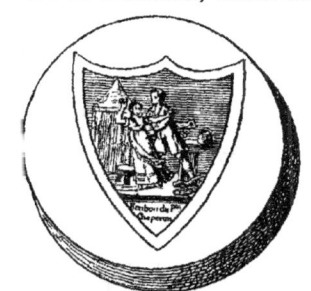

Fig. 288. — Étiquette de bonbons collée à l'intérieur d'une boîte de confiseur (Restauration). (Coll. de l'auteur.)

« Cretaine, » dit Henri Bouchot dans une intéressante étude sur *les Étrennes*, « a dans ses ateliers de la rue Montorgueil des boîtes historiées où, sur les vignettes, se déroule la vie entière des bourgeois parisiens depuis le mariage jusqu'au baptême. Lacroix a mieux encore : son magasin est intitulé *Au Songe*, et ce songe est représenté par un bambin couché à qui *la Fée des Étrennes* apporte mille chatteries sur un nuage de sucre candi. » Vignette ronde entourée d'un encadrement, précieux comme intérêt documentaire, parce qu'il reproduit les bonbons, les cornets et les boîtes du jour.

Sous la Restauration « les boîtes représentent des Richard Cœur-de-Lion en toque à créneaux écoutant d'un balcon la romance de l'écuyer Blondel, des Dame Blanche, les Grecs de Missolonghi, la Girafe ou le sacre de Charles X ».

L'enseigne du *Fidèle Berger* a fait fortune, comme si, de la sorte, on allait revenir aux bergeries du siècle passé. A Dijon, c'est *le Galant Berger*; à Lyon, c'est *le Berger vainqueur*. Sur les

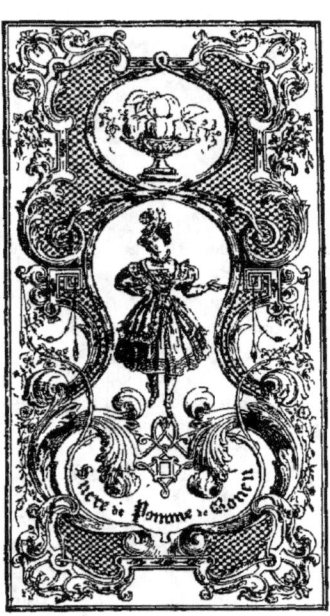

Fig. 289.— Composition lithographique pour bâton de sucre de pomme (vers 1830). (Collection de l'auteur.)

boîtes, ce ne sont que bergers et bergères, — les uns offrant des bonbons, les autres tendant une main pour les recevoir, tandis que leur autre bras repose sur un blanc mouton, — dans ce style inimitable de l'époque, mélange de poncif et de « cocasserie » auquel le pointillé donne une physionomie un peu... bébête. Il s'y trouvera, cependant, des pièces signées : Girardet. La Rosière, elle aussi, étale ses charmes et... ses roses sur tous ces cartonnages pliés à l'entaille du couteau. *Le Fidèle*

*Berger*, qui annonce des « bombons au miel de rosière », a des gravures représentant Louis XVIII (alors Monsieur) couronnant une rosière à Blanckembourg (1794), et l'actualité, c'est S. A. R. M$^{gr}$ le Duc de Berry couronnant deux rosières à Saint-Denis, le 8 juillet 1816. Lorsque l'esprit militaire reviendra à la mode, le duc d'Angoulême et les autres héros du Trocadéro seront les dieux de la confiserie. D'autres fois, c'est la série des jeux de société très en faveur auprès du public, *le Baiser à la reli-*

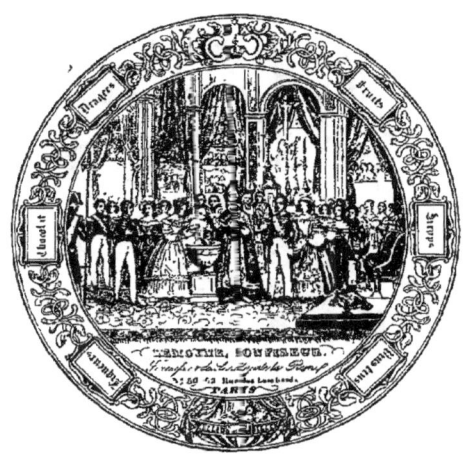

Fig. 290. — Couvercle de boîte à bonbons, représentant le baptême du comte de Paris

*gieuse*, *le Baiser à la capucine*, *le Dessous du chandelier*, *les Aunes de ruban*, ou, encore, les enseignes de Paris en petites vignettes coloriées, publiées en 1816, et appliquées à tant de choses.

Quelques années plus tard, on lancera des boîtes avec adresses imprimées : « Madame *** (le nom était mis par l'acheteur), rue des Vertus, ou rue de la Fidélité, ou rue de l'Amour, ou rue de la Bergère Sensible », allégories sentimentales et troubadouresques.

Sous Louis-Philippe, Lemoyne, confiseur, fournisseur de Sa Majesté la Reine, fera figurer sur ses boîtes des sujets historiques contemporains ; on y verra le baptême du comte de Paris, la prise de Constantine et autres épisodes des guerres d'Algérie. Vers la même époque, d'autres marchands de sucreries auront l'idée de s'adresser à des artistes en renom, Devéria ou Tony Johannot, qui confectionneront pour eux plusieurs figurines alléchantes. Les Devéria sont d'une amusante facture; les Tony Johannot, avec leurs entourages de fruits et leurs paysages exotiques, ne

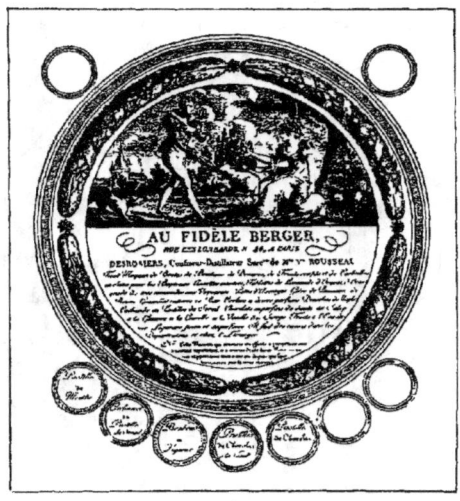

Fig. 291. — Feuille gravée pour le *Fidèle Berger*, donnant, en outre d'un dessin devant prendre place sur un couvercle de boîte, une série d'étiquettes destinées aux cornets de pastilles et à la fermeture des paquets.

semblent pas sortir de l'honnête gravure commerciale. Et ce goût des sucreries illustrées, sous la forme boîte ou sac, se continuera jusqu'à nos jours, produisant les banales chromolithographies qui, malgré tout l'éclat de leur coloris, ne parviennent point à faire oublier les compositions gravées, tirées en noir, en bistre ou à la sanguine, des époques antérieures.

Après les bonbons, les sirops et les liqueurs, pour lesquels le troubadourisme du jour a toute une collection d'étiquettes en réserve : *Liqueur de Flore, Petit Lait d'Henri IV, Liqueur des Grâces, Liqueur des Amours, Liqueur de Fidélité, Liqueur de d'Amour et Psyché, Élixir des cœurs unis, Goutte des Enfants d'Épicure, Liqueur du jour de l'an.* De toutes ces crèmes « doucement sirotées » de 1820 à 1830, que reste-t-il ? Le *Parfait Amour*, seul et dernier témoin d'une génération romanesque aux contrastes bien étranges.

Plus tard, la politique s'en mêlant, ce sera la *Liqueur de la Colonne* ou la *Liqueur des Braves*, le général Bertrand et sa femme au tombeau de Napoléon. Les Glorieuses, et la colonne de la Bastille, pourront également se voir, en vignettes coloriées, sur

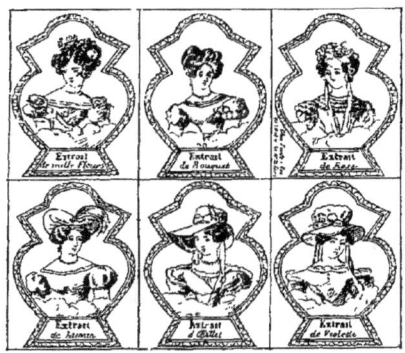

Fig 292 — Étiquettes pour flacons de parfumerie.
Dessin d'après des originaux au pointillé de couleur. (Coll. de l'auteur.)

des bouteilles à liqueur de circonstance. Et cette ingérence des actualités politiques dans un domaine où l'on pouvait croire qu'elles ne pénétreraient jamais se continuera jusqu'à nos jours, puisqu'il y aura le *Ratafia d'Inkermann* — avec vue du champ de bataille — et la *Liqueur du brave général* (Boulanger) accompagnée de l'inévitable portrait.

Avec ses pots et ses petits flacons, la parfumerie offrit, de tout temps, un vaste champ à l'étiquette. Sur ses récipients, de même famille que ceux employés par les apothicaires, prirent place des figurines d'un esprit absolument différent : des Amours avec des guirlandes de roses, des fleurs prêtes à s'ouvrir ou distillant leur parfum, tout un enrubannement très XVIII$^e$ siècle. Sous la Restauration, de petites étiquettes coloriées, avec des sujets quelconques ou même des rébus, pour eau de Cologne, pour huiles antiques à tous parfums, puis d'élégantes boutiquières sur le pas de leur porte, destinées à des crèmes, ou bien encore des petits médaillons de femmes, genre Grevedon et Philipon, avec tous les extraits possibles, *mille-fleurs, bouquet, rose, jasmin, œillet, violette, fleur d'oranger, vanille*, — les parfums préférés, — quelquefois chaque femme arborant un de ces noms ronflants et extraordinaires que les romans popularisaient alors partout. Gravées au pointillé de couleur, ces feuilles se vendaient par douzaines et constituaient l'étiquette courante, l'industriel collant son nom sur une partie, quelconque, du flacon.

Il y avait donc un style dominant, d'emploi général, et l'étiquette, comme toute image, suivait le goût préféré.

Qui nous rendra les femmes jasminées ou vanillées d'autrefois, arborant les modes les plus nouvelles, aux regards étonnés, langoureux ou fripons; les femmes minaudières qui servaient de figurines à tous les commerces d'un certain ordre, qui portaient dans tous les domaines le sentimentalisme et la mièvrerie, 1830.

L'étiquette, aujourd'hui, en France tout au moins, n'a plus ces galanteries : l'époque n'est plus où les femmes se comparaient aux fleurs, où l'on aimait à placer sur un flacon parfumé le parfum se dégageant d'un joli minois : délicate et sensible allusion que notre modernisme traiterait de troubadourisme rococo.

## II.

ELLE ne date point de loin, l'imagerie *tabacologique*. Au siècle dernier, sur des paquets en gros papier ordinaire, *véritable tabac santé de Paris, gros rappé* ou *rappé mince*, paquets ficelés de cette façon particulière au xviiie siècle, ce sont des étiquettes avec de naïves vignettes rappelant les bois des livres populaires, un bonhomme fumant placidement la pipe ou, encore, un cavalier accoté à un de ces grands pots qui se peuvent encore voir dans les coins perdus de la province et de l'étranger. D'autres fois, — telle la vignette qui figure ici, — c'est un bonhomme assis devant une caisse pleine de ce tabac râpé si cher aux nez du bon vieux temps et prêt à venir prendre place dans les queues-de-rat des consommateurs.

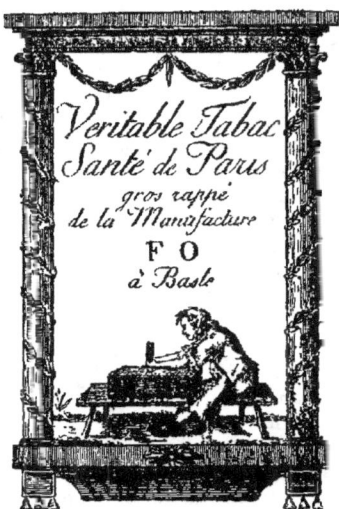

Fig. 293. — Carte-adresse d'un dépositaire de tabac (fin du XVIII⁰ siècle).

Les entrepositaires de tabac à priser et à fumer eurent, comme les autres industriels, leurs cartes d'adresse, avec encadrements allégoriques, pipes de toutes formes et paquets serrés, ces paquets dont la forme n'a guère varié depuis l'origine. C'est sous le Directoire, le Consulat et le premier Empire que la publicité graphique de cette spécialité devait surtout se développer, popularisant des vignettes de petit Suisse au gros cigare, de caporal prisant et fumant avec des airs de béatitude céleste.

De nos jours, je veux dire en notre siècle, les papiers à cigarettes et les boîtes d'allumettes ont ouvert à l'image un champ nouveau. Si l'on remonte de trente ou quarante ans en arrière, les boîtes d'allumettes-bougies apparaissent avec reproductions chromolithographiques des parisienneries de Grévin et des caricatures du *Journal Amusant*.

Quant au papier à cigarettes, primitivement orné de simples inscriptions en or, en rouge, en blanc sur papiers de couleur, il prit vite une variété très considérable, les fabricants ayant transformé peu à peu l'enveloppe du cahier en une véritable image, laquelle se trouve représenter graphiquement le titre donné au papier : *Papier Français, Papier de la Légion d'honneur, Papier Cartes à jouer, Papier-Monnaie, Papier Jeanne-*

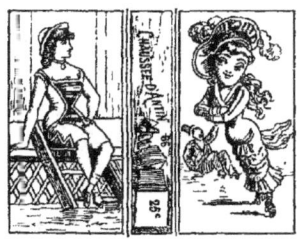

Fig. 294. — Vignette pour boîte d'allumettes-bougie, française.
D'après un original en chromolithographie.

### Étiquettes; Cartes d'Adresses, etc.

d'*Arc, Papier Égyptien, Papier Ananas, Papier-Rébus*.

Ici, *le Chicard, le Sans-Souci, la Sarcelle*, toutes sortes de noms, toutes sortes de fantaisies, jusqu'à ces *Dernières Cartouches* qui populariseront le tableau de de Neuville. Là, les célébrités du jour collées, en photographies, sur une des faces extérieures : acteurs et actrices, profils de demi-mondaines, défileront ainsi sous les yeux du public. Une sorte de galerie contemporaine, par l'estampe tabacologique. Ailleurs ce seront de simples marques ornées ou des écussons; imagerie multiple se présentant sous toutes les formes.

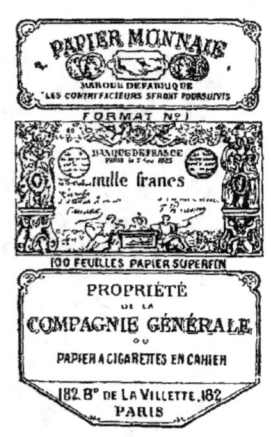

Fig. 295. — Enveloppe de papier a cigarettes français (1883)

Images qu'il faudrait saisir au passage, tant, dans ce domaine, la variété régna de tout temps en maîtresse; tant les figurations du passé et du présent, les personnages historiques, les imitations d'objets actuels trouvèrent, en ce domaine, matière à reproductions.

En France, le cahier ayant subi des influences diverses, côtoyant de près l'actualité politique, fournissant son contingent à l'iconographie boulangiste et à l'iconographie russe, recouvert d'une sorte d'enveloppe et se fermant hermétiquement à l'aide d'un élastique; en Espagne et en Italie, le cahier broché, ayant un dos, et s'ouvrant comme un album oblong; le cahier qui popularisera également les hommes et les choses de la contrée. Ici, des nudités ou des types romains; là,

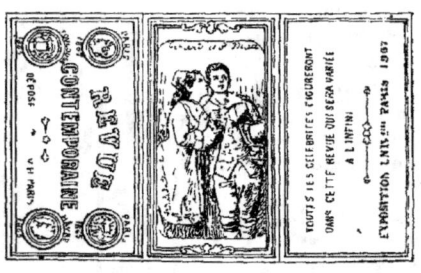

Fig. 296. — Enveloppe de papier a cigarettes français, avec photographies donnant les portraits des célébrités du jour.

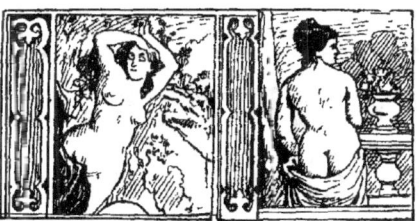

Fig. 297. — Vignette pour boîtes d'allumettes-bougies italiennes.
D'après un original en chromolithographie.

des courses de taureaux ou des vignettes amusantes par leur naïveté.

Et puisque l'occasion se présente, j'en profite pour montrer combien différentes apparaissent, dans toutes les spécialités, — ce dont bien peu de gens se rendent juste compte, — l'imagerie espagnole et l'imagerie italienne, l'une encore barbare, rattachée au passé, se complaisant sans cesse dans les représentations tauromachiques; l'autre ayant un faible pour le nu, pour le léger, pour le déshabillé, fabriquant des cartonnages à double fond, des boîtes d'allumettes qui, par un ingénieux découpage, font voir de vulgaires écuyères sous toutes leurs faces.

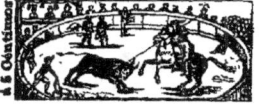

Fig. 298. — Couverture d'un cahier de papier à cigarettes espagnol.

Les Belges, eux, se complairont à représenter des têtes — hommes ou femmes, — tirant des langues écarlates, de la largeur de vraies palettes, et effectuant le mouvement : Sortez langue, rentrez langue, suivant qu'on ouvre ou qu'on ferme la boîte.

Dénuées de tout intérêt en France, les enveloppes de paquets à cigarettes revêtent souvent, à l'étranger, des formes pittoresques. Ici les grands hommes du pays : célébrités espagnoles, américaines, italiennes, défileront sur ces simples enveloppes comme s'il s'agissait de papier-monnaie ou de tout

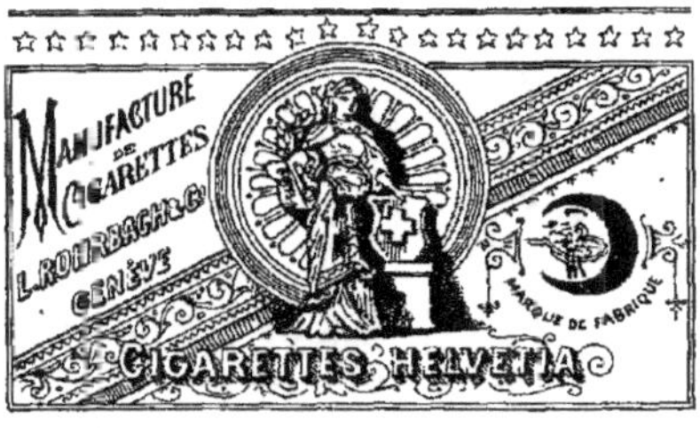

Fig. 299. — Enveloppe de cigarettes suisses

autre papier destiné à circuler, à rester un certain temps entre les mains du public. En Suisse, Guillaume Tell et maman Helvetia, toujours de bonne composition, verront leur renom-

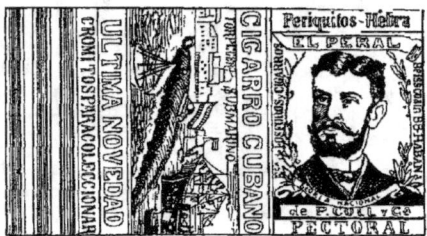

-Fig. 300. — Enveloppe de cigarettes espagnoles.

mée passer en fumée. Là, ce seront des profils de femmes aux grands chapeaux empanachés; profils affectionnés des Anglais et des Américains; ou des femmes plantureuses — Rembrandt commercialisés à New-York — montrant des jambes à bas

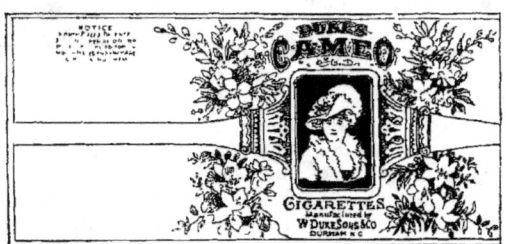

Fig. 301 — Enveloppe de cigarettes anglaises.

rouges, concurrence aux poteaux télégraphiques, et serrées dans des fourreaux aux couleurs éclatantes; toute la pornographie, toute la gamme du désir à l'usage des races anglo-saxonnes.

Revenons aux boîtes d'allumettes-bougies, sous leurs différentes formes.

Autrefois, en France, c'étaient, je l'ai dit, des Grévin, des premières pages du *Journal Amusant*, l'éternelle cocotte et le sempiternel gommeux. Vingt-cinq ans durant, les fabricants inondèrent le pays de ces sujets comiques qui continuent à faire les délices des feuilles italiennes, autrichiennes ou russes, allant

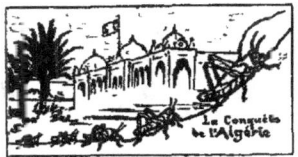 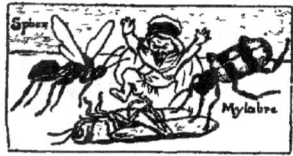

Fig. 302 et 303. — Compositions de Félix Regamey pour boîtes d'allumettes soufrées à l'usage de l'Algérie.

du *Giornale per Ridere*, du *Diavolo Roso*, de la *Luna*, aux *Humoristische Blätter*, à la *Strekoza*, au *Chout*.

Depuis trois ans changement à vue.

Des fabricants de Marseille se sont adressés à quelques artistes de Paris, Félix Régamey entre autres, et voici que toute une iconographie historique a pris naissance. Ici, les militaires, les généraux des armées de la Révolution et du premier Empire, au coloris vif se détachant sur des fonds jaunes; là, les illustrations historiques et littéraires, Jacques Cœur, Comines, Jehanne d'Arc, Richelieu, Mazarin, Corneille, Racine, Le Poussin, Puget, David d'Angers, Eugène Delacroix, George Sand, hommes d'État et littérateurs : des médaillons en camaïeu sur des fonds bleus ou roses, aux tonalités sobres des couleurs antiques.

Il y eut même un projet — reproduit ici — avec les Carnot;

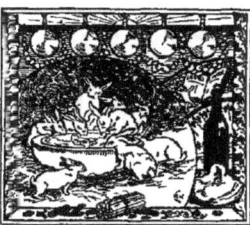 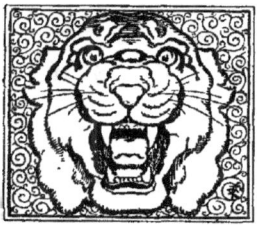

Fig. 304 et 305 — Compositions de Félix Regamey pour boîtes d'allumettes soufrées.

malheureusement la modestie du président de la République s'opposa à cette vulgarisation par les contributions indirectes de ses traits et de ceux de son aïeul. La propagande au moyen des allumettes-bougies paraît, du reste, avoir été toujours fort peu

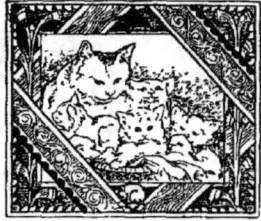
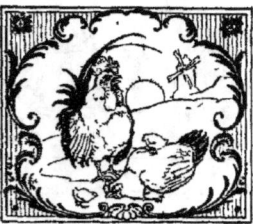

Fig. 3o6 et 3o7. — Compositions de Félix Regamey pour boîtes d'allumettes soufrées.

comprise en France puisqu'elle ne fut pas employée durant la période boulangiste, ce qui est grand dommage pour l'iconographie.

Combien plus pratiques les Allemands, qui utilisent toutes ces surfaces en vue de la réclame, non point rétrospective, mais actualiste. L'empereur Guillaume, Bismarck et tous les ministres défileront ainsi, chromolithographiés, sur les faces des *Fünf-Minuten-Brenner*.

Voici donc, à la mode étrangère, l'histoire, les profils des grands hommes popularisés par les allumettes. Toute une leçon de choses ou plutôt d'hommes, quoique, à vrai dire, la plus grande variété préside à l'ornementation de ces boîtes,

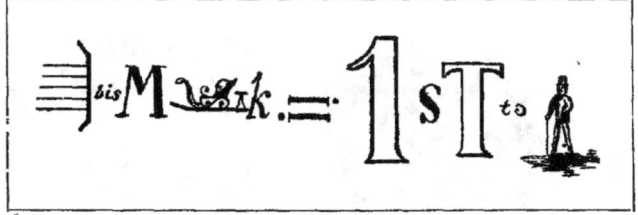

Fig. 3o8. — « Bismarck ist ein gross staatmann » (Bismarck est un grand homme d'État). Rébus sur une enveloppe a cigares, hollandaise ; cigares et cigarettes vendus au détail, se plaçant à l'étranger dans des sortes de petits sacs. (Coll. de l'auteur.)

agrémentées aussi, à l'occasion, de sujets fantaisistes et allégoriques. Mais, sans qu'on sache trop pourquoi, ces sujets paraissent devoir rester la spécialité des boîtes soufrées à deux sous : telles les têtes d'animaux et les sauterelles également composées

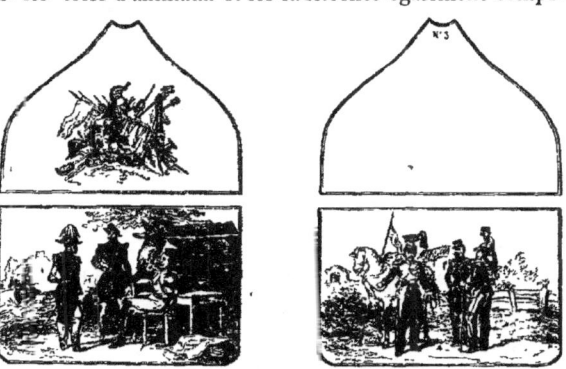

Fig. 309 — Dessin pour blague a tabac militaire (second Empire).
(Coll. E. Perrot.)

par Félix Régamey dans un esprit très pittoresque et dont la reproduction doit être considérée comme une véritable curiosité.

Collectionneurs, croyez-m'en, ne laissez point passer cette fournée de grands hommes sur pâte marron ou sur pâte bleue et ces profils d'animaux d'une si crâne allure tirés en bistre ou à la sanguine. Comme les dessus Grévin, déjà de toute rareté, elle aura son moment, elle aura ses passionnés.

Soufrée ou pas soufrée, la boîte d'allumettes est là qui se présente partout, marchant, pour ainsi dire, à la conquête du monde, comme si le feu, sous cette forme portative, devait être considéré à l'égal d'un instrument de civilisation. Par l'Angleterre, les *Safety Matches* se propagent en Extrême-Orient, tandis que l'Espagne les envoie dans les contrées les plus fermées de l'Amérique du Sud, tandis que l'Allemagne colporte en tout lieu les singulières boîtes plates dites *Pyroca*, aux allumettes non moins plates, dont Hambourg a la spécialité.

Boîtes d'allumettes japonaises, aux dessins amusants, aux couleurs attirantes, avec des animaux de toutes sortes, flamants, lions ou chats, avec des équilibristes, avec des mandarins, avec des divinités, avec des femmes en contemplation devant un bouquet de fleurs, avec des Vulcain costumés en Vercingétorix, avec des enfants jouant, avec des drames de la vie intime, avec des patineurs russes — ô couleur locale! — avec des généraux rappelant vaguement les traits du général Boulanger, — ô popularité de la barbe d'or! — avec des artilleurs qu'on pourrait prendre pour des gardes nationaux de la Commune.

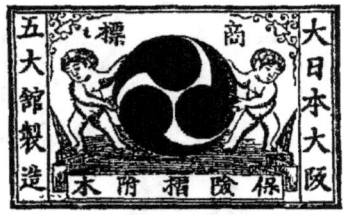

Fig. 310 — Dessin pour boîte d'allumettes japonaises (fabrication anglaise).
(Collection Lucien Layus.)

Curieux assemblage de japonisme et d'européanisme popularisant ainsi l'union des styles et des tendances esthétiques par les *Safety Matches*.

La boîte d'allumettes, c'est presque, pour le présent, l'étiquette de l'apothicaire droguiste il y a cent ans.

Où l'image ne va-t-elle pas se loger, en ce domaine?

En France, on verra des blagues à tabac militaires vulgariser les costumes de l'armée, les scènes de la vie des camps, — feuilles collées sur peau ou sur parchemin, en usage surtout sous le second Empire. — A l'étranger ce sont les petits sacs destinés à contenir cigares ou cigarettes achetés au détail, s'ouvrant naturellement, en hauteur, ornés de portraits, de caricatures, et même de rébus.

Étant donné que l'homme devient, de plus en plus, une cheminée ambulante, la *fumerie* se trouvera donc être dans l'avenir un des principaux véhicules pour l'imagerie populaire.

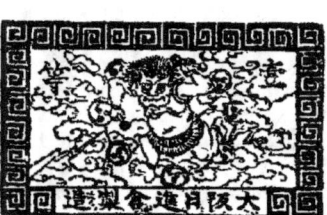

Fig. 311. — Dessin pour boîte d'allumettes japonaises (fabrication anglaise).
(Collection Lucien Layus.)

Grâce aux cigarettes, grâce aux allumettes, on aura les grands hommes en poche, les grands hommes portatifs, les illustrations de son pays pour dix centimes ou pour un marck, au choix.

## III.

### Style et Ornements des Cartes d'Adresse commerciales.

Petites, minuscules même, les cartes d'adresses de l'ancien temps, les cartes élégamment gravées, que dès l'époque de Louis XIII tout marchand de Paris remettait à son client pour qu'il se souvînt de lui. D'abord de purs ornements ser-

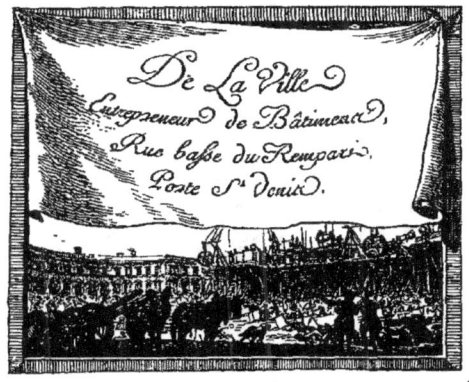

Fig. 312. — Carte-adresse dessinée par Moreau (xviiie siècle).
*Les constructions ici figurées sont celles de la place Vendôme.

vant de cadre, puis, le goût de l'ornementation se développant toujours plus, des compositions gracieuses, dues aux Moreau, aux Saint-Aubin, aux Eisen, aux Marillier, aux Choffard.

Telle la carte de Josse l'aîné, fabricant d'éventails, avec son éventail ouvert tenu par des amours, tandis que dans le bas, amusante symétrie, un paon fait la roue dans toute sa majesté; telle la carte du sieur Magny, *ingénieur pour l'horlogerie*, pour laquelle Eisen, dans un décor de circonstance où le rocaille et les instruments de mathématiques se mélangent agréablement, a dessiné tout un groupe d'Amours; telle encore la carte du magasin de bimbeloterie *Au Petit Dunkerque*, tenu par le sieur Granchez, « vendant, sans surfaire, en gros et en détail, » — un rideau à franges relevé par une guirlande de roses, laissant apercevoir un port de mer peuplé de plusieurs grands bâtiments à voiles; — telle enfin la carte du sieur Delafontaine, chirurgien-dentiste, — des Amours enguirlandés de roses; — véritables chefs-d'œuvre de grâce et de bon goût qui montrent, plus que tout autre document, la place considérable tenue par l'art dans la société du xviii" siècle. Et le Moreau ici reproduit, d'une si franche allure, d'un esprit si particulier, ne pourra que confirmer dans cette impression générale.

Comme pour les cartes de visite, comme pour les étiquettes, il y eut des feuilles de cartouches gravés, de passe-partout de style, des modèles, en un mot, que les papetiers tenaient à la disposition des industriels et dans lesquels ceux-ci faisaient graver leur réclame commerciale. Destinés à un public élégant, ces cartons devaient forcément se présenter sous une forme élégante et commode. Quelquefois, cependant, imprimée sur vergé, sur papier mince, l'adresse prenait des proportions plus grandes, sans jamais dépasser, certain format. Mais, fantaisiste ou sévère, architecturale ou pittoresque, la décoration apportait toujours son précieux concours à ce petit papier qui n'est autre que la carte de visite du commerçant. D'aucunes, parmi ces adresses destinées à des magasins moins bien achalandés ou tenant des marchandises de moindre valeur, étaient imprimées, et, alors, entourées des ornements habituels aux travaux de ville.

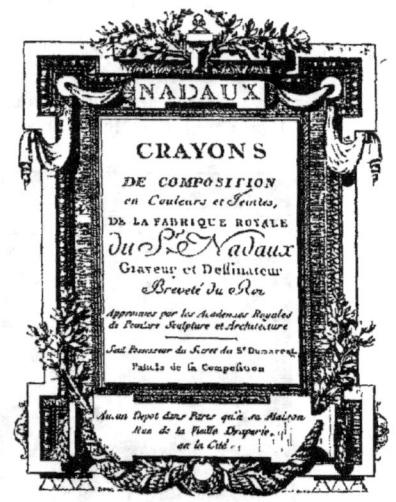

Fig. 313. — Carte-adresse d'un fabricant de crayons (xviiie siècle).
(Collection de l'auteur.)

La Révolution porte un grave préjudice à la carte enguirlandée du xviii° siècle, alors que, sous le Directoire, la réclame, prenant un grand développement, cette façon de se rappeler au client de passage revient à la mode. Mais perdu le souvenir des élégances d'autrefois : de la mauvaise typographie, dans des cadres de la plus désolante banalité. Toutefois, un genre, dès lors, devait commencer à prévaloir : les cartes écrites en anglaise courante, rappelant les modèles d'écritures dont d'habiles artistes garnissaient les galeries du Palais-Royal. Et ces adresses se mettaient

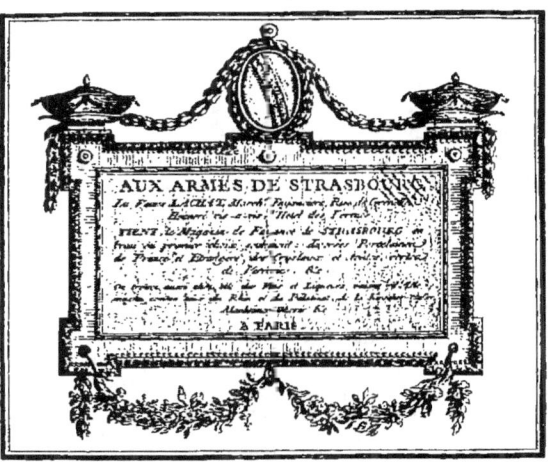

Fig. 214. — Carte-adresse d'un marchand de faïences (xviii° siècle). (Coll. de l'auteur.)

dans des écussons, dans des losanges, dans des médaillons tracés d'un trait léger.

Le premier Empire redonna à la carte-adresse sa luxueuse décoration, sans revenir aux gracieux enguirlandements du siècle précédent, mais en faisant usage des Mercures ailés et des Renommées à la trompette guerrière popularisées par les estampes de Carle Vernet. Comme en toutes choses, le style fut ici ornemental et même, quelquefois, purement architectural : la carte de Biennais, orfèvre de l'Empereur, bien des fois reproduite, restera le modèle du genre.

Cependant une carte gravée par Choffard en 1802, pour un

fabricant de savon de Marseille, donnant au bas une vue de cette grande cité maritime empruntée à la série des Joseph Vernet sur les ports de France, indique la recherche d'un élément nouveau. Première tentative, curieuse à retenir, de la commercialisation de l'art,

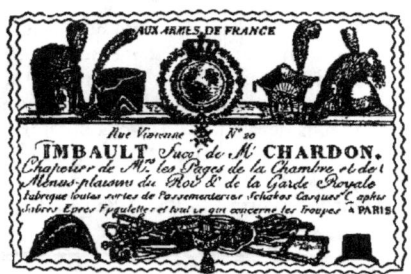

Fig. 315. — Carte-adresse d'un chapelier (Restauration).

de l'emploi, dans un but industriel, de peintures qui, très certainement, à consulter l'esprit de l'artiste, ne devaient jamais servir à pareil usage. Et il n'est pas sans intérêt de constater que ce procédé, devenu cher aux Anglais et aux Américains, accommodant à toutes sauces les œuvres d'art et les grands hommes, prit, en fait, naissance en France.

Avant tout, l'ornementation allait se faire pratique. Sur une carte d'orfèvre on voit figurer des modèles d'orfèvrerie; sur une carte de chapelier de la Restauration prennent place des types de coiffures militaires et civiles; un bottier attirera les clients par l'élégance et la variété des chaussures dont son adresse est ornée; un graveur suspendra autour de son nom des cachets, des médailles, des pierres fines. Toutefois, le sens décoratif et la recherche de la composition originale n'avaient point complètement disparu, ainsi qu'on pourra le voir par les cartes-adresse de marchands tailleurs, civil et militaire, ici reproduites. Malgré le style particulièrement froid de l'époque, on retrouve toujours la tendance à l'image parlante. Plus tard, sous Louis-Philippe, ces sortes de cartes-enseignes, ornées des attributs mêmes du commerce

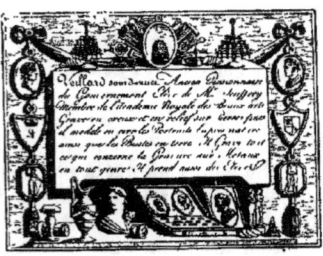

Fig. 316 — Carte-adresse d'un graveur en creux et en relief (premier Empire).
* Veillard, d'origine genevoise, s'était retiré, sur ses vieux jours, à Genève.

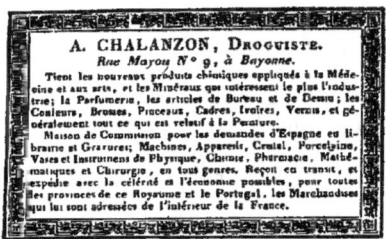

Fig. 317. — Carte-adresse imprimée dans un cadre passe-partout (vers 1840).

exercé par le marchand, s'animeront quelquefois de petites vignettes plus pittoresques, de petits sujets d'à-propos. Telle la carte de Belle, marchand de cannes et parapluies, qui représentera un personnage ouvrant le parapluie « tout soie » acheté par lui dans cette boutique à la mode pour se garantir contre une averse.

Sous le second Empire, le développement du commerce, la création d'industries nouvelles, donneront un certain essor à la carte-adresse, qui revêtira même quelquefois la forme caricaturale. Déjà, on ne se contentera plus de renseigner le public : on cherchera à l'amuser, à l'attirer par les comicalités de la vignette. Et les photographes de la période héroïque, ceux dont Marcelin devait si bien fixer les ridicules abracadabrants au point de vue du costume et des attitudes, contribueront, pour une bonne part, à implanter ce genre nouveau.

Ce n'est plus l'adresse agrémentée d'ornements, de cadres enguirlandés, demandant aux artistes du jour ce costume élégant sans lequel on ne saurait franchir le seuil des châteaux; c'est la vignette, la composition originale occupant tout l'espace de la carte-réclame, laissant bien juste la place voulue pour l'inscription du nom et de l'adresse.

Mais si ces fantaisies rencontrent, çà et là, quelques imitateurs épris du graphique, elles sont loin de constituer une règle, une habitude prise par l'industrie, et, malgré les tenta-

Fig. 318. — Carte-adresse imprimée dans un cadre passe-partout (vers 1840).

tives récentes pour rendre à l'adresse son élégance d'autrefois, — nombreux, à notre époque, les commerces de luxe imprimant leur réclame dans des cartouches xviiie siècle, — on peut dire que la carte de visite commerciale est devenue de la plus insigne banalité, ne se remarquant que par un mauvais goût, plus ou moins grand, dans l'emploi et l'arrangement des caractères typographiques.

Autrefois la carte d'adresse était d'un libellé simple : il ne fallait pas que le texte gravé écrasât le cadre orné ; à partir de

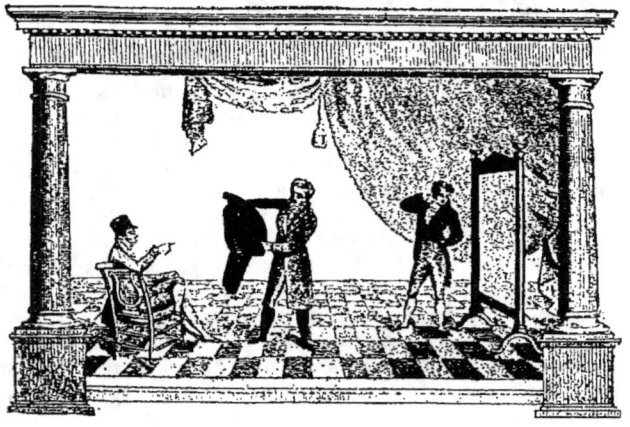

Fig. 319. — Carte-adresse d'un marchand-tailleur (Restauration).
Le personnage assis à droite, sur une chaise à lyre, est encore habillé dans le style des dernières années de l'Empire.

l'Empire et de la Restauration elle s'est surchargée de détails, commençant ainsi à tenir lieu à la fois d'adresse et de prospectus.

En vérité, de nos jours tout tend à se confondre par le fait de l'extension donnée à la publicité de la rue ; jadis, le commerçant lui-même remettait son adresse aux clients venant acheter chez lui, puis il se hasarda à l'envoyer à domicile. D'une façon comme de l'autre ce n'était pas autre chose que sa carte, une manière de visite commerciale, de rappel d'existence, et avec raison un observateur de la Restauration pouvait écrire : « Tout le monde possède aujourd'hui sa carte de visite, les cartons écussonnés, armoriés, illustrés, qu'envoient à certaines époques nos grands fabricants, ne sont pas autre chose que des invitations polies à venir visiter leurs produits. »

Aujourd'hui, on ne saurait dire où commence et où finit la carte de visite commerciale, où commence et où finit la réclame.

Non seulement la carte-adresse se distribue dans les rues, mais elle est devenue, par les renseignements qu'elle fournit,

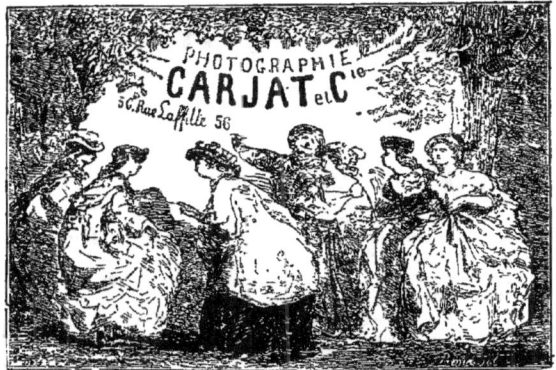

Fig. 320. — Carte-adresse du photographe Carjat, dessinée par Bénassit (second Empire).

par ses énumérations de marchandises, par ses listes de prix, un véritable prospectus.

Ce n'est plus la carte élégante d'autrefois, au verso blanc; c'est la carte bigarrée revêtant les formes les plus diverses, les découpures les plus étranges, ayant son verso surchargé de prix et de détails sur la qualité des marchandises mises en vente.

Aux époques antérieures, la carte correcte, c'est le commerce soumis à certaines règles de bon ton, d'usage alors général; de nos jours, la carte disparaissant sous un amas de prix, d'indications, d'affirmations bizarres, c'est le commerce imposant au monde les lois, les procédés, les usages de la réclame.

# Appendice au Chapitre XVII.

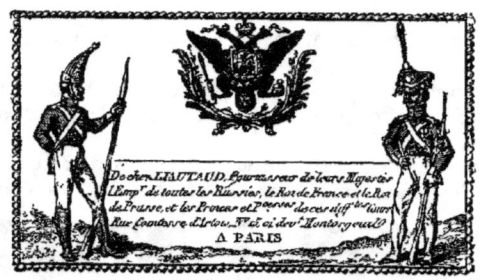

Fig. 321. — Carte-adresse d'un tailleur militaire (Restauration).

## LIBELLÉS DE CARTES-ADRESSES

— Magasin de confiance à prix fixe. *A la Belle Athénienne*, rue Saint-Honoré, entre la rue des Bons-Enfants et le ci-devant Palais-Royal. ERAMBERT, marchand-parfumeur et gantier, prévient que, d'après l'embélissement qu'il a fait à son Magasin, il vient d'etablir le *prix fixe* de toutes ses Marchandises, dans les meilleures qualités, à des prix infiniment modérés.

Suit une longue énumération avec les prix des articles divers du sieur Erambert.

— Cirage Anglais. — Fabrique et magasin général de la rue Neuve-St-Eustache, n° 14, à Paris, et de la fourniture de la maison du Roi, et de celle des Princes de la famille Royale.

Carte-prospectus avec écusson fleurdelisé et encadrement typographique (époque de la Restauration).

— VAUGEOIS, Marchand, rue des Arcis, près Saint-Merry. *Au Singe Vert*. Vend tabatières d'or et gaines d'or pour Hommes et pour Dames, Étuis d'or, et garnis d'or, Navettes d'or gravées et tournées et or de couleur, garnies d'or et non garnies, des plus nouveaux goûts, etc.

Au haut, vignette · Singe jouant aux dés, un cornet en main, dans un médaillon rond entouré d'attributs sur les jeux.

— *Au Roi des Oiseaux* et *A la Renommée*, ci-devant: *Au coq de la Bonne-Foy*, quai de la Mégisserie, n° 45. Vous êtes prié de faire attention à ne pas confondre l'enseigne; la véritable est : *le Roi des Oiseaux*.

<small>Réclame de Vilmorin-Andrieu, marchand de plantes et graines, datant de la fin du xviii° siècle.</small>

— *Au deux Edmond*, galerie Delorme, n° 21. Fabrique de Shalls de toutes les façons, Toiles peintes, gilets de fantaisie, Madras des Indes et autres, perkale blanche, batiste pour chemises et cravates, et autres articles de fantaisie. L'on vend de confiance.

<small>Carte-réclame du premier Empire.</small>

*A l'Autorité*. Passage du Lycée, en face du Palais-Royal, et par la rue des Bons-Enfans, n° 3. M™° Vallé, vend toutes sortes de cordes pour les instrumens.

<small>Carte-reclame de la Restauration.</small>

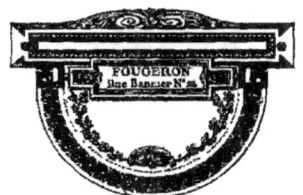

Fig. 322. — Étiquette pour boîte de pharmacie.

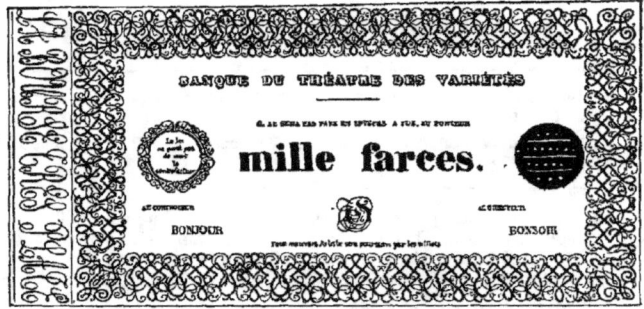

Fig. 323. — Billet de banque réclame. (Collection Lucien Layus.)

# CHAPITRE XIX.

## Papier-Monnaie; Billets de Loteries; Tickets d'Expositions.

Le Papier-Monnaie au xviii<sup>e</sup> siècle. — Les Assignats de la Révolution. — Billets de Banque étrangers. — Billets de Banques populaires. — Les Timbres secs. — Imitations fantaisistes ou commerciales des Billets de Banque. — Les Bons pour Achats. — Billets à Ordre. — Billets et Prospectus de Loteries. — L'Amérique et les Tickets d'Expositions.

Chose rare à une époque où tout était orné, ils n'avaient ni enguirlandements, ni encadrements d'aucune sorte, les billets de banque du temps jadis. Même chose pour les actions ou reconnaissances d'actions. Typographie élégante, cela va de soi, mais c'est tout, quoiqu'il existe cependant au Cabinet des Estampes des cadres merveilleux gravés par Choffard et destinés à cet usage.

La raison de cette exception est bien simple : le billet de banque n'est pas encore entré dans les mœurs, c'est comme une nouveauté d'importation étrangère, un papier quelconque fourni par la spéculation, cette fièvre d'un nouveau genre que le système de Law a fait naître en France. Le billet de banque, c'est une *promesse de payer au porteur, à vue* : on en tâte, on en goûte, on en jouit, mais les beaux écus de six livres et les beaux louis d'or sont autrement appréciés des grands seigneurs et des grandes dames. Un papier commercial, comme l'action de la Compagnie des Indes, comme l'action de 90 livres de la Caisse d'Épargne et de Bienfaisance du sieur Lafarge, comme les titres d'Anzin. Non pas que le xviii® siècle, absorbé dans les jouissances des sens et de l'esprit, ait méprisé l'argent, mais, bien heureusement pour lui, il n'a pas connu la terrible prédominance des questions financières. Pourvu que le billet, la promesse de payer, soit de

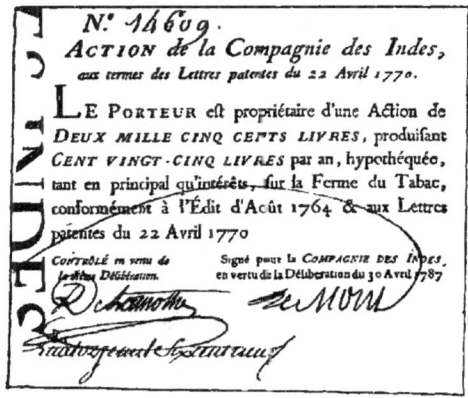

Fig. 324. — Action de la Compagnie des Indes (Coll. Saffroy.)

format commode, puisse se glisser facilement en un almanach, en un agenda de poche, ou se placer dans les petits tiroirs des bureaux aux formes élégantes, c'est tout ce qu'il lui faut. Ces billets, ces papiers sont, en somme, la première manifestation, la première production de la puissance nouvelle qui, un siècle après, aura absorbé toutes les autres et qui, peu après, étouffera les forces vives du pays. Quand le papier marchera de pair avec le métal, quand, subitement élevé au pinacle, il aura, pour ainsi dire, remplacé l'or et l'argent, alors on songera à l'orner, alors on mettra une certaine coquetterie à le parer, à charger les graveurs de trouver pour lui des attributs et des motifs.

Voilà pourquoi les *promesses de payer au porteur*, du xviii® siècle, sont de simples papiers; voilà pourquoi les assignats de la Révolution présentent une richesse et une variété d'ornementation qui ne s'est jamais revue depuis.

Ce fut, véritablement, l'âge d'or pour « ces chiffons de papier qu'une étincelle peut dévorer », disait *l'Ami du Peuple*, ne se figurant guère, assurément, que certains dandys de 1830 s'amuseraient, effectivement, à allumer leurs cigares avec des billets de banque. Les assignats... impayables par les caisses de l'État, tout au moins, dans lesquelles ils s'engouffraient, resteront, de toute

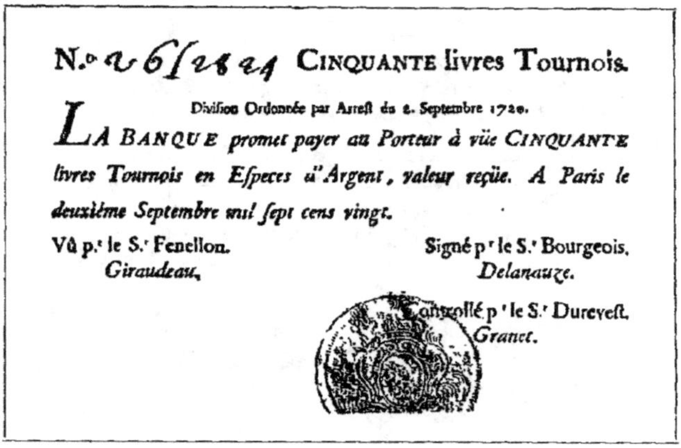

Fig. 325. — Billet de cinquantes livres de la banque de Law.

façon, le chef-d'œuvre du papier-monnaie. Tardieu, déjà connu comme graveur de portraits, exécuta pour eux des compositions d'un goût exquis, parmi lesquelles se remarquent tout particulièrement l'assignat de 50 livres avec la Liberté et l'Égalité, l'assignat de 500 livres avec l'Aigle, l'assignat de 1 200 livres avec la tête de Cérès, l'assignat de 2 000 livres avec têtes de la Victoire et de la Paix, statues de la Liberté et de l'Égalité. D'autres, avec la tête de Louis XVI, sont également d'une ornementation délicate. Droz, le célèbre graveur, devait appliquer la taille-douce à leur fabrication avec des moyens de multiplication tels, qu'il put fournir jusqu'à 14 000 planches d'assignats de 25 francs. N'est-ce pas encore sur papier-monnaie, dont les trompe-l'œil vulgarisent à l'infini les vignettes, que se trouve cette jolie figure du Génie adolescent, nu, ailé, portant la flamme au sommet de la tête, emblème des Lois sous la Révolution? Tirés en noir ou à la sanguine, les assignats sont, peut-être, le plus curieux mélange de l'élégante typographie du xviii° siècle et des figures antiques, simples et de bon goût ; ils ont une valeur artistique qu'on chercherait vainement dans les polychromies criardes de nos modernes billets de banque, même dessinés par Baudry.

Si nous faisions ici l'histoire du papier-monnaie, il nous faudrait citer en première ligne, dans notre siècle, les billets amé-

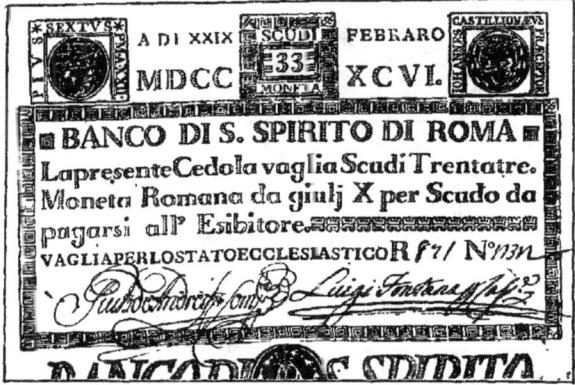

Fig. 326. — Specimen de billet de banque en circulation au xviii° siècle dans les États pontificaux (Banque du Saint-Esprit de Rome)

ricains et anglais avec leurs portraits, avec leurs vues de villes ou leurs paysages, certains billets autrichiens et allemands avec leurs aigles, avec leurs ornements héraldiques, certaines coupures italiennes avec leurs bustes en médaillons, mais ces quelques notes, simples comparaisons, ne visent point si haut. Ce que l'on peut dire, c'est que le billet de banque français ne sortit jamais de l'allégorie, c'est qu'il resta toujours, plus ou moins correct comme dessin, dans les banalités de la décoration.

L'étranger, au contraire, y a fait tout entrer, jusqu'à la flore, jusqu'à la faune du pays, jusqu'à des locomotives, lorsque les chemins de fer vinrent révolutionner les moyens de locomotion. Il les a même utilisés comme images d'enseignement, de propagande, donnant soit à leur recto, soit à leur verso, les portraits de ses grands hommes. Tel un petit billet italien, d'*una lira*, sur lequel se trouvent les têtes de Christophe Colomb et du Dante, de Cavour et de Manin. Le papier-monnaie étant appelé à circuler entre toutes les mains, c'est évidemment, pour ceux dont les figures s'y trouvent, un honneur au moins aussi grand que l'érection d'une statue sur une place publique. Malheureuse-

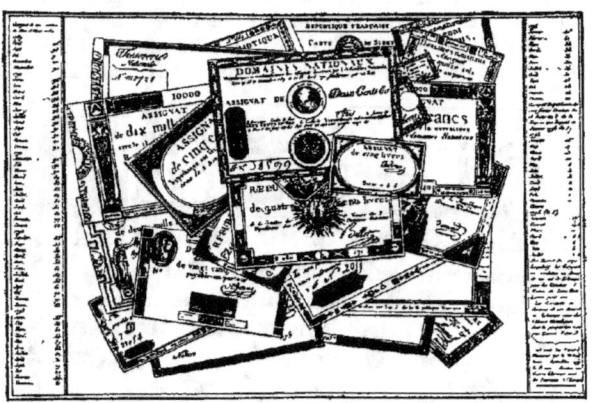

Fig. 327. — Trompe-l'œil reproduisant les principaux types d'assignats (1797), donnant sur les côtes les cours subis chaque mois de ces papiers fiduciaires, valant, en 1789, 98 francs et tombés à 2 francs en juillet 1796. Beaucoup de ces estampes avaient, au milieu, un bonhomme Misère vêtu de haillons, d'où le qualificatif générique qui leur fut donné. (Coll. Gruel Engelmann.)

ment, en France, le papier a été souvent considéré comme une quantité négligeable, ou plutôt il semble qu'on ne veuille pas accorder, même aux plus illustres, le droit de s'immortaliser sous cette forme. En bronze ou en marbre, bien; en papier, jamais.

Durant la période saint-simonienne et fourriériste, il y eut plusieurs tentatives d'émission de billets par des banques privées, — *Banque du Peuple*, *Banque sociale*, *Banque du Progrès social*, etc.,

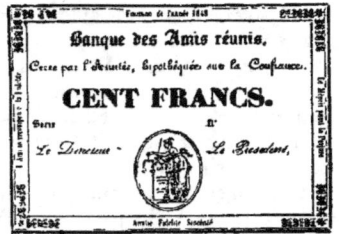

Fig. 328. — Réduction au tiers d'un billet de banque populaire (1848).

— mais si ces coupures sont intéressantes pour l'histoire, elles sont dénuées de tout attrait au point de vue iconographique. Contentons-nous donc de cette simple mention et de la reproduction ici donnée d'un billet de 100 francs de la *Banque des Amis réunis* (1848), *créée par l'amitié, hypothéquée sur la confiance*. Douce rêverie qui ne paraît pas encore prête à devenir une réalité.

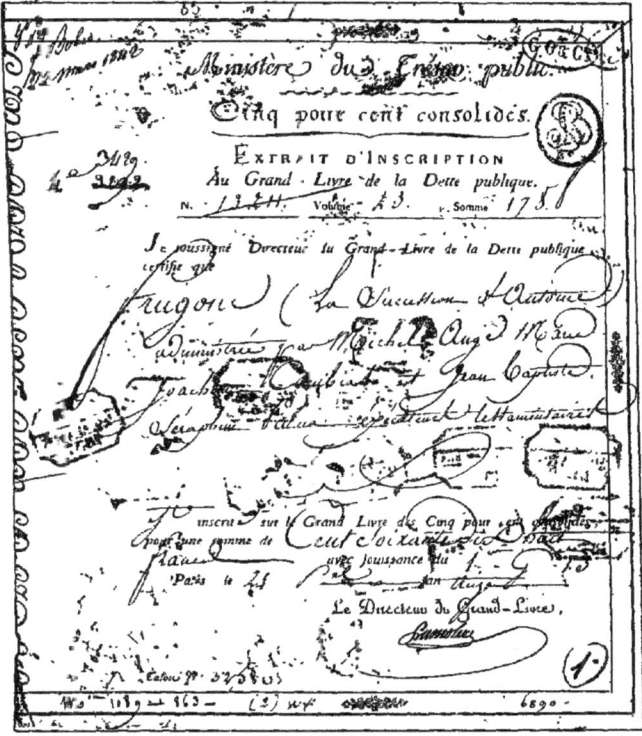

Fig. 329. — Specimen d'inscription au Grand-Livre de la Dette publique
(ancien titre de rente), 1803. (Coll. de l'auteur.)

Une autre histoire, non moins intéressante à écrire, ce serait celle des empreintes, des timbres secs; que ces marques indicatrices aient une portée purement administrative ou financière, qu'elles se rencontrent sur des passeports, sur des papiers timbrés, sur des enveloppes de lettres, sur des actes notariés, sur des titres de rente; qu'elles soient ornées, compliquées, ou d'une certaine simplicité de mauvais goût. En principe, le timbre,

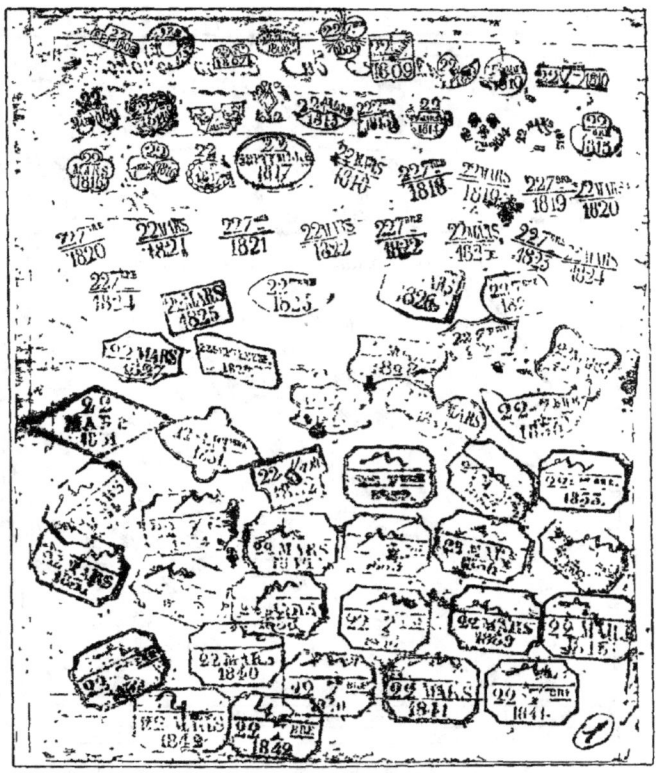

Fig. 330. — Verso de titre de rente,
donnant la reproduction de tous les paiements effectués depuis 1806 jusqu'en 1842.

considéré sous cette forme, est d'un vilain aspect et macule tout ce qu'il touche. Aucun terme ne saurait donc mieux lui convenir que celui dont on se sert habituellement pour le dénommer. Mais, au point de vue historique, ces oblitérations fournissent, quelquefois, des indications qu'on chercherait vainement ailleurs.

Voici, comme pièce à l'appui, un titre de rente marqué au dos, ainsi qu'un vulgaire mouton du Berry, de timbres dont l'ensemble constitue un singulier paysage et dont aucun ne présente un intérêt artistique; mais c'est déjà pour l'histoire de l'argent transformé en papier, un document précieux.

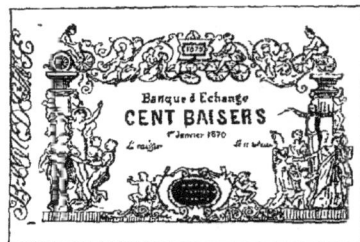

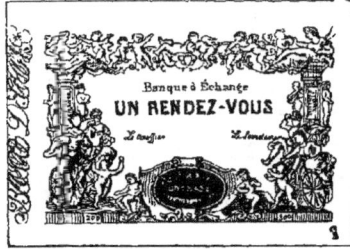

Fig. 331 et 332.—Reproduction des petits billets publiés par un imprimeur du second Empire et vendus dans les papeteries. L'original, qui mesure 7 centimètres sur 5, est imprimé en bleu comme les anciens billets de la Banque de France.

(Collection Lucien Layus.)

Vieux titres de rente bons à aller rejoindre les vieux papiers.

Depuis une trentaine d'années les billets de banque ont été l'objet de nombreuses imitations faites par le commerce, soit dans un but de réclame industrielle, soit dans l'intention pure et simple de servir d'amusette; donc, distribuées ou vendues. On n'a pas oublié les billets émis par la *banque de la Sainte-Farce*, qui donnèrent lieu à de nombreuses polémiques et finirent par être interdits parce que quelques pauvres d'esprit avaient poussé la complaisance jusqu'à les prendre pour de véritables billets de 1 000 francs; mais, bien auparavant, c'est-à-dire en 1869 et en 1870, un éditeur avait inventé une banque d'échange ayant pour statut fondamental le libre échange et dont les billets donnaient *Cent baisers, Un rendez-vous, Une conquête, Un souper*, que sais-je encore!

Même chose à l'étranger, en Amérique, en Allemagne, en Belgique, en Italie, où, là aussi, on s'est ému de ces contrefaçons, bien innocentes pourtant, et où ces feuilles-réclame commencent également à devenir, pour les collectionneurs, des objets de curio-

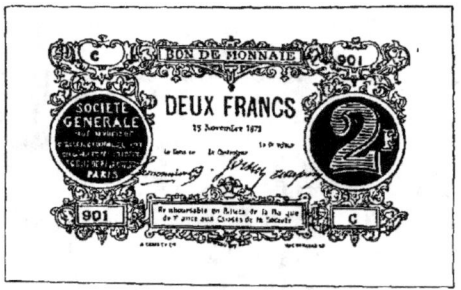

Fig. 333. — Bon de monnaie émis par la Société Générale après la guerre de 1870.

sité. Toutefois, l'Allemagne laisse circuler librement la charge du

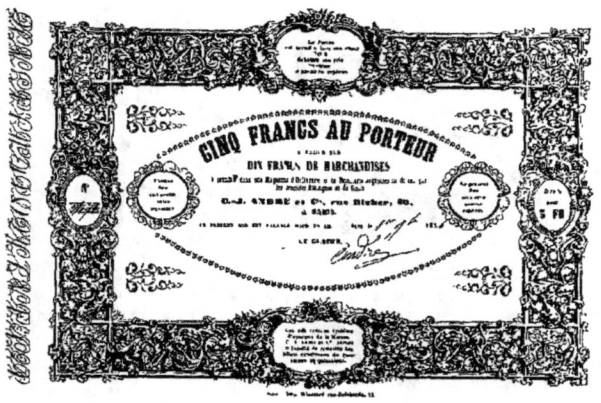

Fig. 334 — Specimen de bon commercial payable en marchandises, émis par une maison parisienne (1856). (Coll de l'auteur.)

Le bon, imprimé sur papier blanc, présente le même aspect typographique et le même encadrement que les titres de Sociétés financières.

billet de 5 marks qui souhaite cinq fois cinq cent millions de fois toutes sortes de bonnes choses à son possesseur[1].

1. Cette vignette a été reproduite dans *le Livre et l'Image*, année 1894.

Raretés encore, les bons de monnaie, point faux, ceux-là, qui circulèrent, émis par des villes ou des banques, à certaines époques troublées de l'histoire. N'est-ce point déjà un très vieux papier,

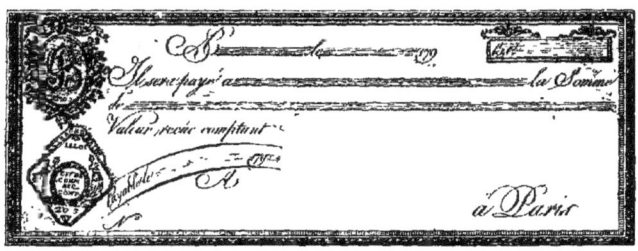

Fig. 335. — Specimen d'effet de commerce de 1790, avec encadrement dans le goût décoratif du XVIII<sup>e</sup> siecle. L'original est sur papier bleu foncé. (Collection de l'auteur.)

le bon de 2 francs, émis le 18 novembre 1871 par la Société générale, — pas beau du reste, simple document destiné à représenter ici une des formes de la monnaie-papier.

Raretés, encore, les premiers bons pour achats délivrés par

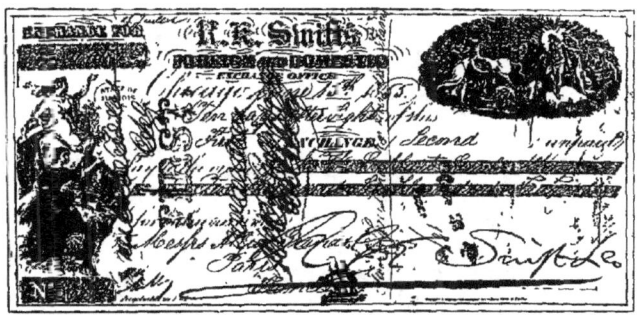

Fig. 336. — Specimen d'effet de commerce moderne avec vignette, 1855. (Traite tirée d'Amérique.)

certains magasins, aux approches de 1850, et reçus par eux comme espèces. Papier d'échange, si l'on veut, à valeur nominative fixe : marchandise contre une monnaie créée par l'industriel lui-même. D'autres furent à forme d'actions, avec des coupons que l'on détachait suivant la marchandise désirée. C'est le bon, la prime, l'attrape-public si l'on préfère. Amusants emplois du papier-monnaie comme les chèques, comme les bons pour aller se faire commander tel objet ou pour venir consommer tel liquide qu'à certaines époques on verra distribuer dans les rues. Imitation du billet à ordre, destinée à figurer aux côtés des imitations du billet de banque.

Fig. 337. — Spécimen de billet de loterie, xviii° siècle, imprimé sur gros papier gris. (Coll. Saffroy.)

Le billet à ordre, il me faut bien aussi parler de lui, d'autant plus qu'il a suivi une marche opposée à celle du billet de banque. Au xviii° siècle, il revêt certains ornements parce que c'est le papier légal du commerce, parce qu'il est la monnaie partout admise des affaires, des échanges industriels, parce que les négociants d'alors subissent l'influence du milieu. De nos jours, au contraire, il sera absolument banal, en France tout au moins, se contentant de monogrammes, d'entrelacements purement industriels. Les commerçants de la première période du siècle cherchent encore à l'orner avec des vues, avec des attributs, avec des médaillons, dernier germe de l'influence ornementale. Mais, à partir de 1850, plus rien, toute recherche graphique disparaît. A quoi bon la gravure, le dessin? N'est-ce pas là pure superfétation?

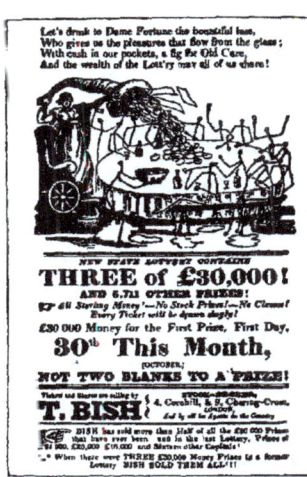

Fig. 338. — Prospectus d'une loterie anglaise (vers 1830).

C'est le crédit et non la vignette qui constitue la valeur du chiffon de papier. O siècle prosaïque! Comme si une ornementation élégante devait nuire à la solidité commerciale.

Les billets de loterie! Encore du papier-argent et duquel on ne peut pas dire, comme à la foire, *à tout coup l'on gagne*, à moins que ce ne soit en ayant la sagesse de ne jamais acheter papier de cette espèce.

Nombreuses les loteries du temps passé : dès le XVIIe siècle elles affluent, en France. Sous Louis XIV il y en eut de toutes sortes : loterie de libéralité, loterie d'espèces, loterie particulière, loterie d'État, loterie de charité, loterie commerciale; sous Louis XV, la fameuse loterie de l'École royale militaire, basée sur les principes de celles établies, depuis longtemps, à Gênes, à Rome, à Venise, à Naples, dans les États héréditaires d'Allemagne, à Prague, qui tint en haleine, des années durant, la curiosité et la soif du gain, qui donna naissance à l'*Almanach* dit *utile et agréable de la Loterie*, avec 90 compositions de Gravelot toutes plus ou moins consacrées à des sujets ga-

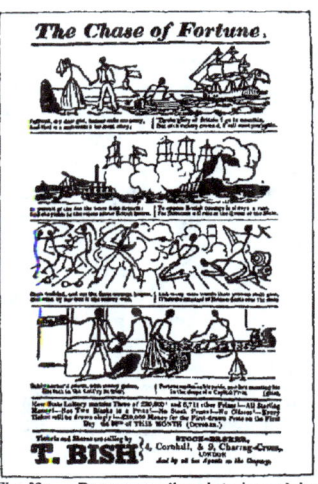

Fig. 339. — Prospectus d'une loterie anglaise (vers 1830).

lants, avec quatrains y relatifs et répondant aux 90 numéros de la loterie elle-même. C'était le système italien, chaque ville ayant ainsi affecté aux numéros des figurations spéciales : allégories iconologiques, vignettes de métiers, d'animaux, de fleurs ou de fruits.

En France, suivant l'exemple du papier-monnaie, les billets eux-mêmes furent rarement ornés : quelquefois un écusson, et c'est tout, sur papier vergé ou sur papier-carton.

Avec le marchand de billets de loterie, nous apprend Mercier, ce n'étaient point les images que l'on recherchait, mais bien les *bons numéros*, tout le monde attribuant alors aux numéros rêvés une importance capitale.

En Allemagne au contraire, et en Angleterre également, ces billets escomptés sur la chance, ainsi que les appelait Franklin, se complurent, de bonne heure, aux ornementations surchargées, aux affirmations graphiques de l'existence de souverainetés locales et princières, alors que de nos jours, en Chine et au Japon, ils présentent l'aspect de chiffons de papiers coloriés sur lesquels le passage de la main ou d'une brosse aurait laissé des traînées multiples. Mais partout les loteries usèrent avec abondance du prospectus destiné à vanter, à faire mousser leurs chances de succès, appelant à leur aide le calembour, le rébus, pour mieux exciter la curiosité du public, s'amusant à aligner des bonshommes représentés sous forme de chiffres et de sacs d'écus à la panse richement garnie.

La chasse à la fortune! c'était l'éternel sujet de toutes ces images grossièrement taillées en bois, mais pour lesquelles Cruikshank et d'autres dessinateurs de talent ne craignirent pas de fournir, de temps à autre, quelques amusantes compositions.

Combien, en France, à partir de 1850, devaient exciter la curiosité du Tout-Paris, entre autres la fameuse loterie du Lingot d'Or (1851) qui, avec sa vignette au lingot d'or de 400 000 francs, dans le plateau d'une balance, — envoi tout frais de Californie, — mit en mouvement réclame tapageuse et imagerie spéciale. Combien oubliées, déjà, parmi toutes celles qui, à partir de 1882, sollicitèrent la faveur du public avec leurs billets aux figures allégoriques, quelquefois dessinés par des maîtres illustrateurs, toujours traités en manière de billets de banque! car, dès ce moment, c'est le type, c'est la vignette genre papier-monnaie qui influera sur tout ce qui s'intitule ticket ou carte d'entrée, quel que soit, du reste, l'usage particulier à ces cartons.

Témoins encore les billets d'entrée aux expositions universelles dont Chicago nous a donné le type le plus parfait avec ses banknotes ornées de portraits, en médaillons, de grands hommes, américains ou autres, Washington, Christophe Colomb, Hændel, etc. Et il ne faut point s'étonner que d'Amérique nous viennent sans cesse les modèles à suivre dans le domaine industriel, puisque, pays neuf, pays sans traditions archaïques, ayant fait des affaires, des échanges, son objectif unique, il devait forcément trouver la forme de l'art commercial, de l'application du goût, du sens esthétique, aux choses et aux papiers de la vie usuelle.

A chaque société son rôle ; à chaque pays son style.

Mieux vaut idéaliser les choses commerciales que commercialiser les choses artistiques : je veux dire qu'il est préférable de voir créer des types nouveaux, intéressants, esthétiques, de papiers commerciaux, dans tous les domaines, que de voir les boîtes à savons, à tapioca, ou les boîtes à conserves, s'emparer des *Dernières Cartouches* de de Neuville, et du *Napoléon I<sup>er</sup>* de Meissonier.

Tout au papier-monnaie ! pourvu que la décoration ainsi comprise revête une allure personnelle d'art.

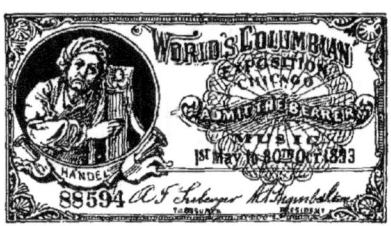

Fig. 340. — Reproduction d'un ticket de l'Exposition de Chicago, imprimé en couleurs et tiré sur papier filigrané

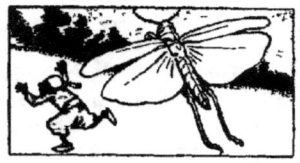 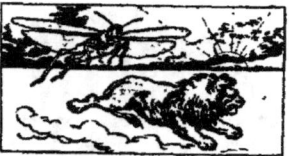

Fig. 341 — Compositions de Félix Regamey, pour boîtes d'allumettes soufrées à l'usage de l'Algérie.

## CHAPITRE XX.

## Factures et Papiers de Commerce.

Libellé des Factures anciennes. — Leur aspect typographique. — Ornements et Médailles. — Factures ornées de Portraits et de Légendes. — Cartes de Restaurants. — Papiers Maritimes, Papiers de Roulage. — Tickets.

### I.

Songeates-vous jamais à garder une facture ancienne ? Assurément non. Eh bien, vous eûtes tort. Non point que ce soient là papiers d'un goût et d'un charme exquis, mais parce que ce sont documents souvent amusants comme libellé, comme arrangement typographique, et presque toujours précieux par les renseignements qu'ils fournissent.

L'histoire, j'entends celle qui nous fait pénétrer dans les mœurs, dans les coutumes, dans les usages de la vie intime, s'est beaucoup écrite, ces dernières années, à l'aide des documents manuscrits. Après les chartes, les actes notariés, les anciens comptes publics, et voici les factures.

Oui, les factures, factures de toutes provenances, de marchands d'étoffes, de « fayenciers » (ils tenaient à leur y et n'avaient point tort), de marchands de modes, de broderies, de dentelles, de « clincailleurs » (cela sonne autrement à l'oreille que notre quincaillerie moderne !), de potiers d'étain et ferblantiers, de fourreurs, de bonnetiers, de « coëffeurs », — puisque les cheveux se mettaient dans une *coëffe*, — de fabricants de papiers peints et veloutés — oh ! les épais velours sur lesquels on aimait à poser la main comme s'il se fût agi d'une brosse ! — de parfumeurs, de *fabricants d'objets de goût* pour les confiseurs, — ce titre seul vous donnait l'avant-goût des douceurs promises, — d'apothicaires et marchands-épiciers, — touchant assemblage d'épices et de drogues, — de drapiers-merciers, de marchands de boutons et de bijoux, — cela au temps heureux où les boutons constituaient de petits objets d'art, — de marchands selliers, de marchands tenant magasin de toute espèce de choses, car alors on s'intitulait hautement, crânement, marchand, et l'on n'était point bijoutier parce qu'on vendait en une boutique des bijoux, ou chapelier parce qu'on fournissait les coiffures de messieurs les gentilshommes.

Eh bien, le double intérêt de ces factures dont certaines durent faire pâlir plus d'un époux, plus d'un payeur, c'est de nous montrer de quelle façon on s'entendait à libeller son adresse, à donner le détail des objets que l'on tenait, que l'on vendait, c'est de nous apprendre le prix des objets usuels, ou de luxe, dans quelles conditions, dans quelles proportions se faisaient les achats de la noblesse et de la bourgeoisie.

Curieuses encore par bien des côtés. D'abord par leur *Vendu à...*, qui, depuis trente-cinq ans, a complètement disparu des en-têtes, par la forme de leur acquit, — on se donnait la peine d'écrire : *Reçu le montant du présent mémoire, Reçu la somme de... constituant le total du présent compte*, — par les renseignements qu'elles nous donnent sur la durée du crédit accordé à l'acheteur, — aucune ne portait l'impertinent : *Vendu au comptant*, — par la brièveté, par la sobriété des détails, par la petitesse relative de leur format, — presque toujours en hauteur, — par leur écriture particulièrement fine qui permettait de tout inscrire au recto de la page, et la page était simple, comme si la page double devait être réservée aux mémoires d'apothicaires de nos marchands et fabricants modernes.

Au point de vue de la forme extérieure, il faut les diviser en deux : celles composées en entier typographiquement, quelquefois avec des filets, avec des cadres, comme les almanachs et autres petits volumes de l'époque, et celles revêtues d'ornements gravés sur cuivre ou taillés en bois. Au XVIIIe siècle, les ornements, même commerciaux, gardent l'empreinte du goût dominant; sous le premier Empire apparaissent les aigles planant sur un cartouche, avec, comme fond, le manteau impérial semé d'abeilles, pour peu que le marchand soit fournisseur d'une Majesté Impériale ou Royale : tout est mis en œuvre pour donner à l'en-tête une apparence armoriale. Et cela se continue avec la Restauration par les fleurs de lis, quoique certaines factures sacrifient à la

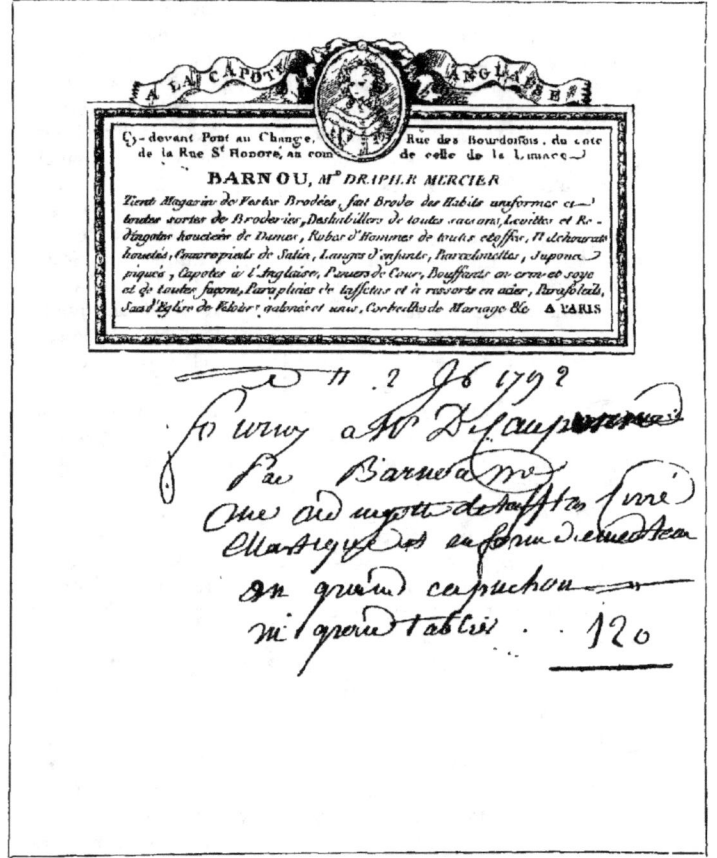

Fig. 342. — Facture xviiie siècle.

passion du jour pour le gothique et arborent même des vignettes troubadour.

Les expositions des produits de l'industrie, inaugurées avec le siècle, introduisirent, d'autre part, les médailles sur les factures et têtes de lettres des fabricants. Quelques-uns, parmi ces derniers, donnent la vue de leurs établissements, mais combien rares en présence de notre luxe moderne de vignettes grâce auxquelles magasins et fabriques répandent dans le monde entier, si ce n'est la coupe, tout au moins le profil de leur palais commercial! Le fabricant est encore modeste : il constitue une caste, une classe sociale, il n'est pas le Roi du Jour, le représentant de la grande et seule force moderne : Sa Majesté l'Argent.

Sous Louis-Philippe, la facture s'embourgeoise, se simplifie, ne se faisant remarquer que par ses préférences pour les papiers de couleurs, car la facture ancienne, tirée sur vergé, est uniformément blanche. Toutefois, comme tout papier destiné à recevoir des vignettes, elle abandonne peu à peu la gravure pour se complaire dans les ornements lithographiques, ces ornements qui sentent l'écriture, qui s'entrelacent dans tous les sens et viennent, sur les côtés, entourer le nom de l'honorable marchand. Et sur les médailles, récompenses industrielles, la tête du Roi-Citoyen remplacera le profil césarien de l'Empereur ou le nez bourbonien de Louis XVIII. Jadis, c'était une seule médaille, celle du Maître ; dès ce moment, les médailles se multiplient, les pièces de quarante sous se substituent à la belle pièce de cinq francs qui, vraiment, faisait grande figure. Aux récompenses françaises se mêlent les récompenses étrangères, et comme l'Angleterre est à la mode, tout industriel qui se respecte tient à montrer sur ses factures une *Victoria Regina*.

Avec le second Empire, cette réapparition du XVIIIe siècle au seuil de la démocratie, on voit revenir les en-têtes gravés : les commerces de luxe, tels la bijouterie et la parfumerie, s'adressent à des artistes en renom, et certaines industries, comme les spécialités pharmaceutiques, dont le développement fut, alors, considérable, mettent sur leurs factures et sur leur papier à lettres des compositions que les amateurs rechercheront, quelque jour, comme on collectionne, à notre époque, les vignettes de Moreau, d'Eisen, de Choffard[1] exécutées pour les fabricants du XVIIIe siècle ou du premier Empire.

Facture moderne, que me veux-tu ? Tu n'es pas belle et tu le sais, malgré toutes tes déclarations bien inutiles, véritable forêt

---

1. Voir celle reproduite dans *le Livre et l'Image*, tome III, page 369.

de Bondy du commerce : « Maison de confiance », — « On reprend toute livraison dont on ne serait pas satisfait », — « Mai-

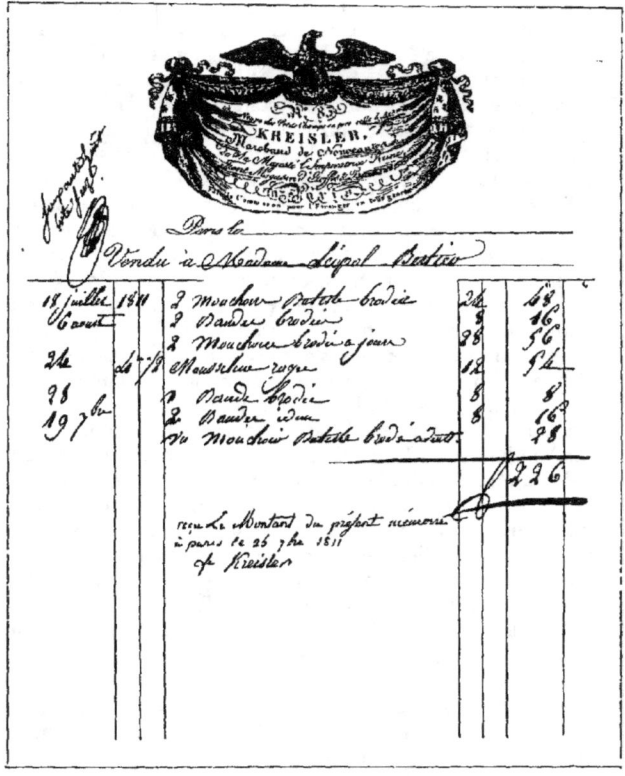

Fig. 343. — Facture du premier Empire. (Coll. Paul Dablin.)

son vendant le meilleur marché de tout Paris », — « Maison de premier ordre », et autres clichés d'un usage journalier.

Il est vrai que si tu écorches le public avec une désinvolture sans pareille, tu n'écorches point, comme tes aînées, les noms de tes clients, tu ne te permettrais point d'appeler par son petit nom la dernière maréchale de France, comme, jadis, ce fut le cas pour la maréchale Berthier et autres grandes dames de la Cour impériale

Amusantes au possible, à ce point de vue, les anciennes factures.

La duchesse de Montebello est transformée par un parfumeur en *Montée Bellau*, la maréchale Soult devient une *Soulte*, la duchesse d'Abrantès se voit orthographiée *Arbre Entés*, et cette pauvre maréchale Berthier est appelée M$^{me}$ *Léopol, Elleopol, Eleaubaul Bertier*, quand on ne met pas tout simplement : *Vendu à Madame Léopold*. Il est vrai que, par esprit de compensation sans doute, on lui fait alors la faveur d'un *d* final.

Factures de maréchales qui, par le nombre des objets et le chiffre des totaux, se trouvent être, pour l'époque, ce que seront, plus tard, lorsqu'on entrera dans l'intimité de nos garde-robes, les factures d'actrices et de demi-mondaines de cette fin de siècle.

Si je devais écrire l'histoire de la facture à travers les âges, sujet qui, un jour peut-être, tentera quelque examinateur à la loupe, bien d'autres comparaisons seraient à faire, bien d'autres considérations à retenir. Mais c'est ici un simple aperçu : il faut donc savoir se borner. Notons seulement que les anciens marchands aimaient à détailler par le menu tout ce qu'ils vendaient, qu'ils poussaient la méticulerie à l'excès, que la période des inventions qui commence sous la Restauration influa beaucoup sur cette loquacité des en-têtes, que la vignette lithographique produisit plusieurs compositions heureuses, que quelques rares magasins eurent l'idée de reproduire leur enseigne, que l'industrie hôtelière développa le goût des en-têtes ornés et des coins de nature, que l'on vit ainsi des diligences et des voitures de poste se presser, bondées de voyageurs, dans la cour des auberges renommées, que certaines maisons décorées de noms historiques : *Au grand Cardinal, A Louis XIII, Au grand Monarque, Au Masque de fer, A Guillaume Tell*, placèrent sur leurs factures des portraits accompagnés de légendes ou de distiques, alors que les *Montagnes Russes* donnaient une vue des montagnes Beaujon, alors que *Aux villes d'Angleterre* croyaient devoir offrir à leur clientèle un avant-goût de Londres.

D'autres, comme *Aux Pyramides d'Égypte*, se lançaient, il est vrai, dans le rétrospectif.

Typique entre toutes la vignette de la *Maison du Masque de fer, 27 et 29 rue Coquillière, au coin de celle du Bouloi*, avec son personnage en buste, tenant un casque, et les vers que voici, le tout daté 1846 :

> Du repos de l'État déplorable victime,
> Le sort courba son front sous trente ans de revers.
> Cet enfant du malheur était le fruit du Crime,
> Il naquit sur le trône et mourut dans les fers.

Le commerçant donnant à ses acheteurs une leçon d'histoire, voilà ce qui ne se verrait plus à notre époque, quoiqu'un pédagogue contemporain ait eu, un jour, l'idée d'utiliser la facture comme leçon de choses !

Et quelle force, quelle attraction exercent sur les masses certaines idées, ce qu'on a si bien appelé l'air ambiant ! Dans une société pratique, prosaïque, tout, jusqu'aux objets accessoires, revêt ce caractère. Le plus petit papier, un récépissé qu'on vous présente, un coupon qu'on vous délivre, traduisent les sentiments publics.

## II.

COMBIEN il est regrettable que Montaigne, lui qui savait si bien observer, lui qui pressentait la philosophie et l'intérêt des documents les plus vulgaires en apparence, ne nous ait pas conservé quelque note ou quelque carte des mets de ces auberges de France, de Suisse et d'Allemagne en lesquelles il aimait tant à descendre ! Ici, du reste, dans ce domaine spécial, nuit profonde. Plusieurs voyageurs du siècle dernier s'étendent complaisamment sur le prix des denrées, sur le menu de leurs repas, sur les exagérations de la carte à payer : aucun ne nous donne sur le petit papier lui-même une indication qui puisse nous permettre de tirer une déduction quelconque.

Moi-même je consulte des vieux papiers de famille remontant au siècle dernier et je ne trouve rien. Si, cependant : une note d'auberge de Dijon, datée 1782, donnant une cour d'hôtellerie, quelque peu bruyante, mais je crois fort que ce bois a dû servir de cliché à nombre d'autres hôtels renommés, et une autre note de 1775, sans indication de lieu, avec les formules suivantes dont je respecte l'orthographe : *couchée, dînée, soupée.*

Ne nous creusons point inutilement la tête : notes d'auberges, cartes des plats du jour, tout cela devait être peu ou point orné ;

un bois par-ci, un encadrement par-là, et c'est tout, bien certainement.

Donc, faute de documents antérieurs réellement typiques, conterrons-nous de la carte du restaurateur Véry, ici reproduite en

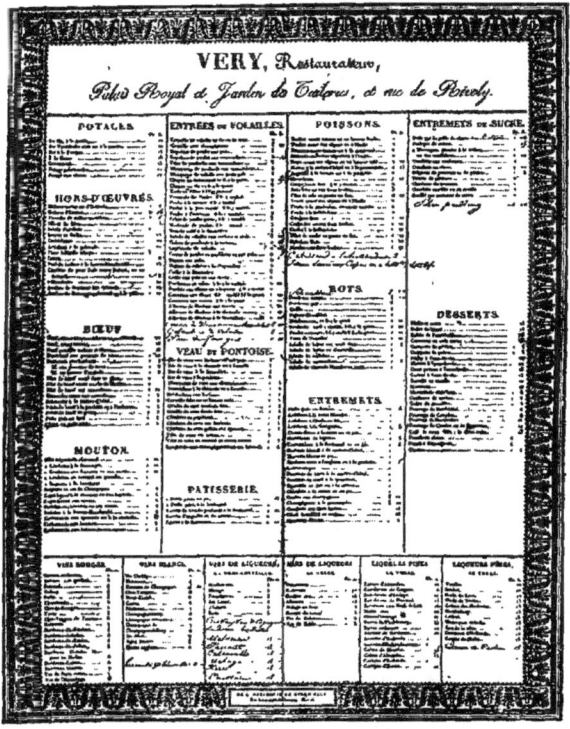

Fig. 344. — Carte du restaurant Very (époque de la Restauration).
(Coll. Georges Hartmann.)

réduction, peut-être difficilement visible à l'œil nu, mais en tout cas parfaitement lisible à la loupe, et intéressante par le classement et la quantité des mets qui y figurent, ainsi que par les prix marqués, si l'on veut bien tenir compte que Véry avait alors la réputation d'un établissement très à la mode. Quelle richesse de mets! Quelle carte gigantesque! Que de bœufs, que de moutons, que de *veaux de Pontoise* — il était, alors, fort renommé — accommodés à toutes sauces! Que d'entremets dits *de sucre*, ce qui était le privilège de la cuisine recherchée! Ce n'est pas seulement par son encadrement aux palmes suggestives que cette carte traduit bien son époque, premier Empire ou Restauration, c'est encore, et de façon non moins caractéristique, par son abondance de victuailles, par sa nourriture lourde et consistante. Les légumes, la verdure, existent bien, mais c'est parmi les entremets qu'il faut aller les chercher. Parcourez les prix, et vous serez étonnés de voir des plats pour cinq sous : déjà, assurément, on ne montait plus son ménage avec cette somme minime, mais on pouvait encore, cependant, pour ce fragment de bronze, avoir côtelette, fricandeau aux haricots, cervelle frite, bœuf sauce tomate, etc., etc.

Si de nos jours les cartes des restaurateurs sont plus ornées, leurs prétentions sont aussi un peu plus élevées. De fait, ceci comme renseignement, les cartes de mets accompagnées d'illustrations originales sont de création récente, ne remontant guère au delà d'une trentaine d'années.

L'avenir leur appartient : c'est dans un siècle qu'il faudra faire leur iconographie.

### III.

COMME les factures, comme les notes d'hôtels, comme les cartes de restaurants, les papiers de commerce du bon vieux temps étaient de petite dimension, imprimés avec soin, composés en caractères élégants, presque toujours en cet elzévir, aujourd'hui disgracié, on ne sait trop pourquoi, — sans doute parce qu'il plaisait trop à l'œil et qu'il ne faut pas que l'œil soit arrêté par autre chose que des chiffres, — le tout orné d'écussons officiels ou de vignettes répondant au sujet.

De mauvais petits bois, dira-t-on. Mon Dieu, oui; mais, encore que mauvais, ils avaient bien leur charme, ils attestaient le soin et le goût de l'ornementation.

Ils montraient également la préoccupation constante de traduire, de représenter par une image typique en sa simplicité la chose qui faisait l'objet de la facture ou du document commercial lui-même. L'enseigne sur le papier, après l'enseigne en relief sur les murs! Si bien que, grâce à ces petites vignettes banales, à ces clichés d'imprimerie, la recherche dans les liasses de paperasses anciennes se trouve considérablement facilitée. Un navire, une voiture de roulage, une diligence, sont en quelque sorte des armoiries parlantes.

J'ai parlé, également, des idées dominantes qui se laissaient voir dans toutes les circonstances, dans tous les actes de la vie,

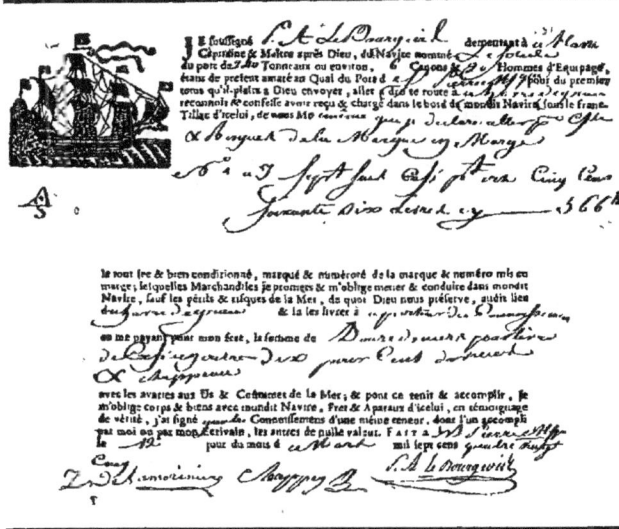

Fig. 345. — Quittance de réception de marchandises destinées à être expédiées par mer (1785). (Coll. Lucien Layus.)

privée ou publique : les papiers ici reproduits vont, une fois de plus, fournir un appui à ma thèse par les formules très spéciales de leur rédaction.

Seuls peut-être, en notre siècle, les marins, les gens de mer sans cesse exposés aux périls de l'inconnu et aux risques des éléments déchaînés contre eux, ont conservé la crainte et le respect d'une puissance divine : donc, les papiers maritimes, en certaines contrées, se trouvent eux aussi avoir conservé quelquefois les libellés de l'ancien temps. Comme sur le connaissement qui figure à cette place, on peut encore y voir des « pour du premier temps qu'il plaira à Dieu envoyer, aller à droite route », des « sauf les périls et risques de la mer, de quoi Dieu nous préserve ».

Mais, cette exception une fois indiquée, on peut dire que la banalité, le nivellement démocratique, sont devenus la règle générale en matière de papiers administratifs.

Où trouver, en ce siècle d'égalité poussée à l'absurde, une

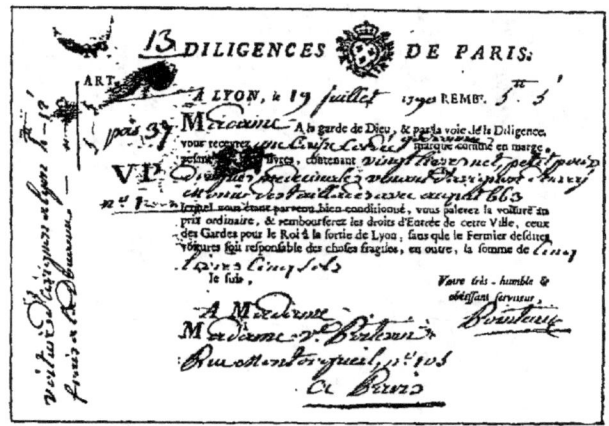

Fig 346. — Avis d'expédition de marchandises par diligence (1790).

compagnie de chemins de fer ou même de diligences — je choisis exprès le transport vieux jeu — qui vous annonce l'envoi d'un colis quelconque « à la garde de Dieu » ?

Combien ridicule, à nos yeux, le commissionnaire, l'expéditeur, l'entrepreneur de roulage qui se servirait de pareille formule!

Vieux usages, dira-t-on, habitudes surannées, libellés antiques et solennels! Soit. Mais la formule ne manque pas d'une certaine ampleur, et, comme telle, était intéressante à recueillir. Les mots peuvent n'être que des mots, derrière eux se cachent des idées, des idées qui sont la conséquence de l'éducation générale, qui sont toujours fortement imbues de l'air ambiant.

Quand bien même elle se trouverait dépourvue de toute date, une quittance de réception de marchandises agrémentée du classique : « A la garde de Dieu » ne tromperait que ceux qui le voudraient bien sur son époque véritable.

Pour être d'allure moins solennelle, les autres documents ici reproduits présentent cependant un certain intérêt historique.

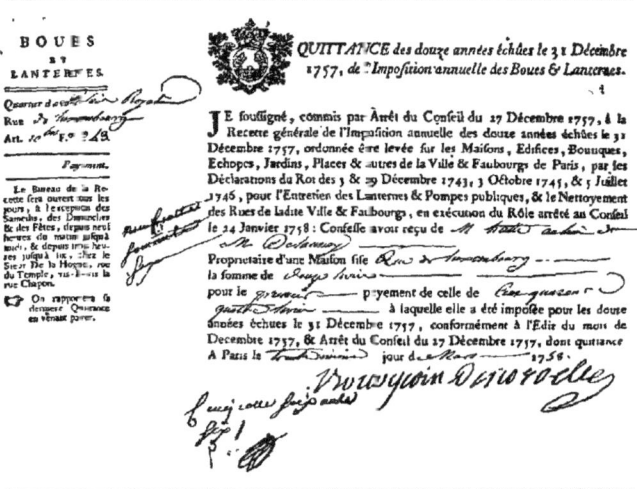

Fig. 347. — Quittance de l'imposition des boues et lanternes (1758).
(Coll. Lucien Layus.)

La quittance de l'imposition des boues et lanternes est un simple papier municipal qui ne diffère point, comme aspect typographique, des autres pièces administratives déjà reproduites. Seul, l'écusson fleurdelisé mis à la place d'une vignette quelconque indique que l'on se trouve en présence d'une pièce officielle.

Le bulletin de chargement au bureau des Postes nous montre que le libellé et la typographie peu élégante de ces petits papiers n'ont guère changé depuis l'origine.

Il semble que rarement administration se soit montrée plus routinière dans la confection de ses imprimés.

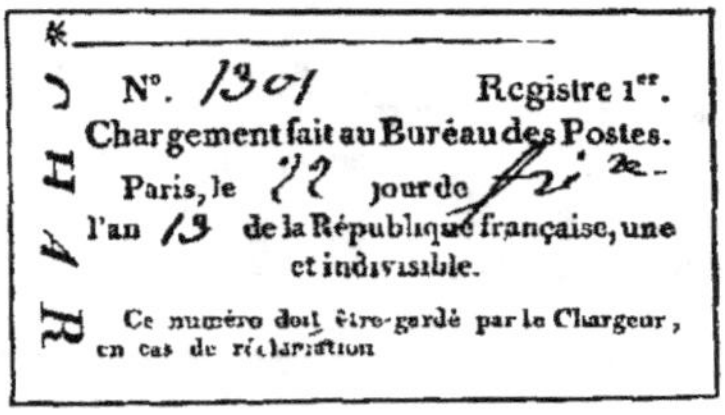

Le bulletin des Messageries royales, de date plus récente, nous remet en mémoire le terme de « sûreté », dont il n'est guère plus fait usage aujourd'hui. Quant à la carte des bateaux à vapeur *les Dorades*, elle évoque en nous cette époque, cette curieuse période de

Fig. 348 — Reçu de chargement postal (Consulat).

transition, où certains voyages s'effectuaient encore simultanément par voie d'eau et par voie de terre, et à l'aide de ces trois moyens de transport : bateau, diligence, chemin de fer.

Cartes de passage, billets, tickets, tout cela ne s'est guère modifié depuis l'origine, si ce n'est dans la forme, autrefois souvent octogone, aujourd'hui toujours carrée et allongée. C'est le triomphe du carton, encore souple, encore de dimensions pour portefeuille, dans l'ancien temps; devenu plus épais à notre époque, et de format restreint, de façon à pouvoir se placer dans le porte-monnaie ou la pochette du gilet.

Le papier infroissable, indéchirable, tenant le moins de place possible, le papier-carton, conçu en vue surtout de la commodité du public, alors que la recherche de l'élégance typographique a été mise entièrement de côté. Conséquence des idées pratiques, de l'américanisme qui, en notre siècle, a envahi tous les domaines et si profondément modifié les idées.

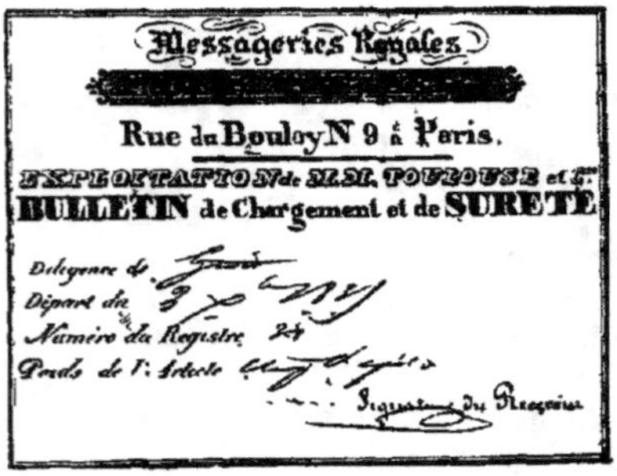

Et là encore, la réclame nous donnera les preuves indiscutables de son esprit d'envahissement, d'enveloppement, en s'emparant du verso de tous ces tickets, jadis blancs comme les cartes d'adresses des industriels, aujourd'hui couverts d'indications spéciales, d'annonces dans tous les domaines.

Fig. 349. — Reçu des Messageries royales (1837).

Plus de papier blanc,

plus de versos blancs, plus de place perdue, toute surface devant être remplie, occupée d'une façon quelconque. Il semble que ce soit là le mot d'ordre nouveau. Et, grâce à ce principe, la publicité a pu se glisser partout, sans s'occuper du caractère des papiers auxquels elle venait demander aide et appui pour se faire distribuer de main en main.

Toujours le passé et le présent avec leurs différences si caractéristiques, l'un esclave avant tout de l'élégance, du bon goût; l'autre recherchant sans cesse l'utilité pratique des choses, sacrifiant tout aux intérêts de la réclame et de la publicité.

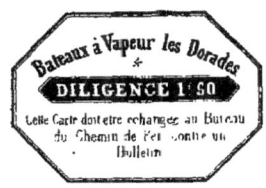

Fig. 350. — Billet de bateau à vapeur (vers 1848).

# *Appendice au Chapitre XX.*

## LIBELLÉS

## D'EN-TÊTES DE FACTURES

— *A la Croix d'or*, Doucet fils, rue S$^t$ honoré, attenant la rue des Dechargeurs. Vend en gros et en detail toutes sortes d'Étoffes de Soie pour Hommes, pour Femmes et pour Meubles. (Facture de 1770.)

— *A la Reine d'Espagne*. Hôtel des Romains, Rue S$^{te}$ Marguerite, F$^g$ S$^t$ Germain. Toullet, M$^d$ Pelletier, fourreur. (Facture de 1773.)

— Legras et C$^{ie}$, Marchand de Draps. Rue Saint honoré, au coin de celle des Prouvaires. *Au Lion d'Argent*. (Facture de 1776.)

— *A la Fidélité*, Rue de Condé, M$^{elle}$ Corzier, Magasin de Toiles, Mousseline, Dentelles, Baptiste, etc. (Facture de 1783.)

— *Au Magasin de Dentelles*, De Bèche et C$^{ie}$, Rue des deux Portes S$^t$ Sauveur. (Facture de 1785.) En-tête dans un cartouche gravé.

— *A la Renommée*, Rue du Faubourg S$^t$ Denis, la sixième boutique à droite, en entrant, a côté du second Boulanger. Corne de Cerf, f$^t$ de Gazes, Blondes, Taffetas, Dentelles, etc. (Facture de 1785.)

— *Aux Armes d'Orléans*, ci-devant *à la Ville de Birmingham*, au Palais Royal, arcade n° 88, entre le caffe du Caveau et le Marchand de Draps. Provost, Marchand de Boutons de S. A. S. Mgr le duc d'Orléans, premier Prince du sang, de Madame et de Nosseigneurs les Princes, ducs de Chartres, Montpensier et de Beaujolais. Magasin géneral de toutes sortes de Boutons, Bijoux, or et argent, etc. (Facture de 1788.)

— *A la Mère de famille*, rue de Richelieu, en entrant par la rue Saint-Honoré, à droite, à côté du Café du Roi. BARDEL, Assortiment complet de Gazes, Rubans, Dentelles, etc. (Facture de 1789.)

— *A la Capote Anglaise*, BARNOU, Marchand drapier, mercier. (Facture de 1792.)

— *A la Coupe d'or*, Rue des Lombards, PLUVINET fils. Apothicaire et Marchand Épicier, Droguiste. (Facture de l'an 1.)

— BESNARD, Marchand parfumeur, Rue de Chartres, n° 348, à côté du Théâtre du Vaudeville. (Facture de la Révolution.)

— Au milieu du Quai de la Megisserie, près le fort L'Évêque. — GENSON, Marchand, successeur de M. Delasalle, tient magasin de Clincaillerie et serrureries du nouveau goût, etc. (Facture de l'an 4.)

— *A la Ville de Gournay*, rue du Marché aux Prairies, à la Halle, n° 565. LEROY, tient Magasin de Beurre frais, salé et fondu, en gros et en detail. (Facture de l'an 4.)

— *A 'a Bonne Foi*, Rue onore, n° 215, entre les Pilliers des Halles et la Boucherie de Beauvais. Magasin de Toiles, mousselines, linons, dentelles. (Facture de l'an 5.)

— *A la Fleur de Lys d'or*, rue S¹ Germain l'Auxerrois, 51. NONDON neveu, couleurs et vernis. (Facture de l'an 8.)

— *Au Père de famille*, rue Marguerite, faubourg Germain, la deuxième boutique à gauche en entrant par la rue de Bussy. Magasin de toiles, mousselines, etc. (Facture de l'an 10.)

— SIMON, fabricant de papiers peints et veloutés, Boulevard d'Antin, au Pavillon d'Hanovre, Jardin des Capucines où est sa Manufacture. (Facture de l'an 13.)

— Rue de la Ferronnerie 8, à côte de la Porte du milieu. M^{mes} GAGNEUX et LOUVET, Font et vendent toutes Marchandises de Modes, garnissent les Robes et fournissent des corbeilles pour les Mariages. (Facture de 1807.)

## Factures et Papiers de Commerce. 405

— Gullaume, Coiffeur, M⁴ de Modes, Boulevard d'Antin, n° 27, près le Pavillon d'Hanovre, entre la rue Louis le Grand et celle de la Michaudière. (Facture de 1807.)

— *A la Corbeille Galante*, rue de l'Ancienne-Comédie-Française, près le carrefour Bussy, n° 8. — Cassard, M⁴ de Modes. (Facture de 1807.)

— Herbault, Rue Neuve S' Augustin, n° 8, près celle Richelieu. Tient Magasin de modes, manteaux de cour. Robes de fantaisies, Nouveautés. (Facture de 1809.)

— *Au Chariot Suisse*, n° 40, rue de Richelieu, vis à vis la fontaine. Liré, M⁴ sellier (Facture de 1811.)

— *Au Faisan de la Chine*, Maison de commerce et fabrique de fleurs et plumes. M' Tonnelet, successeur de M. Jourdan, son père. (Facture de 1811.)

— *Au Cap de Bonne Espérance*, Rue Neuve des Petits-Champs, n° 33, vis à vis celle Chabanois, entre la Rue Richelieu et celle S' Anne, Frankaert, tient fabrique et Magasin de toutes sortes de Bonneterie des plus à la mode. (Facture de 1811.)

— N° 83, Rue Neuve des Petits-Champs, en face celle d'Antin. — Kreisler, Marchand de Nouveautés de Sa Majesté l'Impératrice-Reine, Tient Magasin d'Etoffes et Broderies, à Paris, fait la commission pour l'Etranger, en tous genres. (Facture de 1811.)

— *Aux Armes de France*, Rue S'° Anne presqu'en face celle Chabannais, n° 53, Lubin, Parfumeur, Distillateur de S. A. R. Monseigneur le duc d'Angoulême, Tient Magasin de Gants, Corbeilles de mariage, de baptêmes, Sultans parfumés, Barcelonnettes, Dominos et Masques. (Facture de 1815.)

— M™° V'° Bion. Tient fabrique d'objets de goût, tant en satin que cartonnages pour les confiseurs, et boîtes de toutes espèces pour les parfumeurs. Rue S' Martin, 102, passage de la Réunion, vis à vis le Théâtre Molière. (Facture de 1816.)

— Boulevard Italien, n° 7, entre la rue Favart et celle de Richelieu — Jame, M⁴ Quincailler, Brossier et ferblantier. (Facture de 1816.)

— Boicervoise, Marchand potier d'étain et Ferblanterie, Rue S' Honoré, n° 246, vis à vis les rues S' Louis et de l'Échelle, à côté de celle Traversière, Marche des quinze vingts. Fabrique et vend toutes sortes de vaisselles d'étain superfin, unies et à contours, flacons à rafraîchir, serbotières, fromagères pour les glaces; moules à fruits, caffetières du Levant, cuilliers à potage, cuilliers et fourchettes unies et à filets, de métail sonnant et imitant l'argent; nouvelles mesures à vin et eau-de-vie, réchauts pour la table; seringues et canons de toutes espèces pour la chirurgie; bidets et bassins de lit pour les malades et de propreté pour les dames. (Facture de 1816.)

— *Chantier des Mathurins*, Rue Neuve des Mathurins. — Chareau, Gendre et Successeur de feu Bonneville, tient un assortiment de toutes sortes de bois à brûler. (Facture de 1822.)

— Ci-devant rue S' honore 375, maintenant rue du Faubourg S' honore n° 30 et rue de Surane 15, V<sup>ve</sup> Dupont, loue Cabriolets et Tilburys le tout dans le dernier genre. (Facture de 1828.)

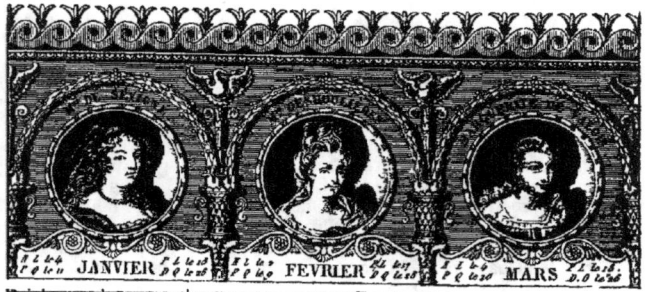

Fig. 351. — Fragment d'un calendrier de la Restauration, consacré aux femmes illustres.

# CHAPITRE XXI.

## L'Affiche Murale.

Les Affiches Officielles de l'ancien temps. — Affiches de Théâtres et de Recruteurs. — Affiches à double usage, placardées sur les murs et distribuées à la main. — Spécimens d'Affiches de la foire Saint-Germain et de la foire Saint-Laurent. — L'Affiche politique — Le Journal-Affiche sous la Révolution. — L'Affiche Commerciale sous le premier Empire et la Restauration. — Ce qui se lisait, alors, sur les murs. — L'Affiche d'Intérieur : Commerce et Librairie. — L'affiche en Papier peint et les Magasins de nouveautés.

### I.

En quelques lignes, un article du *Magasin Pittoresque* de 1850, — ce recueil précieux entre tous qu'on ne feuillette malheureusement pas assez souvent, — a parfaitement résumé l'histoire de l'affiche, ou, si l'on préfère, de l'annonce murale, qui s'est développée, à notre époque, d'une façon si considérable.

« C'est seulement au siècle dernier, » lit-on en cet article, « que l'affichage a pris de l'extension dans nos villes. Jusque-là ce moyen de publicité n'avait guère été appliqué qu'à la promulgation des ordonnances royales et des arrêts de justice, ainsi qu'aux annonces de spectacle. La manie des spéculations, importée en France par le financier Law, fit recourir aux affiches

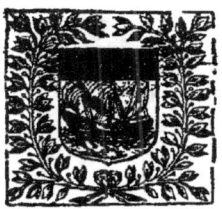

## DE PAR LES PREVOST
des Marchands & Efcheuins de la Ville de Paris.

VR Ce qui nous a efté repréfenté par les Quartiniers de cette Ville de Paris, Que la reconnoiffance du continuel trauail qui eft dóné aux Cinquantiniers & Diziniers de cette-dite Ville & Faux-bourgs, tant par l'execution des Mandemens continuels que nous addreffons aufdits Quartiniers pour les affaires publiques, que par la fubjection qu'ils ont d'aller ouurir & fermer les portes de ladite Ville, coucher en icelles toutes les nuicts lors de la garde defdites portes, & rapporter les clefs les matins aux maifons defdits Quartiniers, ne côfiftoit qu'a des priuileges & exemptions aufquels nos predeceffeurs les ont toufiours maintenus & conferuez, & entre autres de l'exemption de la garde defdites portes, & autres charges de ladite Ville. IL EST ORDONNE' aux Colonels, Capitaines & autres Officiers defdites Colonelles de ne comprendre dans les Rolles de leurs Compagnées lefdits Cinquantiniers & Diziniers, iceux forcer ny contraindre d'aller ny enuoyer à la garde defdites portes comme exempts d'icelle. En laquelle exemption entant que befoin feroit, Nous les auons confirmez & maintenus, Confirmons & maintenons par ces prefentes, fans qu'ils y puiffent eftre contraints pour quelque caufe & occafion que ce foit, FAIT au Bureau de la Ville le 20. iour de Feurier 1649. Signé, LEMAIRE.

Fig. 352. — Affiche officielle (XVII<sup>e</sup> siècle) exemptant de l'obligation de passer les nuits dans les bâtiments élevés près des portes de la ville, les quarteniers, cinquanteniers et dizainiers chargés d'ouvrir et de fermer les portes de Paris.

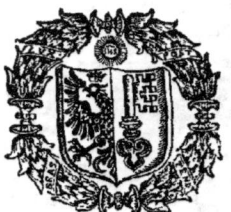

## DE PAR
## NOS MAGNIFIQUES ET TRES HONORÉS SEIGNEURS SINDICS PETIT & GRAND CONSEIL.

E Mal Contagieux qui afflige la Ville de Marseille depuis quelques mois, s'étant étendu jusqu'à la Ville d'Aix & meme à celle d'Apt, en deça de la Riviere de la Durance; Nous oblige à prendre des Précautions Vlterieures pour nous preserver de ce terrible fleau, A ces causes & en conformité de la Résolution des Magnifiques & Puissans Seigneurs Les Députés des Cantons & Alliés du Louable Corps Helvetique assemblés en Diette à Baden, en datte du 14. du present mois d'Octobre, Nous avons ordonné ce qui suit.

I. Outre les Interdictions portées par nos précedentes Ordonnances des 6. Aoust, 4. & 18. Septembre dernier, Tout Commerce sera à l'avenir interdict jusques a ce qu'il en ait été autrement par nous ordonné, avec le Comtat Venaissin & Principauté d'Orange, & les Provinces du Dauphiné & Languedoc, de maniere que toutes les Personnes, Marchandises & Bestiaux venans de ces Provinces, n'entreront point dans cette Ville ni dans son territoire, & s'il s'en trouvoit qui s'y introduisissent en fraude des presentes, les Marchandises seront brulées, & les personnes & ceux qui les auront favorisé, seront punis tres severement, selon toute la rigueur de nos precedentes Ordonnances.

II. Quant à la Ville de Lyon, le Lyonnois & la Bresse, Les Personnes, Bêtes de charge & de voiture & Marchandises qui en viendront, ne pourront point entrer dans nôtre Ville, qu'elles n'ayent fait la Quarantaine au Lazaret établi sur nos limites, & ce, pendant quinze jours pour les personnes, & vint & un jours pour les Marchandises, & seront parfumées à leur sortie suivant qu'il est accoutumé en pareil cas.

III. Concernant la Savoye, comme elle a dés le commencement du mal de Marseille, rompu Commerce avec nôtre Ville, nous restons à cet égard aux termes où nous en sommes avec cette Province.

IV. Les personnes, Bétail, Marchandises, venants des endroits non interdicts, ne pourront entrer dans notre Ville & territoire, qu'avec des bons Certificats portans qu'elles viennent de lieux sains & exempts de tout soupçon de maladie contagieuse, Que les Marchandises sont crues dans le lieu, y ont été travaillées & empaquetées, qu'elles n'ont passé par aucun endroit interdict ou suspect, & pour les personnes, qu'elles ont au moins resté quarante jours dans un lieu sain, & non suspect, & même n'ont eu aucune communication avec des personnes venants des endroits interdicts ou suspects, & où il resteroit quelque soupçon, les dittes personnes, ensemble leurs Voituriers, Chevaux, Mulets, Chariots & Marchandises seront obligés a faire la Quarantaine.

V. Les Certificats de santé specifieront la Taille, l'Age, & la couleur des cheveux de chaque personne, & devront être Visés du moins tous les deux jours.

Demeurons au surplus au contenu de nos précedentes Ordonnances.

Et afin que personne n'en pretende cause d'ignorance, Les presentes seront imprimées, publiées & affichées és lieux accoutumés, donné à Geneve le 16.me Octobre 1720.

*Par mesdit Seigneurs Sindics Petit & Grand Conseil*  LECT.

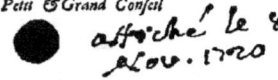

Fig. 353 — Affiche officielle des magistrats de Genève, concernant les mesures sanitaires à prendre pour empêcher l'introduction de la peste. (Coll. Reiber.)

pour instruire le public du mouvement des affaires. Ce fut là comme une révélation pour le commerce, qui en était encore réduit à se faire annoncer par la voix de crieurs. Du petit au grand chacun se mit à afficher sa marchandise. » Et *le Magasin Pittoresque* reproduit, à ce propos, une image satirique de la Régence, dirigée contre le débordement des affiches. Tandis que le crieur du bon vieux temps passe, les épaules chargées de prospectus de toute nature, l'afficheur, grimpé sur son échelle, s'apprête à placarder contre un pilier les annonces dont sa poche est garnie. Au bas de l'image, on lit ces mots qu'une marchande adresse à l'afficheur :

« Puisqu'on affiche tout dans le siècle où nous sommes, affi-
« chez aussi que Colette vend des pommes. »

Donc, à l'origine, l'affiche, et, par suite, le droit d'affichage, se trouvaient être une prérogative du pouvoir royal. Sous François I<sup>er</sup>, ainsi qu'en fait foi un édit de novembre 1539, ce sont encore des avis manuscrits sur parchemins, en grosses lettres. L'affiche imprimée n'apparaît guère qu'à la fin du XVI<sup>e</sup> siècle ; le juge ou le premier magistrat de la ville, — à Paris le prévôt, — ayant, du reste, seuls, le droit de faire afficher. Combien rares, en dehors des dépôts publics, ces affiches placardées en des lieux, en des tableaux spéciaux, qui, d'emblée, attirent et charment par leur belle ordonnance, par leur typographie élégante, et qui, en tous les pays, paraissent avoir été conçues sur le même modèle : en haut, l'écusson de l'État ou de la Cité, et, pour entrer en matière, une lettre ornée. Toujours identique, également, la formule employée pour l'annonce : *De par le Roy*. — *De par les Prevost des marchands et Échevins*. — *De par Monseigneur le Duc*. — *De par nos Magnifiques et très honorés Seigneurs Sindics*. — *De par le Magnifique Conseil* ; — plus tard ce sera : *De par M. le Maire et le Lieutenant de Maire* ou bien : *De par MM. les Conseillers-Administrateurs* transformés à leur tour en *Officiers de la Municipalité*, etc.... Souvent, au bas, la formule : « Et afin que nul n'en ignore » ou : « Et afin que personne n'en prétende cause d'ignorance, les présentes seront imprimées, publiées et affichées ès lieux accoutumés. » L'affiche, avis public, dans toute sa netteté, dans toute sa brièveté. C'est déjà le « nul n'est censé ignorer la loi » sans cesse invoqué, en France, après la promulgation du Code civil.

Après l'affiche officielle, l'affiche-renseignement ; de simples carrés de papier, sans nulle recherche d'élégance, — tels les

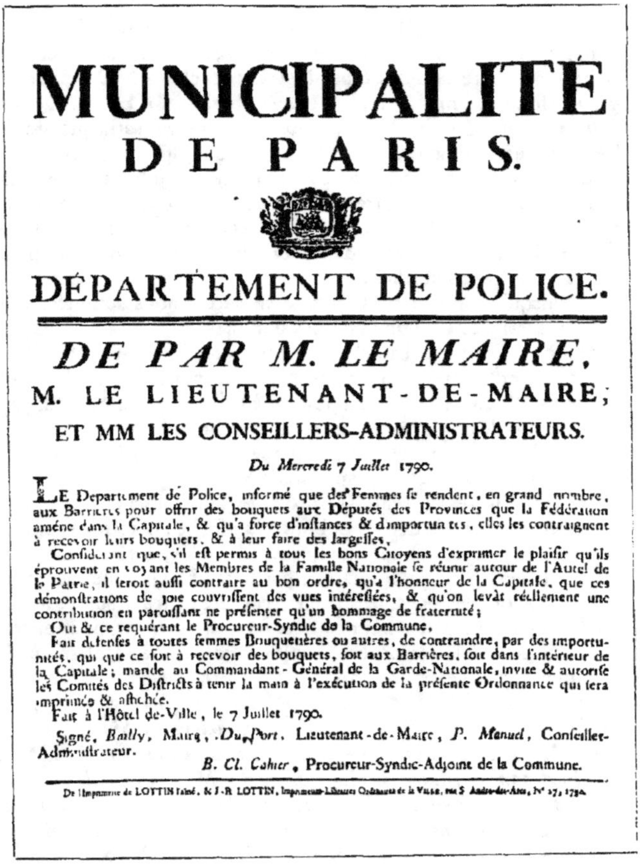

# MUNICIPALITÉ
## DE PARIS.

## DÉPARTEMENT DE POLICE.

## *DE PAR M. LE MAIRE,*
### M. LE LIEUTENANT-DE-MAIRE;
### ET MM LES CONSEILLERS-ADMINISTRATEURS.

*Du Mercredi 7 Juillet 1790.*

LE Departement de Police, informé que des Femmes se rendent, en grand nombre, aux Barrieres pour offrir des bouquets aux Députés des Provinces que la Fédération améne dans la Capitale, & qu'a force d'instances & d'importunités, elles les contraignent à recevoir leurs bouquets, & à leur faire des largesses,

Considérant que, s'il est permis à tous les bons Citoyens d'exprimer le plaisir qu'ils éprouvent en voyant les Membres de la Famille Nationale se réunir autour de l'Autel de la Patrie, il seroit aussi contraire au bon ordre, qu'à l'honneur de la Capitale, que ces démonstrations de joie couvrissent des vues intéressées, & qu'on levât réellement une contribution en paroissant ne présenter qu'un hommage de fraternité ;

Oui & ce requérant le Procureur-Syndic de la Commune,

Fait défenses à toutes femmes Bouquetieres ou autres, de contraindre, par des importunités, qui que ce soit à recevoir des bouquets, soit aux Barrières, soit dans l'intérieur de la Capitale ; mande au Commandant-Général de la Garde-Nationale, invite & autorise les Comités des Districts à tenir la main à l'exécution de la présente Ordonnance qui sera imprimée & affichée.

Fait à l'Hôtel-de-Ville, le 7 Juillet 1790.

Signé, Bailly, Maire, Du Port, Lieutenant-de-Maire, P. Manuel, Conseiller-Administrateur.

B. Cl. Cahier, Procureur-Syndic-Adjoint de la Commune.

De l'Imprimerie de LOTTIN l'ainé, & J.-B. LOTTIN, Imprimeurs-Libraires Ordinaires de la Ville, rue S Andre-des-Arts, N° 17, 1790.

Fig. 354. — Affiche officielle de la municipalité parisienne (Révolution).
(Coll. Paul Dablin.)

\* Imprimees sur papier blanc et, souvent, sur papier tres fortement bleuté, toutes les affiches de cette periode ont la meme disposition typographique. Elles ne se distinguent entre elles que par l'emploi de vignettes différentes. Mais, a partir de 1792, le format devenant un peu plus grand, les avis officiels seront imprimes sur deux colonnes separees entre elles par des vignettes, tenant lieu de filet, d'abord des fleurs de lis, puis des successions de bonnets phrygiens revêtant, quelquefois, des formes étranges.

placards par lesquels Law instruisait le peuple du cours de ses actions, — et l'affiche-pamphlet employée à ce moment, non pour la première fois, à vrai dire, mais avec une certaine profusion, par les adversaires de la bulle *Unigenitus*.

Puis vinrent les affiches de théâtres et les affiches de recruteurs,

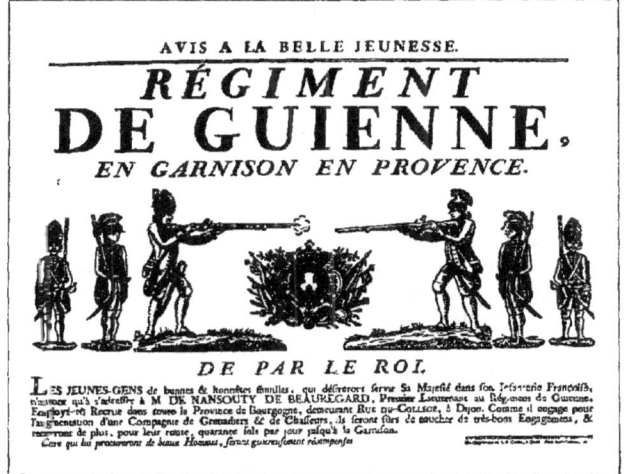

Fig. 255 — Specimen d'affiche de recruteur (XVIII° siècle) (Coll. Gustave Cottreau.)

* Toutes les affiches de recruteurs commençaient invariablement par cet : *Avis à la belle jeunesse*, et se terminaient, invariablement aussi, par le boniment promettant récompense, plus ou moins généreuse, à ceux qui amèneraient de beaux hommes. Certaines étaient brèves et laconiques, comme la présente; d'autres, notamment une affiche du Régiment de la Fère (artillerie), reproduite par Émile Mermet, dans son ouvrage *la Publicité en France*, présentaient un tableau tout à fait séduisant des plaisirs régnant dans le régiment. Elles sont toutes intéressantes par les petites vignettes de militaires qui les ornent, donnant ainsi une iconographie populaire des régiments de l'ancienne France.

de racoleurs, se distinguant des précédentes, je veux dire des affiches officielles, par le format et l'arrangement typographique. Les premières, — on peut le voir par les spécimens ici reproduits, — sont en hauteur, sans cadre; celles-ci, — ornées de vignettes ou d'ornements typographiques, — sont presque toujours en largeur et de très petites dimensions.

Une des plus anciennes, certainement, est la suivante n'ayant pas plus de 10 pouces sur 14, déjà mentionnée par *le Figaro* (voir numéro du 8 août 1882), mais qui a droit encore à tous les honneurs de la reproduction :

> LES COMEDIENS DE LA TROUPE CHOISIE.
>
> Ceste Piesse n'a point de semblables, quoyque Ligdamon et Lidias se ressemble. Monsieur de Scudéry a si divinement traité ce subject qu'il s'est aussi rendu inimitable. Nos acteurs toutes fois vous promettent de le surpasser lui mesmes si vous les honorez de votre assistance ce.... Croyez....... que le demy teston que vous donnerez à la porte ne saurait payer une des scènes de ce Divin Poëme.
>
> Gilet Savetier ce promet de vous donner de ris pour plus de deux caresmes ou Ambolus et la Grande Michelle l'assisteront.

J'ajouterai simplement que ce boniment-réclame se placardait dans toutes les villes, suivant les besoins, — la date de la représentation laissée en blanc, afin de pouvoir être remplie à la main.

L'affiche théâtrale, dont se sont déjà occupés tant d'écrivains, fut très certainement la plus répandue aux siècles précédents. Il suffira de reproduire, pour bien fixer sa physionomie, les lignes suivantes qui lui ont été consacrées par Mercier, le chroniqueur infatigable du XVIII<sup>e</sup> siècle, dans son *Tableau de Paris* :

« Les affiches de spectacles ne manquent point d'être appliquées aux murailles dès le matin ; elles observent entre elles un certain rang ; celles de l'Opéra dominent toutes les autres ; les spectacles forains se rangent de côté, comme par respect pour les grands théâtres. Les places pour le collage sont aussi bien observées que dans un cercle de gens du monde.

« Les affiches mondaines et coloriées regardent de loin les affiches pieuses et sans couleur qui s'éloignent, pour ainsi dire, autant qu'elles le peuvent, de l'assemblée profane ; mais, quelquefois, il n'y a que dix pieds entre l'affiche qui annonce *Mahomet* et celle qui met en vente la *Science du Crucifix....* »

Affiches mondaines et coloriées, — les qualificatifs sont à retenir, — *mondaines* : cela va de soi, ce sont les théâtres, les plaisirs publics, les wauxhalls qui, alors, surgissent de toutes parts, et peut-être même les placards, toujours plus nombreux, que les industriels collent sur les murs pour annoncer et vanter leurs produits, — *coloriées*, cela nous indique, de façon certaine, que l'enluminage, le coloriage au patron, déjà en usage pour les images et placards de toutes sortes, s'employait également pour les affiches. Un coup de pinceau, deux ou trois couleurs sur les cadres, sur les lettres ornées, et le papier mural se tranformait, ainsi, en affiche coloriée.

Lois et ordonnances officielles, théâtres, spécifiques, tout cela se trouvait composé de même façon, en elzévir; la seule variété consistait dans une ornementation plus ou moins fantaisiste,

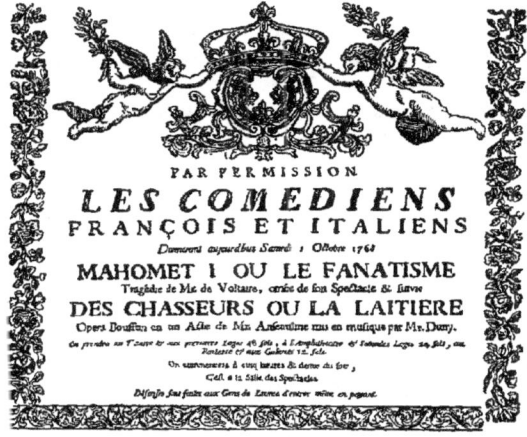

Fig. 356. — Type d'affiche de théâtre (xviii.ᵉ siècle).

plus ou moins sévère. Mais déjà la couleur du papier servait à indiquer les différences, à classer les genres. Blanches les affiches émanant de l'autorité, tandis que les théâtres avaient adopté leur nuance particulière; le rouge pour l'Hôtel de Bourgogne, le vert pour l'Hôtel de la Mazarine, le jaune pour l'Opéra. Les années multiplieront les couleurs, elles ne feront point disparaître ces distinctions : aujourd'hui, comme jadis, nuançant formes et couleurs, les afficheurs de la maison Morris disposent en ordre ces petits placards-programmes nés sous le second Empire, mariant le jaune de l'Opéra, le marron clair de la Comédie-Française, au vert de l'Opéra-Comique, au rouge de la Gaieté, au bleu du Palais-Royal. La seule différence, la voici : autrefois les colonnes destinées à cette publicité spéciale ne recevaient que des papiers purement typographiques; aujourd'hui, elles se couvrent d'images, apparaissant sous la forme du portrait ou de la représentation d'une scène quelconque.

Le fond, je veux dire le libellé de l'affiche, a, lui aussi, subi quelques changements : avant la Révolution, les pièces ne portaient que le nom des auteurs, l'interprète étant considéré, non sans raison peut-être, comme quantité négligeable au point de vue de son état civil. Il importait peu au public que Mahomet fût incarné en M. Baron ou en M. Latruffe : ce qu'il allait voir, c'était *Mahomet*, c'était l'œuvre de Voltaire, interprétée par des gens dont c'était le métier. Le prix des places, l'heure d'ouverture du spectacle, les défenses faites aux gens de livrée, tels sont les renseignements qui se lisaient sur ces affiches dont la dimension ne dépassait pas 30 centimètres sur 50. C'est une ordonnance administrative de 1789, appliquée à la Comédie-Française, qui obligera les théâtres à faire connaître, chaque jour, les noms des acteurs devant jouer dans le spectacle annoncé, et, peu à peu, les autres théâtres devront suivre cet exemple.

## II.

Voici donc l'affiche se développant, étendant son domaine du sacré au profane, en passant par l'administratif et le juridique, annonçant objets et chiens perdus, découvertes, inventions et spécialités, garnissant déjà les maisons, se plaquant déjà contre les murailles à certaine hauteur, puisque l'afficheur dessiné par Bouchardon et esquissé par Mercier est affublé de la classique échelle, plus petite toutefois que celle de l'afficheur moderne. Les avis placardés, étant de dimensions restreintes et de typographie serrée, n'eussent pu se voir aux hauteurs actuelles.

Mais la publicité sous les formes différentes que doit lui donner l'industrie moderne se trouve alors entièrement incarnée dans l'affiche. Placardés ou distribués à la main, tous les papiers-réclame sont des *affiches*. D'après le *Dictionnaire de Trévoux* le « programme » était un billet, un mémoire qu'on affichait, qu'on distribuait à la main, que l'on colportait pour inviter à quelque harangue, à quelque cérémonie, à quelque représentation, à quelque tragédie de collège, et qui en contenait le sujet ou l'analyse. Du « programme », destiné tout d'abord à l'analyse des spectacles donnés sur les théâtres, à la description des fêtes publiques, aux petits imprimés distribués à profusion et décorés du nom de « prospectus » il n'y a qu'un pas, mais, à l'origine, — il n'est pas inutile d'insister sur ce point — l'affiche et le prospectus étaient un seul et même papier dont la publicité se faisait sous deux formes différentes : je n'en veux pour preuve que les nombreux et curieux documents, ici reproduits, — affiches de la foire Saint-Germain ou de la foire Saint-Laurent, — portant au bas les mentions : « Permis d'imprimer et afficher », ou : « Pareilles affiches sont sur la porte dudit inventeur ou dudit marchand », ou bien encore : « On trouvera pareilles affiches chez l'auteur, qui les distribue suivant le désir des particuliers ».

Comme on le verra aussi, ces affiches visaient toujours, soit des spectacles, des représentations quelconques, soit des inventions nouvelles, et quelques-unes étaient illustrées de petites vignettes qui ne manquent point d'intérêt. En les lisant on se rend mieux compte de la forme revêtue par l'affiche-prospectus au XVIII$^e$ siècle; en les voyant fac-similées on acquiert la conviction que c'étaient réellement des avis, des communications qu'il fallait prendre la peine de lire et nullement des placards destinés à tirer l'œil. En toutes choses le siècle était discret. Donc place au document lui-même.

---

PAR PERMISSION DU ROY,
*Et de M. le Lieutenant général de Police.*

MESSIEURS ET DAMES,

Vous êtes avertis qu'il est arrivé en cette ville un fameux joueur de gobelets, qui se nomme Langlois, sans pareil, qui a eu l'honneur de divertir le Roy et la Reine à Fontainebleau, et tous les Princes, Seigneurs et Dames de la Cour de France, aura l'honneur de vous faire voir quantité de tours de subtilitez, d'adresse, de mains, qui n'ont jamais paru.

Il en fait un nombre de deux cens soixante et dix; sçavoir, tour de gobelets qui n'ont jamais paru, jouant, à gobelets decouverts et mains ouvertes, quantité de tours de cartes. de mouchoirs, de bagues, de dez, de jettons et œufs, et qui fera trouver une carte dans un œuf que l'on aura pensé, sans preparatif, ceux qui souhaiteront en approcher en seront les maitres, et fait changer les cartes en fleurs, des oiseaux, ayant les yeux bandez. Il fait quantité de tours de cartes, qui ont fait l'admiration du Roy et des Princes, sans oublier le tour de Louis, et fait trouver sous ses gobelets des oiseaux vivants, ce qui surpasse l'imagination de l'homme, et cela avec tant d'agilité, qu'il espere recevoir vos applaudissemens.

Le-dit Langlois se fait l'honneur d'aller dans les maisons quand on le demande.

Il prend pour les premières Places ... sols, pour les secondes, ... sols. Il commence tous les jours à ..... heures.

*Les personnes curieuses qui souhaiteront apprendre, il se fait l'honneur de montrer Il est logé......... .*

## AVIS AUX CONNOISSEURS.

LE Sieur LAUNOIS, Inventeur d'une Machine Hydraulique, &c, qui a eu l'applaudissement du Roy, de la Reine, & de toute la Cour ;

Donne avis aux Curieux, qu'ils trouveront dans cette Machine l'utilité publique & particulière. Elle est exécutée en petit modele, composée de deux corps séparés qui se remuent par une roue posée verticalement, qu'un chien fait mouvoir. D'un côté est un arbre qui donne le mouvement à trois pompes d'une invention simple & nouvelle, qui monte l'eau dans un réservoir en forme de château, qu'il fait jaillir en plusieurs jets, & dont l'eau retourne toujours à sa source; ce qui donne une idée parfaite de la circulation du sang.

L'autre côté se meut également & en même tems, y ayant pareillement un arbre qui fait agir plusieurs leviers qui lancent autant de pilons qui retombent dans des mortiers Cette partie présente un moulin à poudre à canon, & le même arbre fait agir un moulin qui tourne à tous vents, lequel est placé au-dessus du corps de la Machine, parallele au premier. Ce moulin fait mouvoir un autre levier, qui leve un soufflet pour le fourneau à salpêtre.

En changeant la construction de la Machine, le moulin à vent peut donner le mouvement à tout l'ouvrage.

*Cette Machine se verra à toute heure à la Foire S. Germain, rue des Orphévres, vis-à-vis le Caffé du sieur Ozonf. Elle se peut transporter en Ville pour les Curieux, en avertissant la veille.*

Permis d'imprimer & afficher ce 9 Février 1736. HERAULT.

Fig 357. — Affiche concernant une machine exposée à la foire St-Germain D'après l'exemplaire ayant appartenu à M. de Sartines, lieutenant de police. (Coll Paul Lacombe.)

### PAR PERMISSION DU ROY,
### Et de Monsieur le Lieutenant Général de Police.

L'Ingénieuse utilité de l'action Physique sur les Corps solides, démontrée dans plusieurs Machines librement allantes, de l'Invention du Sieur MAILLARD, Menuisier ordinaire pour les Voitures de LA REYNE, où l'Art d'intelligence avec la raison ne laisse rien à souhaiter aux Curieux de la Mécanique.

PREMIEREMENT:

Il fait voir une Chaise d'une figure leste, se mouvant elle-même d'une celerité à fatiguer le Cheval le plus vite, sans que l'Artiste le plus fin & le mieux connaissant puisse rien dérober dans ses effets, de la situation de ses mouvements.

Un Cigne au naturel de forme & en proportion, orné de ses plumes, se mouillant dans son Bassin d'eau, d'une façon à tromper le Cigne suivant.

Un Cheval-Marin, faisant marcher après soy une Gondole où tout le sçavoir de la main est employé, dans laquelle est un Parnasse, où les Muses font une Fête à leur Maître Apollon.

Une Calêche où le Fameux Chasseur Cephale est avec Procris : un coup de fouet donné au Cheval qui la doit tuer, le fait partir d'une vitesse à n'être pas suivi de l'œil.

On observera que malgré ces difficiles Operations, l'Auteur s'est principalement attaché à la perfection de sa Profession, qu'il a conduit si loin, qu'après s'être generalement merité la Protection de LA COUR, il attend confidemment à ce sujet l'Approbation du Public.

*On verra ces Machines à la Foire Saint Laurent, rue Dauphine, depuis deux heures de relevée, jusqu'à la fermeture de la Foire.*

De l'Imprimerie de SEVESTRE, Pont S. Michel, à S. Sylvestre.

Fig 358 — Affiche relative à des machines ou objets mécaniques montrés à la foire St-Laurent (XVIII siècle). D'après l'exemplaire ayant appartenu à M de Sartines, lieutenant de police. (Coll. Paul Lacombe )

> **PAR PERMISSION.**
>
> Messieurs et Dames,
>
> Vous êtes avertis que l'on donnera aujourd'hui jeudi vingt trois janvier 1772, le Grand Combat sans pareil; le Grand Ours qui sera mis en liberté se battra avec le Taureau.
>
> De plus, le combat de l'Ours avec les Chiens Dogues; suivi du combat du Loup; ensuite le combat du petit Cheval Prussien.
>
> Ces Combats seront terminés par un Feu d'Artifice, dans le milieu duquel on enlèvera un chien vivant en parasol à feu, ce qui fera l'admiration des spectateurs.
>
> On prendra 12 sols aux premières places, 6 sols aux secondes, et 4 sols pour les enfants.
>
> *Ce spectacle se donnera au Manège, rue du Floc-Magny, à deux heures et demie, précises.*

Ce boniment-réclame du sieur Langlois s'attribuant à lui-même les éloges les plus pompeux, nous montre que les prestidigitateurs ne brillèrent jamais par la modestie. A un autre point de vue, il nous apprend que l'emploi des affiches passe-partout était déjà connu des artistes promenant leurs talents de ville en ville.

L'affiche qui va suivre note une des particularités curieuses de la réclame comme on la comprenait alors. Voici, en effet, de quelle façon un dentiste, plus ou moins empirique, cherchait à allécher le public :

> Le Grand Thomas reçu à Saint Cosme, fameux Opérateur pour la Partie qui concerne les Dents, donne Avis au Public qu'il arrachera les Dents pendant Quinze jours gratis, en Réjouissance de l'heureuse Naissance de Monseigneur le Dauphin; et qu'à cette occasion il tiendra Lundy prochain, 19 du présent mois de Septembre 1729, table ouverte sur le Pont-Neuf, depuis le matin jusques au soir, et donnera pour le dessert une petite Réjouissance d'Artiste.
>
> *Sa demeure est quay de Conty, proche l'Hôtel de Conty. On le trouve toujours chez lui, ou à sa place ordinaire sur le Pont-Neuf, vis-à-vis le Cheval de bronze.*

Table ouverte sur le Pont-Neuf et « réjouissance d'artiste », au dessert ! Vraiment on avait, alors, de délicates attentions pour le bon public.

Voici, maintenant, l'affiche naïve, sans prétention, promettant beaucoup sans rien spécifier :

> *Machine Nouvelle* qui surpasse toutes celles qui ont paru jusqu'à présent. Inventée par le sieur de l'Épine. Cette Machine donne pour Prélude, un des plus beaux Airs que l'on puisse entendre, et elle fournit pendant tout le spectacle un grand nombre d'autres airs qui plaisent également par leur variété, par l'accompagnement de toutes leurs parties et par le choix qu'on en a fait entre les meilleurs Morceaux des Musiciens les plus célèbres.

Telle est l'affiche que le XVIII° siècle doit nous léguer, plutôt élégante, ne dépassant presque jamais les 30 centimètres indiqués,

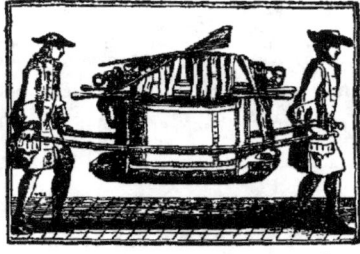

Fig. 35. — Affiche industrielle (XVIII° siècle) (Coll. Léo Claretie.)

placée soit à exemplaire unique sur la maison de celui qui se charge de faire lui-même sa publicité, soit à plusieurs exemplaires pour répandre, pour mieux populariser le produit et l'invention sur lesquels on veut attirer l'attention. Mais, en somme, c'étaient surtout les objets d'intérêt général qui se placardaient à endroits multiples : tels les objets perdus, les ventes à l'amiable ou par autorité de justice, les offres et les demandes.

Après l'affiche officielle et l'affiche-réclame, l'affiche politique. Au xv⁰ siècle durant les guerres communales, au xvi⁰ durant les guerres de religion, au xvii⁰ au moment de la Fronde, l'affiche fut employée comme moyen de combat ; je veux dire que les placards satiriques, les libelles diffamatoires, les appels à la révolte, furent *attachés à la muraille*, — pour employer l'ancienne expression, — sous forme d'affiche.

La Révolution, elle, devait créer le *Journal-affiche* et donner naissance à l'affiche politique. *L'Ami du peuple* de Tallien, *la Sentinelle* de Louvet, inaugurèrent le système qui consistait à tapisser les murs de Paris de placards politiques et périodiques, dans le but d'inculquer au peuple les doctrines nouvelles ou, tout au contraire, de les combattre. Politique, le *journal-affiche* devait, en notre siècle, devenir, un jour, industriel et commercial.

L'affiche politique, l'affiche électorale, qui, à certains moments, garnit de façon plus ou moins amusante, plus ou moins monotone, les murailles des grandes cités, se trouva être la conséquence toute naturelle du suffrage universel, du nouveau régime politique qui avait remplacé le gouvernement monarchique par la multocratie de personnages briguant la faveur publique et prétendant représenter les intérêts et les aspirations des masses. Du reste, littérature peu variée, forte surtout en promesses et en élaboration de programmes, qui, dès la Restauration, succéda aux bulletins de la Grande Armée, imprimés en toutes langues, affichés. Napoléon régnant, en tous pays, et qui ne se distinguera, de temps à autre, que par ses excentriques et ses grotesques.

Elle n'a point varié, comme rédaction, l'affiche politique, se contentant d'arborer, suivant les époques, suivant les tendances, des formats plus ou moins grands, des caractères plus ou moins gros ; une seule particularité à signaler, c'est l'affiche illustrée, inaugurée en Belgique, imitée, depuis, en Angleterre, reprenant sous une autre forme la tradition des anciens pamphlets du xvi⁰ siècle souvent ornés de quelque vignette sur bois. L'attraction de l'image sur les masses, l'influence exercée par le graphique, ont pu, ainsi, se manifester à plus d'une reprise. Bientôt, même, la satire illustrée n'a plus régné, seule, en maîtresse, et comme les acteurs, comme les danseuses, comme les célébrités du jour, les politiciens se sont mis à publier leur portrait. Aux uns, la photographie et les vitrines des papetiers; aux

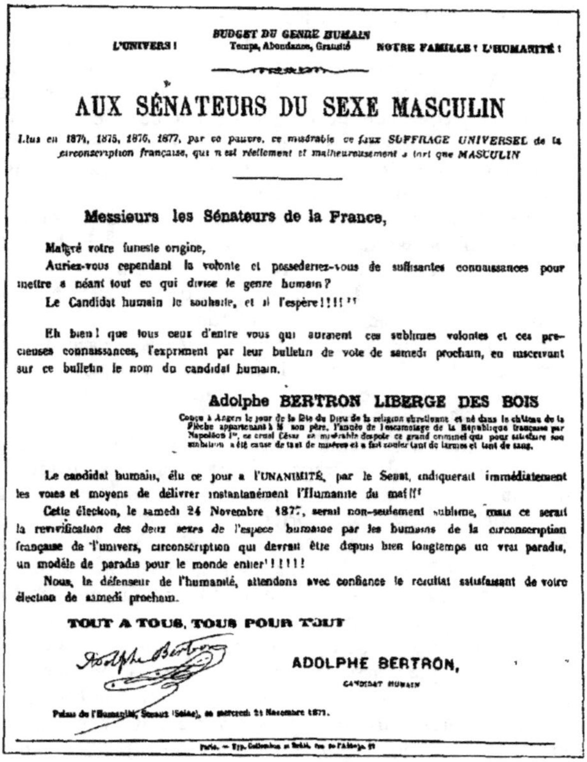

Fig. 360. — Prospectus-affiche du sieur Adolphe Bertron, qui, dès la fin du second Empire, amusa le public avec ses proclamations bizarres, faisant ainsi concurrence au sieur Gagne, d'archi-unitéide mémoire. Sur les circulaires, Adolphe Bertron octroyait généreusement son portrait aux électeurs.

autres, les clichés typographiques et la publicité des surfaces murales.

« Laisse-moi contempler ton visage, gentil député! » — Et les politiciens se sont empressés d'exhiber leurs traits, pensant pouvoir, ainsi, plus facilement conquérir les suffrages du bon public. Quelle attraction si jamais les femmes se trouvent appelées à donner leur avis ! Quoi qu'il en soit, un véritable musée d'estampes politiques a pris ainsi naissance, et pour peu qu'on parcoure cette galerie, on sera surpris d'y trouver des compositions d'une très grande allure dues à des artistes en renom. Car ce ne sont point seulement des caricatures que l'actualité a fait surgir, caricatures collées sur les murailles au lieu d'être publiées dans les journaux satiriques, ce sont encore des comparaisons, des pièces symboliques, des allégories, des tableaux en un mot. Toutefois la profession de foi électorale qui a régné en maîtresse depuis soixante ans commence à être sapée dans sa base par les proclamations de quelques fantaisistes ridiculisant, non sans esprit, les boniments insipides des « prometteurs de moutons à cinq pattes ».

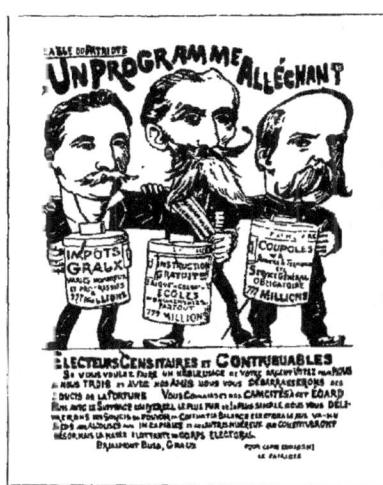

Fig. 362. — Affiche politique belge donnant les portraits de MM. Graux, Buls et du général Brialmont (1879).

Et quant à l'affiche officielle, — j'entends les avis, les appels provenant de l'autorité supérieure, — c'est froidement, mathématiquement, sans conviction, pour ainsi dire, qu'elle a annoncé les événements les plus graves, les changements politiques les plus absolus, en une typographie dont les coqs, les drapeaux tricolores, les aigles, — marques de commerce politiques — ne sont point parvenus à rompre la monotonie.

## III.

Revenons à l'affiche commerciale, à la publicité industrielle sous toutes ses formes, et, pour ce faire, adressons-nous aux contemporains. Un observateur du premier Empire, J.-B. Salgues, à qui rien ne devait échapper et qui, en son volume : *De Paris, des Mœurs, de la Littérature et de la Philosophie*, a consigné tant de choses intéressantes, nous a laissé la physionomie de l'affiche à cette époque, ayant parcouru dans ce but tous les quartiers où se placardaient écriteaux, annonces, affiches, les colonnes du Palais-Royal, alors le grand temple de la publicité, et les environs des édifices publics.

« Dès que j'aperçois de grandes lettres rouges, bleues, vertes, jaunes ou noires, » écrit-il dans le chapitre *Eldorado ou les Affiches*, « je cours, je tire mes tablettes, je saisis mon crayon. » C'est donc tout en musardant qu'il a consigné les observations suivantes :

« Il y a quelques jours que je lisais ces mots en grosses lettres : *Vos désirs seront satisfaits*. Je les pris pour une expression prophétique ; je m'approchai avec avidité, et la pupille de mes yeux se dilata pour lire plus promptement ; mais hélas ! que trouvai-je ? qu'une certaine société qui fabrique du chocolat analeptique, avait quitté la rue du Mouton, et qu'elle s'était logée dans la rue de l'Oratoire, pour satisfaire les habitants de ce quartier, qui aiment le chocolat analeptique.

« Trompé dans ma première conjecture, je me dirigeai vers une autre affiche qui portait en tête ce mot, lequel, seul, vaut tout un dictionnaire :

« VÉRITÉ ».

« La vérité est rare et difficile à découvrir, me disais-je ; les anciens l'avaient placée dans un puit, d'autres l'avaient logée dans un flacon ; mais il paraît que personne n'a encore vidé ni le puits ni le flacon : voyons cependant. Je m'approchai, et je vis qu'il était question d'oxygène, de phlogistique et de beaucoup d'autres belles choses revêtues de noms grecs que je ne comprends pas ; je lus néanmoins jusqu'au bout, et la seule vérité que je découvris, c'est que la déesse Vénus avait, dans ce pays comme à Cythère, beaucoup d'adorateurs d'une mauvaise santé..

« J'ai heureusement de la constance dans le caractère, et je me décourage difficilement. Je jetai mes regards à quelque distance de moi, et j'aperçus, sur un placard violet : *Voyez et croyez*. Ceci est de l'Évangile, me dis-je, c'est le mot de Jésus-Christ à saint Thomas ; il s'agit sans doute de quelque grand mystère. Voyons d'abord et nous croirons ensuite, si nous pouvons. Me voilà au pied de l'affiche.

« Quel prodige on m'apprend ! Un homme a saisi une puce dans ses habits, il l'a enchaînée ; et, pour la punir de l'avoir mordu, il lui fait traîner un canon gros comme la pointe de la plus petite aiguille.

« J'avoue, monsieur, que j'étais près de déchirer l'affiche, mais un placard portant pour titre : *Découverte conséquente*, me parut d'une trop haute importance pour ne pas m'y arrêter ; je reconnus que c'était le même que je venais de lire sous le titre de *Vérité*. »

Que conclure? Si ce n'est que l'affiche et la publicité connaissaient déjà tous les trucs du tire-l'œil.

Quelques années plus tard, c'est-à-dire vers 1824, l'auteur du *Voyage autour du Pont-Neuf*, Rossignol Passe-Partout, après nous avoir montré le public discutant derrière le colleur d'affiches, sur le mérite et l'intérêt des pièces théâtrales ainsi mises en vedette, portraiturait de façon suivante les affiches d'un autre ordre, vantant les plats à six sous ou les dîners à vingt-deux sous, qui, de tout temps, eurent leurs amateurs :

« Auprès de l'annonce d'une cire composée pour la guérison radicale des cors aux pieds, ognons, durillons, figurait, entre le titre d'une brochure sur la réduction de la rente et le rapport d'un jugement rendu par le deuxième conseil de guerre contre un voleur à main armée, la vie de Cambacérès et celle du prince Eugène de Beauharnais. Un fonds de restaurateur à vendre recouvrait en partie les opuscules poétiques de M. Léonard, un portefeuille perdu était affiché auprès des fournitures d'un ministère, et une foule de jeunes gens sans place lisait avec avidité une demande de commis, de secrétaires et de garçons de boutique. Plusieurs d'entre eux transcrivaient l'adresse indiquée sur le placard, sans se douter que cette annonce voulait simplement dire : On demande cinq francs, dans telle rue, à tel numéro. Ce dernier groupe se dissipa à l'approche de l'homme-affiche, moniteur ambulant qui porte la diligence de Lyon sur son dos et les bains de la pompe à feu sur son estomac. C'est encore un de

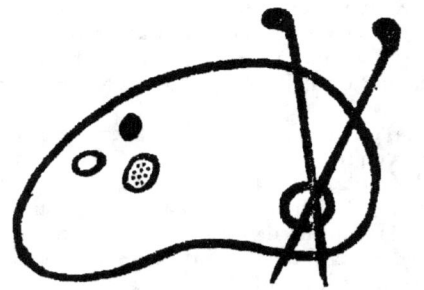

Original en couleur
NF Z 43-120-8

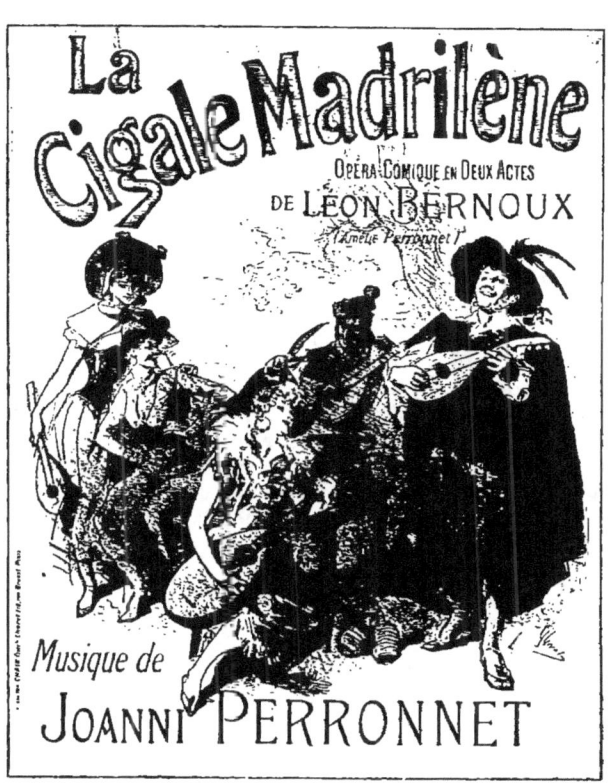

Spécimen d'affiche moderne illustrée, d'après les procédés chromolithographiques et coloriée aux patrons. Composition de Chéret. (Coll. Henri Beraldi.)

ces bienfaits de la civilisation qui ont traversé le Pas-de-Calais sur le bateau à vapeur. »

Telle était, durant le premier quart du siècle, la publicité murale que commençaient déjà à doubler les essais de publicité ambulante, venus effectivement d'Angleterre sous la forme de l'homme-sandwich, une nouveauté d'abord peu goûtée, qui doit devenir, à notre époque, une banalité courante.

### IV.

Mais, depuis longtemps, aux côtés de l'affiche extérieure placardée sur les murs, sur les maisons, sur les échoppes, sur les palissades, grandissait l'affiche intérieure, destinée à annoncer les produits que les fabricants vendent en leur boutique. Au xviii$^e$ siècle, c'était, souvent, on l'a vu, le même placard que celui du dehors; mais, avec le siècle, cela devenait une publicité particulière, plus décorative, de véritables compositions destinées à orner les magasins des droguistes, des parfumeurs, des confiseurs. Ici, pour l'eau de Cologne, pour l'eau d'iris, pour l'extrait de violette, spécialités de l'époque qui devaient se propager partout au moyen de ces réclames murales; là, pour des moutardes, pour des vinaigres, pour des chocolats, pour toutes les épices, pour tous les condiments dont on était, alors, friand. Gravées ou lithographiées, ces affiches, toujours rehaussées de couleurs, furent réellement les ancêtres de l'affiche chromolithographiée dont Chéret, vers la fin du second Empire, devait prendre l'initiative.

Les affiches de spectacles, de fêtes, de représentations publiques, se multipliaient à l'infini, ornées plus ou moins de vignettes quelconques; des acrobates, des chevaux, des animaux savants, des pierrots et des arlequins, des cortèges, des parachutes et des ballons, suivant l'objet dont il était question, — mais, à part les différences de format, — on semblait, alors, avoir une prédilection pour l'annonce en hauteur, — rien de bien nouveau ne se faisait jour dans cet ordre d'idées.

Après 1830, inspirée par la lithographie en noir des artistes, une publicité spéciale surgit tout à coup et, bientôt, prit des proportions considérables, l'affiche illustrée, de librairie, non point que ce genre doive se cantonner pour toujours dans le dessin sur pierre, mais parce que ce fut là, réellement, l'origine des compositions qui forment, aujourd'hui, une collection des plus curieuses. Là se distinguèrent tout particulièrement les Raffet, les de Beaumont, les Beaucé, les Charlet, les Cham, les Bertall,

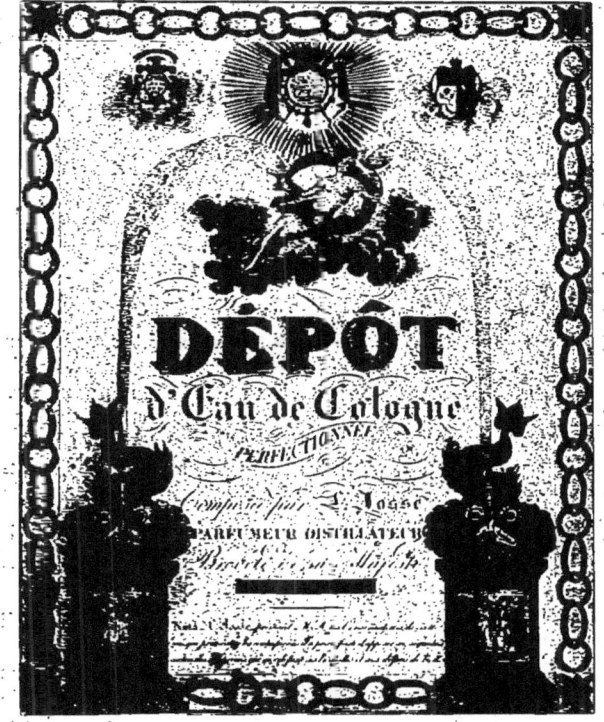

Fig. 362. — Spécimen d'affiche intérieure coloriée (Restauration).
(Coll. Georges Hartmann.)

les Johannot, les Nanteuil, les Grandville, qu'il s'agisse de lithographies en noir ou en couleurs, de gravures sur bois ou sur acier. Si la librairie n'a point renoncé à cette façon d'annoncer ses nouveautés, si même, depuis lors, elle a pris, elle aussi, possession des murs, il faut reconnaître que la période la plus brillante de cette publicité va de 1830 à 1848. Du reste, c'étaient de grandes pièces in-folio, alors que, de nos jours, les réclames qui se collent derrière les vitrines sont, généralement, de petites dimensions.

Tandis que la monochromie paraissait devoir rester l'apanage des affiches d'intérieur, vers la même époque, la couleur faisait une tentative nouvelle pour s'emparer des murs. Ce furent les magasins de nouveautés et de confections qui prirent l'initiative, ce furent les papiers peints de l'imprimeur Rouchon qui donnèrent le branle. De 1840 à 1860, vingt ans durant, les murs de Paris se couvrirent d'immenses pièces ayant des hauteurs de 3 mètres, donnant non des sujets, allégoriques ou autres, mais bien des personnages en pied. Et quels personnages !

Depuis sainte Geneviève jusqu'à Bonaparte au pont d'Arcole, tous les noms historiques devaient y passer. Telle l'affiche des magasins

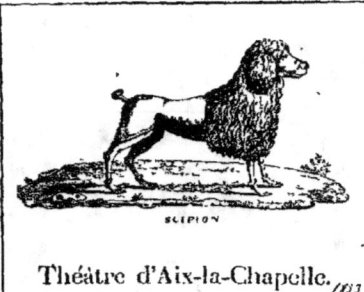

Fig. 363. — Specimen d'affiche de représentation théatrale ambulante imprimée en hauteur sur papier vert. (Coll. de l'auteur).

*A Saint Augustin*, représentant un superbe évêque grandeur

nature; telle l'affiche pour la maison *Au Bon Pasteur*, un Christ immense portant un agneau sur ses épaules; telle l'affiche *Aux Fabriques de France*, avec son grenadier et son officier de chasseurs porte-drapeau; telles encore les affiches destinées aux magasins suivants : *Au Pré-aux-Clercs* (un garde national et un jeune homme), *Au Prince Eugène* (un prince Eugène tout battant neuf, grandeur nature, en costume de général), *A Robert le Diable*, avec la scène des nonnes dans le fond, *Au Prophète*, donnant, tout naturellement, le « Prophète » de l'Opéra, en grand costume de cérémonie et se terminant par cette amusante réclame :

Les assortiments de vêtements pour la campagne commencent depuis le gilet à 1 franc, le pantalon à 2 francs, l'habit à 3 francs, habillement complet 6 francs; il se termine par l'habit de ville du meilleur goût, et, enfin, les costumes de préfets et de généraux ; robes de chambre depuis 18 jusqu'à 500 francs.

Heureuse époque où l'on pouvait avoir des pantalons pour 2 francs, où les bourgeois cossus se drapaient dans des robes de chambre à cordelière, coiffés de calottes à glands et chaussés de pantoufles en tapisserie!

Et ces immenses placards avaient un intérêt tout particulier parce que, sous la forme d'affiche murale, ils popularisèrent, en quelque sorte, l'enseigne vivante des magasins. Façon toute naturelle de comprendre la publicité commerciale, qui disparaîtra avec le papier peint, tant il est vrai que, souvent, la forme et le fond se tiennent étroitement l'un l'autre. Dès lors, je veux dire avec Chéret, c'est la composition, la fantaisie, l'allégorie qui prévaudront. Dès lors, aussi, le champ étant grandement ouvert à la réclame, tout ce qui vit du public, tout ce qui a besoin des foules, tout ce qui espère pouvoir attirer l'œil du curieux et du promeneur se lancera dans l'affiche illustrée, et contribuera à augmenter les tableaux de cette exposition en plein air, sans cesse renouvelée, véritable kaléidoscope faisant passer devant la foule assemblée nos modes, nos costumes, nos fêtes, nos plaisirs, nos goûts préférés.

L'affiche moderne a déjà ses historiens et ses catalogueurs : elle ne saurait donc nous retenir. Mieux vaut contempler l'aspect des murs d'autrefois tel qu'il nous est donné par un certain nombre de gravures anglaises signées Cruikshank et autres, groupant des séries de petites affiches sur les palissades, ou par quel-

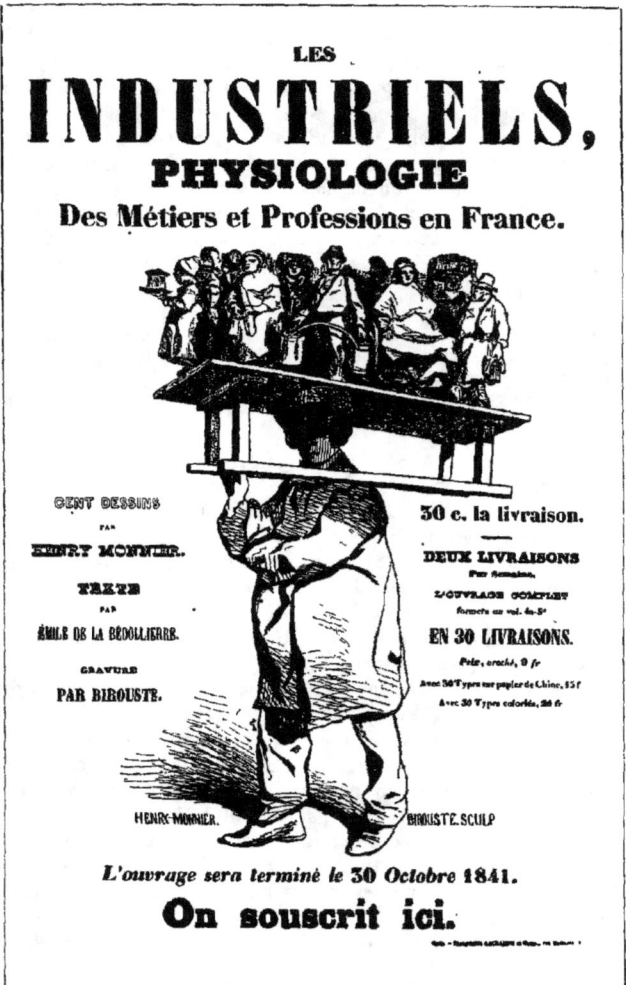

Fig 364 — Specimen d'affiche intérieure de librairie. Dessin d'Henry Monnier (1840).

ques pièces françaises, assez rares, aujourd'hui, principalement intéressantes pour l'histoire du théâtre.

Petit poisson est devenu grand : les petits poissons d'autrefois dont les « offres et demandes » d'aujourd'hui ont, seules, gardé la physionomie, ne se reconnaîtraient guère dans les immenses compositions en couleurs que signent les artistes les plus différents comme genre et comme procédé, dans ces tableaux mesurant souvent plusieurs mètres qui ont contribué à constituer ce qu'on a si bien appelé le *Musée de la Rue*.

Jadis, c'était le commerce, l'industrie, la réclame qui faisaient appel à la vignette; aujourd'hui, c'est l'image, c'est l'art, qui se servent du prétexte de la publicité pour exécuter des compositions souvent remarquables.

Jadis, l'affiche était naïve et sincère ; il y avait quelque intérêt à la collectionner, quelque mérite à la sauver des outrages du temps. Aujourd'hui, devenue la base d'un commerce pratiqué sur une grande échelle, l'*estampe murale*, elle a pris un caractère banal.

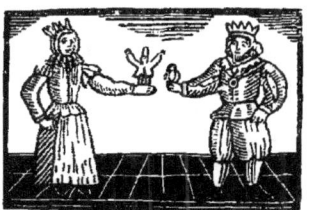

Fig. 365. — Bois populaire anglais.

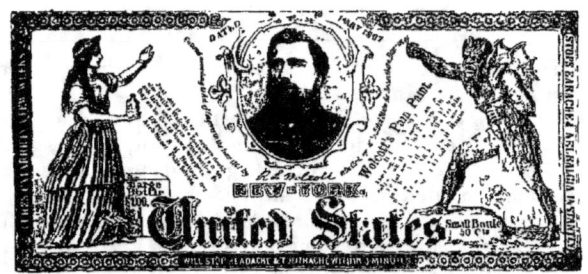

Fig. 306. — Réclame américaine (imitation de billet de banque) (Coll de l'auteur.)

## CHAPITRE XXII.
## Le Prospectus et la Réclame commerciale.

Les Prospectus sous le premier Empire et la Restauration. — Le Prospectus illustré ou entouré d'ornements. — Le Puffisme moderne. — L'Art typographique de la Réclame. — Le Prospectus-Image prenant toutes les formes : Vignettes-Réclames à transformations. — Prospectus de Journaux, de Magasins de confections, de Brasseries. — Les Prospectus illustrés en Angleterre.

PROSPECTUS, véritable maître de la rue moderne, que me veux-tu ? Prospectus qui, au siècle précédent, se confond pour ainsi dire avec l'affiche, prospectus qui a servi à annoncer les choses les plus abracadabrantes, prospectus qui, non content de happer les gens au passage, va les relancer jusque chez eux. De la Révolution date la réelle apparition dans le monde de ce petit papier : tant de choses étaient alors à vendre, tant de choses à annoncer, que, tout naturellement, le *prospectus* trouva immédiatement emploi; feuille simple, de format moyen, à la typographie serrée, se contentant d'un titre principal, encore naïve et fermée à toute malice, ignorant l'art du tire-l'œil, la science des titres habilement groupés et des blancs savamment ménagés.

Le prospectus, en ces temps héroïques, — héroïques au point de vue commercial s'entend, — est tout simplement un exposé minutieux des objets, des marchandises que vend et fabrique le commerçant, avec leur explication et le détail des prix. Il ne bat point la grosse caisse devant les soi-disant « avantages » de ses produits : il enregistre, il renseigne, sans autre.

C'est à partir de 1828, lorsque la manie des inventions nouvelles s'empare de toutes les classes sociales, que le prospectus commence à se servir de termes dithyrambiques, chantant sur tous les tons les merveilles et les découvertes de la science. « Chaque jour, » dit l'auteur des *Nouveaux Tableaux de Paris*, « voit naître de merveilleux procédés vantés avec emphase dans une foule de *prospectus* ou de journaux consacrés à l'industrie. Nous autres, provinciaux, gens assez crédules, surtout pour tout ce qui nous vient de la capitale, sommes devenus les tributaires de tous les faiseurs de projets; l'expérience ne nous guérit pas toujours, et il est à craindre que le nombre des dupes ne diminue pas plus que celui des charlatans. »

Le prospectus avec ses promesses affriolantes, le prospectus avec ses noms et ses titres pompeux, voilà donc l'ennemi pour cette société de la Restauration, encore imbue d'idées anciennes, et nullement préparée aux tours d'escamotage du *robert-macairisme* industriel qui commence à surgir. Prospectus pour le sucre de betterave, pour les nouveaux procédés de cristallisation, pour la *marmite autoclave* « permettant de faire son pot-au-feu en vingt-cinq minutes », pour tous les nouveaux instruments d'agriculture, charrues à plusieurs socs, avec ou sans roues, semoirs, rouleaux, herses-râteaux, machines à faner le foin, à battre le blé, *paragrêles*, — longues perches armées de pointes de laiton et cordes de paille tressée; — prospectus pour la *lithochromie*, pour les pendules à rouages et cadran en carton; prospectus pour les lampes à gaz portatif, pour les comestibles conservés, le *terouen*, desséchés par les procédés de M. Ternaux, *donnant, en moins de cinq minutes, un excellent potage, avec une simple cafetière d'eau bouillante*; prospectus pour les procédés chimiques permettant de communiquer aux plus mauvais vins « la couleur, le parfum et le goût *que l'on veut qu'ils aient* », pour le pain fait avec du blé conservé dans un *silo*, « découverte d'un grand philanthrope, salut en cas de disette »; pour les viandes préparées et conservées par les procédés de M. Quinton de Bordeaux, perfectionnés par MM. Seguin d'Annonay.

Feuilletons les vieux papiers : voici encore des prospectus pour la bougie diaphane, « cylindres d'une matière légèrement azurée et de la plus belle transparence » obtenus par l'*adipocire*, « un des

# MAISON ÉGALITÉ,

*près le Café de Foi, N°. 41, à Paris.*

Magasin de Vêtemens pour les Femmes et Enfans, dans tous les genres imaginables, tant pour parure, que demi parure, négligé et pour bal.

La C.ne LISFRAND, jadis TAILLARD, Auteur des Robes de Fantaisie, a l'avantage de prévenir ses Concitoyennes de tous les objets nouveaux qu'elle a de faits pour le Printems & l'Eté en toutes sortes d'étoffes des trois saisons, comme Pékin, velouté, Taffetas, Gros de Tours rayés, Grosgrames rayés, fumés, Sicilienne, Sif Takas, L'aone, Organdis, Mousselines unies, Gazes fortes rayées, Croisière de soie noire, Toiles peintes, &c.

La Citoyenne LISFRAND fait exécuter toutes sortes de Bonnets à la française, ainsi qu'à la romaine & à la grecque, charmants Chapeaux en paille, & autres pour parure & demi-parure, depuis 35 liv. jusques au plus haut prix.

Elle fait aussi la commission en tous genres, comme Dentelles, Bijoux de fantaisie, Fleurs, Plumes, Rouges, Gans, Odeurs, Bas, Souliers, ainsi que la partie des Meubles.

### ROBE ROMAINE A LA CLIO.

Ce vêtement prend depuis la clavicule jusqu'à terre, faisant queue; il rend la taille courte & longue à volonté. La coupe des manches est disposée à être courte ou longue à volonté, elles sont ornées avec glands et bracelets; cette forme est d'une toilette rare.

### CHEMISE GRECQUE.

Celle-ci est sue la taille dans un autre genre, quelques plis artistement arrangés devant et derrière par des cordons de rubans, font un effet des plus agréable. La poitrine est un peu dégagée & le tour est une draperie légère pincée par des glands, les manches courtes & ouvertes sur le bras à la turque, des enjolivemens en laine; elle est d'un beau simple, & d'un superbe effet.

### TUNIQUE A L'ANTIQUE.

Elle part des épaules jusqu'à terre; un corsage tient le corps ferme en dessous, elle se tient sur les deux épaules par une espèce d'agraffe, la poitrine à demi-couverte en coupe carrée; elle se joint à volonté à la taille par une ceinture à la sauvage; elle est d'une grande tournure.

### RÉDINGOTTE A LA THESSALIE.

Cette forme dessine la taille avec grace, dégage le col & la poitrine, elle ferme par un Gui nœud de ruban & une ceinture à la Zaïre.

| | |
|---|---:|
| En Pékin ou velouté | 450 |
| Pékin sans être doublé | 390 |
| Taffetas | 305 |
| Gros de Tours rayé | 300 |
| Grosgrains rayé, satiné | 200 |
| Sif Takas | 128 |
| Sicilienne | 190 |
| Joli Linon | 200 |
| Beau Linon | 230 |
| Organdis | 240 |
| Mousseline unie | 220 |
| Croisière de soie noire | 210 |
| Fortes Gazes rayées | 110 |
| Nankinette | 140 |
| Toile peinte | 110 |
| En Pékin ou velouté | 410 |
| Pékin sans être doublé | 290 |
| Taffetas | 310 |
| Gros de Tours | |
| Grosgrain rayé, satiné | 160 |
| Sif Takas | 120 |
| Sicilienne | 190 |
| Joli Linon | 200 |
| Beau Linon | 230 |
| Organdis | 240 |
| Mousseline unie | 200 |
| Croisière de soie noire | 210 |
| Fortes Gazes rayées | 110 |
| Nankinette | 140 |
| Toile peinte | 110 |
| En Pékin ou velouté | 400 |
| Pékin sans être doublé | 290 |
| Taffetas | 310 |
| Gros de Tours rayé | 300 |
| Grosgrain rayé, satiné | 160 |
| Sif Takas | 120 |
| Sicilienne | 190 |
| Joli Linon | 200 |
| Beau Linon | 230 |
| Organdis | 240 |
| Mousseline unie | 220 |
| Croisière de soie noire | 210 |
| Fortes Gazes rayées | 110 |
| Nankinette | 140 |
| Toile peinte | 110 |
| En Pékin et velouté | 400 |
| Pékin sans être doublé | 300 |
| Taffetas | 150 |
| Gros de Tours tissé | 100 |
| Grosgrain rayé, satiné | 110 |
| Sif Takas rayé | 140 |
| Sicilienne | 110 |
| Ras de soie | 140 |
| Croisière de soie noire | 190 |
| Joli Linon et Organdis | 140 |
| Fortes Gazes rayées | 110 |
| Nankinette | 110 |

Fig. 367. — Prospectus d'un magasin de vêtements pour femmes et enfants (vers 1795). (Collection de l'auteur).

plus beaux procédés de la chimie appliquée aux arts » ; pour les tableaux, chefs-d'œuvre de peinture, avec horloge rustique dont le cadran marque les heures, — « l'utile uni à l'agréable », — pour les lampes à la Girard, pour les lampes à la Carcel, pour les appareils hydrostatiques « permettant d'obtenir du feu à l'instant », pour la *cafetière à la Morize* « permettant à chacun de faire son café tout seul, sans bruit et sans danger ».

Est-ce tout ? Non, certes. Voici encore d'autres prospectus.

Ceux-ci vantent les *lits élastiques à la Molinard*, « qui cèdent au poids qui les presse et reprennent leur forme aussitôt », ou les *élégantes*, voitures « d'un confort jusqu'alors inconnu ». Ceux-là annoncent et prônent tous les jeux dus à la féconde industrie de Gide et de Giroux : le *Topiarion*, le *Topographorama*, la *Ménagerie grotesque*, le *Jeu du Monstre*, *Polichinel-Vampire*, le *Componium pittoresque*, les *Jokos*, le *Wizzig*, le *Trocadéro*, etc. Ceux-là encore font ressortir les merveilles des *tableaux en velours* de M. Grégoire, « tissés avec une correction de dessin et une perfection dans le coloris qu'il ne paraissait pas possible d'atteindre », ceux-là encore prônent les avantages du *thermolampe*, « poêle dont l'objet est de convertir le bois en charbon », ou les commodités de la *voiture nomade* inventée par M. Franconi père pour les voyages en famille.

Et déjà aussi, les industriels se battaient à coups de prospectus : telle la lutte entre la bougie et la chandelle ; elle se rebiffait, la vieille chandelle, affirmant « réunir à la fois l'utile et l'agréable » ; ici un industriel annonçait des *chandelles épurées* d'une « durée à peu près égale à la chandelle du commerce, mais ayant l'avantage de ne jeter aucune odeur de suif, avec des mèches minces et faites de très beau coton » ; un autre, des *chandelles moulées façon bougies* ; là, un troisième, empoignant le taureau par les cornes, mettait en vente, avec force éloges, des « chandelles qui ne fument point et qui brûlent parfaitement ». L'éclairage fut, du reste, une des grandes préoccupations du moment. Jamais les lampes n'avaient donné lieu à d'aussi nombreuses inventions que depuis 1805 ; toutes cherchant à perfectionner la lampe à double courant d'air : *lampe latérale, lampes mécaniques, lampes statiques, lampes docimastiques, lampe hydrodynamique, lampes astrales, lampes à coupoles*, etc. Avec des qualificatifs aussi pompeux, aussi sonores, la littérature réclamière pouvait donner libre cours à ses enthousiasmes.

Explicatif, descriptif, élogieux sans retenue, ne parlant que de

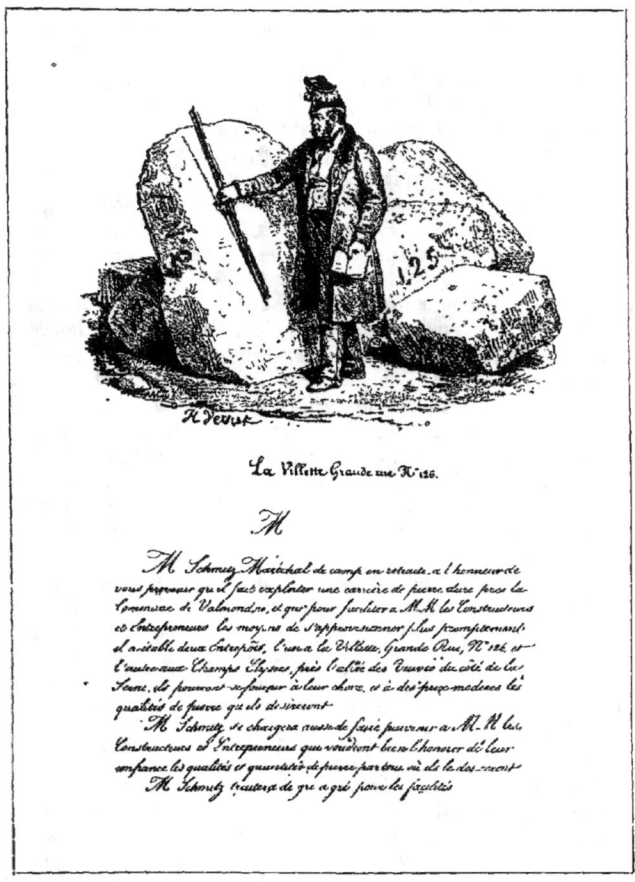

Fig. 368. — Composition d'Horace Vernet pour un prospectus réclame [1] concernant l'exploitation d'une carrière de pierre. (Restauration.)

merveilles et prônant sans cesse le génie inventif, le dévouement, la philanthropie des inventeurs, tel fut donc le prospectus jusque

[1]. Obligeamment prêté par MM. Firmin-Didot et déjà reproduit dans mon livre : *XIX<sup>e</sup> Siècle*.

vers 1830. Imprimé avec plus d'habileté, commençant à sacrifier au tire-l'œil, ayant souvent comme en-tête quelque petite vignette, déjà il permet d'entrevoir ce que sera le prospectus de demain.

Magasins de nouveautés, restaurateurs à 22 sous, agences de renseignements, agences de roulage, tout cela use du nouveau procédé comme de l'affiche. Bien curieux le prospectus de Vidocq avec son titre *Liberté !!* daté de 1838 et reproduit ici-même en fac-similé.

Déjà, aussi, il y a les excentriques; ceux qui cherchent à attirer l'attention par tous les moyens réclamiers, ceux qui aiment à battre la grosse caisse. Jouy nous fait connaître le prospectus lancé aux abords de 1828 par un coiffeur et dont voici le texte : « Rue Saint-Martin, n° 149, en face celle du Grenier-Saint-Lazare, concert d'harmonie ou salon musical, pour la taille des cheveux, à un franc, d'après les tableaux physionomiques. » Et chez ledit industriel, paraît-il, on coupait des *Titus* aux accents mélodieux de *la Pie Voleuse* de Rossini, on plaçait des frisures pendant l'ouverture du *Barbier de Séville*, on marchandait des postiches aux accords de *Robin des Bois*. Une autre fois, ce sera un restaurateur qui annonçait avoir restitué avec la plus exacte précision les « fameux bosquets d'Idalie », tandis qu'un tailleur prétendait avoir trouvé « la coupe nationale, depuis si longtemps cherchée par tous les bons Français ». Mais les réclames les plus ébouriffantes furent celles des magasins qui exposaient dans leur vitrine une de ces figures automatiques dont la vogue fut si grande durant les premières années du siècle : marchands d'onguents et de poudres dentifrices, cordonniers, marchands de cafés, distribuaient des prospectus vantant la perfection de leurs petits bonshommes mécaniques, « d'une illusion si complète », disait l'un d'eux, « qu'on voit jusqu'à la douleur éprouvée par lui chaque fois qu'on lui arrache un cor, si bien que cette opération arrache des soupirs à tous les spectateurs atteints du même mal ». Saluons ces ancêtres du puffisme moderne, auxquels il n'a manqué qu'un Timothée Trimm pour passer à la postérité, quoique, cependant, tous les chroniqueurs de l'époque aient souvent détaillé par le menu les curiosités de leur littérature.

## II.

Dès maintenant, le prospectus entre dans une phase nouvelle : aux abords de 1835, il se présente illustré ou entouré

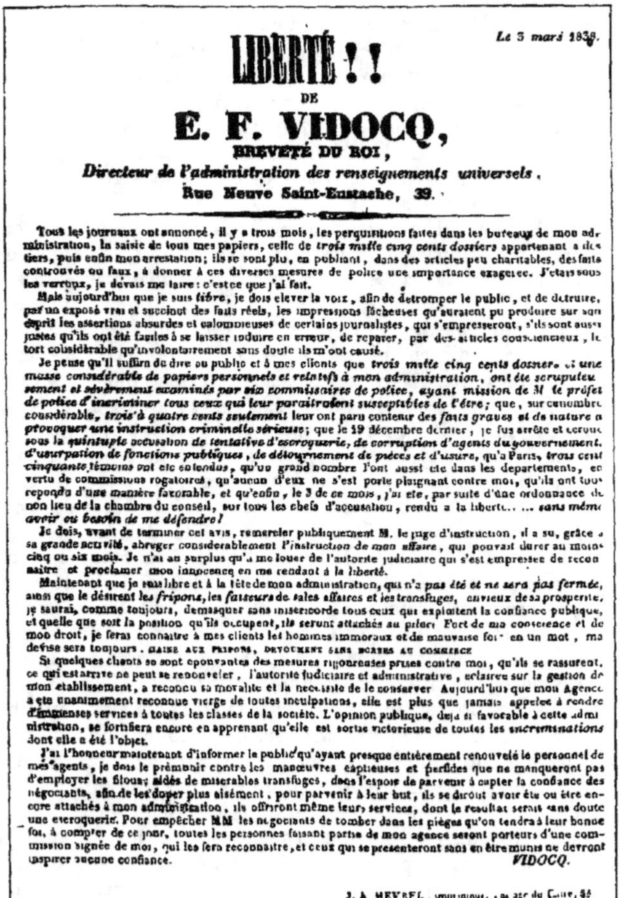

Fig. 369. — Prospectus de l'agence de renseignements créée par Vidocq (1838).

Ce prospectus est intéressant parce qu'il contient toutes les explications données par Vidocq au sujet de son arrestation (Collection Saffroy).

d'ornements. Tantôt une vignette, des compositions originales, tantôt de l'ornementation de style ou des séries de petits clichés représentant les objets que vend le marchand. Ici, des sujets lithographiques concernant le voyage, pour Godillot (1839), qui,

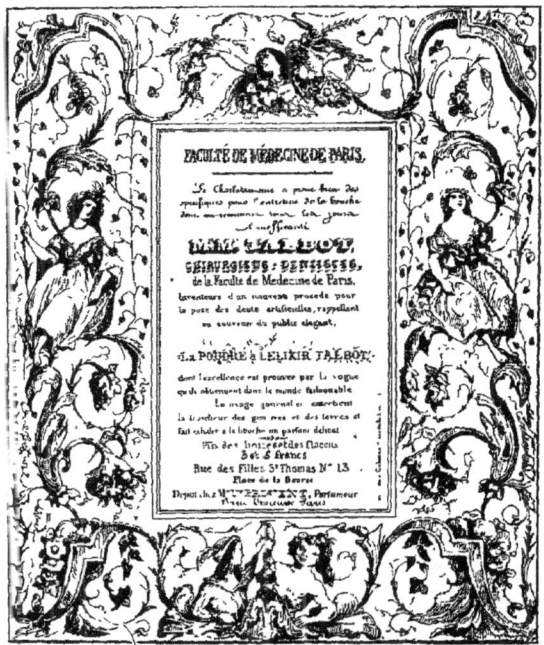

Fig. 370. — Prospectus-reclame pour chirurgiens-dentistes, dans un encadrement dessiné par Sorrieu (vers 1840). (Coll. de l'auteur.)

l'année suivante, serviront au sieur Carret, *coffretier*, *à la Malle lyonnaise*; là un petit motif, également lithographique, pour le biberon Duquesnoy, l'ancêtre vénérable de tous les biberons célèbres (1845); ailleurs, la marmite du Diable, et des Lucifer pour un prestidigitateur-physicien (1845), ou bien des faisans et autres oiseaux pour un fabricant de chapeaux de plumes.

Voici de quelle façon un laitier-crémier annonce l'ouverture de sa boutique au moment où des arrêtés de police venaient d'interdire la vente du lait sur la voie publique :

---

DÉPOT DU BON LAIT

DE LA BELLE VACHERIE DU MOULIN DE BEURRE

RUE Sᵗᵉ MARGUERITE, N° 3.

MAUGE-DORÉ, LAITIER-CRÉMIER.

Mauge, gendre et successeur de M. Doré, a l'honneur de prévenir le Public que par suite des Ordonnances de Police qui défendent de vendre du lait sur la voie publique, il prévient toutes les personnes qui tiennent à avoir du bon lait naturel, qu'il vient d'ouvrir une boutique de Laitier-Crêmier, où l'on trouvera (par le peu de distance de sa Vacherie, qui est située Barrière du Maine, près le Moulin de Beurre, et où il n'y a jamais moins de 95 à 100 vaches) du lait chaud, matin et soir, et à toute heure du jour, à 6 sols le litre pris à la Boutique, et à 7 sols le litre, porté en ville, meilleur et plus naturel que celui de la Laiterie des Familles que l'on vend 12 sols le litre. On y trouvera aussi de ses bons Fromages à la Crême, naturels et autres, œufs frais, beurre de première qualité, et à demi-sel, le tout au plus juste prix. Cette laiterie se trouve a l'endroit même où il vendait son lait, depuis 40 ans de père en fils, et où la bonne qualité de sa marchandise lui a toujours attiré une nombreuse clientèle.

---

« Meilleur et plus naturel », retenez bien ceci, car déjà avant les tromperies et les falsifications modernes élevées à la hauteur d'une institution, on fraudait, et les marchands, pour gagner les bonnes grâces du public, ne se faisaient point faute de recourir aux qualificatifs « naturel », « seul naturel », « pur de tout mélange », et autres du même genre.

Voici l'amusant prospectus explicatif que rédige, fait distribuer ou envoyer à domicile, en 1839, un sieur d'Esquille, dessinateur, proche parent, sans doute, des dessinateurs ambulants de notre fin de siècle, avec cette différence, toutefois, qu'il se rendait à domicile, la rue n'ayant pas encore acquis son importance actuelle ou, du moins, ne se prêtant pas alors à l'exercice de certaines professions intermédiaires. Le laitier, lui, était venu de la voie publique en boutique ; le dessinateur à la douzaine, exécutant cinq portraits en une seule et courte séance, se transportait de maison en maison suivant le désir des clients. Quand il deviendra tout à fait nomade, les portraits s'exécuteront à la vapeur.

Lisez et méditez, cela vaut la peine :

---

PORTRAITS A LA MINE DE PLOMB

NOIR ET INEFFAÇABLE

*Dessinés en une seule séance, la plus parfaite ressemblance garantie.*

F⁰ D'ESQUILLE, DESSINATEUR,

désirant répandre à Lyon le genre du dessin à la mine de plomb noire et ineffaçable dont il est inventeur, prévient les personnes qui désireraient avoir leurs portraits qu'il vient d'ouvrir une souscription de portraits à 10 francs seulement, au lieu de 25 francs.

La souscription est limitée au nombre de 100 souscripteurs. Le prix de la souscription ne sera exigible que lorsque chaque souscripteur, satisfait de la ressemblance de son portrait, l'aura retiré lui-même des mains de l'artiste.

Chaque souscripteur conserve le droit de refuser son portrait sous quelque prétexte que ce puisse être.

M. D'Esquille se rendra au domicile des souscripteurs qui se réuniraient au nombre de cinq.

Cet artiste n'exige qu'une seule et courte séance : il garantit également la ressemblance des enfants en bas âge. Il traitera de gré à gré pour des dessins de genre qui réuniraient les portraits de tous les membres d'une même famille. Il fait également le petit portrait en pied.

---

S'il eût osé, le sieur d'Esquille eût très certainement donné pour en-tête à sa circulaire, agrémentée d'une foule de béates physionomies, le titre : *Commerce de portraits*. Mais ce que le bonhomme ne nous dit pas et ce qu'il eût été, pourtant, bien amusant de savoir, c'est le nombre des souscripteurs qui refusèrent leur portrait, puisqu'il avait la bonhomie de reprendre les « mines de plomb » qui, pour un prétexte quelconque, ne plaisaient point à la mine du crayonné.

Il est vrai qu'il garantissait *la plus parfaite ressemblance*, et cela à des conditions minimes pour l'époque. Qui vous retrouvera, portraits à 10 francs du sieur d'Esquille, ancêtres en droite ligne des portraits à 1 franc des artistes nomades de 1895 !

Autre spécimen, relatif, celui-là, à une industrie, à une invention nouvelle, qui, à son heure, fit quelque bruit : le verre tissé. Le magasin transformé en musée, pour mieux attirer le chaland ;

le classique *entrée libre* se transformant en un ambitieux et moins agréable : Prix : un franc, remboursé il est vrai en marchandise, en

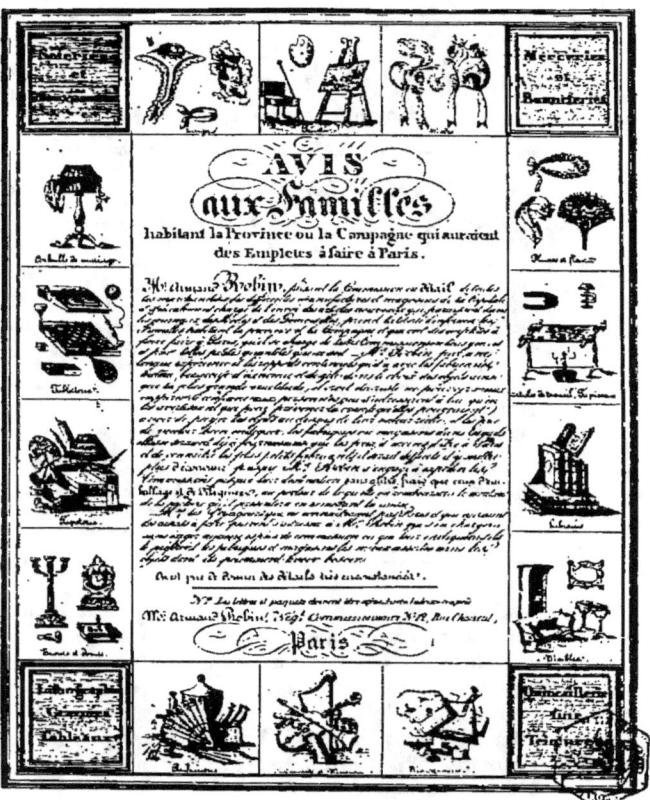

Fig. 371. — Prospectus d'un négociant-commissionnaire se chargeant de faire les emplettes pour la province, distribué dans les journaux de modes (vers 1838). (Coll. de l'auteur.)

un objet d'égale valeur. L'achat forcé, dans toute son ingéniosité.

Bons prospectus, riches en détails, en renseignements, cherchant tous les moyens licites pour la pêche à l'acheteur, mais encore exempts des procédés du puffisme moderne dont les hauts faits commenceront à se manifester aux approches de 1850.

---

MUSÉE JALOTECNIQUE, RUE RICHELIEU, N° 88.

*Chaque visiteur recevra en échange du prix d'entrée un objet de la même valeur exécuté par l'artiste.*

M.

Le sieur Cairol, de retour de son voyage à l'étranger, vient de former un établissement spécial et unique en son genre : une immense, magnifique et merveilleuse collection d'objets confectionnés en verre, sera exposée aux regards du public, devant lequel le sieur Cairol transformera le verre et l'émail de toutes couleurs en mille objets différents, tels que chars de triomphe, voitures, chevaux, oiseaux, vaisseaux, lustres, corbeilles, animaux, plantes, fleurs, personnages, enfin tout ce que le goût et la fantaisie peuvent imaginer de plus curieux, sans avoir besoin de moules ni modèles.

L'étoffe de verre qui a fait un si grand effet aux différentes expositions a laissé chez bien des amateurs le désir de connaître le mode employé pour obtenir du fil assez souple pour être ensuite tissé. Le sieur Cairol fera cette expérience à la fin de chaque séance qui seront successives depuis 11 heures du matin jusqu'à 10 heures du soir et obtiendra plus de cent mètres par minutes de fil de verre d'une extrême finesse et plus brillant que la soie. C'est une improvisation continuelle qui se déroule sous les doigts de l'artiste !!!

PRIX : UN FRANC.

---

Le puffisme moderne, le voici! Sous la Restauration, c'était l'époque de foi en son plein épanouissement : très sincèrement, les industriels, ou plutôt les inventeurs, prônaient leurs découvertes dans un esprit philanthropique ; très sincèrement, ils estimaient faire œuvre de lumière et de vulgarisation, ils se posaient en représentants du progrès contre les idées rétrogrades de l'ancien régime. Sous le second Empire, ce fut l'époque des résultats pratiques, déjà préparés par les doctrines du précédent règne, et, alors, le prospectus se fit, d'une manière merveilleuse, l'écho, l'interprète des aspirations nouvelles.

Dans la rédaction des prospectus, comme dans le libellé des affiches, devait se montrer au grand jour tout le génie de l'industrialisme, recourant, pour la circonstance, à cette éloquence typographique qui a su élever la mise en pages à la hauteur d'une institution.

Ce que veut, ce que cherche l'annonce commerciale, c'est attirer, raccrocher et, surtout, retenir le passant; c'est, par le prospectus habilement glissé dans la main, faire en sorte qu'il puisse se souvenir des affiches sur calicot ou sur papiers aux teintes éclatantes, aperçues par lui devant les boutiques des négociants aux abois ou des spéculateurs en soldes.

Des lettres gigantesques qui vous tirent l'œil, des formules qui vous happent au collet. Quelque chose comme un *Halte-là! on ne passe pas!* rédigé sous toutes les formes.

Les rouéries, les perfidies de la rédaction, elles éclatent partout. Avec son *Citoyens aux armes*, le prospectus que vous venez de prendre pourrait passer pour séditieux. Détrompez-vous, car s'il y a les manœuvres électorales de la dernière heure, il y a aussi les manœuvres commerciales, et cet appel aux armes se termine le plus pacifiquement du monde par une réclame de teinturier imprimée en caractères microscopiques :

CITOYENS, AUX ARMES...
DE LA VILLE DE PARIS, ON TEINT LES ÉTOFFES EN VINGT-QUATRE HEURES.

Voulez-vous d'autres spécimens, non moins typiques : en voici que j'emprunte au regretté Victor Fournel, qui fut, comme pas un, un observateur profond de la rue :

HALTE-LA!
N'ALLEZ PAS PLUS LOIN SANS PRENDRE MON ADRESSE
VOTRE INTÉRÊT VOUS LE COMMANDE

Chapeaux extra superfins.  10 fr.  »  | Chapeaux superfins. . . .  7 fr. 50
  »   extra beaux fins.  8 fr. 50 |   »   1re qualité. . .  6 fr.
Tout ce qui se fait de plus beau. . . . . .  12 francs.

NE PLEUREZ PLUS

« Et au-dessous, traîtreusement dissimulé en petites lettres qui disparaissent à l'ombre des autres :

LA PERTE DE VOS OBJETS CASSÉS.

« Le tout pour annoncer une colle à raccommoder la faïence et la porcelaine.

AUX PERSONNES SENSIBLES!!!

« Naturellement vous vous approchez, croyant voir l'annonce d'un roman de M^me Cottin, et vous êtes tout stupéfait de lire sous cette exclamation splendide, tantôt :

BANDAGES HERNIAIRES DE TOUTES FORMES
ET DE TOUS PRIX.

« tantôt :

NOUVELLE PATE POUR FAIRE COUPER LES RASOIRS. »

Prodigieux l'esprit inventif des industriels, dans cet ordre d'idées. Voici, pour faire suite aux citations de Fournel, les choses vues et observées par nous en ces dernières années. D'abord le coup de la liquidation, ou disparition forcée :

FIN !!

LA VILLE D'AMIENS
FONDÉE EN 1830 AU PALAIS-ROYAL
ET TRANSPORTÉE
21, RUE DES PYRAMIDES
DISPARAIT LE 15 JUIN

TOUT EST CÉDÉ POUR RIEN !

Et comme si cet avis ne suffisait point, au bas se trouve l'*avis important* que voici : « *Cette liquidation n'est pas simulée, c'est un fait réel. Ne pas la confondre avec d'autres qui n'ont d'une liquidation que le nom.* » Liquidation réelle ! c'est le rêve, l'objectif de tous les rédacteurs de prospectus à l'usage des magasins de nouveautés. Partout, vous lirez des avis conçus dans le même sens : *Le fait est rare il faut en convenir : la grande liquidation du\*\*\* est absolument sérieuse.* — Ou bien : *Ne point confondre avec les liquidations voisines.* — Ou bien encore : *C'est la fin, la vraie fin ! la liquidation, la vraie liquidation !* Et comme après la fin il pour-

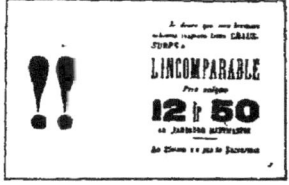 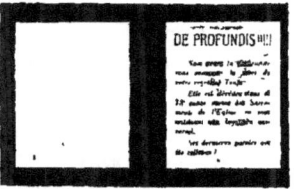

Fig. 372. — Reproduction réduite d'un prospectus de marchand de chaussures.

rait encore rester l'ombre, le reste de quelque chose, d'autres ont trouvé : LE DÉNOUEMENT. LA DISPARITION. LE TOMBEAU DE LA

CONFECTION. *Si nous disparaissons, la faute en est aux camelotteurs.*

En 1889, une maison qui liquidait avait recours à ce curieux petit boniment : « Est-ce influence mystérieuse de la célèbre Tour ? mais il semble qu'en cette année tout devait atteindre des proportions colossales.

« D'une part, des fortunes se sont magiquement élevées ; d'autre part, des catastrophes effroyables se sont déchaînées dans les finances, l'industrie et le commerce. Une de ces catastrophes les plus récentes est l'effondrement, la faillite de.... » Il est vrai que ledit commerçant avait été dépassé, et de beaucoup, par le fameux : « ENFIN NOUS AVONS FAIT FAILLITE », qui amusa tout Paris sous le second Empire. Après cela il faut s'incliner.

C'est, dans toute son éloquence, dans tout son merveilleux esprit inventif, le prospectus. Le prospectus, bien réellement art spécial ayant inventé une langue, un style, une typographie à lui, le prospectus, aux annonces mirifiques, aux « APPORTEZ-MOI trois pièces de CENT SOUS, et je vous DONNERAI un vêtement complet », aux « LA CAPITALE N'EST PLUS » ; aux IL FAUT EN FINIR » ; aux « NE

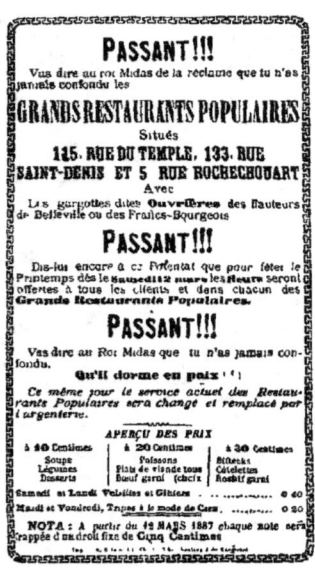

Fig. 373. — Réclame de restaurant distribuée dans les rues.

PARTEZ PAS sans avoir visité les magasins du *Grand Condé* » ; aux « PAS DE PROMESSES MENSONGÈRES et illusoires ! » aux « VOUS ÊTES LIBRE de vous faire habiller où bon vous semble, pourtant vous me permettrez bien de vous indiquer un magasin » ; aux « NE ME JETEZ PAS ! Je vais vous être utile », « RIEN N'EST NOUVEAU SOUS LE SOLEIL, si ce n'est un marchand qui dise la vérité » ; aux « POUR RIEN, POUR RIEN, une vraie montre qui marche ! » ; aux « ON TUE !.... ON TUE ! Rassurez-vous, Mesdames et Messieurs, ON TUE LA CONFECTION », aux « FRANÇAIS! Je vous ai dit que je tiendrai toutes mes PROMESSES », enfin, triomphe du genre, aux : « La maison du... DONNE POUR RIEN UN HABILLEMENT à la personne qui prouvera qu'un seul de ses articles se vend meilleur marché ailleurs. » Chefs-d'œuvre de puffisme, trompe-l'œil habilement ménagés — et, du reste, quelle que soit leur origine,

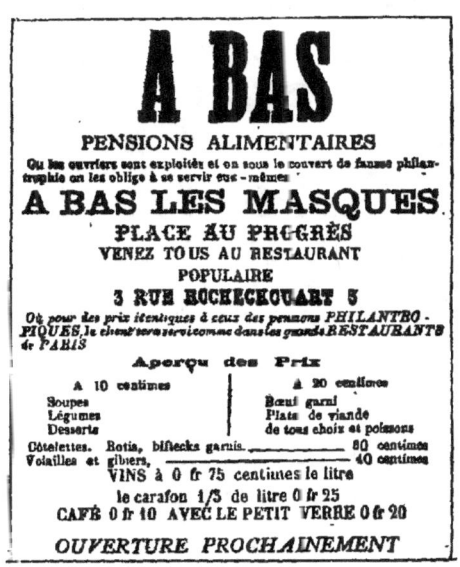

Fig. 324. — Prospectus de restaurant populaire distribué dans les rues.

leurs formes, leurs couleurs, qu'ils proviennent de déballages, de marchands d'habits, de chemisiers, de bijoutiers ou de restaurateurs, — prospectus distribués à profusion, transformant les ministres ou les célébrités du jour en mannequins pour les paletots de la maison X, ou se servant d'un tableau comme réclame à l'usage d'un marchand de savons. Prospectus avec chansons, avec histoires en images, avec rébus, avec acrostiches, avec imitations de titres, de mandats ou de billets de banque (voir plus haut les reproductions), sous forme de lettre tombée au rebut, ou portant la suscription : « A Monsieur le client des magasins de.... » et même, dernière invention, sous forme de *lettre trouvée au pied de la Tour Eiffel*.

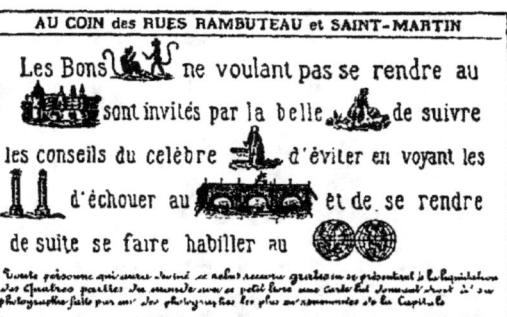

Fig. 375. — Prospectus distribué par les magasins de vêtements *Aux quatre Parties du Monde*, sous forme de rebus.

« Les bons diables, ne voulant pas se rendre au *Château-d'Eau*, sont invités par la *Belle Jardinière* de suivre les conseils du célèbre *Magicien*, d'éviter, en voyant les *Deux Phares*, d'échouer au *Pont-Neuf*, et de se rendre, de suite, se faire habiller aux *Quatre Parties du Monde*.

Pas une forme à laquelle il n'ait eu recours, pas un moyen

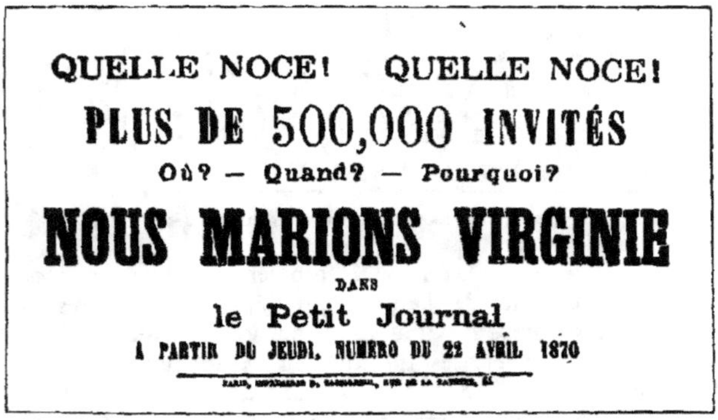

Fig. 376. — Prospectus distribué dans les rues par *le Petit Journal* pour annoncer un nouveau roman *Nous marions Virginie*. (Coll. de l'auteur.)

auquel il ne se soit adressé, dont il ne se serve pour essayer d'attirer l'attention sur lui. Rébus, jeux de mots, questions, toujours employés, pour mieux piquer la curiosité. *Où courez-vous ainsi?*

— *Où allez-vous?* — *Faites vite si vous ne voulez voir la maison liquidée,* — autant de questions auxquelles le prospectus répond de lui-même en donnant les adresses, les indications demandées.

Le Prospectus! depuis quarante ans la rue est jonchée de ces papiers multiples, multiformes et multicolores.

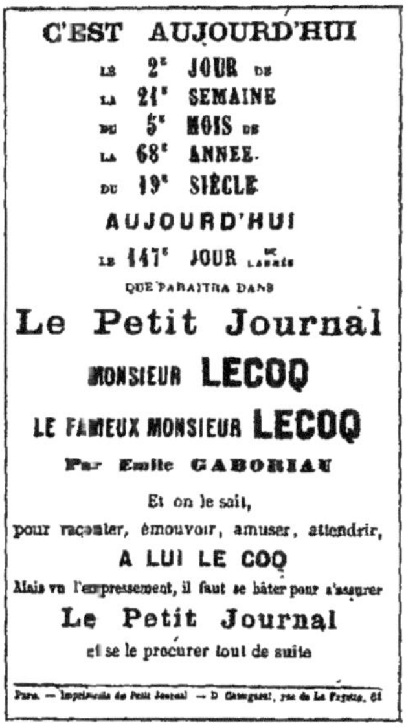

Prospectus de journaux! faisant circuler, passer de main en main, ce que les affiches collent aux murs; papiers annonçant l'apparition d'un nouveau roman-feuilleton, comme s'il s'agissait d'un évènement ou d'une chose de la vie quotidienne : *le Nouveau Monde,* — *la Grande Bataille,* — *Sus aux voleurs!* — *les Bandits de la forêt,* — *Nous marions Virginie,* — *le Coq, le Coq... du village,* qui deviendra simplement, *Monsieur Lecoq.* Papiers qui prirent naissance sous le second Empire, avec *le Petit Journal,* un de ceux qui contribuèrent le plus à répandre, à vulgariser ce mode de réclame, tenant le public en haleine, huit jours durant, avant de lui faire connaître le mot de l'énigme; papiers parmi lesquels on trouvera, quelque jour, les modèles du genre au point de vue de la science du tire-l'œil; papiers se résumant quelquefois en apostrophes, en points d'interrogation, — tels les prospectus distribués, vers 1885, par le journal *la Question,* un? sur une feuille encadrée de rouge, augmentant chaque jour ses proportions; — ou encore les annonces du journal *l'Autre Monde,* ou encore, antérieurement, le papier vert du journal *le Canard International, revue-cancan des deux mondes,* fourrant son bec en chaque chose, barbotant partout au hasard avec sa chanson-

Fig. 377. — Prospectus distribué dans les rues par *le Petit Journal* pour annoncer son nouveau roman : *Monsieur Lecoq* (1868). (Coll. de l'auteur.)

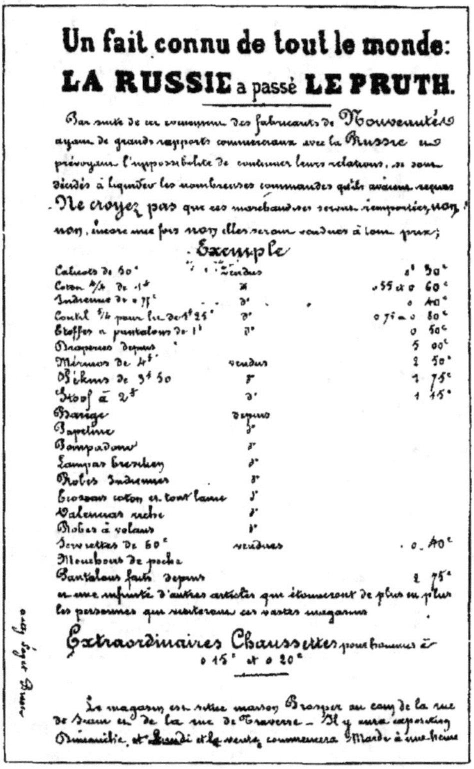

Fig. 378. — Prospectus distribué par un magasin de nouveautés spécimen de l'application des actualités politiques aux choses commerciales

boniment : « Rien n'est sacré pour *le Canard* », sur l'air de : *Rien n'est sacré pour un sapeur* :

Je vais, quêtant à l'aventure,
Le bec en l'air, l'aile en travers,
Pour rapporter caricature,
Blagues, nouvelles, faits-divers,
  Echos de par delà les mers!
  Mais que je critique ou chronique,
  Me voici plus muet qu'un bar
  Dès qu'il s'agit de politique....
  Ça, c'est sacré pour le Canard!

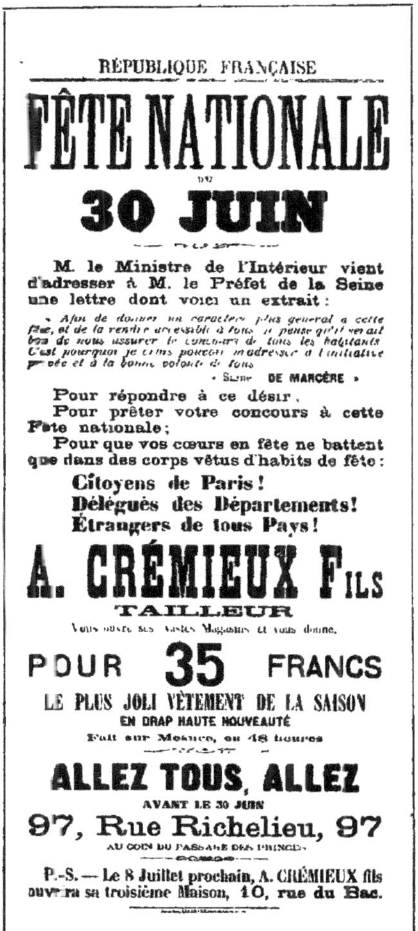

> **RÉPUBLIQUE FRANÇAISE**
>
> # FÊTE NATIONALE
> ## DU
> # 30 JUIN
>
> M. le Ministre de l'Intérieur vient d'adresser à M. le Préfet de la Seine une lettre dont voici un extrait :
>
> « Afin de donner un caractère plus général à cette fête, et de la rendre accessible à tous, je pense qu'il serait bon de nous assurer le concours de tous les habitants. C'est pourquoi je viens pouvoir m'adresser à l'initiative privée et à la bonne volonté de tous.
>
> « Signé : **DE MARCÈRE** »
>
> Pour répondre à ce désir,
> Pour prêter votre concours à cette Fête nationale;
> Pour que vos cœurs en fête ne battent que dans des corps vêtus d'habits de fête :
>
> **Citoyens de Paris!**
> **Délégués des Départements!**
> **Étrangers de tous Pays!**
>
> # A. CRÉMIEUX Fils
> ## TAILLEUR
>
> Vous offre ses vastes Magasins et vous donne,
>
> # POUR 35 FRANCS
>
> LE PLUS JOLI VÊTEMENT DE LA SAISON
> EN DRAP HAUTE NOUVEAUTÉ
> Fait sur Mesure, en 48 heures
>
> ## ALLEZ TOUS, ALLEZ
> AVANT LE 30 JUIN
> ### 97, Rue Richelieu, 97
> AU COIN DU PASSAGE DES PRINCES
>
> P.-S. — Le 8 Juillet prochain, A. CRÉMIEUX fils ouvrira sa troisième Maison, 10, rue du Bac.

Fig. 379. — Prospectus-réclame d'un tailleur distribué dans les rues, à propos de la première fête nationale (30 juin 1878).

Plus tard, on verra *le Gil Blas* adresser ainsi à ses lecteurs des souhaits de bonne année ou vanter ses charmes, sur l'air de *Petit Papa, c'est aujourd'hui ta fête.*

Prospectus de magasins de confections ou de nouveautés! A eux le pompon. Eux, ne se sont point contentés de la simple feuille aux artifices typographiques dont je relatais tout à l'heure les effets pittoresques : ils ont eu recours à tous les moyens, ils ont invoqué tous les procédés, ils se sont emparés de l'actualité sous toutes ses formes.

D'abord, la classique feuille blanche spéculant sur les événements politiques. VICTOIRE! VICTOIRE! nous crie le prospectus d'un magasin : A SOLFÉRINO, ouvert sous le second Empire, JAMAIS LA FRANCE NE VERRA PAREIL SUCCÈS, — en fait de lauriers il s'agit de cuirs, — *les cuirs autrichiens sont tombés au-dessous du cours.* Ailleurs ce sera : *La Russie a passé le Pruth,* ou bien : *La prise de possession de Bac-Né, la capture du Mahdi lui-*

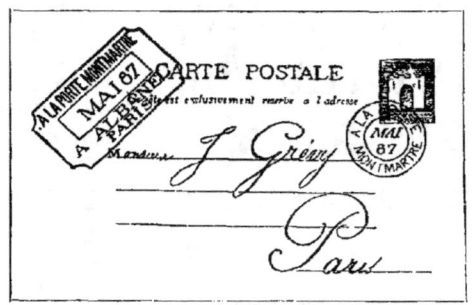

Fig. 380 — Réclame de marchand-tailleur distribuée dans les rues sous forme de carte postale (recto).

*même ne sont rien à côté de la prise de possession de la chapellerie de la Bourse par le célèbre X... le financier bien connu;* ou mieux ces multiples réclames se glissant sous le couvert d'une étiquette offi-

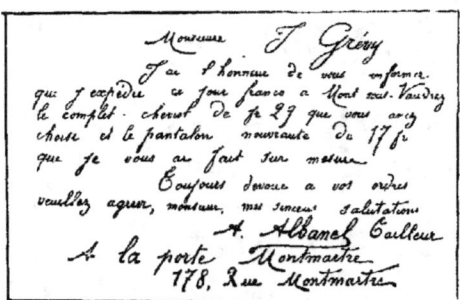

Fig. 381. — Lettre écrite au verso de la même carte postale.
L'auteur de cette réclame, Albanel, fut poursuivi de ce fait

cielle, paraphrasant les circulaires ministérielles, rédigées même sous forme de proclamation, d'appel au peuple, offrant à la population POUR RIEN, c'est-à-dire moyennant un prix de..., des chemises, des robes, des costumes complets; *afin que les cœurs en fête puissent battre dans des corps vêtus de chemises ou d'habits de fête.*

Réclame qui, en ces dernières années, aura recours à l'Épinal : non pas la vignette quelconque se mariant au texte, mais bien l'histoire en images venant se placer au verso de la réclame elle-même.

Après la feuille blanche ordinaire, après le prospectus tel qu'on l'avait connu jusqu'à ce jour, le prospectus revêtant les formes les plus diverses : ici, une carte postale — telle la fameuse réclame du tailleur Albanel, — ou une dépêche remise fermée,

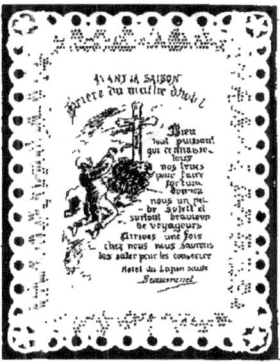 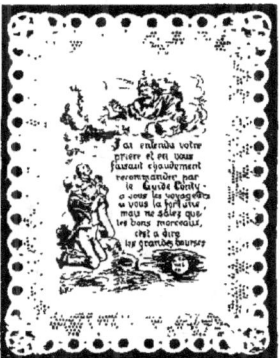

Fig. 82. — Prospectus-réclame pour les Guides Conty, avec dentelle au bord, sous forme de souvenir de première communion (vers 1878).

imprimée sur papier bleu comme un vrai télégramme, une enveloppe de deuil avec l'adresse de la maison, une lettre mortuaire couverte de larmes, faisant connaître les dernières volontés d'un marchand quelconque, — bon public viens acheter chez moi, — un mouchoir de poche, chiffré, à bordure de couleur, aux petits pois, aux fers à cheval trompe-l'œil, un papier dentelé de première communion. Un tailleur vous distribuera un gilet; un cordonnier, une chaussure agrémentée d'un calendrier; un liquoriste, une bouteille; un coffretier, une malle : images parlantes destinées à remplacer les enseignes parlantes d'autrefois, avec cette différence que le prospectus circule de main en main, alors que l'enseigne, elle, restait en place. Puis les têtes, les découpages, les images à transformations, tout ce que la caricature avait trouvé, jadis, pour amuser le public, et dont la réclame s'est emparée dans un but intéressé. Des transformations de costumes, pour montrer tous les vêtements vendus par un magasin; des changements de têtes avec le classique : *Autrefois, Aujourd'hui*, pour montrer les effets produits sur les gens par l'usage de tel médicament vanté.

Longue et curieuse nomenclature qui indique bien le bouleversement opéré dans le monde, qui montre la société commercial

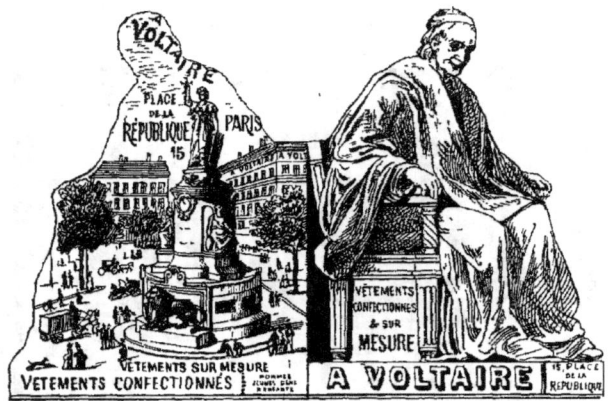

Fig. 383. — Prospectus distribué dans les rues par les magasins de confections *A Voltaire*. D'après un original en chromolithographie (recto et verso).
La statue s'ouvre et se ferme : à l'intérieur se trouvent les prix des vêtements.

appliquant à son usage les choses créées dans un esprit tout autre.

Et voici, dernière création, le prospectus en chromolithographie, donnant une composition dessinée à son intention : ici, une série de personnages du jour, jusqu'au président de la République, tenant en main l'écriteau : *Liquidation*; là, une image sur le Picotin (une liqueur) se terminant par ces vers patriotiques :

> L'avoine a gagné cent batailles
> En électrisant les chevaux,
> Amis, buvons-la par futailles
> Et l'on pourra voir de nouveau
> Flotter au vent les trois couleurs
> Au Sud, au Nord, et même... ailleurs.
>     Hian ! Hian !
>   Vive le Picotin, etc.

Ailleurs toutes les scènes de la Révolution, la Déclaration des droits de l'homme, Camille Desmoulins au Palais-Royal, l'Alliance franco-russe, ou le Pôle Nord : « Après le succès de l'Exposition de Paris, Messieurs (il s'agit de l'Exposition de 1889), il n'y a plus de triomphe possible que la découverte prochaine et entière du Pôle Nord, » et même, une revue de l'année 1889 se terminant par cette invite à la consommation : *Tous les étrangers visiteurs de Paris sont venus ou viendront s'habiller à la française, aux magasins....*

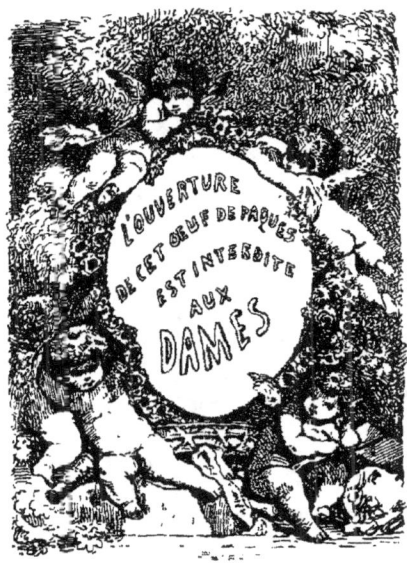

Fig. 314. — Prospectus d'un magasin de confections distribué dans les rues (vers 1875).
*Spécimen de réclame destiné à piquer la curiosité du public par une annonce affriolante. (Coll. de l'auteur.)

O Robert Macaire ! du haut de ta demeure dernière, tu dois être content, le puffisme règne et triomphe.

Après le journal, après le magasin de confections, la brasserie ; la brasserie pittoresque et costumée, de création récente, et qui restera certainement une des choses les plus individuelles de notre époque de spéculation. Nombreuses la bibliographie et l'iconographie de cette spécialité, datant d'hier et bientôt déjà disparue, avec ses créations multiples, avec ses promesses affriolantes, avec ses chansons grivoises : brasserie Charlotte Corday, servie par des dames costumées en Charlotte Corday, brasserie des « Excentriques Patineuses Polonaises », brasserie du Château d'If, auberge du Grand Châtelet, avec sa cellule où des prisonniers doivent subir le supplice de la question, brasserie du Harem de Blidah, auberge du Chat Blanc, brasserie des Belles Marocaines, grande brasserie des Diamants, brasserie de l'Œillet Rouge, etc. Prospectus cachant des commerces plus ou moins licites, prospectus mettant à nu tous les trucs du métier, rappelant à s'y méprendre les dessous du journalisme interlope. Pour faire chanter les sociétés financières, un personnage véreux bombardera les administrations de la même feuille imprimée sous vingt titres différents ; pour allécher le public un tenancier de brasserie décorera tous les mois son établissement interlope de vingt dénominations nouvelles : aujourd'hui inauguration de la grande brasserie.... *Au Temple de Vénus,* — *A l'Ile d'Amour,* — *Aux Avocats,* — *A la Tour de Nesle,* — *Aux Jardins de Cythère,* — *Au Paradis terrestre,* — etc.... Pour vous, bons gogos, que ne fera-t-on pas ? En des feuilles, véritables chiffons, on annoncera l'ouverture du *Ventre de Paris,* faisant appel, pour la circonstance, au nom d'un romancier célèbre qui, malgré son amour de la réclame, a dû être peu flatté du rapprochement; on vous initiera aux mystères, aux profondeurs du Néant; on recommencera même sous une nouvelle forme la fameuse Danse des Morts; tandis que d'autres industriels, spéculant sur les passions politiques, inonderont les rues de réclames pour la *Taverne du Bagne* ou pour la *Brasserie des Frites Révolutionnaires*. Tel prospectus, en vieux français, adressera une proclamation aux habitants de Lutèce, telle brasserie lancera cet avis : *On demande des hommes ! Aux forts des halles* ; à quelle demande telle autre répondra par un non moins caracté-

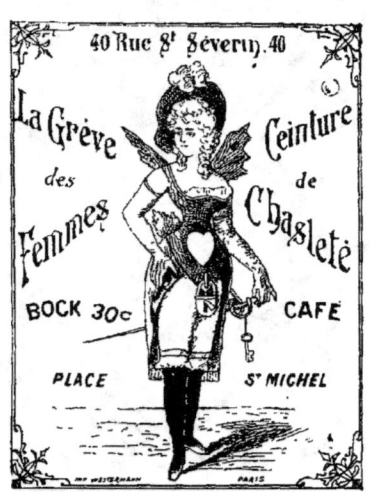

Fig. 385 — Prospectus de brasserie distribué dans les rues. D'après un original en chromolithographie (Coll. de l'auteur.)

ristique et peut-être plus pratique : *On demande des jolies filles, à la grotte de Paphos.* Ici, des clients ; là, des personnes savamment

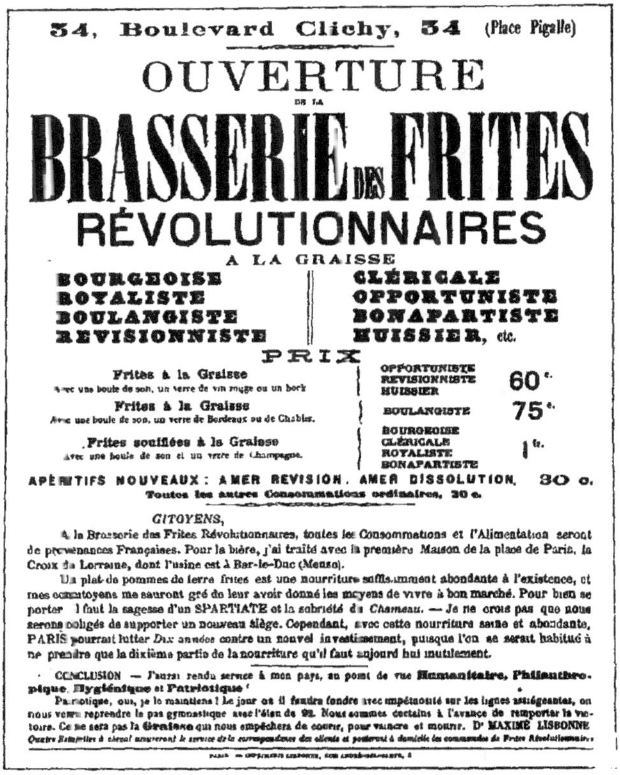

> **54, Boulevard Clichy, 54** (Place Pigalle)
>
> # OUVERTURE
> DE LA
> # BRASSERIE DES FRITES
> ## RÉVOLUTIONNAIRES
> A LA GRAISSE
>
> BOURGEOISE   |   CLÉRICALE
> ROYALISTE   |   OPPORTUNISTE
> BOULANGISTE   |   BONAPARTISTE
> REVISIONNISTE   |   HUISSIER, etc.
>
> PRIX
>
> Frites à la Graisse
> Avec une boule de son, un verre de vin rouge ou un bock
>
> Frites à la Graisse
> Avec une boule de son, un verre de Bordeaux ou de Chablis.
>
> Frites soufflées à la Graisse
> Avec une boule de son et un verre de Champagne.
>
> OPPORTUNISTE
> REVISIONNISTE
> HUISSIER    60 c.
>
> BOULANGISTE    75 c.
>
> BOURGEOISE
> CLÉRICALE
> ROYALISTE
> BONAPARTISTE    1 fr.
>
> APÉRITIFS NOUVEAUX : AMER REVISION, AMER DISSOLUTION, 30 c.
> Toutes les autres Consommations ordinaires, 20 c.
>
> CITOYENS,
>
> A la Brasserie des Frites Révolutionnaires, toutes les Consommations et l'Alimentation seront de provenances Françaises. Pour la bière, j'ai traité avec la première Maison de la place de Paris, la Croix de Lorraine, dont l'usine est à Bar-le-Duc (Meuse).
>
> Un plat de pommes de terre frites est une nourriture suffisamment abondante à l'existence, et mes concitoyens me sauront gré de leur avoir donné les moyens de vivre à bon marché. Pour bien se porter il faut la sagesse d'un SPARTIATE et la sobriété du Chameau. — Je ne crois pas que nous serons obligés de supporter un nouveau siège. Cependant, avec cette nourriture saine et abondante, PARIS pourrait lutter Dix années contre un nouvel investissement, puisque l'on se serait habitué à ne prendre que la dixième partie de la nourriture qu'il faut aujourd'hui inutilement.
>
> CONCLUSION — J'aurai rendu service à mon pays, au point de vue Humanitaire, Philanthropique, Hygiénique et Patriotique !
> Patriotique, oui, je le maintiens ! Le jour où il faudra fondre avec impétuosité sur les lignes assiégeantes, on nous verra reprendre le pas gymnastique avec l'élan de 92. Nous sommes certains à l'avance de remporter la victoire. Ce ne sera pas la Graisse qui nous empêchera de courir, pour vaincre et mourir. Dr MAXIME LISBONNE
>
> Quatre Estaffettes à cheval mouvront le service de la correspondance des clients et porteront à domicile les commandes de Frites Révolutionnaires.

Fig. 306. — Prospectus de brasserie distribué dans les rues.

La *Brasserie des Frites Révolutionnaires* est une des nombreuses créations du « citoyen » Lisbonne, qui détiendra certainement le record du « cabotinage spéculatif » en notre fin de siècle.

dressées à la chasse aux clients. Un autre vous invitera à venir prendre une consommation gratuite, tel jour, à telle heure, et les spéculateurs de brasseries excentriques inonderont, ainsi,

Paris, de papiers singuliers et multiples, à la littérature tout à fait suggestive :

| | |
|---|---|
| De toute la France | Quand on est morose, |
| Les plus beaux minois | Voilà le motif : |
| Sont, mais sans offense | Ell' veut qu'on l'arrose |
| A Paris, je crois. | D'un apéritif. |
| Ell's trinquent sans manières, | Ell's boivent des madères |
| Du soir au matin ; | Plus qu'un escadron, |
| Viv' les chiffonnières | Quoiqu'elles n'en aient guère |
| Du quartier Latin ! | Du poil' au menton. |

O poésie française ! quel crime as-tu donc commis pour te voir ainsi clouer au pilori de la brasserie *au Vermoulu*, servie par les *belles chiffonnières*. Et maintenant, la mesure est comble, le dossier est complet. Quoi qu'il arrive, le prospectus ne saurait aller plus loin dans ses exagérations, dans son puffisme, dans sa réclame éhontée. Prospectus distribué dans la rue et souvent digne du ruisseau ; prospectus qui sera le document le plus précieux, le plus exact, pour écrire l'histoire des mœurs au xix° siècle. Collectionneurs, mes frères, accordez-lui une place : pour lui ouvrez tiroirs et cartons ; et si jamais vous êtes moroses vous passerez en sa société un agréable quart d'heure.

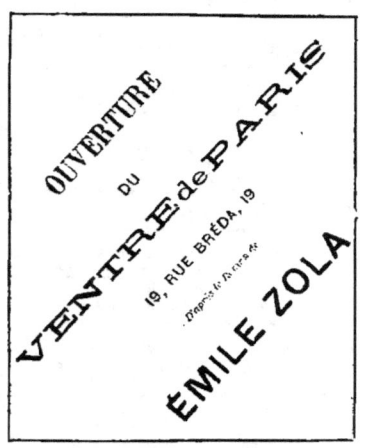

Fig. 387. — Prospectus de brasserie distribué dans les rues.

### III.

Et maintenant traversons le détroit, car lorsqu'il s'agit de prospectus, d'annonces, nos maîtres, on peut le dire, sont les Anglais : ce sont eux qui ont inventé, qui se sont servis, en premier, de toutes les formes de réclames ici énumérées. Pour eux tout est matière à annonces : même la peinture, même les tableaux classiques des musées, même les figures des grands hommes. Un Napoléon pensif, tel qu'on nous le représente la veille d'Austerlitz, ne sera préoccupé que d'une chose : popula-

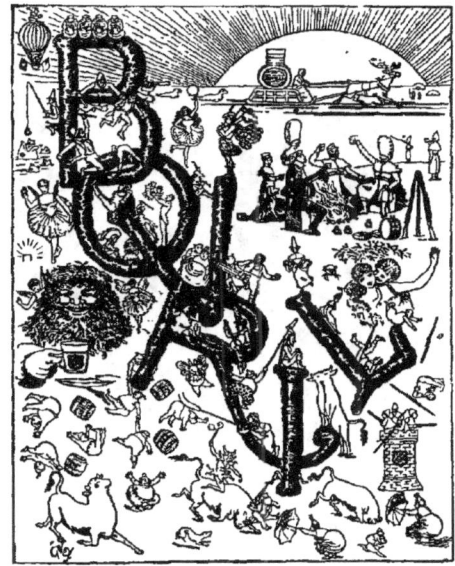

Fig. 388. — Réclame anglaise pour les pastilles Bovril publiée à la 4ᵉ page des journaux illustrés.

riser les pastilles dont il tient une boîte en main. Napoléon! c'est un comble. Napoléon fait prisonnier par les Anglais servant, aujourd'hui, aux mêmes Anglais, de réclame vivante pour un quelconque de leurs produits. Quelle revanche pour Albion!

Des oiseaux, — hirondelles, canaris ou perroquets, — porteront aux quatre coins du monde les mérites, les vertus des pastilles Bovril, tandis que le savonnier Pear fera apparaître des têtes amusantes et variées, homme à lunettes, enfant à blonde chevelure, actrice connue, qui, toutes, vous diront, le sourire aux lèvres : « Bonjour, avez-vous usé du savon Pear ? » Vers, calembourgs, dialogues, encadrements décoratifs, caricatures, allégories, les formes diverses de la publicité pittoresque et graphique sont, du reste, mises en action pour atteindre au but désiré. Celui-ci emploiera tous les genres : sa pommade, son savon, son élixir, ses bretelles seront accommodés aux sauces les plus différentes, rendront les services les plus divers, les plus inappréciables dans certaines circonstances de la vie.

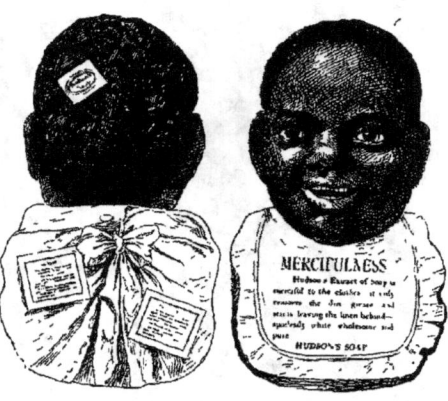

Fig. 389. — Prospectus-réclame anglais : extrait de savon pour laver la tête aux enfants. Recto et verso du prospectus ainsi découpé, noir et blanc, qui se glisse entre les pages des publications périodiques.

C'est un savon qui donnera à cette jeune miss l'éclat merveilleux de son teint; c'est un élixir qui permettra à ce jeune homme de conquérir les beautés les plus rebelles; ce sont ces bretelles qui décideront de la victoire de tel joueur au billard. Et chaque article aura ainsi des images concluantes, suivant la profession, suivant les goûts, suivant les tendances, suivant le sexe des publics que l'on voudra atteindre. Celui-là, au contraire, se cantonnera dans une publicité dont il ne sortira jamais : la même grosse tête servira éternellement d'enseigne à ses produits, ou la même petite vieille femme, ou le même négrillon, ou les mêmes policemen, ou les mêmes babys se tenant par la main, ou la même pomme, ou le même citron d'eau.

La publicité aux formes multiples, véritable Protée; la publicité fixe, véritable enseigne du produit qu'il s'agit de répandre.

Comme certain chocolatier parisien, Pear aimera à faire valoir l'antiquité de sa maison, et, mettant un fait divers en image, il montrera la reine Charlotte d'Angleterre honorant de sa visite la boutique du « savonnier-parfumeur ». Bovril, qui ne recule devant rien comme audace réclamière, qui se complaît à vanter ses qualités dans l'usage intime, se fera placer parmi les grandes puissances de l'Europe, sur un tableau noir destiné à apprendre la géographie aux enfants. Brooke démontrera par d'amusantes vignettes que son savon ne sert pas seulement à faire reluire les cuivres, mais qu'il blanchit aussi les nègres. Le *Sunlight soap*, pour rester conforme à son nom, apparaîtra au milieu des rayons d'un soleil éclatant, et toutes les puissances du monde débarqueront pour le voir de plus près dans sa gloire.

Après le Roi-Soleil de l'histoire, le soleil roi de la Réclame.

Pour attirer sur elles l'attention, les pilules de Beecham auront recours à toutes les ressources d'un esprit inventif. Ici, de vieux savants en excursion archéologique découvriront une pierre, quelque monument druidique sur lequel se détacheront en caractères ultra-lisibles les mots *Beecham's Pills*. Là, des enfants se précipiteront vers un arbre de Noël chargé de petites boîtes ornées dudit qualificatif.

Ailleurs, dans un salon rempli des dernières élégances, tous les invités *beechameront* chacun sa boîte en main.

Mieux encore. Le même industriel, toujours à la recherche d'invention nouvelle, trouvera pour sa publicité courante, pour la distribution dans les rues, pour l'envoi à domicile, le *Beecham's Oracle* : une feuille de papier extra-mince, avec un cadre de réclame, le milieu étant blanc. Dans ce papier entre de l'amiante, matière comme on le sait incombustible, mais cette composition a été disposée de façon à ne pas pénétrer partout, si bien que lorsqu'on présente à un point indiqué le bout encore rouge d'une allumette, le feu se communique, coulant comme un ruisseau enflammé, à toute la partie réservée dans la pâte, et l'on voit alors apparaître, soit le portrait de M. Beecham lui-même, soit les portraits de grands personnages anglais. La réclame mise forcément entre toutes les mains; la réclame devenant un sujet d'amusement sur les tables des salons!

Du reste, qu'il s'agisse de publicité fixe ou de publicité volante, je veux dire que les annonces soient encartées entre les pages des « magazine » ou distribuées dans les rues, les Anglais se montrent également maîtres. Les fleurs qui s'entr'ouvrent, les papillons qui battent des ailes, les corbeilles qui laissent entrevoir des fruits savoureux, mettant ainsi délicieusement l'eau à la bouche, les bouteilles qui ne font nulle difficulté de se livrer tout entières en effigie, — carte des prix en attendant qu'elles deviennent elles-mêmes carte de liqueurs ou carte de vins, — n'ont plus de secrets pour eux : bientôt, très certainement, ils

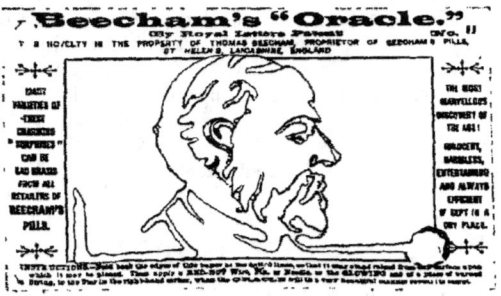

Fig. 3/0. — Réclame pour les pilules Beecham donnant la surprise d'une figure formée sur le papier, dans sa partie non imprégnée d'amiante, en mettant le feu au petit rond indiqué à droite

trouveront le moyen d'adapter à ces cartonnages des petits récipients contenant des échantillons de la marchandise annoncée.

L'annonce illustrée, c'est, aujourd'hui, la carte de visite pittoresque, si l'on peut s'exprimer ainsi, d'un commerçant quelconque : demain, ce sera, tout comme l'affiche, un document précis ou fantaisiste qui renseignera sur l'esprit inventif des gens de l'époque. Et, en parcourant l'ensemble des vignettes ici reproduites, on acquerra la conviction que l'art commercial n'aura pas été un vain mot en ce siècle finissant.

Jadis, la peinture et la gravure se contentaient d'enregistrer les hauts faits des souverains et des vaillants capitaines; aujourd'hui, on les voit se mettre au service de tous les savons, cacaos et autres produits dont l'humanité fait plus ou moins grand usage.

Un industriel de la nouvelle école ne s'est-il pas amusé à

prendre comme vignette une Vénus de Milo agrémentée, pour mieux vanter ses appareils, d'un bras caoutchouté, ce bras factice tenant, pour comble, une tasse de cacao à la marque connue, si bien que la déesse se trouve ainsi sacrifier en même temps à deux produits différents.

Ce n'est plus la Belle Hélène au théâtre, ce n'est ni la Vénus hottentote, ni la Vénus aux carottes : c'est Vénus déesse de la réclame !

Voilà ce qui s'appelle servir les idées de son temps !

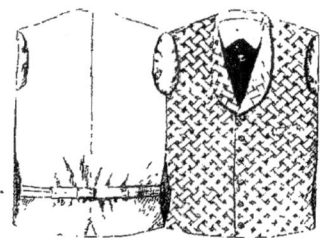

Fig. 391. — Gilet-réclame pour un magasin de confections.
L'image est, ici, ouverte. Les prix des vêtements se trouvent à l'intérieur.

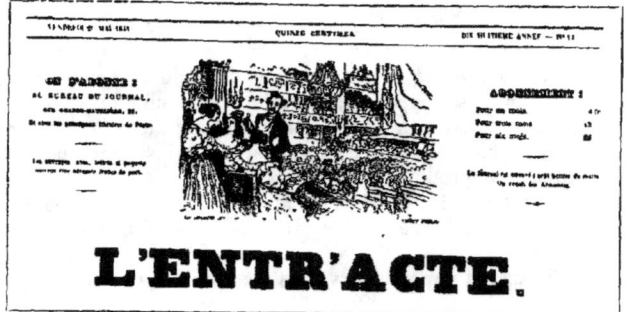

Fig. 392. — Titre du journal l'Entr'acte dessiné par Tony Johannot.

## CHAPITRE XXIII.
## Les Curiosités du Journal.

Le premier Journal imprimé à Anvers (XVII siècle) — Format des anciennes Gazettes. — Les Feuilles Quotidiennes — Agrandissement du Journal. — Vignettes en bois de la Révolution : *Père Duchesne* et autres. — L'Image instrument de combat.— Le Journal Illustré. — Les Journaux Excentriques. — Les Feuilles Autographiées. — Les « Lanternes ». — Influence des mœurs et des idées générales sur les Titres. — Les Titres au point de vue Typographique. — Journaux Exotiques : Chine et Japon

### I.

Dans le journal, et il en est de même avec le livre, on passe du petit au grand, on va de la feuille minuscule à la feuille monstre, du petit carré de papier au format de l'affiche, du mouchoir de poche au drap de lit : on peut bien se permettre cette comparaison, alors que, vers la fin du second Empire, Villemessant inaugurait *le Grand Journal*, imprimé sur calicot ou madapolam, comme on voudra, pouvant, une fois lu, passer à la lessive, et se transformer ainsi, soit en serviette de table, soit en serviette de toilette. C'est du moins ce qu'annonçait l'inventif directeur dont l'esprit ingénieux sans cesse sut trouver des combinaisons nouvelles.

Que le journal imprimé ait pris naissance à Venise, en Hollande, en Allemagne, ou en Angleterre, à Anvers, ou à Strasbourg[1], peu importe; qu'il faille ou non considérer comme journaux les recueils historiques relatant les faits de l'année et rédigés jour par jour, comme le *Mercure français* de 1611, peu m'inquiète; je laisserai même à ceux qui aiment discuter sur tout et sur rien le

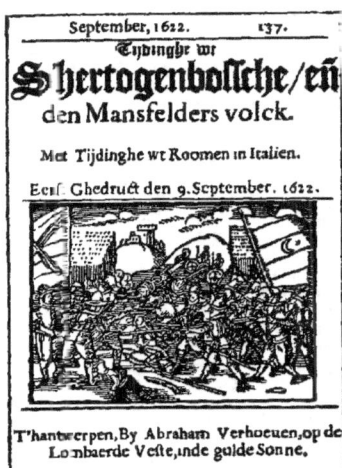

Fig. 393. — Page-titre du journal *Tydinghe* publié à Anvers (1622).

(L'original mesure 12 centimètres sur 17.)

1. Au Congrès des Journalistes allemands tenu à Heidelberg en juillet 1895, chaque membre reçut comme souvenir commémoratif le fac-similé d'une gazette publiée en 1609 à Strasbourg, par Jean Carolus, sous le titre suivant, gazette qui peut passer pour le premier journal connu :

*Relation de toutes les choses remarquables et mémorables qui peuvent se passer çà et là dans la haute et basse Allemagne, ainsi qu'en France, Italie, Écosse, Angleterre, Espagne, Hongrie, Pologne, Transylvanie, Valachie, Moldavie, Turquie, durant cette année 1609. Toutes les nouvelles reçues seront imprimées aussi consciencieusement que possible.*

Le premier numéro de cette gazette contient, entre autres choses curieuses, une lettre de Venise, datée du 4 septembre 1609, et où la découverte de la lunette, par Galilée, est annoncée en ces termes laconiques encore que précis :

« Le gouvernement de ce pays a augmenté encore de cent couronnes la pension du signor Galilée de Florence, professeur à Padoue, parce qu'il a trouvé, grâce à son travail assidu, un instrument dans lequel on peut voir les lieux éloignés comme s'ils étaient dans le voisinage, tandis que les objets voisins y apparaissent beaucoup plus grands que s'ils étaient regardés à l'œil nu. »

Sans parler du musée des journaux qui existe en permanence à Leipzig, plusieurs expositions rétrospectives de la presse ont déjà été organisées. Citons, notamment, la très intéressante exposition qui a eu lieu en 1894 à Bruxelles, et qui avait réuni un nombre assez considérable de feuilles appartenant aux genres les plus différents.

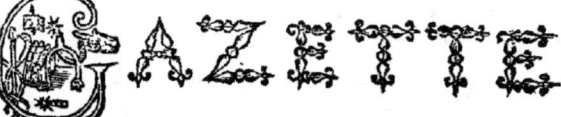

ORCE tourbillons de feu meslèz de cendres & *De Naples*
de pierres vomies & jetées au loing par le trou *le 4. Octo.*
de la montagne de Somme pres de ceste ville, *1632.*
recommancent à troubler nostre repos & rendent
inutile toute l'industrie des Ingenieurs &
pionniers que nostre Vice-Roy a envoyez soubz
la charge du Marquis de Vico pour remedier à
ce desordre, & notamment pour donner cours
à la grande quantité d'eau qui en est sortie, dont l'odeur ensoufrée
s'augmentant par la corruption que le sejour luy aporte, est intolerable
à tout ce pays.

La miserable mort du Prince de Concha, avenue en prison, côme
je vous ay escrit, a épouvanté plusieurs des principaux de la Noblesse
qui se sont absentez de ceste ville fort mal contens, aprehendans pareilles
recherches, dont ils se croyoient exempts & privilegiez. Nos
soldats Italiens & Espagnols se sont entrepris, & estans venus des
paroles aux mains, il en est demeuré quelques uns sur la place de part
& d'autre : dont on ne sçait pas encor le nombre, non plus que le
vray motif de leur querelle.

Les Peres Thimothée Perez Sicilien & Iean Thadée de S. Eliseo, Es- *De Rome*
pagnol, (les deux Carmes déchaussez, dôt je vous ay parlé) sont partis *le 9. Octob.*
pour aler resider en leurs Dioceses, ayans esté consacrez dans l'Eglise *1632.*
de Nostre Dame d'Anima par le Cardinal Spada des le dix-neufiesme
du passé : le premier pour Archevesque de Babylone, auquel le *pallium*
fut decreté au Consistoire tenu le lendemain: le second pour Evesque
d'Hispaan, metropolitaine de Perse.

Le vingt-neufiesme du mesme mois, le Pape tint Chapelle en celle
de Montecavallo, où le Cardinal de Saint Onufre, frere de sa Sainteté
chanta la Messe en memoire de son couronemét à pareil jour, auquel
on fait recommancer heureusement la dixiesme année de son Pontificat.
Elle est alée de là au Chasteau Gandolphe où elle doit sejourner
jusques à la feste de Toussaints.

L'Ambassadeur de Savoye n'a pas épargné la poudre à canon aux
feux de joye qu'il a faits trois jours durant pour la naissance du fils
aîné de son Maistre. Les Ambassadeurs & Cardinaux qui luy sont affectionnez
en ont fait de mesme.

Les Galeres de Malthe en ayans pris deux Turquesques chargées
de marchandises, mais dénuées de gens, pour ce qu'elles leur donnerent
temps de se sauver à terre, ont esté contremandées & retournent
à leur port.

. M

Fig. 394. — Première page d'un numero de la *Gazette* de Renaudot (2ᵉ annee) — le 1ᵉʳ numéro avait paru le 30 mai 1631 — qui ne devait prendre qu'en 1762 son titre actuel de *Gazette de France*. Le titre lui-meme et notamment le G initial devait, à plusieurs reprises, changer d'aspect typographique

soin de prononcer si les papiers-nouvelles, les placards volants, les *canards*, en un mot, sont ou non les ancêtres du journalisme.

Ce qui est certain, c'est qu'un imprimeur d'Anvers, Abraham Verhœven, faisait paraître dès les premières années du XVII° siècle une feuille, d'abord à dates plus ou moins fixes, devenue bientôt hebdomadaire, en laquelle, suivant les termes de la permission à lui octroyée par les archiducs Albert et Isabelle, il pouvait « imprimer et graver sur bois ou sur métal et vendre, dans tous les pays de la juridiction, toutes les nouvelles récentes, les victoires, les sièges, et prises de villes que lesdits princes feraient ou gagneraient ». Permission, par privilège spécial, de dire ce qu'il plaît à l'autorité de laisser répandre et divulguer. Plus tard, c'est la censure qui viendra remplacer l'octroi du privilège.

Ce qui est certain, c'est que le journal, né du livre et qui peu à peu doit tuer le livre, se montre, dès l'origine, littéraire et graphique, appelant l'image à venir éclairer le texte.

Bientôt les *Tydinghe*, les nouvelles de l'imprimeur anversois, eurent des imitateurs partout, des *Aviso*, des *Gazette* « de ce qui est arrivé ou s'est passé ». Troyes, la métropole des almanachs, donna le signal en France, dès 1626, avec la *Gazette française pour le temps présent*, publiée en vers, et de cinq années antérieure, par conséquent, à la *Gazette*, devenue plus tard, *de France*. Chose curieuse au point de vue du sens attribué aux mots, le journal c'est alors la *Gazette*, tandis que les périodiques, les revues, se trouvent être le *journal*. De nos jours, cela paraîtrait quelque peu étrange.

*Gazette* ou *Conférence, Feuille, Mercure* ou *Affiches*, tous ces journaux, dont le format ne dépasse guère 20 centimètres sur 15, sont des cahiers de quatre, huit ou douze pages, des cahiers qui seraient comme les feuilles détachées d'un livre paraissant hebdomadairement, destinées à être réunies à la fin de l'année, ainsi que l'indique bien le titre générique : *Recueil des Gazettes pour l'année 1600 et tant....* L'aspect, la composition, la mise en pages, les lettres ornées, les sommaires en marge, tout montre qu'ils ne sont pas autre chose qu'un livre donnant des nouvelles de tout, et sur tout, du pays et de l'étranger, à dates fixes.

Extraordinaire, dès l'origine, la puissance de ces feuilles, puisque, à la *Gazette de France* n'imprimant que ce que le Roi veut bien laisser paraître, la Hollande opposa ces fameuses gazettes restées célèbres, défendant le principe de la souveraineté populaire, battant en brèche l'autorité du Roi-Soleil, arrivant, malgré

N°. 46.

## NONANTE-CINQVIESME
# CONFERENCE
## Du Lundy 31. Decembre 1635.

1. *De la diversité des esprits.* 2. *Des Estrennes.*

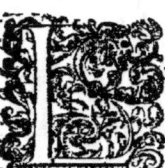
A sagesse de la nature paroist principalement dans l'ordre, lequel estant renversé par l'identité, qui fait la confusion, vne chose n'a pas plustost l'estre qu'elle a l'vnité qui la fait indivise en soi-mesme, mais divisée & separée de toute autre. Cette diversité se rencontre par tout : elle est neantmoins plus manifeste dans l'homme qu'ailleurs : dans son corps, dont nous avons parlé : dans son ame, celle des esprits, si grande, que non seulement il ne s'en est jamais trouvé qui eussent les mesmes inclinations & mouvemens, mais qui fussent semblables à eux-mesmes : l'esprit estant vn agent infatigable, qui change de posture à tous momens, selon les divers rencontres des nouvelles especes des objects qui se presentent à lui incessamment, & ausquels il se rend semblable. Mais encor que le partage des esprits soit si inégal & au desavantage de quelques-vns, qu'il se remarque vne plus grande difference d'esprits entre tel homme & tel homme, qu'entre tel homme & telle beste : neantmoins, il n'y a point de partage qui soit mieux-fait au gré de tous ; n'y en ayant pas vn qui soit plus que content du sien, voire qui ne pense en avoir assez pour gouverner & instruire les autres ; tant nous estimons ce qui nous appartient. La cause de cette diversité d'esprits & d'inclinations, me semble estre la diverse constitution des corps, dont les mouvemens & inclinations de l'ame suivent le temperament : lequel n'estant jamais entièrement semblable, mais alteré & changé sans cesse par les causes externes & internes, non seulement dans les quatre saisons de l'année, mais aussi les quatre parties du jour, qui varient nostre tempera-

AAAa

Fig. 395. — Page d'une des *Conferences* de Renaudot (1635)

l'œil de lynx de la police, à pénétrer dans le royaume, se faisant

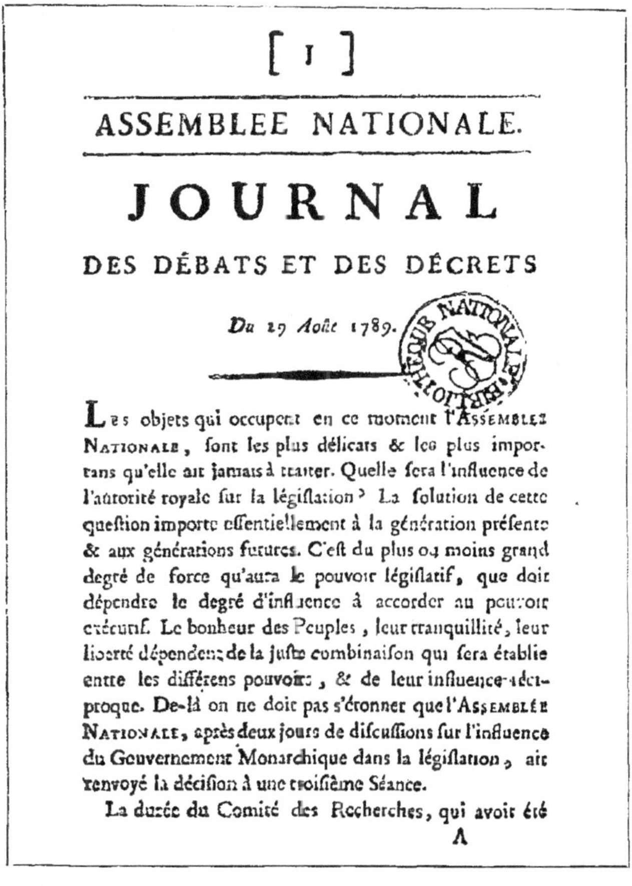

[ 1 ]

ASSEMBLEE NATIONALE.

JOURNAL

DES DÉBATS ET DES DÉCRETS

Du 29 Août 1789.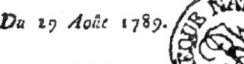

Les objets qui occupent en ce moment l'Assemblée Nationale, sont les plus délicats & les plus importans qu'elle ait jamais à traiter. Quelle sera l'influence de l'autorité royale sur la législation ? La solution de cette question importe essentiellement à la génération présente & aux générations futures. C'est du plus ou moins grand degré de force qu'aura le pouvoir législatif, que doit dépendre le degré d'influence à accorder au pouvoir exécutif. Le bonheur des Peuples, leur tranquillité, leur liberté dépendent de la juste combinaison qui sera établie entre les différens pouvoirs, & de leur influence réciproque. De-là on ne doit pas s'étonner que l'Assemblée Nationale, après deux jours de discussions sur l'influence du Gouvernement Monarchique dans la législation, ait renvoyé la décision à une troisième Séance.

La durée du Comité des Recherches, qui avoit été

A

Fig. 305. — Première page du premier numéro du *Journal des Débats et des Décrets* publié le 1er septembre 1789, devenu en 1814, pour ne plus changer dès lors, *Journal des Débats politiques et littéraires*.

lire sous le manteau, se passant de main en main, très recherchées, plus goûtées que la gazette officieuse, parce qu'elles abondent en traits, en renseignements inédits.

Après les feuilles mensuelles, bi-mensuelles ou hebdomadaires, *Bibliothèque, Nouvelles, Causeries, Observateur, Mémoires*, la feuille quotidienne : c'est le *Journal de Paris* qui paraît en 1777, toujours dans le format in-8. On arrivait au livre quotidien dont 1789 doit faire un instrument de propagande politique. C'est, avec la Révolution triomphante, le *Journal des Débats et décrets* et la *Gazette Nationale ou le Moniteur Universel*; puis une succession non interrompue, une pluie de feuilles nouvelles répondant à certaines classifications générales, les *Ami*, les *Echo*, les *Feuille*, les *Courrier*, les *Journal*, les *Sentinelle*, les *Glaneur*, les *Postillon*, les *Observateur*, sans oublier le fameux journal *Tachygraphique*, un titre qui faisait alors tourner toutes les têtes. Et combien de titres particuliers, on ne peut mieux appliqués au nouvel état de choses : *Journal des hommes libres, Journal des sans-culottes, Journal de la Fédération.*

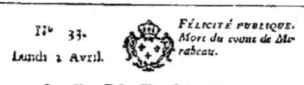

Fig. 397. — Première page du *Journal de la Cour et de la Ville* (non cité par Hatin dans sa *Bibliographie de la Presse*)
L'original mesure 10 cent. sur 17. (Coll. de l'auteur.)

Le *Journal des Débats et des Décrets* donne le signal de l'agrandissement : dès ce moment, le quotidien va s'imprimer sur deux colonnes et mesure 24 centimètres sur 36. Mais, malgré tout, c'est encore le type du livre, du recueil à images, qui prédomine. Tels *les Actes des Apôtres*, les *Révolutions de France et de Brabant*, le *Vieux Cordelier*, les *Révolutions de Paris*, accompagnés de planches gravées, d'une exécution souvent enfantine, et curieuses à feuilleter.

Avec *le Père Duchesne* et tous les pamphlets, canards, libelles, qui doivent en dériver, les *Mère Duchesne*, les *Véritable Père Duchesne*, les *Résurrection du Véritable Père Duchesne*, les *Jean Bart*, le *Père*

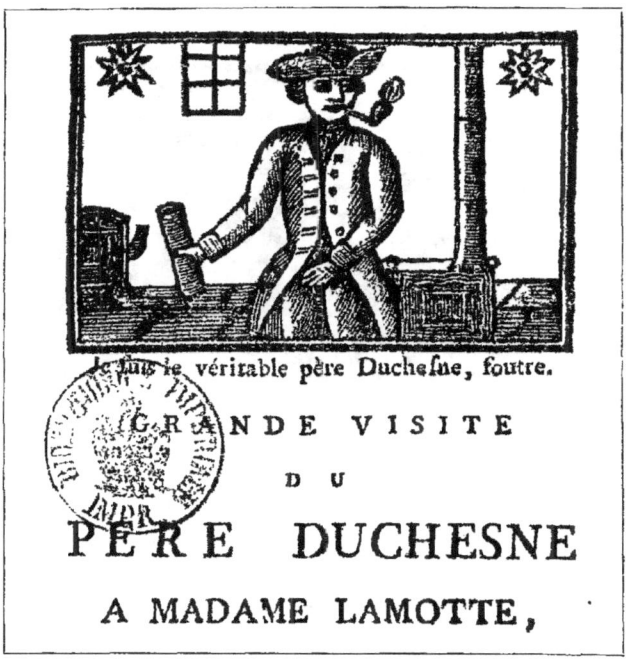

Fig. 393. — Première page du *Père Duchesne* d'Hébert[1], collection de 30 numéros (1790).

*Francœur*, le *Sappeur sans-culotte*, — c'est la vignette naïve et grossièrement taillée en bois. Chose caractéristique pour l'étude des procédés graphiques, depuis le XVIIIe siècle, le cuivre s'était aristocratisé, donnant les frontispices des recueils savants et lettrés,

---

1. Cette vignette et toutes celles qui vont suivre relatives aux pamphlets genre *Père Duchesne* m'ont été obligeamment prêtées par M. Maurice Tourneux, le savant auteur de la *Bibliographie de l'Histoire de Paris pendant la Révolution*.

alors que le bois, au contraire, semblait vouloir rester le titulaire des lettres et des satires populaires. Et cette vignette, invariablement, montre un personnage quelconque fumant comme un sapeur, la pipe et le tabac paraissant être, au point de vue de

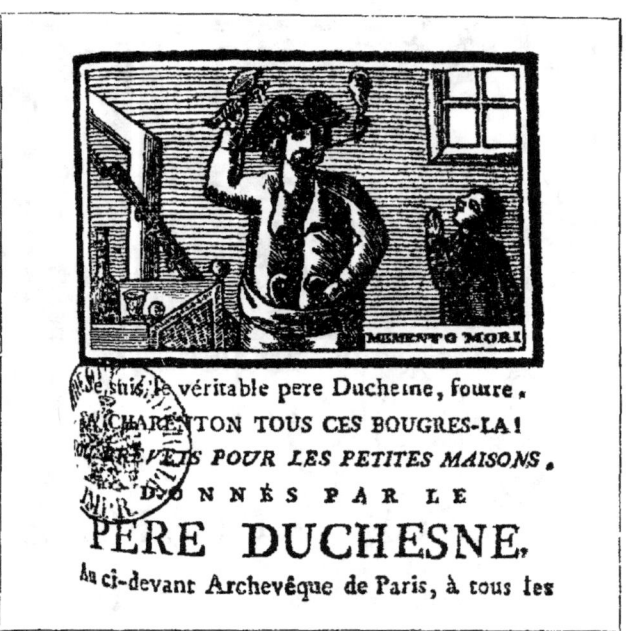

Fig. 399. — Vignette du *Père Duchesne* d'Hébert (1790) avec la mention *Memento mori* à l'adresse de l'ecclésiastique sur lequel le *bon bougre le patriote* paraît prêt à laisser tomber sa hachette. Sur d'autres numéros on a ajouté, pour être plus explicite encore : *Sacré calotte*.

la violence de l'image, ce qu'est le « foutre » pour le langage. Il faudra 1830 pour que la fumée n'entraîne plus avec elle des idées de corps de garde et puisse pénétrer dans les salons. Elles-mêmes, les femmes fument quoique portant la quenouille en main. Et la plupart du temps, tous ces personnages qui sentent la poudre, qui laissent après eux les âcres odeurs de l'entrepont, sont armés jusqu'aux dents de pistolets, à moins qu'ils ne brandissent en main le sabre de cavalerie ou la hache d'abordage. Ce serait, du reste, une iconographie particulièrement instructive, celle des en-têtes de pamphlets avec les fourneaux, petits ou

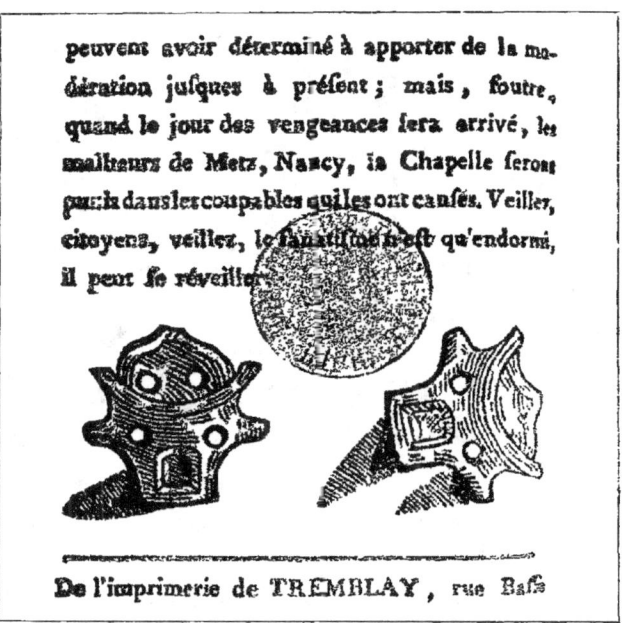

Fig. 400 — Dernière page du *Père Duchesne* d'Hébert avec les deux fourneaux a forme très anguleuse, dont l'un renversé.

grands, avec l'accessoire obligé de la bouteille de vin et du verre, — sans doute pour boire à la santé de la nation.

Mais déjà aussi, quoiqu'ils conservent une saveur particulière, ces journaux et ces pamphlets sont moins décoratifs que ceux de la période précédente. Leur typographie, souvent hâtive, sent le placard, l'affiche, l'appel direct aux passions populaires. C'est bien le journal, instrument de combat, succédant au journal-livre, au journal enregistrant les faits, les nouvelles, les découvertes, sans autre pensée qu'instruire et renseigner les masses.

# Les Curiosités du Journal.

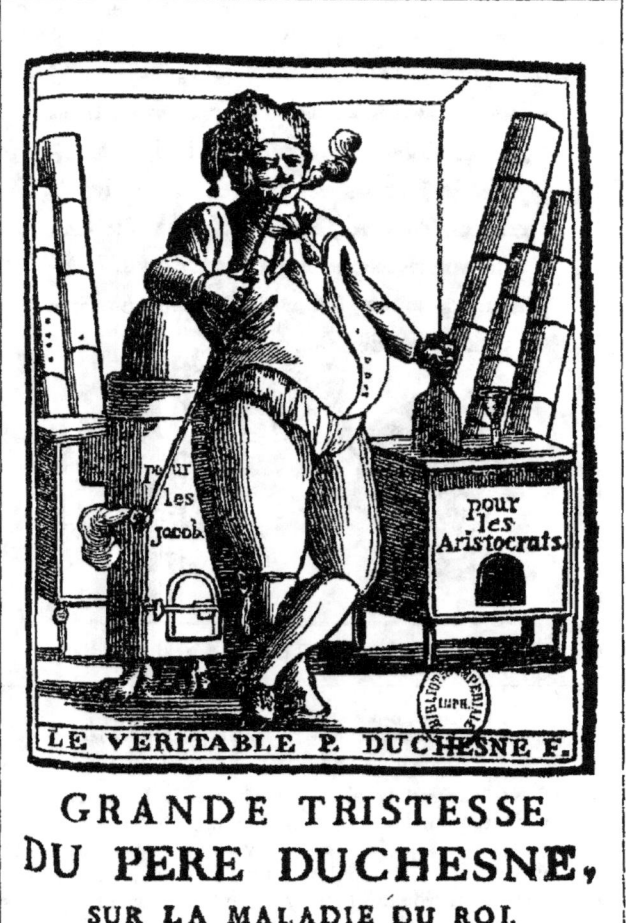

Fig. 401. — Frontispice du *Véritable Père Duchesne*, publication royaliste (34 n<sup>os</sup> in-8) avec les deux fourneaux, pour les jacobins et les aristocrates (1790).

Le XVIII° siècle devait ainsi connaître les deux formes de la publicité par la gazette : la forme littéraire, philosophique, et la

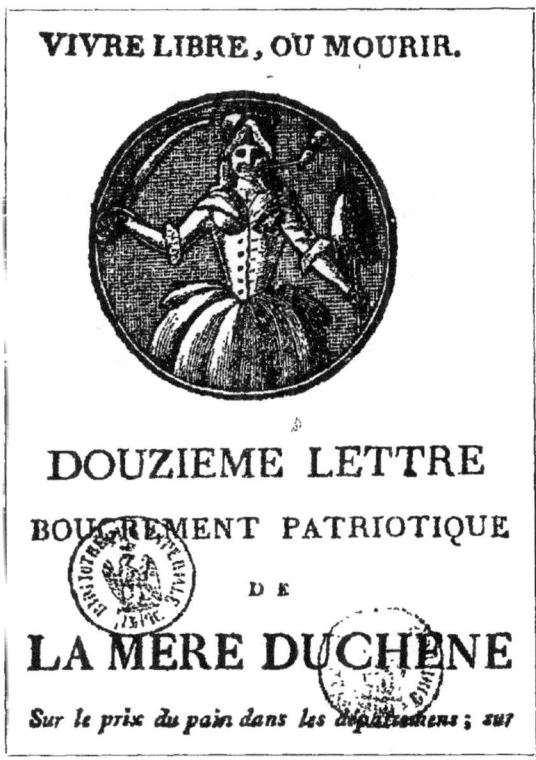

Fig. 402. — Frontispice de la publication bi-hebdomadaire. *Lettre bougrement patriotique de la Mère Duchesne* (18 n°ˢ in-8).

forme politique, pamphlétairienne, mais sans sortir de sa conception primitive au point de vue de l'espace, de l'étendue de la feuille elle-même.

L'idée ancienne est celle du journal se conservant, du moins

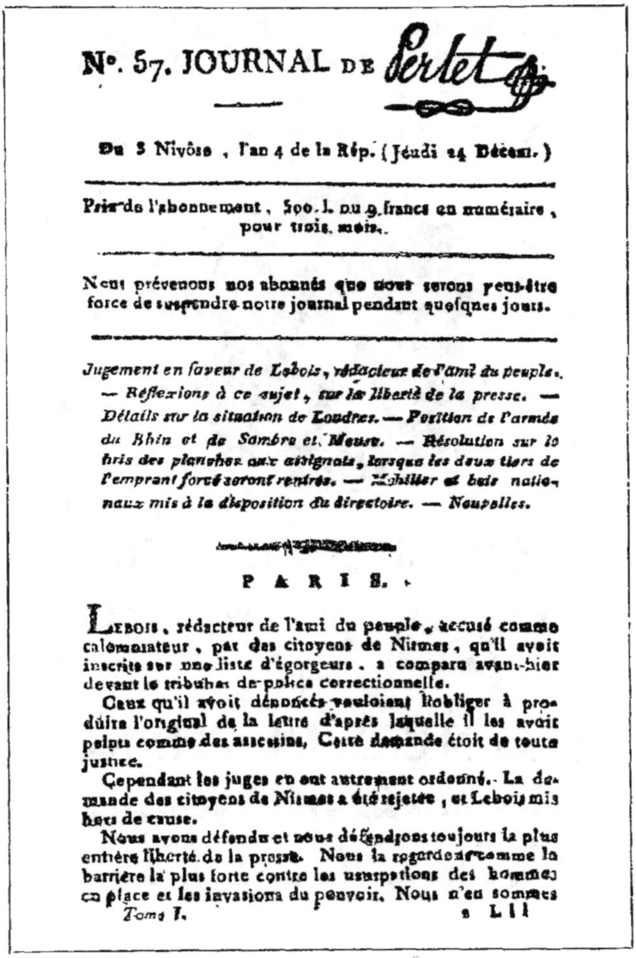

> **N°. 57. JOURNAL DE Perlet**
>
> Du 3 Nivôse, l'an 4 de la Rép. (Jeudi 24 Décem.)
>
> Prix de l'abonnement, 500 l. ou 9 francs en numéraire, pour trois mois.
>
> Nous prévenons nos abonnés que nous serons peut-être forcé de suspendre notre journal pendant quelques jours.
>
> Jugement en faveur de Lebois, rédacteur de l'ami du peuple. — Réflexions à ce sujet, sur la liberté de la presse. — Détails sur la situation de Londres. — Pétition de l'armée du Rhin et de Sambre et Meuse. — Résolution sur le tris des planches aux assignats, lorsque les deux tiers de l'emprunt forcé seront rentrés. — Mobilier et bois nationaux mis à la disposition du directoire. — Nouvelles.
>
> **PARIS.**
>
> Lebois, rédacteur de l'ami du peuple, accusé comme calomniateur, par des citoyens de Nismes, qu'il avoit inscrits sur une liste d'égorgeurs, a comparu avant-hier devant le tribunal de police correctionnelle.
>
> Ceux qu'il avoit dénoncés vouloient l'obliger à produire l'original de la lettre d'après laquelle il les avoit peints comme des assassins. Cette demande étoit de toute justice.
>
> Cependant les juges en ont autrement ordonné. La demande des citoyens de Nismes a été rejetée, et Lebois mis hors de cause.
>
> Nous avons défendu et nous défendrons toujours la plus entière liberté de la presse. Nous la regardons comme la barrière la plus forte contre les usurpations des hommes en place et les invasions du pouvoir. Nous n'en sommes
>
> Tome I.      LII

Fig. 403. — Première page d'un numéro de ce journal.

Le *Journal de Perlet* faisant suite à *Versailles et Paris*, commencé le 1er août 1789, parut de 1794 à 1797. Il jouit d'une grande vogue dans la classe moyenne, grâce à son patriotisme modéré.

476  Vieux Papiers, Vieilles Images.

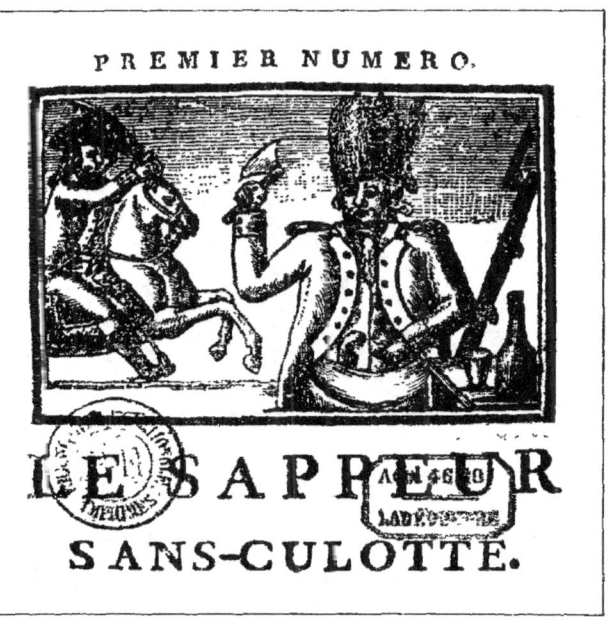

Fig. 404. — Frontispice du *Sapeur-sans-culotte* (4 n°° in-8), 1790.

pouvant être conservé : l'idée moderne sera celle de la feuille destinée à être lue quotidiennement mais sans espoir d'être gardée, rassemblée, reliée, en dehors des collections publiques.

## II.

Avec le siècle, le journal monte, je veux dire marche peu à peu à la conquête des formats plus grands : voici le *Journal des Débats*, in-4 sans feuilleton, in-folio avec feuilleton. Sous le premier Empire, sous la Restauration, des quotidiens arborent le format de $3\frac{7}{}$ sur 47 : si par leur typographie, si par leurs papiers, gris ou bleutés, ils conservent leur allure vieillotte, tout indique cependant la rupture que va consacrer 1830, en créant réellement le journal, instrument de propagande, de vulgarisation, de déve-

## Les Curiosités du Journal.

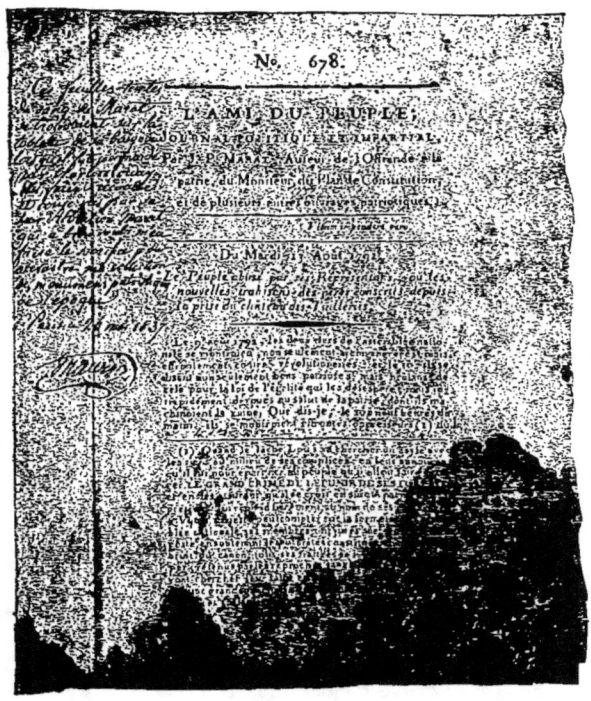

Fig. 405. — Numéro de *l'Ami du Peuple* de Marat, teint du sang
de la victime de Charlotte Corday.
Exemplaire provenant des collections du colonel Maurin et de La Bédoyère
appartenant aujourd'hui à M. Anatole France[1].

1. Baignoire (la fameuse baignoire-sabot), portrait, tout paraît devoir être matière à contestation quand il s'agit de Marat. En tout cas, plusieurs feuilles de *l'Ami du Peuple* portant des traces réelles de sang humain existent de par le monde. C'est ainsi qu'un exemplaire appartient à mon savant confrère Étienne Charavay, tandis qu'un autre exemplaire en possession d'un autre collectionneur émérite, M. Paul Dablin, a figuré, en 1894, à l'Exposition rétrospective du Livre et du Papier, au Palais de l'Industrie.

loppement commercial et industriel, véhicule d'affaires basé sur

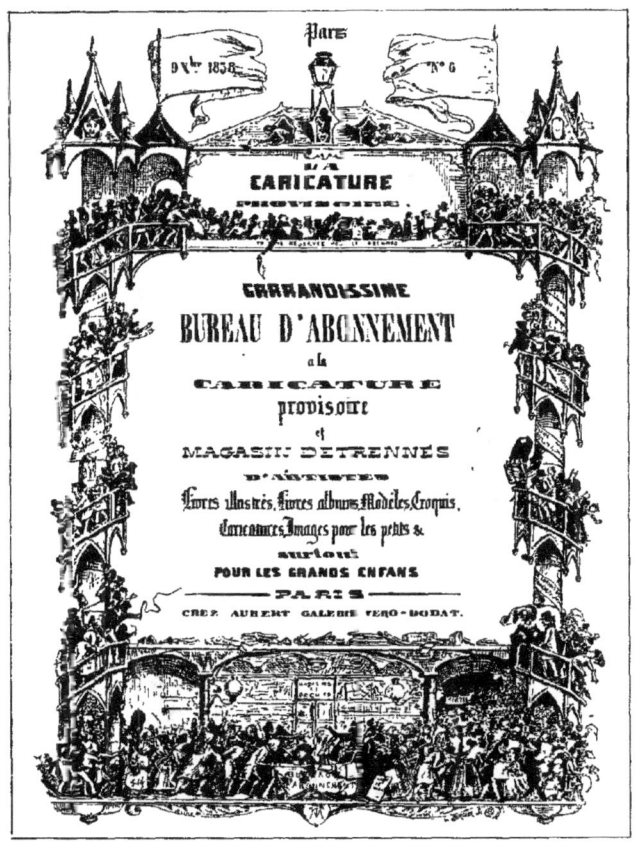

Fig. 406. — Titre-page de la *Caricature Provisoire*, dessiné par Maurisset. Fondée en novembre 1838, cette publication, célèbre dans les annales de la presse satirique illustrée, avait pour rédacteur en chef Emmanuel Gonzales.

l'argent. Dès lors, le livre, œuvre de spéculation philosophique ou littéraire, représentera le passé, alors que le journal marchera à la conquête du monde en faisant appel à tous les éléments nouveaux, en se servant de toutes les forces nouvelles.

Et dans tous les domaines il en sera de même : c'est ainsi que la *Silhouette* et la *Caricature* feront de l'image un instrument de

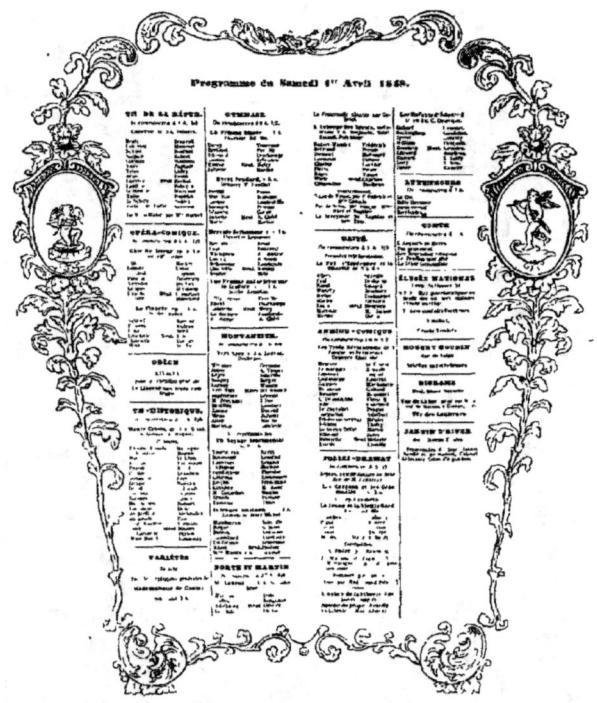

Fig. 407. — 4ᵉ page du journal l'*Eventail Republicain*, fondé le 1ᵉʳ avril 1848 par le citoyen Christian et qui dura l'espace d'une soirée. C'était, ainsi qu'on peut le voir, un éventail forme écran, enguirlande et dentelé (Collection Malherbe)

combat d'une puissance inconnue aux générations antérieures. Jadis purement indicatrice, documentaire suivant les données du temps, l'estampe conçue dans un but satirique restait isolée en son domaine; c'était la feuille volante. Le siècle allait opérer l'union, la fusion de la satire littéraire et de la caricature graphique. Bientôt *le Charivari* inaugure la presse quotidienne illustrée, dont aujourd'hui encore, malgré plusieurs tentatives de concurrence, malgré plusieurs essais plus ou moins heureux, il se trouve être le seul représentant, tout au moins dans le sens ancien donné au mot.

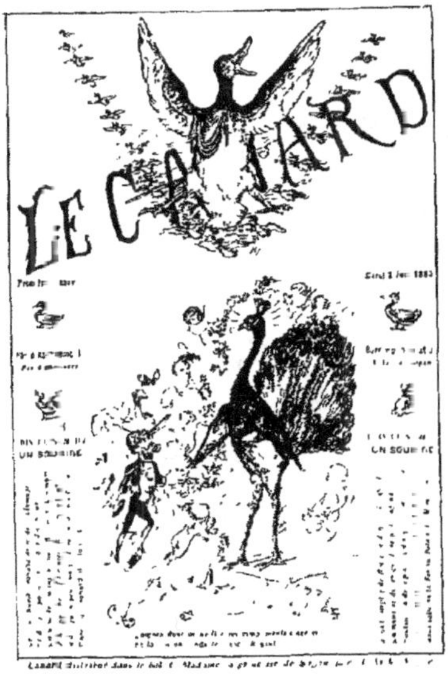

De même que le journal quotidien, politique, littéraire, artistique, constitue dès ce moment, pour le livre, une concurrence redoutable, de même le journal illustré faisant pénétrer l'image dans les milieux les plus différents, enlèvera à l'estampe, et quelquefois même à l'imagerie populaire, une partie de son influence. Ou mieux, ce qui est plus exact, il lui donnera une autre portée, une allure plus personnelle. Les charges de Daumier, plus tard celles de Dantan, commencent ce qui, la photographie aidant, deviendra le portrait-charge, c'est-à-dire l'exagération caricaturale de toutes les figures plus ou moins intéressantes que l'actualité mettra en vue, dans les domaines les plus différents.

Fig. 208. — Journal-programme pour un bal chez la princesse de Sagan.

Le personnage qui figure aux côtes du paon est M. Arthur Meyer, distributeur dudit *canard*

Qui voudrait, continuant Hatin, Firmin Maillard, Vaudin et autres, enregistrer tous les organes de propagande quotidienne, tous les hebdomadaires illustrés parus depuis trente ans, feuilles d'hier passées déjà à l'état de vieux papiers, puisque l'actualité qui, en quelques heures, fait naître les journaux, les fait disparaître avec la même rapidité!

Le chapitre des journaux excentriques, soit par leur titre, soit par leurs matières, soit par leur format, soit par leur encre et leur papier d'impression, fournirait déjà à lui seul un précieux contingent; ici, les journaux révolutionnaires imprimés sur papier rouge, ou les journaux à encadrement tricolore, les journaux

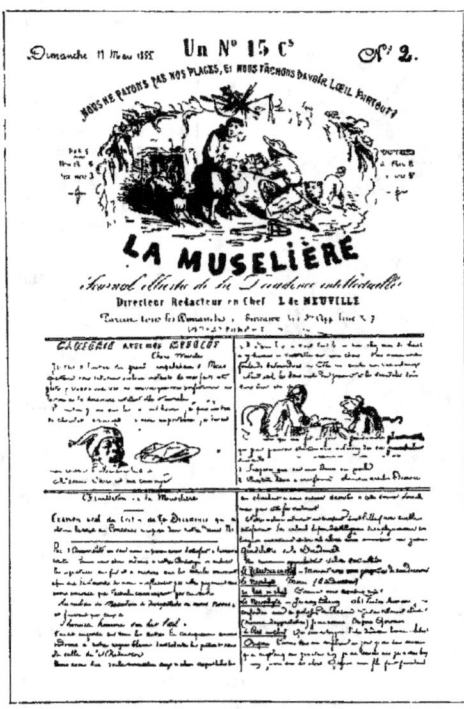

Fig. 409 — Première page de *la Muselière* journal autographique publié par Lemercier de Neuville. (Coll. Malherbe)

fantaisistes variant à l'infini leurs papiers, leur titre, changeant même de format; là, les feuilles sur papier-torchon, les curiosités, comme les créations du citoyen Chistian pouvant au besoin servir d'écran, comme ce *Journal de l'Autre Monde*, imprimé en blanc, en jaune, en rouge, en vert, sur papier noir. Ailleurs, les journaux aux primes mirobolantes, à bons, à coupons à détacher. Ici, les feuilles autographiées; là, toute une presse spéciale d'allure et de format, les lanternes qui ne sont, après tout, que la reprise, la continuation des anciens pamphlets : le journal redevenant livre, brochure, se faisant petit pour rentrer dans la poche afin de pouvoir, — tel fut le cas avec *la Lanterne*

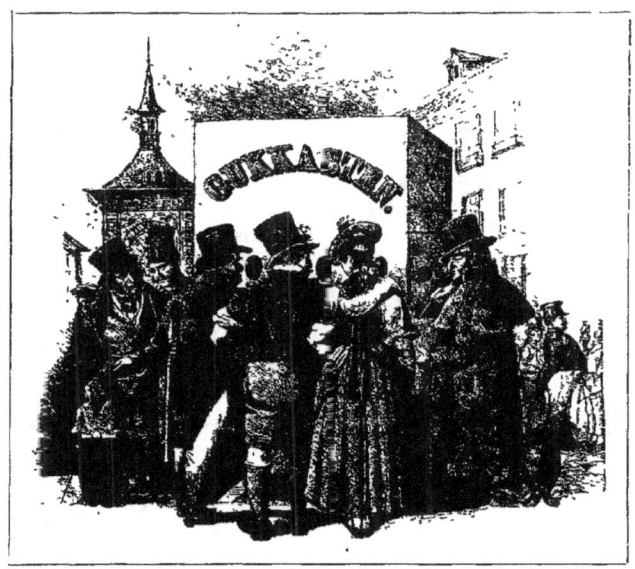

Fig. 410. — Titre-frontispice des *Gukkasten* (Lanterne Magique), journal de caricatures publié à Berne (Suisse) vers 1840. (Coll. de l'auteur.)

de Rochefort, sous le second Empire, — échapper plus facilement aux regards investigateurs des policiers. Et que de fantaisies encore avec les journaux se distribuant gratuitement sur la voie publique, avec les programmes de soirée se plaçant sous certains vocables particulièrement chers à la presse. Tel *le Canard* distribué par M. Arthur Meyer.

Peu connues, limitées à un petit cercle, les feuilles autographiées eurent, elles aussi, leur instant de célébrité sous le second Empire; littéraires, accompagnées de croquis dus quelquefois à

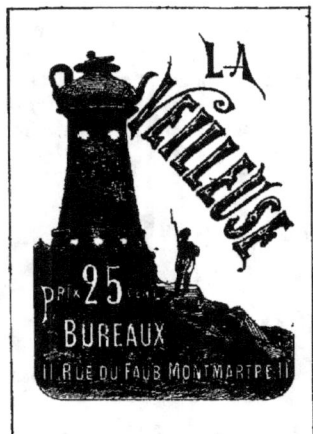

Fig. 411. — Couverture de la lanterne de Barbey d'Aurevilly (1868).

des artistes en renom, tel Léopold Flameng, rédigées par Constant Arnould ou Lemercier de Neuville, l'homme aux *Pupazzi*. Ce furent ainsi, de 1854 à 1865, *le Sans-le-Sou, l'Original, l'Enfant terrible, la Terre promise, la Fortune*. Feuilles de quartier, de cénacles, qui apparaissent, aujourd'hui, antédiluviennes, qui, plus tard, devaient être imitées par les collégiens, avec *la Boîte, le Bahut, le Bachot*, et autres organes en lesquels s'essayèrent de futurs conseillers d'État.

Pour faire l'histoire des « lanternes », il faudrait remonter bien au delà de la publication célèbre de Rochefort, presque à la fameuse *Lanterne aux Parisiens* de Camille Desmoulins. En lui-même le mot « lanterne » tient une grande place dans l'histoire du livre et du journal, en France et en Europe. La lanterne magique surtout, populaire dans les campagnes par les images qu'elle faisait défiler à l'aide de ses verres colorés, sous les yeux des paysans, devint une sorte de panorama montrant les mœurs, les types, les costumes, les monuments des nations. *Lanterne magique, Panorama, Diorama*, cela se retrouve dans tous les pays : l'optique est dans l'air. Braves gens placez-vous devant les verres de la lanterne magique et vous verrez défiler en images suggestives tous les hauts faits

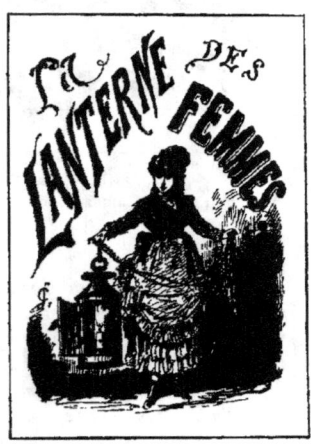

Fig 412. — Couverture d'une lanterne consacrée à la défense des ouvrières (1869)

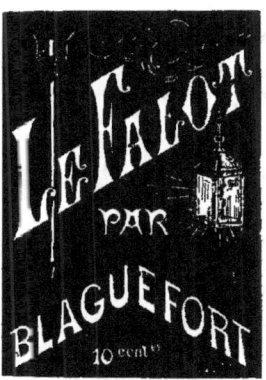

Fig. 413. — Couverture de lanterne dirigée contre *la Lanterne* de Rochefort (1868).

de la politique contemporaine. Déroulez-vous, feuilles naïves et populaires venues d'Allemagne, de Suisse ou d'Angleterre, dirigées pour ou contre les Jésuites, pour ou contre la liberté des peuples! Au crieur, au colporteur, produit des jours d'émeutes, se succède plus placide le montreur de curiosités du jour, prédécesseur du moderne faiseur de boniments.

Après la politique brûlante, la politique-curiosité. On ne crie plus, on ne monte plus, en bataillons serrés, à l'assaut du lecteur; on montre, on fait passer les événements comme en un véritable kaléidoscope. Bonnes gens, regardez : à la fièvre des grands jours a succédé je ne sais quelle placidité sceptique. Mais, en pareil domaine, il faut se borner : pour l'instant, restons en France.

Appliquée à la politique, au pamphlet, la lanterne donne, sous la première Révolution et en 1848 : *la Lanterne des Français, la Lanterne magique nationale, la Lanterne magique politique, la Lanterne magique républicaine*, sans compter *la Lanterne sans phrase* ou *les Lanterne de Diogène*. Soit que les auteurs aient voulu promener leur lanterne à travers toutes les « écuries d'Augias », soit qu'ils aient hautement affirmé leur désir de voir tous les aristocrates « à la lanterne », le but est le même.

Sous le premier Empire expirant, sous la Restauration, sous Louis-Philippe, les pamplets-brochures, politiques ou littéraires,

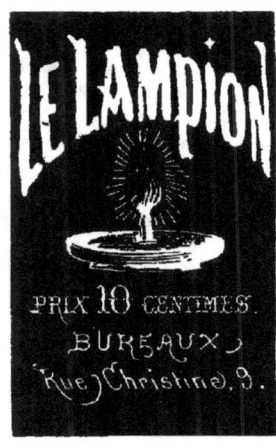

Fig. 414. — Couverture de lanterne signée Nicolas Flammeche et attribuée à Poupart Davyl (1868).

abondèrent, mais aucun n'arbora ce titre de *Lanterne* que Rochefort devait, à nouveau, rendre si populaire. Pendant deux ans ce fut une véritable frénésie, une pluie d'imitations ou de satires : *la Lanterne de Poche, la Dernière Lanterne, la Lanterne Décrochée, la Lanterne Magique* illustrée par Humbert, *la Lanterne des Femmes, la Lanterne du Quartier Latin, la Lanterne de Diogène*, par Blaguefort de Renancourt, *la Lanterne de Boquillon* qui valut des rentes à son auteur, Humbert, *la Lanterne en vers de Bohême*, par Vermersch et Félix Régamey. On vit *la Lanterne de Rochefort* (Charente-Inférieure), *la Lanterne de Falaise* et sa calembourdière annotation *avec une bougie* (vignette de bougie) *allumée dedans* (deux dents); on vit même *la Lanterne Belge, la Lanterne Suisse, la Lanterne Espagnole*. Toutes les nations y passèrent. Puis ce fut le tour du luminaire : *le Falot*, par Blaguefort (avec feuilleton par Poncif d'Attirail, charge du procédé cher à Ponson du Terrail), *l'Éteignoir*, par Hardi de Ragefort, *la Veilleuse* (par Barbey d'Aurevilly), *le Réverbère de 2 sous, par 1 habitant de la campagne*, farce due encore à l'infatigable Humbert, *la Chandelle, journal des Misérables*, par un chiffonnier grincheux, *le Lampion, le Bougeoir, lanterne des Dames*, par Paul Mahalin. Et je ne parle ici que des imitations, des similitudes de titres, car la folie du genre « lanternes » avait gagné tous les écrivains et chacun voulut avoir son petit pamphlet. Arthur Arnould lançait *la Foire aux Sottises*; tandis qu'Ulbach publiait *la Cloche*, qui sonna un certain temps ; tandis que de Villemessant, Alph. Duchesne, Édouard Lockroy et Rochefort, — le lanternier se multipliait, ne craignant pas de se faire à lui-même concurrence, — rédigeaient à tour de rôle *le Diable à Quatre*; tandis qu'Aurélien Scholl, se plaçant, enseigne vivante, le carreau dans l'œil et le calepin à la main en véritable reporter, au haut de son petit volume, faisait entrer le lorgnon dans l'arène pamplétaire.

Journaux autographiés et lanternes, engouements et particularités d'un moment !

Que de choses dans le domaine de la presse ! D'abord, l'influence des mœurs, des idées générales sur les titres. Certains, comme *l'Écho, le Courrier*, se présentent indifféremment à toutes les époques, tandis que *le Diable*, boiteux ou pas boiteux, politique ou littéraire, rose, bleu, gris, vert, se trouvera circonscrit dans une certaine période (Restauration); même observation pour les *Miroir*, les *Nain*, les *Minerve*, les *Mercure*, les *Foudre*, les *Éclair*. *Le Libéral* et *la Liberté* représentent une époque, tout comme *l'Égalité*. *L'Esprit*, si fort goûté au xviii° siècle, redeviendra à la mode en notre temps démocratique, avec *l'Esprit public*, et les *Estafette* devront leur origine aux « estafettes », de la guerre algérienne.

Le siècle dernier avait eut *l'Europe savante*; il faudra attendre jusqu'en 1831 pour voir l'idée européenne entrer à nouveau dans l'appellation d'un journal (*l'Européen*) : *le Globe* n'apparaît pas avant 1824, et *le Monde*, qui se montre pour la première fois en 1761, ne se vulgarisera guère qu'aux approches de 1840. Je ne crois pas qu'on puisse trouver deux exemples de *Cosmopolite* jusqu'en 1870.

*La Correspondance*, jadis très employée, ne servira plus à partir d'une certaine époque qu'à dénommer les correspondances autographiées des agences. *La Feuille*, qualificatif si répandu sous la Révolution, disparaîtra sous la Restauration. Bien vieux aussi les *Messager* et les *Mémorial*; bien rares les *Observateur*, qu'on verra apparaître après 1845. En revanche, *le Moniteur* a survécu; il s'appliquera à tout et se trouvera aux époques les plus différentes.

Jadis un journal aimait à s'appeler *l'Ami*, tantôt du peuple, tantôt du Roi, tantôt des campagnes, tantôt des aristocrates, tantôt des soldats, tantôt de la religion : ami, cela semblerait, aujourd'hui, bien poncif, bien doctrinaire ! Si le xviii° siècle eut *l'Abeille du Parnasse*, les Abeilles, en notre siècle, prirent surtout une couleur impériale, comme *l'Aigle*. A part un ou deux spécimens, sous la Révolution, *les Annales* sont d'origine plus moderne, impliquant avec elles une idée de science, comme *l'Avenir*, qui apparaît pour la première fois en 1830. Par contre, allez chercher des *Babillard* après la Révolution : plus la presse babille et jacasse à tort et à travers, moins elle tient à s'afficher sous pareille étiquette.

## II.

Après les titres considérés dans leurs qualificatits, les titres vus sous leur aspect matériel, typographique. A l'origine, ils occupent la page, — le journal est encore livre, — puis ils apparaissent petits, discrets, au haut de la première page, quelquefois avec des sommaires au-dessous ; lorsque le journal s'agrandit, toute recherche d'élégance disparaît : le titre devient une enseigne, une affiche, et la mode adopte une forme qui ne variera plus. La

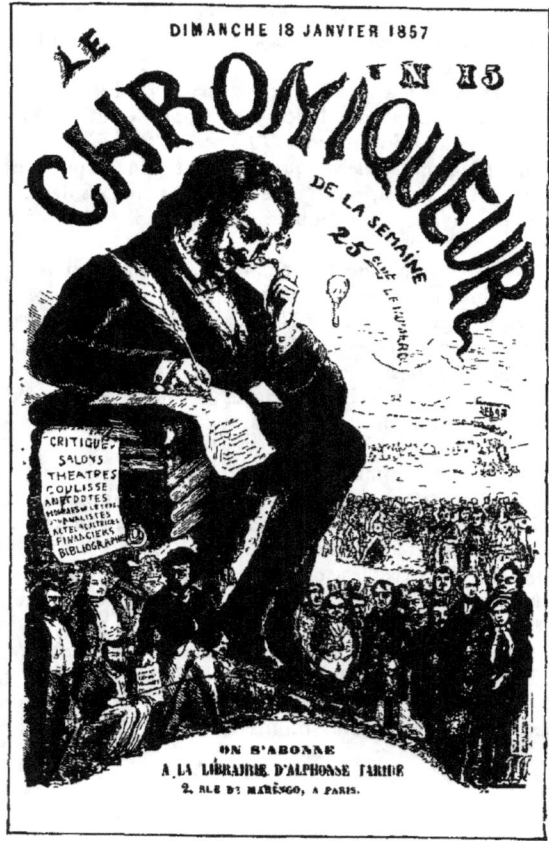

Fig. 415 — Couverture de cette revue hebdomadaire rédigée successivement par MM. Edmond Texier et Louis Ulbach, fondée le 12 octobre 1856. La composition, due à Bertall, donne au premier plan les portraits des écrivains et journalistes les plus en vogue alors. Le second personnage à gauche, au second rang, est Ulbach, déjà fort bedonnant. A droite on aperçoit Rochefort, alors jeune débutant.

seule variété, sera l'existence ou la suppression des manchettes. En fait, rien de moins artistique que les titres des organes quotidiens. C'est pour les journaux hebdomadaires que l'image réserve ses charmes, soit que le titre soit entièrement dessiné et gravé, soit qu'une petite vignette vienne se placer au milieu. *Le Charivari*, qui varia ses titres à l'infini, eut, un instant, l'idée de faire ainsi défiler des bandes de personnages et de choses d'actualité; petit kaléidoscope amusant à parcourir. Le titre eut ses artistes en renom : pour lui Tony Johannot, Grandville, Maurisset, Ch. Jacque, Gustave Doré, Cham, Darjou, Edmond Morin,

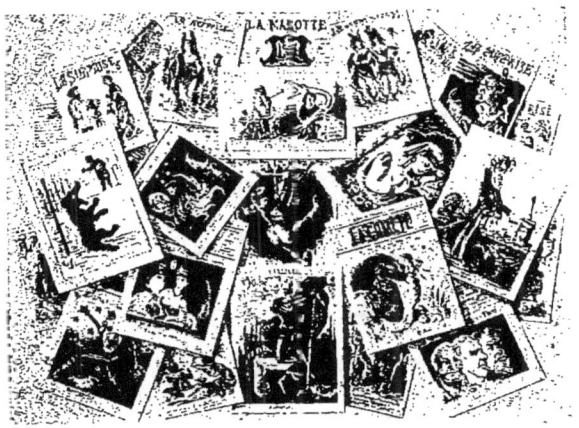

Fig. 416. — Trompe-l'œil dessiné par Jules Adeline, reproduisant la première page des principaux journaux à caricatures de la fin du second Empire. (Coll. Jules Adeline.)

Bertall, dessinèrent d'amusantes vignettes. Combien oubliés, aujourd'hui, ces en-têtes qui captivèrent un instant, qui même donnèrent naissance à des pages entièrement illustrées formant réellement la couverture du journal-cahier ! Que de vignettes ainsi composées ! que de caractères en bois ou en fonte ainsi alignés ! Des millions de quotidiens, des milliers d'hebdomadaires, sans compter ces feuilles à caricatures que les formes nouvelles données à la lutte politique firent croître en si grand nombre sous le second Empire. Iconographie considérable dont j'ai déjà tenté l'essai dans mon livre : *les Mœurs et la Caricature en France*.

Dernière remarque. Quoique point nouvelle, puisqu'elle existait au XVII$^e$ siècle, puisqu'elle se retrouve avec les pamphlets de la Révolution, l'illustration au jour le jour ne se répandit guère qu'après la création de *l'Illustration* (1843). Mais avant, déjà, et il en sera ainsi jusqu'à nos jours, le journal avait servi à la vulga-

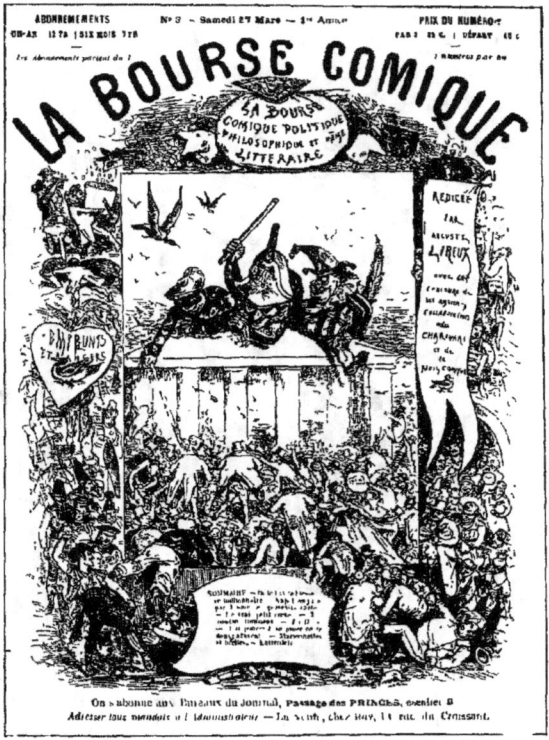

Fig. 417. — Titre-couverture dessiné par Bertall (1873).

risation de tous les procédés. Lithographie, gravure au trait, gravure sur bois, eau-forte, photographie, procédés chimiques, les formes les plus diverses de la reproduction se trouvent dans les recueils à images, soit qu'ils viennent prendre place d'une façon quelconque dans le texte, tirés à part ou à même, soit qu'ils se présentent tirés hors texte ou encore en feuilles détachées figurant, pour ainsi dire, comme encartage.

Petit ou grand, à une ou plusieurs feuilles, illustré ou non, le

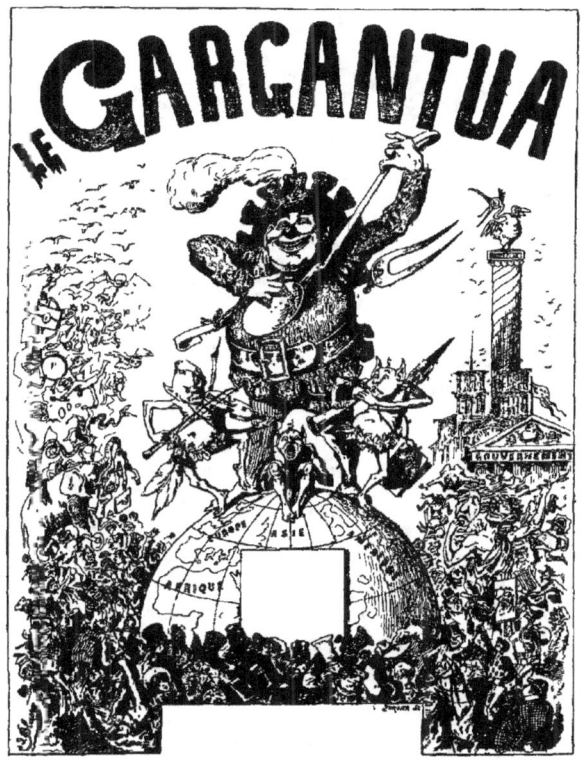

Fig. 418. — Titre-couverture d'un journal satirique projeté par J. Blass qui servit ensuite au journal *Paris s'amuse*.

journal, qui partit de Strasbourg et d'Anvers il y a trois siècles, triomphe aujourd'hui jusqu'au pôle Nord, traduisant admirablement le besoin d'informations, de renseignements à tout prix, qui s'est emparé de la société moderne, tenue toujours en éveil

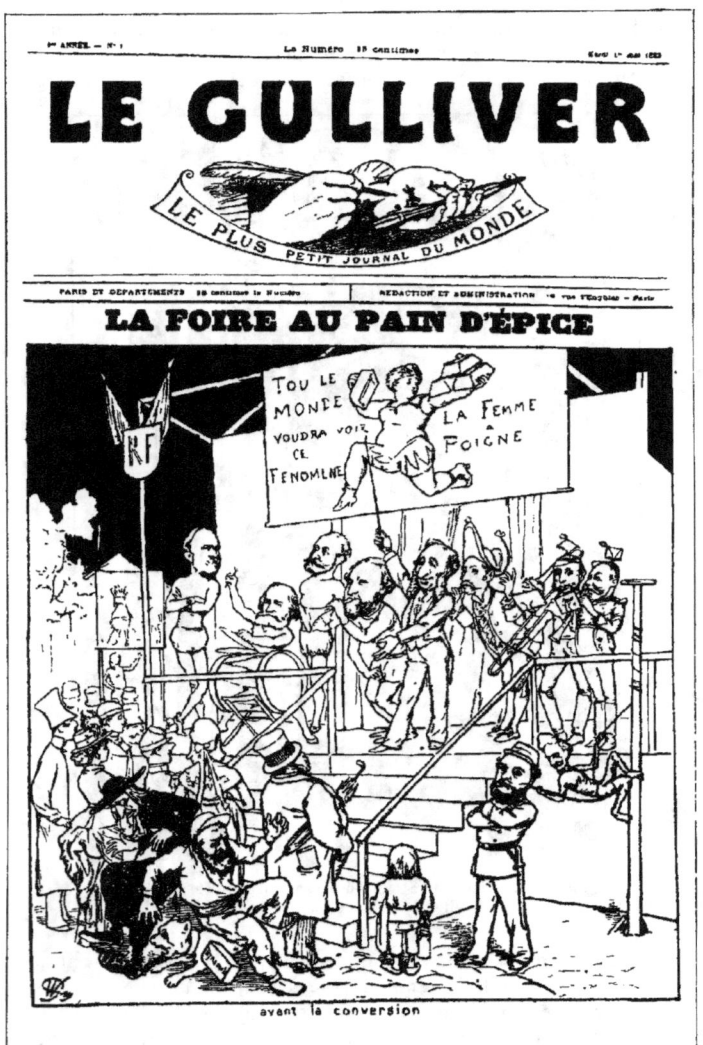

Fig. 419. — Première page d'un journal illustré qui s'intitulait « le plus petit journal du monde » et dont le texte était imprimé en petits caractères.

par un incident quelconque, qu'il s'agisse de la grande actualité ou du simple fait divers.

Très cher ou très bon marché, incolore ou passionné, allant paisiblement au domicile des abonnés ou venant raccrocher l'acheteur sur la voie publique, se contentant du petit nombre ou recherchant la foule, vivant d'un tirage régulier ou passant par toutes les fluctuations de la vente, quelquefois même se faisant distribuer gratis à domicile ou dans la rue, le journal s'est de tout temps expédié sous bandes, comme de tout temps ses quittances d'abonnement ont présenté une forme identique. La quittance du *Journal des Débats* ici reproduite montrera victorieusement qu'aux yeux des collectionneurs aucun papier n'est à dédaigner, le plus petit chiffon pouvant, un jour donné, devenir un document d'inappréciable valeur.

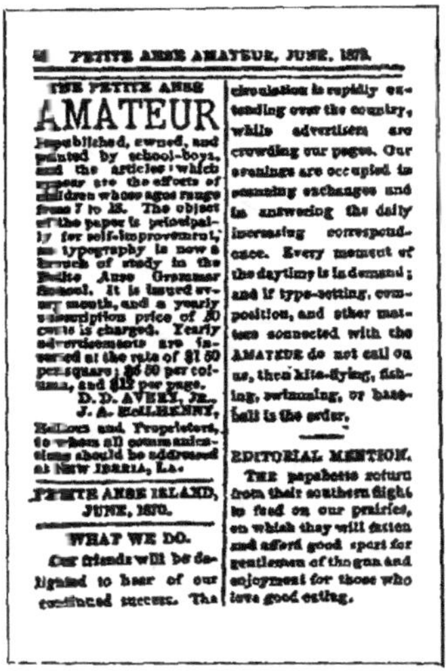

Fig. 220. — Le plus petit journal du monde (reproduction presque sans réduction), publié en Islande.

Laissons les grands journaux dormir en paix et les petits se faire la guerre; laissons-les lutter à coups de pages noircies, à coups de kilomètres de papier, compter triomphalement le nombre de leurs pages — instrument, véhicule de publicité parvenu chez les peuples germaniques et saxons à son maximum d'expansion; — laissons-les crier : « Je suis le plus complet » et « Moi je suis Gulliver ». Combien se disent les plus grands, tout en étant peut-être les moins volumineux! Combien sincèrement se crurent lilliputiens, qui depuis ont trouvé leur maître! Mais, facile à conserver, le minuscule jouera toujours son rôle, aura toujours sa place dans la curiosité, alors que le journal drap de lit est obligé d'enfouir sa grandeur dans la hotte du chiffonnier.

Trop de papier! trop de papier!

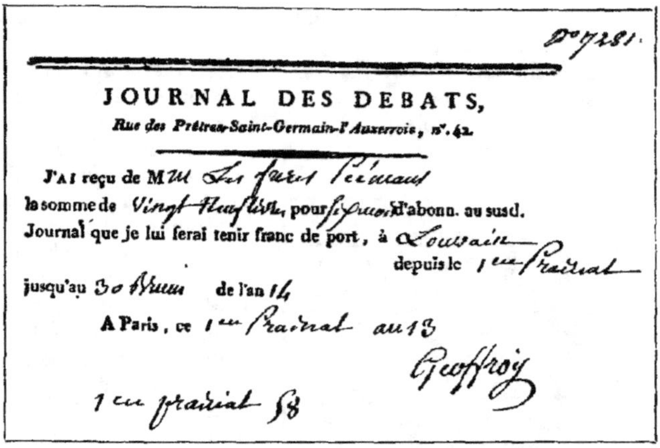

Fig. 421. — Quittance d'abonnement, au commencement du siècle. (Coll. Paul Dablin.)

## III.

J'AI dit que le journal triomphait aujourd'hui partout. Ce siècle, qui l'a vu grandir, ne saurait disparaitre sans écrire son histoire, l'histoire digne de lui que l'on attend encore. Au point de vue de la curiosité, les feuilles étrangères imprimées en caractères autres que nos types latins mériteraient une étude spéciale. Combien pittoresques, combien réjouissants pour l'œil les organes de la presse égyptienne, turque, arabe, roumaine, persane, chinoise ou japonaise! Dans les pays exotiques où le titre des livres se lit à la fin, où nos versos sont des rectos, le journal lui aussi a gardé son caractère particulier: longues feuilles en hauteur, aux colonnes, aux entrefilets d'aspect varié, le tout entouré d'un cadre et d'un paysage typographiques des plus variés ayant, en quelque sorte, l'aspect d'une succession de lettres en rébus.

Ils n'ont plus rien à envier aux nôtres, les journaux chinois et japonais, car dans leurs colonnes la publicité tient une place considérable, vantant toutes sortes de remèdes et produits efficaces toujours agrémentés de marques de fabrique et même d'illustrations d'une amusante facture, quoique la plupart du temps les vignettes se contentent d'être des insignes parlantes : une tourelle à plusieurs étages pour une maison d'opium, des flacons ou des arbustes pour une maison de thé, des bonnets pour un chapelier, un costume pour un marchand de fourrures ou de vêtements de cérémonie.

En soi cela n'a rien de très particulier, en fait cela revêt un aspect absolument spécial.

Variétés du papier, des caractères, des encres d'impression, les journaux chinois et japonais ont tout cela ; seulement, chez eux, ce n'est pas la fantaisie d'un journaliste qui produit ces différences, ce sont les coutumes et les décrets souverains.

Lois somptuaires appliquées à la presse, réglant les formes et les particularités du papier imprimé absolument comme s'il s'agissait de vêtements. N'agrandit pas son format qui veut ; ne s'imprime pas qui veut sur papier mince ou sur papier fort. Les ordonnances sont là, et c'est une muraille de Chine qu'aucun journaliste n'a encore pu renverser.

Et voici que sur cet exotisme d'aspect si décoratif est venue se greffer l'influence européenne, amenant la création d'organes de toute espèce, — feuilles en langues européennes destinées aux colons des diverses nationalités, feuilles imprimées dans la langue même du pays que l'on veut coloniser, servant en quelque sorte d'organe officiel au nouveau possesseur pour faire pénétrer dans le pays même ses mœurs et son influence, — voire même feuilles à caricatures comme le *Japan Punch*. Dessins et typographie d'Europe allant demander à la Chine les merveilles de son papier.

Presse exotique bien faite pour charmer notre œil et piquer notre curiosité ; presse mélangée concourant à la fusion des races, préparant pour l'avenir les plus étranges alliages.

Déjà le livre a commencé en nous donnant, ainsi chinoisées, les fables de La Fontaine.

Avant dix ans, soyez-en certain, Paris aura son journal japonais imprimé sur papier de Chine, ne serait-ce que pour reprendre sous une forme plus pittoresque la fameuse *Gazette de Java*, publiée en les dernières années du second Empire, laquelle, avec son frontispice dessiné par Gill, initiait les *petits-crevés* aux bizarreries du français *javanisé*, véritable épidémie boulevardière.

Avant dix ans Paris aura son journal illustré donnant quotidiennement en estampes japonaises les événements, les portraits, les faits divers, que l'actualité fait surgir.

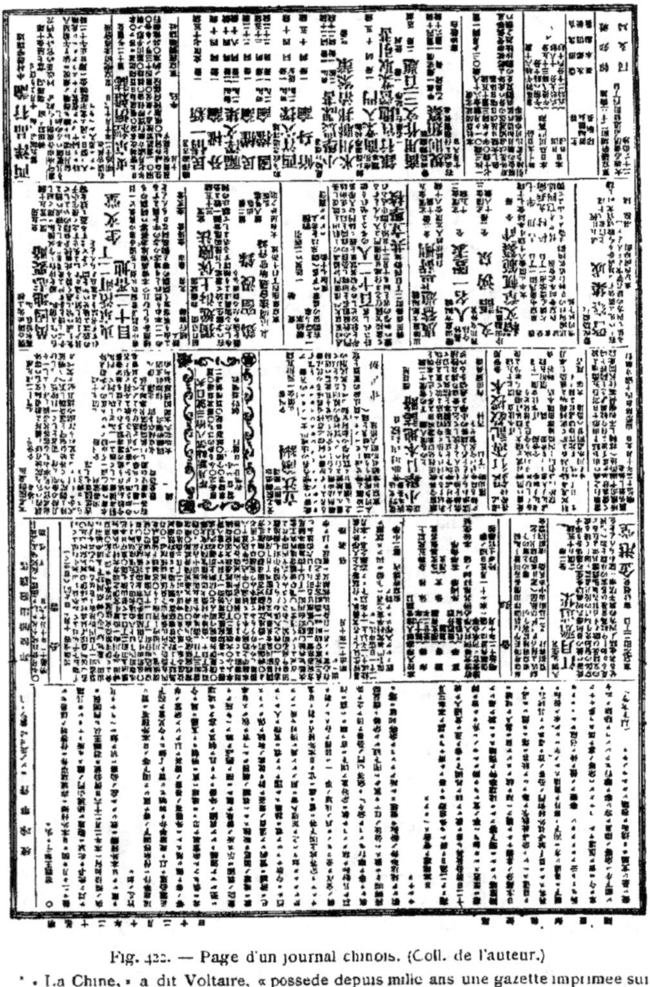

Fig. 422. — Page d'un journal chinois. (Coll. de l'auteur.)

« La Chine, » a dit Voltaire, « possède depuis mille ans une gazette imprimée sur papier de soie. » La vérité est que la *Gazette de Pékin*, journal officiel dont le vrai titre est *King-Pao* (les informations impériales) et qui a trois éditions par jour, sur papier de couleurs différentes, paraît depuis l'année 911.

Je recommande cela au *Figaro*, qui inaugure en ce moment chez nous le quotidien de six pages, qui cherche à donner au côté graphique le développement qu'il possède depuis si longtemps en Amérique, en Angleterre, en Allemagne et même en Italie.

Actuellement encore, ce Japonisme n'est que de la fantaisie, de l'imitation plus ou moins satirique, de la contrebande, pour tout dire.

Dans dix ans, ce sera une école, quelque chose comme l'*Académie Goncourienne* mise à la portée des masses. Internationalisme de la presse succédant à l'internationalisme des modes et des mœurs.

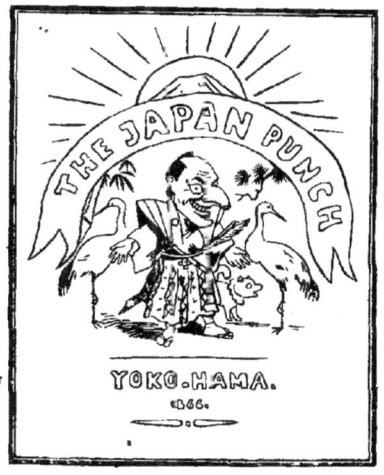

Fig 423 — Titre-couverture du *Japan Punch*, journal anglais de caricatures imprimé à Yoko-Hama sur papier de Chine. (Coll de l'auteur.)

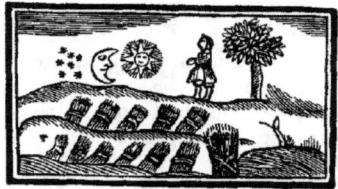 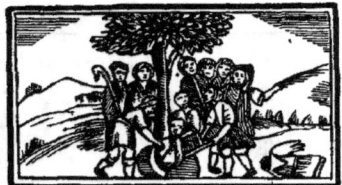

Fig. 424 et 425. — Vignettes pour l'*Histoire de Joseph* (bois populaires anglais).

## CHAPITRE XXIV.

## Les Curiosités du Livre.

### I.

Affiches, Prospectus et Annonces de Librairie.

Comment s'annonçaient, comment se vendaient les livres, autrefois? A quelques rares exceptions près, de même façon qu'aujourd'hui. Par des affiches, par des prospectus, par des bulletins de souscription.

L'affiche de petit format, prospectus-affiche, pour mieux dire, imprimée tantôt en largeur, tantôt en hauteur, le carré de papier vergé, composé en elzévir, ayant tout l'aspect extérieur, toute la mise en pages du livre lui-même, accompagné, comme ornement, de filets typographiques.

Le prospectus, de format encore plus réduit, sur lequel le libraire inscrivait cette simple formule : « L'éditeur porte à la connaissance de ceux-là que cela pourrait intéresser qu'il va mettre en vente prochainement tel ouvrage »; tantôt « utile et nécessaire aux gens d'affaires, négociants, voyageurs, » tantôt « à l'usage de l'un et de l'autre sexe. » D'autres fois, si c'était un ouvrage d'enseignement, « les pères et mères, et autres personnes chargées de l'éducation des enfants, y trouveront des indications précieuses »; d'autres fois, s'il s'agissait de grands ouvrages à estampes : « on peut dire que c'est la plus belle collection qui ait été encore offerte au goût public ». Et les boniments suivaient, plus ou moins longs, conçus dans le même esprit.

Affiches et prospectus ne recevaient, en principe, aucun ornement : seuls quelques spécimens de la fin du xviiie siècle se présentent avec une vignette gravée.

Les grandes publications in-folio, militaires, historiques, pittoresques, entreprises sous le Consulat et l'Empire, développèrent le goût de l'ornement, de la décoration, à ce moment, du reste, profondément entré dans les mœurs, et les bulletins de souscription, comme les prospectus eux-mêmes, furent accompagnés de

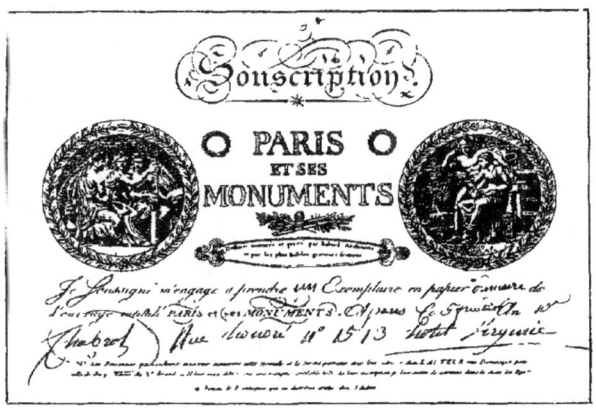

Fig. 426. — Engagement de souscription pour l'ouvrage de Baltard : *Paris et ses monuments*. (Coll. Saffroy.)

petites vignettes ou de médaillons dans le goût antique. Tel l'engagement pour *Paris et ses monuments*, de Baltard, ici reproduit; tels les prospectus pour *Fastes de la Nation française* de Ternisien D'Haudricourt, pour les *Batailles Mémorables*, pour les *Glorieux faits d'armes* et autres « tableaux pittoresques, gravés par d'habiles artistes, accompagnés d'un texte explicatif ».

Cela se continua ainsi sous la Restauration, plutôt réservé aux livres illustrés, jusqu'au moment où 1830, avec les ouvrages publiés en livraisons, vint imprimer un extraordinaire développement au prospectus distribué par les libraires.

Ce fut l'époque où, suivant l'exemple donné par la spéculation, par le commerce lui-même, dans toutes ses branches, les éditeurs, battant la grosse caisse derrière leurs piles d'ouvrages distribués en tranches, attiraient, amorçaient le public par des annonces espatrouillantes, par des primes mirifiques : ce n'étaient, partout, sur ces feuilles volantes, sur les couvertures des livraisons elles-mêmes, que « superbes vignettes sur bois », que « lithographies nouvelles coloriées en manière d'aquarelle », que « gravures à la manière noire reproduites admirablement », qu' « illustrations pleines de charme ». Des chefs-d'œuvre à tous les coins, des chefs-d'œuvre « pour rien », à 20, 30, ou 40 centimes le fascicule, — 30, 40 et 50 centimes par la poste, — annotation qui ne manquait jamais.

Boniments emphatiques présentés de façon si amusante par Jules Adeline dans ses curieux chapitres sur l'*Histoire du Livre par les Prospectus*, boniments dans lesquels les éditeurs se complaisent à déclarer au public qu'il « n'aura pas en vain prêté appui et protection à leur longue et dispendieuse entreprise jusqu'alors sans précédent ».

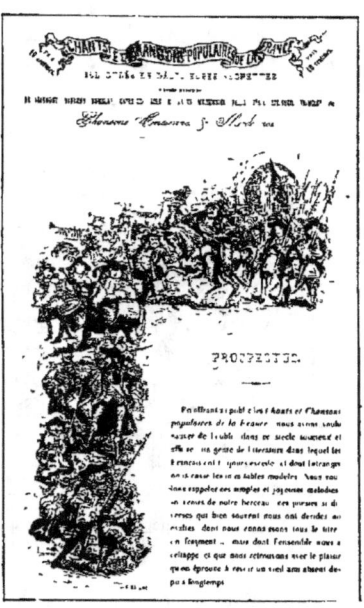

Fig 427 — Prospectus pour *Chants et Chansons populaires de la France* (Coll. Jules Adeline)

Certains prospectus annonçaient pompeusement que l'œuvre comptait, dès son apparition, plus d'un million de lecteurs, rien qu'en France; d'autres — voilà le coup de la prime — promettaient une médaille de bronze aux 5 000 premiers abonnés, par exemple, une médaille d'argent à celui qui réunirait dix souscripteurs, une médaille d'or — étais-tu assez gâté, bon public ! — à celui qui amènerait cent abonnés. Pour un peu, on lui eût élevé un arc de triomphe... en papier. D'autres, il est vrai, offraient des diplômes, mettaient l'eau à la bouche par l'annonce de «planches spéciales » ou de « splendides frontispices tirés en or et en couleurs ». Il y avait de l'or dans l'air : les lingots de Californie influaient déjà sur les cerveaux. Et puis on donnait tant de « belles gravures sur acier », ce malheureux acier qu'un

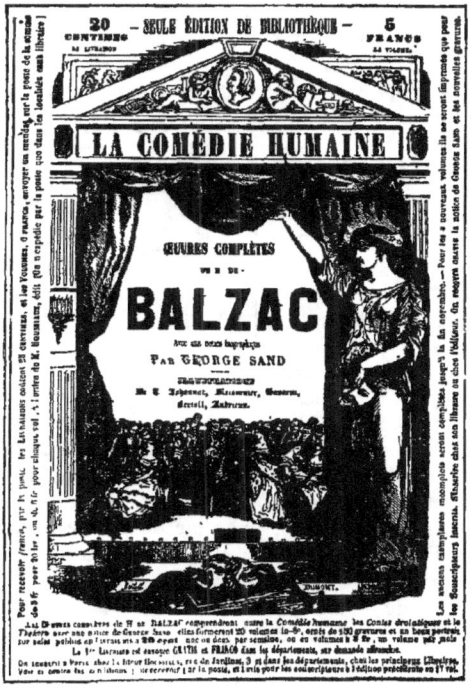

Fig. 428. — Annonce illustrée pour les Œuvres de Balzac, publiée à la quatrième page des journaux (vers 1855).

lanceur, véritable maître du puffisme, transformait en « acier argenté », que l'on pouvait bien jongler avec les métaux rares et précieux.

Et tout cela se donnait, se trouvait, se vendait, à Paris et en province, chez les « libraires et marchands de pittoresques », dignes successeurs des « libraires et marchands de nouveautés » de la période précédente.

Non moins curieux par leur rédaction, tous ces prospectus de la période qui va de 1830 à 1850 : avec emphase, avec un luxe inouï de détails, ils racontaient les crimes des Papes, des Rois, des Empereurs, — meurtres, empoisonnements, parricides, adultères, incestes, que sais-je encore! — il y en avait pour tous les goûts, — de quoi donner la chair de poule aux plus cuirassés. D'autres annonçaient, en trente livraisons, des ouvrages historiques ou géographiques, devant tout contenir, *tout*, sans exception, origine, monuments, costumes, mœurs, usages, traditions, histoire, administration, etc., etc. Des encyclopédies complètes. La plupart trouvaient le moyen de démontrer irréfutablement que leur ouvrage s'adressait à tout le monde, sans exception, aux petits et aux grands, aux hommes, aux femmes, aux enfants; et comme cela

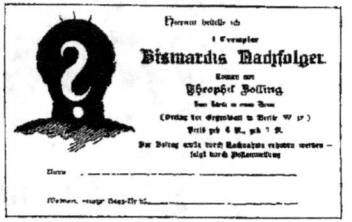

Fig 429 — Bulletin de souscription à un ouvrage allemand, sous forme de carte postale.

ne suffisait pas encore, on établissait des catégories, on divisait les lecteurs en classes, on indiquait ce qui devait plus particulièrement intéresser l'historien, le penseur, le philosophe, l'antiquaire, l'homme du monde, l'homme du peuple, l'étranger, le voyageur. Il ne manquait à cette nomenclature que l'*homme-femme* non encore trouvé par Alexandre Dumas.

Même luxe de détails pour les noms des écrivains et artistes ayant collaboré à l'œuvre commune : les couvertures de livraisons se transformaient en un véritable Panthéon intellectuel de la France : des millions de lignes, des kilomètres de dessins. Impression, papier, génie de l'écrivain, maëstria des illustrations, habileté du relieur, rien n'était oublié. A telles enseignes que les éditeurs Breteau et Pichery ne trouvèrent rien de mieux, lorsqu'ils lancèrent les *Abus de Paris*, tenant, sans doute, à se distinguer, à se singulariser, que de déclarer ce qui suit dans leur prospectus : « Forte de sa valeur littéraire et philosophique, cette histoire *taira, à ses débuts, contrairement à la marche suivie, les auteurs* qui concourent à sa rédaction. Assez de prospectus alignent mensongèrement dans leurs colonnes une série de célébrités qui ignorent éternellement jusqu'au titre de la publication annoncée. » En avant la musique!

Pour encore mieux amorcer le public et flatter la vanité humaine, il ne manquait qu'une chose : publier les noms des acheteurs ou des souscripteurs. Les habiles lanceurs de cette période n'y faillirent point. Coquebert, éditeur particulier de la *Touraine* et éditeur breveté, on peut le dire, de nombre de provinces de France, dénonça un jour, *urbi et orbi*, que les noms de messieurs les souscripteurs avec primes — il y en avait 2 000 pour sa publication — « seraient publiés dès la quatrième livraison, sur les deuxième et troisième pages de la couverture provisoire ».

Où es-tu, âge d'or de la Librairie, où les éditeurs ne reculaient « devant aucun sacrifice », où les acheteurs étaient par eux comblés de faveurs inappréciables, honorés de récompenses, et même médaillés; où l'on cherchait sans cesse l'alliance du beau et du bon marché, où l'on songeait à unir toutes les classes dans une même passion pour la lecture? Bien loin de nous, sans doute!

Dernière remarque. De tout temps, le livre fit, pour se vendre, appel à la publicité du journal; autrefois simples annonces, simples énumérations de titres; à partir de 1840, annonces commerciales illustrées, reproductions des titres et des conditions de publication. En parcourant la quatrième page des organes quotidiens, depuis cette époque, on trouve, ainsi, nombre de bois gravés donnant un fac-similé, réduit, de couvertures et de vignettes, sans autre intérêt, du reste, à moins que ce ne soient des compositions spéciales, procédé qui ne se développa qu'en ces dernières années.

Un fait seul est à retenir, à savoir que le livre eut toujours recours au journal, considéré par lui comme un véhicule, comme un moyen de vulgarisation.

## II.

Brochages et Cartonnages. — Les Brochages au xviiie siècle. — Papiers Peints. — Papiers d'Emballage avec Étiquettes. — Couvertures Imprimées — Cartonnages.

Où êtes-vous, couvertures d'antan? Couvertures! titre bien pompeux quand il s'agit de papiers destinés, suivant leur dénomination, à couvrir, à envelopper les livres pour lesquels le brochage n'était point, alors, un état spécial. Couvertures sans prétentions et, cependant, réjouissantes à l'œil, avec leurs dessins à grands ramages, avec leurs ornements primitifs, avec leurs damiers, avec leurs étoiles, imprimées en noir et coloriées comme des images au patron, en trois couleurs, rouge, jaune, vert; à moins, encore, qu'elles ne soient tirées tout entières en rouge ou en bleu.

A vrai dire, imprimée ou illustrée, la couverture de livre, devenue en nos jours une spécialité, n'existait pas; le titre, typographique lui-même, ne se répétait point extérieurement : on brochait le livre avec du papier dit *de couvertures* — il faut lui laisser son vrai nom — servant, en même temps, à la confection des boites et cartons destinés aux femmes pour les objets de toilette, aux cahiers d'école, aux cahiers de chansons, aux tentures des chambres des boutiquiers et autres petits bourgeois. En fait, le papier destiné à couvrir, comme il y avait le papier destiné à l'impression et le papier destiné à l'écriture.

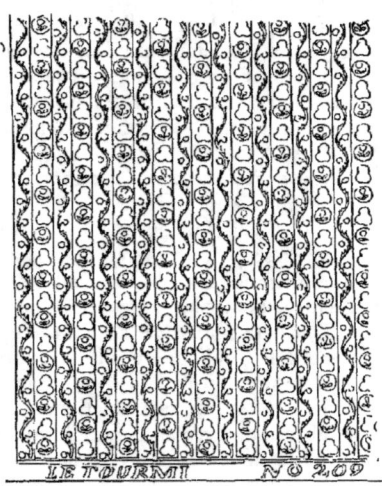

Fig. 430. — Papier pour couverture de livre de la fabrique de Le Tourneur, a Orléans (xviii° siècle). D'après un original colorié au patron.

Le livre broché avait donc pour habit ces feuilles pittoresques qui sortaient des fabriques d'Orléans ou de Chartres, ces gros papiers coupés un peu à la diable, — sur lesquels se lisent des noms de fabricants, — qui permettent de comparer les volumes anciens à une femme drapée dans un châle. Pas de vêtement spécial; la couverture à l'usage de tout le monde suivant un certain nombre de modèles qu'on employait, du reste, au hasard des fournitures, sans créer pour l'histoire, la philosophie ou le roman, des spécialités quelconques.

Cependant, en dehors de ces couvertures d'usage général, il y eut quelques tentatives d'ornementation particulière. Tel le

Fig. 431. — Couverture brochée du *Journal des Dames* (1774), tirée a la sanguine et avec dos imprimé. (Coll. de l'auteur)

sujet ici reproduit, couverture du *Journal des Dames* de 1774, qui se présente — curiosité peut-être unique — avec un dos également orné, portant le titre de la publication. Ancêtre vénérable et non sans caractère, des couvertures du XIXe siècle ornées de motifs d'ornement ou de compositions inédites, tantôt exécutées comme des dessins ordinaires, tantôt traitées en manière d'affiche. Tentative heureuse et pleine de goût qui, avec son dauphin et son aigle couronnés, traduit bien les sympathies d'une époque aristocratique, pour l'ornementation héraldique. Très certainement, ces plats armoriés n'avaient point été dessinés pour le *Journal des Dames* spécialement, mais bien pour un fabricant qui, désireux d'innover, avait voulu doter le livre d'une couverture à son usage, laissant aux éditeurs de périodiques le soin de s'entendre avec lui pour la composition des dos; mais, malgré cela, il ne m'a pas été donné de pouvoir rencontrer un second spécimen de cette curiosité décorative.

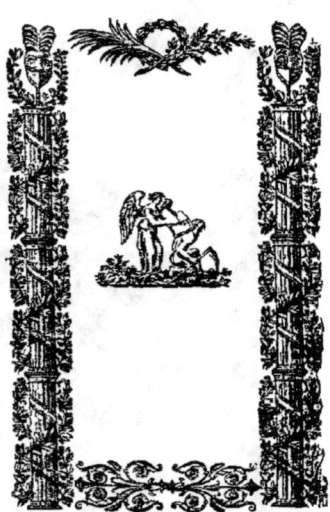

Fig. 432. — Brochage du *Petit Tableau de Paris* (1818) (Coll. de l'auteur.)

Longue fut l'influence des papiers peints ayant passé par différentes modes, diverses influences, ayant abandonné les coloriages au patron pour les teintes unies aux motifs se détachant sur fond d'or; long le règne de ces couvertures à grands ramages, puisqu'on les voit encore servir pour les *Étrennes Mignonnes* et autres petits almanachs in-32, aux approches de 1840, c'est-à-dire à une époque où la couverture typographiquement composée avait, depuis un certain temps déjà, fait son apparition. Vieille habitude se perpétuant à travers des usages nouveaux.

Mais le brochage aux papiers peints lui-même n'avait point régné sans conteste durant cette période : aux papiers à fleurs, à fruits, à figures géométriques, aux peignes de toutes couleurs, avaient succédé de vrais papiers d'emballage, chinés ou marbrés, quand ils n'étaient point entièrement unis, et dans ce cas le titre du volume s'indiquait au moyen d'une étiquette collée sur le dos, comme s'il se fût agi d'une boîte à bonbons ou d'une boîte de pharmacie. Vous les connaissez bien, ces in-32 et ces in-18, avec leurs horribles papiers rêches, gris, bleus, roses, jaunes, pour les produits du colportage, qui daignaient se glacer et prendre des couleurs moins communes lorsqu'il s'agissait des poèmes héroïques, des romans ou des récits historiques à l'usage d'un public plus raffiné. Brochages du Consulat et du premier Empire qui, eux aussi, eurent la vie dure; volumes à étiquettes collées qui faisaient ainsi, du livre, une marchandise courante suivant les us et coutumes des autres produits commerciaux.

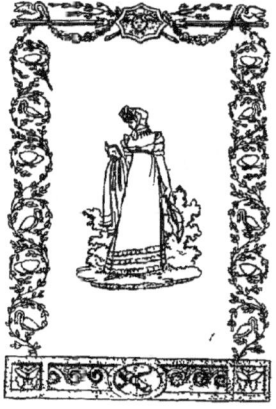

Fig. 433. — Cartonnage d'un volume de chez Le l'uel : *Choix de Lectures pour les Dames* (1829).
(Coll. de l'auteur.)

Que d'influences, que de transformations encore, avant d'arriver au cri du jour : la couverture-affiche, façon Chéret, la couverture ornée d'une belle composition de tel artiste en renom, pompeusement annoncée par l'éditeur! Toutes les imprimeries ont des vignettes, des cadres, des ornements, des sujets et culs-de-lampe spéciaux servant, également, à l'ornementation des brevets, des pièces officielles, des titres de commerce, de tout ce qui constitue l'ensemble des travaux dits *de labeur*. Avec cela, il s'agit de composer des couvertures, et c'est sous cette forme que nous apparaissent les volumes de la Restauration au titre typographique entouré d'ornements, groupés de façon plus ou moins heureuse. Mais, c'est là le point capital, le livre a rejeté la couverture commune, servant à tant d'usages différents, il s'est émancipé, il a son enveloppe à lui; il est dans ses habits. Dès lors, le goût seul dans l'arrangement général fera que telles ou telles couvertures se distingueront de telles autres. Illustrées ou non, elles donnent à chaque œuvre son individualité.

Après les brochages, les cartonnages, les cartonnages qui furent une branche importante de cette industrie multiple du papier, que le xviiie siècle, fier non sans raison de ses veaux et de ses maroquins armoriés, traita en matière négligeable, — on cartonnait un livre comme une boîte, en se contentant de faire à son dos les honneurs d'une étiquette manuscrite, — que le xixe siècle éleva à la hauteur d'un art particulier, octroyant, et généreusement, au carton ce qu'il n'avait point encore voulu accorder à la simple feuille de papier.

Où êtes-vous, cartonnages du premier Empire et de la Restauration, cartonnages aux réminiscences gothiques ou aux influences romantiques ? Art aujourd'hui disparu, et qui, dans un domaine spécial, nous a laissé, quoique un peu mièvres, des compositions d'un arrangement gracieux. Combien amusants, ces cartonnages et ces emboîtages, aux papiers de toutes couleurs, rose, bleu, vert, gris, jaune, crème, sur lesquels courent, tantôt des figures, — femmes aux poses mélancoliques ou évaporées, amours joufflus

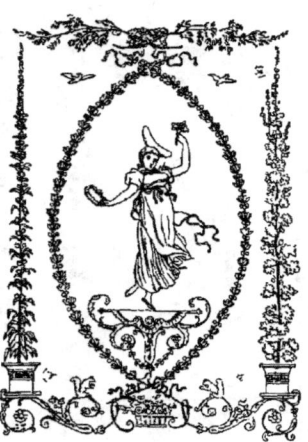

Fig. 434. — Cartonnage d'un almanach suisse · *Alpenrosen* (1825). (Coll. de l'auteur.)

sous les formes habituelles au petit dieu de Cythère, — tantôt des ornements, roses, papillons, oiseaux, tantôt la fameuse lyre au col de cygne dont la Restauration devait faire un de ses attributs favoris. D'autres fois, ce seront des écussons, — les armes impériales placées sur des semis d'abeilles, des fleurs de lis jetées à tous les coins, — ou bien encore des arceaux de cathédrales, avec des ménestrels accoudés, avec des belles dames à allure moyenâgeuse, avec des pages à toques à créneaux.

Où êtes-vous, cartonnages recouverts de taffetas moiré aux tons clairs et chatoyants, de velours aux riches couleurs, — l'étoffe venant prêter son concours au papier, — où êtes-vous, cartonnages aux sujets gouachés, aux vues, aux personnages inaugurant le règne de la décalcomanie, recouverts de glaces avec appliques de cuivre, comme s'il s'agissait d'un meuble; commode, lit, table ou bibliothèque? Formes quelquefois lourdes, mais d'un goût très particulier.

Purement décoratif, purement allégorique, en France, — rares sont les volumes présentent sur leurs plats des portraits ou des figures de modes, — le cartonnage historié triompha surtout en Suisse et en Allemagne. N'est-ce pas dans ces pays, du reste, qu'il avait fait son apparition, ornant dès la fin du xviiie siècle les *Revolutions-Almanach*, le *Romanen-Kalender*, le *Taschenbuch zum Geselligen Vergnügen*, le *Tanz und Ball-Kalender*, le *Helvetischer-Almanach*, soit de figures de modes, soit de compositions de circonstance, alors que, souvent, le dos se trouvait agrémenté d'un titre imprimé. Notez ceci, car c'est un point capital pour l'histoire de la couverture. Tous les costumes des cantons suisses et des États allemands défilèrent ainsi sur les plats des almanachs; tous les chevaliers de l'époque héroïque, tous les lansquenets et les reîtres empanachés à la Holbein revécurent ainsi, gravés ou lithographiés, entourés d'ornements ou d'attributs de circonstance.

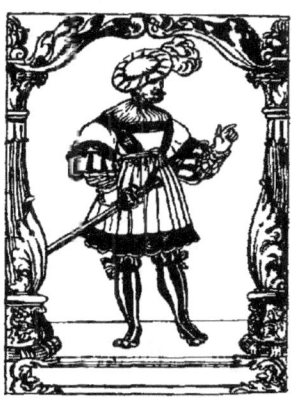

Fig. 435 — Cartonnage d'un almanach suisse : *Alpenrosen* (1822).
(Coll. de l'auteur).

Et lorsque la mode du cartonnage passa de l'in-32 aux livres d'un format plus important, lorsque l'almanach ne fut plus seul à jouir des faveurs du public, au moment des étrennes, les volumes composés à l'usage des tables de salon s'ornèrent, à leur tour, de cartonnages illustrés sur lesquels, souvent, prirent place des compositions dessinées dans un esprit comique. La librairie française peut dès 1840 revendiquer, dans cet ordre d'idées, plusieurs pages curieuses.

Couvertures en papier peint, couvertures en papier uni ornées d'une banale étiquette, couvertures typographiquement composées dans des cadres d'ornements à tous usages, cartonnages à allégories, à figures de modes ou de types, à sujets dessinés, combien, quoique encore près de nous, tout cela nous paraît éloigné déjà !

Et c'est là la révolution complète, dans la façon de concevoir le livre, qui ne constituait, autrefois, qu'un assemblage de feuilles imprimées, — l'œuvre littéraire seule étant considérée, — et qui, depuis, a conquis le droit de se vêtir, de s'habiller à sa façon.

Pourtant ne médisons point trop du passé, l'ancien système avait du bon. On ne voyait pas des productions de nulle valeur être achetées pour une couverture plus ou moins artistiquement décorée. Moins de façade et plus de fond.

### III.

Les Livres Minuscules. — Almanachs et Classiques français. — Minuscules pour Sacs de Bonbons.

IL y a le livre très grand et le livre très petit; le livre géant et le livre nain; le livre qu'il faut embrasser de toute la longueur de ses bras si l'on veut le manier; le livre qui, pour être lu, demande

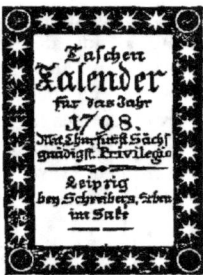 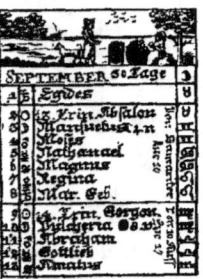

Fig. 436 et 437. — Titre et page d'un calendrier de poche allemand.
(Coll. Georges Salomon.)

à être placé sous le nez. Les deux extrêmes en fait de taille; mais, en matière de livre, les géants ne s'exhibent guère, tandis que les nains, profitant du privilège général octroyé à la petitesse, attirent et amusent. Laissons donc les premiers, majestueux in-folios, dans les rayons des bibliothèques d'où on ne les sort guère que par nécessité, et occupons-nous des seconds, qui seuls rentrent dans notre domaine.

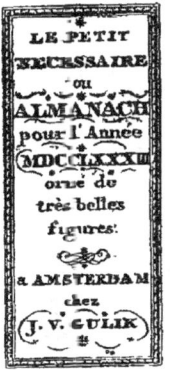

Fig. 438 — Titre d'un almanach de poche hollandais (xviiie s.). (Collection George Salomon.)

Comme exiguïté de place, c'est l'idéal : une encyclopédie, tout un monde, sept cents volumes, en un mot, dans les flancs d'un in-folio. La bibliothèque portative à l'usage des voyages et des déménagements précipités ; la bibliothèque-joujou n'encombrant plus le salon ou le boudoir de Madame.

Il fut une folie, une passion, le livre nain, à l'usage, non du petit Poucet, comme on pourra le croire quelque jour, mais des très grands hommes et des très grandes dames — par le rang et la qualité tout au moins.

C'est vers 1760 qu'il apparut, inventé, tout porte à l'affirmer, par un sieur Cocquelle, graveur, qui se donnait comme adresse « rue du Petit-Pont », tantôt chez un limonadier, tantôt chez un épicier-droguiste, — l'industriel en coin de boutique dont les marchands de vin furent les derniers à nous conserver le type. Cela s'appelait le *Réveille-matin*, avait, comme texte, 47 millimètres sur 11, et donnait, en dix vignettes, les cris de Paris avec chansons appropriées au sujet. Cela s'enchâssait dans un étui, en or ou en argent, et venait prendre place aux côtés des breloques et autres pendaisons dont la mode avait fait, alors, l'accessoire de la toilette des élégants et des élégantes.

Bientôt le *Réveille-matin* du sieur Cocquelle fit école, et, aux approches de la Révolution, nombreux étaient les minuscules donnant, en outre du calendrier et de vignettes quelconques, des devises et quatrains pour les filles et les garçons.

Les minuscules firent, ainsi, le tour du monde en des formats plus ou moins lilliputiens, plus ou moins bizarres, plus ou moins allongés, atteignant quelquefois 80 millimètres de hauteur sur 24 de large, et destinés, alors,

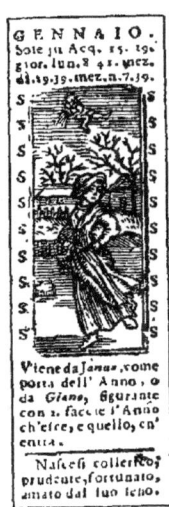

Fig 439 — Page d'un almanach de poche italien (xviiie siècle). (Collection George Salomon.)

à la poche, le calendrier étant, pour la société du XVIIIe siècle, un objet d'usage aussi indispensable que la bourse. La France, l'Angleterre, l'Allemagne, la Hollande, l'Italie, tous les pays eurent leurs minuscules répondant à ce double usage : accessoire pour breloques ou indicateur portatif des quantièmes du mois. On se montrait les vignettes, on se répétait les vers légers qui en faisaient l'ornement et l'agrément.

Loin de porter atteinte à cette mode, le Consulat et l'Empire la propagèrent encore : ce ne fut plus, alors, un lilliputien qu'on eut sur soi, mais des séries de minuscules que les dames glissaient dans leur balantine, dans leur ridicule. Les élégantes ne sortaient plus sans leur collection de « nouveautés récréatives, destinées à la promenade », suivant l'expression d'un contemporain.

Titres bizarres, pittoresques, comme tous les livres-almanachs dans leur ensemble : *le Télescope des clairvoyants*, *Paul et Virginie*, *les Curieux précoces*, *le Petit Diablotin*, *Valeur et Constance*, *Plaisir et Gaieté*, *le Chansonnier lilliputien*, *l'Amour et les Belles*, *le Petit Volage*, *le Petit Séducteur*, *l'Hommage à la Beauté*, *les Étrennes à l'Innocence*, *le Petit Chansonnier de l'Enfance*, *le Petit Troubadour*, *le Chansonnier joyeux de l'Amour et du Lit*, etc. Vignettes avec des petits Amours offrant des roses ou chassant des papillons,

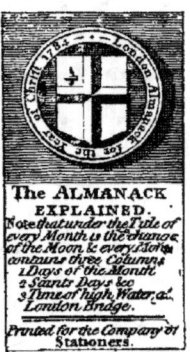

Fig. 440 — Titre d'un almanach de poche anglais (XVIIIe siècle) (Collection George Salomon.)

avec des amoureux aux pieds de leurs belles, avec des enfants se livrant aux jeux habituels de leur âge. Texte ne sortant pas des devises et quatrains « pour les filles et les garçons », à moins qu'on ne mît, à partir de la Restauration surtout : *pour les Demoiselles et les Messieurs* ; d'aucuns se lançant jusqu'à la trinité, inscrivant des devises spéciales pour les femmes mariées. Et tout cela imprimé en taille-douce, tiré sur des planches gravées en creux, à la façon de celles dont on se sert pour les cartes de visite.

Si l'on fait exception pour quelques gravures signées Dorgez, un nom que connaissent bien les collectionneurs d'almanachs, ces vignettes sont généralement lourdes et dénuées d'esprit ; le texte, qui ne donne jamais qu'un quatrain de chanson par page, est d'une insignifiance notoire, mais; comme il fallait avoir son lilliputien, le fond importait peu, le format faisait tout.

De l'almanach, le goût du minuscule se répandit dans les domaines les plus différents : auteurs classiques, histoire, politique, — il y eut des chartes minuscules, — ouvrages de piété, petits livres d'heures, chemins de croix, tout, un jour, se trouva être ainsi imprimé à l'aide de caractères microscopiques.

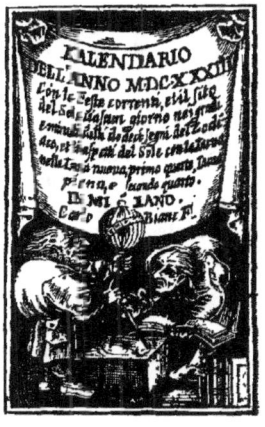

Fig. 441 — Titre frontispice d'un almanach italien (xviii<sup>e</sup> siècle). (Collection George Salomon.)

Sous la Restauration, les classiques français se glissèrent, en guise de calendriers, dans les sacs de bonbons et les œufs de Pâques. Des chocolatiers distribuèrent ainsi La Rochefoucauld, Florian, Gresset, La Fontaine, La Bruyère, et bien d'autres, inscrivant leur nom sur les couvertures aux papiers glacés, comme s'ils en avaient été les véritables éditeurs. Sous Louis-Philippe, le petit almanach prit place dans le nécessaire à ouvrage des dames, dans l'œuf ou dans l'étui que l'on portait avec soi, ayant son ouverture marquée à côté du dé, des ciseaux, du crochet à broderie.

C'était d'autant plus vilain comme impression, comme aspect, qu'on tirait toujours sur les anciens cuivres, les Janet, les Marcilly, les Jourdain et autres « marchands de nouveautés » de la rue Saint-Jacques se contentant de moderniser le volume par l'adjonction d'un nouveau calendrier. Mais, artistique ou non, cela faisait partie du bagage mondain de toute femme qui se respectait.

Subitement, après avoir duré près d'un siècle, le lilliputien disparut. De-ci, de-là, des imprimeurs s'amuseront encore à mettre sur pied des volumes à caractères microscopiques, mais lourds et volumineux, purs objets de curiosité typographique; les classiques ainsi venus au jour ne quitteront jamais les rayons des bibliothèques sur lesquels ils prirent place. Minuscules d'un intérêt purement documentaire, venant remplacer les minuscules d'usage portatif.

Quant au petit almanach-bijou, enchâssé dans sa gaine de métal ou dans son étui de maroquin, il est devenu pur objet de commerce, de réclame industrielle, s'accommodant, peu à peu, aux idées du jour : calendrier pour porte-monnaie ou portefeuille, *Guide-Bijou, Porte-Bonheur, Almanach-Bouquet*, que vendent ou distribuent, sous des titres ainsi généraux, les papetiers, maroquiniers ou parfumeurs. Purs objets d'utilité qui se consultent sans attrait et se jettent avec empressement, une fois disparue l'année qui les vit naître.

Mais voici, le siècle finissant, les minuscules remis en honneur, avec leur accompagnement obligé de loupe, cet instrument qu'on voit si souvent apparaître sur les estampes du premier Empire et de la Restauration, lorsque les élégants aux attitudes engoncées et leurs belles compagnes aux toilettes vaporeuses regardent de près quelque volume imprimé en petit texte. Et ne semble-t-il pas tout appelé, l'almanach lilliputien d'autrefois, au moment où la mode ramène les breloques et toutes les pendaisons de l'ancien temps!

Livres nains, qui resterez toujours la plus grande curiosité de la librairie, que de choses amusantes en votre petitesse, avec vos images naïves, avec vos vers de mirliton! que de souvenirs des temps heureux et à jamais disparus évoqués par votre toucher!

### IV.

De quelques Livres à Illustrations Populaires. — Almanachs et Publications de Colportage. — Les Gravures sur Bois : France, Angleterre, Allemagne. — Les Livres-Albums pour l'Enfance. — Les Itinéraires à l'usage des Voyageurs.

Les livres à illustrations populaires! est-il rien qui soit plus amusant, plus pittoresquement archaïque! Ils ne payent point de mine, en leurs formats in-32, in-16 ou in-18; ils ne se font pas remarquer par la belle ordonnance de leur mise en pages, par l'égalité de leur tirage; mais combien grand est leur charme!

Ils se complaisent en des histoires extraordinaires; ils réimpriment *Geneviève de Brabant*, l'*Histoire de Jean de Paris, roi de France*, ou l'*Histoire de Pierre de Provence et de la belle Maguelone*, comme si notre siècle n'avait vu ni les chemins de fer, ni l'électricité, ni la Tour Eiffel. Ils peuplent encore les campagnes de *Messager Boiteux*, qu'un éditeur plus moderne, seul, à ce jour, osa transfor-

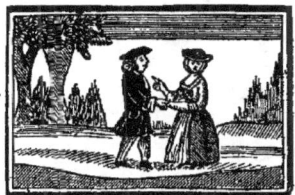

Fig. 442. — Vignette pour *les Exploits de Guy*. Volume populaire anglais.

mer en facteur; combien suggestif le messager porteur du pli cacheté attendu avec impatience et qui semble prononcer la phrase classique : « Au seigneur de Saint-Brice que ceci soit remis »; ils colportent l'*Almanach des Bergers*, imprimé depuis bientôt trois siècles sans changement, enseignant comme jadis, avec un sérieux que rien n'a pu ébranler, quand il fait bon traiter les yeux, soigner, tailler les cheveux, sevrer les enfants, ventouser, purger les animaux, ou fumer la terre; touchant assemblage des préoccupations campagnardes!

Ils mélangent agréablement les personnages fameux par leurs exploits, qu'ils aient été empereurs, faussaires ou détrousseurs de grands chemins, ils confondent, dans un égal respect de la légende créée autour d'eux, Napoléon le Grand, le *fameux Gargantua*, Louis Mandrin, Dominique Cartouche et le Juif

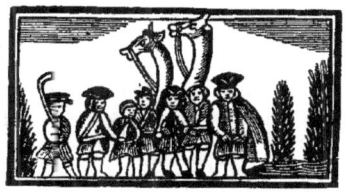

Fig. 443. — Marchands ismaélites avec leurs girafes. Vignette de l'*Histoire de Joseph*. Volume populaire anglais.

Errant, lequel — c'est leur titre qui nous l'apprend — *depuis l'an 33 jusqu'à l'heure présente ne fait que marcher*. Et ils donnent leurs portraits authentiques, véritables, se moquant bien, et ils ont raison, de la photographie, qui n'a jamais pu rendre l'image exacte des grands hommes.

Ils aiment à rire à gorge déployée : plus les facéties sont grosses, plus les calembours sont mauvais, plus les grivoiseries sont salées, triviales, ordurières, laissant après elles des traînées de fortes odeurs, et plus

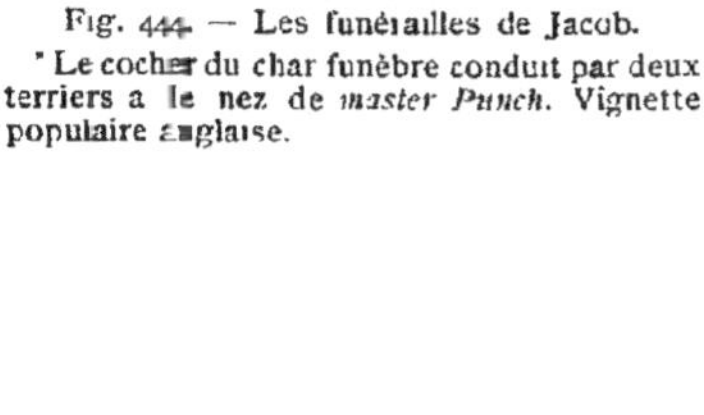

Fig. 444. — Les funérailles de Jacob.
*Le cocher du char funèbre conduit par deux terriers a le nez de *master Punch*. Vignette populaire anglaise.

leurs lecteurs seront contents. Le catéchisme poissard de Vadé a fait école : il faut que toutes les calembredaines soient saupoudrées d'ail. *Contes à rire, Aventures plaisantes, Récréations françaises, Saillies et Bons Mots, Amusements curieux, divertissants et propres à égayer l'esprit, le Facétieux Réveille-matin, Recueil de Traits singuliers, le Véritable Farceur,* quels que soient les titres, c'est toujours le même gros sel,

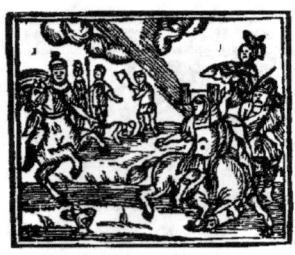

Fig. 445. — Vignette de volume populaire anglais représentant la Conversion de Paul sur le Tarse.

ce sont toujours les mêmes histoires. Et par une brusque transition qui de tout temps fut la caractéristique du colportage, ils sautent des livres qui amusent, qui scandalisent, aux livres qui moralisent et qui édifient : tels *le Trépassement de la Sainte-Vierge,* les *Remèdes contre le péché et les tentations* et toutes les réimpressions des anciens *Miroir,* aux images emblématiques pleines de cœurs percés et de scènes infernales.

Vignettes taillées en bois des anciens livres populaires, combien vous nous apparaissez piquantes et naïves! Que vous veniez de France, d'Allemagne ou d'Angleterre, un même sentiment vous anime. Art primitif au dessin enfantin, cependant plein de couleur et de perspective réjouissante. Quelques hachures de fond allant toujours en diminuant, et c'est le ciel; quelques terrains en mal de mer, et c'est la terre, le premier plan sur lequel apparaissent — véritables acteurs vus derrière un transparent — de petits personnages en bois. Les arbres s'élèvent touffus comme des hérissons quand ils ne se terminent pas en façon de soleils ou de plumeaux; les animaux semblent sortir de quelque bergerie de Nuremberg. Çà et là un sens du décor qu'on voudrait voir chez des artistes de profession, et toujours un filet bien noir pour encadrer le sujet, pour faire tableau. C'est à la fois très naïf et très habile.

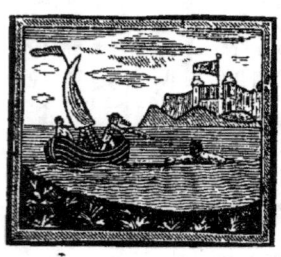

Fig. 446. — Robinson Crusoé dans son bateau apercevant un nègre qui se noie. Vignette de volume populaire anglais.

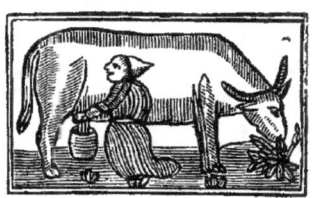

Fig. 447. — Vignette pour *Tom Pouce*.
Volume populaire anglais.

Qu'ils viennent de France, d'Allemagne ou d'Angleterre, ces livres des grands-parents me tiennent sous le charme. Il semble qu'il n'y ait qu'à prendre le bois et à tailler, tant les images se pressent, grouillantes et laconiquement indicatrices. Personnages de fantaisie, scènes de l'histoire sainte ou batailles, scènes de mœurs ou de la campagne, tout porte en soi une certaine comicalité pittoresque que l'on rencontrerait vainement, aujourd'hui, même parmi les œuvres caricaturales. Étrangeté des choses : ceux qui cherchent à faire rire ont souvent la plaisanterie macabre, et voilà que les gravures vigoureusement taillées au couteau de ces artistes anonymes, qui croyaient faire œuvre sérieuse, amènent sur nos lèvres le sourire qu'elles n'avaient point pour but de provoquer.

Ces bois non dénués de valeur servaient à tous usages, constituant en quelque sorte le matériel imagesque des imprimeries : tel d'entre eux, par exemple la femme ici reproduite, placée entre un arbre et le soleil, se retrouverait dans nombre de volumes et dut même passer d'Angleterre en France ou réciproquement.

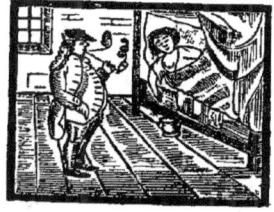

Fig. 448. — Vignette pour *Die Jobsiade* (1839), volume populaire allemand. (Coll. de l'auteur.)

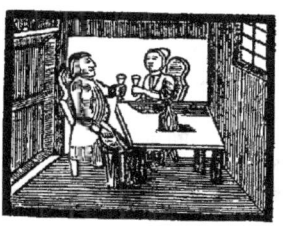

Fig. 449. — Vignette pour *Die Jobsiade* (1839), volume populaire allemand.

Tout livre populaire avait sa vignette frontispice, ses culs-de-lampe, sa douzaine d'images placées çà et là. Pour ces dernières on n'était pas regardant, et souvent, à seule fin d'éviter des frais, la même vignette se trouvait reproduite plusieurs fois dans des feuilles différentes ; vieil usage qui n'a point disparu, toujours mis en pratique par les publications du colportage. C'est ainsi que dans la *Jobsiade*, l'homme et la femme qui boivent, l'homme fumant sa pipe dans la chambre où une femme est couchée, réapparaissent à plusieurs reprises sans que leur présence s'explique autrement. Même chose pour la vignette anglaise, la femme en train de traire une vache; l'opération se renouvelle plus souvent que besoin, très certainement. Souvent, aussi, les bois n'ont avec le texte qu'un rapport très éloigné; pourvu qu'il pût voir des images le lecteur se déclarait satisfait.

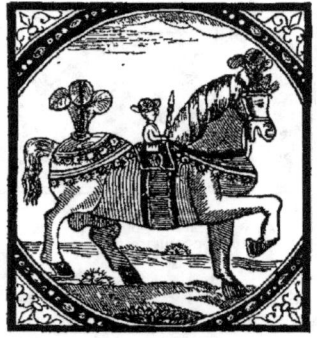

Fig. 450. — Vignette pour *Tom Pouce*, volume populaire anglais.

Là, encore, le colportage n'a point renoncé aux vieilles bonnes habitudes : qu'on se souvienne de toutes les publications de 1835 à 1850, illustrées de vignettes quelconques, signées Daumier, Maurisset, Émy, Gavarni et autres, vignettes provenant du *Charivari* ou de *la Caricature*, intercalées à des places quelconques, sans rime ni raison.

Almanachs, livres religieux, recueils de fables, se passaient, à tour de rôle, les bois qui avaient déjà fait les délices d'autres publications. Bethsabée au bain, tandis que le roi David la regarde du haut de la terrasse de son palais, se trouvera en tête de *la Princesse Carpillon*, de M<sup>me</sup> d'Aulnoy (1803). Barbe-Bleue, copie réduite d'une composition de Marillier pour *le Cabinet des Fées*, grossièrement taillé en bois, viendra se placer en tête de recueils de contes conçus dans un esprit entièrement différent. Je le répète, le public à servir n'était point difficile : pourvu qu'il aperçût des gravures espacées de feuille en feuille, l'image attendue au tournant de la page, après une promenade plus ou moins longue au milieu d'un désert typographique, il était satisfait.

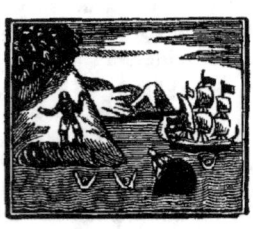

Fig. 451. — Robinson Crusoé faisant naufrage, vignette populaire anglaise.

Très vite le colportage français devint une chose hideuse : du papier à chandelle aussi gris que s'il s'agissait de vulgaire papier d'emballage, un texte imprimé avec des clous passant au travers, venant mettre des pointes sur des lettres rondes, un tirage tantôt d'un gris illisible, tantôt d'un noir faisant tache, comme si l'encre employée était du cirage ou du bitume. Les bois eux-mêmes, avec leur cadre, avec leur aspect de petit tableau, disparurent bien vite, remplacés par d'autres bois dénués de tout caractère ou par des cuivres vraiment hideux. En Allemagne et en Angleterre, au contraire, le livre populaire a conservé, en ce siècle, l'aspect naïf et pittoresque du bon vieux temps : les scènes de l'histoire sainte, *Robinson Crusoë*, *Tom Pouce*, *Robin Hood*, et bien d'autres s'impriment encore avec leurs amusantes petites vignettes.

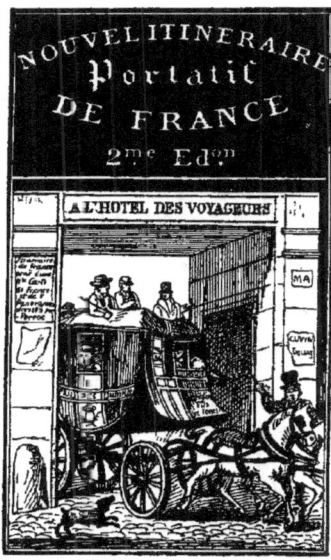

Fig. 452. — Couverture d'un guide du voyageur en France (1828). La couverture originale est à l'aquatinte. (Coll. de l'auteur.)

A l'étranger, le colportage graphique, si l'on peut s'exprimer ainsi, le texte étant, sans cesse, semé de ces petits bois à la physionomie si caractéristique; en France, le colportage vulgaire de forme et de fond, *les Admirables Secrets du grand et du petit Albert*, *les Parfaits Oracles des dames et des demoiselles*, *l'Art de tirer les cartes*, *le Parfait Secrétaire*, les anthologies de madrigaux et de compliments en vers pour toutes les fêtes du foyer domestique. Là-bas, l'image toujours décorative, malgré sa naïveté; ici, la littérature, et quelle littérature!

Il convient cependant de signaler, tout au moins, les anciens livres à images à l'usage de l'enfance, l'éternel album aux cuivres grossièrement enluminés. Quelle naïveté! mais, en même temps, quel sens parfait de l'intellect des petits! Certes nous faisons mieux, mais, par cela même aussi, nous faisons moins bien : je veux dire que les publications en vue du jeune âge se trouvent être, en raison de leur perfection même, de véritables livres d'enfants à l'usage des grandes personnes.

Où retrouver *les Enfants sages, les Promenades amusantes d'une*

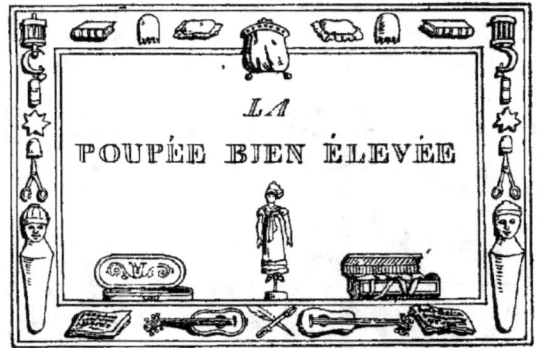

Fig. 453 — Couverture-cartonnage d'un livre pour l'enfance (Restauration).

*jeune famille dans les environs de Paris, la Journée des Enfants, le Petit Conteur, le Petit Enfant prodigue, les Bons Exemples, la Civi-*

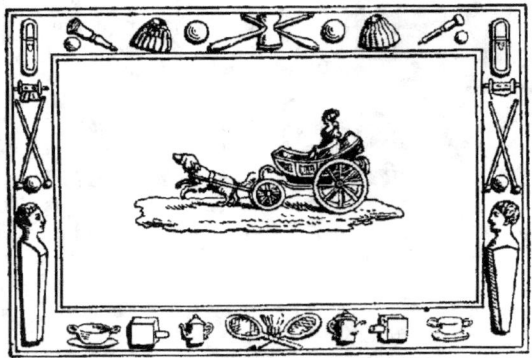

Fig. 454 — Verso de la couverture du même volume (Coll. de l'auteur.)

*lité en estampes, le Miroir des Enfants, la Poupée bien élevée,* tous ces volumes dont les couvertures à encadrements caractéristiques servent encore de modèles aux compositions de nos modernes illustrateurs? Curieuse littérature qui se développa surtout sous la Restauration, imbue du plus pur royalisme, dans laquelle, le « Bon Monarque » et le « Bien-Aimé » ne sont jamais oubliés! Voir le roi, approcher du souverain, n'était-ce pas alors la suprême récompense réservée aux seuls enfants sages! Du moins, telles sont les étrennes que souhaite à ses petits lecteurs l'auteur des *Promenades instructives*, et nous ne chercherons nullement à le contredire.

Albums aux cartonnages amusants, aux couleurs délicates, qui se trouvent en si parfaite harmonie avec les idées du jour et ne font pas moins bon ménage avec les cartonnages des confiseurs, vous êtes bien des vieux papiers, des vieux livres. Qui voudrait de vous, aujourd'hui, en dehors des collectionneurs!

Combien vieux, combien rococo, apparaissent aussi les guides, les itinéraires, les promenades de l'ancien temps! Vieux! pas plus que les moyens de locomotion auxquels ils étaient destinés, après tout. Eux, au moins, donnaient la liste générale des routes, les distances, les foires, les bureaux de poste aux lettres, le service des malles-postes, diligences, jumelles et autres voitures, sans oublier les relais de chevaux. Quelle richesse de descriptions, lorsqu'on les parcourt attentivement! quel soin des détails pour les instructions utiles aux voyageurs! On dirait les conseils d'un père à son fils avec l'éternel : *Avoir soin de ne pas aller là; prendre bien garde de ne point se faire écraser*. Quelle minutie! quel respect de l'exactitude, de la vérité historique! De nos jours on prise fort les Bædecker et l'on n'a point tort, je m'empresse de le reconnaître, mais, franchement, nos anciens guides français, exempts de tout esprit de luxe et de réclame, avaient inventé Bædecker avant Bædecker.

Bons vieux guides portatifs et populaires, qui poussiez la recherche jusqu'à donner une iconographie et une bibliographie de chaque pays, si vos qualités me paraissent précieuses entre toutes, vos couvertures à l'aquatinte sont bien faites pour captiver ceux qui ont conservé le culte des choses typiques et spéciales. Avec les livres d'enfants, vous restez les documents les plus personnels d'une époque qui eut son charme, qui tenta, une dernière fois, de vivre de la bonne et douce vie d'autrefois.

Aux bois naïfs des publications étrangères, il fait bon comparer les encadrements mordus à la pointe des albums pour l'enfance, et les couvertures à l'aquatinte des itinéraires portatifs.

Ce sont des notes, des étapes précieuses pour l'histoire de la vieille imagerie.

Et maintenant je vous quitte, tous, vieux papiers, vieilles images de toute espèce, de toute sorte, de toute provenance, feuilles détachées ou livres, papiers personnels ou papiers publics destinés à la correspondance intime ou à la vulgarisation des choses chères au populaire. Que de bons instants passés à vous feuilleter, devant vos textes naïfs, devant vos coloris primitifs! Rentrez dans vos cartons, dans vos tiroirs, et reposez en paix, derniers gardiens de l'esprit des âges défunts.

Le temps, désormais, peut faire son œuvre : il restera toujours quelque chose de vous avant que le chiffonnier de l'avenir ne vous entasse pêle-mêle dans sa hotte, tout en criant de par les rues : « Vieux Papiers, Vieilles Images ! »

Vieux Habits, Vieux Galons! La défroque de ce qui fut l'Estampe, de ce qui constitua le Livre.

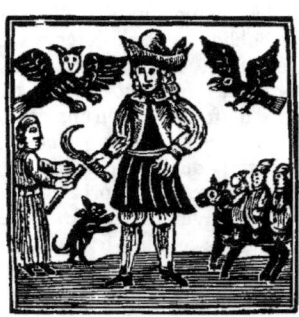

Fig. 455. — Vignette pour *le Sorcier des bois*.

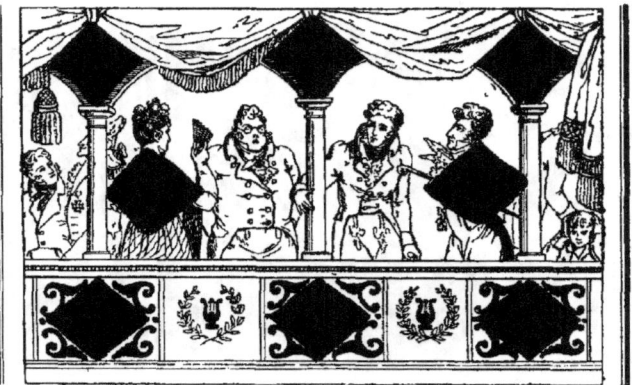

Fig. 456. — Huit de carreau. Carte d'un jeu du baron Athalin (Restauration).

# Table des Gravures.

## I. — Planches hors Texte.

Couverture dessinée par Fernand Fau. Sur le titre intérieur, portrait de M. Grand-Carteret, d'après le crayon de Frédéric Régamey et ex-libris de l'auteur, réduit d'après l'original de Jules Adeline.

I. Brevet autorisant un caporal à porter la décoration de la Garde nationale de Paris (1816). *Planche double*. . . . . . . . . . . 104
II. Almanach pour l'an du Seigneur 1735. *Planche double, coloriée*. . . 232
III. Le jeu des François et des Espagnols pour la paix (1660), jeu d'oie. *Planche double, coloriée*. . . . . . . . . . . . . . . . . . . 256
IV. Le jeu des Fortifications ou de la Guerre (premier Empire), jeu d'oie. *Planche double, coloriée*. . . . . . . . . . . . . . . 264
V. Nouveau jeu des théâtres de Melpomene, Momus et Thalie(premier Empire), jeu d'oie. *Planche double, coloriée*. . . . . . . . . . . 272
VI. *La Cigale-Madrilène*, opéra-comique *Affiche de Chéret, coloriée aux patrons*. . . . . . . . . . . . . . . . . . . . . . . . . . . 427

## II. — Gravures dans le Texte.

*Préface.*

1. Éventail avec les portraits des membres du gouvernement provisoire de 1848 . . . . . . . . . . . . . . . . . . . . . . . 1

## Vieux Papiers, Vieilles Images.

2. Ex-libris allemand (xvie siècle)... V
3. Quittance de loyer de Mürger... VI
4. Papier de sacrifice indien... VII
5. Carte-lettre avec instantané photographique... VIII
6. Couverture des *Essais lithographiés* de Houbloup... IX
7. Page d'un livre de Marat avec notes manuscrites de l'auteur... X
8. Page de l'Ouverture d'*Armide* de Gluck... XI
9. Couverture d'un album de Charlet... XII

## Chapitre I.
### Marques du Papier; Papier à lettres; Feuilles de Compliments.

10. En-tête de papier à lettres italien (xviie siècle)... 1
11. Filigranes à figures de papiers lorrains... 3
12. Lettre officielle au xviiie siècle... 6
13. En-tête du papier officiel de la République romaine... 7
14. En-tête du papier officiel du général Murat... 7
15. En-tête du papier officiel de la République Cisalpine... 8
16. En-tête du papier officiel du canton de Lucerne (Suisse)... 9
17. En-tête de général de corps d'armée... 10
18. En-tête de lettre commerciale pour l'injection Brou... 11
19. Enveloppe ornée d'encadrements or et couleurs... 13
20. Papier à lettres avec vignettes en or (époque Louis-Philippe)... 14
21. Papier à lettres avec vignettes en or (époque Louis-Philippe)... 15
22. Feuille ornée pour lettre de compliment (Restauration)... 16
23. Feuille ornée pour lettre de compliment (Restauration)... 17
24. Enveloppe pour lettre de déclaration d'amour... 19
25. Papier à lettre orné, pour la correspondance des militaires... 22
26. Papier à lettre orné, pour la correspondance des militaires... 23
27. Papier à lettre orné, pour la correspondance des militaires... 24
28. Carte-postale de la guerre franco-allemande... 25
29. Vignette de serviette en papier (fête populaire suisse)... 27
30. Lettre de compliment de la garde nationale (1833)... 30
31. Lettre de compliment de la garde nationale (1835)... 31
32. Lettre de compliment de la garde nationale (1840)... 33
33. Enveloppe avec dessins comiques de Lavrate... 34

## Chapitre II.
### Cartes de Visite & Cartes de Souhaits.

34. Cartes de visite avec ornements gravés (Louis-Philippe)... 35
35. Carte de visite italienne (xvie siècle)... 36

36. Carte de visite de Grimod de la Reynière . . . . . . . . . . . . . . 40
37 à 41. Cartes de visite françaises et étrangères (xviiie siècle). . . . 41
42. Carte de visite xviiie siècle . . . . . . . 42
43. Carte de visite xviiie siècle . . 42
44. Carte de visite xviiie siècle . 43
45. Carte autrichienne avec souhaits de nouvelle année (1789) . . 43
46. Carte allemande avec souhaits de nouvelle année (1790) . 44
47. Carte de visite du premier Empire . . . . . . . . . . . . . 45
48. Carte de visite comique (1840), avec dessin de Maurisset . . . . 46
49. Carte de visite comique, avec dessins du *Journal amusant* (second Empire) . . . . . . . . . . . . . . . . . . . . . 47
50. Carte de visite comique (second Empire) . . . 47
51. Carte de visite de 1832 . . . 52

## Chapitre III.
### Billets & Lettres de Part.

52. Type de billet de naissance moderne, sans illustration . . . 53
53. Faire-part de naissance illustré (Restauration) . . . . . . . 55
54. Faire-part de naissance moderne, dessin de Fraipont 57
55. Faire-part de mariage illustré (xviiie siècle) . . . . . . 61
56. Faire-part de mariage imprimé (xviiie siècle) . . . 62
57. Faire-part de mariage protestant (an VIII) . . 62
58. Faire-part de mariage illustré (premier Empire) . . . . . . 63
59. Faire-part mortuaire (xviiie siècle) . . . . . . . . . . . 65
60. Faire-part mortuaire (xviiie siècle) avec encadrement orné . . 66
61. Faire-part mortuaire illustré (Restauration) . . . . 67
62. Lettre de part des obsèques de Casimir Perier (1832) . . . 68
63. Lettre de part des obsèques de l'ancien évêque Grégoire (1831) 69
64. Lettre mortuaire satirique (chute du ministère Gambetta) . 72
65. Billet de naissance éphéméride . . . . . . 73

## Chapitre IV.
### Cartes & Lettres d'Invitation; Programmes de Fêtes & de Soirées.

66. En-tête pour un almanach de la Restauration . . . . . . . . . 75
67. Carte d'invitation (xviiie siècle) . . . . . . . . . . 76
68. Carte d'invitation aux soirées d'Arsène Houssaye . 77
69. Invitation de Raffet pour le « Dîner des Joyeux » . . . . 79
70. Encadrement de Benassit pour le « Souper du *Figaro* » 82
71. Invitation au « Festin bombordal » . . . . . . . 83

72. Carte d'invitation au banquet du lord-maire (1794). . . . . . . . . 85
73. Carte d'invitation au couronnement du roi d'Angleterre, Guillaume IV. 87
74. Entrée a l'Exposition des produits des manufactures royales (1844). 88
75. Entrée au bal masqué de l'Opéra (1855) . . . . . . . . . . . 89
76. Encadrement pour le Répertoire du théâtre de Fontainebleau (1765). 90
77. Carte d'entrée dans la loge des Gentilshommes du Roi (Restauration). . . . . . . . . . . . . . . . . . . . . . . . . . . . . . 91
78. Programme du théâtre royal de Drury-Lane (1797). . . . . . . . 92
79. Programme de théâtre américain (1830) . . . . . . . . . . . . 93
80. Programme de la musique des Dragons de l'Impératrice (vers 1867). 94
81. Carte pour la Fête de la Concorde (1848) . . . . . . . . . . 95

## Chapitre V.
### Papiers Administratifs & Politiques.

82. Passeport allemand (xviii° siècle) . . . . . . . . . . . . . . . 97
83. Congé militaire (règne de Louis XIV) . . . . . . . . . . . . . 98
84. Engagement militaire (règne de Louis XVI). . . . . . . . . . . 99
85. Congé absolu (Directoire), dessin de Carle Vernet . . . . . . . . 100
86. Ordre d'exécution du Tribunal Révolutionnaire . . . . . . . . . 101
87. Laisser-passer (Consulat). . . . . . . . . . . . . . . . . . . 102
88. Laisser-passer (premier Empire) . . . . . . . . . . . . . . . 103
89. Certificat d'existence délivré à Voltaire (1764) . . . . . . . . . 105
90. Diplôme de libraire-imprimeur (xviii° siècle) . . . . . . . . . . 106
91. Certificat de dépôt délivré à la Bibliothèque nationale . . . . . . 107
92. Carte d'électeur en 1790 . . . . . . . . . . . . . . . . . . 108
93. Carte d'électeur en 1836 . . . . . . . . . . . . . . . . . . 109
94. Bulletin d'ouvrier (Restauration) . . . . . . . . . . . . . . . 110
95. Billet de tribune à l'Assemblée nationale (1790) . . . . . . . . 111

## Chapitre VI.
### Imagerie Populaire.

96. Musiciens. Imagerie militaire (premier Empire). . . . . . . . . 113
97. Spécimen d'imagerie religieuse (vers 1840). . . . . . . . . . . 115
98. Spécimen d'imagerie populaire à plusieurs sujets (Directoire) . . . 117
99. Spécimen d'imagerie populaire gravée sur bois (premier Empire). . 119
100. Spécimen d'imagerie enfantine sur saint Nicolas. . . . . . . . . 120
101-102. Imagerie militaire (Restauration) . . . . . . . . . . . . 121
103. Départ du prince Poniatowsky (Restauration). . . . . . . . . . 122
104. La princesse Poniatowsky apprenant la mort de son mari (Restauration) . . . . . . . . . . . . . . . . . . . . . . . . . . . . 123
105. Veille de la bataille d'Austerlitz (Restauration). . . . . . . . . 124

106. Mort de Napoléon (Restauration) . . . . . . . . . . . . . . . . . 125
107. Napoléon à Essling (Imagerie d'Épinal, vers 1840). . . . . . . 126
108. Apothéose de Napoléon (Imagerie d'Épinal, vers 1840). . . . 127
109. Vignette de placard populaire politique (1852). . . . . . . . . 129
110. Spécimen d'une feuille : le Monde renversé (premier Empire). . . 130
111. Interprétation moderne de l'estampe populaire : Crédit est mort . . 131
112. Billets pour tirer les Rois a Lille (xviii<sup>e</sup> siècle). . . . . . . . . 133
113. Placard d'actualité politique (1849). . . . . . . . . . . . . . . . 135
114. La complainte de Jean Journet, imagerie d'art dessinée par Courbet . . . . . . . . . . . . . . . . . . . . . . . . . . . . . . 136
115. Le chemin de fer (imagerie d'Épinal). . . . . . . . . . . . . . . 137
116. Robert Estienne, portrait de l'*Iconographie collée*. . . . . . . . 139

## Chapitre VII.
## *Curiosités & Excentricités de l'Image.*

117. Image populaire pour transformations. . . . . . . . . . . . . . 141
118. « La paticierre », figure allégorique par de Larmessin. . . . . 144
119. « Habit de parfum.ur », figure allégorique par de Larmessin . 145
120. Portrait-charge de Jules Moinaux (1864). . . . . . . . . . . . . 146
121. Le melon d'André Gill . . . . . . . . . . . . . . . . . . . . . 147
122. Échafaudage de personnages donnant le profil de la tour Eiffel . 147
123. Les amoureux, fantaisie graphique de Bunbury (xviii<sup>e</sup> siècle). . . 148
124. Portrait hiéroglyphique de Napoléon III (1871) . . . . . . . . 149
125. Paysage à figure (Restauration). . . . . . . . . . . . . . . . . 150
126. Paysage à figure (Restauration). . . . . . . . . . . . . . . . . 151
127. Poisson d'avril à la manière anglaise. Le capitaine Roc (1838) . . 152
128. Anagramme composé par G. M. Mitelli (xvii<sup>e</sup> siècle) . . . . . . 153
129. Bandes de personnages, avec lettres sur leur poitrine, provenant d'un journal allemand. . . . . . . . . . . . . . . . . . . . . 154
130. Musique animée, la valse. Composition de Grandville . . . . 155
131. Musique animée, tarentel'e de nègres et de négresses, d'equilibristes et de patineurs. Composition de Grandville. . . . . . . 155
132. Portrait de Louis XVI en parafes d'écriture (1777) . . . . . . 156
133. Portrait de Marie-Antoinette en parafes d'écriture (1777). . . . 157
134. Portraits, en parafes d'écriture, du roi Guillaume IV d'Angleterre (mort en 1837) et de la reine Adélaïde (1838) . . . . . . 159
135-136. Héraut. Combat de coq et de lion (vignettes en parafes d'écriture) . . . . . . . . . . . . . . . . . . . . . . . . . . . 160
137. Composition en parafes d'écriture, symbolisant le libéralisme et le royalisme (Restauration) . . . . . . . . . . . . . . . . . . 161
138-139. Animaux en feuillages d'ornement (1660) . . . . . . . . . 162
140. Dessin formé de lettres visibles au microscope (image moderne). . 163
141. Image politique à transformation publiée pendant les Cent-Jours. . 165
142. M. Carnot saluant le public à Longchamps (pantin en carton) . 166

| | | |
|---|---|---|
| 143. | Image à ouverture pour donner la fessée | 167 |
| 144. | Image à ouverture. Le « nez-nez » fin-de-siècle | 168 |
| 145. | Image de la série dite des *Portes et Fenêtres* (vers 1840) | 169 |
| 146. | Portrait de la duchesse d'Angoulême exécuté en piqûres d'épingle (1816) | 170 |
| 147. | Casimir Terrier (charge sur M. Casimir Périer) | 171 |

## Chapitre VIII.
## Images populaires étrangères.

| | | |
|---|---|---|
| 148. | Imagerie populaire espagnole | 173 |
| 149. | Ancienne imagerie populaire russe | 174 |
| 150. | Estampe populaire russe : le chevalier Lazarewitch | 175 |
| 151. | Estampe populaire russe : danse petite-russienne | 176 |
| 152. | Estampe populaire russe : l'ours et le paysan | 177 |
| 153. | Grenadier : estampe militaire espagnole (premier Empire) | 179 |
| 154. | Général : estampe militaire espagnole (premier Empire) | 180 |
| 155. | Image tauromachique moderne en forme de guitare | 181 |
| 156. | Image tauromachique moderne pour papier de cuisine | 182 |
| 157. | Image belge de pelerinage, en forme triangulaire | 183 |
| 158. | Image populaire allemande sur les excentricités de la mode (XVIII$^e$ siècle) | 184 |
| 159. | Ombres théâtrales javanaises | 186 |
| 160. | Image populaire japonaise : combat avec la flotte chinoise | 187 |
| 161. | Image populaire japonaise : combat avec les Chinois | 187 |
| 162. | Image populaire japonaise : le premier chemin de fer | 188 |
| 163. | Image tauromachique moderne | 189 |

## Chapitre IX.
## Les Naïvetés de la Légende.

| | | |
|---|---|---|
| 164. | Frise décorative pour un calendrier (Restauration) | 191 |
| 165. | La Madame du Bonaparte premier Consul | 192 |
| 166. | Estampe satirique à calembour sur Napoléon I$^{er}$ | 194 |
| 167. | Général sans pareil (portrait de Napoléon chargé d'annotations) | 195 |
| 168. | La question du concubinage, question moderne | 196 |

## Chapitre X.
## Les Cartes à jouer.

| | | |
|---|---|---|
| 169. | Cartes du jeu des souverains (second Empire) | 199 |
| 170 à 173. | Cartes d'un tarot allemand et d'un tarot belge (XVIII$^e$ siècle) | 201 |

## Table des Gravures.

174 a 177. Cartes d'un jeu populaire allemand ou suisse-allemand. . . . 201
178. Adresse du tarot de Jean Gallier (Bruxelles) . . . . . . . . . . . . 203
179. Valet de carreau en parafe d'écriture (xviii⁰ siecle) . . . . . . . . 205
180. Prospectus du jeu des Devises Royales (Restauration) . . . . . . 205
181 à 183. Cartes d'un jeu sur la Révolution de 1830. . . . . . . . 206-207
184. Carte d'un jeu d'enseignement pour l'enfance (1821). . . . . . . . 208
185-186. Cartes d'un jeu héraldique (Louis XIV) . . . . . . . . . . . . 209
187. Carte d'un jeu symbolique (Restauration). . . . . . . . . . . . . 209
188. Carte d'un jeu de demandes et réponses (premier Empire) . . . . 209
189. Carte du *Jeu de cartes de la Géographie* (1644) . . . . . . . . . 210
190. Carte d'un jeu géographique . . . . . . . . . . . . . . . . . . . 211
191. Carte d'un jeu fantaisiste (Restauration) . . . . . . . . . . . . 212
192. Carte du jeu du général Athalin (Restauration). . . . . . . . . . 213
193 à 195. Cartes du jeu du général Athalin (Restauration) . . 214-215
196-197. Cartes d'un jeu fantaisiste de la Restauration . . . . . . . 216-217
198-199. Cartes d'un jeu populaire fantaisiste (second Empire) . . . . 218
200. Enveloppe du *Jeu des Nouveaux Cris de Paris* (1835) . . . . . . 219
201. Cartes portées par des personnages . . . . . . . . . . . . . . . 219
202. Carte d'un jeu populaire a figures transparentes (second Empire) . 220
203-204. Types de cartes de cartomanciennes . . . . . . . . . . . . . 221
205-206. Cartes chinoises en lamelles. . . . . . . . . . . . . . . . . 222
207-208. Cartes japonaises à figures . . . . . . . . . . . . . . . . . 223
209. Enveloppe de jeu d'un cartier d'Angoulême (premier Empire) . . . 224
210. Image pour le *Jeu du Nain jaune*. . . . . . . . . . . . . . . . 225
211. Image pour le *Nain jaune lorrain*. . . . . . . . . . . . . . . . 226
212. Carton du jeu de la quinte impériale . . . . . . . . . . . . . . 227
213. Carte d'un jeu de fantaisie a figurines (Restauration). . . . . . 228

## Chapitre XI.
## Le Calendrier Mural; les Thèses.

214. En-tête d'almanach avec les portraits des souverains alliés (1817). . 229
215. Deuxieme semestre du *Nouveau Calendrier de la République française* gravé par Queverdo. . . . . . . . . . . . . . . . . . . . . . 233
216. Deuxieme semestre d'un almanach de cabinet (premier Empire). . . 233
217. Calendrier perpétuel du *Lys* (1815) . . . . . . . . . . . . . . 235
218. Deuxième semestre de l'*Almanach du Lys* (1817). . . . . . . . . 236
219. Premier semestre de l'*Almanach des Facteurs* (1818). . . . . . . 238
220. Deuxième semestre de l'*Almanach des Omnibus* (1830) . . . . . . 240
221. *Le Farceur* de 1834, almanach fantaisiste . . . . . . . . . . . 241
222. Calendrier perpétuel pour 1819 . . . . . . . . . . . . . . . . . 242
223. Almanach républicain, en médaillon (1797-98). . . . . . . . . . . 244

## Chapitre XII.
### Les Jeux d'oie.

224. Cantine militaire (imagerie du premier Empire) . . . . . . . . . . 258
225. Jeu d'oie dit « de la Révolution française » . . . . . . . . . . . . 261
226. La lanterne magique (imagerie pour écran) . . . . . . . . . . . . 262

## Chapitre XIII.
### Éventails ; Écrans ; Abat-jour ; Papier peint.

227. Éventail avec sujets persans . . . . . . . . . . . . . . . . 277
228. Éventail de l'époque Louis XVI. . . . . . . . . . . . . . . . 279
229. Éventail avec médaillons (scenes d'intérieur) . . . . . . . . . . 280
230. Éventail représentant les quatre états . . . . . . . . . . . . . 281
231. Éventail dit aux « assignats » . . . . . . . . . . . . . . . 282
232. Éventail avec Incroyables et Merveilleuses (Directoire) . . . . . . 283
233. Éventail-imagerie donnant le jeu *la Loterie de l'Amour* . . . 284
234-235. Éventails avec motifs d'ornement (Consulat) . . . . . 285-286
236. Écran (premier Empire) . . . . . . . . . . . . . . . . . . 288
237. Sujet amoureux pour écran (Restauration) . . . . . . . . . . . 290
238. Abat-jour avec figures en blanc (Louis-Philippe) . . . . . . . . . 291
239. Abat-jour avec silhouettes (Louis-Philippe) . . . . . . . . . . . 291
240. Papier peint avec macédoine de figurines (Restauration) . . . . . 294
241. Macédoine pour découpures et décalquages . . . . . . . . . . . 295
242. Image pour le *Transfigurateur* . . . . . . . . . . . . . . . 296

## Chapitre XIV.
### Silhouettes ; Découpages ; Ombres chinoises ; Optique curieuse.

243. Image d'optique : Napoléon III, l'impératrice et le petit prince . . . 299
244-245. Portraits-silhouettes dans des encadrements (XVIIIe siècle). 300 à 302
246. Découpage au ciseau : scène champêtre . . . . . . . . . . . . 302
247. Frédéric le Grand, portrait d'optique en hauteur . . . . . . . . . 304
248. Le Transfigurateur ou la Lunette française . . . . . . . . . . . 305
249. Titre du *Marmorama* . . . . . . . . . . . . . . . . . . . . 306
250. Image pour le *Miroir cylindrique* (1843) . . . . . . . . . . . . 307
251-252. Images pour théâtre d'Ombres chinoises . . . . . . . . . . 309
253. Le tombeau de Napoléon, image à profils cachés . . . . . . . . 310
254. Le tombeau de Napoléon, image à profils cachés . . . . . . . . 311

*Table des Gravures.* 531

255. L'urne royaliste (image a silhouettes) . . . . . . . . . . . . . . . 311
256-257. Lebas et Orfila, portraits-charge des *Dominotiers* de Dantan . . 312
258. Feuille de diableries politiques (1833) . . . . . . . . . . . . . . . 312
259. Les types de la société berlinoise, silhouettes de Konewcka . . . . 313
260. Portrait-charge de Proud'hon découpé en papier noir (1850) . . . . 314
261. Portrait de Trewey découpé en papier noir . . . . . . . . . . . . 314
262. Portrait-silhouette allemand . . . . . . . . . . . . . . . . . . . 315

## Chapitre XV.
## Cartographie amusante.

263. Fabrique de cartes sous Louis XIV . . . . . . . . . . . . . . . . 317
264. Carte générale de l'Empire d'Amour (XVII° siècle) . . . . . . . . 320
265. Carte d'Europe en 1859, avec personnages allégoriques . . . . . . 324
266. Vignette pour ecran (premier Empire) . . . . . . . . . . . . . . 325

## Chapitre XVI.
## Titres de Musique.

267. Danseurs, d'apres une image d'optique . . . . . . . . . . . . . . 327
268. Titre gravé pour *Feuilles de Terpsichore* (vers 1783) . . . . . . 328
269. Titre d'un recueil de symphonies (vers 1810) . . . . . . . . . . . 329
270. Titre de la *Méthode Pleyel pour piano forte* (Consulat) . . . . . 330
271. Titre lithographique pour *la Promenade sur l'eau* (Restauration) . 331
272. Titre de Celestin Nanteuil pour *le Forban* . . . . . . . . . . . 333
273. Titre de Édouard May pour *Deux Nocturnes* . . . . . . . . . . . 335
274. Titre de chanson moderne, dessiné par Lucien Setz . . . . . . . . 337
275. Couverture de partition moderne . . . . . . . . . . . . . . . . . 339

## Chapitre XVII.
## Rébus & Calembours illustrés.

276. Vignette d'une feuille de rebus de 1840 . . . . . . . . . . . . . 342
277. Page de l'*Almanach de Rebus* (1716) . . . . . . . . . . . . . . 343
278. Reproduction d'une lettre-rebus (XVIII° siècle) . . . . . . . . . 344
279. Reproduction d'une lettre en chiffres (XVIII° siècle) . . . . . . 345
280-281. Vignettes de feuille de rebus (Restauration) . . . . . . . . . 346
282. Rébus sur Napoléon (1840) . . . . . . . . . . . . . . . . . . . . 348

## Chapitre XVIII.
### Étiquettes; Cartes d'adresses.

| | |
|---|---|
| 283. Les Carnot : projet de composition pour boîtes d'allumettes | 349 |
| 284. Étiquette pour boîte de pharmacie (xviiie siècle) | 350 |
| 285. Boîte à bonbons xviiie siècle | 350 |
| 286. Composition de Choffard pour étiquette de pharmacie (1795) | 351 |
| 287-288. Étiquette de bonbons (Restauration) | 352 |
| 289. Composition lithographique pour sucre de pomme (1830) | 353 |
| 290. Couvercle de boîte à bonbons (baptême du Comte de Paris) | 354 |
| 291. Couvercle de boîte à bonbons pour le Fidèle Berger | 355 |
| 292. Étiquettes pour flacons de parfumerie (Restauration) | 356 |
| 293. Carte-adresse d'un dépositaire de tabac (xviiie siècle) | 358 |
| 294. Vignette pour boîte d'allumettes-bougie françaises | 358 |
| 295-296. Enveloppes de papier a cigarettes français | 359 |
| 297. Vignettes pour boîtes d'allumettes-bougie italiennes | 360 |
| 298. Couverture d'un cahier de papier a cigarettes espagnoles | 360 |
| 299. Enveloppe de paquet de cigarettes suisses | 360 |
| 300. Enveloppe de cigarettes espagnoles | 361 |
| 301. Enveloppe de cigarettes anglaises | 361 |
| 302-303. Composition de Régamey pour boîte d'allumettes algériennes | 362 |
| 304 a 307. Compositions de Régamey pour boîtes d'allumettes soufrées | 362 |
| 308. Dessin pour blague à tabac (second Empire) | 363 |
| 309. Rebus pour enveloppe à cigares hollandaise | 363 |
| 310-311. Dessins pour boîtes d'allumettes japonaises | 365 |
| 312. Carte-adresse dessinée par Moreau (xviiie siècle) | 366 |
| 313. Carte-adresse d'un fabricant de crayons (xviiie siècle) | 367 |
| 314. Carte-adresse d'un marchand de faïence (xviiie siècle) | 368 |
| 315. Carte-adresse d'un chapelier (Restauration) | 369 |
| 316. Carte-adresse d'un graveur (premier Empire) | 369 |
| 317. Carte-adresse d'un droguiste (vers 1810) | 370 |
| 318. Carte-adresse d'une librairie (vers 1840) | 370 |
| 319. Carte-adresse d'un tailleur (Restauration) | 371 |
| 320. Carte-adresse du photographe Carjat | 372 |
| 321. Carte-adresse d'un tailleur militaire (Restauration) | 373 |
| 322. Étiquette pour boîte de pharmacie (xviiie siècle) | 374 |

## Chapitre XIX.
### Papier-Monnaie; Billets de Loterie; Tickets d'Exposition.

| | |
|---|---|
| 323. Billet de banque farce (théâtre des Variétés) | 375 |
| 324. Action de la Compagnie des Indes (1787) | 376 |

*Table des Gravures.* 533

325. Billet de cinquante livres de la banque de Law (1710) . . . . . . . 377
326. Billet de banque italienne (xviii° siecle) . . . . . . . . . . . . . 378
327. Trompe-l'œil reproduisant les principaux types d'assignats (1797) . 379
328. Billet de la banque des Amis réunis (1848). . . . . . . . . . . . 379
329. Spécimen d'inscription au Grand-Livre de la Dette publique (1804). 380
330. Verso du titre de rente avec timbres secs de 1806 à 1842 . . . . . . 381
331-332. Billets farce : *Cent Baisers* et *Un Rendez-vous* (second Empire). 382
333. Bon de monnaie (après la guerre de 1870). . . . . . . . . . . . 383
334. Spécimen de bon commercial (1856) . . . . . . . . . . . . . . 383
335. Spécimen d'effet de commerce en 1790 . . . . . . . . . . . . . 384
336. Spécimen d'effet de commerce moderne (1855). . . . . . . . . . 384
337. Spécimen de billet de loterie (xviii° siecle) . . . . . . . . . . . 385
338-339. Prospectus d'une loterie anglaise (1830) . . . . . . . . . . . 386
340. Reproduction d'un ticket d'entrée a l'Exposition de Chicago . . . . 388

## Chapitre XX.
## Factures & Papiers de Commerce.

341. Composition de Régamey pour boites d'allumettes algériennes 389
342. Facture xviii° siecle (*A la Capote anglaise*). . . . . . . . . . . . 391
343. Facture du premier Empire . . . . . . . . . . . . . . . . 393
344. Carte du restaurant Véry (Restauration). . . . . . . . . . . . 396
345. Quittance de marchandises expédiées par mer (1785). . . . . . . 398
346. Avis d'expédition de marchandises par diligences (1790) . . . . . 399
347. Quittance d'imposition des boues et lanternes (1758) . . . 400
348. Reçu de chargement postal (Consulat) . . . . . . . . . . . . 401
349. Reçu des Messageries royales (1837) . . . . . . . . . . . . . 401
350. Billet de bateau a vapeur (1848). . . . . . . . . . . . . . . 402

## Chapitre XXI.
## L'Affiche Murale.

351. Fragment d'un calendrier de la Restauration . . . . . . . . . . 407
352. Affiche officielle des prévôts de Paris (1649). . . . . . . . . . . 408
353. Affiche officielle des magistrats de Geneve concernant la peste (1720). 409
354. Affiche officielle de la municipalité parisienne (Revolution). . . . . 411
355. Spécimen d'affiche de recruteur (xviii° siecle) . . . . . . . . . 412
356. Type d'affiche de théâtre (xviii° siecle) . . . . . . . . . . . . 414
357-358. Affiches de la foire Saint-Germain concernant des machines ou objets mecaniques. . . . . . . . . . . . . . . . . . . 417
359. Affiche industrielle pour pompes à incendie (xviii° siècle) . . . . . 419
360. Prospectus-affiche politique du sieur Adolphe Bertron. . . . . . . 421

361. Affiche politique belge illustrée . . . . . . . . . . . . . . . . . 422
362. Spécimen d'affiche d'intérieur (Restauration). Dépôt d'eau de Cologne . . . . . . . . . . . . . . . . . . . . . . . . . . . . . . 426
363. Spécimen d'affiche de représentation théâtrale ambulante (1833) . . . 427
364. Spécimen d'affiche de librairie : dessin d'Henry Monnier (1840) . . . 429
365. Bois populaire anglais . . . . . . . . . . . . . . . . . . . . . . 430

## Chapitre XXII.
### Les Prospectus & la Réclame commerciale.

366. Réclame américaine en forme de billet de banque . . . . . . . . . 431
367. Prospectus d'un magasin de vêtements de la Révolution . . . . . . 433
368. Composition d'Horace Vernet pour un prospectus-réclame (Restauration) . . . . . . . . . . . . . . . . . . . . . . . . . . . . . . 435
369. Prospectus de l'agence de renseignements Vidocq . . . . . . . . . 437
370. Prospectus-réclame pour un chirurgien-dentiste (1840) . . . . . . . 438
371. Prospectus d'un négociant-commissionnaire (1838) . . . . . . . . . 441
372. Prospectus d'un marchand de chaussures . . . . . . . . . . . . . 444
373-374. Prospectus de restaurant populaire . . . . . . . . . . . . . 445-446
375. Prospectus-rébus distribué par les magasins : *Aux Quatre Parties du Monde* . . . . . . . . . . . . . . . . . . . . . . . . . . . . . . 447
376-377. Prospectus distribués par *le Petit Journal* pour annoncer la publication des romans : *Nous marions Virginie*, *Monsieur Lecoq* . . . . . . . . . . . . . . . . . . . . . . . . . . . . . 447-448
378. Prospectus distribué par un magasin de nouveautés . . . . . . . . 449
379. Prospectus-réclame de tailleur, visant la fête nationale de 1878 . . . 450
380-381. Recto et verso d'une réclame de tailleur, forme de carte-postale . . 451
382. Prospectus-réclame pour les Guide-Conty . . . . . . . . . . . . . 452
383. Prospectus distribué pour les magasins : *A Voltaire* . . . . . . . 453
384. Prospectus d'un magasin de confection, avec titre destiné à piquer la curiosité . . . . . . . . . . . . . . . . . . . . . . . . . . . 454
385 à 387. Prospectus de brasseries excentriques . . . . . . 455, 456 et 457
388. Réclame anglaise pour les pastilles Bovril . . . . . . . . . . . . 458
389. Prospectus-réclame anglais (savon pour enfants) . . . . . . . . . 459
390. Réclame anglaise sur papier imbibé d'amiante . . . . . . . . . . 461
391. Gilet-réclame pour un magasin de confections . . . . . . . . . . 462

## Chapitre XXIII.
### Les Curiosités du Journal.

392. Titre du journal *l'Entracte* . . . . . . . . . . . . . . . . . . . 463
393. Titre du journal *Tydinghe* (1622) . . . . . . . . . . . . . . . . 464
394. Page d'un numéro de la *Gazette* de Renaudot (1632) . . . . . . . 465
395. Page de la *Nonante-Cinquiesme conférence* de Renaudot (1635) . . 467
396. Page du premier numéro du *Journal des Débats et des Décrets* (1789). 486

## Table des Gravures.

397. Page du *Journal de la Cour et de la Ville* (1792) . . . . . . . . . 469
398. Page du *Père Duchesne*, d'Hébert (1790) . . . . . . . . . . . . . 470
399. Vignette du *Pere Duchesne* d'Hébert . . . . . . . . . . . . . . . 471
400. Dernière page du *Pere Duchesne* . . . . . . . . . . . . . . . . . 472
401. Frontispice du *Véritable Père Duchesne* (1790) . . . . . . . . . . 473
402. Frontispice des *Lettre bougr... patriotique de la Mère Duchesne* (1790) . . . . . . . . . . . . . . . . . . . . . . . . . . . . . . . 474
403. Premiere page d'un numéro du *Journal de Perlet* (1793). . . . . . 475
404. Frontispice du *Sapeur-sans-culotte* (1790) . . . . . . . . . . . . 476
405. Numéro de *l'Ami du Peuple*, teint du sang de Marat . . . . . . . 477
406. Titre-page de la *Caricature Provisoire* (1838) . . . . . . . . . . . 478
407. Page du journal *l'Eventail Républicain* (1848) . . . . . . . . . . 479
408. Journal-programme pour un bal chez la princesse de Sagan (1885). 480
409. Page de *la Muselière* (1861). . . . . . . . . . . . . . . . . . . . 481
410. Titre frontispice des *Gukkasten* de Berne. . . . . . . . . . . . . 482
411. Couverture de *la Veilleuse* (1868) . . . . . . . . . . . . . . . . 483
412. Couverture de *la Lanterne des femmes* (1868) . . . . . . . . . . 483
413-414. Couvertures du *Falot* et du *Lampion* (1868) . . . . . . . . 484
415. Couverture du *Chroniqueur de la Semaine* . . . . . . . . . . . . 487
416. Trompe-l'œil, dessiné par Jules Adeline. . . . . . . . . . . . . . 488
417. Titre-couverture de *la Bourse Comique* (1873). . . . . . . . . . 489
418. Titre-couverture du *Gargantua*. . . . . . . . . . . . . . . . . . 490
419. Premiere page du *Gulliver* . . . . . . . . . . . . . . . . . . . . 491
420. Page du plus petit journal du monde . . . . . . . . . . . . . . . 492
421. Quittance d'abonnement de l'an XIII . . . . . . . . . . . . . . . 493
422. Page d'un journal chinois . . . . . . . . . . . . . . . . . . . . . 495
423. Titre-couverture du *Japan-Punch*. . . . . . . . . . . . . . . . . 496

### Chapitre XXIV.
### Les Curiosités du Livre.

424-425. Vignette anglaise pour l'*Histoire de Joseph* . . . . . . . . . . 497
426. Bulletin de souscription pour *Paris et ses Monuments* (1801). . . 498
427. Prospectus pour *Chants et Chansons populaires de la France* . . . 499
428. Annonce illustrée pour les œuvres de Balzac . . . . . . . . . . . 500
429. Bulletin de souscription a un ouvrage allemand . . . . . . . . . 501
430. Papier pour couverture de livre (XVIIIᵉ siècle) . . . . . . . . . . 503
431. Couverture du *Journal des Dames* (1774) . . . . . . . . . . . . 504
432. Brochage du *Petit Tableau de Paris* (1818) . . . . . . . . . . . . 505
433. Cartonnage d'un volume : *Choix de lectures pour les dames* (1829). 506
434-435. Cartonnages d'almanachs suisses (1825) . . . . . . . . . . 507-508
436-437. Titre et page d'un calendrier de poche allemand (XVIIIᵉ siècle) 509
438-439. Titre et page d'almanachs hollandais et italien (XVIIIᵉ siècle) . . 510
440. Texte d'un almanach de poche anglais (XVIIIᵉ siècle) . . . . . . . 511

441. Titre frontispice d'un almanach italien (xviii<sup>e</sup> siècle)........ 512
442. Vignette anglaise pour *les Exploits de Guy*............. 514
443. Vignette anglaise pour *l'Histoire de Joseph*............ 514
444. Vignette anglaise représentant les funérailles de Jacob....... 514
445. Vignette anglaise pour la conversion de Paul sur le Tarse..... 515
446 à 451. Vignettes anglaises pour *Robinson Crusoé*...... 515 à 517
447 à 450. Vignettes anglaises pour *Tom Pouce*.......... 516-517
448-449. Vignettes allemandes pour *Die Jobsiade*............ 516
452. Couverture d'un guide du voyageur en France.......... 518
453 et 454. Couverture-cartonnage d'un livre d'enfants (Restauration). . 519
455. Vignette anglaise pour *le Sorcier des bois*............. 519
456. Carte du jeu du baron Athalin (Restauration)........... 524
457. Vignette de feuille de rébus pour boîte à bonbons (Restauration) . 535
458 à 460. Portraits de la « Chronologie collée »............ 537
461. Vignette de Chodowiecki pour almanach (xviii<sup>e</sup> siècle)....... 543

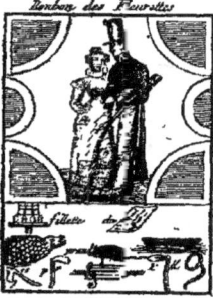

Fig. 457. — Vignette de feuille de rébus
pour boîte à bonbons (Restauration).

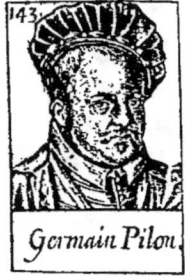 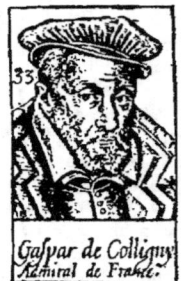 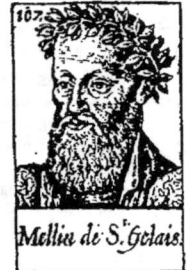

Fig. 458 à 460. — Portraits de la « Chronologie collée » de Léonard Gaultier

## Table des Matières.

*De tout un peu en manière de préface* . . . . . . . . . . . . . . I
*Indications bibliographiques* . . . . . . . . . . . . . . . . . . . XII

### Chapitre I.
### Marques du Papier; Papier à Lettres; Feuilles de Compliments.

I. — Les filigranes des papiers. — Papiers d'impression et papiers à lettres. — Filigranes anciens. — Filigranes modernes.
II — En-têtes des papiers à lettres officiels. — En-têtes des papiers commerciaux.
III. — Le papier à lettres et ses transformations. — Les lettres de déclaration d'amour. — Le papier à lettres pour les militaires. — L'imagerie des cartes postales. — Les serviettes en papier.
IV. — Lettres de compliments des gardes nationaux et des civils. . . 1

### Chapitre II.
### Cartes de Visites & Cartes de Souhaits.

Cartes de visites dans l'ancien temps. — Recherches sur ses origines. — De quelle façon elles se déposaient au siècle dernier. — Cartes de visite ornées du XVIIIe siècle. — Cartes de nouvelle année et de souhaits. La carte de visite au XIXe siècle. — Les ornements et les vignettes. — Cartes de visite aux libellés grotesques. . . . . . . . . . . . . 35

*Chapitre III.*
## Billets & Lettres de Part.

Naissance. — Mariage. — Décès. — Les billets écrits et les billets imprimés avec vignettes. — Antériorité des billets de décès. — Leur grandeur et leurs encadrements spéciaux. — Les lettres mortuaires grotesques. — Billets de part satiriques . . . . . . . . . . . . . . . . . 53

*Chapitre IV.*
## Cartes & Lettres d'Invitations; Programmes de Fêtes & de Soirées.

Soirées. — Bals de sociétés. — Dîners. — Fêtes et cérémonies officielles : couronnements. — Expositions. — Bals de l'Opéra. — Théâtre : programmes et cartes d'entrée. — Musiques militaires. . . . . . . . . . 75

*Chapitre V.*
## Papiers Administratifs & Politiques.

Engagements et congés militaires. — Ordre d'exécution à mort. — Laisser-passer. — Passeports. — Brevets. — Certificats d'existence. — Cartes d'assemblées ou de fêtes politiques. — Cartes d'électeur. . . 97

*Chapitre VI.*
## Imagerie Populaire.

Images religieuses. — Images légendaires. — Images militaires. — Images napoléoniennes. — Images politiques. — Images à tendance philosophique ou satirique. — Images d'actualités. — Les placards populaires : cortege du bœuf gras. — Brevets et diplômes, maîtres d'armes, maîtres de danse, diplômes comiques. . . . . . . . . . . . . 113

*Chapitre VII.*
## Curiosités & Excentricités de l'Image.

Personnages représentés par les allégories des métiers. — Objets de toutes sortes figurant des êtres animés. — Personnages dessinés à l'aide de figures géométriques. — Figures constituées à l'aide de personnages enlacés. — Les doubles visages. — Paysages à figure humaine. — Alphabets grotesques et anagrammes. — Personnages avec lettres tracées sur leur corps. — Musique animée. — Portraits en parafes et ornements d'écriture. — Compositions en feuillages. — Images a transformations. — Images animées mues par des fils. — Imageries à portes et fenêtres. — Portraits en piqûres d'épingle . . . . .   141

## Chapitre VIII.
### Images populaires étrangères.

Points de ressemblance entre les différentes imageries. — Images russes : leurs procedes, leur aspect. — L'imagerie militaire et ses héros nationaux. — Les mœurs, les particularités de la vie dans les différentes estampes nationales. — Caractéristique des images espagnoles, belges, hollandaises, suisses, anglaises, italiennes, allemandes. — Les images exotiques : Java, Tonkin, Japon. . . . . . . . . . . . . . . . . .  173

## Chapitre IX.
### Les Naïvetés de la Légende.

Naïvetés dues au burin des graveurs. — Naivetés des légendes à certaines époques. — Légendes grasses et calembourdieres. — Estampes satiriques : légendes entourant le corps des personnages. . . . . . .  191

## Chapitre X.
### Les Cartes à jouer.

Les tarots. — Variations subies par les cartes françaises, dans les noms, les personnages et les costumes. — Cartes d'actualités historiques et politiques. — Cartes d'enseignement pour la jeunesse. — Cartes de fantaisie comique. — Cartes de cartomanciennes. — Cartes chinoises et japonaises. — Les enveloppes des jeux de cartes . . . . . . . . .  199

## Chapitre XI.
### Le Calendrier Mural; les Thèses.

Les grands calendriers à estampes et sujets historiques (xvii$^e$-xviii$^e$ siècles). — Actualités et scenes de mœurs. — Les calendriers de la Révolution et leurs encadrements. — Triomphe du calendrier de cabinet (1$^{er}$ Empire). — Petits sujets et médaillons en tête des mois. — La propagande politique par le calendrier. — Les actualités. — Decadence de l'ornementation. — Les calendriers perpétuels. — Les theses ornées. . . .  229

*Appendice.* Notes pour servir a l'iconographie des calendriers du xix$^e$ siecle. . . . . . . . . . . . . . . . . . . . . . . . . . . .  245

## Chapitre XII.
### Les Jeux d'oie.

Feuilles populaires. — Jeux d'oie destinés à instruire l'enfance. — Jeux d'oie héraldiques, militaires, religieux, de modes. — L'actualité politique ou littéraire dans le jeu d'oie. — Le théâtre, les courses, les actualités industrielles. — Le jeu d'oie et la caricature. . . . . . . . .  257

*Appendice.* Notes pour servir à l'iconographie des jeux d'oie. . . . . . 263

## Chapitre XIII.
### Éventails; Écrans; Abat-jour; Papier peint.

Éventails gravés, aux xvii⁰ et xviii⁰ siècles. — L'éventail. — Imagerie. — La Révolution et les éventails à sujets politiques. — L'éventail des modes et les sujets de mœurs. — Production considérable sous le Directoire. — Éventails anagrammatiques sous la Restauration. — Les portraits et les actualités dans l'éventail. — Écrans anciens : du xviii⁰ siècle à 1830. — Les abat-jour à illustrations . . . . . . . . . . 277

## Chapitre XIV.
### Silhouettes; Découpages; Ombres chinoises; Optique curieuse.

Les portraits et la silhouette. — Les découpages au ciseau. — Figures de lanterne magique. — Optique amusante et vues d'optique. — Les ombres chinoises. — Pièces jouées au théâtre des Ombres chinoises en 1790. Les estampes séditieuses : ombres et profils politiques. — Les diableries. — Les portraits-charge. . . . . . . . . . . . . . . . . . 299

## Chapitre XV.
### Cartographie amusante.

Cartes allégoriques littéraires : les quatre parties de l'Empire du Monde et de la Lune : description du royaume de Galanterie. — Les thermomètres. — Les cartes figurées par des personnages. . . . . . . . . . 317

## Chapitre XVI.
### Titres de Musique.

Les anciens titres ornés d'attributs décoratifs. — Les titres écrits et illustrés en lithographie. — Restauration et époque 1830. — Les titres dessinés par Célestin Nanteuil. — Titres comiques ou d'actualités politiques. — Imagerie musicale moderne. . . . . . . . . . . . . . 327

## Chapitre XVII.
### Rébus & Calembours illustrés.

Les rébus graphiques au xviii° siecle. — Le rébus politique. — Images à légendes calembourdieres. — Multiplicité des feuilles de rébus sous la Restauration et le regne de Louis-Philippe. — Le rébus populaire sous le second Empire. — Disparition du rébus illustré. — Le rebus dans les journaux. . . . . . . . . . . . . . . . . . . . . . . . . . . 341

## Chapitre XVIII.
### Étiquettes; Cartes d'adresses.

Étiquettes pour apothicaires et confiseurs. — Vignettes de boîtes à bonbons. — Étiquettes et bouteilles de liqueur. — Étiquettes de parfumeurs. — Imagerie tabacologique. — Enveloppes de papiers à cigarettes et vignettes de boîtes d'allumettes.

Style et ornements des cartes d'adresse commerciales depuis le xviii° siecle. . . . . . . . . . . . . . . . . . . . . . . . . . . . . . . . . 349

## Chapitre XIX.
### Papier-Monnaie; Billets de Loterie; Tickets d'Exposition.

Le papier-monnaie au xviii° siecle. — Les assignats de la Révolution. — Billets de banque étrangers. — Billets de banque populaires. — Les timbres secs. — Imitations fantaisistes ou commerciales des billets de banque. — Les bons pour achats. — Billets à ordre. — Billets et prospectus de loterie. — L'Amérique et les tickets d'expositions. . . 375

## Chapitre XX.
### Factures & Papiers de Commerce.

Libellé des factures anciennes. — Leur aspect typographique. — Ornements et médailles. — Factures ornées de portraits et de légendes. —

Cartes de restaurants. — Papiers maintenus, papiers de roulage. — Tickets . . . . . . . . . . . . . . . . . . . . . . . . . . . . .
*Appendice.* Libellé d'en-têtes de factures de 1770 à 1825. . .    . . . 379

## Chapitre XXI.
### L'Affiche Murale.

Les affiches officielles de l'ancien temps. — Affiches de théâtres et de recruteurs. — Affiches à double usage, placardées sur les murs et distribuées à la main. — Spécimens d'affiches de la foire Saint-Germain et de la foire Saint-Laurent. — L'affiche politique. — Le journal-affiche sous la Révolution. — L'affiche commerciale sous le premier Empire et la Restauration. — Ce qui se lisait alors sur les murs. — L'affiche d'intérieur : commerce et librairie. — L'affiche en papier peint et les magasins de nouveautés. . . . . . . . . . . . . . . . . . . . . . . 397

## Chapitre XXII.
### Le Prospectus & la Réclame commerciale.

Les prospectus sous le premier Empire et la Restauration. — Le prospectus illustré ou entouré d'ornements. — Le puffisme moderne. — L'art typographique de la réclame. — Le prospectus-image prenant toutes les formes : vignettes-réclames à transformations. — Prospectus de journaux, de magasins de confection, de brasseries. — Le prospectus illustré en Angleterre . . . . . . . . . . . . . . . . . . . . . 422

## Chapitre XXIII.
### Les Curiosités du Journal.

Le premier journal imprimé à Anvers (xvii° siècle). — Format des anciennes gazettes. — Les feuilles quotidiennes. — Agrandissement du journal. — Vignettes en bois de la Révolution : *Père Duchesne* et autres. — L'image, instrument de combat. — Le journal illustré. — Les journaux excentriques. — Les feuilles autographiées. — Les « Lanternes ». — Influence des mœurs et des idées générales sur les titres — Les titres au point de vue typographique. — Journaux exotiques : Chine et Japon. . . . . . . . . . . . . . . . . . . . . . . 463

## Chapitre XXIV.
### Les Curiosités du Livre.

Affiches, prospectus et annonces de librairie.
Brochages et cartonnages. — Les brochages au xviii° siècle. — Papiers peints. — Papiers d'emballage avec étiquettes. — Couvertures imprimées. — Cartonnages.

Les livres minuscules. — Almanach et classiques français. — Minuscules pour sacs de bonbons.

Quelques livres à illustrations populaires. — Publications de colportage. — Les gravures sur bois : France, Angleterre, Allemagne. — Les livres-albums pour l'enfance. — Les itinéraires à l'usage des voyageurs. . . . . . . . . . . . . . . . . . . . . . . . . . . . . . . . . . . . 497

TABLE DES GRAVURES . . . . . . . . . . . . . . . . . . . . . . . . 523

TABLE DES MATIÈRES . . . . . . . . . . . . . . . . . . . . . . . . 537

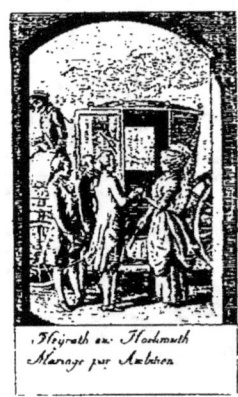

Fig. 461. — Vignette de Chodowiecki pour almanach (XVIIIe siècle).

31661. — Paris, Imprimerie Lahure, 9, rue de Fleurus.

www.ingramcontent.com/pod-product-compliance
Lightning Source LLC
Chambersburg PA
CBHW071155240526
45470CB00016BA/10